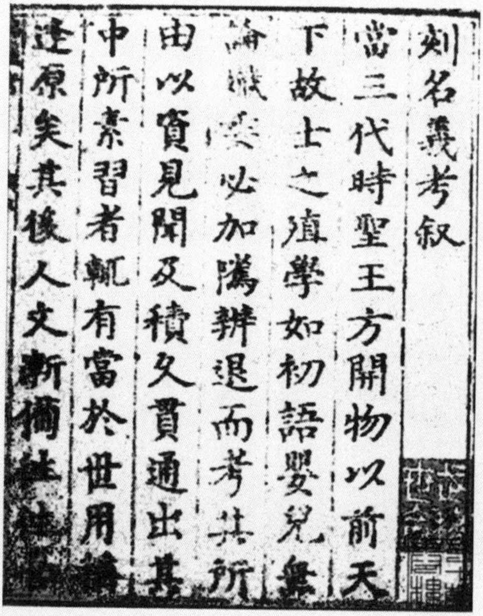

刻名義考叙

當三代時聖王方開物以前天

下故士之脩學如初語嬰兒無

論識妥必加騰辨退而考其所

由以質見聞及積久貫通出其

中所素習者輒有當於世用持

達原矣其後人文漸備

袁昌祚《刻名義考敘》首頁

名義考卷之一

西楚周祈著

天部

天

蓋天其說出宓犧謂天形如蓋天運如轉磨日月實東行而天牽之以西沒宣夜殷氏之制無傳漢郗萌補其說謂日月五星浮生虛空之中七曜伏見無常北斗不與衆星西沒攝提鎮星皆東行蓋天宣夜驗郗萌無象唯渾天儀自堯舜以來用之其言曰天形如雞子地居中而天周焉日在地上爲晝日在地下爲夜渾天圜覩儀即璣衡也今欽天銅儀其遺制

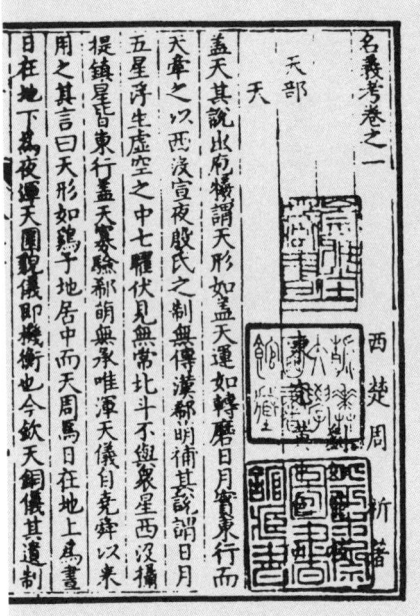

萬曆十七年重刻本

全國高等院校古籍整理研究工作委員會重點項目
蘇州大學人文社會科學學術專著資助出版
蘇州大學優勢學科資助出版

歷代筆記叢書

# 名義考箋證

[明]周祈 撰
王衛峰 箋證

上海古籍出版社

# 前言

## 一

周祈，明代蘄州（今湖北蘄春）人，關於其人經歷事略，文獻記載不多。

萬曆十一年（1583），粵東東莞袁昌祚撰《刻名義考敘》，稱其「曩守民部郎」。萬曆十二年（1584），蘄州劉如寵在《重刻名義考敘》中謂周祈爲其同鄉，稱「周大夫才名軋軋傾江漢，既束帶爲吏，益砥志勵精，勤勞民事，所至輒樹疆埸績，棠蔭在人」，可知周祈自幼才名遍及江漢地區，爲政之後任業勤勉砥礪，建樹良績，廣施惠行。

根據清代咸豐、光緒年間的蘄州地方志所記，周祈字永夫，號敬夫，爲嘉靖壬子（1552）舉人。今考《明代科舉録選刊》中的「嘉靖三十一年壬子科湖廣鄉試録」，周祈榜上有名。另外，根據《河南通志》《廣西通志》中的諸地知府、知縣名録，周祈曾仕歷河南新鄭、廣西平樂等地。

廣西平樂，據嶺環江，地理複雜，瑶族壯族等多民族聚居於此，多生動蕩之患，在此治政的周祈因爲軍務疏失而受到糾彈，由是仕途暗淡，莫知所終。

周祈自幼習經，敦厚敏學，中舉人仕之後益加覃思切研，公事暇餘輒探問疑義，稽古考俗，撰成《名義考》十二卷，解釋近千例詞語名物，旨在推求名義關係。

## 二

《名義考》自明代萬曆十二年行世以來，屢次刊佈，並載録於《明史》卷九十八，志第七十四，藝文三，歸雜家類。清代編入《四庫全書》子部雜家類雜考之屬，民國時期，湖北沔陽人盧木齋刊佈《湖北先正遺書》，《名義考》得以入輯，以萬曆十七年重刻本影印。

《名義考》有以下版本：一、萬曆十二年(1584)刻本《名義考》；二、萬曆十七年(1589)黄中色刻本《重刻名義考》，題「西楚周祈著、劉如寵校，東兖黄中色刊」。三、清文淵閣四庫全書本《名義考》；四、民國十二年(1923)湖北先正遺書本《重刻名義考》，沔陽盧氏慎始基齋影印萬曆本。

《名義考》繼踵《爾雅》，蒐羅百氏，稽考經史，旨在循名責實，追索名源，分析名義聯繫，窮究奥義僻旨，依據名義訓釋義理藴涵，使得理據豁然，疑惑焕然冰釋。

《名義考》凡十二卷，其中天部二卷，地部二卷，人部四卷，物部四卷，全文七萬餘言。該著以筆記形式解釋經史詩文中出現的詞語名義，全書共釋五百三十四條。多數條釋不止一詞一事，算上一條多釋，則全書實際解釋九百七十五事。「象緯名物、訓詁方言，靡不詳析互證，纖委必具」(明袁昌祚《刻名義考敘》)，内容關涉社會禮制、歷史地理、風俗稱謂、名物器用、禮樂辭藻等方面，可謂浩淼博廣。

該著彙集解釋了近千則詞語名物，這些内容對於古代名物研究、辭書編纂都可提供材料資證。其卷一釋星宿、風雨等，凡二十六條。卷二釋風雷、節氣、時令，凡三十條。卷三地部解釋地理山川、建築宫室，共三十一條。卷四釋五十一條，考證歷史地理，包括地理沿革、地名的古今不同、種族風俗變化等。卷五人部，釋五十六條，内容涉及政治、官制、禮俗、姓氏、稱謂等。卷六釋五十七條，包括社會、禮儀、文物、生活。卷七凡三十五條，釋歷史、制度、藝文，考證了郊祀、社稷、宗廟、禘祫、六宗、五刑等禮制。卷八考論上古人名、詞語、典故，釋三十一條。卷九物部，釋名物五十七條，考辨植物及其異名。卷十釋飛禽、走獸、鱗蟲，五十五條。卷十一釋四十六條，内容涉及服飾、器用、鑄錢幣制。卷十二釋五十九條，所考駁雜，主要有器皿、飲食、車馬、度量衡、生活娛樂、音樂書畫等。

## 三

周祈及其《名義考》主以名謂探求義蕴及其來源，推本溯源，析流察變，所見所考多精警可信，發人所未發。其説對於經學、歷史、文學文獻等多方面的研究都具有價值。

名義考中的許多内容立足經史文獻，系統探討歷史地理制度風俗等問題，這爲歷史考證可提供理論見解和材料支援。

天部一則追溯了上巳、清明、競渡、七夕、中元、登高、臘八等十九種節令習俗的起源和演變；認爲仲春寒食節爲周代火禁之遺俗，禁火則需寒食。

在地部比較古今地名不同，對照了十九處地名，或同名異地，或名似地異等情況。另外，崑崙、赤壁、洞庭、九江皆有兩三處，異處同名；詳論了三楚、三吴、三秦、三晉等地區稱謂；考索帝舜陵所；對於諸書關於河水起源的不同記載，做出考辨，提出見解；指出經學之説不合地理的一些問題，辨其謬誤。

在人部「古官名」條下，臚列解釋了二十六種先秦官名及其司職，而對此中古之人已不能詳知；「秦以後取民之制」一則，考察了漢代以降歷代的税率税法等租賦制度；辨析守尉令長之别，認爲大郡曰守，小郡曰尉，大縣曰令，小縣曰長。郡守，秦以前稱上大夫，漢曰太守，唐曰刺史，宋曰知州。縣令，秦以前稱下大夫，漢以後曰令，宋始稱知縣。「休假」條下探討了漢魏時期的官員告休制度。還追索了「五刑」源流，考證秦漢時期的「鬼薪、白粲、城旦、舂」之類的刑罰，詳實考辨古代刑罰、論決、量刑等法獄問題。人部還辨明孫臏、黥布等非其實名；認爲「生旦浄丑」之名源自動物，暗指優伶源自遠古祭舞，可爲一説。在卷八人部有不少條目解釋文學典故，詩歌用詞。

物部内容豐富，有一則稽考度量衡制度的古今變化；詳釋古代車制，解釋了三十八個與車輛有關的字，涉及器件形制、構造配置與功用，可謂詳審。考索制度演變，指出銅柱起源於漢，建立以爲邊境標識；碑，最初立石，爲下葬時受繩下棺之具，後世因於其上記述功德，功用漸漸轉變。其説對於文化歷史研究具有資鑒意義。

《名義考》的列詞立條體例，常歸列兩個或多個相關之詞，比較它們之間的異同。有的意義相近相關，有的形近而義殊。人部列舉「臧、獲、厮、養、輿、臺、奚、奴、僕、皂、卒」等奴婢隸卒之稱；辨析了「瓜葛、葭莩、肺附」三者之别，關係親疏不同，瓜葛謂僅有關聯，葭莩爲淡薄之交，或疏遠親戚，肺附謂近親。比較唐宋兩代的兩種「青苗錢」，唐代宗時，當苗青未熟之前，預徵租税以補國家急需，而宋神宗的青苗之法，則於青黄不接之際，官府貸錢與民。正月放而夏斂，五月放而秋斂，民間亦謂之青苗錢。

# 四

《名義考》對訓詁、詞義、詞源研究也有影響，研索其中的條目可對辭書釋義貢獻更新的認識和實證。訓詁學的精微之處在於，它主張意義都有來源和機理，凡訓釋一義、建立一説、解讀一訓，都應有語音、字形、事理、觀念等方面的道理，而非簡單的引據盲信，訓詁不是單純的實證之學，更是原理之學。周祈深得訓詁微旨，以名義互證治學，分析詞形的生成機制，梳理意義關係，理念和方法上超越很多學究，呈現出生動的治學趣味。

《名義考》繼踵《爾雅》等小學之訓，歸納詞義，如，記録「案」字有六義、「鹽」有三義、「疋」有三讀五義；認爲荼即茶、刁爲刀之變。這些都是有用的歸納和見解。

一些條目比列了詞語的幾個用義，這些意思似乎並無關聯，但它們依托同一形式表達，周祈認爲很多情況下它們應有隱晦的聯繫，只是不易發覺，這爲相關研究提供了有益的思路和方法。「荼」有四義，分别指稱四種不同的植物；「屠蘇」有屋廬之義，順此，屋廬義與藥酒之義之間的關係，可啓導後來者探討。

周祈對於詞語多義多用的現象尤多措意，這些辨析探討具有啓示作用。卷七論「束脩」之義，認爲束脩有二義，一爲禮贄，一爲檢束修飾，分辨至細。考察文獻中頻見的束脩一語，有助解惑決疑。《論語・述而》：「自行束脩以上，吾未嘗無誨焉。」魏何晏集解：「言人能奉禮，自行束脩以上，則皆教誨之。」宋邢昺疏：「束脩，禮之薄者。」朱熹直以禮贄奉師而解。但是，更早的東漢經師鄭玄則直接注曰「謂年十五以上」。這些説法如何解讀，它們之間是什麼關係？這裏需要系統的訓詁理論與方法，將多種説法貫通，而不是輕忽沿襲，也不能簡單認爲説法不同。《論語》中的「束脩」之字應是「束修」，下字從彡。束修指束帶修節，「自行束修」則是自己奉行束帶修飾，自己穿衣修飾，自理儀表之意，兩處古注中的「禮」指的是禮儀，而非禮贄禮物。不需要父母幫助，自己從事穿衣束帶、修飾儀表之事，是禮儀的基礎，故謂「禮之薄者」。所以集兩漢經學之大成的鄭玄直曰「謂年十五以上」，十五歲則可自理起居，爲秉禮之始。至此方得其諦義。孔子授徒，年齡有下限，從具備生活自理的基礎禮儀算起。漢魏時期的《論語》學者之説互補，可以統一。自唐以降解釋爲肉脯獻師之禮，蓋爲誤讀。

周祈對於詞語的微差之義做出了清晰辨理。卷十辨釋「很戾」曰：「羊性很，愈牽愈不進，其曰『很戾』，言不順從也。」認爲很戾表示不順從，而非貪狠之意，看法敏鋭。很，表示不聽從，倔强執拗，而不肯前行，因此字形從彳。像羊一般不順，即所謂「羊很」。《説文·彳部》：「很，不聽從也。一曰行難也。」《史記·項羽本紀》：「猛如虎，很如羊，貪如狼，彊不可使者，皆斬之。」北魏賈思勰《齊民要術·養羊》：「白羊性很，不得獨留。」由不順服引申出凶暴殘忍之義，此義後來轉寫作「狠」。《書·酒誥》：「厥心疾很，不克畏死。」《左傳·襄公二十六年》：「太子痤美而很。」杜預注：「貌美而心很戾。」

人部一則認爲「丈夫、丈人」都是因身長而言，皆指成人，唐代以後丈人也可用於尊老之稱，所以將上古的丈人釋爲老人，不如釋爲成年人。

《名義考》着意分析詞義來源或引申理據。《左傳·僖公五年》的「輔車相依」中，輔指頰輔，車指牙車，周祈認爲「人頰骨似車輔，故曰輔車」，説明了比喻賦名的原理。《莊子·逍遥遊》中的「野馬」意謂日氣，是因爲日氣遠望如野馬上騰；至於「什器、家火」之語，周曰：「軍法五人爲伍，二伍爲什，共其器物，故稱什器。從軍及作役者，十人爲火，共畜調度，故稱家火。」

該著既名「名義考」，其精微所在就是探討事物的命名之理，推求詞源，揭明名實關係，根據名稱推求詞義内涵。這一方法繼承了漢代今文經學的隱奥傳統，光大了宋明學者窮理的治學風氣。

「象魏」，上古宫廷樓闕，上懸法象教令，巍然而高，故曰象魏。

「鵜鶘」，根據其因習性推究名義。鵜之言啼，鶘之言胡。是鳥食魚，鳴啼喚引群鳥，以頷下胡囊吸水，令澤乾涸，待小魚露出，乃共食之，所謂「竭澤捕食」。

上面是兩則名源之釋。下舉一個解釋詞源之例。「蒼黄」本指兩種顔色，何以又謂急遽匆迫？後一意義來源無解，今時多以所謂的聯綿詞對待，不釋詞源。周祈採擷並闡發徐鍇説法，揭開此小謎題。《説文・倉部》：「倉，穀藏也，蒼黄取而藏之，故謂之倉。」許君釋語費解，其中「蒼黄」容易理解爲匆遽，段玉裁亦如是。而徐鍇認爲蒼黄爲穀物成熟之色。故周祈曰：「農人乘蒼黄而取之，謹蓋藏，戒後時也。」解讀令人擊節稱賞。穀物成熟之際，從先前的蒼色轉變爲黄色，或如周氏之既蒼又黄之色，此時必急忙刈穫收取，否則穀粒脱落。依托這一事理蒼黄以顔色轉指急遽。周還指出了「倉惶」之誤，這只是重構理據的改寫，不必拘泥。

## 五

《名義考》在多方面具備價值，尤於歷史考據、文獻訓詁、名物典章考辨等方面，所論隱微，所辨精警，也具有理性的方法論意義，體現了宋明學者的窮究物理的風氣。顧炎武《日知録》、錢鍾書《管錐編》等重要著作也時引《名義考》以考證禮制，辨釋名源。民國學者王古魯對於《名義考》有過探研，但其注論只能看到隻鱗片羽，令人遺憾。當今一些論著偶爾可見徵引，但多是賡相轉引，恐難得其諦義。

筆者整理《名義考》，意在肯定其文獻地位，深入發掘其學術價值。這是首次對於《名義考》這部古籍的系統整理工作，内容包括點校、箋注、疏證、稽考、訂謬、析疑和研究等方面工作，使它得以傳承，便於利用，益於學林。

點校勘誤。該著版本以萬曆十七年黄中色重刻本爲善，此本題有「西楚周祈著，劉如寵校，東究黄中色刊」。校勘中以此爲底本，參校其他，以正舛誤。校勘力求細密嚴謹。原刊無標點，現根據古籍整理規範加以標點，以便利用。

注釋析疑。原書條目多出上古經史文獻，亦有源自中古詩賦者，文句古奥，所釋囊括複雜。本研究詳審注解，闡發意旨，並增益實證抉發，闡揚原著的名義理據。注釋力求詳審，切中其要。其中所出之典故、禮制、典章、地理等内容，必詳盡考索疏證。於其詞義、名源解釋，宜加義疏助證，揭明其考論，探析其辨釋之理。

覈證訂謬。明人筆記援引舊文，不標所出，引文常以意引，此浩博之著，亦難免訛謬。凡條釋中所引，本研究則逐條稽核標注文獻引源，訂正訛誤，以期使之更趨確鑿。凡本書引用他書未出書名篇名者，對原内容有所删改者，皆於注中標明確切出處，並詳録補足原文，以資比照，以利解讀及後續研究。

研究闡發。探討《名義考》的溯源訓釋方法與見解，在對原著的疏證中提出自己的看法，助證其結論認識，並適當做些補遺工作，增擴研究空間，發掘《名義考》的學術利用價值。其間時時補充材料和見解，以利相關問題的完整探討。

# 袁昌祚[一]《刻名義考敘》

當三代時，聖王方開物。以前天下故士之殖學[二]，如初語嬰兒，無論纖委，必加鷺辨[三]，退而考其所由，以資見聞。及積久貫通，出其中所素習者，輒有當於世，用稱逢原矣。其後人文漸備，往往喜緣習而樂簡便，不復以探討爲功。博雅之士始起，而稱名當世，若吾夫子，其天縱而一貫者本何？籍於「楛矢、萍實」諸辨，以示淵閎，而當世顧驚，詡以是爲聖人。次則論黃熊[四]誦祈招與騶牙貳負之，對學士大夫至遜，謝而艷稱之。則博物之難，足徵也。自詞賦科絀而制舉，顓用經術，其指歸類，能不詭于聖途？乃有專守師説，剽拾帖括，以幸中有司之繩墨，輒瞀然薄旁綜者徒多，而苦心及遇所不知，則輒以臆對，而固諱其短。於是數下功，令士射策[五]，非淹貫者不得上澤宫[六]及禮曹選。蓋維之而未易猝變也。余被命典博士業，每惟西土多質茂而鮮學，兼地僻，無從購書，以資所見聞，適昭守周君持所著《名義考》質余，因請而授鍥[七]焉。周君在江黄間，其父子兄弟俱以文學起家，而君尤稱敦敏，從幼時授經至綰組擁軺[八]，未嘗手釋卷。曩守民部郎，而余適同舍，嘗過而論六籍[九]，沛若懸河，數竦然心異之。兹觀所著考，自象緯名物、訓詁方言，靡不詳析互證，孅委必具，兹非仕學並茂之符鏡哉？

世傳《爾雅》出於周時，至郭璞時始著，嗣是而《埤蒼》[一〇]踵起。迄于宋，而新都羅氏復作《爾雅翼》[一一]，以廣其遺。近代揚用修[一二]殊好古，多著述而正，揚乃願爲忠臣，夫訛闕，固作者之時有也。余稽古不及陳君，而君所著視用修氏頗加詳核，可以希《爾雅》《埤蒼》之武，而與之並傳。

士執經術間，舉而游泳其間，因所騭辨，以蒐羅百氏，不復以剽拾自喜，庶幾哉可應功令矣。若乃理足而神會，彼其中且不知，胡然而一貫，胡然而逢原也，余何能言之？是在自得。萬曆十一年，癸未秋八月朔。粵東袁昌祚敘。

【箋注】

[一] 袁昌祚（1538—1616）：字茂文，號莞沙，東莞茶山横崗人。隆慶五年（1571）進士。授左州知州，興辦學塾，後調湖廣夷陵州，遷户部員外郎，又轉爲四川參議。此序原名「刻名義考敘」，《四庫提要》誤爲「重刻」。

[二] 殖學：學業，學問。

[三] 騭：評論、評定。

[四] 黄熊：古代傳説中的獸名。《左傳·昭公七年》：「昔堯殛鯀於羽山，其神化爲黄熊，以入於羽淵。」

[五] 射策：漢時取士之法。此謂考試、應試。《漢書·蕭望之傳》：「望之以射策甲科爲郎。」顔師古注：「射策者，謂爲難問疑義書之於策，量其大小署爲甲乙之科，列而置之，不使彰顯。有欲射者，隨其所取得而釋之，以知優劣。射之言投射也。」劉勰《文心雕龍·議對》：「對策者，應詔而陳政也；射策者，探事而獻説也。言中理准，譬射侯中的。二名雖殊，即議之别體也……對策者，以第一登庸；射策者，以甲科入仕。」

[六] 澤宫：古代習射取士之所。《周禮·夏官·司弓矢》「澤共射椹質之弓矢」鄭玄注引鄭司農曰：「澤，澤宫也，所以習射選士之處也。」

[七] 授鍥：授權刻版，允許發行。

[八] 綰組：系結組綬，謂佩掛官印。軺，輕車。

〔九〕六籍：即六經。

〔一〇〕《埤蒼》：三國時魏人張揖著。張揖，字稚讓，清河（今河北臨清縣）人，魏明帝太和年間任博士，精於文字訓詁，著有《埤蒼》《廣雅》《古今字詁》等。

〔一一〕《爾雅翼》：宋代羅願所著訓詁書，多釋《爾雅》草木鳥獸蟲魚各類物名，以爲《爾雅》之輔翼。

〔一二〕楊慎（1488—1559）：字用修，號升庵，明代學者。楊慎考論經史詩文，研究訓詁名物，著述有《丹鉛總錄》《譚苑醍醐》《金石古文》《風雅逸篇》等，見識獨到，考證可補史闕。

# 黃中色《重刻名義考敘》

夫參寥[一]區宇[二]，吹萬[三]不齊之物，頡滑[四]而有實，蓋名義所繇來，若形景然。淺儒膠守糟粕，目論耳食[五]，更椰榆綜覈[六]者，謂兀兀[七]泛觀，徒役精力已耳。洎循名而叩之，毋論指掌法象[八]，剖判玄宗[九]，即近不下帶[一〇]，而厥義未晰，稷稷[一一]然，口張而不噲[一二]，舌舉而不下。嗟夫，習而弗察，由而弗知，無抑其剽掇之弊滋而參證之功疎也[一三]？余不佞，款啓寡聞[一四]，令茲河内[一五]，而司理劉公時出緒言相命余[一六]，徐聆之如庖丁氏之奏刀也，如伯昏瞀人之命中也[一七]，則余汇然駭[一八]，公以爲捃摭[一九]之富，一至於此。公顧欿欿[二〇]謝不敏，已而手是編曰：「此吾蘄周大夫所著也，吾欲鋟梓以廣其傳，君得無意耶？」余請而卒業。苞舉今昔，囊括鴻委，炎炎詹詹[二一]，如入瓊林武庫，無所不有，一切障礙，渙然冰釋。博極百氏之菁，薈蕞群言之竅，良亦稱苦心哉！

往子產識臺駘[二二]，卜氏別三豕[二三]，與夫鼮鼠藻廉諸辨[二四]，不過偶睹一斑。猶然擅該浹之稱，傾異一時，誇艷千古，孰與大夫羅萬有於胸臆定疑似於豪茫？指畫疇昔之悠謬，耳提來祀之愚蒙，功亦閎且遠矣。夫載籍極博，大夫之所考，學究家之所略也，研索弗精，折衷靡當，即屈首窮年，無以稱心得，而詣玄解譬之陽晛[二五]中天，蔑弗見之。而盲者至，叩盆而捫鑰[二六]，自蔽其明，即昭昭乎揭日而行，何益於視？余誠願佔嗶[二七]之士游詠是篇，則遐邇巨細得並觀之。哲庶幾其免於盲也，故樂以付剞劂[二八]，而因爲之敘。若大夫之事業文章足垂不朽，誠出於是編之外，且也有秉如椽以颺徽幟者在，有奚所事余言矣？

萬曆己丑十二月望日，魯人黄中色元采甫書于明新別業[二九]。

【箋注】

[一] 參寥：出於《莊子》，寓意虚空高遠。《莊子・大宗師》：「玄冥聞之參寥，參寥聞之疑始。」陸德明釋文引李頤云：「參，高也。高邈寥曠，不可知也。」

[二] 區宇：境域，天下。

[三] 吹萬：典出《莊子》。《莊子・齊物論》：「夫吹萬不同，而使其自己也。」成玄英疏：「風唯一體，竅則萬殊。」風吹萬竅，發出各種聲響。

[四] 頡滑：錯亂，混淆。《莊子・胠篋》：「知詐漸毒頡滑堅白解垢同異之變多，則俗惑於辯矣。」成玄英疏：「頡滑，滑稽也，亦姦黠也。」陸德明釋文：「頡滑，謂難料理也。崔云：『纏屈也。』」《莊子・徐無鬼》：「頡滑有實，古今不代。」成玄英疏：「頡滑，不同也。」陸德明釋文引向秀曰：「頡滑，謂錯亂也。」

[五] 目論：眼睛只見毫毛而看不見睫毛，目論比喻不自見其過失，無自知之明。《史記・越王勾踐世家》：「吾不貴其用智之如目，見豪毛而不見其睫也。今王知晉之失計，而不自知越之過，是目論也。」司馬貞索隱：「言越王知晉之失，不自覺越之過，猶人眼能見豪毛而自不見其睫，故謂之『目論』也。」此謂膚淺狹隘的見解。耳食：謂不加省察，徒信傳聞。《史記・六國年表序》：「學者牽於所聞，見秦在帝位日淺，不察其終始，因舉而笑之，不敢道，此與以耳食無異。」司馬貞索隱：「言俗學淺識，舉而笑秦，此猶耳食不能知味也。」

[六] 椰楡：亦作「椰揄」，嘲笑，戲弄。綜覈：亦作「綜核」，聚總考核。

［七］兀兀：渾沌無知貌，癡呆貌。《文選・孫綽〈游天臺山賦〉》：「渾萬象以冥觀，兀同體於自然。」李善注：「兀，無知之貌也。」唐寒山《詩》之二三四：「兀兀過朝夕，都不別賢良。好惡總不識，猶如豬及羊。」宋洪邁《夷堅丙志・徐世英兄弟》：「忽得惑疾，兀兀如白癡。」

［八］指掌：語出《論語・八佾》：「或問禘之説。子曰：『不知也。知其説者之於天下也，其如示諸斯乎？』指其掌。」朱熹集注：「指其掌，弟子記夫子言此而自指其掌，言其明且易也。」比喻事理淺顯易明，非常熟悉了解。晉葛洪《抱朴子・對俗》：「苟得其要，則八極之外，如在指掌；百代之遠，有若同時。」法象：古代哲學術語，總稱自然萬物。《易・繫辭上》：「是故法象莫大乎天地，變通莫大乎四時。」

［九］剖判：開闢，辨别。《韓非子・解老》：「唯夫與天地之剖判也具生，至天地之消散也不死不衰者謂常。」《淮南子・要略》：「總要舉凡，而語不剖判純樸。」玄宗：道家或佛家的深奥旨意謂之玄宗。《文選・王儉〈褚淵碑銘〉》：「眇眇玄宗，萋萋辭翰。」李周翰注：「玄宗，道也。」晉僧肇《注〈維摩詰經〉序》：「而恨支竺所出，理滯於文，常懼玄宗，墜於譯人。」

［一〇］帶：衣帶。《儀禮・士相見禮》：「凡與大人言，始視面，中視抱……若父，則游目，毋上于面，毋下於帶。」《孟子・盡心下》：「君子之言也，不下帶而道存焉。」朱熹集注：「古人視不下於帶，則帶之上乃目前常見至近之處也。舉目前之近事，而至理存焉。」此處「不下帶」指近前簡易之理，而非深旨奥義。

［一一］稯稯：群聚貌。《莊子・則陽》：「孔子之楚，舍於蟻丘之漿，其鄰有夫妻臣妾登極者，子路曰：『是稯稯何爲者邪？』」成玄英疏：「總總，衆聚也。」

［一二］噲：閉合，合嘴。《莊子・天運》：「予口張而不能噲。」成玄英疏：「噲，合也。」

［一三］踈：同「疏」，粗疏。

［一四］款啓寡聞：謂見識少。《莊子・達生》：「今休，款啓寡聞之民也。」陸德明釋文引李頤曰：「款，空也；啓，開也。如空之開，所見小也。」

〔一五〕此謂作者任河内知府。

〔一六〕司理劉公：指劉如寵。緒言：已發而未盡的言論。《莊子·漁父》：「曩者先生有緒言而去。」陸德明釋文：「緒言，猶先言也。」成玄英疏：「緒言，餘論也。」

〔一七〕伯昏瞀人：又作「伯昏无人」，見於《莊子》列禦寇、德充符、應帝王、田子方等篇。《莊子·列禦寇》曰：「列禦寇爲伯昏无人射，引之盈貫，措杯水其肘上，發之，適矢復沓，方矢復寓。當是時，猶象人也。伯昏无人曰：『是射之射，非不射之射也。嘗與汝登高山，履危石，臨百仞之淵，若能射乎？』於是无人遂登高山，履危石，臨百仞之淵，背逡巡，足二分垂在外，揖禦寇而進之。禦寇伏地，汗流至踵。伯昏无人曰：『夫至人者，上窺青天，下潛黄泉，揮斥八極，神氣不變。今汝怵然有恂目之志，爾於中也殆矣夫！』」

〔一八〕汒然：茫然。

〔一九〕捃摭：採取，採集。《史記·十二諸侯年表序》：「及如荀卿、孟子、公孫固、韓非之徒，各往往捃摭《春秋》之文以著書。」

〔二〇〕欿欿：憂愁貌，意有不足，引以爲恨。

〔二一〕炎炎：言論美盛貌。詹詹：言詞煩瑣貌。《莊子·齊物論》：「大言炎炎，小言詹詹。」陸德明釋文引梁簡文帝曰：「美盛貌。」成玄英疏：「詹詹，詞費也。」

〔二二〕臺駘：相傳上古金天氏少皡的後代昧，生允格、臺駘。臺駘承襲祖業，爲水官之長，疏通汾洮二水，帝顓頊嘉其功，封之於汾川。春秋時鄭國大夫子産封臺駘爲汾水之神。見《左傳·昭公元年》。

〔二三〕卜氏別三豕：此言子夏辨明「己亥」誤爲「三豕」之事。子夏，姓卜，名商。《呂氏春秋·察傳》載曰：「子夏之晉，過衛，有讀史記者曰：『晉師三豕涉河。』子夏曰：『非也，是己亥也。夫「己」與「三」相近，「豕」與「亥」相似。』至於晉而問之，則曰：『晉師己亥涉河也。』」《孔子家語·七十二弟子解》亦曰：「卜商衛人，無以尚之。嘗返衛見讀史志者云：『晉師伐秦，三豕渡河。』子夏曰：『非也，己亥耳。』讀史志曰『問諸晉史』。果曰『己亥』。於是衛以子夏爲聖。」

［二四］ 鼮鼠藻廉：《爾雅・釋獸》：「豹文鼮鼠。」郭璞注：「鼠文彩如豹者。漢武帝時得此鼠，孝廉郎終軍知之，賜絹百匹。」《文選・任昉〈爲蕭揚州薦士表〉》：「豈直鼮鼠有必對之辯，竹書無落簡之謬。」李善注引摯虞《三輔決録》注：「竇攸舉孝廉爲郎，世祖大會靈臺。得鼠如豹文，熒熒光澤。世祖異之，以問羣臣，莫能知者。攸對曰：『鼮鼠也。』詔問：『何以知之？』攸對曰：『見《爾雅》。』詔案秘書，如攸言。賜帛百匹。」清鄂爾泰《贈方望溪》詩：「博物但解辨鼮鼠，搜神或詑名騶牙。」藻廉，又作「藻兼」，傳説中的水木之精。南朝宋劉義慶《幽明録》：「〈東方朔〉曰：『其名爲藻兼，水木之精也。夏巢幽林，冬潛深河；陛下頃日頻興造宫室，斬伐其居，故來訴耳！』」

［二五］ 晛：同「現」。

［二六］ 叩盆捫鑰：典出宋人蘇軾《日喻》：「生而眇者不識日，問之有目者。或告之曰：『日之狀如銅盤。』扣盤而得其聲。他日聞鐘以爲日也。或告之曰：『日之光如燭。』捫燭而得其形，他日揣鑰以爲日也。日之與鐘鑰亦遠矣，而眇者不知其異，以其未嘗見而求之人也。」後以「盲翁捫鑰」「叩盆捫鑰」比喻憑空推斷，片面妄言。

［二七］ 佔嗶：亦作「佔畢」，謂經師不解經義，僅通過誦讀文字以教人。《禮記・學記》：「今之教者，呻其佔畢，多其訊，言及於數，進而不顧其安。」鄭玄注：「呻，吟也。佔，視也。簡謂之畢……言今之師自不曉經之義，但吟誦其所視簡之文，多其難問也。」

［二八］ 剞劂：刻鏤的刀具。《楚辭・嚴忌〈哀時命〉》：「握剞劂而不用兮，操規椝而無所施。」洪興祖補注引應劭曰：「剞，曲刀；劂，曲鑿。」「剞劂」此謂雕版刻印。

［二九］ 萬曆己丑，爲萬曆十七年。黄中色，字元采。

# 劉如寵[一]《重刻名義考敘》

《名義考》，今吾蘄周大夫所著書也。大夫圻剖崛起，才名軋軋傾江漢。既束帶爲吏，益砥志勵精，勤勞民事，所至轍樹疆場績，棠蔭在人合，人人詠歌尸祝之，迄於去後不衰也。莫耶發硎，迎刃支解，故官舍多暇日，得以其餘力，涉經傳之浩淼，擷百氏之精華，發爲文章。深醇爾雅，翩翩追秦漢而比肩。作者研精博物，細大苞舉不遺。自鴻寶明訓以及丘里方言，中間奥義僻旨，惠龍[二]所不可究詰，承訛習碼，巧曆[三]所莫能校讎者，無不批郤導窾，字訂句析，曠若發蒙而洞若觀火者，其冥搜苦心，立覽獨見，謂參萬歲一知其解可也。眇乎小哉，謷乎大哉，珞珞琭琭[四]，恢恑[五]合一，大夫之緼籍深宏矣。

夫曲士[六]繕性於俗學小智，眯目於播糠，魚豕雷同[七]，燕郢塗戾[八]，其究足以眩國是，而塗民耳目，其關係世教非細也。使人間世得睹是書，則炯然晰象形於神鑒，爟然照昏衢以巨燭，雖三尺之童，人不能掩之以疑似，而傲之以不知矣。是烏可秘之？爲中郎私貲而不廣其傳乎？不佞思與博雅之士共此琬琰，故出諸巾笥，付河内黄令君梓之[九]，令君嘉惠盛心，功足與大夫相頡頏垂不朽，乃不佞籍托餘光，固已大喜過望哉！萬曆十二年十月望後劉如寵書。

【箋注】

[一] 劉如寵，字介卿，蘄州人。萬曆八年（1580）進士，官至按察司副使。

[二] 惠龍：謂戰國名辯家惠施與公孫龍。惠施，宋國人，學富五車，曆物十事，爲名家鼻祖。公孫龍，戰國末年趙國人。能言善辯，提出了「離堅白」「白馬非馬」等命題，名家離堅白學派的主要代表。

[三] 巧曆：精於曆算的人。唐錢起《秋夜作》詩：「浮生竟何窮，巧曆不能算。流落四海間，辛勤百年半。」宋陸遊《久雨》詩之二：「巧曆莫能知雨點，孤桐那解寫溪聲。」

[四] 珞珞琭琭：《老子》三十九章：「故致數譽，無譽。不欲琭琭如玉，珞珞如石。」河上公注：「琭琭喻少，落落喻多，玉少故見貴，石多故見賤，言不欲如玉爲人所貴，如石爲人所賤，當處其中也。」

[五] 恢恑：離奇怪異。

[六] 曲士：指孤陋寡聞的人。《莊子·秋水》：「曲士不可以語於道者，束於教也。」司馬彪注：「曲士，鄉曲之士也。」《文選·左思〈吴都賦〉》：「齷齪而筭，顧亦曲士之所歎也。」劉逵注：「曲，謂僻也。言筭量蜀地，亦是曲僻之士。」

[七] 魚豕：「魯魚亥豕」的略語。晉葛洪《抱朴子》：「諺云：『書三寫，魚成魯，帝成虎。』」《吕氏春秋·察傳》：「有讀史記者曰：『晉師三豕涉河。』子夏曰：『非也，是己亥也。夫己與三相近，豕與亥相似。』」「魯」字訛爲「魚」字，「亥」字錯爲「豕」字。此謂書籍在撰寫或刻印過程中的文字訛誤。

[八] 燕郢塗戾：《韓非子·外儲説左上》：「郢人有遺燕相國書者，夜書，火不明，因謂持燭者曰『舉燭』，而誤書『舉燭』。舉燭，非書意也。燕相國受書而説之，曰：『舉燭者，尚明也；尚明也者，舉賢而任之。』燕相白王，王大悦，國以治。」後以「郢書燕説」比喻穿鑿附會之説。塗戾：道路乖違、相悖。

[九] 黄令君，謂黄中色，萬曆中任河内知府。雕版印書以梓木爲上，此以「梓之」謂刻版印刷。萬曆十七年刻本《重刻名義考》，舊題「西楚周祈著、劉如寵校、東兗黄中色刊」。令君，對地方令長的尊稱。

# 目録

**名義考卷二 天部** …… 三五

名義考卷五 人部……一七〇

**名義考卷七 人部**

**名義考卷八 人部**……三五六

**名義考卷九 物部**……四一〇

**名義考卷十 物部** 

**名義考卷十一 物部**……五六三

## 名義考卷十二 物部 ……六三八

# 名義考卷一　天部

## 1　天[一]

蓋天，其説出庖犧，謂天形如蓋，天運如轉磨，日月實東行，而天牽之以西没[二]。宣夜，殷氏之制，無傳。漢郗萌[三]補其説，謂日月五星，浮生虚空之中，七曜伏見無常[四]，北斗不與衆星西没，攝提、鎮星皆東行。

蓋天寡驗，郗萌無承[五]。唯渾天儀，自堯舜以來用之，其言曰：「天形如雞子，地居中，而天周焉，日在地上爲晝，日在地下爲夜。」[六]渾天，圜貌；儀，即璣衡[七]也。今欽天銅儀[八]，其遺制。《黄帝書》曰：「天在地外，水在天外，水浮天而載地。」[九]《考靈曜》注[一〇]：「二十八宿及諸星皆循天左行，日月五星右行。」[一一]不易之論也。

[箋注]

[一] 此條之下，分別辨明古人的三種宇宙學説：蓋天、宣夜、渾天。《晉書・天文志上》：「古言天者有三家：一曰蓋天，二曰宣夜，三曰渾天。」

[二] 蓋天：中國古代的三種宇宙學説之一。又有兩種説法，一説「天圓如張蓋，地方如棋局」（舊蓋天説，天圓

地方）；又有一説，《周髀算經》謂「天似蓋笠，地法覆盤，天地各中高外下」（新蓋天説，或曰周髀説）。《晉書·天文志》載蓋天説云：「蔡邕所謂《周髀》者，即蓋天之説也。其本庖犧氏立周天曆度，其所傳則周公受於殷商，周人志之，故曰《周髀》。髀，股也；股者，表也。其言天似蓋笠，地法覆槃，天地各中高外下。北極之下爲天地之中，其地最高，而滂沲四隤，三光隱映，以爲晝夜。天中高於外衡冬至日之所在六萬里。北極下地高於外衡下地亦六萬里，外衡高於北極下地二萬里。天地隆高相從，日去地恒八萬里。」據此，天、地俱呈穹形，二穹相距八萬里。北極是「蓋笠」狀天穹之中央，日月星辰繞之旋轉不息。東升西没是由於近遠所致，不是没入地下。《晉書·天文志》載王充言曰：「今試使一人把大炬火，夜行於平地，去人十里，火光滅矣；非滅也，遠使然耳。今日西轉不復見，是火滅之類也。」日月星辰之升没，並非真實，只是離遠了就看不見，近了就可見其耀光。

〔三〕郗萌：「郗」古多作「郄」。漢代人，占星學家。籍貫、生卒年不詳。據記載，郗萌曾爲東漢郎中，後升遷中郎，在宫廷侍衛，皇帝出巡時充當車騎陪從。當時常有郎官被選派到東觀（皇家收藏圖書秘記之所）工作，典校秘書，或撰修著述，因此這些郎官也被稱作秘書郎。《晉書·天文志》及《隋書·天文志》均稱郗萌爲「漢秘書郎」。其占星學著作有《春秋災異》十五卷，《秦災異》一卷，《霓虹通玄記》七卷。均已散佚，其天文學説主要傳述中國古代三家宇宙理論之一的宣夜説。

〔四〕七曜，指日、月及金、木、水、火、土五星。伏，隱藏，伏見猶言出没。

〔五〕《書·舜典》：「在璿璣玉衡，以齊七政。」孔穎達疏：「蔡邕《天文志》曰：言天體者有三家：一曰周髀，二曰宣夜，三曰渾天。宣夜絶無師説……虞喜云：宣，明也；夜，幽也。幽明之數，其術兼之，故曰宣夜。」《晉書·天文志》：「宣夜之書亡，惟漢秘書郎郄萌記先師相傳云，天了無質，仰而瞻之，高遠無極，眼瞀精絶，故蒼蒼然也。譬之旁望遠道之黄山而皆青，俯察千仞之深谷而幽黑。夫青非真色，而黑非有體也。日月衆星，自然浮生虚空之中，其行其止皆須氣焉。是以或逝或住，或順或逆，伏見無常，進退不同，由乎無所根系，故各異也。故辰極常居其所，而北斗不與衆星同没也；攝提、填星皆東行，日行一度；月行十三度。遲疾任情，其無所系著可知矣，若綴附天體，不得爾也。」宣夜説認爲，天是没有形體的無限空間，因無限高遠纔顯出蒼色。日月衆星自然浮生虚空之中，依賴氣的作用運行。蓋天寡驗，郗萌無承，謂蓋天説缺乏驗證，郗萌的宣夜説後世也無傳承沿用。

［六］揚雄《法言·重黎》：「或問渾天。曰：落下閎營之，鮮於妄人度之，耿中丞象之。」張衡《渾儀注》：「渾天如雞子。天體圓如彈丸，地如雞子中黄，孤居於天内，天大而地小。天表裏有水，天之包地，猶殼之裹黄。天地各乘氣而立，載水而浮。周天三百六十五度又四分度之一，又中分之，則半一百八十二度八分度之五覆地上，半繞地下，故二十八宿半見半隱。其兩端謂之南北極。北極乃天之中也，在正北，出地上三十六度。然則北極上規徑七十二度，常見不隱。南極天地之中也，在正南，入地三十六度。南規七十二度常伏不見。兩極相去一百八十二度强半。天轉如車轂之運也，周旋無端，其形渾渾，故曰渾天。」

［七］璣，黄本作「機」。璣衡，「璿璣玉衡」之省，古代觀測天體的儀器。南朝宋劉義慶《世説新語·言語》：「尺表能審璣衡之度，寸管能測往復之氣。」

［八］欽：敬。銅儀，指銅制的候風地動儀。《後漢書·順帝紀》：「（陽嘉元年）秋七月，史官始作候風地動銅儀。」李賢注：「時張衡爲太史令，作之。」《後漢書·天文志上》「以顯天戒」劉昭注引漢蔡邕《表志》：「言天體者有三家……唯《渾天》者近得其情，今史官所用候臺銅儀，則其法也。立八尺圓體之度，而具天地之象，以正黄道，以察發斂，以行日月，以步五緯。」

［九］此《晉書·天文志》載《黄帝書》語。

［一〇］靈曜，天，日月。《考靈曜》，緯書《尚書緯·考靈曜》。

［一一］左行，向東運行；右行，向西。

## 2　七襄

《大東》之詩曰：「跂彼織女，終日七襄。」「跂」即「跂予望之」之「跂」，舉踵望也[一]。襄，《説文》：

「織文也。」[二]漢魏郡有縣能織錦綺，因名「襄」[三]。七襄，織文之數也。《詩》意謂，望彼織女，終日織文，至七襄之多，終不成報我之文章也。詩注未及此，《箋》謂「自卯至酉，更七次」[四]，殊非。

**[箋注]**

[一]《詩·小雅·大東》：「跂彼織女，終日七襄。」毛傳：「跂，隅貌。」孔穎達疏：「孫毓云：『織女三星，跂然如隅。』然則三星鼎足而成三角，望之跂然，故云隅貌。」周祈認爲「跂」通「企」。《集韻·紙韻》：「企，舉踵也，或作跂。」朱駿聲《説文通訓定聲·解部》：「跂，假借爲企。」《詩·衛風·河廣》：「誰謂宋遠？跂予望之。」馬瑞辰傳箋通釋：「此詩『跂』即『企』之假借。《楚辭·九歎》王逸注引作『企予望之』。」《荀子·勸學》：「吾嘗跂而望矣，不如登高之博見也。」楊倞注：「跂，舉足也。」《史記·韓信盧綰列傳》：「士卒皆山東人，跂而望歸。」司馬貞索隱：「跂，起踵也。」

[二] 考之《説文》《衣部》：「襄，漢令，解衣耕謂之襄。」段玉裁注：「此襄字所以从衣之本義惟見於漢令也。」此「織文」之釋未知何據。

[三]《廣韻·陽韻》：「襄，州名，本楚之西津，魏武(帝)置襄陽郡，西魏改爲襄州，因水立名。」依此説，襄郡、襄州之名源自襄水。

[四]《詩·小雅·大東》：「跂彼織女，終日七襄，雖則七襄，不成報章。」鄭玄箋：「襄，駕也。駕，謂更其肆也。從旦至莫七辰一移，因謂之七襄。」鄭箋謂從早到晚織女星移位七次。周祈非之，以「七襄」謂織女所織之多。

## 3　房星非馬

《爾雅》：「天駟，房也。」[一]《周禮》：「馬八尺以上爲龍。」[二]房，東方蒼龍宿，龍爲天馬，故曰天駟，非馬也，龍也。八尺以上，馬之最良者，故曰龍，非龍也，馬也。漢儒以「馬祖」爲天駟星[三]。《史記》：「王良策馬，車騎滿野。」[四]至有謂「龍與馬交生良馬」者，皆謬也。

**[箋注]**

[一] 天駟：房宿之别名，又稱「房駟」。《爾雅·釋天》：「天駟，房也。」郭璞注：「龍爲天馬，故房四星謂之天駟。」《國語·周語下》：「昔武王伐殷，歲在鶉火，月在天駟。」韋昭注：「天駟，房星也。」

[二]《周禮·夏官·庚人》：「馬八尺以上爲龍，七尺以上爲騋，六尺以上爲馬。」

[三] 房星（天駟星）又稱「馬祖」。《周禮·夏官·校人》：「春祭馬祖，執駒。」鄭玄注：「馬祖，天駟也。《孝經説》曰：『房爲龍馬。』」賈公彦疏：「馬與人異，無先祖可尋，而言祭祖者，則天駟也，故取《孝經説》房爲龍馬，是馬之祖。」

[四]《史記·天官書》：「漢中四星，曰天駟。旁一星曰王良。王良策馬，車騎滿野。」張守節正義：「王良五星，在奎北河中，天子奉御官也。」《晉書·天文志上》：「王良五星，在奎北，居河中，天子奉車御官也。其四星曰天駟，旁一星曰王良，亦曰天馬。」王良本春秋時人，善馭馬，後以「王良」爲星名。《孟子·滕文公下》：「昔者趙簡子使王良與嬖奚乘，終日而不獲一禽，嬖奚反命曰：『天下之賤工也。』或以告王良，良曰：『請復之。』强而後可，一朝而獲十禽，嬖奚反命曰：『天下之良工也。』」王充《論衡·率性》：「王良登車，馬不罷駑；堯舜爲政，民無狂愚。」

## 4 烏兔

張衡《靈憲》[一]：「日者，太陽之精[二]，積而成鳥，象烏，陽之類，其數奇。月者，太陰之精，積而成獸，象兔，陰之類，其數耦。」《論衡》曰：「烏，日氣也。」《酉陽雜俎》曰：「佛氏謂月中所有，乃大地山河影，或言蟾兔地影，空處水影也。」[三]此可見「烏兔」乃日月積氣，非實有烏兔也。地影之説恐未然。日，陽精，全體渾融，月，陰魄[四]，猶少有渣滓耳[五]。

【箋注】

[一]《靈憲》：張衡所著天文著作，論述天地生成、萬象變化、宇宙結構和日月星辰運動等問題。

[二]太陽，陽氣之極。董仲舒《春秋繁露・陰陽終始》：「故至春少陽，東出就木，與之俱生；至夏太陽，南出就火，與之俱煖。」嵇康《答難養生論》：「咀嚼英華，呼吸太陽。」

[三]語出唐人段成式《酉陽雜俎・天咫》。

[四]魄：月初出或將没時的微光，亦指月初生或圓而始缺時之暗光。又曰「霸」。《書・康誥》：「惟三月哉生魄。」陸德明釋文：「月三日始生兆朏，名曰魄。」孫星衍疏引馬融曰：「《説文》作『霸』，云月始生霸然也。」揚雄《法言・五百》：「月未望則載魄於西，既望則終魄於東。」李軌注：「魄，光也。」宋程大昌《演繁露・月受日光》：「則其魄也，是銀圜之背日而暗者也，故闇昧無覩也……過望則月輪轉與日遠，爲之圜者，但能偏側受照而光彩不全，故其暗處遂名爲魄也。魄者，暗也。」元李翀《日聞録》：「月者，太陰之精……日光照之，則見其明；日光所不照，則謂之魄。」

[五]少：略微，稍許；渣滓：糟粕，雜質。

## 5　月星之光

《周髀》云：「日猶火，月猶水，火施光，水含影。月光生於日所照，魄生於日所蔽。」京房云：「月與星，陰也，有形無光，日照之乃有光。」[一]《周髀》之説無驗，京房猶踵之，且日既入矣，厚地之下更於何處照？《考靈曜》：「月當日則光盈，近日則明盡。」斯言得之。

蓋月星本自有光，獨避日耳，朔[二]以後漸遠於日，其光漸增。故望日光滿，望[三]以後漸近於日，其光漸減，故晦日明盡。日入而星見，日出而星没，猶之月也。日食時歷歷有星，亦自可驗，辟[四]之人臣在輦轂[五]，自藏戢[六]漸遠，則漸烜赫[七]矣。月食以與日同道相射，遥奪其光，雖遠猶近也。

【箋注】

[一] 京房（前77—前37），西漢經學家，精今文《周易》，著有《易傳》《易占》《災異論》等。楊泉《物理論》引京房云：「月與星，至陰也，有形無光，日照之乃光，如以鏡照而有影見。」

[二] 朔，舊曆每月初一。《説文・月部》：「朔，月一日始蘇也。」《書・太甲中》：「惟三祀，十有二月朔，伊尹以冕服奉嗣王歸於亳。」

[三] 望，月相名。舊曆每月十五日（或十六日）月相圓滿，這種月相叫望。《初學記》卷一引《釋名》：「望，月滿之名也，日月遥相望也。」《易・小畜》：「婦貞厲，月幾望，君子征，凶。」孔穎達疏：「月幾望者，婦人之制夫，猶如月在望時，盛極以敵日也。」

[四] 辟，同「譬」。

[五] 輦轂：皇帝的車輿，也代指京城、京師。曹植《求通親親表》：「出從華蓋，入侍輦轂。」「人臣在輦轂」謂在皇帝車駕之下，在京師。司馬遷《報任少卿書》：「僕賴先人緒業，得待罪輦轂下，二十餘年矣。」

[六] 藏戢：隱蔽，掩藏。

［七］烜赫：顯赫，昭著。

## 6 北辰　北斗

北辰，其星五，即北極，即中宮天極星。《天官書》：「天極星，其一明者，太一之常居也，在紫微中。」[一]

北斗，其星七。《春秋運斗樞》云：「第一天樞，第二璇，爲魁，第三璣，第四權，第五衡，第六開陽，第七瑶光。第一至第四爲斗，第五至第七爲杓。杓攜龍角，衡殷南斗，魁枕參首[二]。二星自異。人多以北斗爲北辰，《爾雅》疏亦誤。

（杓音鑣）

**[箋注]**

［一］《史記・天官書》：「中宮天極星，其一明者，太一常居也；旁三星三公，或曰子屬。后句四星，末大星正妃，余三星后宫之屬也。環之匡衛十二星，藩臣，皆曰紫宫。」《爾雅・釋天》：「北極謂之北辰。」楊泉《物理論》：「北極，天之中，陽氣之北極也。極南爲太陽，極北爲太陰。日月五星行太陰則無光，行太陽則能照，故爲昏明寒暑之限極也。」

［二］《説文・木部》：「杓，科柄也。」段玉裁注：「科柄者，勺柄也。勺謂之科，勺柄謂之杓。」沈濤《古本考》：「北斗星柄之名爲杓者，以象羹科之柄而言，是杓之本義爲羹科之柄，而非星斗之柄明矣。」「杓」指北斗柄部的三顆

星，又稱斗柄。《史記·天官書》：「北斗七星……杓攜龍角，衡殷南斗，魁枕參首。」裴駰集解引孟康曰：「杓，北斗杓也。龍角，東方宿也。攜，連也。」集解引晉灼曰：「衡，斗之中央。殷，中也。」

## 7 天一 太一

《隋書》：「天一星在紫宫中，天帝之神也。太一星在天一南，亦天帝之神也。」[一]《天官書》：「天極星，其一明者，太一之常居也。」[二]

二書所云不若宋均之説爲得。均曰：「天一、太一，北極之别名。」[三]蓋天一、太一、天極、北極皆謂北辰星也。北辰又謂之「耀魄寶」，又謂之昊天上帝[四]。漢祀太一，正祀此星耳。《隋書》分爲二星，非是。

《天官書》「太一之常居」何也？蓋北辰。其星有五，其一明者爲太一之常居。太一猶天子，其一明者猶闕庭[五]也。

**[箋注]**

[一]《隋書·天文志》：「天一一星，在紫宫門右星南，天帝之神也，主戰鬥，知人吉凶者也。太一一星，在天一南，相近，亦天帝神也。」

[二]《史記·天官書》：「中宫天極星，其一明者，太一常居也。」

[三]《史記·封禪書》：「其後人有上書，言『古者天子三年壹用太牢祠神三一：天一、地一、太一』。」司馬貞索

隱引宋均曰：「天一、太一，北極神之別名。」

［四］耀魄寶：天帝星。《星經·天皇》：「天皇大帝一星，在鉤陳中央也，不記數，皆是一星，在五帝前座，萬神輔録圖也。其神曰耀魄寶，主御群靈也。」《晉書·天文志上》：「鉤陳口中一星曰天皇大帝，其神曰耀魄寶，主御群靈，執萬神圖。」《舊唐書·禮儀志一》：「故注《月令》及《周官》，皆謂圓丘所祭昊天上帝爲北辰星耀魄寶。」

［五］闕庭：又作「闕廷」，宫廷，朝廷。以廷門有闕，故謂也。《史記·秦始皇本紀》：「將閭曰：『闕廷之禮，吾未嘗敢不從賓贊也。』」《後漢書·伏隆傳》：「臣隆得生到闕廷，受誅有司，此其大願。」《周書·明帝紀》：「非有呼召，各按部自守，不得輒奔赴闕庭。」

## 8 紫微 太微 少微

紫微即紫宫。《天官書》：「環之匡衛十二星，藩臣。皆曰紫宫。前列直斗口三星，若見若不見，曰陰德。」［一］《晉·天文志》：「紫宫垣十五星，其西蕃七，東蕃八，在北斗北。」［二］《晉志》十五星兼陰德三星而言。

太微，一曰「衡」。《天官書》：「衡，太微，三光之庭。」宋均曰：「太微，天帝南宫。」正義：「太微宫垣十星，在翼、軫之北。」［三］

《春秋緯》：「太微爲天德，中有五帝座。五帝者，蒼帝，威靈仰；赤帝，赤熛怒；黄帝，含樞紐；白帝，白招拒；黑帝，叶光紀。即五緯星也，座在太微垣中。」［四］本五帝座，而曰「三光之庭」者，并言之也，五帝亦天帝也，五帝應五行，五行各有德，又曰天德。

少微四星在太微西，一曰處士[五]。

**［箋注］**

[一]《史記·天官書》：「環之匡衛十二星，藩臣。皆曰紫宮。前列直斗口三星，隨北端兑，若見若不，曰陰德，或曰天一。」

[二]《晉書·天文志上》：「紫宮垣十五星，其西蕃七，東蕃八，在北斗北。一曰紫微，大帝之座也，天子之常居也，主命主度也。」

[三]太微：亦作「大微」。三垣之一。位於北斗之南，軫、翼之北，大角之西，軒轅之東。諸星以五帝座爲中心，作屏藩狀。《史記·天官書》：「衡，太微，三光之廷。匡衛十二星，藩臣：西，將；東，相；南四星，執法；中，端門；門左右，掖門。」司馬貞索隱引宋均曰：「太微，天帝南宫也。三光，日、月、五星也。」張守節正義：「太微宫垣十星，在翼、軫地，天子之宫廷，五帝之坐，十二諸侯之府也。其外藩，九卿也。」

[四]《周禮·春官·小宗伯》：「兆五帝於四郊。」鄭玄注：「五帝，蒼曰靈威仰，太昊食焉；赤曰赤熛怒，炎帝食焉；黄曰含樞紐，黄帝食焉；白曰白招拒，少昊食焉；黑曰汁光紀，顓頊食焉。」按，「汁光紀、白招拒」亦作「叶光紀、白昭矩」。《史記·天官書》：「衡，太微，三光之廷……其内五星，五帝坐。」張守節正義：「黄帝坐一星，在太微宫中，含樞紐之神。四星夾黄帝坐：倉帝爲東方靈威仰之神；赤帝南方赤熛怒之神；白帝西方白昭矩之神；黑帝北方叶光紀之神。五帝並設，神靈集謀者也。」

[五]少微：四星，在太微垣西南。《史記·天官書》：「廷藩西有隋星五（峰按，「五」，當從《漢書·天文志》作「四」），曰少微，士大夫。」張守節正義：「少微四星，在太微西，南北列：第一星，處士也；第二星，議士也；第三星，博士也；第四星，士大夫也。占以明大黄潤，則賢士舉；不明，反是；月、五星犯守，處士憂，宰相易也。」

## 9 台階

《天官書》：「魁下六星，兩兩而比者，曰三能。三能色齊，君臣和；不齊，爲乖戾。」[一]《春秋元命苞》云：「三台，起文昌，抵太微，王公之位。」《晉·天文志》：「三台六星。西近文昌二星曰上台，爲司命，主壽。次二星曰中台，爲司中，主宗室。東二星曰下台，爲司禄，主兵。」[二]《黄帝泰階六符經》曰：「泰階，天子之階也。上階，上星爲男主，下星爲女主；中階，上星爲諸侯三公，下星爲卿大夫；下階，上星爲士，下星爲庶人。」[三]是台階，上自天子下至庶人，徵驗皆繫焉，獨曰三公者，非也。

（能，與台同。苞音包）

【箋注】

[一]「三能」即「三台」。裴駰《史記集解》引蘇林曰：「能音台。」能，通「台」。《漢書·王莽傳中》：「皇帝謙讓，以攝居之，未當天意，故其秋七月，天重以三能文馬。」三台之上台、中台、下台共六星，兩兩並排而斜上，如階梯，故名台階，又謂之「泰階」。

[二]《晉書·天文志上》：「三台六星，兩兩而居……在人曰三公，在天曰三台，主開德宣符也。西近文昌二星曰上臺，爲司命，主壽。次二星曰中台，爲司中，主宗室。東二星曰下臺，爲司禄，主兵，所以昭德塞違也。」

[三]《漢書·東方朔傳》「願陳泰階六符」，顔師古注引孟康曰：「泰階，三台也，台星凡六星。六符，六星之符

公，下星爲卿大夫；下階，上星爲士，下星爲庶人。三階平，則陰陽和，風雨時；不平，則稼穡不成。」驗也。」應劭引《黄帝泰階六符經》曰：「泰階者，天子之三階：上階，上星爲男主，下星爲女主；中階，上星爲諸侯三

## 10 五星

東方歲星，十二歲而周天；南方熒惑，三十三歲而周天；西方太白，八歲而周天；北方辰星，一歲而周天；中央填星，二十八歲而周天。與日月右旋，謂之五緯。[一]同舍爲合，是爲易行。有德者慶，亡德者殃。[二]《晉志》：「五星降於地爲人。歲星爲貴臣；熒惑爲小兒，歌舞嬉戲；太白爲壯夫，處於林麓；辰星爲婦女；填星爲老人婦女。」[三]

### [箋注]

[一] 五星：五大行星，又稱「五緯」，即東方歲星（木星）、南方熒惑（火星）、中央鎮星（土星）、西方太白（金星）、北方辰星（水星）。《周禮·春官·大宗伯》「以實柴祀日月星辰」，鄭玄注：「星謂五緯，辰謂日月。」賈公彦疏：「五緯，即五星：東方歲星，南方熒惑，西方太白，北方辰星，中央鎮星。言緯者，二十八宿隨天左轉爲經，五星右旋爲緯。」《史記·天官書》：「水、火、金、木、填星，此五星者，天之五佐。」劉向《説苑·辨物》：「所謂五星者，一曰歲星，二曰熒惑，三曰鎮星，四曰太白，五曰辰星。」

[二]《史記·天官書》：「五星合，是爲易行。有德，受慶，改立大人，掩有四方，子孫蕃昌；無德，受殃若亡。」

[三]《晉書·天文志》：「凡五星盈縮失位，其精降於地爲人。歲星降爲貴臣；熒惑降爲童兒，歌謡嬉戲；填星降爲老人婦女；太白降爲壯夫，處於林麓；辰星降爲婦人。吉凶之應，隨其象告。」

# 11 二十八宿

二十八宿[一]，十二次在焉。東方七宿，其形龍；北方七宿，其形龜蛇；西方七宿，其形虎；南方七宿，其形朱鳥。龍虎南首而北尾，朱鳥、龜蛇西首而東尾。角、亢，壽星也；房、心、尾，大辰也，亦曰大火[二]；箕、斗之間，析木[三]也，即漢津[四]。斗、牛，星紀[五]也；虛，玄枵[六]也，又名顓頊之虛，又名北陸[七]；室、壁，娵訾[八]也。奎、婁，降婁[九]也；昴[一〇]，大梁[一一]也，又名旄頭[一二]，又名西陸[一三]；觜、參，實沈[一四]也。井、鬼，鶉首[一五]也；柳，鶉火也，朱鳥之咮[一六]；翼、軫，鶉尾[一七]也。日月之會，十一月在星紀，十二月玄枵，正月娵訾，二月降婁，三月大梁，四月實沈，五月鶉首，六月鶉火，七月鶉尾，八月壽星，九月大火，十月析木。會而爲晦，晦而復蘇爲朔。（咮音晝）[一八]

**[箋注]**

[一] 古代天文學將周天黄道（太陽和月亮所經天區）的恒星分成二十八個星座。《淮南子·天文訓》：「五星、八風，二十八宿。」高誘注：「二十八宿，東方：角、亢、氐、房、心、尾、箕；北方：斗、牛、女、虛、危、室、壁；西方：奎、婁、胃、昴、畢、觜、參；南方：井、鬼、柳、星、張、翼、軫也。」

[二] 大辰：心宿、大火。蒼龍七宿中房、心、尾三宿的總稱。《爾雅·釋天》：「大辰，房、心、尾也。」《左傳·昭

公十七年》：「冬，有星孛於大辰，西及漢。申須曰：『彗所以除舊布新也。天事恒象，今除於火，火出必布焉，諸侯其有火災乎！』」《公羊傳·昭公十七年》：「大辰者何？大火也。大火爲大辰，伐爲大辰，北辰亦爲大辰。」按，古人視大火、伐星以定時，視北辰以辨向，故均稱爲大辰。

［三］析木：二十八宿之尾、箕兩宿，與十二辰相配爲寅。《國語·周語下》：「我姬氏出自天黿及析木者，有建星及牽牛焉。」《漢書·律曆志下》：「析木，初尾十度，立冬；中箕七度，小雪；終於斗十一度。」

［四］漢津，指十二星次中的「析木之津」，在尾與南斗之間。《爾雅·釋天》：「析木之津，箕斗之間，漢津也。」郝懿行義疏：「《左傳》及《周語》並云『析木之津』。韋昭注：『津，天漢也。析木，次名，從尾十度至南斗十一度爲析木，其間爲漢津。』」

［五］星紀：星次名，十二次之一。二十八宿中之「斗、牛」二宿屬之。《左傳·襄公二十八年》：「歲在星紀，而淫於玄枵。」杜預注：「星紀在丑，斗牛之次。」星紀與十二辰之「丑」相對應。

［六］玄枵：本古人名，亦作「玄囂」，傳説是古代部落首領帝嚳的祖父。《孔子家語·五帝德》：「宰我曰：『請問帝嚳？』孔子曰：『玄枵之孫，喬極之子，曰高辛。』」《史記·五帝本紀》：「（嫘祖）生二子，其後皆有天下：其一曰玄囂。」後以「玄枵」謂十二星次之一，與二十八宿相配爲女、虚、危三宿，與十二辰相配爲子，與占星術的分野相配爲齊。《左傳·襄公二十八年》：「玄枵，虚中也。」《史記·天官書》「北宫玄武虚危」張守節正義：「虚二星，危三星，爲玄枵，於辰在子，齊之分野。」《晉書·天文志上》：「自須女八度至危十五度爲玄枵，於辰在子，齊之分野，屬青州。」

［七］北陸：虚宿，位在北方，故名。虚宿有名，曰「虚、玄枵、顓頊、北陸」。《左傳·昭公四年》：「古者日在北陸而藏冰。」孔穎達疏：「日在北陸，爲夏之十二月也。十二月，日在玄枵之次……於是之時，寒極冰厚，故取而藏之也。」《爾雅·釋天》：「玄枵，虚也；顓頊之虚，虚也。北陸，虚也。」郭璞注：「虚星之名凡四。」

［八］娵訾：亦作「娵觜」。古史相傳爲帝嚳之妃常儀的姓。《史記·五帝本紀》：「（帝嚳）娶娵訾氏，生摯。」張守節正義引《帝王紀》：「次妃娵訾氏女，曰常儀，生帝摯也。」後爲星次名，在二十八宿爲室宿和壁宿。《爾雅·釋

天》：「娵觜之口，營室東壁也。」《左傳・襄公三十年》：「及其亡也，歲在娵訾之口。」

〔九〕降婁：十二星次之一，與二十八宿相配爲奎、婁兩宿，與十二辰相配爲戌。《左傳・襄公三十年》：「於子蟜之卒也，將葬，公孫揮與裨竈晨會事焉。過伯有氏，其門上生莠。子羽曰：『其莠猶在乎？』於是歲在降婁，降婁中而旦。」杜預注：「降婁，奎婁也。周七月，今五月，降婁中而天明。」《晉書・天文志上》：「自奎五度至胃六度爲降婁，於辰在戌，魯之分野，屬徐州。」

〔一〇〕昴宿：白虎七宿的第四宿，又名髦頭、旄頭。

〔一一〕大梁：在二十八宿爲胃、昴、畢三星，在十二支中爲酉。《國語・晉語四》：「歲在大梁，將集天行。」韋昭注：「自胃七度至畢十一度爲大梁。」

〔一二〕旄頭：指昴星。《漢書・天文志》：「昴曰旄頭，胡星也，爲白衣會。」

〔一三〕西陸：古代指太陽運行在西方七宿的區域。《左傳・昭公四年》：「古者日在北陸而藏冰，西陸朝覿而出之。」

〔一四〕實沈：古代神話傳説，高辛氏的季子名實沈，是參宿之神。《左傳・昭公元年》：「昔高辛氏有二子，伯曰閼伯，季曰實沈，居於曠林，不相能也，日尋干戈，以相征討。後帝不臧，遷閼伯于商丘，主辰。商人是因，故辰爲商星。遷實沈于大夏，主參。唐人是因，以服事夏商……故參爲晉星。由是觀之，則實沈，參神也。」實沈爲星次名，大致相當於二十八宿的觜、參和畢、井的一部分，黄道十二宫的雙子座。在十二辰爲申。古時爲晉之分野。《國語・晉語四》：「歲在大梁，將集天行，元年始受實沈之星也。實沈之墟，晉人是居，所以興也。」酈道元《水經注・涑水》：「晉居參之分，實沈之土。鄭處大辰之野，閼伯之地。」

〔一五〕鶉首：指朱鳥七宿中的井宿和鬼宿，古以爲秦之分野。沈括《夢溪筆談・象數一》：「天文家『朱鳥』，乃取象於鶉。故南方朱鳥七宿，曰鶉首、鶉火、鶉尾是也。」南方有「井、鬼、柳、星、張、翼、軫」七宿，稱朱鳥七宿。首位者稱「鶉首」，中部者（柳、星、張）稱「鶉火（也叫鶉心）」，末位者稱「鶉尾」。

［一六］咮：柳宿。《左傳·襄公九年》：「咮爲鶉火，心爲大火。」孔穎達疏：「咮，謂柳也。」

［一七］鶉尾：指翼、軫二宿，古以爲楚之分野。《國語·晉語四》：「歲在壽星及鶉尾，其有此土乎！」韋昭注：「自張十七度至軫十一度爲鶉尾之次。」《史記·天官書》「翼爲羽翮，主遠客」唐張守節正義：「翼二十二星，軫四星，長沙一星，轄二星，合軫七星皆爲鶉尾，於辰在巳，楚之分野。」

［一八］咮：鳥嘴。《詩·曹風·候人》：「維鵜在梁，不濡其咮。」毛傳：「咮，喙也。」

## 12 牛女

《焦林大斗紀》：「天河［一］之西，有星煌煌［二］，與參［三］俱出，謂之牽牛。天河之東，有星微微［四］，在氐［五］之下，謂之織女。」牽牛，一名「河鼓」［六］，訛爲「黄姑」［七］。

《續齊諧志》：「桂陽成武丁有仙道，謂七月七日織女當渡河，弟問，故曰『織女暫詣牽牛』。」［八］此不過武丁一人之謬悠［九］耳，至今遂謂「織女嫁牽牛」。至有謂「烏鵲填河而渡織女，牽牛娶織女，借天帝錢二萬，久不還，被驅在營室」［一〇］，何誣天之甚也。

【箋注】

［一］天河：又稱「雲漢」，即銀河。《詩·大雅·雲漢》「倬彼雲漢」鄭玄箋：「雲漢，謂天河也。」

［二］煌煌：明亮輝耀，光彩奪目貌。《詩·陳風·東門之楊》：「昏以爲期，明星煌煌。」朱熹集傳：「煌煌，大明貌。」

[三] 參：星名，西方七宿之一，參宿又名「實沈」。《左傳·昭公元年》：「遷實沈於大夏，主參。」

[四] 微微：微弱，淡遠之貌。

[五] 氐：星宿名。二十八宿之一，東方蒼龍七宿的第三宿。有星四顆。也稱天根。

[六] 河鼓：屬牛宿，在牽牛之北。一説即牽牛。《史記·天官書》：「牽牛爲犧牲。其北河鼓，河鼓大星，上將；左右，左右將。」司馬貞索隱引孫炎曰：「河鼓之旗十二星，在牽牛北。或名河鼓爲牽牛也。」《文選·張衡〈思玄賦〉》：「觀壁壘於北落兮，伐河鼓之磅硠。」李善注：「《爾雅》曰：『河鼓謂之牽牛。』今荆人呼牽牛星爲檐鼓，檐者荷也。」

[七] 黄姑：謂牽牛星，周祈認爲是「河鼓」之訛音，是。《玉臺新詠·歌辭之一》：「東飛伯勞西飛燕，黄姑織女時相見。」吴兆宜注引《歲時記》：「河鼓、黄姑，牽牛也。皆語之轉。」元稹《決絶詞》之二：「已焉哉，織女别黄姑，一年一度暫相見，彼此隔河何事無。」

[八] 南朝梁吴均《續齊諧記·七夕牛女》：「桂陽成武丁，有仙道，常在人間，忽謂其弟曰：『七月七夕，織女當渡河，諸仙悉還宫，吾已被召，不得停，與爾别矣。』弟問曰：『織女何事渡河？去當何還？』答曰：『暫詣牽牛。吾復三年當還。』明日失武丁，至今云織女嫁牽牛。」

[九] 謬悠：虚空悠遠。《莊子·天下》：「莊周聞其風而悦之，以謬悠之説，荒唐之言，無端崖之辭，時恣縱而不儻，不以觭見之也。」成玄英疏：「謬，虚也。悠，遠也。」此謂荒誕無稽。

[一〇] 傅玄《擬天問》：「七月七日，牽牛織女會天河。」《荆楚歲時記》：「嘗見道書云：『牽牛娶織女，借天帝二萬錢下禮，久不還，被驅在營室中。』」宋王觀國《學林》卷四《牛女》曰：「又世傳織女嫁牽牛，渡河相會。觀國案：《史記》、漢、晉《天文書》：『河鼓星隨織女星、牽牛星之間』，世俗因傅會爲渡河之説，渫瀆上象，無所根據。」

# 13 啓明　長庚

啓明、長庚，二星也。

李氏曰：「啓明即太白，長庚不知何星。」夾祭鄭氏曰：「啓明，金星；長庚，水星。金在日西，故日將出，則東見；水在日東，故日將没，則西見。」〔一〕

郭璞云：「啓明，太白星也，晨見東方爲啓明，昏見西方爲太白。」〔二〕且「庚」又金屬，故人謂長庚爲太白不疑也。如李母夢長庚，子名白〔三〕，不知「庚，續也」〔四〕，啓明謂旦出，長庚謂長續，璞亦不免誤。

李氏以爲太白，夾漈鄭氏以爲金、水二星，然太白、辰星俱出以辰戌，入以丑未，又安得每日東西見也？或别是二星，非金、水。

**［箋注］**

〔一〕二説俱出宋人嚴粲之《詩緝》。「李氏」不知何人。夾漈（或作夾祭），山名，在福建莆田，宋代學者鄭樵居夾漈山著書立説，人稱「夾漈先生」。

〔二〕《爾雅·釋天》：「明星謂之啓明。」郭璞注：「太白星也，晨見東方爲啓明，昏見西方爲太白。」

〔三〕兹謂李白之母夢長庚星而命子爲「白、太白」之事。唐李陽冰《草堂集》序曰：「逃歸於蜀，復指李樹而生伯陽。驚姜之夕，長庚入夢。故生而名白，以太白字之。」范傳正《唐左拾遺翰林學士李公新墓碑》：「公之生也，先府君指天（李）枝以復姓，先夫人夢長庚而告祥，名之與字，咸取所象。」

[四]《詩・小雅・大東》：「東有啓明，西有長庚。」毛傳：「日旦出，謂明星爲啓明；日既入，謂明星爲長庚。庚，續也。」

## 14 星辰

星，陽之榮也，萬物之精也[一]。辰，日月交會於十二次也。不當日月之會直謂之星；日月所會謂之辰，謂之次，謂之宿，亦謂之房。

[箋注]

[一]《春秋説題辭》：「星之爲言精也，榮也，陽之精也。」

## 15 中星

《尚書》：「仲春星鳥，仲夏星火，仲秋星虚，仲冬星昴。」[一]《月令》：「仲春昏弧中，仲夏昏亢中，仲秋昏牽牛中，仲冬昏東壁中。」[二]《三統曆》「立春昏畢十度中」，《元嘉曆》「立春昴九度中」[三]，其不同者何也？鄭康成謂「《月令》舉其初朔，《尚書》總舉月中，故《月令》之中星常在前，《書》之中星常在後」，然昴又在壁前，初朔之説亦未然。

南方七宿，鶉火，「井」爲鶉首，其度廣遠，弧星在「井」度中最易見，故《書》言「鳥」，《月令》言

「弧中」也。「心」，大火也，與「亢」皆東方宿，故《書》言「火」，《月令》言「亢」也。「虚」與「牽牛」，皆北方宿；「昴」與「東壁」，皆西方宿，故《書》言「虚」，《月令》言「牽牛」，《書》言「昴」，《月令》言「東壁」。或總言其全，或各言其一，其爲二十八宿，應分至昏，見於南方，無弗同也，至《月令》與曆不同者，孔穎達以爲《月令》但舉其大畧，若然，則《尚書》亦是舉其大畧。而劉歆、何承天之徒視羲和[四]反精詳矣，恐如歲差乃有不同耳。

【箋注】

[一] 語出《尚書·堯典》：「日中，星鳥，以殷仲春。厥民析，鳥獸孳尾。申命羲叔，宅南交。平秩南訛，敬致。日永，星火，以正仲夏。厥民因，鳥獸希革。分命和仲，宅西，曰昧谷。寅餞納日，平秩西成。宵中，星虚，以殷仲秋。厥民夷，鳥獸毛毨。申命和叔，宅朔方，曰幽都。平在朔易。日短，星昴，以正仲冬。厥民隩，鳥獸鷸毛。」《堯典》：「日中星鳥，以殷仲春。」孔安國傳：「日中，謂春分之日。」

[二] 《禮記·月令》：「仲春之月，日在奎。昏弧中。旦建星中，其日甲乙，其帝大皞，其神句芒，其蟲鱗，其音角，律中夾鍾，其數八，其味酸，其臭羶，其祀户，祭先脾。」

「仲夏之月，日在東井，昏亢中，旦危中，其日丙丁，其帝炎帝，其神祝融，其蟲羽，其音徵，律中蕤賓，其數七，其味苦，其臭焦，其祀灶，祭先肺。」

「仲秋之月，日在角，昏牽牛中，旦觜觿中，其日庚辛，其帝少皞，其神蓐收，其蟲毛，其音商，律中南吕，其數九，其味辛，其臭腥，其祀門，祭先肝。」

「仲冬之月，日在斗，昏東壁中，軫旦中，其日壬癸，其帝顓頊，其神玄冥，其蟲介，其音羽，律中黄鍾，其數六，其味咸，其臭朽，其祀行，祭先腎。」

[三]《三統曆》，由西漢學者劉歆整理而成，在太初曆基礎上，引入董仲舒天道循環的三統説整合形成。《元嘉曆》，是南北朝時期天文學家何承天創立的曆法，屬陰陽曆，訂正了舊曆所定的冬至時刻和冬至日所在位置，改「平朔」爲「定朔」，創立調日法。《三統曆》：「立春昏畢十度中，去日八十九度；正月中昏井二度中，去日九十三度。」《元嘉曆》：「立春昏昴九度中，月半昏觜觿一度中，皆不昏參中。」

[四] 羲和：羲氏與和氏的並稱。帝堯曾命羲仲、羲叔、和仲、和叔兩對兄弟分駐四方，以觀天象，並制曆法。後以羲和謂曆法。《書・堯典》：「乃命羲和，欽若昊天，麻象日月星辰，敬授人時。」

## 16 彗 孛 長

（彗音遂；孛音僕）

文穎曰：「彗[一]、孛[二]、長三星，其占異同。孛，光芒短，其光四出，蓬蓬勃勃；彗，光芒長，參參[三]如掃彗；長星，光芒有一直指，或竟天，或十丈、三丈、二丈。大法[四]：孛、彗，多爲除舊布新，火災；長星，多爲兵革。」[五]

《爾雅》：「彗星爲欃槍。」郭璞云：「彗亦謂之孛。」[六]此説非。

（欃音餐；槍音撐）

【箋注】

[一]《左傳・昭公十七年》：「彗，所以除舊布新也，天事恒象。」孔穎達疏：「彗，埽箒也。其形似彗，故名焉。」

〔二〕孛：此謂彗星。《春秋·文公十四年》：「秋，七月，有星孛入於北斗。」杜預注：「孛，彗也。」《公羊傳·文公十四年》：「孛者何？彗星也。」何休注：「狀如篲。」《漢書·成帝紀》：「秋七月，有星孛于東井。詔曰：『乃者，日蝕星隕，謫見於天，大異重仍。在位默然，罕有忠言，今孛星見于東井，朕甚懼焉。』」

〔三〕參參：修長貌。《後漢書·張衡傳》：「脩初服之娑娑兮，長餘珮之參參。」《文選·束皙〈補亡詩·華黍〉》：「芒芒其稼，參參其穡。」李善注：「參參，長貌。」

〔四〕大法，此謂朝廷綱紀、法則。

〔五〕《漢書·文帝紀》：「有長星出於東方。」顏師古注引文穎曰：「彗、孛、長三星，其占略同，然其形象小異，孛星光芒短，其光四出，蓬蓬孛孛也。彗星光芒長，參參如埽彗。長星光芒有一直指，或竟天，或十丈，或三丈二丈，無常也。大法：孛、星多爲除舊布，改易君上，亦爲火災；長星多爲兵革。」《晉書·天文志中》：「二曰孛星，彗之屬也。偏指曰彗，芒氣四出曰孛……晏子曰：『君若不改，孛星將出，彗星何懼乎！』由是言之，災甚於彗。」

〔六〕《爾雅·釋天》：「彗星爲欃槍。」郭璞注：「亦謂之孛，言其形孛孛，似埽彗。」

## 17 實沈次 王良星

次有「實沈」〔一〕，在「觜、參」間。而「實沈」，高辛氏子也，星有王良，在天駟旁，而王良趙簡子時人也，蓋星家因高辛氏使實沈主「參」，故謂「觜參」爲「實沈」之次。王良善御〔二〕，故謂天駟旁一星爲「王良」〔三〕。

至傅説星〔四〕主後宫，女巫禱祠求子之事〔五〕，與殷傅説不相蒙〔六〕。莊周謂傅説星爲殷相[七]，蘇軾謂傅説爲列星，皆誤也。

【箋注】

[一] 實沈，高辛氏的季子名實沈，是參宿之神。實沈爲星次名，大致相當於二十八宿的觜、參和畢、井的一部分。

[二] 王良，春秋時之善馭馬者。《孟子·滕文公下》：「昔者趙簡子使王良與嬖奚乘，終日而不獲一禽，嬖奚反命曰：『天下之賤工也。』或以告王良，良曰：『請復之。』强而後可，一朝而獲十禽，嬖奚反命曰：『天下之良工也。』」王充《論衡·率性》：「王良登車，馬不罷駑；堯舜爲政，民無狂愚。」

[三]《史記·天官書》：「漢中四星，曰天駟，旁一星，曰王良。」張守節正義：「王良五星，在奎北河中，天子奉御官也。」《晉書·天文志上》：「王良五星，在奎北，居河中。」

[四]《左傳·僖公五年》：「鶉之賁賁，天策焞焞。」杜預注：「天策，傅説星。」孔穎達疏：「傅説，殷高宗之相，死而托神於此星，故名。」

[五] 馬端臨《文獻通考》卷二七九《象緯考二》曰：

> 夾漈鄭氏（峰按，即宋人鄭樵）曰：按傅説一星，惟主後宫女巫禱祠求子之事。謂之傅説者，古有傅母有保母，傅而説者，謂傅母喜之也。今之婦人求子，皆祀婆神，此傅説之義也。偶商之傅説與此同音，諸子家更不詳審其義，則曰傅説騎箕、尾而去，殊不知箕、尾專主後宫之事，故有傅説之佐焉。

按：傅説，商之良宰輔也。而其星則所主者宫中禱祠，以祈子孫，其事不類，故先儒疑之。然諸星中，所謂軒轅、社稷、造父、奚仲、王良，皆古人之名也，蓋在天爲星辰，在人爲聖賢，於理有之。今疑其不類，而改以爲傅説，則過矣。

[六] 不相蒙：不關聯，無關。

[七]《莊子·大宗師》曰：「傅説得亡，以相武丁，奄有天下，乘車維，騎箕尾，而比於列星。」

## 18 參商

至親不睦曰「參商」[一]。參，參星也；商，商丘也。昔高辛氏有二子，長閼伯，次實沈，不相能[二]也。帝遷閼伯於商丘，以主辰；遷實沈於大夏，以主參。曰「參商」者，錯舉以見也，亦有言「參辰」者，變言「辰夏」，亦得。

（閼音遏）

【箋注】

[一]《左傳·昭公元年》載：「昔高辛氏有二子，伯曰閼伯，季曰實沈。居於曠林，不相能也。日尋干戈，以相征討。后帝不臧，遷閼伯於商丘，主辰，商人是因，故辰爲商星。遷實沈於大夏，主參，唐人是因，以服事夏商。」故以「參商」謂彼此對立，不和睦。陳子昂《爲義興公求拜掃表》：「兄弟無故，並爲參商。」

[二]相能：彼此親善和睦。《左傳·襄公二十一年》：「（范鞅）與欒盈爲公族大夫而不相能。」《史記·蕭相國世家》：「何素不與曹參相能。」

## 19 玄武

玄武[一]，天文北宮七宿也[二]。蓋水之精，天一所生者[三]。虛、危以前，其形蛇；室、壁，其形龜。居坎位曰玄[四]，有鱗介[五]曰武。又曰真武祀玄武[六]，即郊祀黑帝之意[七]，乃設象，散髮跣足，身披鎧甲以象鱗介，玄裳皂纛[八]以應坎，置龜蛇於前，明其爲七宿，非人也。

國朝崇祀太和山，謂「太和形勝，惟玄武足以當之」[九]，故曰「武當」。有曰「母某氏，生於某代，某年爲人，天教主者」，妄也，褻天甚矣。

【箋注】

[一] 玄武：古代五行學説中的北方之神，其形爲龜蛇合體。《楚辭・遠遊》：「時曖曃其曭莽兮，召玄武而奔屬。」洪興祖補注：「玄武，謂龜蛇。位在北方，故曰玄。身有鱗甲，故曰武。」《後漢書・王梁傳》：「《赤伏符》曰：『王梁主衛作玄武。』」李賢注：「玄武，北方之神，龜蛇合體。」後爲道教所信奉。即真武神。

[二] 北方七宿：斗、牛、女、虛、危、室、壁。

[三] 五行北方屬水，色玄。《尚書大傳・五行傳》：「天一生水，地二生火，天三生木，地四生金。天五生土……故地六成水，天七成火，地八成木，天九成金，地十成土。」

[四] 坎：《易》卦名，坎象征險難，代表水，爲北方之卦。《易・説卦》：「坎者，水也。正北方之卦也，勞卦也，萬物之所歸也。」

[五] 鱗介：鱗甲。

[六] 玄武爲道教奉祀爲玄武神，因避諱而稱「真武神」。趙彦衛《雲麓漫鈔》卷九：「朱雀、玄武、青龍、白虎爲四方之神。祥符間避聖祖諱，始改玄武爲真武……後興醴泉觀，得龜蛇，道士以爲真武現，繪其像爲北方之神，被髮黑衣，仗劍蹈龜蛇，從者執黑旗。」

[七] 郊祀：古代於郊外祭祀天地，南郊祭天，北郊祭地。《漢書・郊祀志下》：「帝王之事莫大乎承天之序，承

天之序莫重於郊祀……祭天於南郊，就陽之義也；瘞地於北郊，即陰之象也。」黑帝：五天帝之一，北方之神。《周禮·天官·大宰》「祀五帝」賈公彥疏：「五帝者，東方青帝靈威仰，南方赤帝赤熛怒，中央黄帝含樞紐，西方白帝白招拒，北方黑帝汁光紀。」

［八］纛：古代祭舞中所用的道具，以雉羽或牛尾製作。《爾雅·釋言》：「纛，翳也。」郭璞注：「舞者所以自蔽翳。」亦指以羽製成的飾物。《史記·項羽本紀》：「紀信乘黄屋車，傅左纛。」裴駰集解：「李斐曰：『纛，毛羽幢也。在乘輿車衡左方上注之。』蔡邕曰：『以犛牛尾爲之，如斗，或在騑頭，或在衡上也。』」《南史·蕭穎胄傳》：「詔贈穎胄丞相，前後部羽葆、鼓吹，班劍三十人，輼輬車，黄屋左纛。」

［九］太和山，即武當山，位於今湖北省西北部十堰市。相傳爲上古玄武（真武）得道飛升之地，有「非真武不足當之」之説，山因此得名，成爲道教聖地。

## 20　分野

（分，扶問切）［一］

古者封國皆有分星，以觀妖祥［二］。或繫之北斗，如魁主雍；或繫之二十八宿，如星紀主吴越；或繫之五星，如歲星主齊吴之類。有土南而星北，土東而星西，反相屬者，何耶？先儒以爲，受封之日歲星所在之辰，其國屬焉。吴、越同次者，以同日受封也。故自昔星家以歲之所在爲福歲之所衝［三］。爲災屢有明驗。秦以後則一統矣，疆域之廢置，則又大不侔矣，如之何皆驗也？

**［箋注］**

［一］分野：「分」，去聲。

［二］古者以爲地域方國對應於天之星次。《周禮·春官·保章氏》：「以星土辨九州之地所封，封域皆有分星，以觀妖祥。」陸德明釋文：「分，扶問反。」《漢書·地理志》：「而保章氏掌天文，以星土辯九州之地，所封封域皆有分星，以視吉凶。」

古以十二星次的位置劃分地面上州、國的位置，天文稱作分星，地域稱作分野，如：以鶉首對應秦，鶉火對應周，壽星對應鄭，析木對應燕，星紀對應吴越等。《國語·周語下》：「歲之所在，則我有周之分野也。」韋昭注：「歲星在鶉火。鶉火，周分野也，歲星所在，利以伐之也。」

妖祥：凶兆和吉兆。《周禮·春官·眡祲》：「以觀妖祥，辨吉凶。」鄭玄注：「妖祥，善惡之徵。」賈公彦疏：「祥是善之徵，妖是惡之徵。」《荀子·非相》：「相人之形狀顔色，而知其吉凶妖祥。」亦特指預示災異的凶兆。《禮記·樂記》：「疾疢不作，而無妖祥。」《漢書·燕刺王劉旦傳》：「謀事不成，妖祥數見。」

［三］星相術士謂相克相忌爲「衝」。《左傳·襄公二十八年》「周楚惡之」杜預注：「歲星所在，其國有福，失次於北，禍衝在南。」孔穎達疏：「子午之位，南北相衝，淫於玄枵，衝當鶉火。」

## 21　薰風

舜《南風歌》：「南風之薰兮。」［一］薰，香草。風何以謂之薰？

按：薰，蕙也［二］，即零陵香［三］。是「蕙」从「惠」；「薰」从「熏」。以零陵香，其氣惠和可熏，因名曰「蕙」，曰「薰」也。南風長養萬物，有惠和、熏蒸之義，故得「薰」名。《莊子》「薰然慈仁，謂之君子」[四]，義取此。

【箋注】

[一] 相傳帝舜唱《南風歌》，有「南風之薰兮」句，見《孔子家語·辯樂》。《史記·樂書》：「昔者舜作五弦之琴，以歌《南風》。」裴駰集解引三國魏王肅曰：「《南風》，育養民之詩也，其辭曰：『南風之薰兮，可以解吾民之愠兮。』」後因以「薰風」指《南風歌》。南朝梁劉勰《文心雕龍·時序》：「有虞繼作，政阜民暇，『薰風』詩於元后，『爛雲』歌於列臣。」

[二] 此條認爲薰、蕙同源，進而分別以其聲符熏、惠之義而探求薰、蕙香草香氣的命名之理。

[三] 零陵香：香草名。沈括《夢溪補筆談·藥議》：「零陵香，本名『蕙』，古之蘭蕙是也，又名『薰』。《左傳》曰：『一薰一蕕，十年尚猶有臭。』即此草也。唐人謂之『鈴鈴香』，亦謂之『鈴子香』，謂花倒懸枝閒如小鈴也。」宋范成大《桂海虞衡志·志香》：「零陵香，宜融等州多有之。土人編以爲席薦坐褥，性暖宜人。零陵，今永州，實無此香。」

[四]《莊子·天下》：「（聖人）以仁爲恩，以義爲理，以禮爲行，以樂爲和，熏然慈仁，謂之君子。」

## 22 光風 化日

光風，日出而風也[一]。《爾雅》：「日出而風爲暴。」[二] 夫日出陰消，風日明麗，故謂之光。而曰暴者，誤也。化日，化國之日也。《潛夫論》「化國之日舒以長」[三]，日有定晷，惟民有餘力，故覺長，所謂無事，此静坐一日似兩日也。

（晷音詭）

【箋注】

［一］光風，雨止日出時的和風。《楚辭・招魂》：「光風轉蕙，氾崇蘭些。」王逸注：「光風，謂雨已日出而風，草木有光也。」

［二］《爾雅・釋天》：「日出而風爲暴，風而雨土爲霾，陰而風爲曀。」《詩・邶風・終風》：「終風且暴，顧我則笑。」毛傳：「暴，疾也。」孔穎達疏：「《釋天》云：『日出而風爲暴。』孫炎曰：『陰雲不興而大風暴起。』然則爲風之暴疾，故云疾也。」

［三］王符《潛夫論・爱日》：「治國之日舒以長，故其民閑暇而力有餘。……所謂治國之日舒以長者，非謁義和而令安行也，又非能增分度而益漏刻也。乃君明察而百官治，下循正而得其所，則民安静而力有餘，故視日長也。」《後漢書・王符傳》：「化國之日舒以長，故其民閑暇而力有餘。」

## 23 扶摇 羊角

《莊子》：「摶扶摇羊角而上者九萬里。」［一］扶摇，暴風相扶而動摇，奔疾若犬走然，即《爾雅》所謂「猋」也。

羊角，旋風，望之插天如羊角，即《爾雅》所謂「頹」也［二］。

又，轉旋如焰，焚輪之狀，亦曰「焚輪」［三］。

（猋音飈）

[箋注]

[一]《莊子・逍遥遊》：「鵬之徙於南冥也，水擊三千里，摶扶摇而上者九萬里。」成玄英疏：「扶摇，旋風也。」葛洪《抱朴子・交際》：「靈烏萃於玄霄者，扶摇之力也。」《淮南子・覽冥》：「（赤螭青虯）若乃至於玄雲之素朝，陰陽交争，降扶風，雜凍雨，扶摇而登之，威動天地，聲震海内。」高誘注：「扶摇，發動也。」又《淮南子・原道》「扶摇抮抱羊角而上」高誘注：「扶摇如羊角，曲縈而上也。」「扶摇」，即盤旋而上的暴風，又稱「飈、飈風」。

[二] 頽謂旋風，龍卷風，從上往下刮卷。《詩・小雅・谷風》：「習習谷風，維風及頽。」毛傳：「頽，風之焚輪者也。」孔穎達疏引孫炎曰：「迴風從上下曰頽。」王先謙集疏：「『焚輪』與『扶摇』，皆風之名詞。『焚』喻其暴，『輪』喻其迴，合言之即紛綸棼亂之狀。」扶摇、飈，自下而上； 焚輪、頽，自上而下。

[三]《爾雅・釋天》：「焚輪謂之頽，扶摇謂之猋，風與火爲庉，回風爲飄。」郭璞注：「焚輪，暴風從上下。扶摇，暴風從下上。」

## 24　花信風

《東皋雜録》[一]：「江南自初春至初夏，五日一番風候，謂之花信風[二]。梅花風最先，楝花風最後。凡二十四番，以爲寒絶。」

楝，今苦楝木，三四月開花，紅紫色。其餘二十二花當是桃杏、荼蘼之屬，惜《雜録》未具言也。

【箋注】

[一]《東皋雜録》，宋馬純撰。

[二]應花期而吹來的信風。歷來相傳花信風共有二十四番。據宗懔《荆楚歲時記》、程大昌《演繁露·花信風》、王逵《蠡海集·氣候類》等文獻記載，自小寒至穀雨，凡四月，共八個節氣，一百二十日，每五日一候，計二十四候，每侯應以一種花的信風。每氣三番。小寒：梅花、山茶、水仙；大寒：瑞香、蘭花、山礬；立春：迎春、櫻桃、望春；雨水：菜花、杏花、李花；驚蟄：桃花、棣棠、薔薇；春分：海棠、梨花、木蘭；清明：桐花、麥花、柳花；穀雨：牡丹、酴醾、楝花。

## 25 黄梅雨

《風土記》：「夏至前雨爲黄梅雨，沾衣服皆敗涴[一]。《埤雅》云：「江、湘、兩浙四五月間，梅欲黄落，則水潤土溽[二]，礎壁皆汗，鬱蒸[三]成雨，謂之梅雨。」[四]今人衣服四五月間爲濕氣所敗，謂之上梅。《説文》：「物中久雨青黑曰黴。」[五]《楚辭》：「顔黴黎以沮敗。」[六]則梅雨、上梅皆當作「黴」。因雨當梅熟，遂訛爲「梅」。雨至有「迎梅」「送梅」之説[七]，又因「梅雨」訛爲「上梅」，益謬矣。

（涴，烏卧切；溽音辱；礎音楚；黴音眉）

【箋注】

[一]《風土記》：西晉周處所編，記述地方風俗和風土民情，又名《陽羨風土記》。

敗涴：浸漬，污染。

[二]《埤雅》：宋人陸佃所撰訓詁著作，以爲《爾雅》之補充，故稱《埤雅》，共二十卷，多以探求名稱來由以解釋名物。

溽：濕熱，潮濕。

[三]鬱蒸：悶熱、蒸騰。或作「蒸鬱」。《素問·五運行大論》：「其令鬱蒸。」王冰注：「鬱，盛也；蒸，熱也。言盛熱氣如蒸。」

[四]《埤雅·釋木·梅》：「今江、湘、二浙四五月之間，梅欲黄落，則水潤土溽，礎壁皆汗，蒸鬱成雨，其霏如霧，謂之『梅雨』，沾衣服則敗黦。」

[五]黴：受潮发霉變成青黑色。《説文·黑部》：「黴，中久雨青黑。」

[六]《楚辭·九歎》：「顔黴黧以沮敗兮，精越裂而衰耄。」《楚辭·王褒〈九懷·蓄英〉》：「紛蘊兮黴黧，思君兮無聊。」王逸注：「愁思蓄積，面垢黑也。」

[七]《埤雅·釋木·梅》：「自江以南，三月雨謂之迎梅，五月雨謂之送梅。」

## 26 太白

晉灼曰：「太白陰星，上公大將軍之象，出東當伏東，出西當伏西，過午爲經天。」[一]《洪範五行傳》：「太白，少陰之星，以己未爲界，不得經天而行。」然太白八年而周天，周天不免過午，過午不能以己未爲界，不知星家當周天之年論經天與否？如論，是亂紀八年一見矣。

[箋注]

[一]《史記·天官書》:「出西(逆行)至東,正西國吉。出東至西,正東國吉。其出不經天;經天,天下革政。」司馬貞索隱引孟康曰:「謂出東入西,出西入東也。太白陰星,出東當伏東,出西當伏西,過午爲經天。」又引晉灼曰:「日,陽也,日出則星没。太白晝見午上爲經天。」

# 名義考卷二　天部

## 1　東隅　桑榆

《馮異傳》:「失之東隅,收之桑榆。」[一]《淮南子》:「西日垂,景在樹端,謂之桑榆。」[二]謂晚也。「東隅」未有解者。「隅」,當作「嵎」,即《書》所謂「嵎夷」[三],東方日出之地,故曰「東隅」[四],謂蚤也。異與赤眉戰,先敗績回谿,後破於澠池,言失之於蚤,收之於晚。回谿、澠池,所戰地,俱在今河南永寧縣界。

【箋注】

[一]《後漢書·馮異傳》:「赤眉破平,士吏勞苦,始雖垂翅回谿,終能奮翼黽池,可謂失之東隅,收之桑榆。」

[二]《太平御覽》卷三引《淮南子》:「日西垂,景在樹端,謂之桑榆。」日落時,光影在桑榆樹端,故指昏暮之時、最後時光。劉知幾《史通·敘事》:「夫杲日流景,則列星寢耀;桑榆既夕,而辰象粲然。」韓愈《除官赴闕至江州寄鄂岳李大夫》詩:「桑榆儻可收,願寄相思字。」元好問《酬韓德華送歸之作》詩:「桑榆儻可收,歲事在穮蓘。」桑榆,可比喻晚年、垂老之年。《文選·曹植〈贈白馬王彪〉詩》:「年在桑榆間,影響不能追。」李善注:「日在桑榆,以喻人之將老。」《隋書·王韶傳》:「加以今年六十有六,桑榆云晚,比於疇昔,昏忘又多。」

〔三〕《書・堯典》：「分命羲仲，宅嵎夷，曰暘谷。」孔傳：「東表之地稱嵎夷。」陸德明釋文：「馬曰：嵎，海嵎也；夷，萊夷也。」古謂山東東部濱海地區曰嵎夷。

〔四〕東隅：東角；東方。《儀禮・士昏禮》：「婦洗在北堂，直室東隅。」因日出東隅，故以「東隅」指早晨，引申指初始。陸雲《答兄平原書》：「昔我往矣，辰在東嵎；今我于兹，日薄桑榆。」元劉壎《隱居通議・駢儷一》：「某惟有益鞭其後，再鼓而前，失東隅收桑榆，詎敢忘于憤悱。」

## 2 雪用瓊字

古人咏雪多用「瓊樹、瓊枝、瓊瑶」〔一〕，皆誤也。謝惠連賦：「林挺瓊樹。」李商隱詩：「已隨江令誇瓊樹。」〔二〕按，「瓊」，赤玉也〔三〕，二公且誤，况其他乎？

【箋注】

〔一〕《漢書・司馬相如傳下》「咀噍芝英兮嘰瓊華」顔師古注引三國魏張揖曰：「瓊樹生崑崙西流沙濱，大三百圍，高萬仞。」唐曹唐《小遊仙詩》之七五：「瓊樹扶疏壓瑞烟，玉皇朝客滿花前。」瓊樹可喻品格高潔，語本《晉書・王戎傳》：「王衍神姿高徹，如瑶林瓊樹。」亦喻美女。宋周邦彦《黄鸝繞碧樹・春情》詞：「縱有魏珠照乘，未買得流年住。争如盛飲流霞，醉偎瓊樹。」

瓊枝：傳説中的玉樹。《楚辭・離騷》：「溘吾遊此春宫兮，折瓊枝以繼佩。」洪興祖補注：「瓊，玉之美者。《傳》曰：南方有鳥，其名爲鳳，天爲生樹，名曰瓊枝。高百二十仞，大三十圍，以琳琅爲實。」唐王涯《望禁門松雪》詩：「金闕晴光照，瓊枝瑞色封。」元好問《同漕司諸人賦紅梨花》詩之二：「瓊枝玉蘂静年芳，知是何人與點粧。」

瓊、瓊瑶，喻雪。白居易《西樓喜雪命宴》詩：「四郊鋪縞素，萬室甃瓊瑶。」辛棄疾《滿江紅·和廓之雪》詞：「對瓊瑶滿地，與君酬酢。」元耶律金壽《雪後吟》：「乾坤已落羲和手，休更瓊瑶陌上行。」明王洪《詠雪與寮友同賦》：「華表瓊千尺，層城玉四圍。」

［二］南朝宋謝惠連《雪賦》：「庭列瑶階，林挺瓊樹。」李商隱《對雪》詩之二：「已隨江令誇瓊樹，又入盧家妬玉堂。」

［三］瓊，《説文》釋爲「赤玉」，而訓詁多釋美玉、玉之美。《廣韻·清韻》：「瓊，玉名。」《詩·衛風·木瓜》：「投我以木瓜，報之以瓊琚。」毛傳：「瓊，玉之美者。」《正字通·玉部》：「瓊，玉色美也。」《漢書·揚雄傳上》：「精瓊靡與秋菊兮，將以延夫天年。」顔師古注引應劭曰：「瓊，玉之華也。」《古今韻會舉要·庚韻》：「瓊，錢氏曰：《詩》言玉以瓊者多，《俟著》『瓊英』『瓊華』『瓊瑩』，《木瓜》『瓊瑶』『瓊琚』『瓊玖』。皆謂玉色之美爲瓊，非玉之名也。」

## 3 雹霰

（雹音薄；霰音線）

《洪範五行傳》：「陰陽相脅而雹霰。盛陰雨雪，凝滯而冰寒，陽氣薄之，不相入，則散而爲霰。盛陽雨水，温暖而湯熱，陰氣脅之不相入，則轉而爲雹。霰者，陽脅陰也；雹者，陰脅陽也。」《大戴禮》：「陽之專氣爲雹，陰之專氣爲霰。」［一］説「雹霰」者莫辨於此矣。

**［箋注］**

［一］《大戴禮記·曾子天圓》：「陽之專氣爲雹，陰之專氣爲霰。霰雹者，一氣之化也。」注：「陽氣在雨，温暖

如湯。陰氣薄之。不相入，摶而爲雹，蓋猶沸湯在閉器而沈於泉，則爲冰也。」《禮記·月令》：「仲夏行冬令，則雹凍傷穀。」鄭玄注：「陽爲雨，陰起脅之，凝爲雹。」

霰：雪珠，米雪。《釋名·釋天》：「霰，星也。水雪相摶如星而散也。」《廣韻·霰韻》：「霰，雨雪雜。」《詩·小雅·頍弁》：「如彼雨雪，先集維霰。」鄭玄箋：「將大雨雪，始必微温，雪自上下，遇温氣而摶謂之霰，久而寒勝則大雪矣。」陸德明釋文：「霰，消雪也。」

## 4 雷

《説文》：「雷，陰陽薄動生物者也。」[一]明是陽氣激陰而出，故有聲。奮自地者，陽欲升也；鳴自天者，陽欲降也。激物乃其遇耳，然有「雷斧、雷楔」。沈括以「斧乃銅鐵爲之，楔乃石」[二]，又有「雷火」。括又云：「内侍李舜舉家皮上漆器銀釦者，銀盡鎔，漆器不焦灼，一劍亦鎔，劍室儼然。」[三]斧楔，乃氣聚似斧，楔似鐵石，即隕星，亦似石火，乃陽極所生。銀與劍鎔，而漆器、劍室存者，自李舜舉家偶見若此耳。此陰陽不測之謂神也[四]。

（皮音紀；釦音口）

**[箋注]**

[一]《説文》作「靁」：「陰陽薄動，靁雨生物者也。」

[二] 沈括《夢溪筆談·神奇》：「世人有得雷斧、雷楔者云：『雷神所墜，多於震雷之下得之。』而未嘗親見。元

豐中，予居隨州，夏月大雷震，一木折，其下乃得一楔，信如所傳。凡雷斧多以銅鐵爲之，楔乃石耳，似斧而無孔。」傳説雷神用以發霹靂的工具形狀如斧楔，曰雷斧、雷楔。唐李肇《唐國史補》卷下：「(雷州人)有收得雷斧、雷墨者，以爲禁藥。」蘇軾《次韻滕大夫·雪浪石》：「畫師争摹雪浪勢，天工不見雷斧痕。」王十朋集注：「陳藏器《本草》云：『霹靂鍼，伺候震處，掘地三尺得之，其形非一，亦有似斧刃者。』」

[三] 沈括《夢溪筆談》卷二十《神奇》記曰：

内侍李舜舉家曾爲暴雷所震。其堂之西室，雷火自窗間出，赫然出檐。人以爲堂屋已焚，皆出避之。及雷止，其舍宛然，牆壁窗紙皆黔。有一木格，其中雜貯諸器，其漆器銀扣者，銀悉鎔流在地，漆器曾不焦灼。有一寶刀，極堅鋼，就刀室中鎔爲汁，而室亦儼然。人必謂火當先焚草木，然後流金石。今乃金石皆鑠，而草木無一毁者，非人情所測也。佛書言「龍火得水而熾，人火得水而滅」，此理信然。人但知人境中事耳，人境之外，事有何限，欲以區區世智情識，窮測至理，不其難哉！

[四] 峰按，雷電對於不同物質的作用和影響不同。銀扣、刀劍是金屬導體，故被雷擊放電熔化，漆器、劍室爲木和皮革，是絶緣體，雷電過後仍保持未損。

## 5 虹蜺

《爾雅》：「螮蝀謂之雩。螮蝀，虹也。蜺爲挈二。」[一] 凡虹，雙出色，鮮盛者爲雄，曰虹；闇者爲雌，曰蜺[二]。《淮南子》：「天二氣則成虹。」《釋名》：「純陽攻陰之氣。」[三] 朱子曰：「日與雨交，倏然成質，天地之淫氣。」[四] 皆不若《詩詁》爲得。《詩》詁：「蝃蝀，陰氣所爲也。陽氣下而陰氣應則爲雲而雨，陰氣起而陽不應則爲虹。」故《詩》以喻淫奔，俗名「美人虹」，以此也。

（螮、蝃，俱音帝；蝀音東）

［箋注］

［一］《爾雅·釋天》：「螮蝀謂之雩。螮蝀，虹也。蜺爲挈貳。」郭璞注：「俗名爲美人虹，江東呼雩。蜺，雌虹也。」按，蜺，即「霓」，亦謂之副虹、雌霓、挈貳。

［二］《爾雅·釋天》「蜺」，邢昺疏：「虹雙出色鮮盛者爲雄，雄曰虹；闇者爲雌，雌曰蜺。」《楚辭·天問》：「白蜺嬰茀，胡爲此堂？」王逸注：「蜺，雲之有色似龍者也。」洪興祖補注：「蜺，雌虹也。」《漢書·天文志》「抱珥虹蜺」顏師古注引如淳曰：「表云：雄爲虹，雌爲蜺。」

［三］《淮南子·説山》：「天二氣則成虹，地二氣則泄藏，人二氣則成病。」《釋名·釋天》：「虹，陽氣之動也。虹，攻也，純陽攻陰氣也。又曰蝃蝀，其見每於日在西而見於東，啜飲東方之水也。」

［四］《詩·鄘風·蝃蝀》：「蝃蝀在東，莫之敢指。」朱熹集傳：「日與雨交，倏然成質，似有血氣之類，乃陰陽之氣不當交而交者，蓋天地之淫氣也。」

## 6 慶雲 甘露

《爾雅》疏云：「五色爲慶雲，三色爲矞雲。」《西京雜記》：「慶雲曰景雲，或曰卿雲。」[一]雲外赤内青謂之矞雲[二]。

《晉中興書》：「甘露降，耆老得敬，則松柏受之；尊賢容衆，則竹葦受之。其凝如脂，其美如飴。一名天酒。」[三]雲五色者鮮，三色、二色者常有之。松脂有誤以爲甘露者。熙寧中，華陰縣民以甘露降告縣，有道人笑曰：此木將槁故耳，及春果不復榮[四]。

（矞音聿）

【箋注】

[一]《太平御覽》卷八引《西京雜記》：「瑞雲曰慶雲，曰景雲，或曰卿雲。」慶雲，古人以爲吉慶之祥瑞，五色雲。亦作「景雲、卿雲」。《列子·湯問》：「慶雲浮，甘露降。」《漢書·天文志》：「若煙非煙，若雲非雲，郁郁紛紛，蕭蕭輪囷，是謂慶雲。慶雲見，喜氣也。」《淮南子·天文訓》：「虎嘯而谷風生，龍舉而景雲屬。」《文選·應貞〈晉武帝華林園集詩〉》：「鳳鳴朝陽，龍翔景雲。」李善注：「《孝經援神契》曰：『王者德至山陵則景雲出。』孫柔之曰：『一名慶雲。』《文子》曰：『景雲光潤。』」《史記·天官書》：「若煙非煙，若雲非雲，郁郁紛紛，蕭索輪囷，是謂卿雲。」《尚書大傳》卷二：「舜爲賓客而禹爲主人……于時卿雲聚，俊乂集，百工相和而歌《卿雲》，帝乃倡之曰：『卿雲爛兮，糺縵縵兮，日月光華，旦復旦兮。』」鄭玄注：「卿，當爲『慶』。」

[二]矞：矞雲，三色彩雲，古代以爲瑞徵。董仲舒《雨雹對》：「雲則五色而爲慶，三色而成矞。」《文選·左思〈魏都賦〉》：「矞雲翔龍，澤馬于皐。」李善注：「矞雲者，外赤内青也。」

[三]南朝宋何法盛《晉中興書》：「甘露降，耆老得敬，則松柏受之；尊賢容衆，則竹葦受之。」甘露者，仁澤也，其凝如脂，其美如飴。甘露一名天酒。古人以甘露降爲太平瑞徵。《老子》：「天地相合，以降甘露。」《漢書·宣帝紀》：「乃者鳳皇集泰山、陳留，甘露降未央宮……獲蒙嘉瑞，賜茲祉福，夙夜兢兢，靡有驕色。」

[四]胡仔《苕溪漁隱叢話後集》卷三三引《復齋漫録》：

吾嘗客華陰，縣民亦有以甘露降告縣者，縣令因出自按之。有道人笑焉，縣令怒，械繫之。道人曰：「譬如人身，精液流通，均布六七十年中。若其壽短促，則涌並於未死之前矣。此木蓋將槁故耳。官人不信，請留我以待明春，此松必不復榮也。」縣令如其説，果驗焉。

## 7 野馬 白駒

《莊子》：「野馬也，塵埃也。」[一]沈括云：「塵埃與野馬乃田野間浮氣。遠望如羣羊，又如水波。佛書謂如熱時『野馬陽焰』。」[二]《魏豹傳》：「人生一世間，如白駒之過隙。」[三]注：「白駒，日影也。」是日氣謂之「野馬」，日景謂之「白駒」。駒與馬以疾馳、上騰爲義，「野」言其處，「白」言其色耳。

【箋注】

[一]《莊子·逍遥遊》：「野馬也，塵埃也。生物之以息相吹也。」郭象注：「野馬者，游氣也。」成玄英疏：「此言青春之時，陽氣發動，遥望藪澤之中，猶如奔馬，故謂之野馬也。」

[二]沈括《夢溪筆談·辨證一》：

《莊子》言「野馬也，塵埃也」，乃是兩物。古人即謂「野馬」爲塵埃，如吴融云「動梁間之野馬」，又韓偓云「窗裏日光飛野馬」，皆以塵爲「野馬」，恐不然也。「野馬」乃田野間浮氣耳。遠望如群馬，又如水波，佛書謂如熱時「野馬陽焰」，即此物也。

按，隋釋慧遠《維摩經疏》：「陽焰浮動，相似野馬。」[三]「野馬陽焰」當據此概括而成。

〔三〕《莊子·知北遊》：「人生天地之間，若白駒之過郤，忽然而已。」成玄英疏：「白駒，駿馬也，亦言日也。」陸德明釋文：「郤，本亦作隙。隙，孔也。」《史記·魏豹彭越列傳》：「酈生説豹。豹謝曰：『人生一世間，如白駒過隙耳。』」司馬貞索隱：「《莊子》云『無異騏驥之馳過隙』，則謂馬也。小顏云『白駒謂日影也。隙，壁隙也。』以言速疾，若日影過壁隙也。」《史記·留侯世家》：「呂后德留侯，乃彊食之，曰：『人生一世間，如白駒過隙，何至自苦如此乎！』」

## 8 玉燭 醴泉

《爾雅》：「四時和謂之玉燭。」「甘雨時降，萬物以嘉，謂之醴泉。」〔一〕蓋謂四時和，光明如玉燭，時雨降，潤澤如醴泉，郭璞注「道光照」是矣，所以致醴泉。非不知璞意〔二〕，何以兩訓？

**〔箋注〕**

〔一〕《爾雅·釋天》：「春爲青陽，夏爲朱明，秋爲白藏，冬爲玄英。四時和謂之玉燭。」郭璞注：「氣清而温陽，氣赤而光明，氣白而收藏，氣黑而清英。玉燭，道光照。」邢昺疏：「道光照者，道，言也；言四時和氣，温潤明照，故曰玉燭。」又《釋天》：「甘雨時降，萬物以嘉，謂之醴泉。」《尸子》卷上：「甘雨時降，萬物以嘉，高者不少，下者不多，此之謂醴泉。」甘雨：適時好雨。時，按時，按照季節。醴泉謂甘露。

〔二〕璞，指郭璞。璞意，郭璞之注，郭璞説。

# 9　伏臘

《曆忌釋》：「秋以金代火，故至庚日必伏。」[一]高堂隆曰：「王者各以其行之盛祖，以其終臘。」[二]

二說似是而非。曆家初伏在夏至後第三庚，中伏第四庚，末伏在立秋初庚。則初伏、中伏猶在季夏。晉張亮曰：「臘明日爲初歲。」[三]則臘在除日，是非「以金代火」與「以其行之終臘」也。《說文》：「冬至後三戌爲臘。」[四]顏師古曰：「陰氣將起，迫於殘陽而不得升爲伏。」[五]斯二言者近之矣。伏、臘皆祭名。三戌、三庚，猶云「上辛、上戊」。秦德公六月初作伏祠[六]，以夏至後陰氣將起，磔狗四門以禦蠱災[七]，謂之「伏」。伏者，藏也，藏陰氣以抑陰也。秦惠文王十二月初臘，以冬至後陽氣初起，報祭百神，謂之「臘」。臘者，接也，接陽氣以扶陽也。皆秦人爲之，周以前無是也。曆家與張亮之說亦非。

【箋注】

[一]《史記·秦本紀》：「（德公）二年，初伏，以狗禦蠱。」張守節正義：「六月三伏之節起秦德公爲之，故云初伏。伏者，隱伏避盛暑也。《曆忌釋》云：『伏者何？以金氣伏藏之日也。四時代謝，皆以相生：立春，木代水，水生木；立夏，火代木，木生火；立冬，水代金，金生水；立秋，以金代火，故至庚日必伏。庚者金，故曰伏也。』」宋高承《事物紀原·正朔曆數》：「立秋以金代火而畏火，故至庚日必伏，故謂之伏日。」

[二]《資治通鑑》卷二七漢宣帝神爵四年：「初，延年母從東海來，欲從延年臘。」元胡三省注：「蔡邕《獨斷》曰：『臘者，歲終大祭，縱吏民宴飲。』高堂隆曰：『王者各以其行之盛祖，以其終臘。』」

[三]《太平御覽・時序部十八》引晉博士張亮《議》曰：「臘，接也，登宜在新故交接也，俗謂之臘，明日爲初歲，秦漢以來有賀，此古之遺語。」

[四]《説文》：「臘，冬至後三戌，臘祭百神。」段玉裁注：「臘本祭名，因呼臘月、臘日耳。」

[五]《漢書・郊祀志》：「論功定封，每擇伏日。」顔師古注：「伏者，謂陰氣將起，迫於殘陽而未得升，故爲藏伏，因名伏日。」

[六]《漢書・郊祀志上》：「秦德公立，卜居雍……用三百牢於鄜畤。作伏祠。」顔師古注引孟康曰：「六月伏日也。周時無，至此乃有之。」

[七]磔：分裂牲畜，磔裂牲畜肢體以祭祀。《禮記・月令》：「（季春之月）九門磔攘。」孫希旦集解：「磔，磔裂牲體也……磔牲以祭國門之神，欲其攘除凶災，禦止疫鬼，勿使復入也。」《史記・秦本紀》：「初伏，以狗禦蠱。」

## 10 木公 金母

木，東方生，氣有父道，故曰公。金，西方成，氣有母道，故曰母。曰王公王母者，尊之也。有謂木公居雲房之間，以紫雲爲蓋，青雲爲城，仙童侍立，玉女散香，真僚皆稟命焉[一]。王母狀如人，豹尾虎首，蓬髮暠然白首，石城金屋穴居其中，在崑崙墟之北[二]。又有謂穆王觴西王母於瑶池，張子房拜東王公於道者[三]，妄益甚矣。

（暠音杲）

**【箋注】**

[一]《太平廣記》卷一引前蜀杜光庭《仙傳拾遺·木公》：

木公，亦云東王父，亦云東王公。蓋青陽之元氣，百物之先也。冠三維之冠，服九色雲霞之服，亦號玉皇君。居於雲房之間，以紫雲爲蓋，青雲爲城。仙童侍立，玉女散香。真僚仙官，巨億萬計。各有所職，皆稟其命，而朝奉翼衛。故男女得道者，名籍所隸焉。

[二]《山海經·西山經》：「西王母其狀如人，豹尾虎齒而善嘯，蓬髮戴勝。」《漢書·司馬相如傳》：「低徊陰山翔以紆曲兮，吾乃今日睹西王母。暠然白首戴勝而穴處兮，亦幸有三足烏爲之使。」顏師古注引張揖曰：「陰山在崑崙西二千七百里。西王母其狀如人，豹尾虎首，蓬髮暠然白首，石城金室，穴居其中。三足烏，三足青烏也，主爲西王母取食，在崑崙墟之北。」暠，同皓、顥，暠然，白貌。

[三]《穆天子傳》卷三：「乙丑，天子觴西王母於瑶池之上。西王母爲天子謡，曰：白雲在天，丘陵自出。道里悠遠，山川間之，將子無死，尚能復來。」《太平廣記》卷一《神仙·木公》：「昔漢初，小兒於道歌曰：『著青裙，入天門，揖金母，拜木公。』時人皆不識，唯張子房知之。乃再拜之曰：『此乃東王公之玉童也。蓋言世人登仙，皆揖金母而拜木公焉。』」張子房，即張良。

## 11 扶桑 若木

《十洲記》：「扶桑在碧海中，樹長數千丈，一千餘圍。兩幹同根更相依倚。」[一]日所出處。《山海經》：「灰野之山有樹，青葉赤華，名曰『若木』。」[二]日所入處。

夫日所出入，最爲荒遠，桑曰「扶」，木曰「若」，亦以疑似言之耳。根幹花葉孰從而見之耶？

「暘谷」「虞淵」[三]等稱，亦不過因義立名，非若職方[四]可考而知也。

**［箋注］**

［一］《海内十洲記・帶洲》：「多生林木，葉如桑。又有椹，樹長者二千丈，大二千餘圍。樹兩兩同根偶生，更相依倚，是以名爲扶桑也。」《山海經・海外東經》：「湯谷上有扶桑，十日所浴，在黑齒北。」郭璞注：「扶桑，木也。」扶桑爲神話中的樹木，傳説日出於扶桑之下，故以指日出之處。《楚辭・九歌・東君》：「暾將出兮東方，照吾檻兮扶桑。」王逸注：「日出，下浴於湯谷，上拂其扶桑，爰始而登，照曜四方。」

［二］《山海經・大荒北經》：「大荒之中，有衡石山、九陰山、洞野之山，上有赤樹，青葉，赤華，名曰若木。」郭璞注：「生昆侖西附西極，其華光赤下照地。」

［三］古稱日出之處爲「暘谷」，日没之處爲「虞淵」。《書・堯典》：「分命羲仲，宅嵎夷，曰暘谷，寅賓出日。」孔傳：「暘，明也。日出於谷而天下明，故稱暘谷。」孔穎達疏：「日所出處，名曰暘明之谷。」《淮南子・天文訓》：「日至于虞淵，是謂黄昏。」《晉書・東皙傳》：「亦豈能登海湄而抑東流之水，臨虞泉而招西歸之日？」

［四］職方：官名，掌天下版圖與四方職貢。《周禮・夏官・職方氏》：「職方氏掌天下之圖，以掌天下之地，辨其邦國、都鄙、四夷、八蠻、七閩、九貉、五戎、六狄之人民與其財用、九穀、六畜之數要，周知其利害。」《漢書・地理志上》：「故《周官》有職方氏，掌天下之地，辯九州之國。」

## 12 祥瑞

《説文》：「祥，福也。」「瑞，以玉爲信也。」徐氏曰：「天以人君有德符，將錫之歷年，錫之五福，先出此，以與之爲信也。」[一]如景星、慶雲、嘉禾、醴泉之類[二]。

然祥兼禍福而言[三]。《易》注：「禍福之祥。」《漢志》：「妖孽自外來謂之祥。」《書》：「亳有祥。」《左傳》：「將有大祥。」[四]吉以兆福，凶以兆禍，皆天之示信也，故曰「祥瑞」。今人概以爲福因[五]。《說文》誤也，俗謂福澤曰「造化」，災厄曰「星辰」，不知造化、星辰，亦兼禍福二者。

**［箋注］**

[一]《古今韻會舉要》：「瑞，祥瑞也。天以人君有德符，將錫之以歷年，錫之以五福，先出此，以與之爲信也。」

[二] 景星：德星，瑞星，古謂現於有道之國。《文子・精誠》：「故精誠内形氣動于天，景星見，黄龍下，鳳凰至，醴泉出，嘉穀生，河不滿溢，海不波涌。」王充《論衡・是應》：「古質不能推步五星，不知歲星、太白何如狀，見大星則謂景星矣。」《晉書・天文志中》：「瑞星，一曰景星。」

慶雲：五色雲，古人以爲喜慶、吉祥之氣。《列子・湯問》：「慶雲浮，甘露降。」

嘉禾：生長奇異的禾穀，古人以爲吉祥的徵兆。《書・微子之命》：「唐叔得禾，異畝同穎，獻諸天子。王命唐叔，歸周公于東，作《歸禾》。周公既得命禾，旅天子之命，作《嘉禾》。」孔傳：「唐叔，成王母弟，食邑内得異禾也……禾各生一壟而合爲一穗。異畝同穎，天下和同之象，周公之德所致。」

醴泉：及時之雨，甘露。王充《論衡・是應》：「《爾雅》又言：『甘露時降，萬物以嘉，謂之醴泉。』醴泉乃謂甘露也。」

[三] 徐鍇《説文繫傳・示部》：「祥，祥之言詳也。天欲降以禍福，先以吉凶之兆，詳審告悟之也。」段玉裁《説文解字注・示部》：「祥，凡統言則災亦謂之祥，析言則善者謂之祥。」《左傳・僖公十六年》：「周内史叔興聘于宋，宋襄公問焉，曰：『是何祥也？吉凶焉在？』」杜預注：「祥，吉凶之先見者。」王充《論衡・異虚》：「善祥出，國必興；惡祥見，朝必亡。」

［四］《周易·履》：「上九：視履考祥，其旋元吉。」王弼注：「禍福之祥，生乎所履，處履之極，履道成矣，故可『視履』而『考祥』也。居極應説，高而不危，是其旋也。履道大成，故『元吉』也。」《漢書·五行志》：「妖孽自外來謂之祥。」《書·咸有一德》：「亳有祥，桑穀共生於朝。」孔安國傳：「祥，妖怪。」孔穎達疏：「祥是惡事先見之徵，故爲妖怪也。」《左傳·昭公十八年》：「鄭之未災也，里析告子産曰：『將有大祥，民震動，國幾亡，吾身泯焉，弗食及也。』」杜預注：「祥，變異之氣。」

［五］福因，謂福祥，福順。

## 13 月惡 日忌

世俗以正、五、九月爲月惡，戒殺，不上官［一］，佛家謂「天帝釋以大寶鏡，於此三月照南贍部洲，察人善惡」［二］。或謂《月令》：「孟春毋覆巢，仲夏薄滋味，季秋寒氣將至，民皆入室。」［三］時令當然也。

又以每月初五、十四、二十三爲日忌，不出行，不營爲［四］。陰陽家以此三日爲五鬼下哭，爲飛廉小火，或謂此三日即河圖數之中宫五數，五爲君象，非臣庶所得用也。二家可不論，而五數亦何害於用耶？

**［箋注］**

［一］上官：受命上任。吴曾《能改齋漫録·正五九月不上任》：「偶讀竇所引用，于是始知不用正、五、九上官

之理。」

[二]《梵網經》卷下：「正月，天帝釋以大寶鏡，正月照南贍部洲，察人善惡。又北方毗沙門天王巡察四洲，正月在南洲，亦如鏡之所照，故南洲人宜於此月食素持齋修善。」「五月，天帝釋以大寶鏡，從正月照南贍部洲，二月照西瞿耶尼，三月照北郁單越，四月照東弗於逮，至五月復照此洲。北方毗沙門天王，五月亦復至南洲。」「九月，天帝釋從五月照南贍部洲，六月、七月、八月次第輪照，察餘之三洲，九月又復照此洲，北方毗沙門天王亦然。」

唐時，佛家三長齋之法極爲盛行，在此三月，國不行刑，不殺畜類，稱爲斷屠月、斷月。

[三]《禮記・月令》：「（孟春之月）禁止伐木，毋覆巢，毋殺孩蟲、胎夭飛鳥，毋麛，毋卵，毋聚大衆，毋置城郭，掩骼埋胔。」「（仲夏之月）日長至，陰陽争，死生分，君子齊戒，處必掩身。毋躁，止聲色，毋或進，薄滋味，毋致和，節耆欲，定心氣，百官静，事毋刑，以定晏陰之所成。」「（季秋之月）乃命有司曰：『寒氣總至，民力不堪，其皆入室。』」《淮南子・時則訓》：「（立春之日）禁伐木，毋覆巢殺胎夭，毋麛，毋卵，毋聚衆置城郭，掩骼薶骴。」「（仲夏之月）日長至，陰陽争，死生分，君子齊戒，慎身無躁，節聲色，薄滋味，百官静，事無徑，以定晏陰之所成。」「（季秋之月）是月也，霜始降，百工休。乃命有司曰：『寒氣總至，民力不堪，其皆入室。』」

[四] 營爲：操辦，經營。

## 14　寒食

《荆楚歲時記》：「以去冬至一百五日爲寒食。」[一]是在仲春之末。太原舊俗，以介子推焚骸至其亡月，每冬中輒一月寒食[二]，是在仲冬。二説自異。

今寒食在清明前，則是去冬至一百五日，非介子推亡月，而用子推事，誤也。《歲時記》以是日「有疾風甚雨」，風雨豈可必？亦是臆説。《周官・司烜氏》：「仲春以木鐸徇火禁於國中。」[三]禁火則寒食。鑽燧乃出火也，此正謂「龍忌之禁」[四]。蓋龍星，木位，春，木行，心，大火，火盛故禁，周制則然，與介子推何與？仲春一月皆然，非獨去冬至一百五日之日也。

**【箋注】**

[一]宗懔《荆楚歲時記》：「去冬節一百五日，即有疾風甚雨，謂之寒食。禁火三日，造餳大麥粥。」

[二]《後漢書・周舉傳》：「太原一郡，舊俗以介子推焚骸，有龍忌之禁。至其亡月，咸言神靈不樂舉火，由是士民每冬中輒一月寒食，莫敢煙爨，老小不堪，歲多死者。舉既到州，乃作弔書以置子推之廟，言盛冬去火，殘損民命，非賢者之意，以宣示愚民，使還温食。於是衆惑稍解，風俗頗革。」《北堂書鈔》卷一四三引晉孫楚《祭介子推文》：「太原咸奉介君之靈，至三月清明，斷火寒食，甚若先後一月。」

介子推：亦作介之推，春秋晉人，從晉公子重耳出亡顛沛十九年。重耳還國爲君，賞從亡者，而未及介之推，之推隱於綿山。文公悔悟，燒山逼令出仕，之推抱樹焚死。《左傳・僖公二十四年》：「晉侯賞從亡者，介之推不言禄，禄亦弗及。」後晉人在其忌日禁火寒食，以爲悼念，相沿成俗。此條認爲寒食之俗源自周代春季禁火之制，是也。

[三]《周禮・秋官・司烜氏》：「中春以木鐸修火禁於國中。」鄭玄注：「爲季春將出火也，火禁謂用火之處及備風燥。」按，木鐸，以木爲舌的銅鈴，巡行振鳴以警衆，而宣佈政令。春季禁火乃周代制度。

[四]《後漢書・周舉傳》：「舊俗以介子推焚骸，有龍忌之禁。」李賢注：「龍，星，木之位也，春見東方。心爲大火，懼火之盛，故爲之禁火。俗傳云子推以此日被焚而禁火。」龍忌，即禁火。東方七宿（角、亢、氐、房、心、尾、箕）稱蒼龍、龍。蒼龍七宿的第五宿即「心宿」，有星三顆，其主星亦稱商星、鶉火、大火。

# 15 五行 八卦

五行謂之行者，流行而不息也。八卦謂之卦者，掛萬象於上也[一]。五行各有神以司之，卜者以配卦之六爻。蒼龍，木神；朱鳥，火神；白虎，金神；玄武，水神；勾陳，土神。而又有螣蛇[二]，何也？玄武原有龜蛇，二者既分，螣蛇則玄，武獨爲龜矣。勾陳，鹿頭龍身，天上神獸也[三]。

［箋注］

［一］《廣雅·釋言》：「卦，挂也。」王念孫疏證：「《易乾鑿度》云：『卦者，挂也』，挂萬物而見之。」又《廣雅·釋詁三》：「卦，匕也。」王念孫疏證：「卦、化古聲亦相近，故卦有化義。」

［二］螣：螣蛇，古書謂一種能飛的蛇。《説文》：「螣，神蛇也。」《爾雅·釋魚》：「螣，螣蛇。」郭璞注：「龍類也，能興雲霧而遊其中。」邢昺疏：「蛇似龍者也，名螣，一名螣蛇，能興雲霧而遊其中也。」《荀子·勸學》：「螣蛇無足而飛，梧鼠五技而窮。」《後漢書·張衡傳》：「玄武縮於殼中兮，螣蛇蜿而自糾。」

［三］古以青龍、白虎、朱雀、玄武、勾陳、螣蛇爲六神。《易冒》曰：「勾陳之象，實名麒麟，位居中央，權司戊日。蓋仁獸而以土德爲治也……螣蛇之將，職附勾陳，游巡于前，權司己日。蓋火神而配土德以行也。」

# 16 昧谷

《尚書・堯典》：「宅西曰昧谷。」[一]謂日所入處，冥昧之谷也。伏生《尚書》[二]作「昒谷」，「昒」與「昧」同，古文、今文之別耳[三]。徐廣注：「堯紀以昒爲『柳』，曰『柳谷』。」[四]已訛矣。《周禮・縫人》注云：「度西曰柳穀。」並「宅」與「谷」而變易之，又愈訛矣，疏遂云：「柳者諸色所聚，日將没，其色赤，兼有餘色，故曰穀。」[五]其附會有如此者。

【箋注】

[一]《書・堯典》：「分命和仲，宅西，曰昧谷。」孔傳：「昧，冥也。日入於谷而天下冥，故曰昧谷。」昧谷，西方日入之處。

[二]伏生，一作伏勝，濟南人，曾爲秦博士。《漢書・儒林傳・伏生》：「秦時禁書，伏生壁藏之。其後大兵起流亡。漢定，伏生求其書，亡數十篇，獨得二十九篇，即以教于齊魯之間。」

此「伏生《尚書》」指伏生壁藏《尚書》古文。古文，戰國竹書，漢人稱爲「古文經」。

[三]《集韻・隊韻》：「昧，古作昒。」

[四]《史記・五帝本紀》「申命和仲，居西土，曰昧谷」裴駰集解引晉徐廣曰：「一作『柳谷』。日入于谷而天下冥，故曰昧谷。此居治西方之官，掌秋天之政也。」

[五]《周禮・天官・縫人》：「衣翣柳之材。」鄭玄注：「柳之言聚，諸飾之所聚，《書》曰：『分命和仲度西，曰柳

穀。』」賈公彦疏：「柳者，諸色所聚。日將没，其色赤兼有餘色，故云柳穀。」

## 17　土牛

《月令》：「季冬之月出土牛，以送寒氣。」[一]非立春日也。《成都記》：「太平興國二年，縣司以土牛呈知府，就午門前，薦以香燈酒果，知府程給事曰：『芒兒耕墾之人，不宜上廳。』」[二]無祭先農之事也。今有司迎春造土牛芒神，至日於門外，酒果朝服以祭，祭畢擊而碎之，謂祭先農似太簡，謂祭牛與芒兒[三]似太過，謂勸耕不應反碎之以傷牛，謂爲勾芒不應策牛，以慢神失不自。今相襲之誤也。

### [箋注]

[一]《禮記·月令》：「（季冬之月）命有司大難，旁磔，出土牛，以送寒氣。」鄭玄注：「土牛者，丑爲牛，牛可牽止也。」孫希旦集解：「出土牛者，牛爲土畜，又以作之，土能勝水，故於旁磔之時，出之於九門之外，以穰除陰氣也。」

[二]明陳階《日涉編》卷一《立春》引《成都記》：

太平興國二年立春日，縣司以春牛呈知府，就牛門外，薦以香燈酒果，其芒兒塑之頗精，同判王洗馬晦伯慮有損闕，移寘廳上，知府程給事見之，謂同判曰：「某雖不才，忝爲刺史，且芒兒者，耕墾之人，不應上廳，將來恐村夫輩或有不揆耳。」至甲午果有順賊之變。

太平興國：北宋太宗趙匡義年號，976—984年。芒兒，謂農夫、耕夫。不揆，不自量。順賊之變，指李順起事攻佔成都。

［三］此「芒兒」指芒神。芒神即下文之「勾芒」，亦作「句芒」，傳爲司春之神，後世亦以耕牧之神祀之。《禮記・月令》：「（孟春之月）其帝大皞，其神句芒。」鄭玄注：「句芒，少皞氏之子曰重，爲木官。」《元典章・禮部五・陰陽學》：「若在正旦日前五辰立春者，是農之早，芒神在牛前立；若在正旦後五辰外立春者，是農之晚閑，芒神在牛後立。」清富察敦崇《燕京歲時記・打春》：「立春前一日，順天府尹率僚屬朝服迎春於東直門外，隸役舁芒神土牛，導以鼓樂，至府署前，陳於綵棚。」清潘榮陛《帝京歲時紀勝・進春》：「立春日，各省會府州縣衛遵制鞭春。京師除各署鞭春外，以綵繪按圖經製芒神土牛，舁以綵亭，導以儀仗鼓吹。」

## 18　納音

鬼谷子作納音［一］，納者，受也，音者，感物助聲也。

水音一六，火音二七，木音三八，金音四九，土音五十，此生成之數也。甲巳子午，九；乙庚丑未，八；丙辛寅申，七；丁壬卯酉，六；戊癸辰戌，五；己亥，四。此干支之數也。

五行之中惟金、木有自然之音，水、火、土必相假而後成音。水無音，假土則激；火無音，假水則沸；土無音，假火則烈。

以干支之數合生成之數，感物助聲，而音斯受矣。如甲子乙丑其數三十有四四者，金之音也，故曰金。戊辰己巳其數二十有三三者，木之音也，故曰木。庚午辛未其數三十有二二者，火也，土以火爲音，故曰土。甲申乙酉其數三十十者土也，水以土爲音，故曰水。戊子己丑其數三十有一一者，水也，火以水爲音，故曰火。

六十甲子皆然，其曰海中爐中云者，以生旺衰墓爲義，如子屬水，金死於子，墓於丑，水旺而金死，故曰海中金。丙丁屬火，又得寅卯之木以生之，天地開爐，萬物始生，故曰爐中火。他可類推。

［箋注］

［一］《宋史·藝文志》：「徐彦昇、鬼谷子作納音，趙達始闡《九宫算》，北齊祖晅作《綴術》。」古以五音（宫、商、角、徵、羽）十二律（黄鍾、太簇、姑洗、蕤賓、夷則、無射、大吕、夾鍾、仲吕、林鍾、南吕、應鍾）相合爲六十音，與六十甲子相配合，按金、火、木、水、土五行之序旋相爲宫，稱爲納音。

## 19 常儀占月

（儀，叶音俄）

嫦娥，始見《淮南子》［一］，許慎、張衡又附會之，説者益紛紛矣。《宋史繩祖》引《漢志》：「黄帝使羲和占日，常儀占月。」［二］而所謂「嫦娥」，即「常儀」字之誤。「儀」，叶音「俄」。《詩》「實惟我儀」，「樂且有儀」，皆作「俄」音也［三］。近潘塤［四］又引《通鑑前編》：「常儀，帝嚳之四妃，而人惑於帝妃之文。」其辨是矣。然帝嚳後黄帝幾二百年，何得黄帝使占月，又爲帝嚳妃也？意[五]羲和古曆官，常儀與羲和等，故黄帝時有羲和，堯時亦有羲和；黄帝時有常儀，帝嚳時亦有常儀也。妃善占月，故帝嚳使之，因謂之常儀與？

**【箋注】**

［一］《淮南子·覽冥訓》：「羿請不死之藥於西王母，姮娥竊以奔月。」高誘注：「姮娥，羿妻。羿請不死之藥於西王母，未及服之，姮娥盜食之，得仙，奔入月中，爲月精也。」按，漢代避漢文帝之名諱而改稱「嫦娥」。

［二］《晉書·律曆志中》：「乃使羲和占日，常儀占月。」羲和，羲氏與和氏的並稱，傳説堯曾命羲仲、羲叔、和仲、和叔兩對兄弟分駐四方，以觀天象，制定曆法。《書·堯典》：「乃命羲和，欽若昊天，厤象日月星辰，敬授人時。」《史記·五帝本紀》張守節正義引《帝王紀》：「帝告有四妃……次妃娵訾氏女，曰常儀，生帝摯。」

［三］叶音：古代經師改變讀音，以使詩韻和諧。《詩·鄘風·柏舟》：「汎彼柏舟，在彼中河。髧彼兩髦，實維我儀。」朱熹集傳：「儀，叶牛何反。」《詩·小雅·菁菁者莪》：「菁菁者莪，在彼中阿。既見君子，樂且有儀。」朱熹集傳：「莪，五何反。儀，叶五何反。」「河、儀」「莪、儀」分别爲韻，朱注用叶音法注「儀」之音讀。是證「儀、娥」音同。

［四］潘塤（1476—1562）：字伯和，南直隸淮安府山陽（今江蘇淮安）人，正德三年進士。歷任南京太僕寺寺丞，陝西、山東等地布政使，都察院右副都御史，巡撫河南。《明史》有傳。著有《淮郡文獻志》《楮記室》等。

此處似可讀爲「皆作『俄』，音也近。潘塤又引《通鑑前編》」。峰按，「近」當屬下，潘塤與周祈同生活於嘉靖時期，潘年長於周。

［五］意：猜測，猜想。

## 20 正朔

《記・大傳》疏云：「周建子，商建丑，夏建寅。是改正也。周夜半，商雞鳴，夏平旦，是易朔也。」[一]自漢武以來皆以寅爲正，而朔不復論矣。今内廷歲首、朝賀在平旦，王國、有司多在雞鳴，是何不同也[二]？

[箋注]

[一]《禮記・大傳》：「立權度量，考文章，改正朔，易服色。」孔穎達疏：「改正朔者，正，謂年始；朔，謂月初，言王者得政示從我始，改故用新，隨寅丑子所損也。周子、殷丑、夏寅，是改正也；周半夜、殷雞鳴、夏平旦，是易朔也。」《史記・曆書》：「王者易姓受命，必慎始初，改正朔，易服色，推本天元，順承厥意。」

[二] 朝賀：朝覲慶賀。《史記・秦始皇本紀》：「始皇推終始五德之傳，以爲周得火德，秦代周德，從所不勝。方今水德之始，改年始，朝賀皆自十月朔。」此言宫廷和地方機構朔制很不相同。

## 21 歲本

胡汝嘉《歲本論》謂「今夜子時，即是來日」，則今歲子月當爲來歲，似亦有理。然唐堯授時以春爲首，夫子告爲邦以夏正爲善[一]。蓋子時之爲來日，固以子，而寅月之爲來歲，亦以子。子爲一陽，日月皆更新焉。太陽每一日順行十二方隅，在子位爲子時，歷十二位而爲十二時也。每一歲逆躔[二]十二星次，當玄枵之次[三]，亦在子位，歷十二次而爲十二月也。胡汝嘉見不及此[四]。

**[箋注]**

[一]《論語·衛靈公》：「顔淵問爲邦。子曰：『行夏之時，乘殷之輅，服周之冕，樂則韶、舞。放鄭聲，遠佞人。鄭聲淫，佞人殆。』」皇侃疏：「行夏之時，謂用夏家時節以行事也。三王所尚正朔服色雖異，而田獵祭祀播種並用夏時，夏時得天之正，故也。」

[二] 躔：日月星辰在黄道上運行，亦指其運行的軌迹。《吕氏春秋·圜道》：「月躔二十八宿，軫與角屬，圜道也。」《梁書·武帝紀上》：「再躔日月，重綴參辰。」

[三] 玄枵：十二星次之一，與二十八宿相配爲女、虚、危三宿，與十二辰相配爲子。《史記·天官書》「北宫玄武虚危」唐張守節正義：「虚二星，危三星，爲玄枵，於辰在子，齊之分野。」《晉書·天文志上》：「自須女八度至危十五度爲玄枵，於辰在子，齊之分野，屬青州。」

[四] 胡汝嘉：明南直隸江寧人，嘉靖進士，官編修。詩作有《子夜四時歌》五首。周祈認爲胡氏「子夜」之語未當。

## 22 夜子時

夜子時謂本日夜。

子初，初刻初一、初二、初三、初四，刻尚屬本日，正初以後四刻，則爲來日矣[一]。如，三月日，夜子時立夏，則月將屬巳[二]，日猶本日。立秋、立冬皆然。十二月日，夜子時立春，則太歲屬改歲，月將屬寅，日猶本日。

其子時生人，不復論夜與否，皆以來日之日爲日，似有遺論[三]也。

**[箋注]**

[一] 古以漏刻計時，銅壺儲水，底部穿孔，壺中立有帶刻度之浮標，以滴漏看刻度計量時辰。《漢書・哀帝紀》：「漏刻以百二十爲度。」顔師古注：「舊漏晝夜共百刻，今增其二十。」古制，每晝夜百刻，一個時辰等於八刻零二十分。每辰上半時刻四：初一、初二、初三、初四；下半時亦刻四：正一、正二、正三、正四。一説，每辰八刻爲「大刻」，剩餘二十分刻以「小刻」。

[二] 古人將十二支與十二月相配，通常冬至所在之月配子，依此順推。周曆建子，夏曆建寅。以夏正，寅爲正月，巳，指夏曆四月。

[三] 遺論：異議，疑問。子時生人以來日作爲生日，不管子時之初正，當有可議。

## 23 百刻

每日百刻。每時初，凡四刻，正凡四刻，得八刻[一]。十二時得九十六刻，尚餘四刻，均分於十二時之中爲「初」。初，正初也。或以子丑寅卯獨多一刻，非。

【箋注】

〔一〕參「夜子時」注。

## 24 更鼓

古者審時以刻漏，晝夜皆然。後用日晷與鼓〔一〕，從簡便也。鼓謂之更者，率更，官名。師古曰：「掌刻漏，故曰率更。」〔二〕以漏籌更易爲義，更鼓義又祖此。

【箋注】

〔一〕日晷：古代測日影定時刻的儀器，由晷盤和晷針組成。清錢泳《履園叢話・藝能・銅匠》：「測十二時者，古來惟有漏壺，而後世又作日晷、月晷，日晷用于日中，月晷用于夜中，然是日有風雨，則不可用矣。」唐方幹《贈上虞胡少府百篇》詩：「日晷未移三十刻，風騷已及四千言。」

報時以擊鼓，故以「鼓」爲計時單位。《晉書・良吏傳・鄧攸》：「紞如打五鼓，鷄鳴天欲曙。」韓愈《南海神廟碑》：「五鼓既作，牽牛正中，公乃盛服執笏以入即事。」

更，夜間計時單位，一夜分爲五更，每更約兩小時。《宋書・律曆志中》：「到十五日四更二唱丑初始蝕，到四唱蝕既。」

〔二〕《漢書・百官公卿表上》：「詹事，秦官……屬官有太子率更。」顔師古注：「掌知漏刻，故曰率更。」率更令：官名。秦置，漢因之。爲太子屬官，掌漏刻。

## 25 世

《說文》：「三十年爲一世。」[一]又，父子相代爲一世[二]。大率父子相代，三十年上下耳。佛家謂之「劫」[三]。《西京雜記》：「劫灰，道家謂之塵。」[四]丁約謂韋子威「郎君得道，尚隔兩塵」[五]。道家以塵埃視人代，佛則梵音不可曉也。又浩劫，《廣韻》：「宮殿大階級也。」杜詩：「浩劫因王造。」[六]今人誤以爲累世無窮之意，《先天道德經》：「鍊成浩劫，妙一靈元。」則又似以世爲言矣。

【箋注】

[一]《論語·子路》：「如有王者，必世而後仁。」何晏集解引孔安國曰：「三十年曰世。」

[二]《字彙·一部》：「世，父子相代爲一世。」《周禮·秋官·大行人》：「凡諸侯之邦交，歲相問也，殷相聘也，世相朝也。」鄭玄注：「父死子立曰世。」

[三]梵文 kalpa，音譯爲「劫波」，或「劫簸」，略稱爲「劫」，意爲極久遠的時節。古印度傳說世界經歷若干萬年毁滅一次，重新再開始。天地形成到毁滅謂之一劫。《法苑珠林》卷三：「夫劫者，蓋時紀時之名，猶年號耳。」

[四]葛洪《神仙傳》：「儒謂之世，釋謂之劫，道謂之塵。」

[五]沈汾《續仙傳》：「丁約謂韋子威曰：『郎君得道，尚隔兩塵。』子威問其故。答曰：『儒謂之世，釋謂之劫，道謂之塵。』」塵謂世俗，佛教稱人間爲塵。道家稱一世爲一塵，隱者稱仕途皆曰塵。

〔六〕杜甫《玉臺觀》詩之二：「浩劫因王造，平臺訪古游。」仇兆鼇注引《廣雅》：「浩劫，宮殿大階級也。」此浩劫指宮殿中的高大臺階。佛經里以浩劫指極長的時間。唐曹唐《小遊仙詩》之六：「玄洲草木不知黃，甲子初開浩劫長。」宋葉適《中塘梅林天下之盛也》詩：「至今鬬勝賞，浩劫隨榮枯。」

## 26　節令所起

正旦朝賀〔一〕始於漢制。朝賀儀、元夜〔二〕燈火，始於漢，祠太一社始於漢，以仲春祠社。寒食始於周禁火〔三〕。三月三始於鄭俗，上巳袚除，魏改用三日〔四〕。清明墓祭始於春秋，時有披髮於野而祭者〔五〕。四月八始於大慧禪師，浴佛五日〔六〕。競渡始於楚人，拯屈原〔七〕。伏日始於秦作伏祠〔八〕。六月六始於宋，以天書降詔，爲天貺節〔九〕。

【箋注】

〔一〕正旦：正月初一，歲事之始。朝賀：朝覲慶賀。《史記·秦始皇本紀》：「始皇推終始五德之傳，以爲周得火德，秦代周德，從所不勝。方今水德之始，改年始，朝賀皆自十月朔。」漢代始正旦舉朝賀。《後漢書·黨錮傳·陳翔》：「時正旦朝賀，大將軍梁冀威儀不整。」

〔二〕元夜，元宵，正月十五之夜。

〔三〕《周禮·秋官·司烜氏》：「中春以木鐸修火禁於國中。」仲春禁火一月，期間民衆停止舉火炊爨，故曰寒食。

〔四〕漢以前以農曆三月上旬之巳日爲「上巳」；魏晉以後，定爲三月三日，不必取巳日。《後漢書·禮儀志上》：「是月上巳，官民皆禊於東流水上，曰洗濯祓除去宿垢疢爲大絜。」《宋書・禮志二》引《韓詩》：「鄭國之俗，三月上巳，之溱洧兩水之上，招魂續魄。秉蘭草，拂不祥。」宋吴自牧《夢粱録・三月》：「三月三日上巳之辰，曲水流觴故事，起於晉時。唐朝賜宴曲江，傾都禊飲踏青，亦是此意。」

[五]《左傳・僖公二十二年》：初，平王之東遷也，辛有適伊川，見披髮而祭於野者，曰：『不及百年，此其戎乎，其禮先亡矣。』《逸周書・周月》：「春三月中氣，驚蟄，春分，清明。」清明，清淨明潔之日，有踏青、掃墓的習俗。

[六] 大慧禪師，即唐代高僧一行，精天文學。

[七] 宗懔《荆楚歲時記》：「按五月五日競渡，俗爲屈原投汨羅日，傷其死所，故並命舟檝以拯之。」《隋書・地理志下》：「屈原以五月望日赴汨羅，土人追至洞庭不見，湖大船小，莫得濟者，乃歌曰：『何由得渡湖！』因爾鼓櫂争歸，競會亭上，習以相傳，爲競渡之戲。」相傳戰國楚大夫屈原於農曆五月五日投汨羅江以死，民俗因於是日舉行龍舟競渡，以示紀念。一説競渡之戲紀念伍子胥，此外尚有其他傳説。邯鄲淳《曹娥碑》云：『五月五日，時迎伍君，逆濤而上，爲水所淹。』斯又東吴之俗，事在子胥，不關屈平也。《越地傳》云起於越王勾踐，不可詳矣。」

[八] 參見「伏臘」條。

[九] 天貺節：宋代節日名。宋真宗大中祥符四年正月詔以六月六日天書再降日爲天貺節。貺：賜予，恩賜。

七夕始於成武丁，言「織女詣牽牛」[一]。中元始於佛，盂蘭盆供養[二]。中秋翫月始於唐明皇，銀橋升月宫[三]。九日登高，始於費長房教桓景避災[四]。下元始於道家，謂是日水官詣天闕言事[五]。冬至朝賀始於魏，儀亞於歲朝。臘日始於殷之清祀[六]，漢以後以運墓爲臘，無定日。臘八粥始於佛家，作五香粥灌佛[七]。二十四祭竈，始於陰子方，以黄羊祠竈神[八]。除日始於周大儺，前歲一日，擊鼓驅疫厲之鬼，謂之逐除[九]。又鬭草，昔人以端午，今在春月[一〇]；青精飯[一一]，昔人以寒食，今在四月八。

## 【箋注】

[一] 吴均《續齊諧記·七夕牛女》：

桂陽成武丁，有仙道，常在人間，忽謂其弟曰：「七月七夕，織女當渡河，諸仙悉還宫，吾已被召，不得停，與爾别矣。」弟問曰：「織女何事渡河？去當何還？」答曰：「暫詣牽牛。吾復三年當還。」明日失武丁，至今云織女嫁牽牛。

[二] 中元：農曆七月十五日，僧寺作盂蘭盆會，道觀於此日作齋醮，民間亦有祭祀亡故親人等俗。唐玄應《一切經音義》卷十三：「盂蘭盆正言烏藍婆拏，此譯云倒懸。案西國法，至於衆僧自恣之日，盛設佛具，奉施佛僧，以救先亡倒懸之苦……舊云盂蘭盆是貯食之器，此言訛也。」

盂蘭盆：梵語 ullambana，意譯爲救倒懸。據《盂蘭盆經》，目連從佛言，於農曆七月十五日置百味五果，供養三寶，以解救其亡母於餓鬼道中所受倒懸之苦。南朝梁以降，成爲民間超度先人的節日，是日延僧尼結盂蘭盆會，誦經施食。顔之推《顔氏家訓·終制》：「若報罔極之德，霜露之悲，有時齋供，及七月半盂蘭盆，望於汝也。」

[三] 翫月：賞月。前蜀杜光庭《神仙感遇傳》：「玄宗於宫中翫月，公遠奏曰：『陛下莫要至月中看否？』乃取拄杖，向空擲之，化爲大橋，其色如銀。請玄宗同登。約行數十里，精光奪目，寒氣侵人，遂至大城闕。公遠曰：『此月宫也。』」

[四] 吴均《續齊諧記》：

汝南桓景隨費長房遊學累年，長房謂曰：「九月九日，汝家中當有災，宜急去，令家人各作絳囊，盛茱萸以繫臂，登高，飲菊花酒，此禍可除。」景如言，舉家登山。夕還，見雞犬牛羊，一時暴死。長房聞之曰，此可代也。今世人九日登高飲酒，婦人帶茱萸囊，蓋始於此。

謝肇淛《五雜俎·天部二》：「九日佩茱萸登高，飲菊花酒，相傳以爲費長房教桓景避災之術。」

［五］下元：陰曆十月十五爲下元節。吴自牧《夢粱録》：「（十月）十五日，水官解厄之日，宫觀士庶，設齋建醮，或解厄，或薦亡。」

［六］蔡邕《獨斷》卷上：「四代臘之别名：夏曰嘉平，殷曰清祀，周曰大蜡，漢曰臘。」

［七］農曆十二月初八日，佛家稱爲臘八。相傳爲釋迦牟尼成道日，寺院於是日誦經，舉行法會，寺院以果子雜拌煮粥，分食僧衆。民間亦以爲盛節。孟元老《東京夢華録·十二月》：「初八日……諸大寺作浴佛會，并送七寶五味粥與門徒，謂之臘八粥。都人是日各家亦以果子雜料煮粥而食也。」

［八］舊俗農曆十二月二十三日或二十四日祭祀灶神。班固《白虎通·五祀》：「夏祭竈，竈者火之主，人所以自養也。」《後漢書·陰識傳》：「家有黄羊，因以祀之。自是已後，暴至巨富……故後常以臘日祀竈，而薦黄羊焉。」富察敦崇《燕京歲時記·祭灶》：「二十三日祭竈，古用黄羊，近聞内廷尚用之，民間不見用也。民間祭竈惟用南糖、關東糖、糖餅及清水草豆而已。糖者所以祀神也，清水草豆者所以祀神馬也。」

［九］歲末禳祭，以驅除瘟疫，謂之大儺。《吕氏春秋·季冬》：「命有司大儺，旁磔，出土牛，以送寒氣。」高誘注：「大儺，逐盡陰氣，爲陽導也。今人臘歲前一日擊鼓驅疫，謂之逐除，是也。」張衡《東京賦》：「爾乃卒歲大儺，毆除羣厲。」龐元英《文昌雜録》卷二：「今歲暮大儺，謂之逐疫是也。」

［一〇］鬬草：即「鬬百草」。古代遊戲，競採花草，比賽多寡優劣，常於端午行之。宗懔《荆楚歲時記》：「五月五日，四民并蹋百草，又有鬬百草之戲。」唐·鄭穀《採桑》詩：「何如鬬百草，賭取鳳皇釵。」無名氏《張協狀元》戲文第十七齣：「清曉，侍婢不惜千金，相呼鬥百草。」

［一一］青精飯：立夏吃的烏米飯。相傳爲道家太極真人所制，服之延年。後佛教徒亦多於陰曆四月八日造此飯以供佛。杜甫《贈李白》詩：「豈無青精飯，使我顔色好。」宋林洪《山家清供》卷上：「青精飯，首以此重穀也。按《本草》：南燭木，今名黑飯草，又名旱蓮草，即青精也。采枝、葉，搗葉，浸上白好粳米，不拘多少，候一、二時，蒸

飯。曝乾，堅而碧色，收貯。如用時，先用滾水量以米數，煮一滾，即成飯矣……久服，延年益顏。」

## 27　百六陽九

一元之中四千六百一十七歲[一]，有九戹：陽戹五，爲旱；陰戹四，爲水[二]。初入元百六歲有戹，則前元之餘氣也。故凡言災異者，或曰「世際陽九」，或曰「百六之會」也[三]。

【箋注】

[一] 元：古三統曆計算單位。古代術數家認爲，世界按五行遞次更代，周而復始，一個周期謂之一元，計四千六百一十七歲。《漢書·律曆志上》：「凡四千六百一十七歲，與一元終。經歲四千五百六十，災歲五十七。」《後漢書·律曆志下》：「至、朔同日謂之章，同在日首謂之蔀，蔀終六旬謂之紀，歲朔又復謂之元。」《後漢書·律曆志下》：「元法，四千五百六十。」劉昭注引宋均曰：「四千五百六十者，五行相代，一終之大數也。」

[二] 戹：同「厄」，指災難，災凶。南朝陳徐陵《爲陳武帝作相時與嶺南酋豪書》：「近者數鍾九厄，王室中微。」吴兆宜注：「《漢書》陽九厄，四千五百歲爲一元，一元之中九，陽戹五，陰戹四，陽爲旱，陰爲水。」

[三] 陽九：初入元一百零六歲，内有旱災九年，謂之「陽九」。其餘尚有陰九、陰七、陽七、陰五、陽五、陰三、陽三等，陽爲旱災，陰爲水災。從入元至陽三，常歲四千五百六十年，災歲五十七年，共爲四千六百一十七年，爲一元之氣終。舉其平均數則每八十年有一災年。《漢書·律曆志上》：「《易》九戹曰：初入元，百六，陽九；次三百七十四，陰九；次四百八十，陽九；次七百二十，陰七；次七百二十，陽七；次六百，陰五；次六百，陽五；次四百八十，陰三；次四百八十，陽三。凡四千六百一十七歲，與一元終。經歲四千五百六十，災歲五十七。」

「陽九」則指災荒年景和厄運。曹植《王仲宣誄》：「會遭陽九，炎光中矇。世祖撥亂，爰建時雍。」厄運、厄災也以「百六」表示。《漢書・谷永傳》：「遭无妄之卦運，直百六之災阸。」《文選・袁宏〈三國名臣序贊〉》：「百六道喪，干戈迭用。」呂延濟注：「四千六百一十七歲爲一元，一百六歲曰陽九之厄。」《雲笈七籤》卷十六：「百六應機，陽九激揚。」清宋琬《先大夫諱日》詩：「乾坤當百六，梁木忽然摧。」

## 28 反支　往亡

《潛夫論》注：「反支用月朔日爲正，戌、亥朔一日反支；申、酉朔二日反支；午、未朔三日反支；辰、巳朔四日反支；寅、卯朔五日反支；子、丑朔六日反支。」〔一〕

《集覽》云：「立春後七日，驚蟄後十四日，清明後二十一日，立夏後八日，芒種後十六日，小暑後二十四日，立秋後九日，白露後十八日，寒露後二十七日，立冬後十日，大雪後二十日，小寒後三十日。其日是謂『往亡』〔二〕。」古以反支日不受章奏，往亡日不利行師〔三〕。

【箋注】

〔一〕王符《潛夫論・愛日》：「孝明皇帝嘗問今旦何得無上書者？左右對曰：『反支故。』」汪繼培箋：「本傳注云：『凡反支日，用月朔爲正。戌、亥朔一日反支；申、酉朔二日反支……子、丑朔六日反支。見《陰陽書》也。』」反支日，爲禁忌之日。

〔二〕往亡：謂凶日，是日諸多禁忌。各本作「徃」，今從正，一律改爲「往」。《協紀辨方書・往亡》引《堪輿經》：「往者去也，亡者無也。其日忌拜官上任，遠行歸家，出軍征討，嫁娶尋醫。」

〔三〕 顔之推《顔氏家訓・雜藝》：「世傳術書，皆出流俗，言辭鄙淺，驗少妄多。至如反支不行，竟以遇害；歸忌寄宿，不免凶終：拘而多忌，亦無益也。」《資治通鑑・晉安帝義熙六年》：「丁亥，劉裕悉衆攻城。或曰：『今日往亡，不利行師。』」胡三省注引《曆書》：「二月以驚蟄後十四日爲往亡日。」《資治通鑑・唐憲宗元和十二年》：「甲寅，李愬將攻吴房，諸將曰：『今日往亡。』」胡三省注：「陰陽家之説，八月以白露後十八日爲往亡，九月以寒露後第二十七日爲往亡。」宋許洞《虎鈐經・出軍日》：「天門日，亦謂之往亡，不可出軍。」

## 29 耗磨 刑禁

正月十六日，流傳謂之「耗磨日」，官司不開庫[一]。月一日、八日、十四日、十五日、十八日、二十三日、二十八日、二十九日，釋氏謂之十齋日[二]，官司不行刑，唐并正、五、九月，國朝并立春以後，秋分以前，皆爲刑禁。

【箋注】

〔一〕 官司：謂官府，各行政主管部門。《騈雅・釋天》：「正月十六日爲耗磨。」宋章淵《槁簡贅筆・耗磨日》：「正月十六日，古謂之耗磨日……飲酒如今之社日，此日但謂之耗日，官司不開倉庫而已。」褚人穫《堅瓠續集・耗磨放偷》：「正月十六日，古謂之耗磨日。官私不開倉庫……是日各家皆嚴備。遇偷至，則笑而遣之，雖妻女車馬寶貨爲人所竊，即獲得亦不加罪。聞今揚州及黔中尚然，而燕地正月十六夜之走街，恐亦遺俗也。」

〔二〕 每月十天持齋素食，禁止屠宰，佛家謂之十齋日。唐制，十齋不行刑。《地藏經・如來讚歎品》：「復次普廣，若未來世衆生，於月一日、八日、十四日、十五日、十八日、二十三日、二十四日、二十八日、二十九日，乃至三十日……能於是十齋日，對佛菩薩諸賢聖像前讀是經一遍，東西南北百由旬內，無諸災難。」唐高祖《禁行刑屠殺詔》：「自今以後，每年正月、五月、九月及每月十齋日，並不得行刑，所在公私，宜斷屠殺。」

## 30　上戊

古者舉事[一]，卜用上旬之日。如舜攝位告廟[二]，以正月上日，魯郊以十二月下辛，卜正月上辛之類。

國朝《會典》祭社稷以春秋仲月上戊日，祭先師孔子以春秋仲月上丁日。「戊」取義於土，「丁」取義於文明，非謂「戊」次於「丁」也。如仲月十日之丁祭孔子，則當以仲月一日之戊祭社稷，此不待辨而知者，奈何？舉事者不察，每以十日之丁祭孔子，次日祭社稷，則是中戊矣。不惟於義未恊，抑且於制有違。禮官曾未議及者，何也？

【箋注】

[一]舉事：謂舉行祭儀。事，祭祀。

[二]告廟：古代天子或諸侯出巡或遇兵戎等重大事件，必祭告祖廟。《左傳·桓公二年》：「凡公行，告於宗廟，反行飲至，舍爵策勳焉，禮也。」班固《白虎通·巡狩》：「王者出，必告廟何？孝子出辭反面，事死如事生。」

# 名義考卷三　地部

## 1　兩戒

天地山河之象存乎兩戒[一]。北戒則自三危、積石、負地絡之陰，西至於太華，北抵常山，乃西循塞而至於朝鮮，是謂北紀，所以限南北也。南戒則自岷山、嶓冢，負地脉之陽，東至於泰山，南逾江漢，乃東循嶺而至於閩中，是謂南紀，所以限蠻夷也。故《星經》謂北戒爲朔門，南戒爲越門。河源自北紀之首，北與地絡相會，分而東流，與涇、渭、濟相爲表裏，謂之北河。又自南紀之首，南與地脉相會，分而東流，與江、漢、淮相爲表裏，謂之南河[二]。此方輿之大凡也。

［箋注］

[一] 戒：同「界」，界限。兩戒：指疆域的南北界限。《新唐書・天文志一》：「一行以爲天下山河之象，存于兩戒……故《星傳》謂北戒爲『胡門』，南界爲『越門』。」

[二]《新唐書・天文志一》：「僧一行謂：天下山河之象存乎兩戒。北戒自三危、積石，負終南地絡之陰，東及太華，逾河，並雷首、底柱、王屋、太行，北抵常山之右，乃東循塞垣，至濊貊、朝鮮，是謂北紀，所以限戎狄也。南戒自岷山、嶓塚，負地絡之陽，東及太華，連商山、熊耳、外方、桐柏，自上洛南逾江、漢，攜武當、荆山，至於

衡陽，乃東循嶺徼，達東甌、閩中，是謂南紀，所以限蠻夷也。故《星傳》謂北戒爲胡門，南戒爲越門。河源自北紀之首，循雍州北徼，達華陰，而與地絡相會並行，而東至太行之曲，分而東流，與涇、渭、濟、瀆相爲表裏，謂之北河。江源自南紀之首，循梁州，南徼達華陽，而與地絡相會，並行而東，及荆山之陽，分而東流，與漢水、淮瀆相爲表裏，謂之南河。」

## 2　五服

《禹貢》五服之制，九州方五千里[一]。西漢盛時東西九千三百里，南北萬五千里，而山川所屆猶不出禹貢之域，何也？《禹貢》「東漸於海」，東萊之海也，漢則遼東之海；「西被流沙」，張掖之流沙也，漢則敦煌之流沙[二]。《禹貢》「朔止平陽」，漢則盡朔方；「南止衡陽」，漢則盡日南。名雖襲而實則不同。孔穎達鳥道之説非也，此自武帝開拓時如此。高、惠、文、景之時南北纔五千里，東西猶不及，且禹之五服，惟東西南爲然，平陽之北不盈千里，僅一服而已。

[箋注]

[一] 五服：服，指服事天子。古代王畿周邊，以五百里爲一區劃，由近及遠分爲侯服、甸服、綏服、要服、荒服，合稱五服。《書・益稷》：「弼成五服，至于五千。」孔傳：「五服，侯、甸、綏、要、荒服也。服，五百里。四方相距爲方五千里。」周代又以侯、甸、男、采、衛爲五服。

[二]《書・禹貢》：「東漸于海，西被于流沙。」

# 3 河源

河源，諸書所載不一。《山經》曰：「敦薨之水，西流注於泑澤，出於崑崙之東北鄙，實惟河源。」[一]《水經》載：「河出崑崙，經十餘國，乃至泑澤。」《山經》又稱「陽紆之山，河出其中」。《穆天子傳》云：「陽紆之山，馮夷所居，是爲河宗。」釋氏《西域志》：「阿耨達大山上有大利水。」即崑崙山。《漢書》載河有兩源，一出于闐，一出葱嶺。

皆未有能究其實者。惟元潘昂霄《志》謂：「世祖欲城河源，遣都實[二]至其地，還云：河源在吐蕃朵甘斯西鄙，有泉百餘，泓淖弱不勝人[三]，旁視若列星，名鄂端諾爾，東鶩成川[四]，名齊必勒。又水西南來，名伊爾齊；又水南來，名呼蘭；又水東南來，名伊拉齊。俱與齊必勒會其流，寖大[五]，水清，人可涉。又分九派，水渾濁，土人[六]抱革囊乘馬過之。自此以往，其深叵測。流經伊拉瑪博囉山，其山最高，雪冬夏不消，自河源至此，可三十餘日程[七]。又有水西南來，名納琳哈喇。有水南來，名齊爾穆蘇。二水合流入河。河北行，至積石州，即《禹貢》『積石』。自伊拉瑪博囉至此亦三十餘日程，又四五日程至河州安鄉關，始入漢地。」

鄂端諾爾，漢言「星宿」；齊必勒，漢言「黄河」；伊拉瑪博囉，漢言「崑崙」也。朶甘斯，屬元輿地。都實，爲吐蕃招討使，昂霄聞之都實弟庫庫楚，其言當不妄也。

宗懔《歲時記》謂張騫使大夏，窮河源，至一處見織女牽牛。騫止歷大宛、月氏等國，即崑崙亦未至，況河源乎？河與天漢通，亦自氣言之耳，牛、女果安在也？懔無異病痁[八]。然《博物志》「乘槎」之説亦謬[九]。

（泑音有；泓音翁；淖音鬧；叵音頗；剌音辣；氐音支；痁音沾）

【箋注】

[一]《山海經·北山經》：「又北三百二十里曰敦薨之山，其上多椶柟，其下多茈草。敦薨之水焉，而西流注於泑澤，出於崑崙之東北翼，實惟河源。」

[二]都實：蒙古人。元世祖忽必烈派他帶領人馬勘察河源，計劃於彼築城設驛，以便交通商貿。他們自河州寧河驛出發，穿過甘肅南部山嶺，溯流而上，歷時四個月到達河源地區，同年冬返回大都，繪圖上報勘察結果，指出河源的地理位置在「土蕃朵甘思西鄙」。這是我國歷史上首次對河源進行詳實考察。元人潘昂霄根據都實之弟闊闊出的轉述，撰成《河源志》，記載了黄河上游幹流支脈等水文情況。

[三]泓淖：此指寬闊的泥沼地帶。弱不勝人，地面爲稀軟的泥潭，人不能站行其上。

[四]鄂端諾爾：蒙語詞，漢語曰「星宿海」。《元史語解》卷五《地理門》：「鄂端諾爾：鄂端，星也；諾爾，池也。」騖：馳流，疾流。

[五]寖：同「漸」。寖大，逐漸變大。

[六]土人：土著，當地人。

[七]可：大約，約略。

[八]痁：瘧疾。病痁：比喻狂病妄言。

［九］ 槎：木筏。張華《博物志》卷十：「舊説云：天河與海通，近世有人居海渚者，年年八月，有浮槎去來，不失期。」《博物志》記載，傳説天河與海通，有人居海渚者，每年八月見有浮槎去來，不失期，乘槎浮海而至天河，遇織女、牽牛。

# 4 潮汐

漢東宣伯聚《潮候圖説》［一］：「圓則之運，大氣舉之。方儀之静，大水承之。氣有升降，地有浮沉，而潮汐生焉。月有盈虚，潮有起伏，故盈於朔望，虚於兩弦，息於朓朒［二］，消於朏魄［三］，而大小準焉。月爲陰精，水之所生。日爲陽宗，水之所從。故晝潮之期，日常加子。夜潮之候，月必在午。而晷刻定焉。卯酉之月，陰陽之交，故潮大於餘月。朔望之後，天地之變，故潮大於餘日。一晦一明，再潮再汐。一朔一望，再虚再盈。天一地二之道也。月經於上，水緯於下，進退消長，相爲生成。此天地之至信，而古今不易者也。」［四］

其説頗備。

（朓音挑；朒音衄；朏音斐）

【箋注】

［一］ 宣昭：字伯聚（一説字伯細），號艮齋，元代漢東（今湖北隨州）人，著有《浙江潮候圖説》。

［二］ 朒：農曆月朔，月見於東方。朓：月底月見於西方。《説文·月部》：「朒，朔而月見東方謂之縮朒。」《文

選・顔延之《宋文皇帝元皇后哀策文》：「下節震騰，上清朓側。」李善注：「言后道得宜，即地安静而月合度也……《尚書五行傳》曰：『晦日而月見西方謂之朓；朔而月見東方謂之側匿。』鄭玄曰：『朓，猶條達也。條達，行疾貌；側匿，猶縮懦，行遲貌。』」盧肇《海潮賦〈序〉》：「其朒其朓，則潮亦隨之。」宋王明清《揮麈録》卷四：「是故隨日而應月，依陰而附陽，盈於朔望，消於朏，魄於上下弦，息於輝朒，故潮有大小焉。」

[三] 朏：新月初現。《書・召誥》：「三月，惟丙午朏。」孔傳：「朏，明也。月三日明生之名。」孔穎達疏：「《説文》云：『朏，月未盛之明。』故爲明也。」《新唐書・曆志三上》：「夕而成光則謂之『朏』。朏或以二日，或以三日。」魄：月初出時的微光，又作「霸」。《書・康誥》：「惟三月哉生魄。」陸德明釋文：「月三日始生兆朏，名曰魄。」孫星衍疏引馬融曰：「《説文》作『霸』，云月始生霸然也。」

朏魄：謂新月的月光。宋吴自牧《夢粱録・浙江》：「是故隨日而應月，依陰而附陽，盈於朔望，消於朏魄，虚於上下弦，息於輝朒，故潮有大小焉。」

[四] 陶宗儀《南村輟耕録》卷十二《浙江潮候》：

漢東宣伯聚先生，嘗作《浙江潮候圖説》云：「大江而東，凡水之入於海者，無不通潮。而浙江之潮獨爲天下奇觀，地勢然也……蓋圓則之運，大氣舉之。方儀之静，大水承之。氣有升降，地有浮沉，而潮汐生焉。月有盈虚，潮有起伏，故盈於朔望，虚於兩弦，息於朓肉，消於朏魄，而大小準焉。月爲陰精，水之所生。日爲陽宗，水之所從。故晝潮之期，日常加子。夜潮之候，月必在午。而晷刻定焉。卯酉之月，陰陽之交，故潮大於餘月。大樑析木，河漢之津也。朔望之後，天地之變，故潮大於餘日。寒暑之大，建丑未也。一晦一明，再潮再汐。一朔一望，再虚再盈。天一地二之道也。月經于上，水緯於下，進退消長，相爲生成。曆數可推，毫氂不爽。斯天地之至信，而古今不易者也……」此説博極群書，辭理超詣，而古今之論潮汐者，蓋莫能過之矣。因並録之。

## 5　九州道里不一

禹别九州[一]，道里廣狹懸殊。兖州、徐州相去僅能千里，豫州千里而近，青州千里而遥，冀州二千里而近，荆州二千里而遥。揚州相距六千里，雍州、梁州窮數千里，是何也？徐、兖、豫在荆、河、淮、濟之間，田可井授，爲中原要區，故其地狹。荆、揚在淮、海以南，梁、雍在函、劍以西，江湖汎濫，嶺嶠重複，而又僻在邊陬[二]，故其地廣。惟青、冀爲適中也。

［箋注］

［一］别，劃分。

［二］陬：角落，指偏遠之地。邊陬：邊地、邊涯。

## 6　堂室

今人以正寢爲堂，燕寢爲室，殊非。

堂，盖正寢前露臺也。《玉篇》：「堂，土爲屋基也。」《爾雅》：「古者爲室，自半以前虚之，謂之堂；半以後實之，謂之室。」[一]是也。《白虎通》：「天子之堂，高九尺。」[二]《李斯傳》：「堯之有天下也，堂高三尺。」若以爲正寢，豈直高九尺、三尺耶？《書》曰「若考作室，既底法」，《爾雅》

所謂「爲室」也，「弗肯堂」，弗肯虚之也；「矧肯搆」，弗肯實之也。虚謂築土，實謂架木[三]。他如賈誼謂「廉遠地，則堂高」，袁盎謂「千金之子坐不垂堂」，鄭泰謂「張孟卓東平長者坐不闚堂」，《唐・百官志》「諸校列坐堂皇」[四]，皆以前虚者爲堂也。

**【箋注】**

[一]《玉篇・土部》：「堂，土爲屋基也。」《書・大誥》「若考作室，既底法，厥子乃弗肯堂，矧肯構？」孔傳：「子乃不肯爲堂基，況肯構立屋乎？」俞樾《群經評議・尚書三》：「古人封土而高之，其形四方，即謂之堂。」《禮記・檀弓上》：「昔者，夫子言之曰：『吾見封之若堂者矣。』」鄭玄注：「封，築土爲壟堂，形四方而高。」

堂指夯土築成的方形土壇或臺基，宫室建造在臺基之上，堂爲行禮之所。《説文・土部》：「堂，殿也。」段玉裁注：「堂之所以偁殿者，正謂前有陛，四緣皆高起……古曰堂，漢以後曰殿。古上下皆偁堂，漢上下皆偁殿，至唐以後，人臣無有偁殿者。」朱駿聲通訓定聲：「堂之高明者曰明堂，宗廟、國學及祀文王、朝諸侯之處皆有之，則皆得稱之。」《淮南子・本經》：「堂大足以周旋理文，静潔足以享上帝、禮鬼神，以示民知節儉。」高誘注：「堂，明堂。所以升降揖讓修禮容，故曰周旋；理文，理政事文書也。」

[二]《禮記・禮器》：「天子之堂九尺……士三尺。」

[三]《書・大誥》：「若考作室，既底法，厥子乃弗肯堂，矧肯構？」

[四]《漢書・賈誼傳》：「廉遠地，則堂高。廉近地，則堂卑。」

《史記・袁盎鼂錯列傳》：「臣聞千金之子，坐不垂堂。」《史記・司馬相如列傳》：「鄙諺曰：『家累千金，坐不垂堂。』此言雖小，可以喻大。」司馬貞索隱引張揖云：「畏簷瓦墮中人。」坐不垂堂，不坐在屋簷下，恐簷瓦墜落而傷身。《漢書・爰盎傳》：「千金之子不垂堂，百金之子不騎衡。」顔師古注：「垂堂，謂坐堂外邊，恐墜墮也。」

《後漢書・鄭太傳》：「張孟卓東平長者，坐不闚堂。」李賢注：「言不妄視也。」《三國志・魏志・鄭渾傳》「鄭渾字文公」裴松之注引張璠《漢紀》：「張孟卓東平長者，坐不窺堂。」坐不闚堂：莊謹而坐，目無妄視。《漢書・胡建傳》：「當選士馬日，監御史與護軍諸校列坐堂皇上。」顏師古注：「室無四壁曰皇。」

## 7　宮殿

宮非寢室也，牆也[一]。殿非正朝之室也，亦猶堂也。《記》：「君爲廬，宮之。」[二]《儒行》注：「宮，牆垣也。」蝘蜓，依牆而生，故名守宮。不得其門而入者曰宮牆外望，宮之爲牆可知已。《蒼頡篇》：「殿，大堂也。」[三]虞摯云：「其制有經，左墄右平，平以文甎相亞次，墄者爲階級。」[四]是殿與堂同，但有大小耳，即今所謂「三墀」者是也。《詩》：「殿天子之邦。」馬融：「殿後軍義取此。」[五]殿之爲堂可知已。古「儒有一畝之宮」，漢黄霸「令計吏條對，有舉孝子先上殿」[六]。宮殿又通上下言之，秦以後始爲至尊之稱。師古曰：「屋之高嚴者通呼爲殿。」[七]《周禮》「六宮」注：「婦人稱寢曰宮。」[八]則謂宮爲寢室，謂殿爲正朝之室者，亦有自來矣。

（墄音戚；甎與磚同）

**【箋注】**

[一] 段玉裁《説文解字注・宮部》：「宮，宮言其外之圍繞，室言其内。析言則殊，統言不別也。」

[二]《禮記・喪服大記》：「君爲廬，宮之。」鄭玄注：「宮，謂圍障之也。」

[三]《初學記》卷二四引《蒼頡篇》：「殿，大堂也。」

[四]《文選・班固〈西都賦〉》：「於是左墄右平，重軒三階。」唐李善注引晉摯虞《決疑要注》：「平者，以文塼相亞次也。墄者，爲陛級也，言階級勒墄然。」按，「其制有經」，當爲「其制有陛」之誤。

[五]《詩・小雅・采菽》：「樂只君子，殿天子之邦。」毛傳：「殿，鎮也。」孔穎達正義：「軍行在後曰殿，取其鎮重之義。」

[六]《禮記・儒行》：「儒有一畝之宮，環堵之室，篳門圭窬，篷户甕牖。」「一畝宮」指寒儒的簡陋居處。蘇軾《次韻林子中蒜山亭見寄》：「叩頭莫喚無家客，歸掃岷峨一畝宮。」

《漢書・黄霸傳》：「令郡國上計吏條對，有舉孝子者先上殿。」計吏，指州郡執掌簿籍並負責上計的官員。條對，謂逐條對答天子垂詢的文章。《漢書・梅福傳》：「後去官歸壽春，數因縣道上言變事，求假軺傳，詣行在所條對急政，輒報罷。」顏師古注：「條對者，一一條録而對之。」

[七]《漢書・霍光傳》：「鴞數鳴殿前樹上。」顏師古注：「古者屋室高大，則通呼爲殿耳，非止天子宮中。」《後漢書・蔡茂傳》：「茂初在廣漢，夢坐大殿。」李賢注：「屋之大者，古通呼爲殿也。」

[八]《周禮・天官・内宰》：「以陰禮教六宮。」鄭玄注：「六宮，謂后也。婦人稱寢曰宮。宮，隱蔽之，言后象王，立六宮而居之。亦正寢一，燕寢五。」

## 8 牆屋

牆非止爲垣，屋非止爲室。

《喪大記》注：「棺牆謂帷。」[一]《孔子閑居》「負牆」，謂却就後席[二]。《論語》「蕭牆」謂門屏[三]。《檀弓》「牆置翣」，謂衣[四]。宋考父循牆，謂幽側之處[五]。《周禮》「夫屋」謂三夫田，三百畝[六]；《詩》「夏屋」謂大俎[七]；《喪大記》「畢塗屋」，謂輴攢。《漢紀》「黄屋」謂天子車蓋[八]；《漢志》「崇其巾爲屋」，謂幘收；《雜記》「素錦以爲屋」，謂小帳[九]；顔叔子「楯屋以繼」，謂飼馬具[一〇]。

（輴音春；楯音述）

**【箋注】**

[一] 牆，指柩車上覆棺的帷幔，即所謂「棺牆」，如屋牆，故名。《釋名·釋宮室》：「牆，障也，所以自障蔽也。」又《釋喪制》：「（輿棺之車）其蓋曰柳……其旁曰牆，似屋牆也。」《儀禮·既夕禮》：「奠席于柩西，巾奠乃牆。」鄭玄注：「牆，飾柩也。」賈公彦疏：「牆即帷荒，與棺爲飾。」

[二]《禮記·孔子閑居》：「子夏蹶然而起，負牆而立，曰：『弟子敢不承乎。』」與尊者言畢，退至於牆，避讓肅立，以示尊敬，謂之負牆。

[三]《論語·季氏》：「吾恐季孫之憂，不在顓臾，而在蕭牆之内也。」何晏集解引鄭玄曰：「蕭之言肅也；牆謂屏也。君臣相見之禮，至屏而加肅敬焉，是以謂之蕭牆。」蕭牆，即肅牆，至此肅然起敬。

[四]《禮記·檀弓上》：「孔子之喪，公西赤爲志焉。飾棺牆，置翣。」鄭玄注：「牆之障柩，猶垣牆障家。牆，柳衣。」孔穎達疏：「牆之障柩，猶垣牆障家，故謂障柩之物爲牆。障柩之物即柳也。」柳衣：柩車上覆棺之布帷。《周禮·天官·縫人》「衣翣柳之材」孫詒讓正義：「又案，凡覆柩車者，上曰柳，下曰牆，柳衣謂之荒，牆衣謂之帷……若總言之，則牆亦通名柳，故《檀弓》注釋牆爲柳衣。」

［五］《左傳・昭公七年》：「孔子年十七，魯大夫孟僖子病且死，誡其嗣懿子曰：『孔丘，聖人之後，滅於宋。其祖弗父何始有宋而嗣讓厲公。及正考父佐戴、武、宣公，三命兹益恭，故其鼎銘云：一命而僂，再命而傴，三命而俯，循牆而走，亦莫余敢侮。』」杜預注：「言不敢安行也。」循牆，避開道路中央，靠牆而行，謂恭謹或畏懼。

［六］《周禮・地官・小司徒》：「及大比，六鄉四郊之吏平教治、正政事，攷夫屋。」鄭玄注：「夫三爲屋，屋三爲井，出地貢者三三相任。」賈公彦疏：「一井之内九夫，三夫爲屋，是一屋三夫，自相保任，故云『三三相任』。據井而言也。」百畝爲「夫」，三夫爲「屋」。古代井田制度，一屋三夫互相擔保，以繳納賦税。《漢書・食貨志上》：「六尺爲步，步百爲畮，畮百爲夫，夫三爲屋，屋三爲井，井方一里，是爲九夫。」

［七］《詩・秦風・權輿》：「於我乎夏屋渠渠，今也每食無餘。」毛傳：「夏，大也。」鄭玄箋：「屋，具也。」孔穎達疏：「重設饌食，禮物大具，其意勤勤然，於我甚厚也。」據此，夏屋指大俎，即大的食器。又一説夏屋指大屋。《禮記・檀弓上》：「見若覆夏屋者矣。」鄭玄注：「夏屋，今之門廡也，其形旁廣而卑。」

［八］《禮記・喪大記》：「君殯用輴，欑至於上，畢塗屋。」陳澔集説：「輴，盛柩之車也，殯時以柩置輴上。欑，猶叢也，叢木於輴之四面，至於棺上。畢，盡也，以泥盡塗之。此欑木似屋形，故曰畢塗屋也。」

《史記・秦始皇本紀》：「子嬰度次得嗣，冠玉冠，佩華紱，車黄屋。」裴駰集解引蔡邕曰：「黄屋者，蓋以黄爲裏。」《史記・項羽本紀》：「紀信乘黄屋車。」張守節正義引李斐曰：「天子車以黄繒爲蓋裏。」此屋指車蓋。

［九］《後漢書・輿服志》：「古者有冠無幘，其戴也，加首有頍，所以安物……至孝文乃高顏題，續之爲耳，崇其巾爲屋，合後施收，上下群臣貴賤皆服之。文者長耳，武者短耳，武吏常赤幘，成其威也。」屋，指漢人帽子頂部的高起部分。蔡邕《獨斷》：「王莽無髮，乃施巾。故語曰：『王莽禿，幘施屋。』」《晉書・輿服志》：「而江左時野人已著帽，人士亦往往而然，但其頂圓耳，後乃高其屋云。」

《禮記・雜記上》：「素錦以爲屋而行。」鄭玄注：「屋，其中小帳，襯覆棺者。」屋，帳幕，後作「幄」。

［一〇］《詩・小雅・巷伯》：「哆兮侈兮，成是南箕。」毛傳：「昔者顔叔子獨處于室，鄰之釐婦又獨處于室，夜

暴風雨至而室壞，婦人趨而至，顏叔子納之而使執燭，放乎旦而蒸盡，縮屋而繼之。」後以「縮屋」頌揚對危難中的婦女不加侵侮的美德。《北齊書・廢帝紀》：「顏子縮屋稱貞，柳下嫗而不亂，未若此翁白首不娶者也。」

## 9 廣輪

《檀弓》：「廣輪撐坎。」注：「輪，從也。」[一] 橫量曰廣，從量曰輪；東西曰廣，南北曰輪[二]。輪又謂之袤，又謂之運[三]。

（袤音茂）

**[箋注]**

[一]《禮記・檀弓下》：「既葬而封，廣輪揜坎，其高可隱也。」陳澔集説：「橫爲廣，直爲輪。」按，「揜坎」，各本作「撐坎」，形似而訛。

[二]《周禮・地官・大司徒》：「以天下土地之圖，周知九州之地域廣輪之數。」鄭玄注：「輪，從也。」賈公彦疏引馬融曰：「東西爲廣，南北爲輪。」廣輪，即廣袤，謂土地面積。廣，橫向，東西長度；輪，縱向，南北長度。《洪武正韻・真韻》：「輪，東西曰廣，南北曰輪。」《儀禮・既夕禮》：「掘坎南順，廣尺，輪二尺，深三尺，南其壤。」鄭注：「輪，從也。」

[三] 南北距離亦曰「袤」。《文選・張衡〈西京賦〉》：「量徑輪，考廣袤。」李善注引《説文》曰：「南北曰袤，東西曰廣。」《資治通鑑・周赧王二年》：「從某至某，廣袤六里。」胡三省注：「東西爲廣，南北曰袤。」亦曰「運」。《國語・越語上》：「句踐之地……廣運百里。」韋昭注：「言取境内近者百里之中，東西爲廣，南北爲運。」李白《君道曲》：「大君若天覆，廣運無不至。」

## 10 旁午

旁午，《霍光傳》注：「分布也。」[一]《韻書》：「交横也。」按，午居正陽位縱也，旁則横矣，旁午猶縱横之意。

［箋注］

［一］《漢書·霍光傳》：「受璽以來，二十七日，使者旁午，持節詔諸官署徵發凡千一百二十七事。」如淳曰：「旁午，分布也。」顔師古注：「一從一横爲旁午，猶言交横也。」旁午，縱横相交。

## 11 辟雍 泮宫

《詩·靈臺》篇，辟雍中言鳥獸昆蟲[一]；《文王有聲》篇，「辟雍」言築城作豐[二]；《魯·泮宫》言羣醜淮夷[三]。皆無預學校。

漢儒謂：辟雍，「辟」作「璧」，爲圓水，天子之學；泮宫，爲半水，諸侯之學[四]。羅璧《識遺》曰「辟雍非學也」[五]。戴埴《鼠璞》曰：「泮宫，合序與詩，初無養才之説，亦非學也。」[六]辟，君也；雍，和也。《説文》：「天子饗飲曰辟雍。」《月令論》曰：「取其宗廟之清，曰清廟；取其正室之貌，曰太廟；取其堂，曰明堂；取其四門之學，曰太學；取其水圓璧，曰辟雍。」[七]圓璧之説雖非，而清廟、太廟、明堂、太學、辟雍，則同處異名，爲甚明也。明堂以朝諸侯，猶今皇極殿；清廟、太廟以祭祀，猶今太廟；太學、辟雍以承師問道，猶今文華殿；成均、上庠、東序、瞽宗[八]，則四門之學也。泮，魯水名，僖公作離宮於其上，落成之際，詩人頌之，欲於此而服夷狄，受琛貢，與宣王考室之詩同意[九]。

（琛音郴）

## 箋注

[一] 此謂《靈臺》詩有言鳥獸蟲魚之句，《詩・大雅・靈臺》：「王在靈囿，麀鹿攸伏。麀鹿濯濯，白鳥翯翯。王在靈沼，於牣魚躍……鼉鼓逢逢，矇瞍奏公。」按，鼉似蜥蜴，身長丈餘，其皮可冒鼓。又《大雅・靈臺》「於樂辟廱」，毛傳：「水旋丘如璧曰辟廱，以節觀者。」朱熹傳：「辟、璧通。廱，澤也。辟廱，天子之學，大射行禮之處也。水旋丘如璧，以節觀者，故曰辟廱。」

[二]《大雅・文王有聲》頌文王遷豐、武王遷鎬，武王能廣文王之聲，作邑鎬京，行辟廱之禮。詩曰：「王公伊濯，維豐之垣。四方攸同，王后維翰。王后烝哉……鎬京辟廱，自西自東，自南自北，無思不服。皇王烝哉！」朱熹集傳引張載曰：「靈臺辟廱，文王之學也；鎬京辟廱，武王之學也，至此始爲天子之學矣。」

[三]《詩・魯頌・泮水》「思樂泮水」，毛亨傳：「泮水，泮宮之水也。天子辟廱，諸侯泮宮。」鄭玄箋：「辟廱者，築土雝水，之外圓如璧，四方來觀者均也。泮之言半也。」朱熹集傳：「諸侯之學，鄉射之宮，謂之泮宮。其東西南方有水，形如半璧，以其半於辟廱，故曰泮水，而宮亦以名也。」《魯頌・泮水》：「明明魯侯，克明其德，既作泮宮，淮夷攸服。」鄭玄箋：「言僖公能明其德，修泮宮而德化行，於是伐淮夷，所以能服也。」

〔四〕 班固《白虎通·辟雍》：「天子立辟雍何？所以行禮樂宣德化也。辟者，璧也，象璧圓，又以法天，於雍水側，象教化流行也。」《漢書·郊祀志上》：「周公相成王，王道大洽，制禮作樂，天子曰明堂辟雍，諸侯曰泮宮。」

〔五〕 羅璧，生活於宋元之際，嘗研索經史疑義，著《識遺》十卷，尚考據，後收入《四庫全書·子部·雜家類》。

〔六〕 戴埴《鼠璞·泮宮》：「魯泮宮，漢儒以爲學。予觀《菁菁者莪》序謂樂育人才，而詩敘教養之盛，中阿中陵孰不知爲育才之地。惟《泮水》序止曰：『頌僖公能修泮宮』。而詩言『無小無大，從公於邁』，則征伐之事；言『順彼長道，屈此群醜』，則克敵之功；言『淮夷攸服』『既克淮夷』『淮夷卒獲』，則頌淮夷之服……合序與詩，初無養才之説。」

〔七〕 蔡邕《明堂月令論》：「取其宗廟之清貌，則曰清廟；取其正室之貌，曰太廟；取其堂，則曰明堂；取其四門之學，則曰太學；取其周水圓如璧，則曰辟雍。異名而同事，其實一也。」

〔八〕 成均、上庠、東序、瞽宗，皆古時大學之名。《周禮·春官·大司樂》：「大司樂掌成均之法，以治建國之學政，而合國之子弟焉。」《禮記·文王世子》：「三而一有焉，乃進其等，以其序，謂之郊人，遠之，於成均，以及取爵於上尊也。」鄭玄注：「董仲舒曰：五帝名大學曰成均。」《禮記·王制》：「有虞氏養國老於上庠，養庶老於下庠。」鄭玄注：「上庠，右學，大學也。」又：「夏后氏養國老於東序。」鄭玄注：「東序、東膠亦大學，在國中王宮之東。」《周禮·春官·大司樂》：「凡有道有德者使教焉，死則以爲樂祖，祭於瞽宗。」《禮記·明堂位》：「瞽宗，殷學也；頖宮，周學也。」

〔九〕 戴埴《鼠璞·泮宮》：「予意僖公不過作宮於泮地，樂成之際，詩人善禱，欲我公戾止，於此「永錫難老」而服戎狄，於此昭假孝享而致伊祜，於此獻囚獻馘而受琛貢。此篇與宣王考室之詩相表裏，特周爲居處之室，魯爲游從之宮，祝頌有不同。」

琛貢，指珍寶貢物。考室：指宮寢落成之禮。考室之詩，指《小雅·斯干》。《詩·小雅·斯干序》：「《斯干》，宣王考室也。」毛傳：「宣王於是築宮廟羣寢既成而釁之，歌《斯干》之詩以落之，此之謂成室。宗廟成則又祭祀先祖。」《漢書·翼奉傳》：「到後七年之明歲，必有五年之餘蓄，然後大行考室之禮。」顔師古注引李奇曰：「凡宮新成，殺牲以釁祭，致其五祀之神，謂之考室。」

## 12 納陛

王幼學謂「納陛爲從中階而升」，孟康謂「鑿殿基際爲陛」[一]。二説皆非。顏師古曰：「尊者不欲露而升陛，故納之於霤下。」[二] 如今官府升堂，有自檐而升者，有自階而升者，納陛亦自檐之意，故曰「納之霤下」。

（霤音溜）

**[箋注]**

[一] 王幼學（1275—1368），字行卿，元代學者。曾講學慈湖書院，别號慈湖，纂有《通鑑綱目集覽》五十九卷。納陛，爲九錫之一。《韓詩外傳》卷八：「諸侯之有德，天子錫之，一錫車馬……五錫納陛。」《漢書・王莽傳上》：「朱户、納陛。」顏師古注引孟康曰：「納，内也，謂鑿殿基際爲陛，不使露也。」

[二] 《漢書・王莽傳上》「朱户、納陛」顏師古注：「尊者不欲露而升陛，故内之於溜下也。」摯虞《決疑要注》：「其制有陛，右城左平。平以文塼相亞次，城者，爲階級也。九錫之禮，納陛以登，謂受此陛以上殿。」

## 13 鼇山

《列子》：「歸墟中有五山，帝使巨鼇十五載之，五山始峙而不動，龍伯國之大人一釣連六鼇，於是二山流於北極。」[一]後人所稱「鼇山」出此。按，鼇，海中大鱉，豈能負山？龍伯雖大[二]，亦人耳，大抵《莊》《列》之言，多類此。

**[箋注]**

[一]《列子·湯問》：「渤海之東，不知幾億萬里有大壑焉，實惟無底之谷，其下無底，名曰歸墟……其中有五山焉。一曰岱輿、二曰員嶠、三曰方壺、四曰瀛州、五曰蓬萊……帝恐流於西極，失群仙聖之居，乃命禺强使巨鼇十五舉首而戴之。迭爲三番，六萬歲一交焉。五山始峙而不動。而龍伯之國有大人，舉足不盈數步而暨五山之所，一釣而連六鼇，合負而趣，歸其國，灼其骨以數焉。員嶠二山流於北極，沉于大海，仙聖之播遷者巨億計。」

[二]古代傳説中，有大人國曰龍伯國。《列子·湯問》：「龍伯之國有大人，舉足不盈數步而暨五山之所，一釣而連六鼇。」《山海經·大荒東經》「有波谷山者，有大人之國」，郭璞注：「《河圖玉版》曰：『龍伯國人，長三十丈，生萬八千歲而死。』」

## 14 南北盛衰

天下之大勢，秦漢以前莫盛於北，魏晉猶然。隋唐以下莫盛於南，宋猶然。元則南北俱衰，國朝則南北俱盛矣。

舜分天下爲十二州，北居其九，南居其三。周分天下爲九州，北居其七，南居其二。漢分天下爲十三部，北居其九，南居其四[一]。元始[二]中，總天下千二百餘萬户，南二百萬户，僅天下四之一，衣冠風俗之美，穀粟財用之多，舉在北焉。當時論者往往指燕雲河湟爲重，江湖川廣爲輕，不知地無常利，天運實衡其盛衰。唐分天下爲十道，南北各居其五。宋分天下爲二十三路，南居十七，北居十三[三]。熙、豐[四]盛時，總天下千六百五十萬户，北五百餘萬户，亦僅天下四之一。鄒魯多儒，移於濂、閩；青齊冠蓋，乃在吴楚；視燕雲河湟豈直過之耶？元則舉天下而蕩除之勢，少衰矣。今南北郡縣相埒[五]，人才不殊，財賦惟仰給於東南，可謂並盛矣。

（埒音劣）

**[箋注]**

[一]《書·堯典》：「肇十有二州。」堯遭洪水，天下分爲十二州。東漢馬融認爲十二州爲：冀州、兗州、青州、徐州、荆州、揚州、豫州、梁州、雍州、幽州、并州、營州。

根據《尚書·禹貢》，九州是：徐州、冀州、兗州、青州、揚州、荆州、梁州、雍州、豫州。

漢置十三部：司州（司隸校尉部）、豫州、兗州、徐州、青州、涼州、并州、冀州、幽州、揚州、荆州、益州、交州。

[二] 元始，漢平帝年號，公元1—26年。

[三] 唐朝貞觀元年（627年），唐太宗將全國分爲十道：關内道、河南道、河東道、河北道、山南道、隴右道、淮南道、江南道、劍南道、嶺南道。

宋時，宋太宗分天下爲十五路，至仁宗又分爲二十三路，曰京東東路、京東西路、京西南路、京西北路、河北東路、河北西路、陝西路、秦鳳路、河東路、淮南東路、淮南西路、兩浙路、江南東路、江南西路、荆湖南路、荆湖北路、成都路、梓州路、利州路、夔州路、福建路、廣南東路、廣南西路。

[四] 熙、豐，宋神宗年號，即熙寧（1068—1077）、元豐（1078—1085）。

[五] 埒：等同，相等。

## 15 三輔

京兆尹、左馮翊、右扶風，是爲三輔[一]。

京，大也，天子曰兆，民故曰「京兆」。

馮翊，言依馮、輔翊京師[二]。

扶風，言扶助天子風教。

皆漢武所置。秦有内史治京師，漢景帝分置左右内史，左馮翊，左内史也；右扶風，右内史也。

京兆，今西安府；左馮翊，今同州；右扶風，今鳳翔府。

（馮音平）

### [箋注]

[一] 三輔：西漢時期治理京畿地區的三個職官，亦指其所轄地區。漢初京畿官稱内史，景帝二年分置左、右内史，與主爵中尉（後改都尉）合稱三輔。武帝太初元年更名主爵都尉爲右扶風，右内史爲京兆尹，左内史爲左馮翊，治所皆在長安城中。《太平御覽》卷一六四引《三輔黄圖》：「武帝太初元年改内史爲京兆尹，以渭城以西屬右扶風，長安以東屬京兆尹，長陵以北屬左馮翊，以輔京師，謂之三輔。」

[二] 翊：同「翼」。馮翊，謂憑翼也，依憑、輔翼。

# 16 空桑 漢壽

空桑，山名[一]。在冀北；一云在陳留南一十五里；一云在魯南山之空竇中。《楚辭》：「逾空桑兮從女。」「考玄冥於空桑。」[二]《郊祀志》：「空桑琴瑟結促成。」[三]干寶《三日記》：「徵在生孔子空桑之地，今名空竇。」[四]伊尹生於空桑，正此地。《列子》謂「伊尹母視臼水，出而東走，身化爲空桑」[五]，《尚書大傳》謂「伊尹母行汲，化爲空桑，夫尋至水濱，見桑穴中有兒」。皆不經也。

漢壽，本廣漢葭萌縣地，蜀先主置。漢壽縣，今保寧之廣元，關羽之封地也。漢制有縣侯，如蕭何，酇侯；有鄉侯，如鄭衆，鄛鄉侯；有亭侯，如靈帝，解瀆亭侯之子；晉封孔子二十三代孫震爲奉聖亭侯。或以壽亭爲食邑，漢爲國號，誤也。

【箋注】

[一]《山海經・東山經》：「《東次二經》之首曰空桑之山，北臨食水。」郝懿行注：「此兗地之空桑。」《北山經》：「空桑之山，無草木，冬夏有雪。空桑之水出焉，東流注於滹沱。」

[二]《楚辭・九歌・大司命》：「君迴翔兮以下，逾空桑兮從女。」王逸注：「空桑，山名，司命所經。」洪興祖補注：「《山海經》曰：『東曰空桑之山。』注云：『此山出琴瑟材。』《周禮》空桑之琴瑟，是也。」《淮南》曰：『舜之時，共工振滔洪水以薄空桑。』注云：『空桑，地名，在魯也。』」《楚辭・劉向〈九歎・遠遊〉》：「就顓頊而陳詞兮，考玄冥於

空桑。」王逸注：「玄冥，太陰之神。」

〔三〕《漢書・禮樂志二》：「空桑琴瑟結信成，四興遞代八風生。」顔師古注：「空桑，地名也，出善木，可爲琴瑟也。」

〔四〕《史記・孔子世家》：「魯襄公二十二年而孔子生，生而首上圩頂，故因名曰丘云。」張守節正義引《括地志》云：「女陵山在曲阜縣南二十八里。干寶《三日紀》云：『徵在生孔子空桑之地，今名空竇，在魯南山之空竇中。無水，當祭時酒掃以告，輒有清泉自石門出，足以周用，祭訖泉枯。今俗名女陵山。』」《春秋演孔圖》：「孔子母徵在，遊大澤之陂，睡，夢黑帝（遣）使請己已往夢交，語曰：汝乳必于空桑之中。覺則若感，生丘于空桑。」

〔五〕伊尹，商汤之相。《列子・天瑞》：「伊尹生乎空桑。」《吕氏春秋・本味》：「有侁氏女子採桑，得嬰兒于空桑之中，母居伊水，命曰伊尹。」

## 17　甲第

《漢高詔》：「列侯食邑者，皆賜大第室。」孟康曰：「有甲乙次第，故曰第。」〔一〕第，非室也。《初學記》：「出不由里門，面大道者名曰第；爵雖列侯，食邑不滿萬户者，不得作第。」〔二〕第，非通稱也。武帝爲霍光治第，遂以第爲室。羊祜與從子琇書曰：「既定邊事，當角巾東第。」〔三〕遂以「第」爲通稱。田蚡治宅甲諸第，遂有「甲第」之稱〔四〕。漢設甲乙科，射策中者謂之「高第」，亦謂之「甲第」〔五〕。隋唐以來，進士諸科又有及第之目，是科目亦謂之「甲第」。又物品高者謂之「上第」，《漢書》：「四方貢獻，皆先輸上第於冀。」〔六〕

【箋注】

［一］《史記・孝武本紀》：「賜列侯甲第，僮千人。」裴駰集解引《漢書音義》：「有甲乙第次，故曰第。」

［二］《字彙・竹部》：「第，第宅，有甲、乙次第。《初學記》卷二四《宅》引《魏王奏事》：『出不由里門，面大道者名曰第；爵雖列侯，食邑不滿萬户，不得作第。』」《正字通・竹部》：「漢世有東第，相如《喻蜀文》『爵爲通侯，居列東第』是也；有西第，馬融作《大將軍西第頌》是也；有北第，《夏侯嬰傳》『惠帝賜嬰北第第一』是也。獨無南第，避天子南面之稱也。」古代按照品級爲王侯功臣建造的官邸、宅院，稱爲第。

［三］角巾：有棱角的方頭巾，古爲隱士冠飾。《晉書・羊祜傳》：「嘗與從弟琇書曰：『既定邊事，當角巾東路，歸故里，爲容棺之墟。』」角巾東路，謂辭官退隱，登東歸之路。按，《羊祜傳》作「角巾東路」，而非「東第」。東路，指東歸，而「東第」指顯貴者的府第。《漢書・司馬相如傳下》：「故有剖符之封，析圭而爵，位爲通侯，居列東第。」顔師古注：「東第，甲宅也。居帝城之東，故曰東第也。」

［四］《漢書・田蚡傳》：「由此滋驕，治宅甲諸第，田園極膏腴，市買郡縣器物，相屬於道。」顔師古注：「言爲諸第之最也。以甲乙之次言，甲則爲上矣。」

［五］甲乙科，古代考試科目名。《漢書・儒林傳序》：「平帝時王莽秉政……歲課甲科四十人爲郎中，乙科二十人爲太子舍人，丙科四十人補文學掌故云。」唐宋後進士皆有甲乙科。

高第：考績優等。《史記・儒林列傳》：「一歲皆輒試，能通一藝以上，補文學掌故缺；其高第可以爲郎中者，太常籍奏。」《漢書・儒林傳・嚴彭祖》：「彭祖爲宣帝博士，至河南、東郡太守。以高第入爲左馮翊。」

甲第，指科舉考試之第一等。《新唐書・選舉志上》：「凡進士，試時務策五道、帖一大經，經、策全通，爲甲第；策通四、帖過四以上，爲乙第。」

［六］上第：上等；第一。《後漢書・梁冀傳》：「其四方調發，歲時貢獻，皆先輸上第於冀。」李賢注：「上第，

第一也。」

## 18 譙樓

《陳勝傳》：「戰譙門中。」《馬遂傳》：「設二門爲譙樓。」師古曰：「門上爲高樓，以望曰譙。」[一]《廣韻》：「譙，樓之別稱。古者爲樓以望敵陣，兵列於其間，下爲門，上爲樓，或曰譙門，或曰譙樓也。」是「譙」有望意。俗以覰視爲「譙」。《莊・徐無鬼》篇魏有「麗譙」，説者謂「美麗而嶕嶢」[二]，則「嶕」當从山。又俗謂門樓曰「巢門」，「巢」與「譙」聲相近，「巢」、「譙」之訛也，一説若巢然。

[箋注]

[一]《漢書・陳勝傳》：「攻陳，陳守令皆不在，獨守丞與戰譙門中。」顏師古注：「譙門，謂門上爲高樓以望者耳。樓，一名譙，故謂美麗之樓爲麗譙。譙，亦呼爲『巢』。所謂巢車者，亦於兵車之上爲樓以望敵也。譙、巢，聲相近，本一物也。」譙門：建有瞭望樓的城門，亦謂之「譙樓、譙櫓」。《三國志・吴志・吴主傳》：「詔諸郡縣治城郭，起譙樓，穿塹發渠，以備盜賊。」《新唐書・馬燧傳》：「燧聚石種樹障之，設二門爲譙櫓，八日而畢，虜不能暴。」

[二]《莊子・徐無鬼》：「君亦必無盛鶴列於麗譙之間。」郭象注：「麗譙，高樓也。」成玄英疏：「言其華麗嶕嶢也。」麗譙，指華麗的高樓。

## 19 象魏 冀闕 兩觀

古者宮庭，爲二臺於門外，作樓觀於上，上圓下方，兩觀雙植，中不爲門，門在兩旁，中央闕然爲道，以其縣法，謂之「象魏」。象，法象也；魏，其狀巍然高大也[一]。以其記列教令，謂之「冀闕」。冀，記也；闕，中央闕然也。[二]以其使民觀之，謂之「觀」，雙植，謂之「兩觀」[三]。名雖殊，其實一也。猶今午門然。

**［箋注］**

［一］《周禮・天官・太宰》：「乃縣治象之灋于象魏，使萬民觀治象，挾日而斂之。」鄭玄注引鄭司農：「象魏，闕也。」賈公彦疏：「鄭司農云：『象魏，闕也』者，周公謂之象魏，雉門之外，兩觀闕高魏魏然，孔子謂之觀。」宫廷之外兩側的樓觀，或曰「闕」，爲懸示法教之所，巍然而高，故曰象魏。

［二］《史記・商君列傳》：「居三年，作爲築冀闕宫庭於咸陽。」司馬貞索隱：「冀闕，即魏闕也。冀，記也。出列教令，當記於此門闕。」冀闕，宫庭外的門闕，以記教令。南朝梁江淹《雜體詩・效王粲〈懷德〉》：「崤函復丘墟，冀闕緬縱横。」

［三］宫門前兩邊的望樓，登之觀遠，謂之「兩觀」。《左傳・定公二年》：「夏五月壬辰，雉門及兩觀災。」晉崔豹《古今注・都邑》：「闕，觀也。古每門樹兩觀於前，所以標表宫門也。其上可居，登之則可遠觀，故謂之觀。」

## 20　國

禹會諸侯於塗山，執玉帛者萬國；商則三千餘國；周則千八百國。説者以是爲夏商之衰，諸侯轉相吞滅固然。

然禹五服纔五千里[一]，以萬國分之，每服得國二千，每國得半里，不應如是之小也。曰「萬國」，概言之耳。商建國無考。周地方千里，爲縣百，爲郡四百，是得國五百，五服得國二千五百，曰「千八百」者，或先後盈縮不同也。

三代以來之「國」，則秦以後之「縣」。

［箋注］

［一］《書·益稷》：「弼成五服，至于五千。」孔安國傳：「五服，侯、甸、綏、要、荒服也。服，五百里。四方相距爲方五千里。」古代王畿周邊，由近而遠分爲侯服、甸服、綏服、要服、荒服，合稱五服。服，服事天子之意。

## 21　封

古者墓而不墳，墳，土起也[一]。亦謂之「封」，封土陪益也[二]。《檀弓》「若堂、若防、若覆夏屋、若斧」，皆封之形也[三]。四周而平曰「堂」，長而如隄曰「防」，如大俎而垂曰「覆夏屋」，仄而上鋭曰「斧」，亦曰「馬鬣」。今亦多類是。

**［箋注］**

［一］《禮記·檀弓上》：「古者墓而不墳。」鄭玄注：「墓，謂兆域，今之封塋也。古，謂殷時也。土之高者曰墳。」墳者高大之謂，封土隆起。《字彙·土部》：「墳，墳墓。塋域曰墓，封土爲壟曰墳。」

［二］封謂聚土、堆土。《易·繫辭下》：「古之葬者，厚衣之以薪，葬之中野，不封不樹。」孔穎達疏：「不積土爲坟，是不封也。」《周禮·地官·大司徒》：「制其畿方千里，而封樹之。」賈公彦疏：「土在溝上謂之爲封。」

［三］《禮記·檀弓上》：「昔者夫子言之曰，吾見封之若堂者矣，見若坊者矣，見若覆夏屋者矣，見若斧者矣。從若斧者焉，馬鬣封之謂也。」鄭玄注：「封，築土爲壟。堂形四方而高。坊形旁殺，平上而長。覆謂茨瓦也，夏屋，今之門廡也，其形旁廣而卑。斧形旁殺，刃上而長。」

## 22 朝陽 夕陽

（朝音潮）

《爾雅》：「山東曰朝陽，山西曰夕陽。」［一］蓋山東迎日，故曰朝，山西送日，故曰夕，非旦暮之謂也。亦猶古者諸侯見天子「旦見曰朝，暮見曰夕」云耳。「朝日、夕月」［二］之「朝」亦讀作潮音。《詩》「梧桐生矣，於彼朝陽」，又曰「度其夕陽」，正謂山東、西也。張華有「鳳鳴朝陽」之説，始指爲曉日。而謂夕陽爲落日者，自昔詩人益紛紛矣［三］。

【箋注】

〔一〕《詩・大雅・卷阿》：「梧桐生矣，于彼朝陽。」毛傳：「山東曰朝陽。」《詩・大雅・公劉》：「度其夕陽，豳居允荒。」毛傳：「山西曰夕陽。」《釋名・釋山》：「山東曰朝陽，山西曰夕陽，隨日所照而名之也。」

〔二〕朝日、夕月：古代帝王春分祭日、秋分祭月之禮。《周禮・天官・掌次》：「朝日，祀五帝，則張大次小次，設重帟重案。」鄭玄注：「朝日，春分拜日於東門之外。」《國語・周語上》：「古者，先王既有天下，又崇立於上帝、明神而敬事之，於是乎有朝日、夕月以教民事君。」韋昭注：「禮，天子搢大圭、執鎮圭，繅藉五采五就，以春分朝日，秋分夕月，拜日於東門之外，然則夕月在西門之外也。」《史記・孝武本紀》：「十一月辛巳朔旦冬至，昧爽，天子始郊拜泰一。朝朝日，夕夕月，則揖；而見泰一如雍禮。」裴駰集解：「應劭曰：『天子春朝日，秋夕月，拜日東門之外，朝日以朝，夕月以夕。』瓚曰：『漢儀郊泰一時，皇帝平旦出竹宮，東向揖日，其夕西向揖月。便用郊日，不用春、秋也。』」

〔三〕朝陽，詩中多指曉日，初升的太陽。温庭筠《邊笳曲》：「嘶馬渡寒磧，朝陽照霜堡。」劉基《無寐》詩：「驚起朝陽斜照屋，一眉殘月在天西。」夕陽，指落日，傍晚的太陽。晉庾闡《狹室賦》：「南羲熾暑，夕陽傍照。」歐陽修《醉翁亭記》：「已而夕陽在山，人影散亂，太守歸而賓客從也。」

## 23　崑崙二　赤壁二　洞庭二　九江三

《大荒經》：「阿耨達山，一名崑崙，恒水出其南。」此河源之崑崙也〔一〕。《禹貢》雍州「崑崙即叙」，此酒泉西南之崑崙也〔二〕。

《魏志》：「赤壁初戰，操軍不利。」此嘉魚西岸，與「烏林」對之，赤壁今訛在黄州者也〔三〕。

《綱目》：「冬十二月，劉曜自立於赤壁。」此趙城霍山西南流之赤壁，水名也。

《北夢瑣言》：「湘江，蜀江，溢爲洞庭。」此岳陽樓之洞庭也[四]。揚州太湖，一名「震澤」，一名「洞庭」，此姑蘇之洞庭也[五]。

《禹貢》「九江孔殷」，「沅漸元辰叙西澧資湘」九水，即岳陽洞庭。亦曰九江也[六]。《一統志》：「秦虜負芻置楚郡，漢初爲九江郡。」今壽州也。《太康地記》：「湖漢九江入彭蠡澤，白蚌烏靡畎源廩提箘。」九江，今九江府也。

## [箋注]

[一] 阿耨達山，出《山海經・大荒西經》。耨，一本作「傉」。宋李石《續博物志》卷三：「釋氏《西域志》：阿耨達山上有大淵水，宮殿樓觀甚大。即崑崙山。穆天子所至，即阿耨達宮也。」

[二]《書・禹貢》：「織皮：崐崘、析支、渠搜，西戎即叙。」孔傳：「織皮，毛布。有此四國，在荒服之外，流沙之內，羌髳之屬皆就次叙，美禹之功及戎狄也。」即叙：就序；歸順。《史記・司馬相如列傳》「經營炎火而浮弱水兮」，張守節正義引唐李泰等《括地志》：「阿耨達山，一名崑崙山，其山爲天柱，在雍州西南一萬五千三百七十里。」

[三] 嘉魚，地名，在湖北赤壁。一説在今湖北武昌西赤磯山，與漢陽南紗帽山隔江相對。酈道元《水經注・江水三》：「江水左徑百人山（今紗帽山）南，右徑赤壁山北，昔周瑜與黃蓋詐魏武大軍處所也。」黃庭堅《次韻文潛》：「武昌赤壁弔周郎，寒溪西山尋漫浪。」一説赤壁謂湖北蒲圻西之赤壁山。唐李吉甫《元和郡縣圖志・江南道三・鄂州》：「赤壁山在縣（蒲圻縣）西一百二十里，北臨大江，其北岸即烏林，與赤壁相對。即周瑜用黃蓋計，焚曹公舟船敗走處。故諸葛亮論曹公危於烏林是也。」清顧祖禹《讀史方輿紀要・湖廣二・黄州府》：「赤鼻山在府城西北漢川門外，屹立江濱，土石皆帶赤色。下有赤鼻磯，今亦名赤壁山，蘇軾以爲周瑜敗曹公處，非也。」赤鼻磯，亦作「赤壁磯」。

［四］五代孫光憲《北夢瑣言》卷七：「湘江北流，至岳陽達蜀江，夏潦後，蜀漲勢高，遏住湘波，讓而退溢爲洞庭湖，凡闊數百里，而君山宛在水中。」北宋范致明《岳陽風土記》：「荆江出巴蜀，自高注下，濁流洶湧，夏秋暴漲，則逆泛洞庭，瀟湘清流，爲之改色，岳人謂之翻流水，南至青草湖，或三五日乃還，俗云水神朝君山也。」明徐元《八義記·山神點化》：「三醉岳陽人不識，朗吟飛過洞庭湖。」

［五］洞庭，爲太湖别名，古亦稱震澤。《文選·左思〈吴都賦〉》：「指包山而爲期，集洞庭而淹留。」劉逵注引王逸曰：「太湖在秣陵東，湖中有包山，山中有如石室，俗謂洞庭。」

［六］《書·禹貢》：「荆及衡陽惟荆州。江漢朝宗于海，九江孔殷。」孔殷，衆多，繁多。沅漸元辰叙酉澧資湘，是九水流入洞庭湖，稱爲九江。

## 24 函丈 方丈 杖函

《曲禮》：「席間函丈。」函，容也；十尺爲丈。謂席間之地，可容十尺也。蓋席制，三尺三寸三分寸之一，遠近間三席，是一丈[一]。或謂「丈」作「杖」，容杖以指揮，非是。

《孟子》「食前方丈」，謂食物前列者，方一丈[二]。

唐顯慶中，王玄策使西域，至毗耶離城，有維摩居士石室，以手板縱横量之，得十笏，名「方丈室」，後人謂僧舍皆曰「方丈」[三]。

《周禮》「伊耆氏共杖函。」函，匱也，以函藏杖也[四]。

[箋注]

[一]《禮記・曲禮上》：「若非飲食之客，則布席，席間函丈。」鄭玄注：「謂講問之客也。函，猶容也，講問宜相對容丈，足以指畫也。」講學者與聽講者坐席之間相距一丈，曰「函丈」。「三分寸之一」，指三分之一寸。「三尺三寸三分寸之一」，謂席長三尺三又三分之一寸。函丈，指講學的坐席，後用爲對老師的敬稱。《隋書・煬帝紀上》：「自時厥後，軍國多虞，雖復黌宇時建，示同愛禮，函丈或陳，殆爲虚器。」陸游《齋中雜興》詩之一：「成童入鄉校，諸老席函丈。」陸游《江西到任謝史丞相啓》：「早親函丈，偶竊緒餘，曾未免於鄉人，乃見待以國士。」

[二]《孟子・盡心下》：「食前方丈，侍妾數百人，我得志，弗爲也。」趙岐注：「極五味之饌食，列於前，方一丈。」食前方丈，極言肴饌之豐盛，生活奢侈。葛洪《抱朴子・詰鮑》：「食則方丈，衣則龍章。」段成式《酉陽雜俎・貶誤》：「(書生)乃於口中吐一銅盤，盤中海陸珍羞，方丈盈前。」

[三]《釋氏要覽》卷上：「唐顯慶中，高宗敕衛尉寺丞李義表、前融洲黄水令王玄策充使西域，至毗耶離城東北四里許，維摩示疾之室，遺址疊石爲之，玄策躬以手板縱横量之，得十笏，因號方丈焉。」

[四]《周禮》作「杖咸」。咸，同函，謂容杖的匣子。《周禮・秋官・伊耆氏》：「伊耆氏掌國之大祭祀，共其杖咸。」鄭玄注：「咸讀爲函。老臣雖杖於朝，事鬼神尚敬，去之。有司以此函藏之，既事乃受之。」

## 25 青瑣 白間

《漢書》給事黄門之職，日暮入對青瑣門[一]。孟康曰：「以青畫户邊鏤中，天子之制也。」師古曰：「刻爲連瑣文，而青塗也。」[二]

《魏都賦》：「皎皎白間，離離列錢。」張説注：「白間，窻也，以白塗之，畫以錢文，猶綺疏青

瑣之類。」[三]

青瑣，即今門之有亮䈂者，刻鏤爲連瑣文，本注[四]，是「白間」即今菱花窻，䈂文如列錢，自生虚白。非以白塗爲錢文也。

（鏤音漏；䈂音格）

**［箋注］**

［一］漢應劭《漢官儀》卷上：「黄門侍郎，每日暮，向青瑣門拜，謂之夕郎。」《後漢書》卷三六《百官志》（三）「黄門侍郎」，李賢注引《漢舊儀》曰：「黄門郎屬黄門令，日暮入對青瑣門拜，名曰『夕郎』。」宋高承《事物紀原・三省綱轄・夕拜》：「漢給事中故事，每日暮時，入對青瑣門拜，故謂之夕拜，亦爲夕郎。」洪邁《容齋四筆・官稱别名》：「唐人好以它名標榜官稱……給事郎爲夕郎、夕拜。」

［二］《漢書・元后傳》：「曲陽侯根驕奢僭上，赤墀青瑣。」顔師古注：「孟康曰：『以青畫户邊鏤中，天子之制也。』……孟説是。青瑣者，刻爲連環文，而青塗之也。」青瑣，皇宫門窗的青色連環飾紋。後以指皇宫、宫廷。《晉書・夏侯湛傳》：「出草苗，起林藪，御青瑣，入金墉者，無日不有。」陳子昂《爲陳舍人讓官表》：「臣聞紫機務重，青鎖任隆。」亦指裝飾華麗的建築。《後漢書・梁冀傳》：「冀乃大起第宅……窗牖皆有綺疎青瑣。」楊衒之《洛陽伽藍記・永寧寺》：「僧房樓觀一千餘間，雕梁粉壁，青璅綺疏。」劉義慶《世説新語・惑溺》：「韓壽美姿容，賈充辟以爲掾。充每聚會，賈女於青璅中看，見壽，説之。」青璅，同青瑣，指鏤飾的窗户。沈約《八詠詩・登臺望秋月》：「散朱庭之奕奕，入青瑣而玲瓏。」

［三］《文選・何晏〈景福殿賦〉》：「皎皎白閑，離離列錢。」張銑注：「白閑，窻也，以白塗之，畫爲錢文，猶綺疏、青瑣之類。」按，「張説」誤文，當作「張銑」。窻，同「窗」。綺疏，窗上有鏤空格飾。《後漢書・梁冀傳》：「窻牖皆有綺

疎青瑣，圖以雲氣仙靈。」李賢注：「綺疎謂鏤爲綺文。」《文選・孫綽〈游天臺山賦〉》：「彤雲斐亹以翼櫺，皦日炯晃於綺疏。」李善注：「薛綜《西京賦》注曰：『疎，刻穿之也。』刻爲綺文，謂之綺疏也。」

［四］本注：依據張銑註釋。本，根據。

## 26 楚建都三，稱名二

鬻熊，重黎之後，爲周文、武師[一]。成王得鬻熊曾孫熊繹，封於荊蠻，其地枝江[二]，即郢都也，今荊州府。歷三十餘世，秦白起拔郢，頃襄王徙陳，今陳州[三]。才三十餘年，秦日加兵，考烈王徙壽春，今壽州[四]。又十餘年，秦虜負芻而楚亡矣[五]。《春秋》莊公以前皆稱「荊」，僖公以後皆稱「楚」。蓋荊、楚本一，或稱荊，或稱楚，故人於楚國或稱楚、或稱荊也，《春秋》亦是。據當時人所稱而云然。謂成頵始稱楚[六]，非。賈逵謂秦莊襄王名「楚」，改稱「荊」[七]，亦非。

（頵音均）

**［箋注］**

［一］重黎：顓頊高陽氏之後，爲帝嚳高辛氏火正。《史記・楚世家》：「高陽生稱，稱生卷章，卷章生重黎。重黎爲帝嚳高辛居火正，甚有功，能光融天下，帝嚳命曰祝融……（帝嚳）誅重黎，而以其弟吴回爲重黎後，復居火正，爲祝融。」司馬貞索隱：「今以重黎爲一人，仍是顓頊之子孫者，劉氏云：『少昊氏之後曰重，顓頊氏之後曰重黎，對

彼重則單稱黎，若自言當家則稱重黎。』」《史記・楚世家》：「周文王之時，季連之苗裔曰鬻熊。鬻熊子事文王，蚤卒。其子曰熊麗。熊麗生熊狂，熊狂生熊繹。」

〔二〕《史記・楚世家》：「熊繹當成王之時，舉文、武勤勞之後嗣，而封熊繹於楚蠻，封以子男之田，姓芈氏，居丹陽。楚子熊繹與魯公伯禽、衛康叔子牟、齊太公子呂伋，俱事成王。」裴駰集解引徐廣曰：「在南郡枝江縣。」張守節正義：「潁容《傳例》云：『楚居丹陽，今枝江縣故城是也。』《括地志》云：『歸州巴東縣東南四里歸故城，楚子熊繹之始國也。又熊繹墓在歸州秭歸縣。《輿地志》云秭歸縣東有丹陽城，周道八里，熊繹始封也。』」

〔三〕《史記・楚世家》：「（頃襄王）二十一年，秦將白起遂拔我郢，燒先王墓夷陵。楚襄王兵散，遂不復戰，東北保於陳城。」

〔四〕《史記・楚世家》：「（考烈王）二十二年，與諸侯共伐秦，不利而去。楚東徙壽春，命曰郢。」張守節正義：「壽春在南壽州，壽春縣是也。」

〔五〕《史記・楚世家》：「哀王立二月餘，哀王庶兄負芻之徒襲殺哀王，而立負芻爲王……（王負芻）五年，秦將王翦、蒙武遂破楚國，虜楚王負芻，滅楚名爲郡云。」裴駰集解引孫檢曰：「秦虜楚王負芻，滅去楚名，以楚地爲三郡。」

〔六〕成頵：指楚成王，頵，楚成王之名。《玉篇・頁部》：「頵，楚君名。」《春秋・文公元年》：「楚世子商臣弒其君頵。」其名《公羊傳》《穀梁傳》俱作「髡」，《史記・楚世家》《漢書・人表》作「惲」。《史記・楚世家》：「莊敖五年，欲殺其弟熊惲。惲奔隨，與隨襲弒莊敖代立，是爲成王。」司馬貞索隱：「惲，音紆粉反。《左傳》作『頵』，紆貧反。」

〔七〕《春秋・莊公十年》：「秋，九月，荊敗蔡師於莘。」杜預注：「荊，楚本號，後改爲楚。」《通志・氏族略二》：「荊氏，芈姓。楚國舊號荊，此未號楚之前受氏也。」

## 27 三楚 三吳 三晉 三秦

淮北沛陳，汝南南郡，西楚也；彭城以東，吳廣陵，東楚也；衡山九江，江南豫章、長沙，南楚也。

蘇州，東吳也；潤州，中吳也；湖州，西吳也。

魏斯、趙籍、韓虔，三晉也[一]。

章邯、司馬欣、董翳，三秦也[二]。

【箋注】

[一] 三晉：趙氏、韓氏、魏氏原爲晉國大夫，後分晉各立，並得錫命爲諸侯。《史記·燕召公世家》：「孝公十二年，韓、趙、魏滅智伯，分其地。三晉强。」

趙籍：趙烈侯。《史記·晉世家》：「（晉）静公二年，魏武侯、韓哀侯、趙敬侯滅晉後而三分其地。」《趙世家》：「（獻侯）十五年，獻侯卒，子烈侯籍立。（烈侯）六年，魏、韓、趙皆相立爲諸侯。」

魏斯：即魏文侯，《史記》作「魏都」。《史記·魏世家》：「（魏）桓子之孫曰文侯都。」裴駰集解引徐廣曰：「《世本》曰『斯』也。」司馬貞索隱：「《系本》云：『桓子生文侯斯。』」按，《世本》，唐代諱稱《系本》。

韓虔：韓景侯。《史記·韓世家》：「（韓武子）十六年，武子卒，子景侯立。景侯虔元年，伐鄭，取雍丘。六年，與趙、魏俱得列爲諸侯。」司馬貞索隱：「《紀年》及《系本》皆作『景子』，名處。」

[二]《史記・秦始皇本紀》記載，秦亡之後，項羽三分關中，封秦降將章邯爲雍王，司馬欣爲塞王，董翳爲翟王，謂之三秦。

## 28 罘罳

（罘音浮；罳音思）

罘罳，《博雅》謂之屏。顔師古曰：「連闕曲閣也。」[一]二説往嘗疑之，求之字義亦不合。今宮殿檐栱之間有銅絲網，以避飛鳥，初疑即此，亦未是。後見夏月以黄絲爲網，自檐及階張之，遇視朝則捲，朝罷復設，此即罘罳之遺制。

唐蘇鶚曰：「罘罳从网，是形謂織絲之文，輕疏浮虚之貌，蓋宮殿檐户之間也。」[二]唐文宗甘露之變出殿北門，裂斷罘罳而去[三]。温庭筠《上陳武帝書》：「罘罳晝捲。」此皆可證。若屏與曲閣，則字不當以网，又豈可裂斷、可捲耶？《釋文》「請事復思」之説爲尤謬。

[箋注]

[一]《漢書・文帝紀》：「（六年）六月癸酉，未央宮東闕罘罳災。」顔師古注：「罘罳，謂連闕曲閣也，以覆重刻垣墉之處，其形罘罳然，一曰屏也。」罘罳，古謂宮外的門屏。臣入面君，於此復思，益加肅慎。徐鉉《説文新附》：「罳，罘罳，屏也。」《釋名・釋宮室》：「罘罳在門外。罘，復也；罳，思也。臣將入請事，於此復重思之也。」晉崔豹《古今注・罘罳》：「罘罳，復思也。漢西京罘罳合板爲之，亦築土爲之，每門闕殿舍前皆有焉，於今郡國廳前亦

樹之。」

古代宮殿城牆四角上小樓，用以守望，狀似門屏，故稱。亦作「浮思」。《周禮・考工記・匠人》：「宮隅之制七雉，城隅之制九雉。」鄭玄注：「宮隅、城隅，謂角浮思也。」陸德明釋文：「浮思並如字，本或作『罘罳』。」《禮記・明堂位》「崇坫康圭疏屏」，鄭玄注：「屏謂之樹，今桴思也。刻之爲雲氣、蟲、獸，如今闕上爲之矣。」孔穎達疏：「『屏謂之樹，今浮思也』者……漢時謂屏爲浮思。」

[二] 此説謂罘罳爲設於屋簷或窗上的絲網，以防鳥雀。段成式《酉陽雜俎續集・貶誤》：「士林間多呼殿榱桷護雀網爲罘罳。」李賀《宮娃歌》：「寒入罘罳殿影昏，彩鸞簾額著霜痕。」王琦注：「蘇鶚演義謂罘罳織絲爲之，像羅網交文之狀，蓋宮殿檐户之間。胡三省《通鑑》注：『唐宮殿中罘罳以絲爲之，狀如網，以捍燕雀，非如漢宮闕之罘罳也。』合諸説觀之，漢之罘罳，屏闕之異名，唐之罘罳，網户之别號。此詩所謂罘罳者，是指捍護鳥雀之網户。」

[三]《資治通鑑・唐文宗太和九年》：「宦者曰：『事急矣，請陛下還宮！』即舉軟輿，迎上扶升輿，決殿後罘罳，疾趨北出。」胡三省注：「唐宮殿中罘罳，以絲爲之，狀如網，以捍燕雀，非如漢宮闕之罘罳也。」

## 29 華蓋座

華蓋，本星名。《晉・天文志》：「天皇大帝上九星曰華蓋，所以覆蔽大帝之座也。下九星曰杠，蓋之柄也。」[一]古者天子所坐曰華蓋之座，取象於天也。沈存中曰：「輦後曲蓋謂之筤，兩扇夾心，通謂之扇筤。」[二]此華盖之制。崔豹《古今注》：「黄帝與蚩尤戰於涿鹿，上有五色雲氣，止於帝所，因作華蓋。」[三]非。

（筤音朗）

**［箋注］**

［一］《晉書・天文志上》：「大帝上九星曰華蓋，所以覆蔽大帝之坐也。蓋下九星曰杠，蓋之柄也。」《宋史・天文志二》：「華蓋七星，杠九星如蓋有柄下垂，以覆大帝之坐也，在紫微宮臨勾陳之上。」

［二］沈括：字存中，號夢溪丈人。沈括《夢溪筆談・故事一》：「筤，兩扇夾心，通謂之『扇筤』。皆繡，亦有銷金者，即古之『華蓋』也。」筤：儀仗中的傘蓋。皇帝出行時，執從於輦後以障塵蔽日。

［三］崔豹《古今注・輿服》：「華蓋，黄帝所作也，與蚩尤戰於涿鹿之野，常有五色雲氣，金枝玉葉，止於帝上，有花葩之象，故因而作華蓋也。」

## 30　蚩尾

（蚩音笞）

《倦游録》：「漢以宮殿多火災，術士言天上有魚尾星，爲其象於屋，以禳之。」《類要》曰：「東海有魚，似鴟，噴浪即降雨，唐以來設其象於屋脊。」《蘇氏演義》：「蚩，海獸也。漢武作栢梁殿，以蚩尾水之精，能却火災，因置其象於上。」［一］

《倦游録》所謂「魚尾」，即蚩尾［二］；《類要》所謂「有魚似鴟」，亦即蚩，訛爲「鴟」也［三］。《椒園雜記》：「螭蟌，形似獸，立於屋角上。」［四］又訛爲「螭」。又云：「蠻[虫全]，似龍，鼇魚亦似龍，皆立於屋上者。」［五］今殿庭曰「蟌」，衙舍曰「獸頭」［六］，大抵皆蚩也。殿庭爲龍形，衙舍爲獸形，或爲魚形，以別於宮殿，皆以意爲之，非其本，則然也。

【箋注】

[一] 蘇鶚《蘇氏演義》卷上：「蚩者，海獸也。漢武作柏梁殿，有上疏者云：蚩尾，水之精，能辟火災，可置之堂殿。今人多作鴟字。」

[二]《倦游録》：北宋人魏泰假托「張師正」之名所撰筆記雜録。

魚尾：古時宮殿屋脊上的飾物。彭乘《墨客揮犀》卷五：「漢以宮殿多灾，術者言天上有魚尾星，宜爲其象冠於室以禳之。今自有唐以來，寺觀舊殿宇，尚有爲飛魚形尾指上者，不知何時易名爲鴟吻，狀亦不類魚尾。」

[三] 宮殿屋脊正脊兩端的飾件，一説外形如鴟尾，故稱。一説爲蚩尾之形（蚩，傳説爲一種海獸），術家謂其象可辟除火災。後來式樣改變，折而向上似張口吞脊，因名「鴟吻」。劉餗《隋唐嘉話》卷下：「（王右軍《告誓文》）開元初年，潤州江寧縣瓦官寺修講堂，匠人於鴟吻内竹筒中得之。」唐苏鹗《苏氏演义》卷上：「蚩者，海獸也。漢武帝作柏梁殿。有上疏者云：『蚩尾水之精，能辟火災，可置之堂殿。今人多作鴟字。』見其吻如鴟鳶，遂呼之爲鴟吻，顔之推亦作此鴟。」《續資治通鑑·宋太祖開寶五年》：「其餘官稱，多所更定，宮殿悉除去鴟吻。」又作「祠尾」。顔之推《顔氏家訓·書證》：「或問曰：『《東宮舊事》何以呼鴟尾爲祠尾？』答曰：『張敞者，吴人，不甚稽古，隨宜記注，逐鄉俗訛謬，造作書字耳。吴人呼祠祀爲鴟祀，故以祠代鴟字。』」

[四]《椒園雜記》：該書之名多作「菽園雜記」，爲明人陸容所撰史料筆記，共十五卷，記録明代朝野掌故，内容多可與正史相參證，可補史文之闕。《菽園雜記》載曰：

古諸器物異名，屭贔其形似龜，性好負重，故用載石碑。螭吻其形似獸，性好望，故立屋角上。徒勞其形似龍而小，性好吼叫，有神力，故懸于鐘上。憲章其形似獸有威，性好囚，故立於獄門上。饕餮性好水，故立橋所。蜥蜴形似獸，鬼頭，性好腥，故用於刀柄上。蠻蛀其形似龍，性好風雨，故用於殿脊上。螭虎其形似龍，性好文彩，故立於碑文上。金猊其形似獅子，性好生煙，故立于香爐蓋上。椒圖其形似螺螄，性好閉口，故立於門上，今呼「鼓了」非也。蚴蟉其形似龍而小，性好立險，故立於護朽上。鼇魚其形似龍，好吞火，故立於屋脊上。獸吻其形似獅子，性好食陰邪，故立門環上。金吾其似美人首魚，尾有兩翼，其性通靈不睡，故用巡警。

蠻蛀：龍九子之一，古代塑其形象於殿脊之上。《字彙補・虫部》：「蛀，龍屬。《顏氏説略》：『蠻蛀，其形似龍，性好風雨，故用于殿脊上。』」

按，此「螭蟌」，與下文之「今殿庭曰蟌」之兩「蟌」字，皆誤。四庫本作「蚴」，同「吻」，四庫本是。蚴，指鴟吻，即古建築屋脊兩端的飾物。葉夢得《石林燕語》卷二：「其制設吻者爲殿，無吻者不爲殿矣。」

［五］螭：古代傳説中的龍子，無角。建築上常塑以其形，曰「螭吻」。《説文》：「螭，若龍而黄，北方謂之地螻……或云無角曰螭。」高士奇《天祿識餘・龍種》：「俗傳龍子九種，各有所好……二曰螭吻，形似獸，性好望，今屋上獸頭是也。」

［六］獸頭：獸形之瓦。宋應星《天工開物・瓦》：「(雲瓦)鎮脊兩頭者，有鳥獸諸形象，皆人工逐一做成。」《明史・武宗紀》：「大風雨壞郊壇獸瓦。」清・孫尚任《桃花扇・賺將》：「那樓脊獸頭邊，閃閃綽綽，似有人影。」

## 31　鮮卑

鮮卑，東胡之支，依鮮卑山爲號，在柳州界。又《楚辭》：「小腰秀頸，若鮮卑只。」注：「鮮卑，滚帶頭也。言好女之狀，腰支細小，頸鋭秀長，若以鮮卑之帶約而束之也。」［一］

鮮卑，一爲東胡號，一爲滚帶頭。或是帶出於東胡，因以得名云。

【箋注】

［一］《楚辭·大招》：「小腰秀頸，若鮮卑只。」王逸注：「鮮卑，衮帶頭也。言好女之狀，腰支細少，頸鋭秀長，靖然而特異，若以鮮卑之帶約而束之也。」

洪興祖補注：「《前漢·匈奴傳》『黄金犀毗』，孟康曰：『要中大帶也。』張晏曰：『鮮卑郭洛帶，瑞獸名也。東胡好服之。』顔師古曰：『犀毗，胡帶之鉤，亦曰鮮卑。』《魏書》曰：『鮮卑，東胡之餘也。别保鮮卑山，因號焉。』」此「鮮卑」指鮮卑服飾中之衣帶鉤，亦謂衣帶。

# 名義考卷四　地部

## 1　菑　畬

（菑音淄；畬音予）

《爾雅》：「田一歲曰菑，二歲曰新田，三歲曰畬。」鄭云：「田一歲曰菑，二歲曰畬，三歲曰新田。」[一]

鄭與《爾雅》小異，鄭説是也。菑，災也，始災殺其草木也；畬，漸和柔也。新，謂已成田，尚新也。四歲則田矣。

［箋注］

［一］《説文》：「畬，三歲治田也。《易》曰『不菑畬田。』」按，王筠《説文句讀》據徐鍇《韻譜》改「三歲」作「二歲」。《詩·小雅·采芑》：「薄言采芑，于彼新田，于此菑畝。」毛傳：「田一歲曰菑。」《詩·周頌·臣工》：「亦又何求？如何新畬。」毛傳：「田，二歲曰新，三歲曰畬。」

《爾雅·釋地》：「田，一歲曰菑，二歲曰新田，三歲曰畬。」郭璞注：「今江東呼初耕地反草爲菑。」郝懿行義疏：「畬者，田和柔也。孫炎曰：畬，和也，田舒緩也。蓋治田三歲，則陳根悉拔，土脈膏肥……《禮·坊記》注：『二歲曰畬，三歲曰新田。』《易》釋文引《説文》亦云『一歲治田也』，並與《爾雅》《毛傳》不合，蓋異説也。」

## 2 街 階 裓

（裓音皆）

街，四通道也，今街衢之街。階，陛也，今階級之階。裓，磚道也。《周禮·考工記》「堂涂」注：「若今令甓裓。」今之磚砌地也[一]。「令」與「瓴」同。《爾雅》：「瓴甋謂之甓。」[二]

**［箋注］**

［一］裓：堂下階前磚砌的路。《周禮·考工記·匠人》：「堂涂十有二分。」鄭玄注：「謂階前，若今令甓裓也。」賈公彦疏：「漢時名堂涂爲令甓裓，令辟則今之塼也，裓則塼道者也。」

［二］《爾雅·釋宫》：「瓴甋謂之甓。」瓴甋，即長方磚。

## 3 濫觴 濫竽

《家語》：「江出㟭山，源可濫觴。」言其初尚微也[一]。《韓子》：「齊宣王使人吹竽，有三百人。南郭先生不知竽，而濫於三百人之中，以食禄。」[二]言非據也。

[箋注]

[一]《孔子家語·三恕》:「夫江始出於岷山,其源可以濫觴。」《荀子·子道》:「昔者江出於岷山,其始出也,其源可以濫觴。及其至江之津也,不放舟,不避風,則不可涉也,非維下流水多邪?」濫觴,指江河發源之處水小,僅可浮起酒杯。酈道元《水經注·江水一》:「江水自此已上至微弱,所謂發源濫觴者也。」

[二]《韓非子·内儲説上》:「齊宣王使人吹竽,必三百人。南郭處士請爲王吹竽,宣王説之,廪食以數百人。宣王死,湣王立,好一一聽之,處士逃。」

## 4 陽溝

《中華古今注》:「楊溝,植高楊於其上也。」一曰羊溝,爲溝以阻羊之觗觸也[一]。二説皆非。

「楊」當作「陽」,陰溝水入地潛行,陽溝水出地顯行,見、不見之别耳[二]。

[箋注]

[一]《三輔黄圖·長安御溝》:「長安御溝謂之楊溝,謂植高楊於其上也。」明郎瑛《七修類稿·事物七·羊溝雞宗》:「《中華古今注》謂:『羊喜觝觸垣牆,爲溝以隔之,故曰羊溝。』予以今人暗者爲陰溝,則明者爲陽溝矣。」

[二]清劉獻廷《廣陽雜記》卷五:「蓋潛行地中者曰陰溝,則顯行於地面者爲陽溝矣。」

## 5　州郡府縣

人皇氏依山川土地之勢，財度九州，州之名始見。周制，天子地方千里，分爲百縣，縣有四郡，郡縣之名始見。唐改郡爲州，改大州爲府，府之名始見。人皇氏之九州，即舜之十二州、秦之三十六郡、西漢之十三州、唐之十道、宋之二十三路、今之十三布政司也[一]。周制千里百縣，百里之國也；縣有四郡，不能五十里之國也。七十里、五十里之國，又損益於其中。秦以後其制盡廢。今之府，由漢以來之郡、之州也。今之縣，由秦以來之縣也。其廣狹大小，代有不同耳。

[箋注]

[一]《尚書·禹貢》之九州爲徐州、冀州、兗州、青州、揚州、荆州、梁州、雍州、豫州。堯遭洪水，天下分爲十二州，分別爲：冀州、兗州、青州、徐州、荆州、揚州、豫州、梁州、雍州、幽州、并州、營州。漢置十三州：司州（司隸校尉部）、豫州、兗州、徐州、青州、涼州、并州、冀州、幽州、揚州、荆州、益州、交州。唐貞觀中，全國分爲十道：關内道、河南道、河東道、河北道、山南道、隴右道、淮南道、江南道、劍南道、嶺南道。宋代，宋仁宗分天下爲二十三路：京東東路、京東西路、京西南路、京西北路、河北東路、河北西路、陝西路、秦

鳳路、河東路、淮南東路、淮南西路、兩浙路、江南東路、江南西路、荊湖南路、荊湖北路、成都路、梓州路、利州路、夔州路、福建路、廣南東路、廣南西路。

## 6 四十雙

金黃花老人詩：「招客先開四十雙。」[一]《雲南雜志》：「夷人耕者，三人使二牛，前牽，中壓，而後驅之。犁一日爲一雙，約有中原四畝地。」[二]蓋一日二牛謂之「雙」，地則四畝[三]。今粵西計田以工，二工[四]，言一人可耕耘也，大率三工爲一畝。

[箋注]

[一]王庭筠：金代文學家，號黃華老人。著有《黃華集》。王庭筠《黃華亭》詩之一：「山僧乞與山前地，招客先開四十雙。」

[二]陶宗儀《輟耕録·稱地爲雙》：「嘗讀金黃華老人詩，有『招客先開四十雙』之句，殊不可曉。近讀《雲南雜誌》曰：『夷有田，皆種稻，其佃作三人，使二牛，前牽中壓而後驅之。犁一日，爲一雙……約中原四畝地。』則老人之詩意見矣。」

[三]雙：古代西南地區一種田畝計算單位，折合畝數，説法不一。田廣二畝、四畝、五畝，皆可稱雙，各從其俗，無定制。《新唐書·南蠻傳上·南詔上》：「凡田五畝曰雙。上官授田四十雙，上户三十雙，以是爲差。」唐樊綽《蠻書·蠻夷風俗》：「田曰畝，漢五畝也。」向達校注：「南詔計算田畝單位曰雙。雙之實值，《蠻書》《新唐書·南詔傳》及李京《雲南志略》俱作五畝，用雙爲計算田畝之制度，直至明代猶沿用勿替，惟其實值已由五畝降爲四畝，其變易當在元明之際也。」明謝肇淛《五杂俎·地部一》：「佛地以二畝爲雙。黃華老人詩『招客先開四十雙』是也。」

[四]「二工」，費解。「二」字疑衍。

## 7 衙門

古者天子出，建大牙旗，故有建牙之號[一]。《吴志》：「孫權作黄龍大牙帶，在軍中視其所向，又立於帳前，謂之牙門。」[二]《公孫瓚傳》「拔其牙門」[三]是也。唐制，天子居曰「衙」，行曰「駕」，遂謂正朝爲「正衙」[四]。後通謂官府爲「衙門」，乃「牙門」之訛[五]，不知何始。官寺日再視事謂之「放衙」，丁文果射覆，「蔿蔿華華，雖無官職，一日兩衙」[六]是也。

（蔿音委）

**【箋注】**

[一]《文選・張衡〈東京賦〉》：「戈矛若林，牙旗繽紛。」薛綜注：「兵書曰，牙旗者，將軍之旌。謂古者天子出，建大牙旗，竿上以象牙飾之，故云牙旗。」旗竿上飾有象牙，爲天子儀仗，或爲主帥所建，謂之「牙旗」。陸游《將至金陵先寄獻劉留守》詩：「別都王氣半空紫，大將牙旗三丈黄。」出師之前，樹立軍旗，曰「建牙」。《晉書・姚興載記下》：「於是盡赦囚徒，散布帛數萬匹以賜其將士，建牙誓衆，將赴長安。」牙旗，一説天子出行以爪牙爲衛。唐封演《封氏聞見記・公牙》：「《詩》曰：『祈父，予王之爪牙。』祈父，司馬，掌武備，象猛獸，以爪牙爲衛，故軍前大旗謂之牙旗。出師則有建牙、禡牙之事。」

[二]《太平御覽》卷三三九《兵部》七十「牙」：「（孫權）作黄龍大牙，常在中軍，進退視其所向。」古時駐軍，主帥帳

前樹牙旗以爲軍門，曰「牙門」。《國語·齊語》：「執枹鼓立於軍門。」三國吴韋昭注：「軍門，立旍爲軍門，若今牙門矣。」

[三]《後漢書·袁紹傳》：「麴義追至界橋，瓚斂兵還戰，義復破之，遂到瓚營，拔其牙門。」李賢注：「《真人水鏡經》曰：『凡軍始出，立牙竿必令完堅；若有折，將軍不利。』牙門旗竿，軍之精也。」

[四]正衙：唐宋時期謂朝會聽政的正式場所。《舊唐書·地理志一》：「明堂之西有武成殿，即正衙聽政之所也。」司馬光《涑水記聞》卷八：「丹鳳之内曰含光殿，每至大朝會，則御之。次曰宣政殿，謂之正衙，朔望大册拜，則御之。次曰紫宸殿，謂之上閤，亦曰内衙，奇日視朝則御之。」

[五]《北史·宋世良傳》：「每日牙門虚寂，無復訴訟者，謂之神門。」牙門，指官署。封演《封氏聞見記·公牙》：「近代通謂府廷爲公衙。公衙即古之公朝也。字本作牙。《詩》曰：『祈父予王之爪牙。』祈父司馬，掌武備，象猛獸，以爪牙爲衛，故軍前大旗謂之『牙旗』……軍中聽號令，必至牙旗之下，稱與府朝無異。近俗尚武，是以通呼公府爲『公牙』，府門爲『牙門』。字稍訛變，轉而爲衙也。」

[六]宋阮閲《詩話總龜前集》卷四八《藝術門》載曰：

趙晉公在中書，聞丁文果善射覆，召至，函置一物令文果射。文果書四句云：「太歲當頭坐，諸神列四旁。其中有一物，常帶洞庭香。」發函視之，乃用曆日第一幅裹霜桔一枚也。又太宗置一物於器中，令文果射之，亦書四句云：「藹藹華華，山中採花。雖無官職，一日兩衙。」啓之，乃蜂也。又取一物令射，云：「有頭有足，不石即玉。欲要縮頭，不能入腹。」乃壓書石龜也。

## 8 康衢 擊壤

《爾雅》：「四達謂之衢，五達謂之康，六達謂之莊。」《史記》所謂「康莊之衢」[一]。

《風土記》：「擊壤，以木爲之，長三四寸，其形如履，臘節僮少以爲戲，分部以擿摶也。將戲，先側一壤於地，遥於三四十步以手中壤擿之，中者爲上。」[二]（擿音直）

**[箋注]**

[一]《爾雅·釋宫》：「四達謂之衢，五達謂之康，六達謂之莊。」《史記·孟子荀卿列傳》：「自如淳于髡以下，皆命曰列大夫，爲開第康莊之衢。」衢，《爾雅》釋爲四達，亦有他説。《楚辭·天問》：「靡蓱九衢，枲華安居？」王逸注：「九交道曰衢。」《荀子·勸學》：「行衢道者不至，事兩君者不容。」楊倞注：「衢道，兩道也。今秦俗猶以兩爲衢，古之遺言歟。」《淮南子·繆稱》：「聖人之道，猶中衢而致尊邪。」高誘注：「道六通謂之衢。」

[二]《文選·謝靈運〈初去郡〉》：「即是羲唐化，獲我擊壤聲。」李善注引晉周處《風土記》曰：「擊壤者，以木作之，前廣後鋭，長三尺四寸，其形如履。將戲，先側一壤於地，遥於三四十步，以手中壤擊之，中者爲上部。」

擊壤：上古的一種投擲遊戲。《藝文類聚》卷十一引晉皇甫謐《帝王世紀》：「（帝堯之世）天下大和，百姓無事，有五十老人擊壤於道。」王充《論衡·藝增》：「傳曰：有年五十擊壤於路者，觀者曰：『大哉，堯德乎！』擊壤者曰：『吾日出而作，日入而息，鑿井而飲，耕田而食，堯何力於我哉？』」《列子·仲尼》：「堯治天下五十年，不知天下治歟，不治歟；不知億兆之願戴己歟，不願戴己歟……堯乃微服游於康衢，聞兒童謡曰：『立我烝民，莫非爾極。不識不知，順帝之則。』堯喜問曰：『誰教爾爲此言？』童兒曰：『我聞之大夫。』問大夫，大夫曰：『古詩也。』」

帝堯聽過老人「擊壤歌」和童子「康衢歌」之後，禪位於舜。後以「擊壤」「康衢擊壤」爲典，頌揚太平盛世。南朝宋·謝靈運《初去郡》詩：「即是羲唐化，獲我擊壤情。」唐張説《季春下旬詔宴薛王山池序》：「河清難得，人代幾何？擊壤之懽，良有以也。」宋范成大《插秧》詩：「誰知細細青草，中有豐年擊壤聲。」

明無名氏《鳴鳳記・幼海議本》：「息風波，固皇圖，願見康衢《擊壤歌》。」王闓運《丁文誠誄》：「始爲藏垢之藪，令有康衢之謡。」

## 9　端門　掖門　五鳳樓

端門，見《周勃傳》，師古曰：「殿之正門。」[一]掖門，見《成帝紀》，服虔曰：「正門之旁小門，如人臂掖也。」[二]

五鳳樓，梁太祖即位，羅紹威取魏良材建，周翰所謂「去地百丈，在天半空，五鳳翹翼」者也[三]。

［箋注］

[一] 端門：宮殿的正南門。《史記・吕太后本紀》：「代王即夕入未央宮，有謁者十人持戟衛端門，曰：『天子在也，足下何爲者而入？』」《漢書・周勃傳》：「皇帝入未央宮，有謁者十人持戟衛端門，曰：『天子在也，足下何爲者？』不得入。太尉往喻，迺引兵去，皇帝遂入。」顔師古注：「端門，殿之正門。」

[二] 掖門：宮殿正门兩旁的边门。《漢書・高后紀》：「章從勃請卒千人，入未央宮掖門。」顔師古注：「非正門而在兩旁，若人之臂掖也。」《漢書・成帝紀》：「（建始三年）七月，虒上小女陳持弓，聞大水至，走入横城門，闌入尚方掖門。」應劭曰：「虒上，地名，在渭水邊。陳，姓也。持弓，名也。無符籍妄入宮曰闌。掖門者，正門之旁小門也。」顔師古曰：「掖門在兩傍，言如人臂掖也。」

[三] 五鳳樓：古楼名。唐時在洛陽建五鳳樓。梁太祖朱温即位，重建五鳳樓，宋周翰《五鳳樓賦》謂其「去地百丈，高入半空，上有五鳳翹翼」。

## 10 濡湏 沙羡（湏音誨；羡音夷）

濡湏，水名，在今巢縣南，一名天河水。湏，从水。俗从彡，是須臾之「須」矣。沙羡，邑名，即今江夏地[一]。羡，近知切，今讀作「延面切」，是歆羡之「羡」矣。形聲少差，其義迥別。

（彡音衫）

[箋注]

[一] 沙羡：古地名，「羡」，同「羨」。在今湖北武昌西南。《漢書·地理志上》：「（江夏郡）縣十四……沙羡。」顏師古注引晉灼曰：「羡，音夷。」

## 11 建瓴（建音蹇）

《史記》：「高屋之上建瓴水。」注：「瓴，盛水瓶。建，翻水也。」[一]《韻會》：「覆也。」[二]覆瓶水於高屋之上，其下注之，勢順也。

[箋注]

[一]《史記·高祖本紀》:「(秦中)地埶便利,其以下兵於諸侯,譬猶居高屋之上建瓴水也。」裴駰集解引如淳曰:「瓴,盛水瓶也。居高屋之上,而幡瓴水,言其向下之勢易也。建音蹇。」建瓴,謂傾倒瓶中之水下注,形容居高臨下、難以阻擋的形勢,或形容速度很快。《周書·韋孝寬傳》:「竊以大周土宇,跨據關河,蓄席卷之威,持建瓴之勢。」陸贄《誥普王荆襄江西道兵馬都元帥制》:「江、漢上游,建瓴制寇。」劉禹錫《機汲記》:「其往有建瓴之駛,其來有推轂之易。」杜牧《分司東都上劉侍郎四十韻》:「寒暑逾電流,光陰甚建瓴。」

[二]《集韻·阮韻》:「建,覆也。」建,讀上聲,傾覆,傾倒。

## 12 甌窶 汙邪

(窶音樓)

甌窶,偏側之地。汙邪,下地也。《淳于髡傳》:「甌窶滿篝,汙邪滿車。」[一]謂偏側汙下之地,皆生五穀,篝笭與車皆滿也。

[箋注]

[一]《史記·滑稽列傳》:「(臣)見道傍有禳田者,操一豚蹄,酒一盂,祝曰:『甌窶滿篝,汙邪滿車。』」張守節正義:「窶音樓。篝音溝,籠也。甌樓謂高地狹小之區,得滿篝籠也。」司馬貞索隱引司馬彪曰:「汙邪,下地田。」汙,同「污」。宋范成大《雨後田舍書事》詩:「向來矜寡猶遺秉,此去汙邪又滿車。」

## 13 柣棖橛（柣音送）

《爾雅》：「柣謂之閾，棖謂之楔，橛謂之闑。」郭璞云：「閾，門限也。楔，門兩旁木。橛，門閫。」[一]

孫炎云：「門限，謂門下橫木。」爲内外之限，今亦謂之門限，其制有三。有一定者，今宫府及南人門多用之；有起落者；有不設者。蓋古者多乘車，入門必脱限。棖，門兩旁斜柱，兩木中爲容，以受限耑[二]，以便起落也。橛，門中所豎短木，以礙扉，此不設限者也。二者今驛舍城門及北人門多用之。是門限謂之「柣」，《曲禮》云「不履閾」是也；門兩旁斜木謂之「棖」，《玉藻》「大夫中棖與闑之間」是也；門中橛爲「闑」，《玉藻》「君入門介拂闑」是也。（限音歁）

【箋注】

[一]《爾雅·釋宫》：「柣謂之閾，棖謂之楔。」郭璞注：「閾，門限。（棖），門兩旁木。」又《釋宫》：「橛謂之闑。」郭注：「門閫。」

柣：门檻，門下横木。棖：古代門兩旁所豎的木柱。橛：門中間豎立以爲限隔的短木。郝懿行《爾雅義疏》引《論語》皇侃疏云：「門左右兩槏邊各豎一木，名之爲棖，棖以禦車過恐觸門也。」《廣韻·庚韻》：「棖，門兩旁木。」《禮記·玉藻》：「君入門，介拂闑，大夫中棖與闑之間，士介拂棖。」鄭玄注：「棖，門楔也。」孔穎達疏：「謂門之兩旁長木，所謂門楔也。」段玉裁《説文解字注·木部》：「門梱、門橛、闑，一物三名矣，謂當門中設木也。」

［三］耑：同「端」。

## 14　榫卯

（榫音筍）

《伊川語録》云：「枘鑿者，榫卯也。」［一］楊用脩謂「榫卯」當作「簨牡」。按，簨，所以懸鍾鼓者，横曰簨［二］；卯，固當作「牡」，榫亦當作「牝」。蓋「牡」與「卯」、「牝」與「榫」聲相近，遂訛也。直音雖有榫，字只是俗書。蓋枘以入鑿，其象牡；鑿以受枘，其象牝，今俗猶云「公母榫」。

（枘音鋭）

**［箋注］**

［一］翟灝《通俗編·雜字》引《程子語録》：「枘鑿者，榫卯也。榫卯圓則圓，榫卯方則方。」

［二］簨：古代懸掛鍾磬的架子上之横杆。《釋名·釋樂器》：「簨，所以懸鐘鼓者，横曰簨。簨，峻也，在上高峻也。」《集韻·準韻》：「簨，所以懸鐘磬，横曰簨，植曰簴。」

## 15 白屋 衡門

白屋，以白茅覆屋也[一]。衡門，横一木爲門也[二]。巖穴之士[三]，其居如此。

**[箋注]**

[一] 白屋：古時爲平民或寒士所居，一説以白茅覆蓋的屋子，一説居室不施彩畫，露出本材之色。《尸子・君治》：「人之言君天下者瑶臺九纍，而堯白屋。」《漢書・王莽傳上》：「開門延士，下及白屋。」顔師古注：「白屋，謂庶人以白茅覆屋者也。」宋程大昌《演繁露・白屋》：「古者宫室有度，官不及數，則居室皆露本材，不容僭施采畫，是爲白屋也已。」元李翀《日聞録》：「白屋者，庶人屋也。《春秋》：『丹桓公楹，非禮也。』在禮：楹，天子丹，諸侯黝堊，大夫蒼，士黈黄色也。按此則屋楹循等級用采，庶人則不許，是以謂之白屋也。」

白屋，亦指平民。《後漢書・文苑傳下・高彪》：「昔周公旦父文兄武，九命作伯以尹華夏，猶揮沐吐餐，垂接白屋，故周道以隆，天下歸德。」李賢注：「白屋，匹夫也。」《新唐書・張玄素傳》：「周公資聖人，而握沐吐餐，下白屋，況下周公之人哉？」

[二] 衡門：横木爲門簡陋之屋，爲貧賤者、隱者所居。《詩・陳風・衡門》：「衡門之下，可以棲遲。」朱熹集傳：「衡門，横木爲門也。門之深者，有阿塾堂宇，此惟横木爲之。」《漢書・韋玄成傳》：「聖王貴以禮讓爲國，宜優養玄成，勿枉其志，使得自安衡門之下。」顔師古注：「衡門，謂横一木於門上，貧者之所居也。」蔡邕《郭有道碑文》：「爾乃潛隱衡門，收朋勤誨，童蒙賴焉，用祛其蔽。」陶潛《癸卯歲十二月中作》詩：「寢迹衡門下，邈與世相絶。」唐劉滄《贈隱者》詩：「何時止此幽棲處，獨掩衡門長緑苔。」

［三］巖穴：山洞。巖穴之士：指山居隱士。《韓非子・外儲説左上》：「其君見好巖穴之士，所傾蓋與車以見窮閭隘巷之士以十數，伉禮下布衣之士以百數矣。」《史記・商君列傳》：「觀秦王顯巖穴之士，養老存孤，敬父兄，序有功，尊有德，可以少安。」《後漢書・章帝紀》：「其以巖穴爲先，勿取浮華。」

## 16　三户

楚南公曰：「楚雖三户，亡秦必楚。」韋昭謂：「三户，楚三大姓，屈、景、昭。」［一］《左傳》：「以畀楚師於三户。」杜預注：「今丹水縣北三户亭。」［二］則三户當是地名。服虔云：「三户，漳水津也。」《括地志》：「漳水北經三户峽，爲三户津，在相州滏陽縣界。」後項羽宷渡三户津，破章邯軍，邯降，秦遂亡。南公，六國時人，善讖緯，知秦亡必於三户也［三］。昭説［四］雖通，非南公術數［五］。曰「雖」者，設爲疑辭，不顯言也。

相州，今彰德府。滏陽縣，今磁州。

【箋注】

［一］《史記・項羽本紀》：「夫秦滅六國，楚最無罪。自懷王入秦不反，楚人憐之至今，故楚南公曰『楚雖三户，亡秦必楚』也。」裴駰集解：「瓚曰：『楚人怨秦，雖三户猶足以亡秦也。』」司馬貞索隱：「臣瓚與蘇林解同。韋昭以爲三户，楚三大姓昭、屈、景也。二説皆非也。按：《左氏》『以畀楚師於三户』，杜預注云『今丹水縣北三户亭』，則是地名不疑。」

［二］《左傳·哀公四年》：「蠻子聽卜，遂執之，與其五大夫，以畀楚師於三户。」杜預注：「今丹水縣北三户亭。」陸德明釋文：「畀，必利反。與也。」按，此引《左傳》，「楚」上「畀」字，《名義考》各本訛作「界」。

［三］司馬貞、張守節俱認爲「三户」爲地名。《史記正義》：「按，服虔云：『三户，漳水津也。』孟康云：『津峽名也，在鄴西三十里。』《括地志》云：『濁漳水又東經葛公亭，北經三户峽爲三户津，在相州滏陽縣界。』然則南公辨陰陽，識廢興之數，知秦亡必於三户，故出此言。後項羽果度三户津破章邯軍，降章邯，秦遂亡。是南公之善讖。」「宷渡三户津」此從張守節正義之語，當作「果渡三户津」。

［四］昭，指韋昭。昭説：韋昭認爲「三户」指楚之三大姓。

［五］《史記·項羽本紀》「故楚南公曰『楚雖三户，亡秦必楚』」裴駰集解引徐廣曰：「（楚南公，）楚人也，善言陰陽。」張守節正義：「虞喜《志林》云：『南公者，道士，識廢興之數，知亡秦者必於楚。』《漢書·藝文志》云南公十三篇，六國時人，在陰陽家流。」

## 17 黄鶴樓

黄鶴樓，在今武昌。唐《圖經》云：「費文禕登仙，駕黄鶴返憩於此。」［一］張南軒云：「黄鶴，以山得名。」［二］今黄鶴樓側有山名黄鵠，南軒説是也。

按，鵠，蔡衡曰：「鳳多白色者鵠。」［三］索隱曰：「鴻、鵠是一鳥，若鳳凰然。」［四］則鵠鳳類也，或稱鴻。或稱白，或稱黄耳。黄與白，色相近。鴻，大也。《司裘》注：「鵠者，鳱鵠，小鳥難中者也。」［五］《玉篇》：「鳱鵠，鵲也，鳥之知來者。」［六］今靈鵲。是鳱鵠爲小，則鴻鵠爲大矣。

既以山得名，何又言鶴？蓋鵠不常有，人鮮的識[七]，後人因易以「鶴」。《圖經》妄托之費文禕也。

「鳱鵲」，後人又妄作「乾鵲」。

（鳱音干）

**[箋注]**

[一]《圖經》：「費禕登仙，駕黃鶴返憩於此，遂以名樓。」

[二] 張栻：南宋學者，字敬夫，號南軒，世稱南軒先生。

[三] 鵠：天鵝，似雁而大，修頸白羽。《說文·鳥部》：「鵠，鴻鵠也。」段玉裁注：「鵠，黃鵠也。凡經史言鴻鵠者，皆謂黃鵠也。或單言鵠，或單言鴻。」《莊子·天運》：「夫鵠不日浴而白。」李時珍《本草綱目·禽一·鵠》：「鵠大于雁，羽毛白澤，其翔極高而善步，所謂『鵠不浴而白，一舉千里』是也。亦有黃鵠、丹鵠，湖海江漢之間皆有之。」

[四]《史記·陳涉世家》：「燕雀安知鴻鵠之志哉。」司馬貞索隱：「鴻鵠是一鳥，若鳳凰然，非謂鴻雁與黃鵠也。」

[五]《周禮·天官·司裘》：「王大射則共虎侯、熊侯、豹侯，設其鵠。」鄭玄注：「謂之鵠者，取名於鳱鵠。鳱鵠，小鳥而難中者，是以中之爲儁。」

[六]《廣韻·寒韻》：「鳱，鳱鵲，鳥名。知未來事，噪則行人至。」王充《論衡·實知》：「狌狌知往，鳱鵲知來，禀之天性，自然者也。」按，狌狌，猩猩；鳱鵲，即喜鵲。《禽經》：「鳱以水言，自北而南。」張華注：「鳱音雁，隨陽鳥也。冬適南方，集於江干之上，故字從干。」

[七] 的識：確切了解。

## 18 沙堤 火城

唐故事：「凡拜相者，府縣載沙填路，自私第至子城東街，名曰沙堤。」[一]李肇《國史補》：「每大朝會，百官已集，宰相方至，列燭多至數百炬，謂之火城。宰相火城至，衆皆滅燭以避之。」[二]唐宋相如此，今亦無矣。

【箋注】

[一] 李肇《唐國史補》卷下：「凡拜相，禮絶班行，府縣載沙填路。自私第至於子城東街，名曰沙堤。」沙堤，唐代專爲宰相車輛通行所鋪築的沙面道路。白居易《官牛》詩：「一石沙，幾斤重？朝載暮載將何用？載向五門官道西，緑槐陰下鋪沙堤。昨日新拜右丞相，恐怕泥塗汙馬蹄。」張元幹《滿庭芳・壽富樞密》詞：「此去沙堤步穩，調金鼎，七葉貂蟬。」葉憲祖《鸞鎞記・覓贈》：「龍樓鳳閣九重城，新築沙堤宰相行。」

[二] 李肇《唐國史補》卷下：「每元日、冬至立仗，大官皆備珂傘，列燭有至五六佰炬者，謂之火城。宰相火城將至，則衆少皆撲滅以避之。」火城：唐宋時期朝會上的火炬儀仗。宋王禹偁《待漏院記》：「相君啓行，煌煌火城；相君至止，噦噦鑾聲。」明高啓《早至闕下候朝》詩：「騶吏忽傳丞相至，火城如晝曉寒銷。」

《太平廣記》卷一八七《職官・宰相》：

凡拜相，禮絶班行，府縣載沙填路，自私第至於子城東街，名曰沙堤。有服假，或問疾，百僚就第，有司設幕次、排班。元日、冬至立仗，大官皆備珂傘，列燭有五六百炬，謂之火城。宰相火城將至，則皆撲滅以避。

## 19 草莽 市井

杜預曰：「草生廣野莽莽然，故曰草莽。」[一]

師古曰：「凡言市井者，市，交易之處；井，共汲之所。」[二] 一説古者一井之地，以二十畝爲廬舍，因爲市以交易，故曰「市井」[三]。

### [箋注]

[一]《左傳・昭公十二年》：「昔我先王熊繹辟在荆山，篳路藍縷以處草莽。」《孟子・萬章下》：「孟子曰：『在國曰市井之臣，在野曰草莽之臣，皆謂庶人。』」趙岐注：「民會於市，故曰市井之臣；在野居之曰草莽之臣。」

[二] 市井：古代貿易場所。《史記・平準書》：「山川園池市井租税之入，自天子以至于封君湯沐邑，皆各爲私奉養焉。」張守節正義：「古人未有市，若朝聚井汲水，便將貨物於井邊貨賣，故言市井也。」《漢書・貨殖傳序》：「商相與語財利於市井。」顔師古注：「凡言市井者，市，交易之處；井，共汲之所，故總而言之也。」

[三] 市井得名之由，説法紛紜。《管子・小匡》：「處商必就市井。」尹知章注：「立市必四方，若造井之制，故曰市井。」《公羊傳・宣公十五年》「什一行而頌聲作矣」漢何休注：「因井田以爲市，故俗語曰市井。」《詩・陳風・東門之枌序》孔穎達疏引漢應劭《風俗通》：「俗説：市井，謂至市者當於井上洗濯其物香潔，及自嚴飾，乃到市也。」《初學記》卷二四：「或曰：古者二十畝爲井，因井爲市，故云也。」

# 20 揭 涉 厲

《爾雅》：「繇膝以下爲揭，繇膝以上爲涉，繇帶以上爲厲。」[一] 蓋水淺自膝以下，攝衣而渡曰「揭」，差深自膝以上，徒行而渡曰「涉」，若深至衣帶以上，以衣而渡曰「厲」[二]。「攝衣」之「衣」謂裳，「以衣」之「衣」謂褌也。徒行不止攝裳，又不必用褌也。厲，本作「濿」。

## [箋注]

[一]《爾雅・釋水》：「濟有深涉，深則厲，淺則揭。揭者，揭衣也。以衣涉水爲厲。繇膝以下爲揭，繇膝以上爲涉，繇帶以上爲厲。」繇，同「由」，自從。揭，提衣渡水；涉，步行渡水；厲，連衣涉水。

[二] 揭：提起衣裳。厲：渡過深水，後作「濿」。《詩・邶風・匏有苦葉》：「匏有苦葉，濟有深涉。深則厲，淺則揭。」毛傳：「以衣涉水爲厲，謂由帶以上也。揭，褰衣也。」《史記・司馬相如列傳》：「其北則盛夏含凍裂地，涉冰揭河。」裴駰集解：「揭，褰衣。」

《廣韻・祭韻》：「以衣渡水由膝已上爲濿，亦作厲。」厲，本指衣帶之下垂部份。《詩・小雅・都人士》：「彼都人士，垂帶而厲。」毛傳：「厲，帶之垂者。」《左傳・桓公二年》：「藻率、鞞、鞛、鞶、厲、游、纓，昭其數也。」杜預注：「厲，大帶之垂者。」故以「厲」指水深及腰帶。《詩・衛風・有狐》：「有狐綏綏，在彼淇厲。」鄭玄箋：「厲，深可厲之者。」

## 21 圯上 脽上

（圯音移；脽音誰）

《張良傳》：「良游下邳圯上，遇老父，墜履圯下。」楚人謂橋爲圯[一]。

李白詩：「我來圯橋下，懷古欽英風。」[二]既曰「圯」，又曰「橋」，複矣，白誤。讀「圯」爲「圮族」之「圮」，猶云「敗橋」[三]，不知「圯上」之「圯」从「已矣」之「已」，左無缺；「圮族」之「圮」从「人已」之「已」，左缺。文微不同。

《漢武紀》：「祭后土汾脽上。」師古曰：「脽以形高，起如人尻脽。」[四]嘗考「鄈」，河東臨汾地，漢祭后土處，彼土呼「鄈」爲「誰」，訛爲「脽」，師古不知，而以「尻脽」釋之[五]。鄈在河東岸，長四五里，廣一里，高十餘丈，安得似尻脽也？

（圮音痞；尻音敲；鄈音葵；汾與焚同；脽與誰同）

**［箋注］**

［一］圯：古方言，橋。《史記・留侯世家》：「良嘗閑從容步游下邳圯上，有一老父，衣褐，至良所，直墮其履圯下。」裴駰集解引徐廣曰：「圯，橋也。東楚謂之圯，音怡。」司馬貞索隱引李奇云：「下邳人謂橋爲圯，音怡。」《漢書・張良傳》：「良嘗閑從容步游下邳圯上，有一老父衣褐，至良所，直墮其履圯下。」服虔曰：「圯，音頤，楚人謂橋曰圯。」

[二] 李白《經下邳圯橋懷張子房》詩：「我來圯橋上，懷古欽英風。唯見碧流水，曾無黃石公。」

[三] 圮：毁坏，滅絶。《書・堯典》：「僉曰：『於，鯀哉！』帝曰：『吁，咈哉！方命圮族。』」孔傳：「圮，毁；族，類也。」《漢書・傅喜傳》：「傅太后又自詔丞相御史曰：『高武侯喜無功而封，内懷不忠，附下罔上，與故大司空丹同心背畔，放命圮族。』」顏師古注引應劭曰：「放棄教令，毁其族類。」圮族，謂毁害族類，故曰「讀圯爲圮族之圮，猶云『敗橋』。」

[四] 脽：臀部。《史記・孝武本紀》：「於是天子遂東，始立后土祠汾陰脽上，如寬舒等議。」司馬貞索隱：「脽，丘。」《漢書・東方朔傳》：「結股腳，連脽尻。」顏師古注：「脽，臀也。」《漢書・武帝紀》：「(元鼎四年)立后土祠于汾陰脽上。」顏師古注：「脽者，以其形高如人尻脽，故以名云。」汾陰脽，汾陰土丘，漢武帝於此祭祀地神。北魏酈道元《水經注・汾水》：「水南有長阜，背汾帶河，阜長四五里，廣二里餘，高十丈，汾水歷其陰，西入河，《漢書》謂之汾陰脽。應劭曰：『脽，丘類也。』」又《水經注・河水四》：「《魏土地記》曰：河東郡北八十里有汾陰城，北去汾水三里，城西北隅曰脽丘，上有后土祠。」

[五]《説文・邑部》：「鄈，河東臨汾地，即漢之所祭后土處。」《漢書・武帝紀》「立后土祠于汾陰脽上。」顏師古注：「地本名鄈，音與葵同，彼鄉人呼葵音如誰，故轉而爲脽字耳。」故《漢舊儀》云葵上。」按，師古於此有説。

## 22 鴛鴦瓦

唐人鴛鴦詩：「耿霧盡迷朱殿瓦。」[一]魏文帝夢殿上雙瓦落地，化爲鴛鴦，以問周宣，對曰：「後宮當有暴死者。」已而果然[二]。則鴛鴦瓦不惟不吉，特文帝所夢則然耳，安得謂瓦爲鴛鴦乎？至詠鴛鴦用瓦[三]，尤爲不通。

【箋注】

［一］崔珏《和友人鴛鴦之什》之一：「翠鬣紅毛舞夕暉，水禽情似此禽稀。暫分煙島猶回首，只渡寒塘亦並飛。映霧盡迷珠殿瓦，逐梭齊上玉人機。採蓮無限藍橈女，笑指中流羨爾歸。」按，詩句原作「映霧盡迷珠殿瓦」。

［二］《太平御覽》卷一八八《居處部十六・瓦》引《魏志》曰：「魏文帝謂周宣曰：『朕夢殿上雙瓦落地，化爲鴛鴦，何也？』宣曰：『後宮當有暴死者。』須臾，後宮相害，死者。」

［三］詩中以「鴛鴦」指鴛鴦瓦。杜甫《秋日荆南送石首薛明府辭滿告别奉寄薛尚書頌德敘懷斐然之作三十韻》：「殿瓦鴛鴦坼，宫簾翡翠虚。」仇兆鼇注引《鄴中記》：「鄴城銅雀臺，皆鴛鴦瓦。」

## 23 紫微堂

今藩司堂扁［一］有曰「紫薇堂」者，其義不可曉，意必因元人行中書省之故也。唐開元間，改中書省曰「紫微省」［二］，以中書令掌佐天子，執大政。有藩臣匡衛之義［三］，取象於紫微星。則「微」乃「微顯」之「微」，今扁者作「薇藋」之「薇」，殊未考也。

【箋注】

［一］扁：匾額，後作「匾」。藩司：官署。

［二］唐開元元年取天文紫微垣之義，改中書省爲紫微省，中書令爲紫微令。中書舍人爲紫微舍人，省中種紫薇花，稱紫薇省。陸游《寄張真父舍人》詩之二：「天上紫微省，鶯花繞直廬。」顧大典《青衫記・劉白謁元》：「紫薇

省自直通宵，未央宫漫憶同朝。」明謝肇淛《五雜俎・地部一》：「紫微原爲帝星，以其政事之所從出，故中書省亦謂之紫微，而舍人爲紫微郎。」

〔三〕藩臣：拱衛王室之臣。匡衛：扶持護衛；環繞護衛。《漢書・天文志》：「中宫天極星，其一明者，泰一之常居也，旁三星三公，或曰子屬。後句四星，末大星正妃，餘三星後宫之屬也。環之匡衛十二星，藩臣。皆曰紫宫。」

## 24 虚 集

古謂市賣之區曰「虚」、曰「集」。集，聚也，神農日中爲市，致天下之民，聚天下之貨〔一〕，故謂之集。方市則集，市罷則虚，故謂之虚〔二〕。柳宗元云：「虚所賣之。」〔三〕《嶺表録》：「虚市以易酺。」〔四〕《峒氓詩》：「緑荷包飯赴虚人。」〔五〕作「墟」者誤也，况虚本从业乎。业，古丘字〔六〕。

## 〔箋注〕

〔一〕《周易・繫辭》：「神農日中爲市，致天下之民，聚天下之貨，交易而退，各得其所。」

〔二〕梁紹壬《兩般秋雨盦隨筆・集虚》：「鄉城聚衆貿易之處，北人曰『集』，從其聚而言之也；南人曰『虚』，指其散而言之也。」虚，鄉村集市，北方謂之集，南方謂之虚。字亦作「墟」。清劉獻廷《廣陽雜記》卷二：「後世市謂之墟，歸市曰趁墟；言有人則嚚，無人則墟也。」

［三］柳宗元《童區寄傳》：「二豪賊劫持反接，布囊其口，走逾四十里之虚所賣之。」宋吴處厚《青箱雜記》卷三：「嶺南謂村市爲虚。」王安石《此韻酬吴彦珍見寄二首》之一：「樹外鳥啼催晚種，花間人語趁朝虚。」

［四］《嶺表録異》：三卷，舊題唐劉恂撰，地理雜記，記述嶺南異物異事。或稱《嶺表録》《嶺表記》《嶺表録異記》。《嶺表録異》卷下：「每潮來，諸蠔皆開房，見人即合之。海夷盧亭往往以斧揳取殼，燒以烈火，蠔即啓房。挑取其肉，貯以小竹筐，赴墟市以易醑。」

［五］柳宗元《柳州峒氓》詩：「郡城南下接通津，異服殊音不可親。青箬裹鹽歸峒客，緑荷包飯趁虚人。鵝毛禦臘縫山罽，雞骨占年拜水神。愁向公庭問重譯，欲投章甫作文身。」

［六］虚，字从丘。

## 25 開阡陌

顔師古謂阡陌是商鞅所開，朱子謂「阡陌之外有地，商鞅却破開了，使成田，更不要齊整。」［一］二説恐非。

先王井田之制，阡是洫上之路，陌是遂上之塗，有井田，便有阡陌，豈得是鞅所開？又豈得是鞅破開了？若云阡陌之外，破開成田，則此阡陌尚存，井田猶未廢。蓋開猶除也，開除阡陌，并其經界而去之也，正是廢井田。

【箋注】

[一]《史記・秦本紀》：「(商鞅)爲田開阡陌。」司馬貞索隱引《風俗通》：「南北曰阡，東西曰陌。河東以東西爲阡，南北爲陌。」《朱子語類》卷一三四：「百夫有遂，遂上有塗，這便是陌；若是十個塗，恁地直在橫頭，又作一大溝，謂之洫，洫上有路，這便是阡。阡陌只是疆界。自阡陌之外有空地，則只恁地閑在那裏。所以先王要如此者，也只是要正其疆界，怕人相侵互。而今商鞅卻開破了，遇可做田處，便墾作田，更不要恁地齊整。」

## 26 東南西北音義

東，春方。又音當，丁東，玉聲也。

南，夏方。又音淫，《詩》：「以雅以南。」樂舞也[一]。

西，秋方。又音先，漢《郊祀歌》：「白集西。」遷方也[二]。

北，冬方。又音佩，《書》：「分北三苗。」分異之也[三]。《穀梁・隱十年》注：「戰不逐北。」敗也[四]。

【箋注】

[一]《詩・小雅・鼓鐘》：「以雅以南，以籥不僭。」毛傳：「南夷之樂曰南。」《禮記・文王世子》：「小樂正學干，大胥贊之；籥師學戈，籥師丞贊之。胥鼓南。」鄭玄注：「南，南夷之樂也。」班固《白虎通・禮樂》：「故東夷之樂曰朝離，南夷之樂曰南。」南，又謂南方樂曲。《吕氏春秋・音初》：「禹行功，見塗山之女。禹未之遇，而巡省南土。

塗山氏之女乃令其妾候禹于塗山之陽。女乃作歌。歌曰：『候人兮猗！』實始作爲南音。周公及召公取風焉，因爲《周南》《召南》。」

［二］《漢書・禮樂志》載《郊祀歌・象載瑜》：「象載瑜，白集西。食甘露，飲榮泉。赤雁集，六紛員。殊翁雜，五采文。神所見，施祉福。登蓬萊，結無極。」

遷方：指西方。班固《白虎通・五行》：「西方者，遷方也，萬物遷落也。」

［三］《尚書・舜典》：「三載考績，三考黜陟幽明，庶績咸熙，分北三苗。」

［四］《穀梁傳・隱公十年》：「辛巳，取防。取邑不日，此其日，何也？不正其乘敗人而深爲利，取二邑，故謹而日之也。」范甯集解：「禮不重傷，戰不逐北。公敗宋師於菅，復取其二邑，貪利不仁，故謹其日。」

北：通「背」，背敵而逃。《玉篇・北部》：「軍敗走曰北。」《史記・廉頗藺相如列傳》：「匈奴小入，詳北不勝，以數千人委之。」《商君書・戰法》：「大戰勝，逐北無過十里。」

## 27 酇䣜

（酇音贊；䣜音磋）

酇，則旦切；䣜，才何切。皆秦之縣名。

酇屬南陽郡，漢初以封蕭何。䣜屬沛郡，後續封何之子。地本不同，字亦各異。《集韻》「酇」，又「才何切」。「䣜」，亦作「酇」。《韻會》謂「酇，蕭何子孫所封。䣜，蕭何初封邑。」［一］是二字果同音，而亦可互用耶？此其必不然也。何初封，本南陽之酇，非「才何切」；續封則沛郡之䣜，亦不可作酇。而乃有訛者，何也？蓋其後以初封本酇，後雖改封䣜，仍稱酇也。

猶楚初封郢，後徙陳、徙壽春，仍稱郢也。然則郢亦可「他隣、女救」二切，陳與壽亦可作郢耶？

［箋注］

［一］慧琳《一切經音義》卷八五：「鄻，沛國縣名也。亦作酇。」《集韻·戈韻》：「酇，《説文》：沛國縣，蕭何初封邑。或从贊。」

## 28 古南衙

今開封府稱古南衙［一］，不知其義。古者前朝後市，王宫在南，漢以宫城之軍謂之「南軍」［二］，唐謂之「南衙」［三］，五代謂之「殿前司」。宋以殿前都檢點受周禪［四］，都汴梁，今開封府，治或即宋殿前司，治所猶襲唐南衙之名也。

［箋注］

［一］何薳《春渚紀聞·熙陵獎拔郭贄》：「一日（郭贄）方與僧對弈，外傳南衙大王至，以太宗龍潛日，嘗判開封府，故有南衙之稱。」陸游《記太子親王尹京故事》：「或問太宗以來尹京則謂之南衙，何也？曰：開封府治所本在正陽門南街東。然太宗爲尹，乃就晉邸視事，晉邸又在大内乃府治之南，故曰南衙。」

［二］西漢禁衛軍有南軍、北軍，未央宫在長安城南部，故稱未央宫衛軍爲南軍，由衛尉統領。《史記·吕太后本紀》：「高后病甚，迺令趙王吕禄爲上將軍，軍北軍；吕王産居南軍。」《舊唐書·職官志三》：「漢置南北軍，掌衛

京師。南軍，若今諸衛也；北軍，若今羽林軍也。」

［三］唐代禁卫军有南衙、北衙。《新唐書・兵志》：「夫所謂天子禁軍者，南、北衙兵也。南衙，諸衛兵是也；北衙者，禁軍也。」《新唐書・尉遲敬德傳》：「南衙北門兵與府兵尚雜鬬，敬德請帝手詔諸軍聽秦王節度，内外始定。」

［四］趙匡胤於後周擔任禁軍最高統帥，官至殿前都檢點。

## 29　盬字有三義

《鼠璞》曰：「《食貨志》：『猗頓用盬鹽。』注：『盬，鹽池也。』［一］《詩》：『王事靡盬』，注：『不堅固也。』［二］《周禮・盬人》『共甘苦鹽』，杜子春謂『盬鹽，不練治也。』［三］《詩》、《禮》注謂盬爲不堅固、不練治，《食貨》注謂盬爲鹽池，二説似異。然盬池練治後成鹽，其爲鹽也難壞；出水即成鹽，其爲鹽也易壞［四］。其理一也。」［五］

予又思：《左傳》：「夢楚子伏己而盬其腦。」注：「盬，啑也。」［六］啑，啖也。鹽可啖，故謂啖爲盬。字義固有不同者，其因此生彼者甚衆。如殿，大堂也，有鎮意，故謂軍後曰「殿」；廉，堂垂也，有分辨意，故謂不苟取曰「廉」。初讀若判然不相蒙［七］，細思理實相通也。

（啑音匝；啖音淡；盬音古）

【箋注】

［一］盬：鹽池。盬鹽：池鹽。《史記・貨殖列傳》：「猗頓用盬鹽起。」司馬貞索隱：「盬，謂出鹽直用不煉

也。」《漢書·貨殖傳》：「猗頓用盬鹽起，邯鄲郭縱以鑄冶成業。」顔師古注：「猗頓，魯之窮士也。盬，鹽池也。於盬造鹽，故曰盬鹽。」

〔二〕《詩·小雅·采薇》：「王事靡盬，不遑啓處。」鄭玄箋：「盬，不堅固也。」《詩·唐風·鴇羽》：「王事靡盬，不能蓺稷黍。」毛傳：「盬，不攻緻也。」王引之《經義述聞·毛詩上》：「盬者，息也。王事靡盬者，王事靡有止息也。王事靡息，故不能藝稷黍也。」

〔三〕《周禮·天官·鹽人》：「祭祀，共其苦鹽散鹽。」鄭玄注：「杜子春讀苦爲盬，爲出鹽直用，不湅治。鄭司農云『散鹽湅治者』，玄謂散鹽，煮水爲鹽。」賈公彦疏：「苦當爲盬，盬謂出於鹽池，今之顆鹽是也。」苦鹽：即盬鹽，粒狀粗盐，未經鍊治的粗鹽。

〔四〕楊慎《升庵經説·周禮·盬鹽》：「蓋海鹽，鍊治成鹽，久而難壞；池盬，出水即成，而易壞。」

〔五〕《鼠璞》：二卷，南宋人戴埴所撰筆記，内容皆考證經史疑義，辨分名物典故之異同。《鼠璞·盬鹽》：

《西漢·中食貨志》：「猗頓用盬鹽」。註：「盬，鹽池也。」於盬造鹽，故盬音古。予觀《採薇》註「王事靡盬」：「盬，不堅固也。」《鴇羽》註：「盬，不攻致。」《周禮》：「鹽人共其苦鹽。」杜子春讀爲盬，謂「鹽盬直用不鍊治」。以《詩》《禮》注觀之，則盬爲「不攻致」及「不鍊治」，以《食貨志》注觀之，則盬乃鹽池，二説似異，然海鹽鍊治後成其爲鹽也，難壞；池盬出水即成其爲鹽也，易壞。其理一也。

峰按，《詩·唐風·鴇羽》：「王事靡盬，不能蓺稷黍。」毛傳：「盬，不攻緻也。」鄭玄箋：「我迫王事無不攻致，故盡力焉。」

〔六〕《左傳·僖公二十八年》：「晉侯夢與楚子搏，楚子伏己而盬其腦。」杜預注：「盬，唼也。」

〔七〕判然：顯然，分明貌。相蒙：關聯，相符。

# 30 井幹（幹音寒）

《漢書》：「武帝立井幹之樓。」[一]楊子《重黎篇》：「或問：『茅焦歷井幹之死。』」[二]按，井幹，井上木欄，其形四角或八角。師古曰：「積木而高，於樓若井幹之形。」[三]司馬曰：「始皇殺諫者二十七人，積之闕下，如井幹之狀。」[四]

## [箋注]

[一]《史記・孝武本紀》：「乃立神明臺、井幹樓，度五十餘丈，輦道相屬焉。」司馬貞索隱：「《關中記》：『宮北有井幹臺，高五十丈，積木爲樓。』言築累萬木，轉相交架，如井幹。」《文選・班固〈西都賦〉》：「攀井幹而未半，目眴轉而意迷。」李善注：「《漢書》曰：武帝作井幹樓，高五十丈，輦道相屬焉。」漢武帝時建井幹樓，亦名井幹臺。

[二] 揚雄《法言・重黎》：「或問：『茅焦歷井幹之死，使始皇奉虛左之乘。蔡生欲安項咸陽，不能移，又亨之，其者未辯與？』」井幹，井口圍欄。

[三]《漢書・郊祀志下》：「立神明臺、井幹樓，高五十丈，輦道相屬焉。」顔師古注：「井幹樓，積木而高，爲樓若井幹之形也。井幹者，井上木欄也，其形或四角，或八角。」

[四] 揚雄《法言・重黎》：「茅焦歷井幹之死，使始皇奉虛左之乘。」司馬光集注：「井幹謂始皇殺諫者二十七人，積屍闕下，如井幹之狀。」

## 31 杝巴

《通俗文》："柴垣曰杝，木垣曰栖。"[一]南土悉以竹爲之，斜織者謂之巴[二]，非杝，杝本作"籬"。《釋名》："以柴爲之，疎離離然。"[三]《爾雅》："樊，藩也。"郭璞云："藩，籬也。"[四]

**［箋注］**

［一］杝：籬，籬笆。玄應《一切經音義》卷一四引漢服虔《通俗文》："柴垣曰杝，木桓曰柵。"按，各本作"栖"，蓋形近而訛，當作"柵"。

［二］巴，後作"笆"。唐白居易《買花》詩："上張幄幕庇，帝織巴籬護。"柳宗元《同劉二十八院長述舊言懷感時書事》詩："引泉開故竇，護藥插新笆。"

［三］《釋名·釋宫室》："籬，離也，以柴竹作之，疏離離也。"《玉篇·竹部》："籬，藩籬。"《楚辭·招魂》："蘭薄户樹，瓊木籬些。"王逸注："柴落爲籬。"

［四］《集韻·元韻》："藩，《説文》：『屏也。』亦作樊。"《詩·小雅·青蠅》："營營青蠅，止于樊。"毛傳："樊，藩也。"《易·大壯》："羝羊觸藩。"孔穎達疏："藩，藩籬也。"

## 32 銅柱

銅柱二。一在交趾，漢光武時，交趾女子徵側反，光武拜馬援爲伏波將軍討平之，援立銅柱爲漢之極西界[一]。一在辰州府城西北，五代晉時，漢州刺史彭士愁納土求盟于楚，楚王馬希範立銅柱爲界[二]。

【箋注】

[一] 事見《後漢書・馬援傳》。銅柱：銅製立柱，作爲邊境標誌。徵側：交趾女之名。《後漢書・馬援傳》「嶠南悉平」李賢注引晉顧微《廣州記》：「援到交阯，立銅柱，爲漢之極界也。」唐張渭《杜侍御送貢物戲贈》詩：「銅柱朱崖道路難，伏波横海舊登壇。」

[二] 趙翼《陔餘叢考・馬氏銅柱有三》：「馬援所立銅柱在林邑國……此漢時所立銅柱在交趾者也；馬總爲安南都護，建二銅柱於漢故處，鑱著唐德，兼以明伏波之裔，此唐時所立銅柱亦在交阯者也；五代史馬希範攻溪州蠻，降之，乃立銅柱爲表，命學士李皐銘之，此五代時所立銅柱在五溪者也。」

## 33 耤田

（耤音瘠）

耤田，多作「藉」。《風俗通》曰：「古者使民如借，故曰藉田。」鄭玄曰：「藉之言借也。」[一]从艸，作「藉」，字與訓皆非也。

《國語》：「宣王不耤於千畝。」[二]《月令》：「藏帝耤於神倉。」[三]从耒，昔聲，作「耤」。按，《玉篇》：「鋤，耤也。」天子親耕，有事於鋤，故曰耤田。盧植曰：「藉，耕也。」引《左傳》「鄅人藉耕」[四]，意雖得而字不免於誤。一曰：藉，蹈藉也[五]，謂天子親蹈之也，亦通。《王制》：「古者公田藉而不稅。」《孟子》：「助者，藉也。」[六]則當从艸作「藉」。

【箋注】

[一] 耤田：亦作「藉田、籍田」。古代天子、諸侯徵用民力耕種的田地。《説文》：「耤，帝耤千畝也。古者使民如借，故謂之耤。从耒，昔聲。」《詩·周頌·載芟序》：「載芟，春籍田而祈社稷也。」鄭玄箋：「籍田，甸師氏所掌，王載耒耜所耕之田。天子千畝，諸侯百畝。籍之言借也，借民力治之，故謂之籍田。」《禮記·王制》：「古者公田藉而不稅。」鄭玄注：「藉之言借也，借民力治公田美惡取於此，不稅民之所自治也。」《史記·孝文本紀》：「上曰：『農，天下之本，其開籍田，朕親率耕，以給宗廟粢盛。』」裴駰集解：「應劭曰：『古者天子耕籍田千畝，爲天下先。籍者，帝王典籍之常。』韋昭曰：『籍，借也。借民力以治之，以奉宗廟，且以勸率天下，使務農也。』」

[二]《國語·周語上》：「宣王即位，不藉千畝，虢文公諫曰，不可。」《史記·周本紀》：「宣王不修籍於千畝，虢文公諫曰不可，王弗聽。」

[三]《禮記·月令》：「(季秋之月)乃命冢宰，農事備收，舉五穀之要，藏帝籍之收於神倉，祇敬必飭。」鄭玄注：「藏祭祀之穀爲神倉。」孔穎達疏：「神倉者，貯祀鬼神之倉也。」

[四]《後漢書·禮儀志上》：「力田種各耰訖，有司告事畢。」李賢注：「應劭曰：『古者天子耕藉田千畝，爲天下先。藉者，帝王典籍之常也。』而應劭《風俗通》又曰：『古者使民如借，故曰藉田。』鄭玄曰：『藉之言借也。王一耕之，使庶人耘芓終之。』盧植曰：『藉，耕也。《春秋傳》曰鄅人藉稻，故知藉爲耕也。』韋昭曰：『借民力以治之，以奉宗廟；且以勸率天下，使務農也。』杜預注曰：『鄅人藉稻，其君自出藉稻，蓋履行之。』」

[五] 藉，有踐踏、踐蹈之義。《史記·魏其武安侯列傳》：「太后怒，不食，曰：『今我在也，而人皆藉吾弟，令我

百歲後，皆魚肉之矣。』」司馬貞索隱引晉灼曰：「藉，蹈也。以言蹂藉之。」

[六]《禮記·王制》：「古者公田藉而不税。」《孟子·滕文公上》：「夏后氏五十而貢，殷人七十而助，周人百畝而徹，其實皆什一也。徹者徹也，助者藉也。」

## 34 行馬

今制，朝門及公府以衡木爲斜好[一]，別以木交錯穿之，樹於門外，俗謂鹿角叉，即古之行馬也[二]。魏文帝拜楊彪光禄大夫，令門施行馬。晉孝武置檢校御史，知行馬外事[三]。行馬即《周禮》所謂「梐枑」也[四]。夫本以禁馬，曰行馬者，反言之也。今言者請禁百官，馬不得入柞内。按，柞，疾各切，櫟也；又陟格切，除草也。並非行馬之義，亦非鋤駕切，若謂爲遮欄則當用「窊」字，胡挂切，横木不入也[五]。

（窊音化）

### [箋注]

[一] 好：孔。斜好謂斜孔。

[二] 古時將帶枝的樹木削尖，埋在營地周圍，以阻止敵人。因形似鹿角，故名鹿角叉。曹操《軍策令》：「今月賊燒鹿角。鹿角去本營十五里，淵（夏侯淵）將兵行鹿角，因使補之。」《南史·韋叡傳》：「夜掘長塹，樹鹿角爲城。」趙翼《陔餘叢考》卷十五：「蓋鹿性警，群居則環其角圓圍如陣以防人物之害。軍中寨栅埋樹木外向亦名鹿角。」伊

秉綬《談徵・名部・鹿角叉》：「今制朝門及公府以衡木爲斜好别以木交錯穿之，樹于門外，俗謂鹿角叉，即古之所謂行馬。」

[三]《唐六典・御史臺》：「監察御史十人，正八品上。」李林甫注：「監察御史，蓋取秦監郡御史以名官。《晉書》云：『孝武太元中，創置檢校御史，而吴混之爲之。』沈約《宋書》：云：『古司隸校尉知行馬外事。晉江左罷司隸。置檢校御史，專掌行馬外事。』」

[四]《周禮・天官・掌舍》：「掌王之會同之舍，設梐枑再重。」鄭玄注引杜子春曰：「梐枑，謂行馬。」梐枑：用木條交叉形成的栅欄，置於官署前遮攔人馬，後多謂之行馬。唐元稹《夢遊春七十韻》：「石壓破欄干，門摧舊梐枑。」

[五]窊：《集韻》胡化切，寬大。《廣雅・釋詁三》：「窊，寬也。」《改併四聲篇海・穴部》引《玉篇》：「窊，横木不入也，又寬也。」

## 35 灃 澧

（灃音風； 澧音里）

「灃、澧」，二水名。

灃水出鄠南山豐谷，北入渭[一]。周都酆邑，酆以灃水得名，通作「豐」[二]。《詩》：「維豐之垣。」《書》：「王來自商，至於豐。」[三]灃字从水，「豐」聲，「豐」从兩丰、从山、从豆。

澧水出衡山，乃江、沅之别流[四]。今岳之澧州，以澧水得名[五]。《書》：「東至於澧。」《楚辭》：「濯余佩於澧浦。」[六]澧字从水，「豊」聲，「豊」从兩丰、从凵、从豆。

文本相似，但其中一从「山」、一从「凵」耳。蔡邕以「豐」同「豊」，誤。

（凵音歉）

【箋注】

［一］《書·禹貢》：「漆沮既從，灃水攸同。」《史記·封禪書》：「霸、産、長水、灃、澇、涇、渭皆非大川，以近咸陽，盡得比山川祠，而無諸加。」司馬貞索隱引《十三州記》：「灃水出鄠縣南。」

［二］《説文·邑部》：「酆，周文王所都，在京兆杜陵西南。」於水作灃，於城作酆，而《詩》《書》等文獻俱作「豐」，三字互通。《字彙補·邑部》：「酆，又與灃通，水名。」《韓非子·五蠹》：「古者，文王處豐鎬之閑，地方百里，行仁義而懷西戎。」《史記·司馬相如列傳》：「酆、鎬、潦、潏，紆餘委蛇，經營乎其内。」司馬貞索隱引張揖云：「豐水出鄠縣南山豐谷，北入渭。」《漢書·郊祀志下》：「昔者周文、武郊於豐鄗，成王郊於雒邑。」

［三］《書·武成》：「王來自商，至于豐。」孔穎達疏：「豐……文王舊都也。」《詩·大雅·文王有聲》：「既伐於崇，作邑於豐。」朱熹集傳：「作邑，徙都也。豐即崇國之地，在今鄠縣杜陵西南。」又《文王有聲》：「王公伊濯，維豐之垣。四方攸同，王后維翰。王后烝哉。」

［四］《集韻·薺韻》：「澧，水名，在武陵。」

［五］《集韻·薺韻》：「澧，州名。」柳宗元《送南涪州量移澧州序》：「自漢而南，州之美者十七八，莫若澧，澧之佐理，莫逾於長史。」

［六］《書·禹貢》：「岷山導江，東別爲沱，又東至于澧。」《楚辭·九歌·湘君》：「捐余玦兮江中，遺余佩兮澧浦。」

## 36 帶礪

漢功臣誓："黃河若帶，泰山若礪。"謂河竭若束帶，山泐如礪石[一]。猶岸爲谷、谷爲陵之意，俗云"海枯石爛"也。

【箋注】

[一]《史記·高祖功臣侯者年表》："封爵之誓曰：'使黃河如帶，泰山若厲。國以永寧，爰及苗裔。'"裴駰集解引應劭曰："封爵之誓，國家欲使功臣傳祚無窮。帶，衣帶也；厲，砥石也。河當何時如衣帶，山當何時如厲石，言如帶厲，國乃絶耳。"

泐：石頭解散，石裂。帶礪：衣帶與砥石，亦作"帶厲"。以封爵之誓爲典，後以"帶厲"表示接受皇家恩寵，與國同休。《晉書·汝南王亮等傳序》："漢祖勃興，爰革斯弊，於是分王子弟，列建功臣，錫之山川，誓以帶礪。"劉過《西江月·賀詞》詞："今日樓臺鼎鼐，明年帶礪山河，大家齊唱《大風歌》，同日四方來賀。"

## 37 胥濤

《臨安志》："吴王既賜子胥死，盛以鴟夷之革，浮之江中，子胥因流揚波，依潮來往。或有見其乘素車白馬在潮頭者。"[一]盧元輔謂"憤悱致怒，配濤作神"，范希文云"伍胥神不滅"，玄貞子云「濤之靈曰江胥」，皆以濤子胥爲之也〔二〕。《論衡》雖辨其妄，以子路、彭越不能發怒於鼎鑊之中〔三〕，似亦不必以此爲證。吴越之中，惟江濤最雄，擁如山岳，奮如雷霆。《山海經》以爲海鰌出入，浮屠書以爲神龍變化〔四〕。猶《臨安志》以爲「子胥揚波」也。「素車白馬」，亦猶李白所謂「連山噴雪」〔五〕耳。或當時爲是説以懼吴王，後遂謬傳之也。

**【箋注】**

〔一〕鴟夷：革囊。《吴越春秋》卷五《夫差内傳》：「吴王乃取子胥尸，盛以鴟夷之器，投之於江中……子胥因隨流揚波，依潮來往，蕩激崩岸。」《臨安志》：「吴王賜子胥死，以其尸盛鴟夷之革，浮之江中。子胥因流揚波，依潮往來，時見其朱旗白馬在潮頭者，因立廟。每歲仲秋既望，潮極大，杭人以旗鼓迓之，曰祭潮神。有弄潮之戲。」魯應龍《閑窗括異志》：「伍子胥逃楚仕吴，吴王賜以屬鏤之劍，自殺，浮其屍於江，遂爲濤神，謂之胥濤。」

〔二〕盧元輔《胥山祠銘》：「屬鏤之賜，竟及其身，鴟夷盛尸，投於水濱。憤悱鼓怒，配濤作神，其神迄今，一日再至。來也海鴟群飛，陽侯夾從。」范仲淹《和運使舍人觀潮次韻》詩：「伍胥神不泯，憑此發威名。」希文，范仲淹字。唐張志和《玄真子・濤之靈》：「濤之靈曰江胥，漢之神曰河姑。」伍子胥尸投于江，化爲波濤之神，故稱江胥。

〔三〕《論衡・書虚》曰：

傳書言：吴王夫差殺伍子胥，煮之於鑊，乃以鴟夷橐投之於江。子胥恚恨，驅水爲濤，以溺殺人。今時會稽丹徒大江、錢塘浙江，皆立子胥之廟。蓋欲慰其恨心，止其猛濤也。夫言吴王殺子胥投之於江，實也；言其恨恚驅水爲濤者，虚也。屈原懷恨，自投湘江，湘江不爲濤；申徒狄蹈河而死，河水不爲濤。世人必曰：「屈原、申徒狄不能勇猛，力怒不如子胥。」夫衛菹子路而漢烹彭越，子胥勇猛不過子路、彭越。然二士不能發怒於鼎鑊之中，以烹湯菹汁瀋漎旁人。子胥亦自先入鑊，後乃入江；在鑊中之時，其神安居？豈怯於鑊湯，勇於江水哉！何其怒氣前後不相副也？

［四］徐兢《宣和奉使高麗圖經》卷三四《海道一》：「潮汐往來，應期不爽，爲天地之至信，古人嘗論之。在《山海經》以爲海鰌出入之度，浮屠書以爲神龍之變化，竇叔蒙《海嶠志》以爲水隨月之盈虧，盧肇《海潮賦》以謂日出入於海衝擊而成，王充《論衡》以爲水者地之血脈，隨氣進退。率皆持臆説執偏見。」

［五］李白《横江詞》之四：「海神來過惡風迴，浪打天門石壁開。浙江八月何如此，濤似連山噴雪來。」連山噴雪，形容潮水如山，白浪洶湧。温庭筠《拂舞詞》：「黄河怒浪連天來，大響谹谹如殷雷。龍伯驅風不敢上，百川噴雪高崔嵬。」

## 38　江黄

江黄，人多以爲今九江黄州，不知非也。

江，春秋時國名，漢改爲陽安縣，晉省故城在今息縣西南一十里[一]。

黄，古黄子國，漢初屬汝南，後屬江夏，魏省[二]故城在今光州西一十二里[三]。

［箋注］

［一］江，周代諸侯國名，周襄王二十三年滅於楚。故址在今河南省息縣西南。《春秋・僖公二年》：「齊侯、宋公、江人、黄人盟于貫。」杜預注：「江國在汝南安陽縣。」《左傳・文公三年》：「楚師圍江，晉先僕伐楚以救江。」《水經注・淮水》：「淮水又東逕安陽縣故城南，江國也，嬴姓矣。今其地有江亭。」江永《地理考實》：「《括地志》云：『安陽故城在新息縣西南八十里。』新息，今河南汝寧府息縣是也。」

［二］省：官署，設立治所。「晉省、魏省」謂晉、魏兩代所建治所。

〔三〕黄，春秋時國名，魯僖公十二年爲楚所滅。《左傳・桓公八年》：「楚子合諸侯於沈鹿，黄、隨不會。」杜預注：「黄國，今弋陽縣。」楊伯峻注：「故城當在今河南省潢川縣西四十里。」

## 39 瀚海

《博物志》：「四海之外皆復有海，南海之外有漲海，北海之外有瀚海。」〔一〕是以瀚海與漲海等皆水也，不知瀚海在火州柳城東北，地皆沙磧，若大風則行者人馬相失，夷人呼爲瀚海。《宋史》云：「瀚海沙深五尺，不育五穀，沙中生草名登相，可食。」〔二〕以沙飛若浪，人馬相失，若沉視猶海然，非真濁晦之海也。

［箋注］

〔一〕此爲《博物志》佚文，另《初學記》《事文類聚》亦有引述。

〔二〕翰海：流沙之地。《宋史・外國傳六・高昌國》：「（六窠沙）沙深三尺，馬不能行，行者皆乘橐駝。不育五穀，沙中生草名登相，收入以食。」

## 40 古今地名不同

古今地名不同者甚衆，姑舉一二顯著者。

黄帝與蚩尤戰於涿鹿[一]，今保安州涿鹿山，非涿州。
舜耕於歷山[二]，今蒲州南有歷山，非濟南歷城。
禹避舜之子於陽城，今登封縣[三]，非澤州陽城。
周封熊繹於丹陽之地，今歸州東七里；春秋丹陽邑；秦彭超謂苻堅曰：「丹陽不足平」[四]，今應天府；又今寧國府，漢初爲丹陽郡。俱非鎮江丹陽。
陳勝、吴廣起兵於蘄[五]，今宿州南四十里。秦蘄縣非蘄州。
圯上老父謂良曰：「十三年孺子見我穀城，山下黄石即我矣。」[六]今東阿縣黄山，非德安穀城。
漢擊韓王信餘寇，過柏人[七]，今唐山縣，非柏鄉縣。
景帝徙衡山王勃爲濟北王，今六安州。漢衡山國非衡州衡山。
漢遣謁者説降漢陽散羌，今秦州，非漢陽府。
朱邑少爲桐鄉嗇夫，今懷寧縣，非嘉興桐鄉。
成帝封王根爲曲陽侯，今濟源縣西南一十五里。春秋曲陽邑，非定州曲陽。
吴漢、耿弇擊富平，獲索於平原，今樂陵縣，非耀州富平。
樂安太守陸康上書，今武定縣，非撫州樂安。
沮授勸袁紹留屯延津，今滑縣東二十里，漢延津縣，非開封延津。
曹操鑿泉州渠以通漕，今武清縣東南四十里，漢泉州縣，非泉州府。

丁忠説吴主亮弋陽可襲而取[八]，今光州，漢弋陽國，非廣信弋陽。晉燕寇陷魯高平，今濟寧州，晉高平國，非澤州高平。劉裕至東莞與燕兵戰於臨朐，今沂水縣，非廣州東莞。梁定州刺史蕭勃會楊瞟於西江，今鬱林州。陳定州刺史田龍升以江北叛，今麻城縣。俱非真定定州。

若以今之地名而求，古人之蹟則舛矣。

**[箋注]**

[一]《史記・五帝本紀》：「於是黄帝乃徵師諸侯，與蚩尤戰于涿鹿之野，遂禽殺蚩尤。」裴駰集解引服虔曰：「涿鹿，山名，在涿郡。」

[二] 舜耕曆山，歷山所在，説法不一。《書・大禹謨》：「帝初于歷山，往于田。」《史記・五帝本紀》：「舜耕歷山，漁雷澤，陶河濱。」裴駰集解引鄭玄曰：「在河東。」張守節正義引《括地志》：「『蒲州河東縣雷首山，一名中條山，亦名歷山，亦名首陽山，亦名蒲山，亦名襄山，亦名甘棗山，亦名猪山，亦名狗頭山，亦名薄山，亦名吴山。此山西起雷首山，東至吴坂，凡十一名，隨州縣分之。歷山南有舜井。』又云：『越州餘姚縣有歷山舜井，濮州雷澤縣有歷山舜井，二所又有姚墟，云生舜處也。及嬀州歷山舜井，皆云舜所耕處，未詳也。』」

[三]《左傳・昭公四年》：「四嶽、三塗、陽城、大室、荆山、中南，九州之險也。」楊伯峻注：「古陽城在今河南登封縣東南，俗名曰城山嶺。」《孟子・萬章上》：「三年之喪畢，禹避舜之子於阳城。」

[四]《資治通鑑》卷一〇四《晉紀十六》：「（東晉太元三年）兖州刺史彭超曰：『願更遣重將攻淮南諸城，爲棋劫之勢，東西並運，丹陽不足平也。』」

［五］《史記·高祖本紀》：「秦二世元年秋，陳勝等起蘄，至陳而王，號爲『張楚』。」司馬貞索隱：「蘄，縣名，屬沛。」

［六］《史記·留侯世家》：「良嘗閑從容步遊下邳圯上，有一老父，衣褐，至良所，直墮其履圯下，顧謂良曰，孺子，下取履……十三年孺子見我濟北，穀城山下黄石即我矣。」

［七］《史記·張耳陳餘列傳》：「漢八年，上從東垣還，過趙，貫高等乃壁人柏人，要之置廁。上過欲宿，心動，問曰：『縣名爲何？』曰：『柏人。』『柏人者，迫於人也！』不宿而去。」《資治通鑑·漢高帝八年》：「八年冬，擊韓王信餘寇於東垣。」

［八］《三國志·吴書三·三嗣主傳》：「（丁）忠説皓曰：『北方守戰之具不設，弋陽可襲而取。』」《資治通鑑》卷七九泰始二年：「丁忠説吴主曰：『北方無守戰之備，弋陽可襲而取。』」

# 41　雷首

《禹貢》「雷首」［一］，即首陽山。徐廣云：「雷首山在河東蒲坂縣。」《封禪書》所謂「薄山」也。《括地志》云：「薄山，一名襄山，一名雷首山，一名首陽山，在芮縣北十里。」［二］蒲坂，即今蒲州；芮縣，即今芮城。此山盤亘蒲芮數百里之地，或云在蒲坂、或云在芮縣也。今蒲州首陽山上有夷齊墓者是［三］。一云在偃師縣西北，一云在襄城縣南，皆非。

**［箋注］**

［一］《書·禹貢》：「壺口、雷首，至于太岳。」孔傳：「三山在冀州太岳上黨西。」孔穎達疏：「《地理志》云……

雷首在河東蒲坂縣南。」

［二］《史記・封禪書》：「自華以西，名山七，名川四。曰華山，薄山。薄山者，衰山也。」裴駰集解：「徐廣曰：『蒲坂縣有襄山，或字誤也。』」按，依此，「衰山」殆「襄山」之誤。司馬貞索隱：「薄山者，襄山也。應劭云『在潼關北十餘里』。《穆天子傳》云『自河首襄山』。酈元（注）《水經》云：『薄山統目與襄山不殊，在今芮城北，與中條山相連。』是薄、襄一山也。」張守節正義：「《括地志》云：『薄山，亦名衰山，一名寸棘山，一名渠山，一名雷首山，一名獨頭山，一名首陽山，一名吴山，一名條山，在陝州芮縣城北十里。』此山西起雷山，東至吴阪，凡十名，以州縣分之，多在蒲州。」

［三］首陽：山名，相傳爲伯夷、叔齊采薇隱居處。一稱雷首山，《詩・唐風・采苓》：「采苓采苓，首陽之巔。」毛傳：「首陽，山名也。」《史記・伯夷列傳》：「武王已平殷亂，天下宗周，而伯夷、叔齊恥之，義不食周粟，隱於首陽山，采薇而食之。」《論語・季氏》：「伯夷、叔齊，餓于首陽之下，民到于今稱之。」何晏集解引馬融曰：「首陽山在河東蒲坂，華山之北，河曲之中。」

## 42 龍門 呂梁

闕，龍門，伊水所出［一］。又以呂梁洪爲呂梁［二］。夫呂梁洪在徐州，雖河流所經，遠去孟門數千里［三］，皆非也。

按，龍門，古耿國，殷王相所都，在今河津縣。《三秦記》：「河津，一名龍門，江海大魚集門下數十，不得上，上即爲龍。」［四］是龍門山也。呂梁，在今石州。《書》：「治梁及岐。」《春秋》：

「梁山崩。」《莊子》：「孔子觀於呂梁。縣水三十仞，流沫四十里。」[五] 酈道元謂「呂梁之石崇竦，河流激盪，震動天地」。皆謂在石州者也。龍門、呂梁皆晉山，故二山未治，河出孟門之上也。

【箋注】

[一] 闕：兩山夾峙之地，此謂伊闕。周代闕塞，因兩山相對如闕門，伊水流經其間，故稱，俗謂之龍門。《左傳・定公八年》：「秋，晉士鞅會成桓公，侵鄭，圍蟲牢，報伊闕也，遂侵衛。」酈道元《水經注・伊水》：「伊水又北入伊闕。昔大禹疏以通水，兩山相對，望之若闕，伊水歷其間北流，故謂之伊闕矣。春秋之闕塞也。」王應麟《困學紀聞・河渠・禹鑿龍門山》：「賈讓言禹鑿龍門，辟伊闕，析底柱，破碣石。」《漢書・溝洫志》：「昔大禹治水，山陵當路者毀之，故鑿龍門，辟伊闕。」

[二] 呂梁：山名。在今山西省西部，位於黄河與汾河間。夏禹治水，鑿呂梁以通黄河。《呂氏春秋・愛類》：「昔上古龍門未開，呂梁未發，河出孟門，大溢逆流。」酈道元《水經注・河水三》：「河水左合一水，出善無縣故城西南八十里，其水西流，歷於呂梁之山，而爲呂梁洪……蓋大禹所闢，以通河也。」呂梁洪：水名。在今江蘇省徐州市東南五十里。

[三] 孟門：龍門上口。《山海經・北山經》：「孟門之山，其上多蒼玉，多金；其下多黄堊，多涅石。」郭璞注引《尸子》：「龍門未闢，呂梁未鑿，河出於孟門之上。」酈道元《水經注・河水四》：「孟門，即龍門之上口也。實謂黄河之巨阸，兼孟津之名矣。」

[四] 《藝文類聚》卷九六引辛氏《三秦記》：「河津一名龍門，大魚集龍門下數千，不得上，上者爲龍，不上者爲魚水，故云曝鰓龍門。」

[五] 《書・禹貢》：「既載壺口，治梁及岐。」《春秋・成公五年》：「梁山崩。」杜預注：「梁山，在馮翊夏陽縣西

北。」《莊子・達生》：「孔子觀於呂梁，縣水三十仞，流沫四十里，黿鼉魚鼈之所不能游也。」

## 43 辨先儒江漢經文之誤

《禹貢》「嶓冢導漾」[一]二條，先儒疑經文與地理不合。

朱子謂彭蠡即今番陽湖，受湖東西諸州之水，趨湖口以入於江，爲江水所遏，因却而自豬[二]爲澤，初無所仰於漢水。又謂漢水入江之後，未嘗不相持以東，惡覩所謂中江、北江之别？

蔡沈謂「江漢之間，三苗頑，不即工，禹未嘗親蒞，即官屬亦未深入其境」[三]，以此致誤。鄭漁仲[四]謂「東滙澤」以下十三字爲衍文。是皆未之考也。嶓冢山，在今漢中沔縣，漢水發源名漾[五]，東流至洋縣爲漢，又東至均州爲滄浪，過景陵三澨，至漢陽大别南入於江。徐鉉云：「江水出岷山，至楚都名南江。」[六]此云南入於江，謂漢水入於南江也。東滙澤爲彭蠡。滙，當作「會」，言漢水東會於彭蠡也。爲彭蠡者，言澤爲彭蠡，非謂漢爲彭蠡也。故下文云「東迆北，會於滙，東爲北江」，即徐鉉所謂「江至南徐州爲北江」，漢水至此爲北江也。南徐州，即今鎮江府。漢至是趨揚州之海門縣入海矣。

岷山，在今成都府茂州，江水發源東至新繁爲沱，又東至於澧，澧即《離騷》「澧浦」[七]，在今慈利者也。九江，今洞庭湖，江水過之，至於東陵。《地志》：「東陵，道士洑[八]，在今黄州東者也。」自漢水南入於江，二水合流，東迆北。會於滙，滙猶言彭蠡，江既言會漢，惡得言滙乎？東爲中江，即徐鉉所謂「江至潯江爲九道，名中江也」，亦至海門縣入海，是南江在今武昌，中江在今九江，北江在今鎮江。揚之「三江既入」[九]，正謂此也。《書》將言揚州治，故云「三江既入」，將言荆州治，故云「江漢朝宗於海」[一〇]，江漢發源於梁州，荆之上流也。南江在荆州，揚之上流也。上流治，則下流無不治矣，此《書》法也。

韋昭謂松江、錢塘、浦陽爲三江，唐仲初謂婁江、東江、松江爲三江。張守節謂三江在蘇州東南三十里，名三江口，與諸家三江之説皆非也。

如此訓，則經文未嘗與地理不合，夫何疑乎？

**[箋注]**

[一]《書・禹貢》：「嶓冢導漾，東流爲漢，又東爲滄浪之水，過三澨，至於大別，南入于江。東匯澤爲彭蠡，東爲北江，入於海。岷山導江，東別爲沱，又東至於澧；過九江，至於東陵，東迆北，會於匯；東爲中江，入於海。」孔傳：「泉始出山爲漾。別流在荆州。匯，迴也。水東迴爲彭蠡大澤。」

[二]豬：同「瀦」，水流停聚。《書・禹貢》：「大野既豬，東原底平。」孔傳：「水所停曰豬。」

[三]《書・益稷》：「苗頑弗即工，帝其念哉。」蔡沈《集傳》：「內而侯牧，外而蕃夷，皆蹈行有功，惟三苗頑慢不率，不肯就工，帝當憂念之也。」

[四]鄭漁仲：指鄭樵。

[五]漾：水流名，古人以爲漢水上流。《書・禹貢》：「嶓冢導漾，東流爲漢。」孔傳：「泉始出山爲漾水，東南流爲沔水，至漢中東流爲漢水。」酈道元《水經注・漾水》：「漾水出隴西氐道縣嶓冢山，東至武都沮縣爲漢水。」

[六] 明楊慎《升庵集》卷七十六《地理一》：「徐鉉注《説文》云：『江出岷山，至楚都名南江，至潯陽爲九道，名中江，至南徐州北，江入海。』」

[七]《書・禹貢》：「岷山導江，東別爲沱，又東至于澧。」《楚辭・九歌・湘君》：「捐余玦兮江中，遺余佩兮澧浦。」

[八] 道士洑：古地名，在今湖北黃石。

[九]《書・禹貢》：「淮海惟揚州，彭蠡既豬，陽鳥攸居，三江既入，震澤底定。」

[一〇]《書・禹貢》：「荆及衡陽惟荆州。江、漢朝宗於海，九江孔殷。」

## 44 弱水　黑水

薛氏曰：「弱水出吐谷渾界窮石山，至合黎與張掖河合。」漢張掖郡，今陝西甘州衛；合黎，其山鎮也。弱水與張掖河合[一]，則弱水當在甘州境内，今甘州一帶環青海，渥洼之流[二]浸居延鮮卑之水，未見有所謂弱水者，豈古有而今湮塞耶？《西域傳》：「弱水在條支。」[三]然條支去雍州幾二萬里，非是。或別一弱水也。至謂蓬萊弱水，則又荒唐矣。

黑水，《水經》：「出張掖郡雞山。」《地志》：「出犍爲郡南廣縣汾關山。」今平凉府開城縣有川曰大黑水，平凉，去甘州不遠，在漢屬張掖郡。雍州西據黑水者此也。犍爲郡，今叙州府，城南馬湖江，一名盧水，盧，黑也。梁州西據黑水者此也。是黑水有二。雍州雞山黑水，至三危與梁州汾關山黑水南流入於南海，故蘇綽云：「黑水，自雍之西北，而直出梁之西南，二州皆以黑水爲界也。」或以麗水爲黑水，或以西珥河爲黑水，俱非是。

然黑水亦非一。今定州，漢故「奴盧縣」，奴，不流；盧，黑。以縣有黑水不流，故名[四]。陝西安化縣、文縣、山東蓬萊縣，皆有黑水。

**[箋注]**

[一]《書・禹貢》：「黑水西河惟雍州，弱水既西。」又：「導弱水至合黎，餘波入于流沙。」水流淺弱而不行舟楫，因稱弱水。

[二] 渥窪：水名，在今甘肅省安西縣。

[三] 條支：古西域國名。《史記・大宛列傳》：「條枝，在安息西數千里，臨西海。」《漢書・西域傳上・安息國》：「（安息）北與康居、東與烏弋山離、西與條支接。」

[四]《水經注・滱水》：「盧奴城内西北隅，有水淵而不流，南北一百步，東西百餘步，水色正黑，俗名曰黑水池。或云黑黑曰盧，不流曰奴。」據此，奴，謂水停滯不流。

## 45 三危

三危，蔡沈云：「西裔之地。」又云：「即舜竄三苗之地。」[一] 或以爲燉煌。《水經》：「黑水南至燉煌，過三危山。」蘇綽云：「麗水者，即古之黑水也。三危山臨峙其上。」由蔡説，則三危，地名；由《水經》、蘇綽之説，則三危，山名。

按，燉煌，今陝西赤斤蒙古衛。「三危既宅」，見雍州[一]，則三危爲燉煌明矣，非山也。如《水經》所云，則燉煌與三危爲二，如蘇綽所云，麗水今雲南麗江府，則「三危既宅」當見梁州，不應在雍州也。二説非是，蔡説爲近之，但未詳其實也。

【箋注】

[一]《書·禹貢》：「三危既宅。」孔傳：「三危爲西裔之山也。」《書·堯典》：「竄三苗於三危。」酈道元《水經注·禹貢山水澤地所在》：「三危山在燉煌縣南。」

[二]《書·禹貢》：「黑水、西河惟雍州。弱水既西，涇屬渭汭……三危既宅，三苗丕敘。」

## 46 舜陵

《史記》：「舜南巡崩於蒼梧之野，葬零陵之九疑。」[一]此馬遷牽合有庳之事[二]附會。《家語》而不覺其謬也，《家語》：「舜陟方岳，死於蒼梧之野而葬焉。」[三]

按，蒼梧有二。一郡名，今梧州府；一山名。郴陽何孟春云「在海州，舜葬當於此」[四]。《孟子》：「舜卒於鳴條。」《吕氏春秋》：「舜葬於紀。」何孟春云：「鳴條，亭名，在陳留縣。紀，城名，在莒州。蒼梧山，近莒之紀，城去鳴條不遠，故或言蒼梧、或言鳴條、或言紀也，皆東方之地。」若蒼梧郡則南方矣，且蒼梧郡漢武時始置，九疑在秦時屬長沙郡，即零陵，猶未有也，何得言葬零陵之九疑？爲崩於蒼梧之野。

然則遷何所本歟？昔者舜封象於有庳，有庳今道州也。九疑山在道州，象建國於此，死而葬焉，後人誤以象冢爲舜陵，遷因《家語》有「死於蒼梧」之文，又因九疑有象冢，遂不疑，謂舜「崩於蒼梧之野，葬零陵之九疑」也，使舜南巡崩，當云死於衡山之野而葬焉，不應云死於蒼梧之野也。且衡山去古帝都最遠，黄帝以灊、霍二山爲副，漢武徙南嶽之祭於灊山，皆以遠故也。九疑去衡山又將千里，舜勤事，野死至衡山足矣，葬衡山已矣，何暇至蒼梧葬九疑也？

今九疑有舜嶺、舜源、簫韶峰、臯陶祠，皆濫觴於遷耳。或曰屈原《九辨》有《湘君》《湘夫人》，黄陵廟有舜二妃墓，此又何也？曰湘君、湘夫人不可知爲誰，即舜南巡，豈以二妃從舜？既崩，二妃豈涉萬里以殉？皆誣也。

**[箋注]**

[一]《史記・五帝本紀》：「（舜）南巡狩，崩於蒼梧之野，葬於江南九疑，是爲零陵。」《山海經・海内經》：「南方蒼梧之丘，蒼梧之淵，其中有九嶷山，舜之所葬，在長沙零陵界中。」郭璞注：「其山九谿皆相似，故云『九疑』。」裴駰集解：「《皇覽》曰：『舜冢在零陵營浦縣。其山九谿皆相似，故曰九疑。傳曰：舜葬蒼梧，象爲之耕。《禮記》曰：舜葬蒼梧，而妃不從。《山海經》曰：蒼梧山，帝舜葬于陽，丹朱葬于陰。』皇甫謐曰：『或曰二妃葬衡山。』」《水經注・湘水》：「（九疑）蟠基蒼梧之野，峰秀數郡之間，羅岩九峰，各導一溪，岫壑負阻，異嶺同勢。遊者疑焉，故曰九疑山。」

[二] 庳：古國名。象：人名，帝舜之弟，封於有庳。《史記・五帝本紀》：「（舜）封弟象爲諸侯。」張守節正義：「《帝王紀》云：『舜封弟象於有庳。』《括地志》云：『鼻亭神在營道縣北六十里。故老傳云，舜葬九疑，象來至此，後人立祠，名爲鼻亭神。《輿地志》云零陵郡應陽縣東有山，山有象廟。王隱《晉書》云本泉陵縣，北部東五里有

鼻墟，象所封也。』」

《孟子·萬章上》：「象至不仁，封之有庳。」

［三］《禮記·檀弓上》：「舜葬於蒼梧之野，蓋三妃未之從也。」《孔子家語·五帝德》：「舜陟方岳，死於蒼梧之野，而葬焉。」

［四］何孟春：明代學者，字子元，號燕泉。郴州（今屬湖南）人。著有《燕泉集》《五經晰疑》《大戴禮注》及《孔子家語注》等，並行於世。何孟春《孔子家語·五帝德》「舜死於蒼梧之野」注：「陳留縣平丘有鳴條亭，海州東海縣有蒼梧山，去鳴條不遠。乃知所謂蒼梧，非九疑之蒼梧也。」

## 47 陟方岳

舜年百有十歲崩。《尚書》：「陟方乃死。」［一］《家語》：「陟方岳，死於蒼梧之野而葬焉。」［二］《尚書》脱一「岳」字，當以《家語》爲是。孔安國不察，以升遐［三］訓「陟方」，謂「陟」爲升遐，其義雖通。以「方」屬「陟」爲讀，則不可，且既言「升遐」，焉得又言「乃死」也？如馬遷所云「葬零陵之九疑」［四］，當是陟南嶽，據今所考，葬海州之蒼梧山則是陟東嶽，《家語》所謂「陟」，乃「陟彼岵兮」之「陟」［五］，安國所云「陟」乃殷禮，陟，配天之陟［六］，自有能辨之者。

［箋注］

［一］《書·舜典》：「舜生三十徵庸，三十在位。五十載，陟方乃死。」孔傳：「方，道也。舜即位五十年，升道南

方巡守，死于蒼梧之野而葬焉……爲天子五十年，凡壽百一十二歲。」孔穎達疏：「升道，謂乘道而行也，天子之行，必是巡其所守之國，故通以巡守爲名。」

［二］《孔子家語・五帝德》：「舜陟方岳，死於蒼梧之野而葬焉。」

［三］升遐：婉辭，謂天子之死。

［四］《史記・五帝本紀》：「（舜）南巡狩，崩於蒼梧之野，葬於江南九疑，是爲零陵。」

［五］《詩・魏風・陟岵》：「陟彼岵兮，瞻望父兮。」陟：登高，登山。

［六］《書・君奭》：「故殷禮陟配天，多歷年所。」孔傳：「故殷禮能升配天享，國久長，多歷年所。」《文選・顔延之〈宋郊祀歌〉》：「陟配在京，降德在民。」李周翰注：「陟，升也。言天子升祖考以配天。」陟禮，天子升遐後，祭天時配享。

## 48 滄浪 蒼梧 鳴條 熊耳各二

滄浪，水名。一在嶧縣，《孟子》：「滄浪之水清兮。」一在均州，《禹貢》：「又東爲滄浪之水。」［一］

蒼梧二。一郡名，今梧州府；一山名，在海州。《家語》：「舜死於蒼梧之野而葬焉。」［二］

鳴條二。一亭名，在陳留。《孟子》：「舜卒於鳴條。」一邑名，今安邑縣。《伊訓》：「造攻自鳴條。」［三］

熊耳，山名。一在盧氏縣，《禹貢》：「導洛自熊耳。」［四］一在洛南縣，《禹貢》：「熊耳、外方、桐栢，至於陪尾。」［五］

**［箋注］**

［一］《孟子·離婁上》：「有孺子歌曰：『滄浪之水清兮，可以濯我纓；滄浪之水濁兮，可以濯我足。』」《書·禹貢》：「嶓冢導漾，東流爲漢。又東爲滄浪之水。」孔傳：「別流在荆州。」酈道元《水經注·夏水》：「劉澄之著《永初山川記》云：『夏水，古文以爲滄浪，漁父所歌也。』」滄浪：青蒼之色，古人以色名水。《文選·陸機〈塘上行〉》：「發藻玉臺下，垂影滄浪泉。」李善注：「孟子曰：『滄浪之水清。』滄浪，水色也。」

［二］《孔子家語·五帝德》：「舜陟方岳，死於蒼梧之野，而葬焉。」

［三］《書·湯誓序》：「伊尹相湯伐桀，升自陑，遂與桀戰于鳴條之野，作《湯誓》。」孔傳：「地在安邑之西。」《書·伊訓》：「于其子孫弗率，皇天降災，假手於我有命，造攻自鳴條，朕哉自亳。」《孟子·離婁下》：「舜生於諸馮，遷于負夏，卒於鳴條，東夷之人也。」

［四］《書·禹貢》：「導洛自熊耳。」孔傳：「在宜陽西。」酈道元《水經注·洛水》：「洛水之北有熊耳，雙巒競舉，狀同熊耳。在宜陽也。」

［五］《書·禹貢》：「熊耳、外方、桐柏，至于陪尾。」孔傳：「四山相連，東南在豫州界，洛經熊耳，伊經外方，淮出桐柏，經陪尾。」《史記·封禪書》：「南伐至召陵，登熊耳山以望江漢。」司馬貞索隱引《荆州記》：「耒陽、益陽二縣東北有熊耳，東西各一峯，狀如熊耳，因以爲名。」張華《博物志》卷一：「八流亦出名山：渭出鳥鼠，漢出嶓冢，洛出熊耳，涇出少室，汝出燕泉，泗出陪尾。」

## 49　鹵莽　滅裂

長梧封人曰：「予昔爲禾，耕而鹵莽之，則其實亦鹵莽而報予。芸而滅裂之，其實亦滅裂而報予。」[一]按，鹵，鹹地也；莽，草淹地也[二]；滅，赤地也；裂，龜坼地也。四者，地之不可耕芸者也。爲禾者因其鹵莽而鹵莽之，滅裂而滅裂之，其實有不鹵莽、不滅裂而報予者乎？所謂「欲惡之孽，爲性萑葦」[三]也。善爲禾者去鹵莽之耕，善養性者去欲惡之孽，善爲政者去淫衺之民。楊用脩所訓四字殊覺牽强，通義愈疎[四]。

【箋注】

[一]《莊子·則陽》：「長梧封人問子牢曰：『君爲政焉勿鹵莽，治民焉勿滅裂。昔予爲禾，耕而鹵莽之，則其實亦鹵莽而報予；芸而滅裂之，其實亦滅裂而報予。』」陸德明釋文：「郭云：『鹵莽滅裂，輕脱末略，不盡其分也。』司馬云：『鹵莽，猶麤粗也，謂淺耕稀種也。滅裂，斷其草也。』」成玄英疏：「耕地不深，鉏治不熟，至秋收時，嘉實不多，皆由疏略，故致斯報也。」

長梧：地名，其地有長梧之樹，因名焉。封人：官名，守疆之人。子牢：人名，孔子弟子。後以「鹵莽滅裂」形容行事輕率粗疏。

[二]《文選·揚雄〈長楊賦〉》：「夷阬谷，拔鹵莽。」李善注：「鹵莽，鹵中生草莽也。」

[三]《莊子·則陽》：「故鹵莽其性者，欲惡之孽，爲性萑葦蒹葭。」成玄英疏：「萑葦，蘆也。夫欲惡之心，多爲妖孽。萑葦害黍稷，欲惡傷真性，皆由鹵莽浮僞，故致其然也。」

[四]楊慎《楊升庵集》卷四十六《鹵莽滅裂》：

《莊子》謂耕之不善曰「鹵莽」，芸之不善曰「滅裂」。鹵，剛鹵之地，必加功。《呂覽》耕道篇所謂「强土而弱之」也。莽，草莽之地，《詩》所謂「載芟載柞」，乃善耕也。不治其剛鹵，不芟其草莽，是曰鹵莽之耕。芸以去草，古有鳥芸之説，如鳥俯而啄食，乃善芸也。《呂覽》善芸者「長其兄而去其弟」。兄，嘉禾也；弟，茶蓼也。不善芸者長其弟而去其兄，是滅也。裂者，並其土而扣之。

峰按：耕道，非篇名，指耕作之法。《吕氏春秋・審時》：「是以人稼之容足，耨之容耨，據之容手，此之謂耕道。」芟：刈除，除草。《詩・周頌・載芟》：「載芟載柞，其耕澤澤。」毛傳：「除草曰芟，除木曰柞。」鳥芸：古籍多作「鳥耘」。唐陸龜蒙《象耕鳥耘辨》：「耘者去莠，舉手務疾而畏晚，鳥之啄食，務疾而畏奪，法其疾畏，故曰鳥耘。」元王禎《農書》卷十三：「然嘗觀農人在田，傴僂伸縮以手耘其草泥，無異鳥足之爬抉，豈非鳥耘者耶！」《吕氏春秋・辯土》：「凡禾之患，不俱生而俱死。是以先生者美，米後生者爲粃。是故其耨也，長其兄而去其弟。」高誘注：「養大殺小。」

## 50　荆蠻

太伯犇荆蠻，自號「句吴」。按，吴，揚州域，非荆，不應謂之「荆蠻」。太伯與仲雍初犇所至地爲梅里聚，梅里聚人立以爲君，號句吴。梅里聚，在今吴縣北[一]。「句」，發語聲；「吴」，大也。言太伯當昌大也，吴之名始此[二]。而曰「荆蠻」者何？荆，楚也；蠻，越也。梅里聚，介在楚越之間，故曰「荆蠻」[三]。

[箋注]

[一] 梅里聚，又曰梅里。《史記・吴太伯世家》：「太伯之犇荆蠻，自號句吴。」司馬貞索隱引《吴地記》曰：「泰伯居梅里，在闔閭城北五十里許。」又：「太伯卒，無子，弟仲雍立。」裴駰集解：「《皇覽》曰：『太伯冢在吴縣北梅里聚，去城十里。』」

[二]《史記・吴太伯世家》「自號句吴」司馬貞索隱：「顔師古注《漢書》，以吴言『句』者，夷語之發聲，猶言『於越』耳。」

[三]《史記·吴太伯世家》：「太王欲立季歷以及昌，於是太伯、仲雍二人犇荆蠻，文身斷髮，示不可用，以避季歷。季歷果立，是爲王季，而昌爲文王，太伯之犇荆蠻，自號句吴。」司馬貞索隱：「荆者，楚之舊號，以州而言之曰荆。蠻者，閩也，南夷之名，蠻亦稱越。此言自號句吴，吴名起於太伯，明以前未有吴號。地在吴越之界，故稱荆蠻。」

## 51　東陵

《禹貢》：「導江：過九江，至於東陵。」集傳謂「東陵爲巴陵」[一]。按，九江，今洞庭湖，在巴陵，不應過洞庭又至巴陵也。《地志》以東陵爲道士洑，在黄州東一百二十里[二]，與江水經流次第相協。

《史記·楚世家》：「秦將白起拔我西陵。」《括地志》：「西陵，故城在黄州黄山西二里。」[三]以此互證，則東陵爲道士洑無疑。

【箋注】

[一]《書·禹貢》：「岷山導江，東别爲沱，又東至于澧。過九江，至於東陵。」孔傳：「江分爲九道，在荆州。東陵，地名。」蔡沈《集傳》：「東陵，巴陵也，今岳州巴陵縣也。」

[二]《地志》：「東陵，道士洑，在今黄州東者也。」

[三]《史記·楚世家》：「頃襄王二十年，秦將白起拔我西陵。」裴駰集解引徐廣曰：「屬江夏。」張守節正義引《括地志》云：「西陵故城在黄州黄山西二里。」

# 名義考卷五　人部

## 1　姓氏族

天子賜「姓」命「氏」，諸侯命「族」。「姓」者，所以繫統百世使不別[一]；「氏」者，所以別子孫所出[二]；「族」者，「氏」之別名也。[三]

朱子、吕伯恭[四]雖嘗有辨，亦誤。認「氏」爲「姓」，如：黄帝，公孫姓[五]，此百世不別者也；少昊，黄帝子，己氏[六]；顓頊，黄帝孫，姬氏。此別子孫所出也。又如：魯，姬氏，黄帝後，亦公孫姓，無駭以字爲展氏，因以爲族[七]；楚，芈氏，亦黄帝後，亦公孫姓，屈、景、昭爲三族，又謂之三閭[八]，此「族」者，「氏」之別名也。天子之後別以氏，所謂「胙之土而命之氏」[九]也。諸侯之後別以族，所謂「官有世功，則有官族」[一〇]也，後世「氏、族」通謂之「姓」，而曰「姓某氏」。《史記》「黄帝二十五子，其得姓者十四人」，即司馬遷亦不免誤，況其後乎？

（芈音米）

## [箋注]

[一] 不別：不分，不辨。

[二]《左傳・隱公八年》：「天子建德，因生以賜姓，胙之土而命之氏。」班固《白虎通・姓名》：「所以有氏者何？所以貴功德，賤伎力……或氏王父字者何？所以別諸侯之後，爲興滅國繼絶世也。」《通志・氏族序》：「三代之前……氏所以別貴賤，貴者有氏，賤者有名無氏。」漢魏以後，姓與氏合。顧炎武《日知録・氏族》：「姓、氏之稱，自太史公始混而爲一。《本紀》於秦始皇則曰『姓趙氏』，於漢高祖則曰『姓劉氏』。」

[三] 朱大韶《實事求是齋經義・以字爲謚辨》：「族者，氏之別名；姓者，所以統繫百世使不別也；氏者，所以別子孫之所出。然則姓統於上，若大宗然；氏別於下，若小宗然。」

[四] 此謂朱熹、吕祖謙。吕祖謙(1137—1181)，字伯恭，生於婺州(今浙江金華)，人稱東萊先生。南宋時期著名理學家，與朱熹、張栻齊名，同被尊爲「東南三賢」。

[五]《史記・五帝本紀》：「黄帝者，少典之子，姓公孫，名曰軒轅。」司馬貞索隱：「案，皇甫謐云『黄帝生於壽丘，長於姬水，因以爲姓。居軒轅之丘，因以爲名，又以爲號』。是本姓公孫，長居姬水，因改姓姬。」

[六]「己」，四庫本作「巳」，疑誤。《史記・五帝本紀》「黄帝二十五子，其得姓者十四人」索隱：「《國語》胥臣云『黄帝之子二十五宗，其得姓者十四人，爲十二姓：姬、酉、祁、己、滕、葴、任、荀、僖、姞、儇、衣，是也。唯青陽與夷鼓同己姓』。」

[七] 展無駭：魯孝公曾孫，任魯國司空之職，亦稱司空無駭。無駭死後，魯隱公便以祖父公子展之名賜予無駭的兒子爲氏，叫展商。《左傳・隱公八年》：「無駭卒。羽父請謚與族。公問族于衆仲。衆仲對曰：『天子建德，因生以賜姓，胙之土而命之氏。諸侯以字爲謚，因以爲族。官有世功，則有官族，邑亦如之。』公命以字爲展氏。」

[八] 王逸《離騷序》：「三閭之職，掌王族三姓，曰昭、屈、景。屈原序其譜屬，率其賢良，以厲國士。」《後漢書・

孔融傳》：「忠非三閭，智非晁錯，竊位爲過，免罪爲幸。」李賢注：「即屈原也，掌王族三姓，曰昭、屈、景，故曰『三閭』。」

[九]《左傳·隱公八年》：「天子建德，因生以賜姓，胙之土而命之氏。」

[一〇]《左傳·隱公八年》：「官有世功，則有官族。」楊伯峻注：「謂以先世有功之官名爲族姓。」世功，累代功績。

## 2　國家　縣官

《漢官儀·封禪記》[一]：「詔百官以次下，國家隨後。明日，太醫令問國家起居，國家曰：『不勞。』」[二]《東平王傳》：「今暑熱，縣官年少。」《霍光子禹傳》：「縣官非我家將軍，不得至是。」[三]曰「國家」，曰「縣官」，皆謂天子也。《漢書》中如此稱甚衆。又蔡邕《獨斷》曰：「天子無外，以天下爲家，稱天家。」《廣記》云：「五帝官天下，三王家天下，稱官家，猶言帝王也。」《資暇集》云：「至尊以天下爲宅，四海爲家，又曰『宅家』。」[四]

**[箋注]**

[一]《漢官儀》：兩漢典章儀式制度彙集，爲東漢應劭所撰，成書於東漢末年。時戰亂不已，舊章湮没，賴應劭綴集舊聞而形成，作爲朝廷典制之參考。内容包括：漢官及其職掌、爵秩、官佚；郊祀、封禪、上陵、籍田禮儀以及輿服、璽綬、刑制、軍事等，原書篇目已不可考。《漢官儀》一書，宋後大部亡佚，後人有輯本。

[二] 洪邁《容齋隨筆六·漢封禪記》：

應劭《漢官儀》載馬第伯《封禪儀記》，正紀建武東封事，每稱天子爲國家，其敘山勢峭嶮，登陟勞困之狀極工，予喜誦之。其略云：「是朝上山，騎行，往往道峻峭，下騎步，牽馬，乍步乍騎且相半。至中觀，留馬，仰望天關，如從谷底仰觀抗峰。其爲高也，如視浮雲，其峻也，石壁窅窕，如無道徑。遥望其人，端如行杇兀，或爲白石，或雪，久之，白者移過樹，乃知是人也。殊不可上，四布僵卧石上，亦賴齎酒脯，處處有泉水，復勉强相將行，到天關，自以爲已至也，問道中人，言尚十餘里。其道旁山脅，仰視岩石松樹，鬱鬱蒼蒼，若在雲中。俯視溪谷，碌碌不可見丈尺。直上七里，賴其羊腸逶迤，名曰環道，往往有索，可得而登也。兩從者扶掖，前人相牽，後人見前人履底，前人見後人頂，如畫。初上此道，行十餘步一休，稍疲，咽脣燋，五六步一休，牒牒據頓地，不避暗濕，前有燥地，目視而兩腳不隨。」又云：「封畢，詔百官以次下，國家隨後。道迫小，步從匍匐邪上，起近炬火，止亦駱驛，步從觸擊大石，石聲正讙，但讙石無相應和者。腸不能已，口不能默。明日，太醫令問起居，國家云：『昨上下時，欲行迫前人，欲休則後人所蹈，道峻危險，國家不勞。』」

《封禪記》中每稱天子爲「國家」。漢魏時期以「國家」謂皇帝。《東觀漢記·祭遵傳》：「國家知將軍不易，亦不遺力。」《晉書·陶侃傳》：「國家年小，不出胸懷。」《資治通鑑·晉惠帝元康元年》「今内外阻隔，不知國家所在」胡三省注：「國家謂天子，自東漢以來皆然。」

[三]《漢書·霍光傳》：「縣官非我家將軍，不得至是。」顔注引如淳曰：「縣官謂天子。」《史記·絳侯周勃世家》：「庸知其盜買縣官器，怒而上變告子，事連汙條侯。」司馬貞索隱：「縣官謂天子也。所以謂國家爲縣官者，《夏官》王畿内縣即國都也。王者官天下，故曰縣官也。」宋孫奕《履齋示兒編·雜記·人物通稱》：「天子可稱鉅公，可稱縣官。」章炳麟《官制索隱》：「有以疆域號其君者，如漢世稱天子爲縣官。」「縣官」也可指朝廷、官府。《史記·孝景本紀》：「令内史郡不得食馬粟，没入縣官。」《漢書·食貨志上》：「貴粟之道，在於使民以粟爲賞罰。今募天下入粟縣官，得以拜爵，得以除罪。」柳宗元《答元饒州論政理書》：「今富者税益少，貧者不免於捃拾以輸縣官，其爲不均大矣。」王安石《上皇帝萬言書》：「然而世之識者，以爲方今官冗，而縣官財用已不足以供之，其亦蔽於理矣。」

［四］唐李匡乂《資暇集・阿茶》：「公郡縣主，宮禁呼爲宅家子。蓋以至尊以天下爲宅，四海爲家，不敢斥呼，故曰宅家，亦猶陛下之義。至公主已下則加子字，亦猶帝子也。」《資治通鑑・唐昭宗乾寧四年》：「建乃與知樞密劉季述矯制發兵圍十六宅，諸王被髮，或緣垣，或升屋，呼曰：『宅家救兒！』」胡三省注：「唐末宮中率稱天子曰宅家。」

## 3　黔首　蒼頭

《秦本記》「更名民曰黔首」［一］，《祭義》疏謂「以黑布覆首謂之黔首」［二］，《戰國策》「魏蒼頭」鮑彪註謂「以青帕首項也」［三］，又漢名「奴」，亦曰「蒼頭」［四］。「黔首」則自唐虞以來所謂「黎民」也，亦曰「黔黎」［五］。

### ［箋注］

［一］《史記・秦始皇本紀》：「二十六年……更民名曰黔首。」裴駰集解引應劭曰：「黔亦黎，黑也。」《説文・黑部》：「秦謂民爲黔首，謂黑色也。周謂之黎民。」《吕氏春秋・振亂》：「當今之世，濁甚矣，黔首之苦，不可以加矣。」

［二］《禮記・祭義》：「明命鬼神，以爲黔首則。」鄭玄注：「黔首，謂民也。」孔穎達疏：「黔首，謂萬民也。黔，謂黑也。凡人以黑巾覆頭，故謂之黔首。」

［三］《戰國策・魏策一》：「今竊聞大王之卒，武力二十餘萬，蒼頭二千萬。」「蒼頭」指以青巾裹頭的軍隊。《史記・項羽本紀》：「少年欲立嬰便爲王，異軍蒼頭特起。」裴駰集解引應劭曰：「蒼頭特起，言與衆異也。蒼頭，謂士卒皂巾，若赤眉、青領，以相别也。」

［四］「蒼頭」亦謂奴僕。漢代，蒼頭作爲貴族邸宅的近侍衛隊，也爲主人操持雜務，魏晉以後，逐漸淪爲爲私家奴

僕。《漢書·鮑宣傳》：「使奴從賓客漿酒霍肉，蒼頭廬兒皆用致富。」顏師古注引孟康曰：「漢名奴爲蒼頭，非純黑，以別於良人也。」《漢書·霍光傳》：「(霍)云當朝請，數稱病私出，多從賓客；張圍獵黄山苑中，使蒼頭奴上朝謁，莫敢譴者。」《晉書·石崇傳》：「有司薄閲崇水碓三十餘區，蒼頭八百餘人，他珍寶貨賄稱是。」《明會要·民政三》：「景泰中，楊傑上言：『臣家蒼頭得官者十六人，乞停蒼頭楊釗等職。』詔許之。」前蜀貫休《少年行》：「卻捉蒼頭奴，玉鞭打一百。」

[五] 黔黎：黔首黎民，指百姓。應劭《風俗通·怪神·城陽景王祠》：「死生有命，吉凶由人，哀我黔黎，漸染迷謬，豈樂也哉？」蘇軾《款塞來享》詩：「輸忠脩貢職，棄過爲黔黎。」

## 4 黄耇 台背

耇，老壽也，黄耇，老人面色黄也。台，鯸鮐，河豚也，其背青，老人背色若鮐也[一]。《詩》註謂黄爲黄髮，耇爲凍梨[二]；《爾雅》疏謂「燕代北鄙謂耇爲梨」[三]；《説文》又謂「老人面梨若垢」[四]。

諸説似牽强。舍人曰，老人氣衰，皮膚消瘠，背若台魚[五]，此亦是以意釋，不實知。鮐者也，鮐背豐滿，但青黑耳。

（鯸音侯；鮐音胎；耇音苟）

[箋注]

[一] 鮐，河豚。《説文·魚部》：「鮐，海魚也。」段玉裁注：「鮐，亦名侯鮐，即今之河豚也。《吴都賦》『王鮪侯鮐』，以王侯相儷，改作鯸者，非。」《文選·左思〈吴都賦〉》「王鮪鯸鮐」劉逵注：「鯸鮐魚，狀如科斗，大者尺餘，腹下

白，背上青黑，有黄文。性有毒，雖小，獺及大魚不敢餤之。蒸煮餤之，肥美。」古時以老人背上之斑像鮐魚之紋，《詩・大雅・行葦》「黄耇台背」鄭玄箋：「大老則背有鮐文。」故以「鮐背」爲老人，爲高壽之徵。《爾雅・釋詁上》：「鮐背、耇老，壽也。」郭璞注：「鮐背，背皮如鮐魚。」焦贛《易林・震之比》：「耋老鮐背，齒牙動摇，近地遠天，下入黄泉。」梅堯臣《元日》詩：「舉杯更獻酬，各爾祝鮐背。」李心傳《建炎以來繫年要録・建炎二年三月》：「垂髫鮐背，山農野叟，咸以手加額，仰面謝天。」

[二] 梨，同「黎」，黑色。《詩・小雅・南山有臺》：「樂只君子，遐不黄耇。」毛傳：「黄，黄髮也；耇，老也。」《漢書・韋賢傳》：「歲月其徂，年其逮耇。」顔師古注：「耇者，老人面色如垢也。」

[三]《爾雅・釋詁》：「黄髮、齯齒、鮐背、耇、老：壽也。」邢昺疏：「《方言》云：『燕代北鄙，謂耇爲梨』，郭璞注云：『梨，面色似凍梨也。』舍人曰：『耇，覯也。血氣精華覯竭，言色赤黑如狗矣。』孫炎曰：『耇面如凍梨，色似浮垢，老人壽徵也。』」

[四]《説文・老部》：「耇，老人面凍黎若垢。」朱駿聲《説文通訓定聲》：「耇，老人面凍黎若垢也。按：當訓老人背傴僂也，從老省，從句，會意，句亦聲。」「句」聲藴含彎曲之義，故朱駿聲認爲「耇」當指人老脊曲，傴僂。朱説是。《釋名・釋長幼》：「九十曰『鮐背』。或曰『黄耇』，黄，鬢髮變黄也，耇，垢也，皮色驪悴恒如有垢者也。或曰『胡耇』，咽皮如雞胡也。或曰『凍梨』，皮有斑黑如凍梨色也。」

[五] 參注[一]。

## 5 府君 家公

朱子曰：「府君，漢人碑已有之，只是尊神之辭，如言官府之君。」[一]《列子》云「家公執席」[二]，二者皆父稱也，家公稱於存時，府君稱於亡日。

## 【箋注】

[一]《朱子語類》卷九十禮七：「無爵曰『府君、夫人』漢人碑已有，只是尊神之辭。府君，如官府之君，或謂之『明府』。今人亦謂父爲『家府』。」

府君，漢代用於對郡相、太守的尊稱，後代仍沿用。《後漢書・方術傳下・華佗》：「廣陵太守陳登忽患匈中煩懣，面赤，不食。佗脈之，曰：『府君胃中有蟲。』」《玉臺新詠・古詩爲焦仲卿妻作》：「府君得聞之，心中大歡喜。」劉義慶《世説新語・德行》：「（陳仲舉）爲豫章太守，至便問徐孺子所在，欲先看之，主簿白：『群情欲府君先入廨。』」碑版上「府君」用爲對已故者的尊稱。歐陽修《瀧岡阡表》：「皇曾祖府君累贈金紫光禄大夫、太師中書令……皇祖府君累贈金紫光禄大夫、太師中書令兼尚書令。」司馬光《司馬氏書儀・慰人父母亡疏狀》「先某位奄棄榮養」自注：「無官有素契，改先某位爲先丈；無素契，爲先府君。」

[二]《莊子・寓言》：「其往也，舍者迎將，其家公執席，妻執巾櫛。」唐成玄英疏：「家公，主人公也。」兹事《列子・黃帝》亦有記載。

家公，指一家之主，家長。漢焦贛《易林・剥之涣》：「坐争立訟，紛紛匆匆，卒成禍亂，災及家公。」對別人稱説自己的父親，曰「家公」。《後漢書・王丹傳》：「時大司徒侯霸欲與交友，及丹被徵，遣子昱候於道。昱迎拜車下，丹下答之。昱曰：『家公欲與君結交，何爲見拜？』」《晉書・山簡傳》：「簡字季倫，性温雅，有父風，年二十餘，濤不之知也。簡歎曰：『吾年幾三十，而不爲家公所知。』」對他人稱説自己的祖父、外祖父，亦用「家公」。北齊顔之推《顔氏家訓・風操》：「昔侯霸之子孫稱其祖父曰家公。」又：「河北士人皆呼外祖父母爲家公家母；江南田里間亦言之。」「家公」也可稱呼對方的父親。應劭《風俗通・十反・司徒梁國盛允》：「司徒梁國盛允，字子翩，爲議郎，慕孟博之德，貪樹於有禮，謂孟博：『家公區區，欲辟大臣，宜令邑人廉薦之。』」《孔叢子·執節》：「申叔問子順曰：『子之家公，有道先生，既論之矣。今子易之，是非焉在。』」

## 6 主臣

《史記·陳丞相世家》，漢文帝問陳平，一歲決獄、錢穀幾何？「平曰：『有主者。』上曰：『而君所主者何事也？』平謝曰：『主臣。』」[一]《馮唐傳》：「文帝聞廉頗、李牧爲人良，曰『嗟乎！吾獨不得廉頗、李牧時爲吾將[二]，吾豈憂匈奴哉！』唐曰：『主臣。』」[三]《魏志》：「魏武謂陳琳曰：『卿爲本初檄，何乃上及父祖？』琳謝曰：『主臣。』」[四]

馬援《龍虎賦》：「勇怯見之，莫不主臣。」[五]《文選·任昉〈奏彈曹景宗〉》先叙其罪，後繼之曰「景宗即主臣」，（景宗）[六]；又彈劉整，亦曰「整即主臣」[七]。齊沈約《彈王源》文亦然。「主臣」，前人多用之，解者皆不得其義。孟康曰「主羣臣也」，韋昭曰「主臣，道不敢欺也」，張晏曰「惶恐也」，[八]文穎曰「猶今言死罪」，樂彦曰「猶上書前，言『昧死』」，晉灼曰「主擊也」[九]。

臣，服也，言其擊服，惶恐也。孟、韋之説非是。張晏以下亦鮮的見。按，古文臣作「臣」，如人伏地也[一〇]。《説文》：「臣，擊也，事君也，象屈服之形。」[一一]蓋人臣對君，不容不惶恐不屈服也。「主臣」是一於惶恐屈服之意，惶恐乃驚怖非慚愧也，上表者云「誠惶誠恐」是驚怖，「稽首頓首」是屈服，知此，則死罪、昧死、惶恐、擊服之義，皆在其中。然《史記》《魏志》《龍虎賦》所云「主臣」，意在驚怖，《文選》所云「主臣」，意在屈服。賈子曰：「主臣，禮之正也。」[一二]斯言得之矣。

【箋注】

〔一〕《史記・陳丞相世家》：

居頃之，孝文皇帝既益明習國家事，朝而問右丞相勃曰：「天下一歲決獄幾何？」勃謝曰：「不知。」問：「天下一歲錢谷出入幾何？」勃又謝不知，汗出沾背，愧不能對。於是上亦問左丞相平。平曰：「有主者。」上曰：「主者謂誰？」平曰：「陛下即問決獄，責廷尉；問錢谷，責治粟内史。」上曰：「苟各有主者，而君所主者何事也？」平謝曰：「主臣！陛下不知其駑下，使待罪宰相。」

裴駰集解引張晏曰：「若今人謝曰『惶恐』也。馬融《龍虎賦》曰：『勇怯見之，莫不主臣。』」

〔二〕「時爲吾將」之「將」，萬曆各本、四庫本、湖北先正本均作「牧」，誤。今從《史記》改。

〔三〕《史記・張釋之馮唐列傳》：

上既聞廉頗、李牧爲人，良説，而搏髀曰：「嗟乎！吾獨不得廉頗、李牧時爲吾將，吾豈憂匈奴哉！」唐曰：「主臣！陛下雖得廉頗、李牧，弗能用也。」

司馬貞索隱：

案：樂彦云「人臣進對前稱『主臣』，猶上書前云『昧死』」。案：《志林》云「馮唐面折萬乘，何言不懼」，主臣爲驚怖，其言益著也。又魏武謂陳琳云「卿爲本初檄，何乃言及上祖」，琳謝云「主臣」，益明「主臣」是驚怖也。

〔四〕「卿爲本初檄」，指陳琳爲袁紹（字本初）作檄之事。李善《昭明文選注》卷四十四《檄・爲袁紹檄豫州》引《魏志》曰：

琳避難冀州，袁本初使典文章，作此檄以告劉備。言曹公失德，不堪依附，宜歸本初也。後紹敗，琳歸曹公。曹公曰：卿昔爲本初移書，但可罪狀孤而已。惡惡止其身，何乃上及父祖邪？琳謝罪曰：矢在弦上，不可不發。曹公愛其才，而不責之。

［五］「馬援」，當爲「馬融」。

［六］峰按，「景宗」二字，當爲衍文。

［七］《文選・任昉〈奏彈曹景宗〉》：「不有嚴刑，誅罰安置，景宗即主。臣謹案：使持節都督郢司二州諸軍事、左將軍、郢州刺史、湘西縣開國侯臣景宗，擢自行間，遘兹多幸，指蹤非擬，獲獸何勤。」又《奏彈劉整》：「如法所稱，整即主。臣謹案：新除中軍參軍臣劉整，閭閻闒茸，名教所絶。」峰按，周祈於此將「主、臣」二字連讀，可備一説。「主」在兩篇彈文里指主使，主謀，主犯之意。「主、臣」二字分讀，「臣」字屬下。此奏彈文章幾例與此條所論「主臣」無涉，亦無妨其惶恐用義。

［八］《史記・陳丞相世家》「主臣」裴駰集解：

張晏曰：若今之人謝曰「惶恐」也。馬融《龍虎賦》曰：「勇怯見之，莫不主臣。」孟康曰：「主臣，主群臣也，若今言人主也。」韋昭曰：「言主臣道，不敢欺也。」

司馬貞索隱：「蘇林與孟康同。既古人所未了，故並存兩解。」

［九］《漢書・王陵傳》：「陳平謝曰：『主臣。』」顔師古注：「文穎曰：惶恐之辭，猶今言死罪。晉灼曰：主，擊也；臣，服也。言其擊服。惶恐之辭。」《史記・張釋之馮唐列傳》「唐曰：『主臣』」司馬貞索隱引樂彦云：「人臣進對前稱『主臣』，猶上書前云『昧死』。」

［一〇］「臣」字，甲骨文、金文有（殷墟書契前編 4・31・3）、（臣辰父癸鼎）、（毛公鼎）諸形，小篆作「」。郭沫若《甲骨文字研究》：「（甲金文）均象一竪目之形。人首俯則目竪，所以『象屈服之形』者，殆以此也。」

［一一］擊，當作「牽」。今本《説文》：「臣，牽也，事君也，象屈服之形。」楊樹達《臣牽解》：「臣之所以受義於牽者，蓋臣本俘虜之稱……囚俘人數不一，引之者必以繩索牽之，名其事則曰牽，名其所牽之人則曰臣矣。」《禮記・少儀》：「臣則左之。」鄭玄注：「臣，謂囚俘。」孔穎達疏：「臣，謂征伐所獲民虜者也。」

［一二］賈誼《新書・禮》：「主臣，禮之正也。」

# 7 鼻祖 耳孫

鼻祖，始祖也。方言：「梁益謂鼻爲祖。獸之初生，其鼻先見，故謂鼻爲祖。」[一]耳孫，玄孫之曾孫也。顏師古曰：「耳孫，諸説不同。據《平帝紀》及《諸侯王表》，昆孫之子，耳孫。『耳』音『仍』……則『耳、仍』一也。爲昆孫之子，來孫之孫，玄孫之曾孫。」[二]或云「唯耳可得聞」[三]，非是。

【箋注】

[一]揚雄《方言》卷十三：「鼻，始也。獸之初生謂之鼻，人之初生謂之首。梁益之間謂鼻爲初，或謂之祖。祖，居也。又人之胚胎，鼻先受形，故謂始祖爲鼻祖。」

[二]《漢書·惠帝紀》：「上造以上及内外公孫耳孫有罪當刑及當爲城旦舂者，皆耐爲鬼薪白粲。」顏師古注引應劭曰：「耳孫者，玄孫之子也。言去其曾高益遠，但耳聞之也。」又引李斐曰：「耳孫，曾孫也。」又引晉灼曰：「耳孫，玄孫之曾孫也。」顏師古注：「耳孫，諸説不同。據《平紀》及《諸侯王表》，説梁孝王玄孫之耳孫。耳音仍……據《爾雅》：『曾孫之子爲玄孫，玄孫之子爲來孫，來孫之子爲昆孫，昆孫之子爲仍孫。』從己而數，是爲八葉，則與晉説相同。仍、耳聲相近，蓋一號也。」《類篇·耳部》：「昆孫之子爲耳孫。」後多以「耳孫」泛指遠代子孫。金段成己《題梁氏静樂堂》詩：「叔敬有耳孫，犖犖與時異。」唐寅《世壽堂》詩：「鷄窠小兒是鼻祖，鳩枝老子爲耳孫。」章炳麟《秦政記》：「明制貴其宗室孽子，諸王雖不與政柄，而公卿爲伏謁；耳孫疏屬，皆氣稟於縣官。」

[三]《漢書·惠帝紀》「内外公孫耳孫」顏師古注引應劭曰：「耳孫者，玄孫之子也。言去其曾高益遠，但耳聞之也。」

# 8 阿翁 姑章 賤息 子姓

阿翁，父也[一]。《方言》：「周、晉、秦隴謂父曰翁。」[二]《廣韻》：「翁，鳥頸毛也，老人頸毛白而彊短，若此鳥也。」[三]《善見律》：「翁親則謂祖。」[四]是父、祖皆可稱「翁」。

姑章，姑也[五]。《廣川王傳》「皆尊章」師古曰：「尊章，猶言尊姑也。或曰舅姑爲尊章。」[六]「章」本作「嫜」，杜詩：「何以拜姑嫜。」又《釋名》：「兄公亦曰兄章，舅公亦曰舅章。」

息，生也，子女皆可稱「息」。左師觸龍曰「賤息舒祺」[七]。《東觀漢紀》「此蓋我子息」，是子稱「息」。呂公見劉季曰：「僕有弱息，願爲箕箒妾。」[八]是女亦稱「息」。

子姓，孫也[九]。《玉藻》注：「姓，生也。孫是子之所生，故謂之子姓。」

今人稱尊貴者曰「翁」，稱壻曰「姑章」，稱婦曰「息婦」，「息」又从女[一〇]，稱子姪輩曰「子姓」，是殆未之考也。

## [箋注]

[一] 阿翁，可稱父親。《三國志·魏志·趙王幹傳》：「黄初二年，進爵，徙封燕公。」裴松之注引三國魏魚豢《魏略》：「幹一名良……良年五歲，而太祖疾困，遺令語太子曰：『此兒三歲亡母，五歲失父，以累汝也。』太子由是親待，隆於諸弟。良年小，常呼文帝爲阿翁，帝謂良曰：『我，汝兄耳。』」梁章鉅《稱謂録·方言稱父》：「《小知録》：周、秦、晉、隴皆曰阿翁。」亦謂祖父。劉義慶《世説新語·排調》：「張蒼梧是張憑之祖，嘗語憑父曰：『我不如汝。』

憑父未解所以。蒼梧曰：『汝有佳兒。』憑時年數歲，斂手曰：『阿翁詎宜以子戲父？』」因而可爲對年長者的敬稱。《周書·陸騰傳》：「(陸騰)尚安平主，即東萊王貴平女也。魏孝武幸貴平，見騰，與語悦之，謂貴平曰：『阿翁真得好壻。』」《北史·魏常山王遵傳》：「及出，廣平王懷拜紹，賀曰：『阿翁乃皇家之正直，雖朱雲、汲黯何以仰過。』」阿翁，也可稱丈夫的父親。唐趙璘《因話録·宫》：「上召而慰之曰：『諺云：不癡不聾，不作阿家阿翁。』」郝懿行《證俗文》卷四：「舅姑亦曰翁姑。案：舅曰阿翁。《唐書》代宗曰：『不癡不聾，不作阿翁。』」

[二] 揚雄《方言》卷六：「艾，長老也。東齊魯衛之間凡尊老謂之叟，或謂之艾。周晉、秦隴謂之公，或謂之翁。南楚謂之父，或謂之父老。」

[三] 《説文·羽部》：「翁，頸毛也。」徐鍇按：「《爾雅》多謂草華莖細葉叢出爲翁苔，取名於此也。又謂老人爲『老翁』，言其頸毛白而彊短，若此鳥頸也。」

[四] 玄應《善見律》卷十四：「翁親，鳥頭上毛曰翁。翁，一身之最上；祖，一家之最尊。祖爲翁者，取其尊上之意也。」

[五] 顔師古《匡謬正俗》卷六：「古謂舅姑爲姑章。」姑章，丈夫的母親與父親，又作「姑嫜」。陳琳《飲馬長城窟行》：「善事新姑嫜，時時念我故夫子。」杜甫《新婚别》詩：「妾身未分明，何以拜姑嫜。」

[六] 「皆」，當作「背」。尊章，亦作「尊嫜」，謂舅姑，對公婆的敬稱。《漢書·廣川惠王劉越傳》：「背尊章，嫖以忽，謀屈奇，起自絶。」顔師古注：「尊章猶言舅姑也。」韓愈《扶風郡夫人墓誌銘》：「協於尊章，畏我侍側。」清劉大櫆《吴甞千墓誌銘》：「逮事尊嫜，而值其終窶之時，常出奩資以甘旨。」

[七] 息，生也，子女爲生息、滋息，故謂也。《戰國策·趙策四》：「老臣賤息舒祺，最少，不肖。」南朝梁徐防《長安有狹邪行》：「大息登金馬，中息謁承明，小息偏愛幸，走馬曳長纓。」唐張鷟《遊仙窟》：「兄即清河崖公之第五息，嫂即太原公之第三女。」《剪燈餘話·洞天花燭記》：「今弱息及笄，議姻震澤，將納其次子爲壻。」

[八] 《史記·高祖本紀》：「吕公曰：『臣少好相人，相人多矣，無如季相，願季自愛。臣有息女，願爲季箕帚妾。』」張守節正義：「息，生也。謂所生之女也。」

［九］子姓，即「子生」，謂孫子，泛指子孫、後輩。《禮記・喪大記》：「既正尸，子坐于東方，卿大夫父兄子姓立于東方。」鄭玄注：「子姓，謂衆子孫也。」《儀禮・特牲饋食禮》：「子姓兄弟如主人之服，立于主人之南，西面北上。」鄭玄注：「言子姓者，子之所生。」賈公彦疏：「云子之所生，則孫是也。」《新唐書・吕才傳》：「法曰：『官爵富貴，葬可致也；年壽脩促，子姓蕃衍，葬可招也。』」

［一〇］息婦，子之婦，後作「媳婦」。宋張師正《括異志・陳翰林》：「乃召子婦詰之。云：『老嫗言，來日郎君欲就息婦房中宴飲。』」俞樾《茶香室續鈔・媳》：「古人稱子爲息，息婦者，子婦也。」

## 9　丈夫　丈人　大夫　夫人

丈夫，《詩》疏：「有傅相之德，而可倚仗。」丈人，師古曰：「嚴莊之稱，凡親而老者皆稱焉。」[一]此「丈夫」，丈人之義也。又十尺曰丈，古一丈得今六尺六寸，丈夫、丈人，以身長言也，而倚仗、嚴莊之義在其中。

大夫，《白虎通》曰「扶達於人者也」[二]；夫人，《曲禮》注「扶持於王者也」[三]。此「大夫、夫人」之義也。又「夫」本作「夵」，从人，「一」象簪也，男冠女副皆須簪焉。男女皆可稱夫也，而扶達、扶持之義在其中。

**［箋注］**

［一］丈人：對老人的尊稱，《易・師》：「貞，丈人，吉。」孔穎達疏：「丈人，謂嚴莊尊重之人。」《漢書・蘇武

傳》：「漢天子我丈人行也。」顔師古注曰：「丈人，尊老之稱。」《漢書·疏廣傳》：「宜從丈人所，勸説君買田宅。」師古注：「丈人，嚴莊之稱，故親而老者皆稱焉。」

［二］班固《白虎通義·爵》：「大夫之爲言大扶，扶進人者也。」《禮記·王制》：「王者之制禄爵：公、侯、伯、子、男，凡五等。諸侯之上大夫卿、下大夫、上士、中士、下士，凡五等。」孔疏引《白虎通》云：「卿之言向也，爲人所歸向；大夫者，達人，謂扶達於人。」

［三］《禮記·曲禮下》：「公侯有夫人，有世婦，有妻，有妾。」孔穎達疏：「『有夫人者』，夫，扶也，言扶持於王也。」《論語·季氏》：「邦君之妻，君稱之曰夫人。夫人自稱曰小童。」孔穎達疏：「邦君之妻者，諸侯之夫人也。」

## 10　先生　太夫人

今尊貴者，人稱曰「先生」，則怒稱其母曰「太夫人」，則不以爲怪。《論語》曰：「有酒食，先生饌。」［一］韓愈《進學解》：「招諸生弟子，事先生于兹有年矣。」一則爲父兄，一則爲師。何怒也？［二］《漢文紀》注：「列侯妻稱夫人，列侯死，子復爲列侯，乃得稱太夫人。」［三］是「太」者，父亡母存之號，今制猶然。奈何稱者、見稱於人者不論人父與父存否，率以「太」爲尊稱，不可怪乎？

**［箋注］**

［一］「先生」謂父兄。《論語·爲政》：「子夏問孝。子曰：『色難。有事弟子服其勞，有酒食先生饌，曾是以爲

孝乎？』」何晏集解引馬融曰：「先生，謂父兄。」《儀禮・有司》：「其先生之脀，折脅一。」鄭玄注：「先生，長兄弟。」亦指年長有學問的人，指老師。《禮記・玉藻》：「（童子）無事，則立主人之北南面，見先生，從人而入。」孔穎達疏：「先生，師也。」《孟子・告子下》：「宋牼將之楚，孟子遇於石丘，曰：『先生將何之？』」趙岐注：「學士年長者，故謂之先生。」

〔二〕下文解釋爲何將尊貴先生之母親怒稱爲「太夫人」。

〔三〕漢制，列侯稱其孀居之母爲太夫人。《漢書・文帝紀》：「令列侯太夫人、夫人、諸侯王子及吏二千石無得擅徵捕。」顏師古注引如淳曰：「列侯之妻稱夫人。列侯死，子復爲列侯，乃得稱太夫人。子不爲列侯，不得稱也。」唐宋以後，官吏之母，不論存歿，亦稱太夫人。唐宋政和間，曾以「太」字爲對生者的尊稱，令凡追封者皆去「太」字。參見宋徐度《卻掃編》卷上。

## 11 伯仲叔姪

「伯、仲」，兄、弟之稱。《詩》：「伯氏吹壎，仲氏吹篪。」〔一〕次仲者爲「叔」，《詩》：「叔兮伯兮。」〔二〕次叔者爲「季」，《書》：「仲叔季弟。」〔三〕

「姪」對「姑」而言。《爾雅》：「女子謂晜弟之子爲姪。」〔四〕狄仁傑云「未聞姪爲天子而祔姑於廟者」〔五〕，此則古人稱伯仲叔姪之義也。

今人謂父之兄弟曰「伯」，叔謂兄弟之子曰「姪」〔六〕，皆舛也。父之兄弟當曰「伯父」「叔父」〔七〕。《爾雅》：「父之晜弟，先生爲世父，後生爲叔父。」是也。兄弟之子當曰「猶子」。《檀弓》：「兄弟之子猶子也，或曰從子。」[八]《朱子語録》：「漢人謂姪爲從子。」[九]却得其正，是也。

（晜與昆同；篪音池）

**【箋注】**

[一] 伯仲，指兄弟的次第，也指兄弟。《詩・小雅・何人斯》「伯氏吹壎，仲氏吹篪」，鄭玄箋：「伯仲，喻兄弟也。」

[二]《詩・鄭風・蘀兮》：「蘀兮蘀兮，風其吹女。叔兮伯兮，倡予和女。」《邶風・旄丘》：「叔兮伯兮，何多日也？」又：「叔兮伯兮，褎如充耳。」

[三]《書・吕刑》：「伯父伯兄，仲叔季弟，幼子童孫，皆聽朕言。」孔傳：「伯仲叔季，順少長也。」兄弟中排行最小爲季。《詩・魏風・陟岵》：「母曰：嗟！予季行役，夙夜無寐。」毛傳：「季，少子也。」《左傳・隱公元年》「惠公元妃孟子」，孔穎達疏：「孟仲叔季，兄弟姊妹長幼之别字也。」《詩・召南・采蘋》：「誰其尸之，有齊季女。」毛傳：「季，少也。」《儀禮・士冠禮》：「曰伯某甫，仲叔季唯其所當。」鄭玄注：「伯仲叔季，長幼之稱。」

[四]《爾雅・釋親》：「女子謂晜弟之子爲姪。」

[五]《資治通鑑》卷二百六唐紀二十二聖曆元年：「狄仁傑每從容言於太后曰：『陛下立子，則千秋萬歲後，配食太廟，承繼無窮；立侄，則未聞姪爲天子而祔姑於廟者也。』」

[六] 古時女子稱兄弟的子女爲侄。《儀禮・喪服傳》：「姪者何也？謂我姑者，我謂之姪。」《左傳・僖公十五年》：「姪從其姑。」晉代以後男子始稱兄弟之子爲侄。潘岳《哀永逝文》：「嫂姪兮慞惶，慈姑兮垂矜。」劉義慶《世説新語・賞譽上》：「濟先略無子姪之敬，既聞其言，不覺懍然。」顔之推《顔氏家訓・風操》：「兄弟之子已孤……北土人多呼爲姪。案《爾雅》《喪服經》《左傳》，姪名雖通男女，並是對姑之稱，晉世以來始呼叔姪。今呼爲姪，於理爲勝也。」

［七］顔之推《顔氏家訓·風操》：「古人皆呼『伯父、叔父』，而今世多單呼『伯、叔』。」

［八］《禮記·檀弓上》：「喪服，兄弟之子，猶子也，蓋引而進之也。」本指喪服制度而言，謂爲己之子期，兄弟之子亦爲期，後因稱兄弟之子爲「猶子」。漢人稱爲「從子」。文天祥《寄惠州弟》詩：「親喪君自盡，猶子是吾兒。」馮桂芬《顧蓉莊年丈七十雙壽序》：「先生少孤，事母孝。敦友愛，撫猶子如己出。」「猶子」也指侄女。唐李復言《續玄怪録·訂婚店》：「妻潸然曰：『妾郡守之猶子也，非其女也。』」

［九］古謂侄子爲「從子」。《左傳·襄公二十八年》：「衛人立其從子圃，以守石氏之祀，禮也。」楊伯峻注：「從子，兄弟之子也。亦謂之猶子。」《三國志·魏志·夏侯尚傳》：「夏侯尚字伯仁，淵從子也。」

## 12 昆玉

謂兄弟曰「昆玉」者，蓋錯舉「金昆玉友」之文也[一]。兄弟何以謂之「昆友」？「昆」，本作「罤」，周人謂兄曰罤，从眔，沓弟爲罤，今猶云沓肩兄弟，通作「昆」[二]。《詩》「謂他人昆」[三]是也。《説文》：「友，从二又相交。」徐氏曰：「二手相順也。」「友」有相左右之義，兄弟如左右手，故謂兄弟爲友，[四]晏子「兄愛而友」[五]是也。金玉，言其貴重耳。

（罤[六]與晜同；眔音沓）

**［箋注］**

［一］昆玉，稱呼他人兄弟的敬词。關漢卿《單刀會》第四折：「因將軍賢昆玉無尺寸地，暫供荆州以爲養軍之

資。」《二刻拍案驚奇》卷二七：「快不要行禮。賢昆玉多是江湖上義士好漢，下官未任之時，聞名久矣。」也以「金昆」指兄弟。唐馮翊子《桂苑叢談・客飲甘露亭》：「往者賢金昆不曁籬棘見未萌，吾子豈有向來之患乎？」明陳所聞《玉包肚・九日焦太史弱侯招飲謝公墩》曲：「聚賢星玉友金昆，共佳辰弔古尋幽。」「昆友」，指兄弟朋友。韋應物《自尚書郎出爲滁州刺史留別朋友兼示諸弟》詩：「徘徊親交戀，愴悢昆友情。」曹寅《飲湎酒》詩：「眷言酌昆友，陶然知水奇。」

［二］ 晜：《説文》作「罤」，釋曰：「周人謂兄曰罤。从弟，从眔。」段玉裁注：「昆弟字當作此，昆行而罤廢矣。」王筠釋例：「罤之从眔也，眔，及也，凡言及者，必自後及之，是從兄之義也。弟之所眔，是爲罤矣。」罤，省作「晜」，後世更爲「昆」所代。《爾雅・釋親》：「父之晜弟，先生爲世父，後生爲叔父。」

［三］《詩・王風・葛藟》：「終遠兄弟，謂他人昆。謂他人昆，亦莫我聞。」

［四］《説文》：「友，同志爲友。从二又，相交友也。」一讀爲「从二又相交」。徐鉉曰：「二手相順也。」

［五］《晏子春秋・外篇第七》：「君令而不違，臣忠而不二，父慈而教，子孝而箴，兄愛而友，弟敬而順，夫和而義，妻柔而貞，姑慈而從，婦聽而婉，禮之質也。」

［六］ 按，當作「罤」。

## 13 稾椹

《古樂府》「稾椹」謂夫也［一］。古有罪者，席稾伏於椹上，以鈇斬之。言「稾椹」則兼言「鈇」矣。「鈇」，與「夫」同音，故隱語「稾椹」爲夫也。

「稾」，禾稈；「椹」，斫木。「櫍」，俗作「砧」。「鈇」，斧也。

（椹與砧同；櫍音質）

[箋注]

[一] 徐陵《玉臺新詠》卷十《古絶句》之一：「稿砧今何在？山上復有山。何當大刀頭？破鏡飛上天。」這首古樂府句句用隱語，「稿砧」暗指丈夫，「山上復有山」即「出」字，「大刀頭」隱射還家之「還」（古時大刀頭上有刀環），「破鏡」暗喻半個月亮。宋許顗《彦周詩話》釋曰：「『稿砧今何在』，言夫也；『山上復有山』，言出也；『何當大刀頭，破鏡飛上天』，言月半當還也。」後以「稿砧」暗指丈夫。李白《代美人愁鏡》詩：「稾砧一別若箭弦，去有日，來無年。」唐權德輿詩：「昨夜裙帶解，今朝嬉子飛。鉛華不可棄，莫是稿砧歸？」

稾：後作「稿」，草薦，稿薦。《史記·范雎蔡澤列傳》：「應侯席稾請罪。」《南史·梁始興忠武王憺傳》：「憺聞喪自投于地，席稾哭泣，不飲不食者數日。」

椹：同「枮、砧」，墊板。《爾雅·釋宫》：「椹，謂之榩。」郭璞注：「斫木櫍也。」邢昺疏：「椹者，斫木所用以藉者之木名也。一名榩。」

鈇：同「斧」。

稾椹：依周祈説，受刑者席稾，頭伏於砧板，施刑者以斧斬之。樂府詩以「稿、砧」隱指「鈇」，又以「鈇」諧音「夫」，「稾椹」故以隱喻丈夫。

## 14 娣姒

《爾雅》：「長婦謂稚婦爲『娣婦』，娣婦謂長婦爲『姒婦』。」[一]即今妯娌，自以其年爲長幼耳。《廣雅》：「娣姒之名，從身長幼。」[二]《左傳》「穆姜謂聲伯之母爲姒」，「叔向之妻爲姒」，二者皆呼夫弟之妻爲「姒」，不從夫之齒[三]也。

**[箋注]**

[一]《爾雅·釋親》：「長婦謂稚婦爲娣婦，娣婦謂長婦爲姒婦。」郭璞注：「今相呼先後，或云妯娌。」。又：「女子同出，謂先生爲姒，後生爲娣。」郭璞注：「同出，謂俱嫁事一夫。」郝懿行義疏：「娣姒即衆妾相謂之詞，不關嫡夫人在内。」

[二]《爾雅·釋親》邢昺疏：

《廣雅》云：「娣姒妯娌。娣姒，先後也。」世人多疑娣姒之名，皆以爲兄妻呼弟妻爲娣，弟妻呼兄妻爲姒，因即惑於斯文，不知何以爲説。今謂母婦之號，隨夫尊卑。娣姒之名，從身長幼，以其俱來夫族，其夫班秩，既同尊卑，無以相加，遂從身之少長。《喪服·小功章》曰「娣姒婦報」，傳曰：「娣姒婦者，弟長也。」以弟長解娣姒，言娣是弟，姒是長也。《公羊傳》亦云：「娣者何？弟也。」是其以弟解娣，自然以長解姒。長謂身之年長，非夫之年長也。此云「長婦謂稚婦爲娣婦，娣婦謂長婦爲姒婦」者，止言婦之長稚，不言夫之大小。《左傳》成十一年，穆姜謂聲伯之母爲姒；昭二十八年傳，叔向之嫂謂叔向之妻爲姒。二者皆呼夫弟之妻爲姒，豈計夫之長幼乎？上云「女子同出，謂先生爲姒，後生爲娣」，郭云：「同出謂俱嫁事一夫」也。事一夫者，以己生先後爲娣姒，則知娣姒以己之年，非夫之年也。故賈逵、鄭玄及杜預皆云兄弟之妻相謂爲姒，言兩人相謂，長者爲姒，知娣姒之名不計夫之長幼也。

李慈銘《越縵堂讀書記·巢經巢經説》：「故妯娌相稱，即據其年之長少以姒娣呼之，親之若娣妹而繫以婦，曰姒婦娣婦，別其非同生也。」

〔三〕齒：年齡。「不從夫之齒」謂娣姒之稱，不根據丈夫的年齡。

## 15 孩 咳

（咳音孩）

《廣韻》：「孩，小兒將學語時能鼓頷也。」〔一〕《莊子》「未致乎孩而始誰」〔二〕是也。《説文》：「咳，小兒笑聲。」〔三〕《禮記》「咳而名之」〔四〕是也。《孟子》「孩提之童」注「知孩笑」〔五〕，是以「孩」作「咳」也。《扁鵲傳》「咳嬰之兒」〔六〕，又《禮記》「孩蟲」〔七〕，皆以幼小爲義。一曰「咳」，古文作「孩」。

（頷音含）

**〔箋注〕**

〔一〕《廣韻·咍韻》：「孩，始生小兒。」按，「孩，小兒將學語時能鼓頷也」，此釋出《增韻》。

〔二〕《莊子·天運》：「民孕婦十月生子，子生五月而能言，不至乎孩而始誰，則人始有夭矣。」注：「誰，問也。未至於孩提，而早能問人爲誰矣。」

〔三〕《説文·口部》：「咳，小兒笑也。孩，古文咳从子。」「咳」的古文字形从子作「孩」。咳，嬰兒笑。「咳、孩」謂嬰兒之笑，故因以此指笑臉之下頷，也指稱小兒，也表示幼小。該條揭發「咳、孩」二字的密切關係，並累例分析其詞義系統。

〔四〕《禮記・內則》：「父執子之右手，咳而名之。」孔穎達疏：「謂以一手執子右手，以一手承子之咳而名之。」

〔五〕《孟子・盡心上》：「孩提之童，無不知愛其親者。」趙岐注：「孩提，二三歲之間在繈褓，知孩笑，可提抱者也。」

〔六〕《史記・扁鵲倉公列傳》：「不能若是而欲生之，曾不可以告咳嬰之兒。」

〔七〕《禮記・月令》：「（孟春之月）毋覆巢，毋殺孩蟲胎夭飛鳥。」衛湜集説：「孩蟲，蟲之稚者。」

## 16 誕日　初度

今人謂生辰曰「誕日」〔一〕，又曰「初度」。《詩》曰：「誕彌厥月。」傳：「誕，大也。」謂「大矣，后稷之在母終，人道十月而生」〔二〕。今曰誕日，則是大日，降誕則是降大矣。《離騷經》曰：「皇覽揆予於初度兮，肇錫予以嘉名。」注：「初度，猶言初節也。古者子生三月，父名之，謂命名之初節也，非謂生也。」〔三〕今自幼而壯而老皆云「初度」，是期頤〔四〕皆三月時矣。其謬誤有如此者！

【箋注】

〔一〕《舊唐書・德宗紀上》：「上誕日，不納中外之貢。」宋・蘇轍《元祐八年生日謝表》之一：「老逢誕日，泣親養之無從；賜出天廚，愧君恩之莫報。」

〔二〕《詩・大雅・生民》：「誕彌厥月，先生如達。」毛傳：「誕，大。彌，終。達，生也。姜嫄之子先生者也。」鄭玄箋：「達，羊子也，大矣后稷之在其母終，人道十月而生，生如達之生，言易也。」

[三] 初度，謂三月嬰兒命名之初時，也指始生之時。《楚辭·離騷》：「皇覽揆余初度兮，肇錫余以嘉名。」王逸注：「言己美父伯庸，觀我始生年時，度其日月皆合天地正中，故錫我以美善之名。」五臣注：「我父鑒度我出生之法度。」清劉獻廷《廣陽雜記》卷五「磨鐵」引《離騷》注曰：「初度，猶言初節也。古者子生三月，父命之名，謂命名之初節，非謂生也。」初度，即初生之時，或者三月其父命名之時，而不是出生、生日。後來自小至壯至老，凡逢生辰皆謂之「初度」，由此，百歲老人生辰也稱「初度」，也三月嬰兒，周祈認爲大謬。

[四] 期頤：百歲。《禮記·曲禮上》：「百年曰期、頤。」鄭玄注：「期，猶要也；頤，養也。不知衣服食味，孝子要盡養道而已。」孫希旦集解：「百年者飲食、居處、動作，無所不待於養。方氏慤曰：『人生以百年爲期，故百年以期名之。』」

## 17 六尺之孤

《周禮》：「國中自七尺以及六十，野自六尺以及六十有五，皆征之。」《韓詩外傳》曰：「國中二十行役。」[一]是七尺，二十歲也。其升降皆以五年爲率[二]，則六尺，十五歲也[三]。《孟子》「五尺之童」[四]，十歲也。

【箋注】

[一]《周禮·地官·鄉大夫》：「國中自七尺以及六十，野自六尺以及六十有五，皆征之。」賈公彥疏：

云「國中自七尺以及六十」者，七尺謂年二十，知者，案《韓詩外傳》「二十行役」，與此國中七尺同，則知七尺謂年二十。云「野自六尺以及六十有五」者，六尺謂年十五，故《論語》云「可以托六尺之孤」，鄭注云：「六尺之孤，年十五已下。」彼六尺亦謂十五，鄭言已下者，正謂十四已下亦可以寄托，非謂六尺可通十四已下。鄭必知六尺年十五者，以其國中七尺爲二十對六十，野云六尺對六十五，晚校五年，明知六尺與七尺早校五年，故以六尺爲十五也。云「皆征之」者，所徵税者，謂築作、挽引、道渠之役及口率出錢。若田獵，五十則免，是以《祭義》云「五十不爲甸徒」。若征伐，六十乃免，是以《王制》云「六十不與服戎」。彼二者並不辨國中及野外之別。

［二］率：標準，限度。

［三］六尺之孤，指未成年的孤兒。《論語・泰伯》：「可以托六尺之孤。」何晏集解引孔安國曰：「六尺之孤，幼少之君。」邢昺疏引鄭玄注：「六尺之孤，年十五已下。」《後漢書・李固傳》：「今委君以六尺之孤，李氏存滅，其在君矣。」駱賓王《爲李敬業傳檄天下文》：「一抔之土未乾，六尺之孤安在？」

［四］《孟子・滕文公上》：「從許子之道，則市賈不貳，國中無僞；雖使五尺之童適市，莫之或欺。」

## 18 公卿

背私爲公［一］，有制爲卿。公之爲字，「八」，背也；「厶」，私也，背私則可以爲公矣［二］。卿之爲字，卯事之制也，有制則可以爲卿矣［三］。知二字之義，則「公、卿」之職舉，人其顧名而思義哉。

（八音背；厶音私；卯音賁）

**［箋注］**

［一］《韓非子・五蠹》：「古者倉頡之作書也，自環者謂之私，背私謂之公。」《藝文類聚》卷五十一引三國吴環濟《帝王要略》云：「爵有五等，公者，無厶也。」厶，即「私」。

〔二〕《説文·八部》：「公，平分也。从八，从厶。八，猶背也。韓非曰：『背厶爲公。』」又：「八，别也。象分别相背之形。」「八」字兩筆朝向相反，古人取相背之義。从「八」的字多有判分、分背之義，如「分」，表示用刀分物；「半」，表示把牛分成兩半。「公」，與「厶」相背。

〔三〕《説文》：「卿，章也。六卿：天官冢宰，地官司徒，春官宗伯，夏官司馬，秋官司寇，冬官司空。從卯，皀聲。」容庚《金文編》：「卿，象兩人相向就食之形。公卿之卿、鄉黨之鄉、饗食之饗，皆爲一字，羅振玉説。」《説文》形體分析可疑，當依古文字形分析。《説文》所謂之其所從之「卯」是兩個面對的跪伏的人形，中間的「皀」象食器。周氏以「卿」所從之「卯」立説，「卯事」，舊時官署辦公從卯時（相當於今時的上午五時至七時）始，故點名稱「點卯」，簽到應名爲「畫卯、應卯」，點名册稱爲「卯簿」。「卯事之制」，蓋指宫廷官府的朝事制度而言。

## 19 黄閤 内閣

按，唐門下省以黄塗門，謂之黄閤〔一〕，明興，罷中書省〔二〕，永樂初以解縉等七人直文淵閣，謂之内閣〔三〕。則是「黄閤」爲「閨閤」，之「閤」从「合」。《爾雅》：「小閨謂之閤。」〔四〕《漢·文翁傳》「出入閨閤」〔五〕，《公孫弘傳》「開東閤」〔六〕，皆謂門也。

内閣爲庋閣〔七〕，之「閣」从「各」，《内則》「天子之閣，左達五，右達五。」〔八〕《漢宫殿疏》「騏驎、天禄等閣」，皆謂重屋也〔九〕。又：「唐制，天子日御前朝見羣臣，曰常參；朔望薦食陵寢，有思慕之感，御便殿，謂之入閤。」〔一〇〕《唐志》：「中書舍人以久次者一人爲閤老，制本省雜事。」〔一一〕二「閤」字皆从「合」，今輔臣延登〔一二〕曰「入閣」，稱謂曰「閣老」，二「閣」字皆从「各」。

名雖同而義則異。

（庋音几）

【箋注】

[一] 閤：宮中小門，側門。《墨子・雜守》：「閤通守舍，相錯穿室。」《漢書・韓延壽傳》：「（延壽）因入臥傳舍，閉閤思過。」謝肇淛《五雜俎・地部一》：「韓延壽爲太守，閉閤思過。即如今閉脚門不聽官屬入耳。」可指官署之門，亦借指官署。漢衛宏《漢舊儀》卷上：「以方尺板叩閤，大呼奴名。」《漢書・王尊傳》：「直符史詣閤下，從太守受其事。」《南齊書・王思遠傳》：「初舉秀才，歷宦府閤。」

「黄閤」，亦作「黄閣」（而周祈認爲「閤、閣」不同）。漢代丞相、太尉和漢以後的三公官署避用朱門，廳門塗黄色。衛宏《漢舊儀》卷上：「（丞相）聽事閣曰黄閣。」《宋書・禮志二》：「三公黄閤，前史無其義……三公之與天子，禮秩相亞，故黄其閤，以示謙不敢斥天子，蓋是漢來制也。」後以「黄閣」指宰相官署。唐韓翃《奉送王相公赴幽州巡邊》詩：「黄閣開帷幄，丹墀侍冕旒。」唐時門下省亦稱黄閣。杜甫《奉贈嚴八閣老》詩：「扈聖登黄閣，明公獨妙年。」王應麟《困學紀聞・評詩》：「舊史《嚴武傳》遷給事中，時年三十二。給事中屬門下省，開元曰黄門省，故云『黄閣』。」

[二]《皇明經世文編》卷四百六十一《與申瑶老第二書》：「每思高皇帝罷中書省，分置六部，是明以六部爲相也。」明洪武十三年，朱元璋借清除丞相胡惟庸之機，廢除中書省和丞相制，將中書省和丞相的權力分屬給六部，由六部尚書直接對皇帝負責。

[三]《明史・職官一》（卷七二）曰：「成祖即位，特簡解縉、胡廣、楊榮等直文淵閣，參預機務。閣臣之預機務自此始。以其授餐大内，常侍天子殿閣之下，避宰相之名，又名内閣。」又同書卷七三《職官二》記：「其年（建文四

年)九月,特簡講、讀、編、檢等官參預機務,簡用無定員,謂之内閣。然解縉、胡廣等既直文淵閣,猶相繼署院事。」

[四]《爾雅·釋宫》:「宫中之門謂之闈,其小者謂之閨,小閨謂之閤。」

[五]《漢書·文翁傳》「是傳教令出入閨閤」顔師古注:「閨合,内中小門也。」

[六]《漢書·公孫弘傳》:「於是起客館,開東合以延賢人,與參謀議。」顔注:「閤者,小門也。東向開之,避當庭門而引賓客,以别於掾史官署也。」

[七]庋:放置器物的架子。《玉篇·广部》:「庋,閣也。」《字彙·广部》:「庋,庋閣。板爲之,所以藏食物也。大夫七十而有庋。」庋可表示擱置,收藏。《禮記·内則》「大夫七十而有閣」鄭玄注:「閣,以板爲之,庋食物也。」

[八]《禮記·内則》:「天子之閣左達五,右達五;公侯伯於房中五;大夫於閣三;士於坫一。」鄭玄注:「達,夾室。大夫言『於閣』,與天子同處。」孔穎達疏:「大夫既卑無嫌,故亦於夾室而閣三也。」

[九]《三輔黄圖》卷三《未央宫》引《漢宫殿疏》云:「天禄、麒麟閣,蕭何造,以藏秘書、處賢才也。」麒麟、天禄,俱爲獸名。《後漢書·靈帝紀》:「復修玉堂殿,鑄銅人四,黄鍾四,及天禄、蝦蟆。」李賢注:「天禄,獸也……今鄧州南陽縣北有宗資碑,旁有兩石獸,鐫其膊一曰天禄,一曰辟邪。據此,即天禄、辟邪並獸名也。漢有天禄閣,亦因獸以立名。」沈括《夢溪筆談·異事》:「至和中,交趾獻麟,如牛而大,通身皆大鱗,首有一角。考之記傳,與麟不類,當時有謂之山犀者,然犀不言有鱗……今以予觀之,殆天禄也。」

天禄閣,漢宫藏書閣之名。高祖時創建,在未央宫内。《三輔黄圖·未央宫》:「天禄閣,藏典籍之所。」劉向、劉歆、揚雄等曾先後校書於此。

麒麟閣,在未央宫中,漢宣帝時曾立霍光等十一功臣像于閣上,以表彰揚其功勳。《漢書·蘇武傳》:「甘露三年,單於始入朝。上思股肱之美,迺圖畫其人於麒麟閣。」顔師古注引張晏曰:「武帝獲麒麟時作此閣,圖畫其像於閣,遂以爲名。」

[一〇]馬端臨《文獻通考·王禮考二》:「天子日御殿見群臣,曰常參;朔望薦食諸陵寢,有思慕之心,不能臨

前殿，則御便殿見群臣，曰入閤。」明張自烈《正字通》引毛晃曰：「唐制，天子日御前朝見群臣，曰常參。朔望薦食陵寢，有思慕之感，不臨前殿，則御便殿見群臣，謂之入閤。」

〔一一〕《新唐書·百官志》：「（中書省）舍人六人……以久次者一人爲閤老，判本省雜事。」

〔一二〕延登：入朝登殿，即延攬擢用。《漢書·五行志中》：「御史大夫朱博爲丞相，少府趙玄爲御史大夫，臨延登受策，有大聲如鍾鳴，殿中郎吏陛者皆聞焉。」顏師古注：「延入而登殿也。《漢舊儀》云：『丞相、御史大夫初拜，皇帝延登親詔也。』」《漢書·元帝紀》：「臨遣光禄大夫褒等十二人循行天下……延登賢俊，招顯側陋。」

## 20 特進 開府

特進，自漢宣帝以許廣漢爲平恩侯位特進始〔一〕；開府，自安帝以鄧隲爲開府儀同三司始〔二〕。魏晉以特進爲加官〔三〕，隋唐以爲文散官〔四〕，宋以特進居文官之首，大觀著令非宰臣不除〔五〕，今制亦以爲散官，文、武之穹階〔六〕也。宋太宰以下至光禄大夫〔七〕，開府者爲文公；大司馬以下至諸將軍，開府爲武公梁〔八〕位次三公。唐以爲文散官，雖三公、三師〔九〕亦必冠以此號。宋改唐節度使爲使相〔一〇〕，亦稱開府，今巡撫〔一一〕私稱「開府」者，本使相之遺意也。

**〔箋注〕**

〔一〕特進：官名，西漢後期始置，授予列侯中有特殊地位者，朝會時位僅次三公。《後漢書·和帝紀》：「賜諸侯王、公、將軍、特進。」李賢注引應劭《漢官儀》曰：「諸侯功德優盛，朝廷所敬異者，賜位特進，在三公下。」《後漢書・志第二十八》：「中興以來，唯以功德賜位特進者，次車騎將軍。」魏晉南北朝沿東漢之制，「特進」皆爲加官。隋用文散官名號，位於開府儀同三司之上。唐、宋爲文散官，第二階，正二品，位開府儀同三司之下。金、元位於開府儀同三司、儀同三司之下，官品相同，金從一品。元正一品。明以特進光禄大夫爲文散官最高官階，無單稱特進之官。清代廢。

《漢書・外戚傳》：「後五年，立皇太子，乃封太子外祖父昌成君廣漢爲平恩侯，位特進。」

[二] 開府：古代指高級官員（如三公、大將軍、將軍等）建立府署並自選僚屬之意。漢朝三公、大將軍可以開府。《後漢書・董卓傳》：「傕（李傕）又遷車騎將軍，開府，領司隸校尉，假節。汜後將軍，稠右將軍，張濟爲鎮東將軍，並封列侯。傕、汜、稠共秉朝政。濟出屯弘農。」魏、晉放寬開府資格，晉諸州刺史兼管軍事帶將軍銜者即可開府。阮籍《辭蔣太尉辟命奏記》：「開府之日，人人自以爲掾屬。」開府置官屬，本系三公所享殊遇，因而有「開府儀同三司」的名號。隋、唐、宋、金、元均以開府儀同三司爲文散官的官階。清人習稱任督撫爲開府。

《後漢書・邓騭傳》：「延平元年，拜騭車騎將軍、儀同三司。儀同三司始自騭也。」

[三] 加官：古代在原有官職之外兼領的其他官銜。《漢書・百官公卿表上》：「侍中、左右曹、諸吏、散騎、中常侍，皆加官，所加或列侯、將軍、卿大夫、將、都尉、尚書、太醫、太官令至郎中，亡員，多至數十人。」

[四] 散官：有官名而無固定職事之官，與職事官相對而言。漢制，朝廷對大僚重臣於本官之外加賜名號，而實無官守。魏、晉、南北朝因之，隋代始定散官之制，唐、宋、金、元因之。文散官有開府儀同三司、特進、光禄大夫等；武散官有驃騎將軍、輔國將軍、鎮國將軍等。其品秩之高下，待遇之厚薄，各代不一。《隋書・百官志下》：「居曹有職務者爲執事官，無職務者爲散官。」陸游《〈施司諫注東坡詩〉序》：「東坡蓋嘗直史館，然自謫爲散官，削去史館之職久矣。」參見《通典・職官十六》。

[五] 大觀：宋徽宗趙佶年號。著令：明令，規章制度。宰臣：宰相，皇帝的重臣。除：拜官，授職。《漢書・景帝紀》：「列侯薨及諸侯太傅初除之官，大行奏謚、誄、策。」顔師古注引如淳曰：「凡言除者，除故官就新官也。」

［六］穹階：高臺階，喻指高官顯爵。

［七］宋太宰：宋徽宗政和改制，以左僕射兼門下侍郎爲太宰兼門下侍郎，以右僕射兼中書侍郎爲少宰兼中書侍郎，充首相與次相。光禄大夫，唐宋時爲散官文階之號，從二品。

［八］梁，指冠上横脊，爲區分官階的冠飾。《後漢書・輿服志下》：「公侯三梁，中二千石以下至博士兩梁，自博士以下至小史私學弟子皆一梁。」宋吴自牧《夢粱録・駕出宿齋殿》：「其頭冠各有品從：宰執親王九梁，加貂蟬籠巾；侍從官七梁；餘官六梁至二梁有差；臺諫官增豸角耳。所謂梁者，則冠前額梁上排金銅葉是也。」

［九］三公，唐宋時以太尉、司徒、司空爲三公；三師，以太師、太傅、太保爲三師。

［一〇］節度使：唐初沿北周及隋舊制，於重要地區設總管，總攬數州軍事。宋以節度使爲虚銜，遼金沿置，元廢。袁枚《隨園隨筆・唐制節度觀察二使不並置》：「唐制節度、觀察二使不並置，故節度常兼觀察處置等使。崔珙爲鳳翔隴州節度、觀察、處置等使。」

使相：唐代中期，凡爲宰相者必曰同中書門下平章事，故稱加同中書門下平章事官銜的節度使爲使相。宋初因之，以親王、留守、節度使加侍中、中書令、同平章事者，皆謂之使相，但實際上不主政事。

［一一］巡撫：明洪熙元年始設巡撫專職。《明史・宣宗紀》：「大理卿胡概、參政葉春巡撫南畿浙江，設巡撫自此始。」

## 21 尚書

今曹郎自署銜曰尚書某部郎[一]，何謬也？

夫「尚書」[二]，秦官，在殿中主發書。漢置尚書令，貳有尚書僕射[三]，有尚書。成帝初分

「常侍曹」，二千石曹，民曹，南、北主客曹」五曹[四]，曹又置尚書及左右丞侍郎。光武改常侍曹曰吏部，增「都官曹」[五]，爲六曹。魏爲吏部、左民、客曹、五兵、度支五曹[六]。晉爲吏部、三公、客曹、駕部、屯田、度支六曹。隋爲吏、民、禮、兵、刑、工六部。唐改民部曰户部，部各總四司，以本司爲頭司，餘爲子司，亦謂之部，如金部、祠部之類[七]。六部迄今因之。

自漢以來曰尚書臺，或曰中臺，宋曰尚書省，北齊謂之都省，省有尚書令，六部有尚書，子部有郎。是六尚書者皆隸尚書省，故曰尚書某部也。今則異於是矣，如之，何古之襲也？

## 【箋注】

[一] 曹：古代分科辦事的官署或部門。漢・王充《論衡・程材》：「説一經之生，治一曹之事，旬月能之。」又叫「曹司」。《太平廣記》卷三八〇引唐谷神子《博異志・鄭潔》：「至一城郭，引入見一官人，似曹官之輩，又領入曹司，聆讀元追之由。」

部屬各司的官吏謂之「曹郎」。清孔尚任《桃花扇・阻奸》：「自崇禎辛未，叨中進士，便值中原多故，内爲曹郎，外作監司，驅歷十年，不曾一日安枕。」

尚書郎：官名。東漢之制，取孝廉中之有才能者入尚書台，在皇帝左右處理政務，初入台稱守尚書郎中，滿一年稱尚書郎，三年稱侍郎。魏晉以後尚書各曹有侍郎、郎中等官，綜理職務，通稱爲尚書郎。

[二] 尚書：官名。始置於戰國時，或稱掌書，「尚」即執掌之義。秦爲少府屬官，漢武帝時，尚書侍於皇帝左右，掌管文書奏章，地位逐漸重要。漢成帝時設尚書五人，開始分曹處事。東漢時正式成爲協助皇帝處理政務的官員，從此三公權力大大削弱。魏晉以後，尚書事務益繁。隋唐分爲吏、户、禮、兵、刑、工六部，中央首要機關分爲三省，尚書省即其中之一，職權益重。宋以後三省分立之制漸成空名，行政全歸尚書省。元代存中書省之名，而以尚

書省各官隸屬其中。明初猶沿此制，其後廢去中書省，徑以六部尚書分掌政務，六部尚書遂等於國務大臣，清代相沿不改。

〔三〕貳：副職，副手。僕射：官名。秦始置，漢以後因之。漢成帝建始四年，初置尚書五人，一人爲僕射，位僅次尚書令，職權漸重。《漢書·百官公卿表》：「僕射，秦官，自侍中、尚書、博士、郎皆有。古者重武官，有主射以督課之。」東漢置尚書臺，主官爲尚書令，尚書僕射爲其副職。漢獻帝建安四年，置左右僕射。唐宋左右僕射爲宰相之職。宋以後廢。

〔四〕五曹，指尚書省下分職治事的五個官署。漢初置尚書五人，其一爲僕射，四人分爲四曹，常侍曹主丞相御史事；二千石曹主刺史二千石事；民曹主庶人上書事；主客曹主外國事。成帝時置五人，設三公曹主斷獄事。《後漢書·應劭傳》：「輒撰具《律本章句》……《五曹詔書》及《春秋斷獄》凡二百五十篇。」李賢注：「成帝初置尚書員五人，《漢舊儀》有常侍曹、二千石曹、户曹、主客曹、三公曹也。」司馬彪《續漢書·百官志》「尚書六人，六百石」注：「成帝初置尚書四人，分爲四曹，曹猶今之科也。常侍曹尚書主公卿事；二千石曹尚書主郡國二千石事；民曹尚書主凡吏上書事；客曹尚書主外國夷狄事。世祖承遵，復分二千石曹，又分客曹爲南主客曹、北主客曹，凡六曹。」

〔五〕都官尚書曹，掌管司法，下置四分曹：都官曹，掌中都官（京官）不法事及軍事刑獄；水部曹，掌川瀆舟航；庫部曹，掌戎器；功部（功論）曹，掌考功歲盡集課。

〔六〕吏部，掌管國家官吏的選任、擬定法制等事務；左民曹，掌管全國户籍與土地；客曹，掌管外交、朝聘禮儀；五兵曹，掌管全國軍隊及軍事征伐事務；度支曹，掌管全國的賦稅、財政。

〔七〕每部又各領四司，六部共轄二十四司。子司，下屬機構，「子司」也可稱爲部，如祠部，即禮部之司，掌祠祀、天文、漏刻、國忌、廟諱、卜祝、醫藥及僧尼簿籍等。

## 22 台鼎

《後漢・郎顗傳》「三公上應台階」，《彭宣傳》「三公鼎足承君」[一]，此台鼎之稱也。《周禮・大宗伯》疏：「上台司命爲太尉，中台司中爲司徒，下台司禄爲司空。」[二]《晉・天文志》曰：「在人曰三公，在天曰三台，主開德宣符也。」[三]《環濟要畧》云：「三公者，象鼎三足，共承其上也。」台鼎之義如此[四]。

**[箋注]**

[一]《後漢書・郎顗傳》：「三公上應台階，下同元首。」《漢書・彭宣傳》：「宣上書言三公鼎足承君，一足不任，則覆亂美實。」

[二]《周禮・春官・大宗伯》「司中」鄭玄注：「司中三能，三階也。」賈公彦疏：「武陵太守星傳云：三台一名天柱，上台司命爲太尉，中台司中爲司徒，下台司禄爲司空。《史》《漢》皆作三能。」

[三]三台爲星名。《晉書・天文志上》：「三台六星，兩兩而居……在人曰三公，在天曰三台，主開德宣符也。西近文昌二星曰上台，爲司命，主壽。次二星曰中台，爲司中，主宗室。東二星曰下台，爲司禄，主兵，所以昭德塞違也。」後以「三台」喻指三公。《後漢書・楊震傳》：「蛇鱣者，卿大夫服之象也。數三者，法三台也。先生自此升矣。」元無名氏《漁樵記》第二折：「但有日官居八座，位列三台，日轉千堦，頭直上打一輪皁蓋，那其間誰敢道我負薪來。」

[四]台鼎：古稱三公（太尉、司徒、司空）爲台鼎，如星之有三台，鼎之有三足。語本蔡邕《太尉汝南李公碑》：

「天垂三台，地建五岳，降生我哲，應鼎之足。」《後漢書・陳球傳》：「公出自宗室，位登台鼎，天下瞻望。」

## 23 黄門

今給諫[一]有稱黄門[二]者，以唐諫議大夫隸門下省[三]，開元間改省爲黄門省之故。不知漢唐以來，中書、門下二省間雜奄人[四]，爲之大抵黄門謂奄人也。《漢・輿服志》：「禁門曰黄門，中人主之。」[五]故曰黄門。《百官公卿表》「中書謁者令中黄門屬焉」師古曰：「黄門謂奄人，居禁中，給事者也。」[六]佛書《優婆娑論》「般荼迦」[七]注此云「黄門，謂去勢及天奄者」。

若以開元改省之故，諫議與侍中[八]自異；以漢唐以來中黄門内給事之[九]，故彼皆奄人也。

### [箋注]

[一] 給諫：唐宋時給事中與諫議大夫，均稱爲給諫。韓愈《酬崔十六少府》詩：「才名三十年，久合居給諫。」《新五代史・雜傳十八・何澤》：「澤與宰相趙鳳有舊，數私於鳳，求爲給諫。」

[二] 黄門，本謂宫禁。《通典・職官三》：「凡禁門黄闥，故號黄門。」因用爲官署之名。《漢書・霍光傳》：「上乃使黄門畫者畫周公負成王朝諸侯以賜光。」顔師古注：「黄門之署，職任親近，以供天子，百物在焉，故亦有畫工。」給事黄門之官亦名「黄門」。《漢書・百官公卿表上》：「少府，秦官，掌山海池澤之税，以給共養，有六丞。屬官有……中書謁者、黄門、鉤盾、尚方。」黄門侍郎、給事黄門侍郎等官常簡稱爲「黄門」，但並非由宦者充任。南朝梁江

淹有《蕭太尉子姪爲領軍江州兗州豫州淮南黄門謝啓》一文，《雜體詩三十首》中有《效潘黄門〈述哀〉》一首，潘黄門即指給事黄門侍郎潘岳。東漢時，黄門令、中黄門諸官，皆爲宦者充任，因以「黄門」謂太監、奄人。《文選・嵇康〈與山巨源絶交書〉》：「豈可見黄門而稱貞哉！」李周翰注：「黄門，閹人也。」《三國志・吴志・陸凱傳》：「今宫女曠積，而黄門復走州郡，條牒民女。」宋周密《齊東野語・黄門》：「世有男子雖娶婦而終身無嗣育者，謂之天閹，世俗命之曰黄門。」是黄門亦指不育者。

〔三〕門下省：官署，因其掌管門下衆事，晉時始稱門下省。南北朝因之，與中書省、尚書省並立。隋承其制。唐龍朔二年改名東台，開元元年改名黄門省，五年仍復舊稱。宋因之，元廢。門下省掌受天下之成事，審查詔令，駁正違失，受發通進奏狀，進請實印等。

〔四〕奄人：古代稱被閹割的男人，特指宦官。

〔五〕《漢書・輿服志》「禁門曰黄闥，以中人主之，故號曰黄門令。」中人，指宦官。《漢書・百官公卿表上》：「將行，秦官，景帝中六年更名大長秋，或用中人，或用士人。」顔師古注：「中人，奄人也。」

〔六〕《漢書・百官公卿表上》：「少府，秦官……諸僕射、署長、中黄門皆屬焉。」顔師古注：「中黄門，奄人居禁中，在黄門之内給事者也。」

〔七〕般荼迦，梵語音譯，意譯爲閹人、黄門不男，男根損壞之人。據十誦律卷二十一、四分律卷三十五、卷五十九等記載，將黄門分爲五種，故又稱五種黄門，即生不能男（生黄門）、半月不能男（半月黄門）、妒不能男（妒黄門）、變不能男（變黄門，抱生黄門）、病不能男（犍黄門，殘黄門）。

〔八〕侍中：古職官名。秦始置，兩漢沿置，爲正規官職外的加官之一。因侍從皇帝左右，出入宫廷，與聞朝政，逐漸變爲親信貴重之職。《漢書・百官公卿表上》：「侍中、左右曹諸史、散騎、中常侍，皆加官……侍中、中常侍得入禁中。」

〔九〕中黄門，即黄門，因侍於禁中，故謂也。峰按，黄門本給諫宫中，即給事中與諫議大夫，並非中人宦官。後以中人充任，故名之曰「中黄門」。

## 24 都堂

唐制，尚書省都堂[一]居中，左右分司。堂東有吏、户、禮三行，每行四司，左司統之。西有兵、刑、工三行，每行四司，右司統之。凡二十四司，分曹共理。今巡撫俗稱「都堂」[二]，無謂[三]。

[箋注]

[一] 都堂：尚書省總辦公處的稱呼。都，總攬之意。唐代，尚書省署居中，東有吏、户、禮三部，西有兵、刑、工三部，尚書省的左右僕射總轄各部，稱爲都省，其總辦公處稱爲都堂。宋金沿之。唐韋承貽《策試夜潛紀長句於都堂西南隅》：「褒衣博帶滿塵埃，獨自都堂納卷回。」趙翼《漳州木棉庵懷古》詩：「五日都堂班絶席，百僚文案稟鈞裁。」

[二] 都堂成爲巡撫的俗稱。明代以「都堂」稱都察院長官都御史、副都御史、僉都御史。又派遣到外省的總督、巡撫，他們都帶有都察院御史銜，亦稱都堂。參見梁章鉅《稱謂録・都堂》。

[三] 無謂：無所指，此謂脱離其原意，失其原旨。

## 25 太史

秦漢以來，太史之任兼[一]。成周太史馮相、保、章三職[二]。以著述爲事，而兼掌星曆，司馬談父子所職是也。至宣帝時，著述以他官領之，太史惟知占候而已[三]。唐爲司天臺[四]，宋爲司天監，我朝爲欽天監，不復稱太史。

【箋注】

[一] 太史，初作「大史」，官名。商周兩代主管祭祀、曆數、法典等。《禮記·曲禮下》：「天子建天官，先六大，曰大宰、大宗、大史、大祝、大士、大卜，典司六典。」鄭玄注：「此蓋殷時制也。」《周禮·春官·大史》：「大史，掌建邦之六典。」西周、春秋時太史除掌管國家典制、曆法之外，又掌記載史事、編寫史書、起草文書等事。漢屬太常，掌天時星曆。魏晉以後，修史之職歸著作郎，太史專掌曆法。隋改稱太史監，唐改爲太史局，宋有太史局、司天監、天文院等名稱。元改稱太史院。明清稱欽天監；修史之職歸之翰林院，故俗稱翰林爲太史。參閱《通典·職官八》《續通典·職官八》。

[二] 「相」謂輔相。「保」謂以禮義匡正君王並培育貴族子弟。《周禮·地官·保氏》：「保氏掌諫王惡，而養國子以道，乃教之六藝。」鄭玄注：「諫者，以禮義正之。」「章」謂典章制度。《詩·大雅·假樂》：「不愆不忘，率由舊章。」朱熹集傳：「舊章，先王之禮樂政刑也。」

[三] 占候：視天象變化以預言吉凶，預測災異天氣和人事變化。

[四] 司天臺：官署名，掌管觀察天象、考定曆數等職。唐肅宗乾元元年改設司天臺。除占候天象外，並制定年曆頒於天下。參閱《舊唐書·職官志二》。

## 26 三法司[一]

《唐·百官志》：「凡寃而無告者，三司詰之。三司，謂御史大夫、中書、門下也。」[二]《六典》，高宗、武后之際，當時大獄以尚書刑部、御史臺、大理寺推案，謂之三司[三]。今刑部、都察院、大理寺爲三法司，唐制也。

**［箋注］**

［一］六部之下各設四司。三司之説，用意較多。此以「三法司」爲治獄訟的三司，故條釋中僅言「三司」。

［二］語出《新唐書・百官志三》。唐以御史大夫、中書、門下爲三司，主理刑獄。

［三］六典即《唐六典》。《新唐書・刑法志》：「自永禪以後，武氏已得志，而刑濫矣。當時大獄，以尚書刑部、御史臺、大理寺雜按，謂之『三司』。」

## 27 翰林院

唐翰林院在麒德殿西，以處天下藝能技術之士。學士院、弘文館、集賢院以處文儒。玄宗始選有詞藝、學識者入居翰林供奉[一]。肅宗令掌詔敕，始兼學士之名。五代晉，翰林學士與中書舍人分爲兩制，宋，翰林學士掌内制[二]，制敕詔赦、國書及宮禁所用文字，乘輿行幸則侍從[三]，以備顧問[四]。今翰林院知制誥及一應纂脩，與宋同，而入閣辦事[五]，自弘正[六]以來爲定制矣。

**［箋注］**

［一］供奉，職官名。唐代初設侍御史内供奉、殿中侍御史内供奉；唐玄宗時有翰林供奉，專備應制。

［二］内制：唐宋時稱由翰林學士所掌的皇帝詔令爲「内制」。唐初，中書省設中書舍人，負責起草詔命，無内外制之分。至玄宗開元二十六年，始置翰林學士，掌内制；中書舍人只掌外制。宋趙彦衛《雲麓漫鈔》卷五：「至唐置翰林學士，以文章侍從，而本朝因之。翰林學士司麻制批答等爲内制，中書舍人六員分房行詞爲外制云。」

［三］乘輿行幸：皇帝乘車出行。侍從，隨侍皇帝左右，故宋代稱翰林學士、給事中、六尚書、侍郎爲侍從。

［四］顧問：諮詢，詢問。

［五］明代罷宰相之名，仿照宋制置殿閣大學士，以閣在宫内，謂之内閣。大學士入直文淵閣，入閣預機務，省稱「入閣」。清代因之，唯入閣辦事的，專屬大學士，而以尚書爲協辦。辦事，參知國政。

［六］弘正：即弘治、正德。弘治爲明孝宗年號，正德爲明武宗年號。

## 28　察院

今都察院［一］，即秦漢以來御史臺也。唐御史臺其屬有三，一曰臺院，侍御史隸焉；二曰殿院，殿中侍御史隸焉；三曰察院，監察御史隸焉。［二］今有監察御史，分十三道，隸都察院，而省察院。其曰察院者，相襲如此，非官制也。

【箋注】

［一］都察院：明清時期官署之名，由前代的御史臺發展而來，主掌監察、彈劾及建議。梁章鉅《稱謂録·都察院》：「都察院之稱，蓋始於明，然唐代御史臺三院已有察院之稱，其僚曰監察御史，而明又增一都字者，蓋合都御史監察御史爲一院而稱之耳。」明洪武十五年（1382）改前代所設御史臺而創設都察院，長官爲左、右都御史，下設副都

御史、僉都御史。又依十三道，分設監察御史，巡按州縣，專事官吏的考察、舉劾。

［二］《新唐書・百官志三》：「御史臺……其屬有三院：一曰臺院，侍御史隸焉；二曰殿院，殿中侍御隸焉；三曰察院，監察御史隸焉。」宋趙彥衛《雲麓漫鈔》卷七：「唐有三院：御史侍御史謂之臺院，殿中侍御史謂之殿院，監察御史謂之察院。」

## 29　鳳凰池

《通典》：「中書省，地在樞近，人因其位，謂之鳳凰池。」［一］按，中書、尚書爲兩省，秦有尚書令，屬少府。漢以大將軍領尚書事，以大尉録尚書事［二］，權尊重矣。漢有中書謁者［三］，亦屬少府，自武帝始用宦者。元帝復委以政事，魏以中書典尚書奏事［四］，而尚書之權漸減，故荀勗自中書監遷尚書令，恚曰「奪我鳳凰池」［五］。

［箋注］

［一］《通典》卷二一《職官三》：「（中書監、中書令）掌贊詔命，記會時事，典作文書，以其地在樞近，多承寵任，是以人因其位，謂之鳳凰池。」杜佑注：「荀勖守中書監、侍中，比贊朝政，又遷尚書令。勖久在中書，專管機事，失之甚愠，人有賀者，勖怒曰：『奪我鳳凰池，諸公何賀焉！』」按，「樞近」指接近皇帝，接近中央政權的樞要職位。《周書・文帝紀上》：「孫騰、任祥，歡（高歡）之心膂，並使入居樞近，伺國間隙。」唐張九齡《賀張待賓奏克捷狀》：「臣等幸忝樞近，承奉聖謀，邊捷有符，不勝慶悦。」魏晉南北朝時，中書省設於禁苑，掌管機要，接近皇帝，故稱中書省爲

「鳳凰池」。中書省因執掌機密，接近皇帝，地位重要，所以，荀勖由代理中書令桀升尚書令，本該慶賀，但荀反惆悵若失，怒曰「奪我鳳凰池，諸公何賀焉」，可見中書之權重。唐時門下省、中書省在禁中左右掖，宰相稱同中書門下平章事，故「鳳凰池」常指宰相職位。劉禹錫《湖南觀察使故相國袁公挽歌》：「五驅龍虎節，一入鳳凰池。」岑參《送史司馬赴崔相公幕》：「峥嶸丞相府，清切鳳凰池。」

［二］領、統，俱謂統領、兼任。録，統領，總領。

［三］謁者：漢代的謁者爲大長秋屬官，有中宫謁者二人，主報中章。後魏、北齊有中謁者僕射，隋唐改稱内謁者，概以宦官充任。宋以後廢。

［四］典：掌管，主持；奏事：向皇帝奏陳。

［五］《晉書·荀勖傳》：「勖久在中書，專管機事。及失之，甚罔罔悵悵。或有賀之者，勖曰：『奪我鳳凰池，諸君賀我邪！』」亦見本則注［一］。恚：憤怒，怨恨。

## 30 玉筍班　龍虎榜

李宗敏知貢舉，門生多清秀俊茂，唐伸、薛庠、袁郁輩，時謂之「玉筍」［一］。陸贄主試，得韓愈、歐陽詹、賈稜、陳羽等，皆天下孤儁偉傑之士，號「龍虎榜」。［二］

今人謂朝班爲「玉筍」，揭曉懸龍虎畫於榜前者，可笑也。

［箋注］

［一］《新唐書·李宗閔傳》：「俄復爲中書舍人，典貢舉，所取多知名士，若唐沖、薛庠、袁都等，世謂之玉筍。」

此條之語蓋出《太平廣記》卷一八一《貢舉四·李宗閔》：「李宗閔知貢舉，門生多清秀俊茂，唐伸、薛庠、袁都輩，時謂之玉筍班。」依《新唐書》，諸人名當作「李宗閔、唐沖、薛庠、袁都」，《名義考》各本唯「薛庠」之名合於史傳。

後以「玉筍」比喻英才濟濟。宋王禹偁《獻轉運副使太常李博士》詩：「捧詔瑤池下，辭班玉筍中。」袁枚《隨園詩話》卷七引王夢樓《在西湖寄都中同年》詩：「吟詩喜得江山助，問字欣添玉筍圍。」以「玉筍班」指英才濟濟的朝班。《北夢瑣言》卷五《沈蔣人物》曰：「唐末朝士中有人物者，時號『玉筍班』。」唐鄭谷《九日偶懷寄左省張起居》詩：「渾無酒泛金英菊，漫道官趨玉筍班。」元好問《王子端内翰山水同屏山賦》詩之二：「眼明今日題詩處，卻見明昌玉筍班。」

[二]《新唐書·文藝傳下·歐陽詹》：「舉進士，與韓愈、崔群、王涯、馮宿、庾承宣聯第，皆天下選，時稱『龍虎榜』。」唐德宗貞元八年(792年)，歐陽詹等二十三俊傑，於陸贄榜聯第，時稱「龍虎榜」。壬申科「龍虎榜」二十三人名單：賈稜、歐陽詹、韓愈、李觀、李絳、崔群、馮宿、王涯、庾承宣、齊孝若、劉遵古、員詰、温商、邢册、陳羽、萬璫、許季同、張季某、侯繼、李博、穆贄、胡諒、裴光輔。

後因謂會试中选爲登龙虎榜。王禹偁《贈狀元先輩孫僅》詩：「粉壁乍懸龍虎榜，錦標終屬鶺鴒原。」元鮮于必仁《折桂令·韓吏部》曲：「龍虎榜聲名播揚，鳳凰池翰墨流芳。」《儒林外史》第四十九回回目：「翰林高談龍虎榜，中書冒占鳳凰池。」

## 31 守令

大郡曰守[一]，小郡曰尉[二]；大縣曰令[三]，小縣曰長[四]。秦制也。漢初因之，如魏尚，雲中守[五]；趙佗，南海尉[六]；董宣，洛陽令；陳寔，太丘長之謂[七]。又郡佐[八]，亦謂之尉。

郡守，秦以前稱上大夫，即州牧、侯伯[九]。漢名太守。唐名刺史。宋名知州，或加將軍，或號持節[一〇]，或帶團練防禦[一一]，或曰總管，皆守也。治中、別駕、長史、司馬、通判[一二]，皆郡丞[一三]也。軍事判官、防團[一四]、推官、司理、司户[一五]，皆增置，亞于丞者也，主簿、功曹、督郵、録事、參軍、曹掾，皆郡尉也。縣令，秦以前稱下大夫，即附庸，或又稱宰、稱尹、稱公。漢以後俱稱令，宋始稱知縣，有戍兵則兼兵馬都監押[一六]，亦有丞尉。又增主簿，郡守，掌治京師曰内史，曰尹，王國曰相。

**[箋注]**

[一]《説文》：「守，守官也。」秦時郡的地方長官稱爲守，漢代更名太守，後世用作州、府等地方長官的稱呼。《集韻・宥韻》：「守，漢置郡太守。」《史記・秦始皇本紀》：「分天下爲三十六郡，郡置守、尉、監。」蔡邕《獨斷》：「守者，秦置也。秦兼天下，置三川守，伊、河、洛也。漢改曰河南守。武帝命曰太守。世祖都洛陽改曰正。」

[二] 古代之尉，多爲武職。秦代以後，朝廷設太尉，各郡設都尉，各縣設縣尉。《玉篇・寸部》：「尉，武官之稱也。」《左傳・閔公二年》：「羊舌大夫爲尉。」杜預注：「尉，軍尉。」

[三] 令，戰國秦漢時爲大縣的行政長官之稱。《韓非子・外儲説左下》：「西門豹爲鄴令。」《漢書・百官公卿表上》：「縣令、長，皆秦官，掌治其縣。萬户以上爲令，秩千石至六百石。減萬户爲長，秩五百石至三百石。」自魏晉至南北朝末，凡縣之長官一律稱令，歷代相沿。明、清時改稱知縣。

[四]《周禮・天官・大宰》：「乃施則于都鄙，而建其長。」鄭玄注：「長謂公卿大夫王子弟食采邑者。」秦漢以後以長泛指地方長官。《漢書・高帝紀》「以沛公爲碭郡長」顔師古注：「蘇林曰：『長，如郡守也。』韋昭曰：『秦名曰守，是時改爲長。』」《後漢書・百官志五》：「縣萬户以上爲令，不滿爲長。」

[五]《史記·張釋之馮唐列傳》：「今臣（馮唐）竊聞魏尚爲雲中守……且雲中守魏尚坐上功首虜差六級……令馮唐持節赦魏尚，復以爲雲中守。」

[六]《史記·南越尉佗傳》：「即被佗書，行南海尉事。」

[七] 陳寔，字仲弓，潁川許人。《後漢書·陳寔傳》：「旬月，以期喪去官。復再遷除太丘長。」故號太丘，時人稱爲陳太丘。

[八] 郡佐：郡守的佐貳、副職。唐常建《潭州留別》詩：「宿帆謁郡佐，悵別依禪林。」

[九]《書·周官》：「唐虞稽古，建官惟百，內有百揆四岳，外有州牧侯伯。」孔傳：「外置州牧十二及五國之長。」蔡沈《集傳》：「州牧，各總其州者。」《國語·周語下》：「祚四岳國，命以侯伯，賜姓曰『姜』、氏曰『有呂』。」韋昭注：「堯以四岳佐禹有功，封之於呂，命爲侯伯，使長諸侯也。」

[一〇] 持節：官名。唐初，諸州刺史加號持節，後有節度使，持節之稱遂廢。

[一一] 團練：宋代在正規軍之外就地選取丁壯，加以訓練的武裝組織，稱團練。《續資治通鑑·宋高宗建炎元年》：「諸軍團練，以五人爲伍，伍有長；五伍爲甲，甲有正；四甲爲隊，五隊爲部，皆有二將；五部爲軍，有正副統帥。」

[一二] 治中：魏晉以後，州吏均設治中。《宋書·百官志》謂漢治中從事史主財穀簿書，晉、宋則主衆曹文書事。隋代成爲郡府的佐官，改治中爲司馬。唐初仍稱治中，高宗時再改爲司馬。處理各項庶務，上受各府尚書指使任事，與通判共同參理府事。

別駕：魏晉時，別駕爲州府中總理衆務之官。東晉庾亮《答郭遜書》云：「別駕……其任居刺史之半，安可任非其人？」隋時廢郡存州，改別駕爲長史。唐初改郡丞爲別駕，高宗又改別駕爲長史，另以皇族爲別駕，後廢置不常。宋各州的通判，職任似別駕，後世因以別駕爲通判之習稱。

長史：郡府官，掌兵馬。唐制，上州刺史別駕下，有長史一人，從五品。至清，親王府、郡王府置長史，理府事。

司馬：魏晉以後，州刺史帶將軍開府者，置府僚司馬。至隋廢州府之任，無司馬，而有治中。唐制，節度使屬僚有行軍司馬。又于每州置司馬，以安排貶謫或閑散的人。

通判：謂共同處理政務之意。宋初始於諸州府設置，地位略次於州府長官，但掌有連署州府公事和監察官吏的實權，號稱監州。

［一三］郡丞：郡守的副貳。

［一四］防團：防禦使、團練使的並稱。沈括《夢溪筆談·器用》：「李定本黨項羌酋，自投歸朝廷，官至防團而死。」錢大昕《十駕齋養新録·官名地名從省》：「宋人稱節度、觀察爲節察。防禦、團練爲防團。」

［一五］推官、司理，掌各府訴訟、刑獄。司户，掌户籍民政。

［一六］兵馬都監：官名。宋於諸路、州、府，皆置兵馬都監。《文獻通考·職官十三》：「宋朝兵馬都監有路，分掌本路禁、屯戍、邊防、訓練之政令……州都監則以大小使臣充，掌本城屯駐、兵甲、訓練、差使之事，兼在城巡檢。」兵馬都監亦簡稱都監，或逐路兵馬都監，次淺者爲監押。

## 32 蓮幕

齊王儉領吏部，用庾杲之爲長史，蕭緬與儉書：「盛府元僚，每難其選，使杲得泛緑水，依芙蓉，何其麗也。」時人以儉府［一］爲蓮花池。今謂幕官曰「蓮幕」，義出此［二］。

［箋注］

［一］儉府：南朝齐王俭的府第。

[二]《南史・庾杲之傳》：「王儉謂人曰：『昔袁公作衛軍，欲用我爲長史，雖不獲就，要是意向如此。今亦應須如我輩人也。』乃用杲之爲衛將軍長史。安陸侯蕭緬與儉書曰：『盛府元僚，實難其選。庾景行汎淥水，依芙蓉，何其麗也。』時人以入儉府爲蓮花池，故緬書美之。」

《南齊書・庾杲之傳》：「庾杲之字景行，新野人也。祖深之，雍州刺史。父粲，司空參軍……出爲王儉衛軍長史，時人呼儉府爲入芙蓉池。儉謂人曰：『昔袁公作衛軍，欲用我爲長史，雖不獲就，要是意向如此。今亦應須如我輩人也。』乃用杲之。」

後以「蓮幕、芙蓉幕」稱幕府。李商隱《自桂林奉使江陵寄獻尚書》詩：「下客依蓮幕，明公念竹林。」陸游《送范西叔赴召》詩：「衰病强陪蓮幕客，淒涼又送石渠郎。」唐趙嘏《十無詩寄桂府楊中丞》：「一從開署芙蓉幕，曾向風前記得無？」王禹偁《酬安秘丞見贈長歌》：「玉皇殿前受恩渥，一時命入芙蓉幕。」

## 33 稗官

《漢・藝文志》：「小説出於稗官。」細米曰稗，王者欲知閭巷風俗細碎之言，故立稗官[一]。

【箋注】

[一]《漢書・藝文志》：「小説家者流，蓋出於稗官。街談巷語，道聽途説者之所造也。」顔師古注：「稗官，小官。如淳曰：『細米爲稗，街談巷説，其細碎之言也。王者欲知閭巷風俗，故立稗官使稱説之。』」劉勰《文心雕龍・諧隱》：「然文辭之有諧隱，譬九流之有小説。蓋稗官所采，以廣視聽。」柳宗元《上襄陽李愬僕射啓》：「謹撰《平淮夷雅》二篇，齋沐上獻。誠醜言淫聲，不足以當金石。庶繼代洪烈，稗官里人，得採而歌之。」

# 34　古官名

古官名，姑舉一二人不常知者[一]。如：「挏馬」，主馬乳酒者[二]；「鍾官」，主鑄錢者[三]；「大誰長」，主問非常者[四]；「都船」，主徼循京師者[五]；「平準」，主錢穀者[六]；「司商」，主賜族受姓者[七]；「將行」，主宮掖者[八]；「若盧」，主弩射者[九]；「尚方」，主御刀劍諸好器物者[一〇]。

## [箋注]

[一] 此條列舉解釋了二十六種先秦官名及其司職，而於此類中古之人已不能詳知。

[二] 挏：擁引，搖動。拌動馬奶以制酪、制酒曰「挏乳、挏酒」。《說文·手部》：「挏，擁引也。漢有挏馬官，作馬酒。」王筠句讀：「蓋撞挏之器重，須兩手抱之，故曰擁；須往來推引之，故曰引也。」《漢書·禮樂志》：「其七十二人給大官挏馬酒。」顔師古注：「馬酪味如酒，而飲之亦可醉，故呼馬酒也。」

挏馬，漢代官名。主牧馬，取馬乳制酒。《漢書·百官公卿表上》：「中太僕掌皇太后輿馬，不常置也。武帝太初元年更名家馬爲挏馬。」顔師古注：「應劭曰：『主乳馬，取其汁挏治之，味酢可飲，因以名官也。』如淳曰：『主乳馬，以韋革爲夾兜，受數斗，盛馬乳，挏取其上肥，因名曰挏馬。』」洪邁《容齋續筆·漢郡國諸官》：「太原有挏馬官，主牧馬。」

[三] 鍾官：漢代水衡都尉的屬官，主掌鑄錢。《史記·平準書》：「公卿請令京師鑄錢鍾官赤側。」司馬貞索隱：「鍾官，掌鑄赤側之錢。」赤側，漢武帝始鑄的一種帶有赤銅外邊的錢幣，以一當五。亦作「赤仄」。《漢書·百官

公卿表上》：「(水衡都尉)屬官：有上林、均輸、御羞、禁圃、輯濯、鍾官。」顏師古注引如淳曰：「鍾官，主鑄錢官也。」

［四］大誰：漢官名，職司守衛宫門，主問非常出入者爲誰，故名，其長官大誰長，從者曰大誰卒。《漢書・五行志下之上》：「褒故公車大誰卒，病狂易。」顏師古注：「大誰者，主問非常之人，云姓名是誰也……大誰，本以誰何稱，因用官名，有大誰長。今此卒者，長所領士卒也。」

［五］都船：漢執金吾屬官，執掌治水。《漢書・王嘉傳》：「廷尉收嘉丞相新甫侯印綬，縛嘉載至都船詔獄。」《漢書・百官公卿表上》：「中尉……武帝太初元年更名執金吾。屬官有中壘、寺互、武庫、都船四令丞。」顏師古注引如淳曰：「都船獄令，治水官也。」

徼循：巡查。秦時以中尉掌徼循京師，禁備盜賊。未知周祈何據。《漢書・百官公卿表上》：「中尉，秦官，掌徼循京師。」顏師古注引如淳曰：「所謂遊徼，徼循禁備盜賊也。」

［六］平準：平抑物價。漢承秦制，大司農屬官有平準令丞，掌管平準之事。《史記・平準書》：「大農之諸官，盡籠天下之貨物，貴即賣之，賤則買之。如此，富商大賈無所牟大利，則反本，而萬物不得騰踊，故抑天下物，名曰平準。」

［七］司商：上古官名，掌賜族授姓。《國語・周語上》：「司民協孤終，司商協民姓。」韋昭注：「司商，掌賜族受姓之官。商，金聲清。謂人姓生，吹律合之，定其姓名也。」

［八］將行：秦置官名，漢景帝時改爲大長秋，掌皇宫后嬪之事。《漢書・百官公卿表上》：「將行，秦官。景帝中六年更名大長秋，或用中人，或用士人。」顏師古注引應劭曰：「皇后卿也。」

［九］若盧：漢置官名，爲少府屬官，掌兵弩。《漢書・百官公卿表上》顏注引如淳曰：「若盧，官名也，藏兵器。《品令》曰若盧郎中二十人，主弩射。《漢儀注》有若盧獄令，主治庫兵。」

［一〇］尚方，製造並保藏帝王用器的官署。秦置，屬少府。漢末分中、左、右三尚方。唐稱「尚署」。《史記・絳侯周勃世家》：「條侯子爲父買工官尚方甲楯五百被可以葬者。」司馬貞索隱：「工官即尚方之工，所作物屬尚方，故云工官尚方。」《三國志・魏志・鍾繇傳》「於赫有魏，作漢藩輔……百寮師師，楷茲度矩」，裴松之注引三國魏魚豢

《魏略》：「昔忝近任，并得賜玦。尚方耆老，頗識舊物。名其符采，必得處所。」

「復陶」，主衣服者[一]；「率更」，主刻漏者[二]；「負弩」，主亭者[三]；「督郵」，主諸縣糾攝者[四]；「水衡」，主税入者[五]；「遒人」，主宣令者[六]；「郵表畷」，主督約農事者[七]；「轡裊」，主飾馬者[八]。

**【箋注】**

[一] 復陶，原指以毛羽製成的抵禦風雪的外衣，上古因以爲主管衣服之官。《左傳·昭公十二年》：「雨雪，王皮冠，秦復陶，翠被，豹舄。」杜預注：「秦所遺羽衣也。」孔穎達疏：「冒雪服之，知是毛羽之衣，可以禦雨雪也。」《左傳·襄公三十年》：「與之田，使爲君復陶，以爲絳縣師，而廢其輿尉。」杜預注：「復陶，主衣服之官。」

[二] 率更，或曰率更令，掌更漏。《漢書·百官公卿表上》：「詹事，秦官……屬官有太子率更。」顔師古注：「掌知漏刻，故曰率更。」

[三] 負弩，負弓開路，禁除奸盜，故爲亭長别稱。《後漢書·百官志五》「亭有亭長，以禁盜賊」劉昭注引應劭《風俗通》：「亭吏舊名負弩，改爲長，或謂亭父。」

[四] 督郵：漢置官名，郡之屬吏，代太守督察縣鄉，宣達教令，兼司獄訟捕亡。唐以後漸廢。《漢書·尹翁歸傳》：「延年大重之，自以能不及翁歸，徙督郵。」袁枚《隨園隨筆·督郵》：「史弼遷山陽太守，其妻鉅野薛氏，以三互之禁，轉拜平原相督郵，似督郵官卑而權重。此淵明所以有折腰之説。」

[五] 水衡，漢置，水衡都尉、水衡丞的簡稱。掌皇家上林苑，兼管税收、鑄錢。《漢書·百官公卿表上》「水衡都尉」顔師古注引漢應劭曰：「古山林之官曰衡，掌諸池苑，故稱水衡。」

[六] 遒人，王之使臣，出外宣達王令，採集民風。《書·胤征》：「每歲孟春，遒人以木鐸徇于路。」《左傳·襄公

十四年》：「故《夏書》曰：『遒人以木鐸徇于路。』」杜預注：「遒人，行人之官也……徇於路，求歌謡之言。」《三國志・蜀志・郤正傳》：「故曚冒瞽説，時有攸獻，譬遒人之有采于市閭，游童之吟詠乎疆畔，庶以增廣福祥，輸力規諫。」元稹《進詩狀》：「故自古風詩至古今樂府，稍存寄興，頗近謳謡，雖無作者之風，粗中遒人之採。」

［七］古時於交通要道或交叉處所立路標，謂之郵表；田間地界處樹有標木，即所謂表畷。《禮記・郊特牲》：「饗農，及郵表畷、禽獸，仁之至，義之盡也。」鄭玄注：「郵表畷，謂田畯所以督約百姓於井間之處也。」陳澔集説：「標表田畔相連畷處，造爲郵舍，田畯居之以督耕者，故謂之郵表畷。」王充《論衡・須頌》：「道立郵表，路出其下，望郵表者，昭然知路。」劉盼遂集解引崔豹《古今注》：「今之華表木，以橫木交柱，狀若花，形似桔槔，大路衢悉施焉。亦以表識衢路也。秦乃除之，漢始復修焉。今西京謂之交午木。」

［八］簪裊：秦漢時之爵位名，列第三級。亦作「簪褭」。《商君書・境内》：「故爵上造，就爲簪褭。」王充《論衡・謝短》：「賜民爵八級，何法？名曰簪褭、上造，何謂？」《漢書・百官公卿表上》：「爵：一級曰公士，二曰上造，三簪裊……二十徹侯。」顔師古注：「以組帶馬曰裊。簪裊者，言飾此馬也。」

「佽飛」，主射者［一］；「剽姚」，主兵者［二］；「掌故」，主故事者［三］；「鞮鞻氏」，主夷樂者［四］；「婕妤、娙娥、嬪嬙、傛華」，皆女官也［五］；「中涓、黄門」，皆宦官也［六］。

【箋注】

［一］佽飛：漢置官名，少府屬下左弋，自武帝太初元年改名爲「佽飛」，掌弋射。《漢書・馮奉世傳》：「今發三輔、河東、弘農越騎、迹射、佽飛、彀者、羽林孤兒及呼速絫、嗕種，方急遣。」後亦泛指武官。王禹偁《大閲賦》：「肅肅弋戟，鏜鏜鼓鉦。期門佽飛，雲蒸而鱗萃。」

[二] 剽姚：勇猛勁疾之謂，亦作「票姚、僄狡、嫖姚」等形。漢代用作武官名。《史記・衛將軍驃騎列傳》：「善騎射，再從大將軍，受詔與壯士，爲剽姚校尉。」

[三] 掌故：故者，故舊之謂，指故事舊儀。掌故乃漢置官名，太常屬官，掌管禮樂制度之舊制、典例。《史記・儒林列傳》：「是時伏生年九十餘，老，不能行，於是乃詔太常使掌故朝錯往受之。」《史記・龜策列傳》：「孝文、孝景因襲掌故，未遑講試。」南朝陳徐陵《勸進梁元帝表》：「久應旁求掌故，咨詢天官，斟酌繁昌，經營高邑。」

[四] 鞮鞻氏：《周禮》官名，掌管四夷歌舞之樂官。《周禮・春官・鞮鞻氏》：「鞮鞻氏掌四夷之樂，與其聲歌。」《文選・左思〈魏都賦〉》：「鞮鞻所掌之音，韎昧任禁之曲。」吕向注：「鞮鞻，樂官，掌四夷樂。」

[五] 漢武帝於宫中始置女官婕伃、娙娥、傛華、美人、八子、充依等，婕妤位視上卿，爵比列侯；娙娥、傛華位視二千石，爵比關内侯、大上造。《漢書・外戚傳序》：「至武帝制婕伃、娙娥、傛華、充依，各有爵位。而元帝加昭儀之號，凡十四等云。昭儀位視丞相，爵比諸侯。婕妤視上卿，比列侯。娙娥視中二千石，比關内侯。傛華視真二千石，比大上造……充依視千石，比左更。」顔師古注：「倢，言接幸於上也；伃，美稱也；娙娥，皆美貌也；傛傛，猶言奕奕也，便習之意也；充依，言充後庭而依秩序也。」

嬪嬙：宫中女官，王公御妾。《左傳・昭公三年》：「君若不棄敝邑，而辱使董振擇之，以備嬪嬙，寡人之望也。」杜預注：「嬪、嬙，婦官。」

[六] 中涓：君主之親近侍從，後多指宦官。《漢書・曹參傳》：「高祖爲沛公也，參以中涓從。」顔師古注：「涓，絜也，言其在内主知絜清灑埽之事，蓋親近左右也。」《明史・周朝瑞傳》：「如輔臣阿中涓意，則其過滋大。」

黄門，黄之爲言廣也，黄門謂大殿之門，因謂宫禁、官署。《漢書・霍光傳》：「上乃使黄門畫者畫周公負成王朝諸侯以賜光。」顔師古注：「黄門之署，職任親近，以供天子，百物在焉，故亦有畫工。」給事黄門之官亦曰「黄門」，秦始置，漢因之。東漢時黄門令、中黄門諸官，皆爲宦者充任，故亦用爲宦官、太監之稱。《漢書・百官公卿表上》：「少府，秦官，掌山海池澤之税，以給共養，有六丞。屬官有……中書謁者、黄門、鉤盾、尚方。」《文選・嵇康〈與山巨源絶交書〉》：「豈可見黄門而稱貞哉！」李周翰注：「黄門，閹人也。」

## 35 陪臣　陪儓

陪，重也。陪臣，重臣也。諸侯之臣，於天子曰陪臣[一]。陪儓，猶陪臣也。「儓」，亦作「臺」。《左傳》：「僕臣臺。」[二]《方言》：「南楚罵庸賤謂之田臺。」[三]《輟畊録》：「凡婢役於婢者，俗謂之重臺。」[四]

（重，平聲）

### [箋注]

[一] 古時諸侯的大夫對天子自稱「陪臣」。《左傳・襄公二十一年》：「欒盈過於周，周西鄙掠之。辭於行人曰：『天子陪臣盈，得罪於王之守臣，將逃罪。』」杜預注：「諸侯之臣稱於天子曰陪臣。」《禮記・曲禮下》：「列國之大夫，入天子之國曰『某士』，自稱曰『陪臣某』。」鄭玄注：「亦謂諸侯之卿也……陪，重也。」孔穎達疏：「其君已爲王臣，己今又爲己君之臣，故自稱對王曰重臣也。」《史記・齊太公世家》：「周欲以上卿禮管仲，管仲頓首曰：『臣陪臣，安敢！』三讓，乃受下卿禮以見。」《文選・陸機〈謝平原内史表〉》「陪臣陸機言」李善注引蔡邕《獨斷》曰：「諸侯境内，自相以下，皆爲諸侯稱臣，於朝皆稱陪臣。」

大夫的家宰亦稱「陪臣」。《論語・季氏》：「天下無道，則禮樂征伐自諸侯出。自諸侯出，蓋十世希不失矣；自大夫出，五世希不失矣；陪臣執國命，三世希不失矣。」

古代外交使者，對對方國家的君主，亦自稱「陪臣」。司馬光《涑水記聞》卷九：「宗道曰：『僕與夏主比肩從事天子，若夏主自來，當相爲賓主。爾陪臣也，安得爲主人。』」

〔二〕《左傳·昭公七年》：「天有十日，人有十等，下所以事上，上所以共神也。故王臣公，公臣大夫，大夫臣士，士臣皂，皂臣輿，輿臣隸，隸臣僚，僚臣僕，僕臣臺。」

〔三〕儓，古代對最下一級的奴僕的稱謂，亦作「臺」。《廣雅·釋詁一》：「儓，臣也。」揚雄《方言》卷三：「儓，農夫之醜稱也，南楚凡罵庸賤謂之田儓。」郭璞注：「儓，駑鈍也。」《廣雅·釋詁二》：「儓，醜也。」據此，田儓是南楚方言，對農夫的蔑稱。

〔四〕陶宗儀《輟耕録·重臺》：「凡婢役於婢者，俗謂之重臺。」重臺指奴婢的奴婢。紀昀《閱微草堂筆記·灤陽消夏録六》：「交河某令，蝕官帑數千，使其奴賫還。奴半途以黃河覆舟報，而陰遣其重臺擕歸。」

## 36　承學

承學，言學者分門，各自承襲其家學〔一〕。如楊何、施酬、孟喜、梁丘賀之徒，學《易》皆祖田何〔二〕；歐陽生、大小夏侯勝、建之徒，學《書》皆祖伏生〔三〕；翼奉遵后蒼，而非韓、魯〔四〕；蕭初善賈、馬，而詆鄭玄〔五〕。《儒林傳》所謂「斯文未陵，亦各有承」〔六〕是也。

【箋注】

〔一〕承學，謂繼承師說。《漢書·董仲舒傳》：「今陛下幸加惠，留聽於承學之臣。」顔師古注：「言轉承師說而學之。」家學：漢初，儒家口授經學，各家文字經義互有歧異，各家弟子守其師說，家法甚嚴，所謂家學。

〔二〕西漢初，田何最早傳授《周易》，施讎（此條作「施酬」）、孟喜、梁丘賀、京房、楊何，皆傳田氏《易》，屬今文學。

［三］漢初，濟南伏生傳《今文尚書》，以授晁錯及張生，張生授歐陽生、夏侯都尉，夏侯授族子始昌，始昌傳族子勝（大夏侯），勝又授從子建（小夏侯）。

［四］翼奉，西漢經學家，治齊《詩》，與蕭望之、匡衡同師后蒼。衡授琅玡師丹、伏理斿君、潁川滿昌君都，由是齊《詩》有翼、匡、師、伏之學。

后蒼，字近君，西漢經學家。曾侍奉夏侯始昌，爲轅固生的再傳弟子。后蒼通五經，精研《齊詩》，深有造詣，武帝時立爲博士。

韓魯，指《韓詩》《魯詩》。西漢初年，魯人申培、齊人轅固生、燕人韓嬰、趙人毛亨均以傳授《詩經》顯名，《魯詩》《齊詩》《韓詩》系今文經，《毛詩》爲古文經。

［五］此句言漢代詩學派系。《後漢書·儒林傳》：「中興後，鄭衆、賈逵傳《毛詩》，後馬融作《毛詩傳》，鄭玄作《毛詩箋》。」蕭初：其人未詳。賈馬，謂賈逵、馬融。

賈逵，東漢古文經學家，賈誼之九世孫，賈徽之子。從劉歆受《左氏春秋》，兼習《國語》《古文尚書》《毛詩》等，許慎從之受學，後世稱爲「通儒」。

馬融，東漢古文經學家，他設帳授徒，門人逾四百之數，盧植、鄭玄爲其門徒。馬融博通今古文經籍，世稱通儒。

鄭玄，東漢末年經學大師，曾師事馬融。以古文經學爲主，兼采今文經説，遍注群經，集漢代古今經學之大成。

［六］《後漢書·儒林傳贊》：「斯文未陵，亦各有承。塗方流別，專門並興。精疏殊會，通閡相征。千載不作，淵原誰澄？」

## 37　不速之客

《易》：「有不速之客。」《廣韻》：「速，徵也。」[一]猶俗謂請也。今折簡[二]云「速」者，正此意。

【箋注】

〔一〕「速」有徵召、招致之義。《爾雅・釋言》：「速，徵也。」《玉篇・辵部》：「速，召也。」《易・需》：「有不速之客三人來。」陸德明釋文引馬融曰：「速，召也。」《詩・小雅・伐木》：「既有肥羜，以速諸父。」鄭玄箋：「速，召也。」《詩・召南・行露》：「誰謂女無家，何以速我獄？」朱熹集傳：「速，召致也。」

〔二〕折簡：亦作「折柬」。折半之簡，便箋，書信。《三國志・魏志・王淩傳》「淩至項，飲藥死」裴松之注引三國魏・魚豢《魏略》：「卿直以折簡召我，我當敢不至邪？」《資治通鑑》魏邵陵厲公嘉平三年引此文，胡三省注曰：「漢制：簡長二尺，短者半之。蓋單執一札謂之簡。折簡者，折半之簡，言其禮輕也。」葉紹翁《四朝聞見録・孝宗御製賜吴益》：「（孝宗）手書御札一聯云：『稱此一天風月好，橘香酒熟待君來。』命近璫持此賜益。益入對，頓首稱謝。上笑曰：『聊復當折簡耳。』」

## 38　臧獲廝養輿臺奚奴

《風俗通》：「臧，被罪没官爲奴婢；獲，逃亡獲得爲奴婢。」揚雄：「凡民，男而壻婢謂之臧，女而婦奴謂之獲。」張揖：「壻婢之子謂之臧，婦奴之女謂之獲。」〔一〕

《張耳傳》「廝養卒」韋昭注：「析薪爲廝，炊烹爲養。」〔二〕《左傳》：「王臣公，公臣大夫，大夫臣士，士臣皁，皁臣輿，輿臣隸，隸臣僚，僚臣僕，僕臣臺。」〔三〕《禮》「奚八人」鄭玄曰：「古者從坐，男女没官，其少才智以爲奚，今侍史、女婢也。」〔四〕《説文》：「奴、婢皆古罪人。《周禮》：『其奴，男入於皁隸，女入於舂藁。』」〔五〕

今人家役使者，但可謂之「傭」[六]。王逸云：「傭，廝賤之人。」[七]前《功臣表》「咸出傭保之中」，師古曰：「傭，賣功傭；保，可信任。皆賃作者。」[八]今律謂之雇工人也。

## 【箋注】

[一] 揚雄《方言》卷三：「齊之北鄙，燕之北郊，凡民男而壻婢謂之臧，女而婦奴謂之獲。」《莊子·駢拇》：「臧與穀二人相與牧羊，而俱亡其羊。」陸德明釋文引張揖曰：「壻婢之子謂之臧，婦奴之子謂之獲。」《方言》卷三：「亡奴謂之臧，亡婢謂之獲。」

臧、獲，指戰爭中獲虜而淪爲奴隸的人。《漢書·司馬遷傳》：「且夫臧獲婢妾猶能引決。」顏師古注引晉灼曰：「臧獲，敗敵所被虜獲爲奴隸者。」因而成爲被使役者的奴婢之賤稱，流亡者亦如此稱。《方言》卷三：「臧，奴婢賤稱也。荆、淮、海、岱、雜齊之間，罵奴曰臧。」《荀子·王霸》：「大有天下，小有一國，必自爲之然後可，則勞苦耗顇莫甚焉；如是，則雖臧獲不肯與天子易埶業。」楊倞注：「臧獲，奴婢也。」《楚辭·嚴忌〈哀時命〉》：「釋管晏而任臧獲兮，何權衡之能稱。」王逸注：「臧，爲人所賤繫也；獲，爲人所係得也。」

[二]《史記·張耳陳餘列傳》：「有廝養卒謝其舍中曰：『吾爲公説燕，與趙王載歸。』」裴駰集解引韋昭曰：「析薪爲廝，炊烹爲養。」廝、養，指從事析薪炊煮等雜活的奴僕。《戰國策·齊策五》：「士大夫之所匿，廝養士之所竊，十年之田而不償也。」鮑彪注：「廝，析薪養馬者。」《公羊傳·宣公十二年》：「廝役扈養死者數百人。」何休注：「艾草爲防者曰廝；汲水漿者曰役。」

[三] 出《左傳·昭公七年》。

皁：同「皂」，養馬的差役。《漢書·貨殖傳》：「昔先王之制，自天子公侯卿大夫士至於皁隸抱關擊柝者，其爵禄奉養宮室車服棺槨祭祀死生之制，各有差等。」顏師古注：「皁，養馬者也。」按，抱關擊柝者，指門監與巡夜報更者。

輿，駕車者。《漢書・嚴助傳》：「廝輿之卒有一不備而歸者，雖得越王之首，臣猶竊爲大漢羞之。」顔師古注：「廝，析薪者。輿，主駕車者。此皆言賤役之人。」

隸，最初蓋爲罪人。清俞正燮《癸巳類稿・章華台考》：「隸則罪人。」僚、僕，俞正燮《癸巳類稿・僕臣臺義》：「僚，勞也，入罪隸而任勞者，其分益下，若今充當苦差……僕則三代奴戮，今罪人爲奴矣。」

臺，《左傳・昭公七年》「僕臣臺」孔穎達疏引服虔曰：「臺，給臺下，微名也。」《後漢書・濟南安王康傳》：「輿馬臺隸，應爲科品。」李賢注：「臺、隸，賤職也。」

[四]《周禮・天官・序官》「奚三百人」鄭玄注：「古者從坐，男女没入縣官爲奴，其少才知以爲奚，今之侍史官婢。或曰：奚，宦女。」

侍史，依鄭注，古代没入官府爲奴的罪犯家屬，以年少較有才智的女子爲侍史。

[五]《説文》：「奴，奴、婢，皆古之罪人也。《周禮》曰：『其奴，男子入于罪隸，女子入于舂槀。』」《周禮・秋官・司厲》「其奴」鄭玄注：「鄭司農云：『今之爲奴婢，古之罪人也。』……奴，從坐而没入縣官者，男女同名。」

[六]《説文》：「傭，均，直也。」徐灝注箋：「庸、傭古今字。《爾雅》曰：『傭，均也。』傭訓爲均，均猶平也，常也。《小雅・節南山篇》『昊天不傭』，釋文引《韓詩》作庸。直者，庸力受直之義。傭役字古亦作庸。《漢書・周勃傳》『取庸苦之，不與錢』，取庸，謂取直也。賃作役力謂之庸，因名其人曰庸。《司馬相如傳》『與庸保雜作』是也。後加人旁作傭，以别於庸常之義。」

[七]《楚辭・九章・懷沙》「固庸態也」，王逸注：「廝賤之人也。」

[八]《漢書・高惠高后文功臣表》：「詔令有司求其子孫，咸出庸保之中。」顔師古注：「庸，賣功庸也；保，可安信也。皆賃作者也。」

## 39 胥靡 餘胥

傳説，胥靡[一]。《莊子》注：「刑徒之人。」[二]以鐵鎖相連繫[三]。周公曰：「憎人者，憎其餘胥。」[四]《廣韻》：「須者，賤妾之稱。」古人以婢僕爲餘須，亦作餘胥。

**［箋注］**

［一］《吕氏春秋·求人》：「傅説，殷之胥靡也。」高誘注：「胥靡，刑罪之名也。」《荀子·儒效》：「鄉也，胥靡之人，俄而治天下之大器舉在此，豈不貧而富矣哉！」王先謙集解引王引之曰：「胥靡者，空無所有之謂，故荀子以況貧。胥之言疏也；疏，空也；靡，無也；胥靡猶言胥無。」

［二］《莊子·庚桑楚》：「胥靡登高而不懼，遺死生也。」成玄英疏：「胥靡，徒役之人也。」

［三］《漢書·楚元王劉交傳》：「王戊稍淫暴……二人諫，不聽，胥靡之，衣之赭衣，使杵臼雅舂於市。」顔師古注：「聯繫使相隨而服役之，故謂之胥靡，猶今之役囚徒以鎖聯綴耳。」

［四］《藝文類聚》第九十二卷引《六韜》曰：「武王登夏台，以臨殷民。周公旦曰：『臣聞之，愛其人者，愛其屋上烏；憎人者，憎其餘胥。』」《韓詩外傳》卷三：「愛其人及屋上烏，惡其人者憎其胥餘。」一説其言出自姜公之口。劉向《説苑·貴德》：「武王克殷，召太公而問曰：『將奈其士衆何？』太公對曰：『臣聞愛其人者，兼屋上之烏；憎其人者，惡其餘胥。』」按《尚書大傳》卷三作「胥餘」，鄭玄注：「胥餘，里落之壁。」據此，胥餘謂牆壁。

# 40 皁卒

《左傳》：「士臣皁。」[一]《方言》：「梁宋齊燕之間謂『櫪』曰『皁』。」因謂賤人直馬者曰皁[二]。《説文》：「卒，隸人，給事者。」[三]《方言》：「南楚東海之間或謂卒爲赬。」郭璞曰：「言其衣赤。」[四]今隸卒，首與要尚衣赤云。

（赬音蟶[五]）

## [箋注]

[一]《左傳·昭公七年》：「王臣公，公臣大夫，大夫臣士，士臣皁，皁臣輿，輿臣隸，隸臣僚，僚臣僕，僕臣臺。」

[二]《方言》卷五：「櫪，梁宋齊楚北燕之間，或謂之樎，或謂之皁。」郭璞注：「櫪，養馬器也。」清錢繹箋疏：「皂之言槽也。」

皁：養馬的差役。《漢書·貨殖傳》：「昔先王之制，自天子公侯卿大夫士至於皁隸抱關擊柝者，其爵禄奉養宮室車服棺槨祭祀死生之制，各有差等。」顔師古注：「皁，養馬者也。」按，抱關擊柝者，指門監與巡夜報更者。

[三]《説文》：「卒，隸人給事者衣爲卒。卒，衣有題識者。」清桂馥義證：「當云『隸人給事者爲卒』，後人加『衣』字。《一切經音義》十一引《説文》云：『隸人給事者曰卒。』」依今本《説文》，「卒」指古代奴隸服役時穿的衣服，衣上有標識。清王筠《説文句讀·卒》：「卒衣題識，乃異其章服，以別其爲罪人也。」

[四]玄應《一切經音義》卷四：「《方言》：『南楚東海之間或謂卒爲赭。』郭璞曰：『言其衣赤也。』」

[五] 赬：淺紅色。

## 41 五百

《漢·宦者傳》：「越騎營五百妻有美色。」韋昭曰：「五百本爲伍陌。伍，當也；陌，道也。言使之導引當道陌中以驅除也。」[一] 唐謂行杖人亦曰五百[二]。是五百即今之皁隸，以[三]除路又以行杖。

**[箋注]**

[一]《後漢書·宦者傳·曹節》：「越騎營五百妻有美色，破石從求之，五百不敢違。」李賢注引韋昭《辯釋名》：「五百，字本爲『伍』。伍，當也；伯，道也。使之導引當道中以驅除也。」五百，指在路途中嚮導的役卒。

[二]《後漢書·文苑傳下·禰衡》：「衡言不遜順……祖大怒，令五百將出，欲加箠。」李賢注：「五百，猶今之問事也。」《三國志·蜀志·劉琰傳》：「胡氏有美色，琰疑其與後主有私，呼五百撾胡。」《續通典·職官十五》：「五百本爲執楚導引之人，各代皆不特置，唐以後皆無此職名。」

[三] 以：由於。

## 42 官銜 官聯

徐氏曰：「馬銜，所以制馬之行也。」[一] 官吏階位亦曰銜者，以尊卑相銜，所以制百官也。」[二]

徐又曰：「《周禮》官府之聯事，謂大事非一官所了，衆共成之也。」[三]

【箋注】

[一]《説文·金部》：「銜，馬勒口中。从金从行，銜行馬者也。」徐鍇《繫傳》：「馬銜，所以制馬之行也。」

[二] 唐封演《封氏聞見記·官銜》：「官銜之名，蓋興近代，當是選曹補授，須存資歷，聞奏之時，先具舊官名品於前，次書擬官於後，使新舊相銜不斷，故曰官銜，亦曰頭銜。」

[三] 官聯：官吏聯合治事，故謂官職。《周禮·天官·大宰》：「以八灋治官府……三曰官聯，以會官治。」鄭玄注：「官聯，謂國有大事，一官不能獨共，則六官共舉之。」徐鍇《説文解字繫傳·通釋二十三》：「周禮官府之聯事，謂大事非一官所了，衆共成之也。」宋高宗《翰墨志》：「本朝自建隆以後，平定僭僞，其間法書名迹皆歸秘府。先帝時又加採訪，賞以官聯金帛。」

## 43 寮

《爾雅》：「寀、寮，官也。」郭璞曰：「官地爲寀，同官爲寮。」無同地爲寀之文。邢昺曰：「寀，采也，采取賦税以供己有采地。及言同寮者，皆謂有官者也。」[一]「寮」，亦作「僚」。《説文》：「僚，好貌。」[二]《廣韻》：「僚，賤稱。」同官相好曰僚，「僕臣僚」[三]，故以爲賤稱，寮之義如此[四]。楊用脩謂「寮」爲小窗，以齋署同窗爲義[五]，不知「窗寮」之「寮」，从「穴」不从「宀」。《説文》：「寮，穿也。」《玉篇》：「寮，舍也。」[六] 後人遂以寮爲窗，是「窗寮」之「寮」與「采寮」之「寮」，文既不同，義亦自别安，得以「同窓」釋「同寮」乎？

（寀、采俱音菜；宀音綿）

**【箋注】**

[一]《爾雅・釋詁一》：「寀、寮，官也。」郭璞注：「官地爲寀，同官爲寮。」邢昺疏：「寀，謂寀地，主事者必有寀地。寀，采也，采取賦税以供己有寀地。及言同寮者，皆謂居官者也。」

寀：居領采邑的官吏采取賦税以供己有，即所謂「食采」。《爾雅・釋詁上》：「尸，寀也。」郭璞注：「謂寀地。」郝懿行義疏：「寀者，當爲采。下文云：『采，事也。』能其事者食其地，亦謂之采。《禮運》『大夫有采以處其子孫』，《韓詩外傳》『古者天子爲諸侯受封謂之采地』。然則尸訓采者，蓋爲此地之主因食此地之毛，故《鄭語》云『主芣騩而食溱洧』，是其義也。」《文選・司馬相如〈封禪文〉》：「因雜搢紳先生之略術，使獲燿日月之末光絶炎，以展寀錯事。」李善注：「《漢書音義》曰：寀，官也。使諸儒記功著業，得覩明未光，殊絶之明，以展其官職，設錯事業也。」

[二]段玉裁《説文解字注・僚》：「此僚之本義也，自借爲同寮字而本義廢矣。」《詩・陳風・月出》：「月出皎兮，佼人僚兮，舒窈糾兮，勞心悄兮。」毛傳：「僚，好貌。」孔穎達疏：「謂其形貌好，言色美，身復美也。」

[三]《集韻・蕭韻》：「僚，賤稱。」上古把人分爲十等，僚居八等。《左傳・昭公七年》：「王臣公，公臣大夫，大夫臣士，士臣皁，皁臣輿，輿臣隸，隸臣僚，僚臣僕，僕臣臺。」孔穎達疏引服虔曰：「僚，勞也，共勞事也。」

[四]寮，指百官，官吏。該字後來多作「僚」。《左傳・文公七年》：「同官爲寮，吾嘗同寮，敢不盡心乎！」揚雄《百官箴・大鴻臚箴》：「人有才能，寮有級差。」《三國志・蜀志・費禕傳》：「丞相亮南征還，羣寮於數十里逢迎。」

[五]《正字通・宀部》：「案，楊慎曰：『古人謂同官爲寮，亦指齋署同窗爲義。』」

[六]《説文・穴部》：「竂，穿也。从穴，尞聲。」段注：「俗省作寮。」但周祈認爲二字不同。

## 44　當家

奴婢之監知家務者，謂之當家，或云管家。《霍光傳》：「愛幸監奴。」[一]王建詩：「不是當家頻向説。」[二]在朝之蒼頭廬兒[三]、在官之侍史、官婢，皆當家也。（當，平聲）

[箋注]

[一]　替權貴豪門監管家務的奴僕，謂之監奴，即當家。《漢書·霍光傳》：「光愛幸監奴馮子都，常與計事。」顔師古注：「監奴，謂奴之監知家務者也。」《後漢書·宦者傳·張讓》：「讓有監奴，典任家事。」

[二]　王建《贈王樞密》詩：「先朝行坐鎮相隨，今上春宫見小時。脱下御衣親賜著，進來龍馬每教騎；長承密旨歸家少，獨奏邊機出殿遲。不是當家頻向説，九重争得外人知？」

[三]　蒼頭廬兒：指奴僕，又稱蒼頭。《漢書·鮑宣傳》：「使奴從賓客漿酒霍肉，蒼頭廬兒皆用致富。」顔師古注引孟康曰：「漢名奴爲蒼頭，非純黑，以别於良人也。」前蜀貫休《少年行》：「卻捉蒼頭奴，玉鞭打一百。」「蒼頭」本指以青巾裹頭的軍隊。《戰國策·魏策一》：「今竊聞大王之卒，武力二十餘萬，蒼頭二千萬。」《史記·項羽本紀》：「少年欲立嬰便爲王，異軍蒼頭特起。」裴駰集解引應劭曰：「蒼頭特起，言與衆異也。蒼頭，謂士卒皂巾，若赤眉、青領，以相别也。」

## 45 駔儈

（駔，子朗切；儈音會）

《貨殖傳》「駔儈」注：「會二家交易者。」如今「度市」[一]。師古曰：「駔者，其首率。」[二]即今所謂牙行。「牙」本作「互」，以交互爲義。「互」與「牙」，字相近，因訛爲「牙行」[三]。《廣韻》：「儈，會合市人。」[四]

【箋注】

[一] 度市：指説合交易的中間人。《後漢書・郭泰傳》「段干木，晉國之大駔」李賢注：「《説文》曰：『駔，會也。』合兩家之買賣，如今之度市也。」

[二]《史記・貨殖列傳》：「通邑大都酤一歲千釀……佗果菜千鍾，子貸金錢千貫，節駔會。」裴駰集解引《漢書音義》：「會亦是儈也。」《漢書・貨殖傳》：「節駔儈。」顔師古注：「儈者，合會兩家交易者也。駔者，其首率也。」

駔：馬匹交易的經紀人。《吕氏春秋・尊師》：「段干木，晉國之大駔也。」高誘注：「駔，儈人也。」慧琳《一切經音義》卷九十八：「駔，《考聲》：『謂今之馬行和市人也。』」

駔儈，亦作「駔會、駔獪」，説合牲畜交易的人，後泛指經紀人、市儈。

[三] 牙行，舊時一種促成交易的行業，爲買賣雙方説合交易而從中收取傭金。《元典章新集・刑部・雜例》：「局院站赤、百户頭目、里正、主首、牙行人等，因而取要錢物，取訖招伏，斷罪追贓。」宋吴曾《能改齋漫録・辨誤》：

「《劉貢父詩話》謂今之謂駔儈爲牙，謂之互郎、主郎，主互市事也。」謝肇淛《五雜俎·地部二》：「駔獪之徒，冒險射利……今之茶什五爲奸商駔獪私通貿易。」褚人穫《堅瓠四集·市名》：「市井之區，交易之地，其名各省不同。南方謂之牙行。」

［四］《玉篇·人部》：「儈，合市也。」《廣韻·泰韻》：「儈，會合市人也。」清惲敬《三代因革論五》：「牙者互之，儈者會之。」

## 46 日者 風角

日者，占候時日者也［一］；風角，占候四方四隅之風者也［二］。

**［箋注］**

［一］日者：以占候卜筮爲業的人，觀天象以究人事。《史記·日者列傳》裴駰集解：「古人占候卜筮，通謂之『日者』。」《墨子·貴義》：「子墨子北之齊，遇日者。日者曰：『帝以今日殺黑龍於北方，而先生之色黑，不可以北。』墨子不聽，遂北，至淄水。墨子不遂而反焉。日者曰：『我謂先生不可以北。』」

［二］風角：古代占卜之法，以五音占四方之風而定吉凶。《後漢書·郎顗傳》：「父宗，字仲綏，學《京氏易》，善風角、星筭、六日七分。能望氣占候吉凶，常賣卜自奉。安帝征之，對策爲諸儒表，後拜吴令。時卒有暴風，宗占知京師當有大火，記識時日，遣人參俟，果如其言。」李賢注：「風角謂候四方四隅之風，以占吉凶也。」《後漢書·謝夷吾傳》：「謝夷吾……少爲郡吏，學風角占候。」《資治通鑑·陳宣帝太建三年》：「己亥，帝自晉陽奉太后還鄴，至紫陽，遇大風。舍人魏僧伽習風角，奏言：『即時當有暴逆事。』」

# 47 四凶

帝鴻氏有不才子曰「渾沌」，少昊氏有不才子曰「窮奇」，顓頊氏有不才子曰「檮杌」，縉雲氏有不才子曰「饕餮」，謂之四凶[一]。

按：帝鴻氏，繼黄帝而爲君[二]；縉雲氏，帝鴻氏之子[三]，與少昊俱去舜三百餘歲，顓頊亦去舜二百餘歲，四凶何若是之壽耶？必四氏之後有若人耳，非子也。

渾沌，驩兜也；窮奇，共工也；檮杌，鯀也；饕餮，三苗也。訓者謂渾沌爲不開通[四]，窮奇爲其行窮，其好奇[五]，檮杌爲頑凶無疇匹[六]，貪財爲饕、貪食爲餮[七]。不知：窮奇，獸名，狀如牛，蝟毛，音如嘷狗，食人，人鬬乃助不直者[八]；饕餮，獸之嗜食者，古者象於彝鼎以爲食戒[九]；渾沌，水不通也；檮杌，斷木也[一〇]。四凶有似於四者，因以目之也。

（檮音陶）

【箋注】

[一]《左傳·文公十八年》：「舜臣堯，賓於四門，流四凶族渾敦、窮奇、檮杌、饕餮，投諸四裔，以禦魑魅。是以堯崩而天下如一，同心戴舜以爲天子，以其舉十六相，去四凶也。」《書·舜典》：「流共工於幽洲（州），放驩兜於崇山，竄三苗于三危，殛鯀於羽山。」蔡沈《集傳》：「《春秋傳》所記四凶之名與此不同，説者以窮奇爲共工，渾敦爲驩兜，饕餮爲三苗，檮杌爲鯀，不知其果然否也。」

[二] 帝鴻：一説爲黄帝的號。《左傳・文公十八年》：「昔帝鴻氏有不才子，掩義隱賊，好行凶德。」杜預注：「帝鴻，黄帝。」宋徐鉉《文房四譜・硯譜二》：「昔黄帝得玉一紐，治爲墨海焉。其上篆文，曰『帝鴻氏之研』。」一説帝鴻爲蚩尤。

[三] 縉雲：傳説黄帝時夏官爲縉雲，並以爲族氏。《左傳・文公十八年》：「縉雲氏有不才子。貪於飲食，冒於貨賄，侵欲崇侈，聚斂積實，不恤窮匱，天下之民以比三凶，謂之饕餮。」杜預注：「縉雲，黄帝時官名。」《史記・五帝本紀》：「縉雲氏有不才子，貪於飲食，冒於貨賄，天下謂之饕餮。天下惡之，比之三凶。」裴駰《集解》引賈逵曰：「縉雲氏，姜姓也，炎帝之苗裔，當黄帝時任縉雲之官也。」《漢書・百官公卿表上》「黄帝雲師雲名」顔師古注引應劭曰：「春官爲青雲，夏官爲縉雲，秋官爲白雲，冬官爲黑雲，中官爲黄雲。」

[四] 訓者，指歷代注疏家，訓詁家。

《史記・五帝本紀》：「昔帝鴻氏有不才子，掩義隱賊，好行凶慝，天下謂之渾沌。」張守節正義：「渾沌即讙兜也。言掩義事，陰爲賊害，而好凶惡，故謂之渾沌也。杜預云：『渾沌，不開通之貌。』」

[五] 窮奇：古謂其行惡而好邪僻。《左傳・文公十八年》：「少皞氏有不才子，毁信廢忠，崇飾惡言，靖譖庸回，服讒蒐慝，以誣盛德，天下之民謂之窮奇。」杜預注：「謂共工。其行窮，其好奇。」孔穎達疏：「行惡終必窮，故云其行窮也；好惡言，好讒慝，是所好奇異於人也。」

[六]《左傳・文公十八年》：「顓頊氏有不才子，不可教訓，不知話言，告之則頑，舍之則嚚，傲很明德，以亂天常，天下之民謂之檮杌。」

[七]《左傳・文公十八年》：「縉雲氏有不才子……天下之民，以比三凶，謂之饕餮。」杜預注：「貪財爲饕，貪食爲餮。」

[八]《山海經・西山經》：「（邽山）其上有獸焉，其狀如牛，蝟毛，名曰窮奇，音如獋狗，是食人。」郭璞注：「或云似虎，蝟毛，有翼……一名號神狗。」《史記・五帝本紀》：「少皞氏有不才子，毁信惡忠，崇飾惡言，天下謂之窮

奇。」張守節正義引《神異經》曰：「西北有獸，其狀似虎，有翼能飛，便剿食人，知人言語，聞人鬥輒食直者，聞人忠信輒食其鼻，聞人惡逆不善輒殺獸往饋之，名曰窮奇。」

［九］古代鐘鼎彝器上多鑄有饕餮紋爲飾。《吕氏春秋・先識》：「周鼎著饕餮，有首無身，食人未咽，害及其身，以言報更也。」

［一〇］《説文》：「檮，斷木也。《春秋傳》曰『檮柮』。」又：「柮，斷也。」柮，同「杌」。《集韻・没韻》：「杌，樹無枝也。或作柮。」

## 48　三苗

《書》傳：「三苗，國在江南荆楊之間。」［一］《地里沿革表》：「潭州，古三苗國。」潭州，今長沙。蓋建國在長沙，而所治則江南荆揚也。國中多猫姓。

**［箋注］**

［一］《書・舜典》：「竄三苗于三危。」孔傳：「三苗，國名，縉雲氏之後，爲諸侯，號饕餮。」《史記・五帝紀》：「三苗在江淮、荆州數爲亂。」張守節正義：「吴起曰：『三苗之國，左洞庭而右彭蠡。』……以天子在北，故洞庭在西爲左，彭蠡在東爲右。今江州、鄂州、嶽州，三苗之地也。」

## 49 九夷

九夷，東夷也，有「畎、于、方、黄、白、赤、玄、風、陽」九種。[一]箕子之封，國俗仁而壽，夫子欲居者[二]此也，即今朝鮮。其字从「大」从「弓」[三]，重射也，男子之所有事也。南蠻，从「虫」，地多蛇虺[四]也。北狄，从「犬」。西羌，从「羊」，畜宜犬羊也。其不及東夷也有以哉！又同謂之「夷」者，猶「公、侯、伯、子、男」，通謂「諸侯」也[五]。

（虫、虺，俱音卉；蛇，一音疑）

【箋注】

[一]《後漢書·東夷傳》：「夷有九種。曰：『畎夷、于夷、方夷、黄夷、白夷、赤夷、玄夷、風夷、陽夷。』」一説九夷指玄菟、樂浪、高驪、滿飾、鳧更、索家、東屠、倭人、天鄙九個種族。《論語·子罕》：「子欲居九夷。」何晏集解引馬融曰：「東方之夷有九種。」皇侃疏：「東有九夷：一玄菟、二樂浪、三高驪、四滿飾、五鳧更、六索家、七東屠、八倭人、九天鄙。」

[二] 夫子，指孔子。《論語·子罕》：「子欲居九夷。或曰：『陋，如之何？』子曰：『君子居之，何陋之有？』」

[三]《説文》：「夷，平也。从大从弓。東方之人也。」

[四] 蛇虺：毒蛇。

[五] 夷：可泛稱中原之外的民族。《玉篇·大部》：「夷，蠻夷也。」《周禮·夏官·職方氏》「其外方五百里曰夷服」賈公彦疏：「諸言夷者，以其在夷狄中，故以夷言之。」晉范甯《春秋穀梁傳序》：「四夷交侵，華戎同貫。」楊士

勛疏：「四夷者，東夷、西戎、南蠻、北狄之總號也。」

## 50 突厥 單于 可汗

突厥[一]，北夷國號。夏曰獯鬻，殷曰鬼方，周曰玁狁，漢曰匈奴，魏曰突厥[二]。北夷謂兜鍪[三]爲突厥，世居金山，山形如兜鍪，因以爲國號。

單于，北夷酋長號。北夷謂廣大爲單于，言主北方，象天廣大，單于然也[四]。

可汗，于闐王號[五]。于闐謂金翅爲砳鱗，黑韓[六]，宋封爲砳鱗，黑韓王自稱爲黑汗王，訛爲可汗。

### [箋注]

[一] 突厥：中亞、北亞遊牧民族名，國名。活動於金山（今阿爾泰山）西南麓，爲一遊牧部落。《周書・異域傳下・突厥》：「突厥者，蓋匈奴之別種，姓阿史那氏。」《北史・突厥傳》：「突厥者，其先居西海之右，獨爲部落，蓋匈奴之別種也……又曰突厥之先，出於索國，在匈奴之北。」

[二] 獯鬻：亦作「獯粥」。古代北方少數民族，夏商時稱獯鬻，周時稱玁狁（又作「獫狁」），秦漢稱匈奴。《孟子・梁惠王下》：「惟智者爲能以小事大，故太王事獯鬻，勾踐事吳。」趙岐注：「獯鬻，北狄彊者，今匈奴也。」《後漢書・南匈奴傳》：「昔獫狁獯粥之敵中國，其所由來尚矣。」李賢注：「周曰獫狁，堯曰熏粥，秦曰匈奴。」

鬼方：上古種族名，爲殷周西北境强敵。《易・既濟》：「高宗伐鬼方，三年克之。」《詩・大雅・蕩》：「内奰於中國，覃及鬼方。」朱熹集傳：「鬼方，遠夷之國也。」《文選・揚雄〈趙充國頌〉》：「遂克西戎，還師於京；鬼方賓服，罔有不庭。」李善注：「《世本》注曰：『鬼方，於漢則先零戎是也。』」

［三］兜鍪：古代戰士戴的頭盔，又作「兜牟」。秦漢以前稱胄，後叫兜鍪。

［四］單于：漢時匈奴君長的稱號。《史記・匈奴列傳》：「匈奴單於曰頭曼。」裴駰集解：「單于者，廣大之貌，言其象天單于然。」焦贛《易林・屯之無妄》：「左衽爲長，國號匈奴，主君旄頭，立尊單于。」

［五］可汗：古代鮮卑、突厥、回紇、蒙古等民族的酋長的稱號。《新唐書・突厥傳上》：「至吐門，遂强大，更號可汗，猶單于也。」

［六］《文獻通考・四夷考・于闐》：「于闐謂金翅鳥爲砳鱗。」

公元九到十三世紀，突厥回鶻人與葛邏禄人在中亞以及新疆喀什、和田等地區建立了王朝，史稱喀喇汗王朝，亦稱「黑汗王朝」。《宋史・于闐傳》：「大中祥符二年，共國黑韓王遣回鶻羅斯温等以方物來獻。」

## 51　閼氏　屠耆　居次

（閼音焉；氏音支）

閼氏［一］，單于妻號，謂可愛如烟支［二］。屠耆，單于子號，謂賢爲屠耆［三］。居次［四］，單于女號，猶漢言公主也。

**［箋注］**

［一］閼氏：漢代匈奴單于或諸王的后妻的稱號。《史記・韓信盧綰列傳》：「匈奴騎圍上，上乃使人厚遺閼氏。」

張守節正義：「閼，於連反，又音燕。氏音支。單于嫡妻號，若皇后。」《漢書・匈奴傳下》：「烏珠留單于立，以第二閼氏子樂爲左賢王，以第五閼氏子輿爲右賢王。」《漢書・匈奴傳下》：「烏累單于咸立……以弟屠耆閼氏子盧渾爲右賢王。」

［二］煙支：即婦女飾容的胭脂，亦作「烟支、烟肢、烟脂、燕支」等形體。五代・馬縞《中華古今注・燕脂》：「蓋起自紂，以紅藍花汁凝作燕脂。以燕國所生，故曰燕脂。塗之作桃花粧。」明張萱《疑耀・燕脂》：「有一說，『燕脂』作『煙支』。唐睿宗女代國長公主，少嘗作煙支，棄子於階，後乃叢生成樹，公主歎曰：『人生能幾，我初笄，嘗爲煙支，棄其子，今成樹，陰映瑣闈，人豈不老乎？』」

［三］屠耆：匈奴語譯音，意爲賢。《史記・匈奴列傳》：「匈奴謂賢曰『屠耆』，故常以太子爲左屠耆王。」

［四］居次：匈奴對單于女兒的稱謂。《漢書・常惠傳》：「獲單于父行及嫂、居次、名王、騎將以下三萬九千人。」顏師古注引晉灼曰：「（居次），匈奴女號，若言公主也。」《漢書・匈奴傳下》：「復株絫單于復妻王昭君，生二女，長女云爲須卜居次，小女爲當于居次。」

## 52　小幼

歌童，俗謂之「小幼」。柔曼溢於女德［一］。或謂能侑飲爲「小侑」［二］，不知幼之名有自來，即漢所謂「孺」也。高之藉孺，惠之閎孺［三］，皆以婉媚與上起卧，「藉、閎」其名，「孺」則幼小而可親慕也［四］。三風頑童亦是此輩。

**［箋注］**

［一］柔曼：謂姿容婉媚。女德：女色。

［二］侑飲：勸酒，佐助飲興。

［三］籍（又作「藉」）孺、閎孺：漢高祖、漢惠帝的男寵。《漢書・佞幸傳》：「漢興，佞幸寵臣。高祖時，則有籍孺，孝惠有閎孺。此兩人非有材能，但以婉媚貴幸，與上卧起。公卿皆因關説。故孝惠時，郎侍中皆冠鵕鸃，貝帶，傅脂粉，皆閎、籍之屬也。

［四］孺：幼小，也指親近、親慕。《後漢書・安帝紀》：「恭勤慈順，在孺而勤。」李賢注：「孺，幼也。」《詩・小雅・常棣》：「兄弟既具，和樂且孺。」毛傳：「孺，屬也。」孔穎達疏：「和而甚忻樂，且復骨肉相親屬也。」

## 53 夃表

（夃音孤）

俗謂娼曰「表子」［一］，私娼者曰「夃老」。表，對裏之稱［二］，表子猶言外婦。夃，秦以市買多得爲夃［三］，蓋負販之徒，夃老猶言客人。

**［箋注］**

［一］表子：意指外室，舊時對妓女或情婦的稱呼，後作「婊子」。元張國寶《羅李郎》第三折：「往常時秦樓謝館飲金巵，柳陌花街占表子。」《水滸傳》第二十二回：「當下轉上押司張文遠來，見説閻婆告宋江殺了他女兒，『正是我的表子』。」

［二］表，在外之謂。不同姓之親謂之表親。「表子猶言外婦」，此説中鵠。

［三］《説文》：「夃，秦以市買多得爲夃。《詩》曰『我夃酌彼金罍』。」夃爲買賣多獲利。

## 54 虔婆 營婦 佤拉姑

（佤音歪）

方言謂賊爲虔，虔婆猶賊婆也[一]。營妓[二]，古以待軍之無妻者。營婦，猶軍妻也。佤，不正也。佤拉，俗謂一拉佤、佤拉姑，猶不正之婦也。

**［箋注］**

［一］虔婆：近代詞語，帶貶義，猶言賊婆娘，指不正派的老婆子。金董解元《西廂記諸宮調》卷四：「做箇夫人做不過，做得箇積世虔婆，教兩下裏受這般不快活。」《警世通言・杜十娘怒沉百寶箱》：「從來海水斗難量，可笑虔婆意不良。」《儒林外史》第五三回：「一隻小猱獅狗叫了兩聲，裏邊那個黑胖虔婆出來迎接。」

［二］營妓：古代軍中的官妓，亦作「營伎」。《漢武外史》：「漢武始置營妓，以待軍士之無妻者。」清俞正燮《癸巳類稿・除樂户丐户籍及女樂考附古事》：「《齊書・前廢帝紀》云，夜開後閤，與左右淫宴，諸營署皆軍市也。唐則曰營伎，亦曰官使婦人。」

## 55 生 旦 浄 丑

今角戲有「生、旦、浄、丑」之名，嘗求其義而不得。偶思《樂記》「及優侏儒，獶雜子女」，注謂

「俳優，雜戲如獮猴之狀」[一]，乃知生，狌也，猩猩也。《山海經》：「猩猩，人面豕身，聲似小兒啼。」[二]旦，狚也，猵狚也。《莊子》：「猨猵狚以爲雌。」[三]。浄，猙也，《廣韻》：「似豹，一角五尾。」又云：「似狐，有翼。」[四]丑，狃也。《廣韻》：「犬，性驕。」[五]又：「狐狸等獸迹。」謂俳優之人如四獸也，所謂「獶雜子女」也。末，猶「末厥」[六]之末。外，猶「員外」[七]之外，其意亦相通。

（獶音撓；獮音迷；猩音生；猵音篇；狚音旦；猙音静）

［箋注］

［一］《禮記·樂記》：「及優侏儒，獶雜子女，不知父子。」鄭玄注：「獶，獮猴也。言舞者如獮猴戲也。」孔穎達疏：「獶雜，謂獮猴也，言舞戲之時狀如獮猴，間雜男子婦人，言似獮猴，男女無别也。」獶，同「猱」。

［二］《山海經·南山經》：「有獸焉，其狀如禺而白耳，伏行人走，其名曰狌狌。」《爾雅·釋獸》：「猩猩，小而好啼。」郭璞注：「《山海經》曰：『人面豕身，能言語。』今交趾封溪縣出猩猩，狀似貛豘，聲似小兒啼。」按，豘，同豚。

［三］《莊子·齊物論》：「猨，猵狙以爲雌。」陸德明釋文引崔譔曰：「猵狙，一名獦牂，其雄憙與猨雌爲牝牡。」釋文又引司馬彪云：「猵狙，一名獦牂，似猨而狗頭，憙與雌猨交也。」峰按，「猵狚」，多作「猵狙」，陸德明《釋文》：「猵，篇面反，狙，七餘反。」當以「狙」爲是。猵狙，獸名。

周祈以「猵狚」釋「旦」，仍可立爲一説，但也許與《莊子》此獸無關。

另有「狚」字。《廣韻·翰韻》：「狚，獦狚，獸名，似狼。」讀「得按切」。《集韻·换韻》：「狚，猲狚，獸名，巨狼也。」《山海經·東山經》：「（北號之山）有獸焉，其狀如狼，赤首鼠目，其音如豚，名曰猲狚。」郝懿行箋疏：「經文猲狚當爲獦狚，《玉篇》《廣韻》並作獦狚。」

「狚」用作戲曲行當名，也就是所謂的「旦」。明朱權《太和正音譜・詞林須知》：「雜劇院本，皆有正末、副末、狚、孤、靚、鴇、猱、捷譏、引戲九色之名……狚，當場之妓曰狚。」《天臺陶九成論曲》引《丹丘先生論曲》：「雜劇有正末、副末、狚、孤、靚、鴇、猱、捷譏、引戲九色之名……當場之妓曰狚。狚，猵之雌者也，其性好淫，今俗訛爲旦。」《康熙樂府・集賢賓・曲江池》：「我也曾雨雲鄉調猱釀狚，我也曾風月所暗約偷期。」

[四]《廣韻・耕韻》：「猙，獸名。似豹，一角五尾。」又《廣韻・静韻》：「獸如狐，有翼。」《集韻・静韻》：「猙，獸名，飛狐也。」《山海經・西山經》：「（章莪之山）有獸焉，其狀如赤豹，五尾一角，其音如擊石，其名如猙。」郝懿行箋疏：「經文如猙之『如』，當爲『曰』字之訛。」

[五] 狃，《説文》：「狃，犬性驕也。」《廣韻・宥韻》：「狃，狐狸也。」《玉篇・犬部》：「狃，狐狸等獸迹也。」

[六] 末厥：宋明時期俗語，意爲卑劣，卑賤，一説爲倔强凶悍。歐陽修《六一詩話》：「陶尚書穀嘗曰：『尖簷帽子卑凡厮，短靿靴兒末厥兵。』末厥，亦當時話。」宋・劉攽《中山詩話》：「今人呼秃尾狗爲厥尾，衣之短後者亦曰厥。故歐公記陶尚書詩語『末厥兵』，則此兵正謂末賊爾。」元李治《敬齋古今黈》卷七：「大抵末厥者，猶今俚俗言木厥云耳。木厥者，木强刁厥之謂。」

[七] 員外：指正員以外的官員。

## 56 髜俚（髜音戞）

俗謂白秃曰臘梨[一]，又曰梅花掐，或以白如梨與梅花也，不知其字之訛。臘梨，蓋髜俚。梅花掐，蓋梅花髜也。

《博雅》：「鬝，秃也。」丘八切，通作「揭」。《明堂位》注：「齊人謂無髮爲秃揭。」[二]俚，蠻屬也[三]。「鬝俚」猶言秃蠻也，「梅花鬝」猶言白鬝也。「鬝」與「臘、掐」聲相近，「俚、梨」亦聲相近，遂訛也。《説文》：「𩑛，秃也。」[四]苦骨切。《法華經》「𩑛瘦」注：「𩑛，口轄切。」「𩑛」與「鬝」一也。《説文》切是，《法華》注妄讀作臘音矣。

（掐音恰）

**［箋注］**

［一］元康進之《李逵負荆》第三折：「那一個是稀頭髮臘梨，如今這個是剃頭髮的和尚。」臘梨，蓋「瘌痢」之諧音。

［二］鬝：《説文》：「鬝，鬢秃也。」徐鍇繫傳作「髮秃」。《博雅》即《廣雅》，《廣雅·釋詁二》：「鬝，秃也。」《禮記·明堂位》：「夏后氏以楬豆，殷玉豆，周獻豆。」鄭玄注：「齊人謂無髮爲秃楬。」

［三］《廣韻·止韻》：「俚，南人蠻屬也。」《後漢書·南蠻西南夷傳》「九真徼外蠻里張游」李賢注：「里，蠻之别號，今呼爲俚人。」張華《博物志》卷二：「交州夷名曰俚子。俚子弓長數尺。」故以俚表示粗俗。

［四］𩑛：秃而無毛，特指頭秃。慧琳《一切經音義》卷二十七引《三蒼》曰：「𩑛，頭秃無毛。」《廣韻》苦骨切。清胡文英《吴下方言考·覺韻》：「𩑛，《法華經》：『若狗野干，其行𩑛瘦。』案：𩑛，行不穩也。吴中謂女人行不穩曰摇腳𩑛手。」

# 名義考卷六　人部

## 1　角羈

《記》：「剪髮爲鬌[一]，男角女羈。」注：「夾囟曰角，雙髻也；午達曰羈，三髻也。」[二]

（鬌音柁；囟音信）

**[箋注]**

[一]　鬌：兒童剪髮後留下的一部分頭髮。《玉篇・髟部》：「鬌，小兒翦髮爲鬌。」段玉裁《説文解字注・髟部》：「鬌本髮落之名，因以爲存髮不翦者之名。」

[二]　此爲《禮記》經注語句。《禮記・内則》：「三月之末，擇日翦髮爲鬌，男角女羈，否則男左女右。」鄭玄注：「鬌，所遺髮也。夾囟曰角，午達曰羈也。」孔穎達疏：「囟是首腦之上縫，故《説文》云：十其字，象小兒腦不合也。夾囟，兩旁當角之處，留髮不翦……《儀禮》云：『度尺而午。』注云：『一縱一横曰午。』今女翦髮留其頂上，縱横各一，相交通達，故云。午達不如兩角相對，但縱横各一在頂上，故曰羈。羈者，隻也。」

清黄生《義府・男角女羈》：「女則兩髻一前一後，如馬首，故曰羈。」《禮記・雜記下》：「女雖未許嫁，年二十而笄，禮之，婦人執其禮，燕則鬈首。」鄭玄注：「既笄之後去之，猶若女有鬌紒也。」孔穎達疏：「謂既笄之後，尋常在家燕居則去其笄而鬠首，謂分髮爲鬌紒也。」

## 2 于思

《左傳》：「于思于思，棄甲復來。」注：「于思，多鬚貌。」[一]按：《廣韻》：「鬃鬛，多鬚也。」[二]作「不思」，「于」當是「不」之訛。

（鬃音丕）

[箋注]

[一]《左傳·宣公二年》：「于思于思，棄甲復來。」杜預注：「于思，多鬚之貌。」陸德明釋文引賈逵曰：「白頭貌。」

[二]《集韻·灰韻》：「鬃，鬃鬛，多須皃。」

## 3 踑踞

踞，蹲也。踑，亦踞也[一]。《晉書·南越》「踑踞」[二]，一説踑踞，大坐也。《張耳傳》：「高祖箕踞。」師古曰：「伸兩足，狀如箕。」[三]此因箕生義，不知「箕」，本作「踑」。

【箋注】

〔一〕《説文》："踞，蹲也。"徐灝注箋："居字借爲居處之義，因增足旁爲蹲踞字。"漢王延壽《王孫賦》："踡兔蹲而狗踞，聲歷鹿而喔咿。"

〔二〕《晉書·隱逸傳·郭文》："於是朝士咸共觀之，文頹然踑踞，傍若無人。"《文選·晉·劉伶〈酒德頌〉》："先生於是方捧甖承槽，銜杯漱醪，奮髯踑踞，枕麴藉糟。"

〔三〕《史記·張耳陳餘列傳》："高祖箕踞罵。"司馬貞索隱引崔浩曰："屈膝坐，其形如箕。"《莊子·至樂》："莊子妻死，惠子弔之，莊子則方箕踞鼓盆而歌。"成玄英疏："箕踞者，垂兩腳如簸箕形也。"箕踞是一種輕慢隨意的坐姿，歷來認爲兩腳張開如箕形。

## 4 胼胝 皸 瘃

（胼音楩；胝音之；皸音均；瘃音捉）

胼胝，皮厚也〔一〕。人勤苦則手足皮厚。《李斯傳》："禹手足胼胝。"〔二〕"墨子重繭而不休息"，"繭"，本作"趼"，亦胼胝意。〔三〕

皸，凍裂也。瘃，寒瘍也，寒甚之病〔四〕。《李甘傳》："凍膚皸瘃。"《莊子》："不龜手之藥。"〔五〕"龜"與"皸"同。

（趼音繭；龜音均）

**[箋注]**

[一] 胼胝：《玉篇・肉部》：「胼，胼胝，皮厚也。」《廣韻・先韻》：「胼胝，皮上堅也。」《莊子・讓王》：「顔色腫噲，手足胼胝。」《荀子・子道》：「夙興夜寐，耕耘樹藝，手足胼胝，以養其親。」

[二]《史記・李斯列傳》：「禹鑿龍門，通大夏，疏九河，曲九防，決渟水致之海，而股無胈，脛無毛，手足胼胝，面目黎黑。」

[三]《淮南子・修務》：「昔者楚欲攻宋，墨子聞而悼之。自魯趨，而十日十夜，足重繭而不休息，裂衣裳裹足，至於郢。見荆王。」《戰國策・宋衛策》：「墨子聞之，百舍重繭，往見公輸般。」高誘注：「重繭，累胝也。」南朝梁・任昉《百辟勸進今上箋》：「雖累繭救宋，重胝存楚，居今觀古，曾何足云。」「繭」，通「趼」，謂手腳厚繭。

[四] 皸：皮膚受凍而破裂，特指手足凍裂，同「皴」。《新唐書・突厥傳上》：「會雨雪，士皸寒，反爲虜襲，大敗。」《明史・張溥傳》：「冬日手皸，日沃湯數次。」

瘃：凍瘡。《字彙・疒部》：「瘃，手足凍瘡。」「皸瘃」統指手足因寒凍而裂口，生凍瘡。《漢書・趙充國傳》：「將軍士寒，手足皸瘃，寧有利哉？」顔師古注引文穎曰：「皸，坼裂也；瘃，寒創也。」

[五]《莊子・逍遥遊》：「宋人有善爲不龜手之藥者，世世以洴澼絖爲事。」陸德明釋文引司馬彪曰：「文坼如龜文也。」此謂凍裂之紋像龜背之形。龜，蓋通「皸」，「不龜手」猶言不皸手耳。《唐書・李甘傳》：「凍膚皸瘃。」

## 5 溲（溲音小）

《廣韻》：「溲，先了切，便溺也。」此即小便。溲字後人借作小也。《東方朔傳》「小遺殿上」

注：「小便也。」[一]《張湛傳》「遺失溲便」注：「溲，小便也。」[二]《朔傳》以「小」作溲，猶以「矢」作「菌」[三]，古字假借者多有之；《湛傳》「溲便」是本字，注者讀作「踈鳩切」，云「溲，小便也」[四]，則失之矣。「踈鳩切」與「所九切」皆訓沃也，水調粉麵也，以溲爲小便，因以菌爲大便，可笑也。

（溺，與「尿」同； 菌，與「屎」同）

**[箋注]**

[一]《漢書・東方朔傳》：「朔嘗醉入殿中，小遺殿上。」顔師古注：「小遺者，小便也。」

[二]《後漢書・張湛傳》：「湛至朝堂，遺失溲便。」李賢注：「溲，小便也。」

[三]菌，《説文》：「菌，糞也。从艸，胃省。」《玉篇・艸部》：「菌，糞也。亦作『矢』，俗爲『屎』。」

[四]《集韻》踈鳩切，《尤韻》：「溲，溺謂之溲。」

## 6 膏肓

（肓音荒）

《左傳》：「居肓之上膏之下，若我何？」[一]按，《説文》：「肓，心上鬲下也。」[二]膏毋即所謂鬲與[三]？

**[箋注]**

[一]《左傳・成公十年》：「疾不可爲也，在肓之上，膏之下，攻之不可，達之不及，藥不至焉，不可爲也。」杜預注：「肓，鬲也。心下爲膏。」

[二]《説文・肉部》：「肓，心上鬲下也。从肉，亡聲。《春秋傳》曰：『病在肓之下。』」段玉裁改爲「心下鬲上也」，段注曰：「『下』『上』各本互譌，《篇》《韻》同。今依《左傳音義》正……鬲上肓，肓上膏，膏上心。今本作『心上鬲下』，則不可通矣。」

[三]鬲：通「膈」。胸腔與腹腔之間的膜狀肌肉，亦借指胸腹。《洪武正韻・陌韻》：「膈，胸膈心脾之間。通作鬲。」《素問・五藏生成論》：「心煩頭痛，病在鬲中，過在手巨陽、少陰。」

## 7　臄　齶

（臄音却；齶音愕）

臄，《説文》：「口上阿也。」[一]《通俗文》云：「口上曰臄，口下曰函。」[二]《校獵賦》注：「口中之上下曰臄。」

齶，《廣韻》：「口中齗。」[三]齶，梵書作「⿰齒虐」[四]，謂齒内上下肉也。是「臄」者通指口中之上下，分之則上爲「臄」，下爲「函」。「齗」通指齒根之内外，分之則内爲「齶」。

（齗音銀）

【箋注】

[一] 臄：徐灝說文注箋：「口內上曲處，故曰上阿。阿，曲也。」

[二]《詩・大雅・行葦》：「嘉殽脾臄，或歌或咢。」毛傳：「臄，函也。」陸德明釋文：「《說文》云：『函，舌也。』又云：『口里肉也。』《通俗文》云：『口上曰臄，口下曰函。』」

[三] 齶：此謂齒齦。齗，同齦。

[四] 䶑，《龍龕手鑒・齒部》：「䶑，『齶』的俗字。」

## 8 青白眼

阮籍能爲青白眼[一]。母死，嵇喜來弔，籍作白眼，弟康齎酒挾琴造焉，籍大悦，乃見青眼[二]。故後人有「青盼」「垂青」之語。人平視睛圓則青，上視睛藏則白。上視，怒目而視也。

【箋注】

[一] 青白眼，眼睛平視、正視則黑眼珠居中，見青眼，表示喜愛和尊重；上視、斜視則見眼白，表示輕蔑和憎惡。目光露出敬重和輕蔑，謂之「青白眼」。

[二]《晉書・阮籍傳》：「籍又能爲青白眼。見禮俗之士，以白眼對之。常言『禮豈爲我設耶？』時有喪母，嵇喜來弔，阮作白眼，喜不懌而去；喜弟康聞之，乃備酒挾琴造焉，阮大悦，遂見青眼。」《世説新語・簡傲》「嵇康與呂安善」劉孝標注引《晉百官名》：「嵇喜字公穆，歷揚州刺史，康兄也。阮籍遭喪，往弔之。籍能爲青白眼，見凡俗之士，以白眼對之。及喜往，籍不哭，見其白眼，喜不懌而退。康聞之，乃齎酒挾琴而造之，

遂相與善。」

後以「青白眼」表示尊敬和輕視兩種截然不同的待人態度。元辛文房《唐才子傳・李山甫》：「山甫，咸通中，累舉進士不第。落魄有不羈才，鬚髯如戟，能爲青白眼，生平憎俗子，尚豪俠。」

## 9 夢

《説文》：「夢，寐而覺者也。」覺謂有知。《周禮》六夢，「一正夢，二噩夢，三思夢，四寤夢，五喜夢，六懼夢。」[一]又太卜三夢，一致夢，二觭夢，三咸涉。[二]《列子》：「陰氣壯則夢涉大水而恐懼，陽氣壯則夢入大火而燔焫，浮虛爲疾者則夢揚，沉實爲疾者則夢溺。」[三]《莊子》：「夢飲酒者，旦而哭泣，夢哭泣者，旦而田獵。」[四]文中子曰：「至人無夢。」佛者曰「攝心無寐」[五]。無夢則可，無寐則非。

**[箋注]**

[一]《周禮・春官・占夢》：「以日月星辰占六夢之吉凶：一曰正夢，二曰噩夢，三曰思夢，四曰寤夢，五曰喜夢，六曰懼夢。」《廣韻・送韻》：「夢，寐中神遊。《説文》云『寐而有覺』。《周禮》：『以日月星辰占六夢之吉凶。一曰正夢，無所感動，平安自夢；二曰愕夢，驚愕而夢；三曰思夢，覺時所思念之而夢；四曰寤夢，覺時所道之而夢；五曰喜夢，喜悦而夢；六曰懼夢，恐懼而夢。』」

[二]《周禮・春官・太卜》：「掌三夢之法，一曰致夢，二曰觭夢，三曰咸陟。」鄭玄注：「致夢，言夢之所致，夏

后氏作焉。咸，皆也；陟之言得也，言夢之皆得，周人作焉……（觭夢）亦言夢之所得，殷人作焉。」此謂上古的三種占夢之法，致夢、觭夢、咸陟。

［三］《列子·周穆王》：「覺有八徵，夢有六候……皆通于天地，應於物類。故陰氣壯，則夢涉大水而恐懼；陽氣壯，則夢涉大火而燔爇；陰陽俱壯，則夢生殺。甚飽則夢與，甚飢則夢取。是以以浮虚爲疾者，則夢揚；以沈實爲疾者，則夢溺。」

［四］語出《莊子·齊物論》。

［五］北魏楊衒之《洛陽伽藍記·崇真寺》：「沙門之體，必須攝心守道，志在禪誦。」攝心，收斂心神。

## 10 龍鍾 潦倒

《湘素雜記》：「古語有二聲合爲一字者，如『不可』爲『叵』，『何不』爲『盍』，從西域二合之音切字之元也。」［一］「龍鍾」「潦倒」，正二合之音。龍鍾切「癃」字，潦倒切「老」字。欲言癃，欲言老，即以「龍鍾」「潦倒」言之。後有釋者，皆不得其義而臆説也［二］。

【箋注】

［一］沈括《夢溪筆談·藝文二》：「古語已有二聲合爲一字者，如不可爲叵，何不爲盍，如是爲爾，而已爲耳，之乎爲諸之類。」宋孫奕《履齋示兒編·字説·集字二》：「《緗素雜記》云：古語有二聲合爲一字音……從西域二合之音，蓋切字之原也。學者不曉龍鐘潦倒之義，正如二合之音是也。龍鐘切爲『癃』字，潦倒切爲『老』字。謂人之老羸癃疾者即以龍鐘潦倒目之。」按，《靖康緗素雜記》又名《緗素雜記》，爲宋人黃朝英所撰筆記。

［二］龍鍾，還有其他説法，兹予列舉。

《荀子・議兵篇》：「觸之者角摧隴種，東籠而退耳。」楊倞注：「隴種，遺失貌，如隴之種物然，或曰即鐘也。」

《廣韻》：「龍鍾，竹名，世言龍鍾，謂年老如竹之枝葉，摇曳不自矜持。」庾信《竹杖賦》：「每與龍鍾之族，幽翳沉沉。」注：「龍鍾，竹名。」

一説龍鍾本爲石名，《洞冥記》：「陽關之外花牛津，時得異石，長十丈，高三丈，立于望仙宫，因名龍鍾石。」老人身重如石，行動困難，故謂也。

有解作行動艱難貌。唐蘇頲《早發方騫驛》詩：「傳置遠山蹊，龍鍾蹴爛泥。」

有解釋爲年邁衰老貌。唐沈佺期《答魑魅代書寄家人》詩：「龍鍾辭北闕，蹭蹬守南荒。」宋梅堯臣《寄馬御史》詩：「卻顧舊埒老病馬，塵沙歷盡空龍鍾。」

亦有釋爲淚流沾濕貌。蔡邕《琴操・信立退怨歌》：「紫之亂朱，粉墨同兮；空山歔欷，涕龍鍾兮。」岑參《逢入京使》詩：「故園東望路漫漫，雙袖龍鍾淚不乾。」

此外，有釋疲憊者，還有釋蹭蹬者。

## 11　顏面

《説文》：「顔，眉目之間也。」《增韻》：「額角曰顔。」[一]《方言》：「湘江間謂之瀕，中夏謂之額，東齊謂之顙，汝潁淮泗之間謂之顔。」[二]

《説文》：「面，顔前也，象人面形。」[三]今人「顔面」通一面而言，更不復分別。

（瀕音氊；　頟，俗作「額」）

【箋注】

[一]《説文》：「顏，眉目之間也。」《史記・高祖本紀》：「高祖爲人，隆準而龍顏，美須髯，左股有七十二黑子。」裴駰集解引應劭曰：「顏，頟顙也，齊人謂之顙，汝南、淮、泗之間曰顏。」司馬貞索隱引《爾雅》：「顏，額也。」

[二]語出揚雄《方言》卷十：「顏，顙也，湘江間謂之㰷，中夏謂之頟，東齊謂之顙，汝潁淮泗之間謂之顏。」

[三]段玉裁《説文解字注・面部》：「顏者，兩眉之中間也。顏前者，謂自此而前則爲目、爲鼻、爲目下、爲頰之間，乃正鄉人者。」按，「乃正鄉人者」謂正對他人的部位，「鄉」，同「向」。

## 12 夸毗

（夸音誇；毗音脾）

《爾雅》：「夸毗，體柔也。」[一]按，夸毗，本作「䠸𨉖」[二]，以體柔爲訓。朱子釋《詩》「無爲夸毗」曰：「夸大毗附也，言小人不以大言夸之，則以諛言毗之。」[三]失䠸𨉖之意矣。《爾雅》猶足據也。

【箋注】

[一]《爾雅・釋訓》：「夸毗，體柔也。」

[二]䠸𨉖：《玉篇・身部》：「䠸，䠸𨉖，以體柔人也。《爾雅》作夸毗。」《廣韻・麻韻》：「䠸，䠸𨉖，體柔也。」

[三]《詩・大雅・板》：「天之方懠，無爲夸毗。」毛傳：「夸毗，體柔人也。」朱熹集傳：「夸，大；毗，附也。小人

之於人，不以大言夸之，則以諛言毗之也。』「夸毗」，以柔媚、諂諛逢迎。《後漢書・崔駰傳》：「夫君子非不欲仕也，恥夸毗以求舉。」李賢注：「夸毗，謂佞人足恭，善爲進退。」三國魏・阮籍《詠懷》之五三：「如何夸毗子，作色懷驕腸。」

## 13　籧篨　戚施

《爾雅》：「籧篨，口柔也；戚施，面柔也。」《説文》：「籧篨，粗竹席。」[一] 曹氏曰：「竹席之爲用，常仰而不能俯，口柔之人，視人顔色以爲辭，常仰面於人，因名爲籧篨。」[二]「戚施」[三] 本作「⿰尗見⿰見兒」。《廣韻》：「⿰尗見，面柔也。」《説文》：「⿰見兒，司人也。」「司」與「伺」同[四]。愚謂⿰尗見从見尗聲，亦「伺」也[五]。今巡緝字當作「⿰尗見」，《廣韻》亦誤釋。蓋面柔者必低首下人，媚以容色，有似於伺人者，故曰「⿰尗見⿰見兒」。《詩》作「戚施」，古字通用。

**[箋注]**

[一]《方言》卷五：「簟之粗者自關而西謂之籧篨。」《淮南子・本經》「若簟籧篨」高誘注：「籧篨，葦席。」謂以竹篾、蘆葦編織的粗席。

[二]《詩・邶風・新臺》：「燕婉之求，籧篨不鮮。」毛傳：「籧篨，不能俯者。」鄭玄箋：「籧篨，口柔，常觀人顔色而爲之辭，故不能俯首也。戚施，面柔，下人以色，故不能仰也。」因此，「籧篨」指不能俯身的人，或不能俯身的疾病。籧篨，也指諂佞，巧言令色。《爾雅・釋訓》：「籧篨，口柔也。」郭璞注：「籧篨之疾不能俯，口柔之視人顔色常亦不伏，固以名云。」陸德明釋文：「舍人云：『籧篨，巧言也。』李（巡）云：『籧篨，巧言辭以饒人，謂之口柔。』」《國

語・晉語四》：「籧篨不可使俯，戚施不可使仰。」

〔三〕《詩・邶風・新臺》：「燕婉之求，得此戚施。」毛傳：「戚施，不能仰者。」比喻諂諛獻媚的人。《文選・李康〈運命論〉》：「凡希世苟合之士，蘧蒢戚施之人，俛仰尊貴之顔，逶迤勢利之間。」張銑注：「戚施，面柔也。」《魏書・陽固傳》：「蘧蒢戚施，邪媚是欽，既詭且妬，以逞其心。」也謂俳優。《國語・鄭語》：「侏儒戚施，實禦在側，近頑童也。」韋昭注：「侏儒、戚施，皆優笑之人。」

〔四〕䚦：《説文》：「䚦，司人也。从見，它聲。讀若馳。」段玉裁注：「司者，今之伺字。」《集韻・支韻》：「䚦，通作施。」

〔五〕䚇：《玉篇・見部》：「䚇，䚇䚦，面柔也。」《集韻・屋韻》：「䚦，䚇䚦，面柔，不能仰。」《正字通・見部》：「䚇，䚇䚦，面柔，下人以色也。」

# 14 欠伸

《禮記》：「君子欠伸。」〔一〕欠，張口氣悟也〔二〕，今言呵欠。伸，舒也。今言伸要〔三〕，手足亦然。亦作「申」。《論語》：「申申如也。」〔四〕又作「信」〔五〕，《莊子》：「熊經鳥信。」〔六〕蓋人志倦則欠，體疲則伸。

**【箋注】**

〔一〕《儀禮・士相見禮》：「凡侍坐君子，君子欠伸，問日之早晏，以食具告。」鄭玄注：「志倦則欠，體倦則伸。」

〔二〕《説文》：「欠，張口氣悟也。象氣从人上出之形。」王筠釋例：「人之欠伸，大抵相連卬首張口而氣解焉。

氣不循其常，故反之以見意也。」

[三] 伸要，即伸腰，伸懶腰。

[四]《論語・述而》：「子之燕居，申申如也。」何晏集解引馬融曰：「申申，和舒之貌也。」

[五]「信」表示「伸」，屬通假。《禮記・儒行》：「有比黨而危之者，身可危也，而志不可奪也。雖危，起居竟信其志。」鄭玄注：「信讀如屈伸之伸，假借字也。」《考工記・鮑人》：「引而信之，欲其直也。信之而直，則取材正也。」《漢書・律曆志》：「尺者，蒦也。丈者，張也。引者，信也。」顔師古注：「信讀曰伸，言其長。」

[六]《莊子・刻意》：「吐故納新，熊經鳥申，爲壽而已矣。」

## 15 扶寸

《記・投壺》：「堂上七扶，室中五扶。」注：「鋪四指曰扶。通作膚。」[一]《公羊傳》：「膚寸而合。」注：「側手曰膚，案指曰寸。」[二]

[箋注]

[一]《禮記・投壺》：「籌，室中五扶，堂上七扶，庭中九扶。」鄭玄注：「鋪四指曰扶。」孔穎達疏：「四指曰扶，扶廣四寸……通作『膚』。」「鋪四指」意謂并鋪四指的寬度。

明焦竑《焦氏筆乘・古字有通用假借用》：「《禮記・投壺》：『籌，室中五扶，堂上七扶。』《公羊傳》曰：『膚寸而合。』何休曰：『側手爲膚，按指爲寸。』扶，讀爲『膚』。扶、膚古通用。」

[二]《公羊傳・僖公三十一年》：「膚寸而合。」何休注：「側手爲膚，案指爲寸。」因而比喻極短、極少。《韓非

子·揚權》：「上失扶寸，下得尋常。」《戰國策·秦策三》：「昔者，齊人伐楚，戰勝，破軍殺將，再辟千里，膚寸之地無得者，豈齊不欲地哉，形弗能有也。」

## 16 上頭

女子笄曰上頭[一]。花蕊夫人《宫詞》：「年初十五最風流，新賜雲鬟使上頭。」娼家處女初薦寢於人，亦曰上頭[二]。俗謂「梳櫳」，言上頭須梳櫳也[三]。

### [箋注]

[一] 女子成年，束髮插笄，謂之上頭。宋孟元老《東京夢華録·清明節》：「子女及笄者，多以是日上頭。」梁章鉅《退庵隨筆·家禮一》：「女子至十四，則擇日爲蓄髮，謂之上頭。」南朝梁蕭綱《和人渡水》詩：「婉娩新上頭，湔裾出樂遊。」上頭也指男子束髮加冠，標誌成年。《南齊書·孝義傳·華寶》：「父豪，義熙末，戍長安，寶年八歲。臨别，謂寶曰：『須我還，當爲汝上頭。』」宋蔡絛《鐵圍山叢談》卷二：「先是，諸王冠，止于宫中行世俗之禮，謂之上頭。」《西遊補》第十一回：「前日，小月王一個結義兄弟，三四十歲還不上頭，還不做親。」

[二] 陶宗儀《輟耕録·上頭入月》：「倡家處女初得薦寢於人，亦曰上頭。」孔尚任《桃花扇·眠香》：「今日香姐上頭，貴人將到，你還做夢哩。」

[三]《警世通言·玉堂春落難逢夫》：「他家裏還有一個粉頭，排行三姐，號玉堂春，有十二分顔色，鴇兒索價太高，還未梳櫳。」孔尚任《桃花扇·傳歌》：「這裏有位罷職縣令，叫做楊龍友……常到院中誇俺孩兒，要替他招客梳櫳。」《醒世姻緣傳》第十三回：「正統五年，梳櫳接客，兼學扮戲爲旦。」

## 17 半面

今人謂曾相識曰半面之雅。漢應奉少時詣彭城相袁賀，賀出閉門，造車匠於内啓扉出半面視奉，後數年遭於道，奉識而呼之[一]。至今云「半面」，或云「一面」也[二]。

［箋注］

[一]《後漢書·應奉傳》「奉少聰明」，李賢注引三國吴謝承《後漢書》：「奉年二十時，嘗詣彭城相袁賀，賀時出行閉門，造車匠於内開扇出半面視奉，奉即委去。後數十年於路見車匠，識而呼之。」後以「半面」指嘗見一面。《北齊書·楊愔傳》：「其聰記强識，半面不忘。」唐錢起《贈李十六》詩：「半面喜投分，數年欽盛名。」

[二] 陸機《辯亡論下》：「故魯肅一面而身托，士燮蒙臉而致命。」明李贄《與耿叔台書》：「今偲只而不一見，非情也，約以是月同發，一面容顔乃别。」

## 18 輔車

《左傳》「輔車相倚」注：「輔，夾輔也；車，牙車也。」[一]輔乃車兩旁木，所以夾車者[二]，其字从車，人頰骨似車輔，故曰輔車[三]。左右相待，故曰相倚。

（頰音劫）

## 【箋注】

〔一〕《左傳・僖公五年》：「諺所謂『輔車相依，脣亡齒寒』者，其虞、虢之謂也。」杜預注：「輔，頰輔；車，牙車。」孔穎達疏：「《廣雅》云：『輔，頰也。』則輔、頰爲一。牙車，牙下骨之名。頰之與輔，口旁肌之名也。蓋輔車一處分爲二名耳。輔爲外表，車是内骨，故云相依也。」《易・咸》：「上六：咸其輔、頰、舌。」孔穎達疏引馬融曰：「輔，上頷也。輔、頰、舌者，言語之具。」

〔二〕《詩・小雅・正月》：「其車既載，乃棄爾輔……無棄爾輔，員於爾輻。」孔穎達疏：「此云『乃棄爾輔』，則輔是可解脱之物，蓋如今人縛杖於輻，以防輔事也。」明宋應星《天工開物・車》：「車輪之中，内集輪（輻）、外接輞，圓轉一圈者，是曰輔也。」鍾廣言注：「輔，本指車輪外旁增縛夾轂的兩條直木，借以增强輪輻載重支力。這裏指内面接輻而外面頂住輪圈的内緣。」

〔三〕輔車：車夾木與車輿，或謂頰輔與牙床，二者互爲依存。《三國志・吴志・諸葛恪傳》：「與丞相陸遜書曰：『楊敬叔傳述清論，以爲方今人物彫盡，守德業者不能復幾，宜相左右，更爲輔車，上熙國事，下相珍惜。』」

## 19 睢盱 睚眦

（睢，隳、位二音；盱音吁）

睢，仰目也〔一〕；盱，張目也〔二〕。睢盱，小人喜悦貌，恣睢暴戾也〔三〕。《漢・五行志》：「恣睢者衆。」〔四〕《荀彧傳》：「負功恣睢。」〔五〕盱衡，眉上曰衡。《王莽傳》：「盱衡厲色。」〔六〕又《莊子》「睢睢盱盱」〔七〕，則元氣也〔八〕。

睚眦，舉目相忤貌[九]。范睢睚眦之怨必報[一〇]。眦，亦作「眥」。《孔光傳》：「睚眥莫不誅傷。」[一一]左雄《疏》：「髡鉗之戮，生于睚眦。」[一二]

**【箋注】**

[一] 睢：仰視。《説文·目部》：「睢，仰目也。」《漢書·五行志中之下》：「萬衆睢睢，驚怪連日。」顔師古注：「睢睢，仰目視貌也。」

[二] 盱：張目。《易·豫》：「盱豫，悔。」孔穎達疏：「盱謂睢盱。」虞翻注：「盱，張目也。」《列子·黄帝》：「而睢睢，而盱盱。」張湛注引《倉頡篇》云：「盱，張目貌。」

[三]《易·豫》「盱豫悔」唐孔穎達疏：「盱，謂睢盱。睢盱者，喜説之貌。」喜説，即喜悦。張衡《西京賦》：「迾卒清候，武士赫怒，緹衣韎韐，睢盱拔扈。」

[四]《漢書·五行志上》：「又多兄弟親戚骨肉之連，驕揚奢侈，恣睢者衆，所謂重難之時者也。」顔師古注引服虔曰：「自恣意怒貌也。」

[五]《後漢書·荀彧傳》：「韓暹、楊奉負功恣睢，未可卒制。」謂自恃有功，放縱暴戾。

[六] 盱衡：揚眉舉目。《漢書·王莽傳上》：「當此之時，公運獨見之明，奮亡前之威，盱衡厲色，振揚武怒。」顔師古注引孟康曰：「眉上曰衡。盱衡，舉眉揚目也。」

[七]《莊子·寓言》：「老子曰：『而睢睢盱盱，而誰與居？』」郭象注：「睢睢盱盱，跋扈之貌，人將畏難而疏遠。」成玄英疏：「睢盱，躁急威權之貌也。」睢睢盱盱，形容傲慢跋扈。

[八]《廣雅》：「睢睢盱盱，元氣也。」

[九] 睚眦：亦作「睚眥」。二者均指眼眶，形容舉目怒視，瞪眼看人。《戰國策·韓策二》：「夫賢者以感忿睚

眥之意，而親信窮僻之人，而政獨安可嘿然而止乎？」鲍彪注：「睚眥，怒視也。」

［一〇］《史記·范睢蔡澤列傳》：「一飯之德必償，睚眥之怨必報。」

［一一］《漢書·孔光傳》：「厓眥莫不誅傷。」

［一二］左雄：字伯豪，東漢南陽人。曾針對各郡縣「舉孝廉」之諸弊端，多次上書漢順帝，建議推行考試選官制度。《後漢書·左雄傳》載其上疏中言曰：「髡鉗之戮，生於睚眥；覆尸之禍，成於喜怒。視民如寇讎，稅之如豺虎。」

## 20 身重

婦人懷妊曰娠［一］，通作「身」［二］。《詩》「大任有身」，注云：「重也。」箋云：「重謂懷孕也。」［三］今人亦曰「有身」［四］，或曰「身重」［五］。

**［箋注］**

［一］娠，懷孕。《説文》：「娠，女妊身動也。」《左傳·哀公元年》：「後緡方娠，逃出自竇，歸於有仍，生少康焉。」杜預注：「娠，懷身也。」

［二］《正字通·身部》：「身，女懷妊曰身。」

［三］《詩·大雅·大明》：「大任有身，生此文王。」毛傳：「身，重也。」鄭玄箋：「重，謂懷孕也。」孔穎達疏：「以身中復有一身，故言重。」

［四］《史記·高祖本紀》：「是時雷電晦冥，太公往視，則見蛟龍於其上。已而有身，遂産高祖。」《漢書·長沙

定王劉發傳》：「上醉，不知，以爲程姬而幸之，遂有身。」

〔五〕懷孕或曰「重身」。《素問・奇病論》：「人有重身，九月而瘖，此爲何也？」王冰注：「重身，謂身中有身，則懷姙者也。」清顧張思《土風録》卷七：「婦人懷孕曰重身。」

## 21 揖拜跪

手與胷平爲揖〔一〕。《詩詁》：「推手曰揖，引手曰厭。」推手，手與胷離也，厭則着手於胷〔二〕。首與要平爲拜。《荀子》：「平衡曰拜。」平衡謂磬折〔三〕，正首與要平，兩膝屈地〔四〕。危陧爲跪〔五〕。《説文》：「跪，拜也。」《周禮・大祝》九拜〔六〕。以首至地曰稽首，以首置地曰頓首，不至地曰空首〔七〕，恐悚蹙迫而下手曰振動，雍容而下手曰吉拜，泣血而下手曰凶拜〔八〕，拜不再拜曰奇拜，答拜曰褒拜〔九〕，直身肅容而微下手曰肅拜〔一〇〕。凡言下手，與首不至地，是立而拜。稽首、頓首，非跪不能拜。奇拜、褒拜，兼跪立二者，故跪亦曰拜。稽首即稽顙〔一一〕，鄭康成曰：「拜而後稽顙曰吉拜，稽顙而後拜曰凶拜。」〔一二〕婦人吉事肅拜，凶事手拜。肅拜即九拜之肅拜。手拜以首至手，又謂拜手。婦人古無屈膝而拜者，有則自武后始也。

（厭音壓；陧音臬）

## [箋注]

〔一〕揖：拱手行禮。《説文·手部》：「揖，攘也。一曰手箸胸曰揖。」《廣雅·釋詁二》：「揖，進也。」王念孫疏證：「謂揖而進之也。」《書·康王之誥》：「太保暨芮伯咸進相揖，皆再拜稽首。」顔之推《顔氏家訓·風操》：「南人賓至不迎，相見捧手而不揖，送客下席而已。」陸游《老學庵筆記》卷八：「古所謂揖，但舉手而已。」清葉名澧《橋西雜記·揖》：「三十年前，見諸先輩賓主相揖，舉手必至額及地……曩有一後進，見萊陽初公頤園於廣坐中，揖甫及半而止，初公答禮尚未畢也，同坐皆斥新進者禮節之疏。」

〔二〕厭：《集韻》乙及切。長揖，後作「撎」。《詩詁》：「上手當曰厭，謂手厭於胷，引手當曰揖，下手曰拜。」《儀禮·鄉飲酒禮》：「賓厭介入門左，介厭衆賓入。」鄭玄注：「推手曰揖，引手曰厭。今文皆作揖。」賈公彦疏：「引手曰厭者，厭字或作『撎』字者，古字義亦通也……以手向身引之。」

〔三〕磬折：即彎腰，表示謙恭。《後漢書·馬援傳》：「述鸞旗旄騎，警蹕就車，磬折而入。」李賢注：「磬折者，屈身如磬之曲折，敬也。」

〔四〕拜：行禮時下跪，低頭與腰平，兩手至地。《荀子·大略》：「平衡曰拜。」楊倞注：「謂罄折，頭與腰如衡之平。」

〔五〕漢劉熙《釋名·釋姿容》：「跪，危也，兩膝隱地，體危隉也。」畢沅疏證：「古人危坐乃跪也，故管寧坐榻當膝處皆穿。」《正字通·足部》：「跪，屈膝也……朱子謂古人只是跪坐，著《跪坐拜説》云：兩膝著地，以尻著踵而稍安者爲坐；伸腰及股而勢危者爲跪；因跪而益致其恭以頭著地爲拜。」趙翼《陔餘叢考·古人跪坐相類》：「蓋以膝隱地，伸腰及股，危而不安者，跪也；以尻着蹠，而體便安者，坐也……據此則古人之坐與跪，皆是以膝着地，但分尻着蹠與不着蹠耳。」

〔六〕《周禮·大祝》：「辨九拜：一曰稽首，二曰顿首，三曰空首，四曰振动，五曰吉拜，六曰凶拜，七曰奇拜，八曰褒拜，九曰肅拜，以享右祭祀。」

[七]《周禮·大祝》「九拜」鄭玄注：「稽首，拜頭至地也；頓首，拜頭叩地也；空首，拜頭至手，所謂拜手也。」稽首，下跪，兩手著地，叩头至地，停留一段時間，爲九拜中之至恭。《公羊傳·宣公六年》：「靈公望見趙盾，愬而再拜；趙盾逡巡北面再拜稽首，趨而出。」頓首，以頭叩地，稍頓即起，而不停留，九拜中之次重者。空首是兩手拱地，引头至手而不着地，是拜禮中较轻者。賈公彦疏：「空首者，先以兩手拱至地，乃頭至手，是爲空首也，以其頭不至地，故名空首。」稽首、頓首、空首這三拜是正拜。

[八] 鄭玄曰：「吉拜，拜而後稽顙，謂齊衰不杖以下者。言吉者，此殷之凶拜，周以其拜與頓首相通，故謂之吉拜云。」「凶拜，稽顙而後拜，謂三年服者。」《禮記·雜記下》：「三年之喪，以其喪拜；非三年之喪，以吉拜。」吉拜，先拜手而後稽顙；凶拜，先頓首，後空首，三年喪期内者或于喪禮時，施凶拜。

[九] 振動、褒拜等禮，鄭玄禮注中引用了幾種説法。

杜子春云：「振，讀爲振鐸之振，動，讀爲哀慟之慟；奇，讀爲奇偶之奇，謂先屈一膝，今雅拜是也。或云：奇讀曰倚，倚拜謂持節、持戟拜，身倚之以拜。」

鄭大夫（鄭興）云：「動讀爲董，書亦或爲董。振董，以兩手相擊也。奇拜，謂一拜也。褒讀爲報，報拜，再拜是也。」

鄭司農（鄭衆，鄭興之子）云：「褒拜，今時持節拜是也。」

鄭玄又曰：「玄謂振動，戰栗變動之拜。」

按：振動，杜説爲哀慟動摇身體而拜；鄭大夫説是兩手相擊而拜；鄭玄認爲是顫動其身而拜。奇拜，杜認爲是先屈一膝而拜，又稱「雅拜」，又説奇讀爲「倚」，倚仗武器或符節以拜；鄭大夫認爲是拜一次。褒拜，鄭衆認爲是持節之拜，鄭大夫認爲是報拜，即再拜。周祈此處認爲褒拜即答拜，可從。

[一〇] 肅拜，並不下跪，俯身拱手行禮。軍人身披甲胄，不便跪拜，所以軍禮用肅拜。《禮記·少儀》：「婦人吉事，雖有君賜，肅拜。」鄭玄注：「肅拜，拜低頭也。」一本作「拜不低頭也」。《朱子語類》卷九一：「問：古者婦人以

肅拜爲正，何謂肅拜？曰：兩膝齊跪，手至地而頭不下爲肅拜。」

［一一］《荀子·大略》：平衡曰拜，下衡曰稽首，至地曰稽顙。《儀禮·士喪禮》：「弔者致命，主人哭拜，稽顙成踊。」《漢書·李廣傳》：「若乃免冠徒跣，稽顙請罪，豈朕之指哉！」屈膝下拜，以額觸地，極度虔誠，即稽顙。

［一二］《周禮·大祝》「九拜」鄭玄（字康成）注。

## 22 唱喏（喏音惹）

《左傳》：「使訓羣騶知禮。」[一]注：「騶，喏喝聲也。」[二]喏，《玉篇》：「敬言也。」[三]喝，訶也。[四]貴者將出，唱使避已，故曰唱喏。亦曰鳴騶[五]，即《孟子》「行辟人也」[六]。今俗謂揖曰唱喏，不可曉。

【箋注】

［一］《左傳·成公十八年》：「程鄭爲乘馬御，六騶屬焉，使訓羣騶知禮。」杜注：「六騶，六閑之騶。周禮，諸侯有六閑馬。乘車尚禮容，故訓群騶使知禮。」孔穎達疏：「騶是主駕之官也。」

［二］此注語未知所出，疑自他出，左傳注疏無此文。

［三］喏：向人作揖並同時出聲致敬。《玉篇·口部》：「喏，敬言。」陸游《老學庵筆記》卷二：「先君言，舊制，朝參，拜舞而已。政和以後，增以喏。然紹興中，予造朝，已不復喏矣。」又卷八：「古所謂揖，但舉手而已。今所謂

喏，乃始於江左諸王。方其時，惟王氏子弟爲之。故支道林入東見王子猷兄弟還，人問『諸王何如？』答曰：『見一群白項烏，但聞喚啞啞聲。』即今喏也。」

［四］《廣韻・曷韻》：「喝，訶也。」《史記・蘇秦列傳》：「是故恫疑虛喝，驕矜而不敢進。」司馬貞索隱：「劉氏云：『秦自疑懼，不敢進兵，虛作恐喝之詞，以脅韓魏也。』」

［五］鳴騶：古者顯貴出行，有騎卒或隨從在前面吆喝開道。亦曰「騶喝」「騶哄」「騶導」等。後借「鳴騶」指顯貴。南朝齊孔稚珪《北山移文》：「及其鳴騶入谷，鶴書起隴，形馳魄散，志變神動。」高適《東平旅遊奉贈薛太守二十四韻》：「歌謠隨舉扇，旌旆逐鳴騶。」曹寅《雨中和漁村韻》：「不掃春廳雪，鳴騶罷往來。」

［六］《孟子・離婁下》：「君子平其政，行辟人可也，焉得人人而濟之。」

## 23　醋大

《資暇録》云：「世稱士流爲醋大，言其峭酸冠四民之首。」［一］此説得之，猶言酸子也。或云衣冠儼然，比於醋更釅，或云能措置大事，皆非。《新鄭志》謂「邑有醋溝，溝東多甲族」，又以爲彼邑之事，恐未然。

【箋注】

［一］唐李濟翁《資暇録》：「世稱士流爲醋大，言其峭醋而冠四民之首……又云鄭有醋溝，其溝東尤多甲族，以甲乙敘之故曰醋大……衣冠儼然，黎遮望之有不可犯之色，如醋之酸而難飲也。故又謂之酸子。」

醋大：舊時對貧寒讀書人的輕蔑稱呼。唐蘇鶚《蘇氏演義》卷上：「醋大者，或有擡肩拱臂，攢眉蹙目，以爲姿態，如人食酸醋之貌，故謂之醋大。大者，廣也，長也。篆文大字，象人之形。」宋邵桂子《滿江紅・稅官之揚州任》詞：「窮醋大，齊齊整整，豈無貸揭。」元孛羅《一枝花・歸隱》套曲：「有幾個不求仕的官員，更有那東莊裏醋大，他每都攧着手歌豐稔，再不想巡按去弄奸猾。」

## 24 首鼠 章首

《灌夫傳》：「首鼠兩端。」[一]《吴越春秋》「章首」，傽偟也[二]，俗云麞頭[三]。蓋鼠性疑，出穴多不果，一前一却；麞膽怯，飲水見影輒奔走。《道書》：「麞鹿無魂。」

### [箋注]

[一]《史記・魏其武安侯列傳》：「武安已罷朝，出止車門，召韓御史大夫載，怒曰：『與長孺共一老秃翁，何爲首鼠兩端？』」首鼠兩端，猶豫不決、動摇不定貌。《明史・傅珪傳》：「吾儕死不償責，諸公安得首鼠兩端。」亦作「首施兩端」。《後漢書・鄧訓傳》：「先是小月氏胡分居塞内，勝兵者二三千騎，皆勇健富强，每與羌戰，常以少制多，雖首施兩端，漢亦時收其用。」王念孫《讀書雜誌餘編上・後漢書》曰：「首施，猶首尾也。首尾兩端，即今人所云進退無據也。」

首鼠，或作首施，表示躊躇、遲疑。《三國志・吴志・諸葛恪傳》：「山越恃阻，不賓歷世，緩則首鼠，急則狼顧。」宋莊季裕《雞肋編》卷中：「元祐末已有紹述之論，時來之邵爲御史，議事率多首鼠，世目之爲『兩來子』。」

[二] 傽偟：忙亂，驚慌。亦作「慞惶」。

[三] 晉崔豹《古今注・鳥獸》：「麞有牙而不能噬。鹿有角而不能觸。麞，一名麕，青州人謂麕爲麞。」宋陸佃

《埤雅》：「麞如小鹿而美，故从章。章，美也。」李時珍《本草綱目·獸二·麞》：「麞，秋冬居山，春夏居澤。似鹿而小，無角，黄黑色，大者不過二三十斤。雄者有牙出口外，俗稱牙麞。其皮細軟，勝於鹿皮，夏月毛毨而皮厚，冬月毛多而皮薄也。」

## 25 啓處 委質

《詩》：「不遑啓處。」[一]《左傳》：「策名委質。」[二]啓處，跽也，長跪也，兩膝着地而立身。委質，屈膝也，拜則屈膝，而委身於地。（跽音起）

**[箋注]**

[一]《詩·小雅·四牡》：「王事靡盬，不遑啓處。」毛傳：「啓，跪；處，居也。」「啓處」謂安居。《詩·小雅·采薇》：「不遑啓居，玁狁之故。」鄭玄箋：「啓，跪也。」

[二]《左傳·僖公二十三年》：「策名委質，貳乃辟也。」杜預注：「名書於所臣之策。」孔穎達疏：「古之仕者於所臣之人書己名於策，以明系屬之也。」

## 26 惡臭

《大學》：「如惡惡臭。」[一]惡，今但以穢惡爲義[二]。顔師古曰：「惡，即矢也。」《昌邑王傳》：「如是青蠅惡矣。」[三]越王勾踐爲吳王嘗惡，皆指言矢。矢，本作「菡」，俗作「屎」。借作「矢」，猶「溲」借作小也[四]。

**[箋注]**

[一]《禮記·大學》：「所謂誠其意者，毋自欺也。如惡惡臭，如好好色，此之謂自慊。故君子必慎其獨也。」

[二]《左傳·成公六年》：「土厚水深，居之不疾，有汾澮以流其惡。」杜預注：「惡，垢穢。」惡指污穢骯髒之物。

[三]《漢書·昌邑哀王劉髆傳》：「陛下左側讒人衆多，如是青蠅惡矣。」顏師古注：「惡即矢也。越王勾踐爲吳王嘗惡，亦其義也。」漢趙曄《吳越春秋·勾踐入臣外傳》：「適遇吳王之便，大宰嚭奉溲惡以出。逢户中，越王因拜請嘗大王之溲以決吉凶，即以手取其便與惡而嘗之。」

[四]參「溲」。

## 27 瞽 瞍

鄭云：「無目眹謂之瞽，有目無眸子謂之瞍。」[一]按，眹，兆也[二]，「無目眹」謂目上下相合，漫無兆域，若鼓皮然，故曰瞽。《説文》：「瞽，目但有眹也。」[三]非是。瞍，即今青盲。目上下開，有眹而無珠子，故曰有目無眸子。《詩》所謂「矇瞍」也[四]。

（眹音引）

**［箋注］**

［一］眹：《廣韻》直引切。《説文新附》：「眹，目精也。」《廣韻・軫韻》：「眹，目童子也。」即眼珠，瞳仁。《周禮・春官・序官》「瞽矇」鄭玄注引鄭司農曰：「無目眹謂之瞽，有目眹而無見謂之矇。」孫詒讓正義：「先鄭云『無目眹』者，蓋謂目縫黏合，絶無形兆。」劉向《新序・雜事一》：「晉平公閑居，師曠侍坐。平公曰：『子生無目眹，甚矣子之墨墨也！』」

瞍：睛，睛子。《説文》：「瞍，無目也。」段玉裁注：「無目者，其中空洞無物，故《字林》云，瞍，目有眹無珠子也。」《詩・大雅・靈台》：「矇瞍奏公。」毛傳：「無眸子曰瞍。」孔穎達疏：「《春官》『瞽矇』注，鄭司農云：有目而無眸子謂之瞍。」《釋名・釋疾病》：「瞍，縮也，縮壞也。」

［二］眹，亦謂徵兆，迹象。《廣韻・軫韻》：「吉凶形兆謂之兆眹。」《莊子・齊物論》：「必有真宰，而特不得其眹。」陸德明釋文：「眹，兆也。」

［三］《説文》：「瞽，目但有眹也。」徐鍇繫傳：「説《尚書》者，言目漫如鼓皮也，眹但有黑子外微有黑影而已。」朱駿聲通訓定聲：「謂目眠不開，唯有縫者。」《書・堯典》「瞽子父頑」，孔傳：「無目曰瞽。」《莊子・逍遥遊》：「瞽者無以與乎文章之觀。」成玄英疏：「瞽者，謂眼無眹縫，冥冥如鼓皮也。」古代瞽者在宫廷任樂師，故以瞽稱樂師。《字彙・目部》：「瞽，目有眹而無明，目無明則耳聰，使爲樂師，名之曰瞽，因所掌而命名也。」《詩・周頌・有瞽》：「有瞽有瞽，在周之庭。」鄭玄箋：「瞽，矇也。以爲樂官者，目無所見，於聲音審也。」

［四］矇瞍：盲人，樂官。亦作「矇叟」。《詩・大雅・靈臺》：「鼉鼓逢逢，矇瞍奏公。」《楚辭・九章・懷沙》：「玄文處幽兮，矇瞍謂之不章。」洪興祖補注：「有眸子而無見曰矇，無眸子曰瞍。」

## 28 叩首　叩頭

叩首，以手至首也，所謂舉手加額也。叩頭，以首至地也，所謂頓，爲叩地也。叩，一也，首與頭一也，而其辨如此[一]。

【箋注】

[一] 本條區分「叩首、叩頭」二禮。首和頭意思相同，同爲叩的動作，但叩首和叩頭的施禮方式不同。

## 29 如柴 如泥

今人謂瘦甚曰如柴，醉甚曰如泥[一]。

《埤雅》曰：「柴，豺也。豺體細瘦，謂之豺。棘人骨立謂之柴毀。」[二]「豺」「柴」通。

小說：「南海有蟲，無骨，在水中則活，去水醉如一塊泥。」[三]因名泥人醉，則肢體軟如泥蟲然。

【箋注】

[一]《後漢書·周澤傳》：「一歲三百六十日，三百五十九日齋。」李賢注：「《漢官儀》此下云：『一日不齋醉如泥。』」

[二] 陸佃《埤雅·釋獸·豺》：「俗云瘦如豺，豺，柴也，豺體細瘦，故謂之豺。棘人骨立謂之柴毀，義取諸此。」棘人：指爲父母居喪者。《詩·檜風·素冠》：「庶見素冠兮，棘人欒欒兮，勞心慱慱兮。」鄭玄箋：「急於哀慼之人。」柴毀，謂居喪哀傷，瘦損如柴。唐楊炯《中書令汾陰公薛振行狀》：「太夫人薨，公每哭嘔血，杖而後起。上見公柴毀，泣曰：『朕遂不識卿，卿事朕君父一致，遂至於滅性，可謂孝子。』」《晉書·孝友傳·許孜》：「俄而二親没，柴

毁骨立，杖而能起。」《北史·張熒傳》：「（張熒）遷太府少卿，領營新都監丞。丁父憂去職，柴毁骨立。」

［三］宋吴曾《能改齋漫録》卷七《醉如泥》：「後漢周澤，時人爲之語曰：『生世不諧，作太常妻。一歲三百六十日，三百五十九日齋，一日不齋，醉如泥。』按，稗官小説：『南海有蟲，無骨，名曰泥。在水中則活，失水則醉，如一堆泥然。』」

## 30 九畝 兩觀

《史記》：「禹致羣臣於會稽之山，防風後至，禹殺而戮之，身横九畝。」［一］《司馬法》：「六尺爲步，步百爲畝。」［二］防風亦人耳，何至如是之大戮辱也？九畝，地也，殺而辱之，陳尸於九畝也，猶肆諸市朝之意［三］。

《家語》載孔子誅少正卯事，世曰「兩觀之誅」［四］。卯行僻而堅，記醜而博［五］，罪非死比也。攝相七日而誅之，毋乃過乎？朱子嘗致疑矣。

予按，兩觀即闕，以觀雙植謂之兩觀，以記教令謂之冀闕［六］。古者刑人於市，兩觀豈市耶？誅，責也［七］。《周禮》「宰夫以告而誅之」［八］是也，故責人之隱曰「心誅」。宰予不足責，曰「於予與何誅」［九］。則正卯兩觀之誅，或是當時列其罪狀於兩觀，使人無效尤也。

**［箋注］**

［一］《史記·孔子世家》引孔子語曰：「禹致群神於會稽山，防風氏後至，禹殺而戮之。」《國語·魯語下》：「昔

禹致群神於會稽之山，防風氏後至，禹殺而戮之，其骨節專車。」宋呂祖謙《左氏博議・卷十九》：「防風氏，身橫九畝不能免於會稽之誅。昔禹致群臣於會稽之山，防風後至，禹殺而戮之，身橫九畝。」

［二］清王筠《説文句讀》：「畝，《司馬法》：『六尺爲步，步百爲畝。』是古之制也。秦孝公時，開通阡陌，以五尺爲步，二百四十步爲畝。」

［三］肆，陳尸。《禮記・檀弓下》：「君之臣不免於罪，則將肆諸市朝而妻妾執。」鄭玄注：「肆，陳尸也。大夫以上於朝，士以下於市。」

［四］兩觀：宮門前兩邊的望樓。《左傳・定公二年》：「夏五月壬辰，雉門及兩觀災。」晉崔豹《古今注・都邑》：「闕，觀也。古每門樹兩觀於前，所以標表宮門也。其上可居，登之則可遠觀，故謂之觀。」《孔子家語・始誅》：「於是朝政七日而誅亂政大夫少正卯，戮之于兩觀之下。」《舊唐書・李義府傳》：「仲尼爲魯司寇七日，誅少正卯於兩觀之下；義方任御史旬有六日，不能去姦邪於雙闕之前，實以爲愧。」

後有「兩觀之誅」一語。劉向《上災異封事》：「自古明聖，未有無誅而治者也，故舜有四放之罰，而孔子有兩觀之誅，然後聖化可得而行也。」《隋書・高祖紀上》：「近者内有艱虞，外聞妖寇，以鷹鸇之志，運帷帳之謀，行兩觀之誅，掃萬里之外。」

［五］《荀子・宥坐》：「人有惡者五，而盜竊不與焉。一曰心達而險，二曰行辟而堅，三曰言僞而辯，四曰記醜而博，五曰順非而澤。」孔子認爲少正卯有五惡，《尹文子・大道》《孔子家語・始誅》《説苑・指武》等文獻都有詳載。心達而險，《家語》作「心逆而險」，内心通達（或忤逆）卻用心險惡；行辟而堅，行爲邪僻，頑固不知悔改；言僞而辯，佞言虛構强詞奪理；記醜而博，刻意記誦醜惡且很駁雜；順非而澤，混淆是非，支持錯誤言行，並加以潤飾。

［六］《史記・商君列傳》：「居三年，作爲築冀闕宮庭於咸陽。」司馬貞索隱：「冀闕，即魏闕也。冀，記也。出列教令，當記於此門闕。」

［七］《廣雅・釋詁一》：「誅，責也。」《漢書・董仲舒傳》：「誅名而不察實，爲善者不必免，而犯惡者未必刑

也。」顏師古注：「誅，責也。」

[八]《周禮・天官・冢宰》：「治不以時舉者，以告而誅之。」又《天官・大宰》：「八日誅，以馭其過。」鄭玄注：「誅，責讓也。」賈公彥疏：「誅以馭其過者，臣有過失非故爲之者，誅，責也，則以言語責讓之，故云以馭其過也。」

[九]《論語・公冶長》：「朽木不可雕也，糞土之墻不可杇也，於予與何誅？」宰予晝寢，孔子謂之如朽木不可雕。於予：對於宰予。於予與何誅，對宰予有什麽可責備呢。

## 31 詞 辭 辤

詞，《說文》：「音內而言外。」[一]徐氏曰：「語之助也。聲成文謂之音，詞不出於音，故曰音之內，爲音之助，故曰言之外。」[二]

辭，《說文》：「辭，訟也。」[三]通論曰：「𤔔，理也；辛，辠也。理辠爲辭。」[四]

辤，《說文》：「不受也。受辛宜辤也。」[五]

三字義異。今人辭訟之「辭」，作「詞」，言詞之「詞」，作「辭」，又以「辭」爲辤受之「辤」。雖經史亦循用。

（𤔔，古辭字；辠，古罪字）

**【箋注】**

[一]《說文・司部》：「詞，意內而言外也。从司，从言。」段玉裁注：「司者，主也。意主於內而言發於外，故从

司、言。」《説文》「意内」，此條作「音内」。

[二] 五代徐鍇《説文解字繫傳・通論下・語》：「詞者，音内而言外，在音之内在言之外也。何以言之？惟也，思也，曰也，兮也，斯也，若此之類皆詞也，語之助也……聲成文曰音，此詞直音，内之助；聲不出於音，故曰音之内，聲成文之内，一助聲也，言之外者。」

[三]《説文・辛部》：「辭，訟也。从𤔔，𤔔猶理辜也。𤔔，理也。」按，「辜」即辠，辠同「罪」。

[四] 徐鍇《説文解字繫傳・通論下・詞、亂》：「𤔔者，亂也。亂，理也。」「辛者，辜也。𤔔辛猶理辜也。」

[五]《説文・辛部》：「辤，不受也。从辛，从受。受辛宜辤之。」按，指推辭、辭卻。

## 32 嗚呼

《刊謬正俗》曰：「嗚呼，歎辭也。或佳其美，或傷其悲。」[一] 古文作「於戲」，其義一也。後人于哀誄祭文用「嗚呼」，于封拜册命用「於戲」。謂「嗚呼」爲哀傷，「於戲」爲歎美。《詩》「於乎小子，未知臧否」，是傷也；《書》「嗚呼，威克厥愛允濟」，是歎美也。何所分别乎？

【箋注】

[一] 顔師古《匡謬正俗》卷三「烏呼」條曰：

嗚呼，歎辭也，或嘉其美，或傷其悲，其語備在《詩》《書》，不可具載。但古文《尚書》悉爲「於戲」字，今文《尚書》悉爲「嗚呼」字，而《詩》皆云「於乎」字，中古以來文籍皆爲「嗚呼」字。

文有古今之變，義無美惡之别，末代文字，輒爲體例。若哀誄祭文，即爲「嗚呼」；其對拜册命，即爲「於戲」，「於」讀如字，「戲」讀爲義。謂嗚呼爲哀傷，於戲爲歎美，非止新有屬綴，設此二端，乃亦諷讀舊文，分爲兩義，妄爲穿鑿，不究根本。

按：《大雅》云：「於乎小子，未知臧否。」豈非傷王不知善否乎？《周頌》云：「於乎前王不忘。」非美先王之見稱頌乎？《五子之歌》云：「嗚呼曷歸，予懷之悲。」此即哀傷之語。《胤征》云：「嗚呼，威克厥愛允濟。」此即褒美之辭。何以各別爲字也？且漢武册命三王文皆曰「嗚呼」，此豈哀傷之義？舉其大意，斷可知矣，且許氏《説文解字》及李登《聲類》並云「於」即古「烏」字耳。

## 33 烏烏 咄咄

（咄，讀若篤）

李斯「彈箏拊髀，而呼烏烏」[一]，楊惲「仰天拊缶，而呼烏烏」[二]。蓋烏見異則噪，「烏烏」必秦中舊有此曲，歎所異也。斯下吏，惲失爵位，皆自以爲異云。殷浩終日書空作「咄咄怪事」四字[三]。咄咄，驚怪聲[四]，浩山桑之敗，心不能平，故自驚怪如此。

（髀音粃；惲音藴；缶，音「可否」之「否」）

【箋注】

[一] 烏烏：歌詠聲，又作「嗚嗚」。《史記·李斯列傳》：「夫擊甕叩缶彈箏搏髀，而歌呼嗚嗚快耳者，真秦之聲

也。」漢楊惲《報孫會宗書》：「奴婢歌者數人，酒後耳熱，仰天撫缶，而呼嗚嗚。」

〔二〕《漢書・楊惲傳》：「酒後耳熱，仰天拊缶，而呼烏烏。」

〔三〕劉義慶《世説新語・黜免》：「殷中軍（殷浩）被廢在信安，終日恒書空作字，揚州吏民尋義逐之，竊視，唯作『咄咄怪事』四字而已。」《晉書・殷浩傳》載殷浩被黜放後，口無怨言，但終日書空作「咄咄怪事」四字。「咄咄書空」形容失志、懊恨。

〔四〕咄咄，感歎聲，表示驚詫或感慨。《後漢書・逸民傳・嚴光》：「咄咄子陵，不可相助爲理邪？」陸機《東宮》詩：「冉冉逝將老，咄咄奈老何！」唐李益《北至太原》詩：「咄咄薄遊客，斯言殊不刊。」

## 34 翹材

《説文》：「翹，尾長毛也。」又：「翹翹，高也。」〔一〕翹材者，猶言長才、高才也〔二〕。

### 〔箋注〕

〔一〕《詩・豳風・鴟鴞》：「予室翹翹，風雨所飄摇。」毛傳：「翹翹，危也。」李德裕《孔雀尾賦》：「况復德輶如毛而輕舉，福輕乎羽而莫載，何必負斯尾之翹翹，冒長途而效愛。」翹翹形容危高上舉貌，又爲衆多之貌。《詩・周南・漢廣》：「翹翹錯薪，言刈其楚。」王引之《經義述聞・毛詩上》：「翹翹爲衆多之貌。」

〔二〕翹材：特出的才能，亦指才能穎異之士。曾鞏《使相制》：「某精慮造微，翹材絶衆。」宋葉適《宜興縣修學記》：「今夫邑之翹材穎質，將進于道，必約以性。」《西京雜記》卷四記載，漢時，宰相公孫弘設翹材館，以羅致天下人才。後因以「翹館」謂招致翹材的館舍。宋沈遼《七言奉寄三衢趙少師》：「昔年翹館青衫客，非佛非仙江水東。」明沈德符《野獲編・兵部・武臣好文》：「時世宗方喜祥瑞，爭以表疏稱賀博寵，收取詞客充翹館。」

## 35 瓜葛 葭莩 肺附

瓜葛，蔓延相及，屬之綿遠者云瓜葛[一]。王導嘗與其子奕爭道，導笑曰「相與瓜葛」[二]。葭，蘆也；莩，蘆中白也。雖薄而不相離，親之薄者云「葭莩」。《中山王傳》：「非有葭莩之親。」[三]。

肺附，言肝肺相附着，通屬籍托心膂者云肺附。《劉向傳》：「臣幸得托肺附。」[四]

【箋注】

[一] 瓜葛：瓜與葛，俱蔓生植物，纏繞到别的植物或物體上纔能生長。瓜葛用來比喻輾轉相連的親戚關係或社會關係。蔡邕《獨斷》卷下：「四姓小侯，諸侯家婦，凡與先帝先后有瓜葛者……皆會。」此瓜葛指遠親。瓜葛相糾纏牽繫，故以代指夫妻。三國魏曹叡《種瓜篇》：「與君新爲婚，瓜葛相結連。」

[二] 《晉書》卷六五《王悦傳》：「悦字長豫，弱冠有高名，事親色養，導甚愛之。導嘗共悦弈棋，爭道，導笑曰：『相與有瓜葛，那得爲爾邪！』導性儉節，帳下甘果爛敗，令棄之，云：『勿使大郎知。』」爭道，爭占棋路。王導與其子悦下棋，導笑道，你我還是有些瓜葛的，怎能如此不講人情？

[三] 《漢書・中山靖王劉勝傳》：「今羣臣非有葭莩之親，鴻毛之重，羣居黨議，朋友相爲，使夫宗室擯卻，骨肉冰釋。」顔師古注：「葭，蘆也。莩者，其筩中白皮至薄者也。葭莩喻薄。」

葭莩：即蘆葦裹的白色薄膜，用以比喻親戚關係疏遠淡薄。楊炯《李舍人山亭詩序》：「葭莩爲漢帝之親，枝葉爲周公之裔。」

[四]《漢書・劉向傳》：「臣幸得托肺附，誠見陰陽不調，不敢不通所聞。」顏師古注：「舊解云，肺附謂肝肺相附著，猶言心膂也。一説，肺謂斫木之肺札也，自言於帝室猶肺札附於大材木也。」王念孫《讀書雜誌・漢書八》：「余謂肺、附，皆謂木皮也……言己爲帝室微末之親，如木皮之托於木也。」

肺附：比喻帝王的親戚，宗室近親，又作「肺腑」。《史記・魏其武安侯列傳》：「上初即位，富於春秋，（田）蚡以肺腑爲京師相。」司馬貞索隱：「腑音府，肺音廢，言如肝肺之相附。又云：柿，木札；附，木皮也。」《三國志・蜀志・劉璋傳》：「劉豫州，使君之肺腑，可與交通。」《資治通鑑》晉安帝隆安二年：「汝家幸緣肺附，蒙國寵榮，覆宗不足以報。」

## 36 病力 力疾

《汲黯傳》「今病力」，謂病甚也[一]。

杜詩「力疾坐清曉」，謂雖病而勉强之意[二]。

### [箋注]

[一]《漢書・汲黯傳》：「臣常有狗馬之心，今病力，不能任郡事。」病力，病重也。

[二]力疾：勉强支撑病體。《三國志・魏志・曹爽傳》：「臣輒力疾，將兵屯洛水浮橋，伺察非常。」杜甫《奉酬李都督表文早春作》詩：「力疾坐清曉，來詩悲早春。」

## 37 入月 不月

女子天癸謂之月事[一]，以時下曰入月。王建《宮詞》：「密奏君王知入月。」[二]過時不下爲不月，《内經》：「女子不月。」[三]

### [箋注]

[一] 天癸，即月經，婉稱月事。李時珍《本草綱目・人・婦人月水》：「《釋名》：月經、天癸、紅鉛。月有盈虧，潮有朝夕，月事一月一行，與之相符，故謂之月水、月信、月經。經者常也，有常規也。」《素問・上古天真論》：「女子七歲，腎氣盛，歲更髮長，二七而天癸至，月事以時下，故有子。」王冰注：「所以謂之月事者，平和之氣，常以三旬而一見也。」宋王楙《野客叢書・漢再受命之兆》：「當景帝之召程姬也，程姬有所避，而飾唐姬以進。有所避者，顔師古謂月事也。」宋吴曾《能改齋漫録・記事二》：「又屯田郎中張諲妻，年四十而天癸不至，温叟察其脈曰：『明年血清乃死。』既而果死。」

[二] 入月，指女子月經來潮。唐王建《宮詞》之四六：「密奏君王知入月，喚人相伴洗裙裾。」南唐張泌《妝樓記・紅潮》：「紅潮，謂桃花癸水也，又名入月。」

[三]《素問・陰陽别論》：「二陽之病發心脾，有不得隱曲，女子不月。」不月，不按月來潮，或謂閉經。

## 38　休假

孟康曰：「古者名吏休假曰告。」[一] 漢法，在官連有三最則「予告」[二]，病三月「賜告」[三]。予告得歸，賜告不得歸。至成帝時賜告亦得歸，和帝賜、予皆絶。師古曰：「請休或謂之謝，謝亦告也。」

又漢律，吏五日一休。「休」言休息以洗沐也。亦曰「休澣」，今稱日曰「上澣」「下澣」者以此[四]。又謂之「急」，晉令，急假者五日一急，一年以六十日爲限，曰取急、請急[五]。

長假、併假，今稱給假，非。李裴曰：「休謁之名吉曰告，凶曰寧。」《陳忠傳》「光武絶告寧之典」[六]，是休假始絶於光武，再絶於和帝也。今制，内臣得告病，外臣否[七]；正旦放假，餘月否。

**［箋注］**

［一］《史記·汲鄭列傳》：「（黯）最後病，莊助爲請告。」《漢書·高帝紀上》：「高祖嘗告歸之田。」顔師古注：「告者，請謁之言，謂請休耳。」

［二］漢代二千石以上有功官員依例給以在官休假的待遇，謂之予告。《漢書·馮野王傳》：「今有司以爲予告得歸，賜告不得，是一律兩科，失省刑之意。」《史記·高祖本紀》：「高祖爲亭長，常告歸之田」裴駰集解引三國魏孟康曰：「漢律，吏二千石有予告、賜告。予告者，在官有功最，法所當得者也。」

後代凡大臣因病老准予休假、退休，皆稱予告。楊萬里《二月二十四日雨中泛舟賦詩》：「君王予告作寒食，來看孤山海棠色。」《清會典·吏部·稽勳清吏司》：「凡官年老告休者，則令致仕。大臣予告者，或加銜，或食俸，皆出特恩，以示優異焉。」

[三] 賜告：謂皇帝優賜其假，准其歸家治病。《史記·汲鄭列傳》：「黯多病，病且滿三月，上常賜告者數，終不愈。」《史記·高祖本紀》「高祖爲亭長時，常告歸之田」裴駰集解引孟康：「漢律，吏二千石有予告、賜告……賜告者，病滿三月當免，天子優賜，復其告，使得帶印紱，將官屬，歸家治疾也。」

[四] 休澣：指官吏按例休假。亦作「休浣」。南朝宋鮑照《玩月城西門廨中》詩：「休澣自公日，宴慰及私辰。」唐包何《和程員外春日東郊即事》詩：「郎官休浣憐遲日，野老歡娛爲有年。」袁枚《隨園隨筆·典禮》：「宋時百司，十日一休假謂之休澣。」

唐宋官員休沐行旬休制度，在官九日，休息一日，休息日多行浣洗。楊慎《丹鉛總録·時序》：「俗以上澣、中澣、下澣爲上旬、中旬、下旬，蓋本唐制十日一休沐。」

[五]《字彙補·心部》：「急，休假名。」《初學記》卷二十：「急、告、寧，皆休假名也……晉令，急假者，一月五急，一年之中，以六十日爲限。」杜甫《偪側行贈畢曜》：「已令請急會通籍，男兒性命絶可憐。」仇兆鰲注：「請急，請假……黄庭堅曰：書記所稱取急、請急，皆謂假也。車武子早急出詣子敬，盡急而還，是也。」

在职官員因緊急辦理私事而请假，謂之請急、取急。《北史·楊愔傳》：「愔聞之悲懼，因哀感發疾，後取急就雁門温湯療疾。」《資治通鑑》梁武帝太清元年：「上欲以鄱陽王範爲元帥；朱异取急在外，聞之，遽入。」

[六] 因凶喪告假曰寧。《漢書·高帝紀上》「高祖嘗告歸之田」顔師古注引李斐曰：「休謁之名，吉曰告，凶曰寧。」《後漢書·陳寵傳》：「孝文皇帝定約禮之制，光武皇帝絶告寧之典。」

[七] 内臣，宦官，太監；外臣，朝臣，與大内宦官相對。

## 39 物故

《蘇武傳》「物故」，師古曰：「謂死也，言其同於鬼物也。」[一]魏臺訪問物故之義，高堂隆答曰：「物，無也；故，事也。言死者無所復能於事。」[二]

二説俱未得。蓋人亡則物故，不忍直言之也。

［箋注］

［一］《漢書·蘇武傳》：「前以降及物故，凡隨武還者九人。」顏師古注：「物故謂死也，言其同於鬼物而故也。一説，不欲斥言，但云其所服用之物皆已故耳。」

［二］《三國志·蜀志·劉璋傳》：「瑁狂疾物故。」裴松之注：「魏臺訪『物故』之義，高堂隆答曰：『聞之先師：物，無也；故，事也。言無復所能於事也。』」

## 40 登假 大行

（假，作「遐」；行，下孟切）

《曲禮》：「告喪曰天王登假。」注：「假，已也。」[一]《楚辭》「載營魄而登霞兮」，注：「霞，與『遐』同，猶言遠適云耳。」[二]楚辭注是。或謂霞，赤黄氣。《莊子》作「登假」，釋音讀「假」爲

「格」[三]，俱非。

《周書》曰：「謚者，行之迹。」是以大行受大名，細行受細名。《風俗通》：「皇帝新崩，未有定謚，故總其名曰『大行皇帝』。」此説是。《漢書音義》作「何庚切」，曰「禮有大行、小行，人主謚號」。韋昭曰：「大行者，不在之辭。」[四]皆非也。

## 【箋注】

[一]《禮記·曲禮下》：「告喪，曰天王登假。」孔穎達疏：「登，上也。假，已也。言天子上升已矣，若仙去然也。」諱稱天子死去曰登假，猶言升天而去。

[二]《楚辭·遠遊》：「載營魄而登霞兮，掩浮雲而上征。」王逸注：「抱我靈魂而上升也。」朱熹集注：「言以此時昇仙而去也。霞與遐通，謂遠也。」登霞，猶言登仙遠去。此説「假」或「霞」讀爲「遐」。常見作「登遐」。《墨子·節葬下》：「秦之西有儀渠之國者，其親戚死，聚柴薪而焚之，燻上，謂之登遐。」《詩·大雅·下武》「三后在天」鄭玄箋：「此三后既没，登遐，精氣在天矣。」《三國志·魏志·文昭甄皇后傳》「有司奏請追謚」裴松之注引晉王沈《魏書》：「雖夙年登遐，萬載之後，永播融烈。」柳宗元《唐故秘書少監陳公行狀》：「德宗登遐，公病痼，輿曳就位，備哀敬之節。」王安石《謝知江寧府表》：「先帝登遐，既不獲奔馳道路；陛下即位，又未嘗瞻望闕廷。」

[三]《莊子·德充符》：「彼且擇日而登假，人則從是也。」郭慶藩集釋：「登假即登格也。假、格古通用。」此以假讀爲「格」，亦有直訓「假」爲「至」者。《莊子·大宗師》：「古之真人，不逆寡，不雄成，不謨士……若然者，登高不慄，入水不濡，入火不熱。是知之能登假於道者也若此。」成玄英疏：「登，昇也；假，至也。」《淮南子·精神訓》：「終始若環，莫得其倫，此精神之所以能登假於道也。」高誘注：「假，至也。上至於道也。」《文選·揚雄〈劇秦美

新》：「登假皇穹，鋪衍下土。」李善注：「假，至也。言衆瑞升至於皇天，鋪衍於下土。」

[四]剛死而尚未定謚的皇帝、皇后，謂之「大行、大行皇帝、大行皇后」。《史記・李斯列傳》：「胡亥喟然歎曰：『今大行未發，喪禮未終，豈宜以此事干丞相哉！』」《後漢書・安帝紀》：「孝和皇帝懿德巍巍，光于四海；大行皇帝不永天年。」李賢注引韋昭曰：「大行者，不反之辭也。天子崩，未有謚，故稱大行也。」南朝宋顔延之《宋文皇帝元皇后哀策文》：「惟元嘉十七年七月二十六日，大行皇后崩於顯陽殿。」

## 41　婚姻

《禮記》疏：「壻曰婚，妻曰姻。」《詩》疏：「婦黨爲婚，兄弟之黨爲姻。」杜預曰：「妻父曰婚，壻父曰姻。」《字林》：「婚，婦家；姻，壻家。」諸説不同。

《説文》：「婚，婦家也。禮記娶婦以昏時，故曰婚。」[一]「姻，壻家也。女之所因，故曰姻。」

《説文》是，《字林》如《説文》，杜預説爲近。

**【箋注】**

[一]《説文・女部》：「婚，婦家也。禮，娶婦以昏時。婦人陰也，故曰婚。」按，禮下「記」字衍。《禮記》疏文未考所出，當是誤説。其他諸説皆是，尤以《説文》之訓最爲詳湛。婦人屬陰，故於昏時娶之，因謂婦家爲「婚」。夫家乃「女之所因」，爲女子所投靠所依親，故謂之姻。《爾雅・釋親》：「壻之父爲姻，婦之父爲婚……婦之父母、壻之父母相謂爲婚姻。」

## 42 絶句

絶句，謂句絶而意則相承，如柳宗元「千山鳥飛絶」四句是也。若「兩個黄鸝，一行白鷺」之句，則句絶而意亦絶矣[一]。

或云絶取八句律之四句，或云絶妙之句，皆非也。

【箋注】

[一] 柳宗元《江雪》詩：「千山鳥飛絶，萬徑人蹤滅。孤舟簑笠翁，獨釣寒江雪。」杜甫《絶句四首》其三：「兩個黄鸝鳴翠柳，一行白鷺上青天。窗含西嶺千秋雪，門泊東吴萬里船。」

## 43 員

《説文》：「員，物數也。」徐氏曰：「古以貝爲貨，故數之字从具，猶言一錢二錢也。」[一]《增韻》：「入官數也。」[二]今官曰官員，生曰生員，吏曰吏員，皆以數爲言也。

【箋注】

[一] 五代徐鍇《説文解字繫傳・通釋・員》：「古以貝爲貨，故員數之字从貝，若言一錢二錢也。」按，「具」當是

「貝」之訛。

［二］《字彙・口部》：「員，官數。」《周禮・夏官・庾人》「正校人員選」，鄭玄注：「正員選者，選擇可備員者平之。」《漢書・尹翁歸傳》：「責以員程，不得取代。」顏師古注：「員，數也。」《史記・平原君虞卿列傳》：「今少一人，願君即以遂備員而行矣。」

## 44 把麻

《唐六典》：「通事舍人多不知書，至宣詔多失句讀，拾遺低聲以助之，謂之把麻。」麻，黄白麻也；把，持也，把持之使無失也。［一］

**［箋注］**

［一］唐宋時，以白麻紙書寫詔書。宣詔時指定專人在旁提示，稱爲「把麻」。《太平廣記》卷一八七引唐韋絢《劉賓客嘉話録》：「通事舍人宣詔，舊命拾遺團(圈)句把麻者，蓋謁者不知書，多失句度，故用拾遺低聲摘句以助之。」宋龐玉英《文昌雜録》卷一：「及吕温爲拾遺，被喚把麻不肯去，遂成故事。拾遺不把麻自吕始。時柳宗元戲吕云：『幸識一文半字，何不與他把麻。』」陸游《老學庵筆記》卷十：「蘇子容詩云：『起草才多對卷速，把麻人衆引聲長。』……蓋昔時宣制，皆曼延其聲，如歌詠之狀。」

通事舍人：官名，掌詔命及呈奏案章等事。魏晉以後有中書通事舍人，掌傳宣詔命；隋唐又置起居舍人，掌修記言之史，置通事舍人，掌朝見引納；明清内閣中書科設中書舍人，掌書寫誥敕。

## 45 貳乃辟

《左傳》：「策名委質，貳乃辟也。」狐突謂其子既已臣矣，不可貳也。貳則不忠莫大焉，是天下刑戮之民也。故曰「貳乃辟」。又曰：「父教子貳，何以事君？」[一]辟，乃刑辟之「辟」，非違辟之「辟」。注謂「不可以貳心辟罪」，殊非。

［箋注］

［一］語出《左傳·僖公二十三年》。貳，違背，不專一，有異心。狐突，春秋時晉國大夫。晉懷公逼迫狐突召其追隨重耳的二子（毛、偃）自秦歸國，子歸則免罪，突對曰：「子之能仕，父教之忠，古之制也。策名委質，貳乃辟也。今臣之子，名在重耳，有年數矣。若又召之，教之貳也。父教子貳，何以事君？」未從，而被懷公殺。

## 46 古人逸名

《索隱》：「孤竹君，本墨台氏，殷湯所封。」孤竹君名初，字子朝[一]。伯夷名元，或作允，字公信。叔齊名智，或作致，字公達。夷、齊，其謚也[二]。

《帝王世紀》：「漢太上皇名煓，字執嘉。」[三]《相經》云：「吕公名文，字叔平。」[四]荀悦《漢紀》：「壺關三老姓令狐，名茂。」

《陳留志》：「東園公姓唐，字宣明。夏黄公，姓崔，名廣，字少通。甪里先生，河内軹人，姓周，名術，字元道。」惟綺里季姓名無傳；或曰綺里、季夏一人，即崔廣也，惟黄公名無傳。[五]

古人傳記中無名者，史氏偶未之及耳。後來别見他書，必有所承，非盡杜撰也。

## 【箋注】

[一]《史記・伯夷列傳》：「伯夷、叔齊，孤竹君之二子也。」司馬貞索隱：「孤竹君，是殷湯三月丙寅日所封。相傳是夷、齊之父，名初，字子朝。」

[二] 伯夷、叔齊：商末孤竹君之二子。《史記・伯夷列傳》記載，孤竹君死後，伯夷、叔齊都不願登位繼立，先後都逃到周國。周武王伐紂，二人叩馬諫阻。武王滅商後，他們恥食周粟，采薇而食，餓死于首陽山。《論語・公冶長》：「伯夷叔齊不念舊惡，怨是用希。」邢昺疏引《春秋少陽篇》：「伯夷姓墨，名允，字公信。伯，長也；夷，謚。叔齊名智，字公達，伯夷之弟，齊亦謚也。」

[三]《史記・高祖本紀》「高祖……父曰太公」司馬貞索隱：「皇甫謐云：『名執嘉。』王符云『太上皇名煓。』與湍同音。」按，《帝王世紀》爲東漢皇甫謐所撰，此條所引内容與史記索隱引文不同。

[四]《史記・高祖本紀》「單父人吕公善沛令」司馬貞索隱：「韋昭云：『單父，縣名，屬山陽。』崔浩云：『史失其名，但舉姓而言公。』又按：《漢書舊儀》云『吕公，汝南新蔡人』。又《相經》云『魏人吕公，名文，字叔平』也。」

[五] 此記「商山四皓」之姓名字號。商山四皓是秦朝的四位博士：東園公唐秉、夏黄公崔廣、綺里季吴實、甪里先生周術。他們隱居商山，漢高祖徵召，不應。後高祖欲廢太子，吕后用留侯計，厚禮卑辭迎請四皓，使輔太子。至時四人已眉皓髮白。

《史記・留侯世家》：「顧上有不能致者，天下有四人。」司馬貞索隱：「四人，四皓也，謂東園公、綺里季、夏黃公、角里先生。按：《陳留志》云：『……角里先生，河内軹人，太伯之後，姓周名術，字元道，京師號曰霸上先生，一曰角里先生。』又孔安國《祕記》作『禄里』。」峰按，「角里」又作「甪里」。「角、甪」同源分化字，語音上係 kl- 複輔音聲母之分化，一讀 k-，字作「角」；一讀 l-，字作「甪」。

《漢書・張良傳》「顧上有所不能致者四人」顏師古注：「四人，謂園公、綺里季、夏黃公、甪里先生，所謂商山四皓也。」明胡侍《真珠船・古人名字人少知者》：「甪里先生姓周，名術，字元道。」

## 47　名非用「之」字

《潁川語小》曰：「《左氏》云介之推、燭之武，二「之」字非名也，特語助也。」[一] 荀悦云：「高祖諱邦之字曰國，惠帝諱盈之字曰滿，文帝諱恒之字曰常。」此「之」字非語助[二]。《示兒編》曰：「『之』字訓變。」[三] 謂君諱，臣下所避者，變以相代也。」諱「邦」，變「國」字以代之。如《左傳》「遇觀之否」，謂變「觀」爲「否」也。今以「盈之、恒之」爲名，而以「滿、常」爲字，益非矣。[四]

**[箋注]**

[一]《潁川語小》，宋人陳昉撰。

[二] 此謂「高祖諱邦之字曰國」諸句式中，「之」字爲指示代詞，相當於「其」，不同于「介之推」中的語助「之」。據此，這個句系應如此讀：「高祖諱邦，之字曰國。」更重要者，周祈認爲，此「之」所提之「字」，是爲了避諱而使用的

「變」，替代稱呼。

因而周不主張此讀：「高祖諱邦之，字曰國」，不認爲其名爲「邦之」。

［三］孫奕《示兒編》：「之字訓變。《左傳》「遇觀之否」，言觀變爲否也。」《左傳・莊公二十二年》：「周史有以周易見陳侯者。陳侯使筮之。遇觀之否。曰。是謂觀國之光。」陳公子完出生之日，周太史依《周易》卜得本卦爲觀，之卦（變卦）爲否。

［四］介之推、燭之武、宫之奇之類的人名結構尚有其他看法。明張萱《疑耀》卷二：「介之推、燭之武，介與燭皆地名，非姓也。二人賢者，爲國人所取信，故特標其地以異於衆耳。」按，介之推，亦稱「介推」，但後者未必是省稱。

俞樾《古書疑義舉例・句中用虚字例》：「於人名氏之中用語助，此亦句中用虚字之例也。」《左傳・僖公二十四年》：「介之推不言禄。」杜預注：「介推，文公微臣。之，語助。」《禮記・射義》：「又使公罔之裘、序點揚觶而語。」鄭玄注：「之，發聲也。」陸德明釋文：「之，語助。」《吕氏春秋・異寶》「楚越之間有寢之丘者」，畢沅注：「《列子・説符篇》《淮南・人間訓》皆作寢邱。」

## 48 書翰 刀筆

古者用羽翰爲筆以書，故曰「書翰」。刀以削簡牘[一]，吏以刀筆自隨[二]，故曰「刀筆」[三]。今人直以翰爲字，以刀爲深文殺人[四]，失古人命名之義矣。

**[箋注]**

［一］翰，羽毛。簡牘，古代書写用具，竹片曰簡，木版曰牘。

［二］自隨：跟隨在自己身邊；隨身攜帶。

［三］刀筆：古時書写於簡牘，有误則用刀削去重写，所謂删削。《後漢書・劉盆子傳》：「酒未行，其中一人出刀筆書謁欲賀，其餘不知書者起請之。」李賢注：「古者記事書於簡册，謬誤者以刀削而除之，故曰刀筆。」

刀筆：上古常指法律案牘、訴訟獄事。《史記・李斯列傳》：「高固内官之廝役也，幸得以刀筆之文進入秦宫，管事二十餘年。」《南史・循吏傳序》：「明帝自在布衣，達于吏事，及居宸扆，專務刀筆，未嘗枉法申恩，守宰由斯而震。」明沈鯨《雙珠記・協謀誣訟》：「吾刀筆山可頽，傾人家命如覆杯。」清程趾祥《此中人語・果報》：「訟師楊某……陰謀詭計。刀筆多鋒。」執掌文案或獄法的官吏，稱爲刀筆吏。

［四］深文：苛刻的文字，謂制定或援用苛細嚴峻的法律條文。《史記・酷吏列傳》：「（張湯）與趙禹共定諸律令，務在深文，拘守職之吏。」宋蘇舜欽《上集賢文相書》：「既起大獄，不關執政，使狡吏窮鞫，搒掠以求濫，事亦既無狀，遂用深文。」

## 49　折簡　疊幅

王淩面縛水次，遥謂司馬宣王曰：「卿直以折簡召我，我何敢不至？」［一］折簡猶今拜帖［二］。盧光啓受知於張濬［三］，每致書，凡事别爲一紙，謂之疊幅［四］。疊幅，猶今副啓。

**［箋注］**

［一］面縛：雙手反綁於背。《史記・宋微子世家》：「周武王伐紂克殷，微子乃持其祭器造於軍門，肉袒面縛，左牽羊，右把茅，膝行而前以告。」司馬貞索隱：「面縛者，縛手于背而面向前也。」水次，水邊。

《三國志・魏志・王淩傳》「淩至項，飲藥死」裴松之注引三國魏魚豢《魏略》：「卿直以折簡召我，我當敢不至邪？」《資治通鑑・魏邵陵厲公嘉平三年》引此文，胡三省注曰：「漢制：簡長二尺，短者半之。蓋單執一札謂之簡。折簡者，折半之簡，言其禮輕也。」

〔二〕拜訪別人時所用的名帖，稱爲拜帖。明張萱《疑耀》卷四：「古人書啓往來及姓名相通，皆以竹木爲之，所謂刺也……今之拜帖用紙，蓋起於熙寧也。」明郎瑛《七修類稿・辯證九・名號甫》：「《漢書・高帝紀》曰『爲謁』，《袁盎傳》曰『上謁』。顔師古註曰：『爲謁者，書刺自言爵里，若今參見尊貴而通名也。上謁，若今通名也。』據此，則『爲謁』似今脚色手本，而『上謁』似今之拜帖矣。」

〔三〕受知：受到知遇。唐司空圖《書屏記》：「因題記唱和，乃以書受知於裴公休。」宋吴曾《能改齋漫録・事始一》：「唐盧光啓策名後，揚歷臺省，受知於租庸張濬。」

〔四〕《北夢瑣言》卷四：「（唐宰相盧光啓）受知于租庸張濬。清河出征并、汾，盧每致書疏，凡一事别爲一幅，朝士至今效之。蓋八行重疊别紙，自公始也。唐末舉人，不問士行文藝，但勤於請謁，號曰『精切』，亦楷法於范陽公爾。」

## 50 數借用字

一二三四五六七八九十百千万，此數本字也。文省易緣爲奸。文移家，以專壹之「壹」代一，以副貳之「貳」代二，以參錯之「參」代三，以矜肆之「肆」代四，以什伍之「伍」代五，以水陸之「陸」代六，以膠柒之「柒」代七，以捌破之「捌」代八，以瓊玖之「玖」代九，以攟拾之「拾」代十，以南北之「阡」代千，以東西之「陌」代百，以蜂萬之「萬」代万。不知起自何時。

《左傳》「萬盈數」〔一〕，《漢書》「阡陌之得」〔二〕，相承已久。俗呼本字爲小，借字爲大，可笑。

即文移家，户口錢糧當用借字，款目次第猶當用本字爲是。

（柒，俗桼字）

[箋注]

[一]《左傳・閔公元年》：「畢萬之後必大。萬，盈數也，魏，大名也，以是始賞，天啓之矣。」盈數，指整數。又《莊公十六年》：「使以十月入。曰：『良月也，就盈數焉。』」杜預注：「數滿於十。」孔穎達疏：「《閔元年傳》曰：『萬，盈數也。』數至十則小盈，至萬則大盈。」

[二]《漢書・食貨志》：「無農夫之苦，有阡陌之得，因其富厚，交通王侯，力過吏勢，以利相傾，千里游敖，冠蓋相望，乘堅策肥。」《洪武正韻・陌韻》：「佰，《漢志》『有阡陌之得』注：『仟謂千錢，佰謂百錢。』今俗猶謂百錢爲一佰。或作『陌』。」

## 51 御尚

凡天子所止謂之御。前曰御前[一]，書曰御書，服曰御服，皆取統御四海之義。又尊者謂之御，卑者謂之服。御前言臣下所進御也。

凡主天子之物皆曰尚[二]。主醫曰尚醫，主食曰尚食，主文書曰尚書。尚書之「尚」，陸音「常」[三]。又娶公主謂之尚，言帝王之女，尊而尚之，不敢言娶[四]。又《司馬相如傳》：「卓王孫自以使女尚司馬長卿。」注：「尚，配也。」[五]

【箋注】

[一]《後漢書・獻帝紀》：「郭汜攻李傕，矢及御前。」王先謙集解引惠棟曰：「蔡邕《獨斷》云，天子所在曰御前。」

[二]《文選・司馬相如〈長門賦〉》：「願賜問而自進兮，得尚君之玉音。」李善注：「尚，猶奉也。」尚謂奉承。

[三]陸音，指陸德明《經典釋文》之音讀。

[四]《史記・張耳陳餘列傳》：「張敖已出，以尚魯元公主故，封爲宣平侯。」司馬貞索隱：「韋昭曰：『尚，奉也，不敢言取。』崔浩云：『奉事公主。』」

[五]《史記・司馬相如列傳》：「卓王孫喟然而歎，自以得使女尚司馬長卿。」

## 52 儲胥

《長楊賦》：「搤熊羆，拖豪豬，木擁槍纍，以爲儲胥。此天下之窮覽極觀也。」注：「木槍相纍，以爲柵也。儲胥，館名。」[一]按，雄以上田獵，失時農民不得收斂，而《賦》此何得方言田獵，而遽及於宮館？

蓋謂所獲之獸如木之擁、如槍之纍，可爲乾豆[二]，可充君庖，儲之以待需，故曰以爲儲胥也[三]，斯於上下文義相承。

【箋注】

[一]《文選・揚雄〈長楊賦〉》：「搤熊羆，拖豪豬，木擁槍纍，以爲儲胥。」李善注：「蘇林曰：『木擁柵其外，又

以竹槍纍爲外儲胥也。』韋昭曰：『儲胥，蕃落之類也。』」韋昭以爲藩籬，蘇林以爲栅欄，或謂宫館。

「『顔師古曰：胥，須也。言有儲畜以待所須也。』蘇林曰：『木擁栅其外，又以竹槍纍爲外儲胥也。』韋昭曰：『儲胥，蕃落之類也。』」

[二] 乾豆：指儲存於祭器中供祭祀用的乾肉。乾，乾肉。豆，祭器。《禮記·王制》：「天子諸侯無事，則歲三田，一爲乾豆，二爲賓客，三爲充君之庖。」鄭玄注：「乾豆，謂臘之以爲祭祀豆實也。」揚雄《長楊賦》：「恐不識者，外之則以爲娱樂之游，内之則不以爲乾豆之事。」

[三] 李善注引顔師古曰：「胥，須也。言有儲畜以待所須也。」周説得之。非以獵獲爲館舍，而儲畜待祭。

## 53 多古祇字

《論語》「多見其不知量也」[一]，《左傳》「多見疏也」[二]，二「多」字乃古「祇」字，與《詩》「祇自底兮」之「祇」[三]，同「適」，所以之辭[四]。

今讀爲多寡之「多」，非甚。

[箋注]

[一]《論語·子張》：「叔孫武叔毁仲尼。子貢曰：『無以爲也，仲尼不可毁也。他人之賢者，丘陵也，猶可踰也；仲尼，日月也，無得而踰焉。人雖欲自絶，其何傷於日月乎？多見其不知量也。』」朱熹集注：「量，去聲。無以爲，猶言無用爲此。土高曰丘，大阜曰陵。日月，踰其至高。自絶，謂以謗毁自絶於孔子。多，與祇同，適也。不知量，謂不自知其分量。」

〔二〕《左傳・襄公二十九年》：「欲之而言叛，祇見疏也。」陸德明釋文：「本又作『多』。」孔穎達正義：「言武子自欲得之，而誣言其叛，多見疏外我也。『多見疏』，猶《論語》云『多見其不知量』也。服虔本作『祇見疏』。解云：『祇，適也。』晉、宋杜本皆作『多』，古人『多、祇』同音。」顧炎武《日知録》卷二十七：「古人『多、祇』二字通用。左傳襄二十九年『多見疏也』，服虔本作『祇』。」

〔三〕《詩・小雅・北山》：「無思百憂，祇自底兮。」朱熹集傳：「祇，適。底，病也……思百憂則病及之也。」

〔四〕《廣雅・釋言》：「祇，適也。」《詩・小雅・我行其野》：「成不以富，亦祇以異。」毛傳：「祇，適也。」所以之辭，謂「適」爲連詞，則，即是。

## 54 寧馨 阿堵

（寧音甯； 馨音亨）

王衍神情明秀，總角時見山濤，濤曰：「何物老嫗，生寧馨兒？」〔一〕宋廢帝性凶悖，母疾篤召之不往，母恚曰：「持刀來破我腹，那得生此寧馨兒？」〔二〕寧馨，猶言恁地也〔三〕。又：衍嫉妻貪鄙，口不言錢，妻以錢遶床。晨起謂婢曰：「舉此阿堵物去。」〔四〕顧凱之每畫人成，或數年不點睛，曰：「傳神寫照，正在阿堵中。」〔五〕李耕之女奴却要，美容止，長子欲烝之，詒曰：「可於東南隅相待。」少頃，燃炬豁扉照之曰：「阿堵貧兒，争敢向這裏宿？」〔六〕

阿堵，猶言這箇也。

（嫗音遇； 恚音畏）

## [箋注]

[一]《晉書・王衍傳》：「衍，字夷甫，神情明秀，風姿詳雅。總角嘗造山濤，濤嗟歎良久，既去，目而送之曰：『何物老嫗，生寧馨兒！』」

[二]《南史・宋紀中・前廢帝》：「太后疾篤，遣呼帝，帝曰：『病人間多鬼，可畏，那可往！』太后怒，語侍者曰：『將刀來破我腹，那得生寧馨兒。』」

[三] 寧馨：晉宋時的俗語，意爲「如此」。劉禹錫《贈日本僧智藏》詩：「爲問中華學道者，幾人雄猛得寧馨。」蘇軾《平山堂次王居卿祠部韻》：「六朝興廢餘丘壠，空使姦雄笑寧馨。」寧馨兒，猶言這樣的孩子，後來用作對孩子的美稱。唐張謂詩：「家無阿堵物，門有寧馨兒。」趙翼《亡室程恭人忌辰》詩：「漫有床前阿堵物，也多膝下寧馨兒。」

[四] 阿堵物，語出南朝宋・劉義慶《世説新語・規箴》：「王夷甫雅尚玄遠，常嫉其婦貪濁，口未嘗言錢字。婦欲試之，令婢以錢遶牀不得行。夷甫晨起，見錢閡行，呼婢曰：『舉却阿堵物。』」阿堵物，猶言這個東西，後以「阿堵物」指錢。宋張耒《和無咎》之二：「愛酒苦無阿堵物，尋春那有主人家。」

[五]《晉書・文苑傳・顧愷之》：「愷之每畫人成，或數年不點目精。人問其故，答曰：『四體妍蚩，本無闕少於妙處，傳神寫照，正在阿堵中。』」阿堵，六朝口語，這，這個。《世説新語・文學》：「殷中軍見佛經云，理亦應阿堵上。」金李獻能《二老雪行圖》詩之二：「抱琴衝雪又衝風，二老風流阿堵中。」清唐孫華《題眼醫何藏之小照》詩：「囊底神鍼誰所付，妙用正在阿堵中。」宋莊季裕《雞肋編》卷下：「前世謂『阿堵』，猶今諺云『兀底』；『寧馨』，猶『恁地』也，皆不指一物一事之詞。」清俞正燮《癸巳類稿・等還音義》：「所謂兀底、恁底、甯底、凭底、惡得、惡⿰土喿、阿墮、阿堵，皆言『此等』也。」

[六] 馮夢龍輯《古今譚概・顔甲部・李庾女奴》：

湖南觀察使李庚，有女奴名「卻要」，美容止，善辭令。李有四子，所謂大郎、二郎、三郎、五郎，咸欲烝之而不得。嘗遇清明夜，大郎遇之櫻桃花影中，乃持之求偶。卻要取茵席授之曰：「可于廳中東南隅停待。」又遇二郎調之。曰：「可于廳中東北隅相待。」又逢三郎求之。曰：「可於廳中西南隅相待。」又遇五郎握手不可解。曰：「可於廳中西北隅相待。」四郎皆持所授茵席，各趨一隅。頃卻要然炬豁扉照之，曰：「阿堵貧兒，争敢向這裏覓宿處！」四子各棄所攜，掩面而走。

烝：以下淫上，此指和母輩通姦。阿堵：這些。

## 55 行李

李濟翁《資暇録》謂「『峑』，古文『使』字，誤以爲『李』。行李，當作『行使』。」黄直翁謂「行李本作『行理』，古文『李』與『理』通，皆謂使人。」[一] 李説近奇，而黄説爲是。《左傳·僖三十年》行李之往來，共其乏困」[二]，《襄八年》「亦不使一介行李告於寡君」，用「李」字。《昭十三年》「行理之命，無月不至」，《國語》「行理以節逆之」[三]，用「理」字。《管子》書「大理」亦作「李」，可見「理、李」通用。[四]

理，治也。行理，行而治事者也。因謂行橐曰「行理」[五]。

**［箋注］**

［一］關於「使」字之古寫，李説有據。《玉篇·山部》：「峑，古使字。」漢·賈誼《新書·服疑》：「是以天下見其

服而知貴賤，望其章而知其勢，李人定其心，各著其目。」

郝懿行《證俗文》卷六：「古者行人謂之『行李』，本當作『行理』，理，治也。作『李』者，古字假借通用。」

[二] 杜預注：「行李，使人。」按，行李又謂之「行人」，指外交使節。

[三]《左傳・昭公十三年》：「行理之命，無月不至。」杜預注：「行理，使人通聘問者。」《國語・周語中》：「敵國賓至，關尹以告，行理以節逆之。」韋昭注：「行理，小行人也。」

[四] 章炳麟《官制索隱》：「行人之官，某名曰使，亦或借理爲之，《周語》云：『行理以節逆之』是也。亦或借李爲之，《左氏》云：『行李之往來』是也。」

按，「李」，多通「理」。段玉裁《說文解字注・木部》：「古李、理同音通用，故行李與行理並見，大李與大理不分。」《管子・法法》：「舜之有天下也，禹爲司空，契爲司徒，皋陶爲李。」《漢書・胡建傳》「《黄帝李法》」顏師古注：「李者，法官之號也，總主征伐刑戮之事也，故稱其書曰《李法》。」

[五] 行李，可表示出使。《魏書・宗欽傳》：「頃因行李，承足下高問，延佇之勞，爲日久矣。」《明史・劉宗周傳》：「貴州巡按蘇琰以行李被訐於監司。」亦可指旅程、行旅、行旅之人。漢蔡琰《胡笳十八拍》：「追思往日兮行李難，六拍悲來兮欲罷彈。」杜甫《贈蘇四徯》詩：「別離已五年，尚在行李中。」元傅若金《送張秀才北上時將赴海》詩：「身逐征帆赴海涯，道逢行李問京華。」後專指行程攜物。

## 56 能爲

《說文》：「能，熊屬。足似鹿，獸之堅中而彊壯者。」[一] 故謂人强幹曰能。「爲，母猴，其爲禽好爪。」[二] 有作造之意，故凡作造曰爲。

［箋注］

［一］《説文》：「能，熊屬，足似鹿……能獸堅中，故稱賢能，而彊壯能稱傑也。」

［二］《説文》：「爲，母猴也，其爲禽好爪，爪，母猴象也；下腹爲母猴形。王育曰：『爪，象形也。』」羅振玉《增訂殷虚書契考釋》：「爲，从爪，从象，絶不見母猴之狀，卜辭作手牽象形……意古者役象以助勞，其事或尚在服牛乘馬以前。」

峰按，甲骨學者這一看法權作一家之説。《説文》之訓可信。猴有巧爪，善利作爲，更容易引申出作造、製作之義。《墨子・經説上》：「身處、志往，存亡也。霍、爲，性故也。賈、宜，貴賤也。」譚戒甫注：「猴利於陵，鶴安於水，故曰性故。」由於「爲」很早用於作造之義，其母猴之本義，在上古時期另創「蜼」字表示。

## 57　臚句　鴻臚

《叔孫通傳》：「大行設九賓，臚句傳。」蘇林曰：「上傳語告下爲臚，下告上爲句。」[一]《百官表》：「典客，更名大鴻臚。」韋昭曰：「鴻，大也；臚，陳序也。欲以禮大陳序賓客也。」[二]是「臚」一以傳語告下，一以陳序賓客爲義。今鴻臚寺[三]其職也，在傳語，其聲大，在陳序，其儀大，故總謂之「鴻」。但「臚」音「閭」，在魚韻，今讀作「盧」音，非。唐《和逢堯傳》[四]「攝鴻盧卿」，并字作「盧」，尤非然。「臚」从肉，盧省聲。《説文》：「皮也，故籀文作膚。」[五]

［箋注］

［一］《漢書・叔孫通傳》：「大行設九賓，臚句傳。」顔師古注引蘇林曰：「上傳語告下爲臚，下告上爲句也。」

《史記・劉敬叔孫通列傳》作「臚傳」，無「句」字。臚句，猶臚傳。《莊子・外物》：「儒以詩禮發冢，大儒臚傳曰：『東方作矣，事之何若？』」成玄英疏：「從上傳語告下曰臚。臚，傳也。」

〔二〕《漢書・百官公卿表上》：「典客，秦官，掌諸歸義蠻夷，有丞。景帝中六年更名大行令，武帝太初元年更名大鴻臚。」顏師古注引應劭曰：「郊廟行禮讚九賓，鴻聲臚傳之也。」韋昭曰：「鴻，大也。臚，陳敘也。以禮大陳敘賓客也。」

〔三〕鴻臚寺：官署之名。《隋書・百官志中》：「鴻臚寺，掌蕃客朝會，吉凶弔祭，統典客、典寺、司儀等署令、丞。」

〔四〕《唐書・和逢堯傳》。

〔五〕《説文・肉部》：「臚，皮也。从肉，盧聲。膚，籀文臚。」段玉裁注：「今字皮膚從籀文作膚，膚行而臚廢矣。」王筠句讀：「人曰臚，獸曰皮。」

# 名義考卷七　人部

## 1　郊祀

《易》：「先王作樂崇德，殷薦之上帝。」《書》：「肆類于上帝。」《周禮》：「王祀昊天上帝，則大裘而冕，祀五帝亦如之。」[一]其曰「上帝」、曰「昊天上帝」，皆指蒼蒼者爲言。曰「五帝」，則孔子所謂「天有五行」[二]也。《孝經》：「郊祀后稷以配天，宗祀文王於明堂，以配上帝。」[三]天，即《易》《書》所謂「上帝」，《周禮》所謂「昊天上帝」。而上帝則五帝也。

郊祀后稷以配天，即冬至祀天於圜丘；宗祀文王於明堂以配上帝，即季秋大享五帝於明堂。明堂有木火土金水五室，黄帝祀上帝於明堂，唐虞祀五帝於五府，五府即五室。上帝亦謂五帝也。月令於四立日及季夏土德王日，各迎其王氣之神於郊，[四]即「兆五帝於四郊」[五]，配以五人帝，春以太皞，夏以炎帝，季夏以黄帝，秋以少昊，冬以顓頊。并孟夏龍見而雩[六]，歲凡八祭，古人郊祀之義如此。漢文帝作五帝廟，武帝立太一祠，漢儒因以耀魄寶爲太一，爲昊天上帝，以太微五帝座爲五帝，又以五緯星爲五帝，亦異乎先王之所指矣。秦襄公作西畤祠白帝[七]，文公作鄜畤祠黄帝[八]，漢儒又謂王者先祖皆感太微五帝之精以生，堯赤，舜黄，禹白，湯黑，文王蒼，就五帝之中特祭所感生之帝，并前祭而九，其妄甚矣。

（時音止）

**【箋注】**

[一]《易·豫》：「先王以作樂崇德，殷薦之上帝，以配祖考。」《書·堯典》：「肆類于上帝，禋於六宗，望於山川，遍於群神。」《周禮·春官·宗伯》：「王祀昊天上帝，則服大裘而冕，祀五帝亦如之。」

[二]《孔子家語·五帝》：「天有五行，水、火、金、木、土，分時化育，以成萬物。」

[三]《孝經·聖治》：「昔者周公郊祀后稷以配天，宗祀文王於明堂以配上帝。」

[四]《通典》卷四二《禮二》云：「周制，王者必五時迎氣者，以示人奉承天道，從時訓人之義。故月令於四立日及季夏土德王日，各迎其王氣之神於其郊，其配祭以五人帝……夏以炎帝」。《禮記·月令》：「立春之日，天子亲率公卿诸侯大夫，以迎春氣於東郊。」《後漢書·蔡邕傳》：「一事：明堂月令，天子以四立及季夏之節，迎五帝于郊，所以導致神氣，祈福豐年。」李賢注：「四立，謂立春、立夏、立秋、立冬。」

[五]《周禮·春官·小宗伯》：「兆五帝於四郊。」鄭玄注：「五帝，蒼曰靈威仰，太昊食焉；赤曰赤熛怒，炎帝食焉；黃曰含樞紐，黃帝食焉；白曰白招拒，少昊食焉；黑曰汁光紀，顓頊食焉。」

[六]《左傳·桓公五年》：「凡祀，啓蟄而郊，龍見而雩。」杜預注：「龍見，建巳之月。蒼龍宿之體，昏見東方，萬物始盛。待雨而大，故祭天。遠爲百穀祈膏雨也。」

[七]西畤：古代帝王祭祀白帝神之祠。《史記·封禪書》：「秦襄公既侯，居西垂，自以爲主少皞之神，作西畤，祠白帝，其牲用騮駒、黃牛、羝羊各一云。」

[八]《史記·封禪書》：「文公夢黃蛇自天下屬地，其口正於鄜衍，文公問史敦，敦曰：此上帝之徵，君宜祠之。

於是作鄜時，用三特牲郊祭白帝焉。」按，此謂秦文公。

## 2　社稷

《白虎通》曰：「土地廣博，五穀衆多，難以偏祀，故封土立社，示有土也。稷得陰陽中和之氣，稷爲長。此所以祀社稷也。」[一]賈逵、馬融、王肅之徒，直以爲人鬼者，非。鄭康成曰：「句龍有平水土之功，配社祀之；后稷有播種之功，配稷祀之。」兼《白虎通》之説爲盡然[二]。自顓帝祀共工氏子龍爲社，烈山氏子柱爲稷[三]，歷高辛唐虞夏因之，商湯遷社，以后稷代柱，欲遷句龍無可繼者乃止。

康成以其初即爲后稷，亦非。或又謂高陽氏子黎亦爲社，厲山氏子龍亦爲稷云。

**［箋注］**

[一] 班固《白虎通義・社稷》：「王者所以有社稷何？爲天下求福報功。人非土不立，非穀不食。土地廣博，不可遍敬也；五穀衆多，不可一一而祭也。故封土立社示有土尊；稷，五穀之長，故封稷而祭之也。」

[二] 馬端臨《文獻通考》卷八十二《郊社考》：「據此諸文，故知社即地神，稷是社之細别，名曰稷，稷乃原隰所生，故以稷爲原隰之神。若賈逵、馬融、王肅之徒，以社祭句龍，稷祭后稷，皆人鬼也，非地神……若鄭云句龍有平水土之功，配社祀之；后稷有播種之功，配稷祀之。則鄭説爲長。」

[三] 《國語・魯語上》：「昔烈山氏之有天下也，其子曰柱，能殖百穀百蔬。」韋昭注：「烈山氏，炎帝之號也，起

于烈山。《禮·祭法》以烈山爲厲山也。」

## 3 宗廟

唐虞五廟，夏因之；商七廟，周因之。五廟：親廟四，與太祖而五；七廟：三昭三穆，與太祖而七[一]。所謂「王者禘其祖之所自出，以其祖配之」也[二]。祖謂高祖以下，所自出謂太祖。黄帝，虞夏之所自出；契，商之所自出；后稷，周之所自出。故四代禘之也。商周之初亦是五廟，後來以湯、文、武受命不祧，故增而爲七。不祧惟太祖，基命與受命[三]之君爲然。繼世雖有功德者亦祧，成康刑措[四]，宣王中興，當時皆祧[五]，非若後世也。

有四時之祭。夏商春禴、夏禘、秋嘗、冬蒸。禘，其祖之所自出，禴禘之禘也[六]。周改春祠夏禴，以禘爲禘祫。

又薦新之祭[七]。《月令》：「孟夏薦麥，孟秋薦黍，季秋薦稻。」不疏不怠，古人廟祭之義如此。吕氏《月令》：「一歲之間八薦新物。」《韋玄成傳》「廟歲二十五祠」[八]，而薦新在焉，不幾於瀆乎？

（祧音挑）

**[箋注]**

[一]《禮記·祭法》：「諸侯立五廟、一壇、一墠。曰考廟，曰王考廟，曰皇考廟，皆月祭之。顯考廟、祖考廟享嘗乃止。」《禮記·王制》：「天子七廟，三昭三穆，與太祖之廟而七。」此指四親廟（父、祖、曾祖、高祖）、二祧（遠祖）和

始祖廟。

［二］《禮記・喪服小記》：「王者禘其祖之所自出，以其祖配之，而立四廟。」鄭玄注：「高祖以下。與始祖而五。」孔穎達疏：「而立四廟者，既有配天始祖之廟，而更立高祖以下四廟，與始祖而五也。」

［三］基命：猶始命。謂人主初受天命而就位。《書・洛誥》：「王如弗敢及天基命定命，予乃胤保大相東土，其基作民明辟。」受命：受天之命。

［四］刑措：置刑法而不用，亦作「刑錯」「刑厝」。《史記・周本紀》：「故成康之際，天下安寧，刑錯四十餘年不用。」裴駰集解引應劭曰：「錯，置也。民不犯法，無所置刑。」

［五］遠祖之廟爲祧。家廟中的神主，除始祖外，凡輩分遠的要依次遷入祧廟中合祭；永不遷移的叫做「不祧」。元稹《遷廟議狀》：「若以爲後代有功有德者，盡爲不遷之廟，則成康刑措，宣王中興，平王東周之始王，並無不祧之説，豈非有功有德哉？」

［六］禴：指春祭或夏祭。《易・萃》：「引吉无咎。孚乃利用禴。」鄭玄注：「禴，殷春祭之名也，四時祭之省者也。」《詩・小雅・天保》：「禴祠烝嘗。」毛傳：「春曰祠，夏曰禴，秋曰嘗，冬曰烝。」

［七］薦新：以時鮮的食品祭獻。《儀禮・既夕禮》：「朔月，若薦新，則不饋于下室。」《禮記・檀弓上》：「有薦新，如朔奠。」孔穎達疏：「薦新，謂未葬中間得新味而薦亡者。」

［八］《漢書・韋賢傳附韋玄成》：「日祭於寢，月祭于廟，時祭於便殿。寢日四上食，廟歲二十五祠，便殿歲四祠。」

## 4 禘祫（祫音狎）

《周禮》：「五歲一禘，三歲一祫。」禘以四月，祫十月，謂之殷祭［一］。傳曰：「五年再殷祭。」

《唐・禮樂志》：「禘祫，大祭也。祫以昭穆合食於太祖。」[二]禘以審禘尊卑。蓋祫則毀廟，未毀廟之主皆升合於太廟，所謂合食於太祖也。以十月者，以萬物歸根，有合大之義。禘則惟及於毀廟，文武以下毀主，依昭穆于文武廟中祭之，所謂「先王之祧祔於文武之廟」也。王季以上，于后稷廟祭之，所謂「先公之祧附於后稷之廟」也，所以審禘尊卑。以四月者，以陽上陰下，有尊卑之義。二者皆大祭，謂之殷祭。鄭玄以祫大於禘。

## [箋注]

[一]《説文》：「禘，諦祭也。从示，帝聲。《周禮》曰：『五歲一禘。』」禘禮有三，曰時禘、殷禘、大禘。時禘，宗廟四時祭。《禮記・王制》：「天子諸侯宗廟之祭，春曰礿，夏曰禘，秋曰嘗，冬曰烝。」殷禘，宗廟五年一祭，盛大之祭，與祫並稱殷祭。合高祖以上的神主祭於太祖廟，高祖一下分祭於本廟。三年喪畢之次年一禘，以後三年祫，五年禘。《禮記・王制》「祫禘」鄭玄注：「魯禮，三年喪畢而祫於大祖。明年春禘於群廟。自爾之後，五年而再殷祭。一祫一禘。」大禘，郊祭祭天。《詩・商頌・長發序》：「長發，大禘也。」鄭玄箋：「大禘，郊祭天也。」

祫：天子諸侯宗廟祭禮，集合遠近祖先的神主於太祖廟之大合祭。《説文》：「祫，大合祭先祖親疏遠近也。从示、合。《周禮》曰：『三歲一祫。』」《春秋・文公二年》：「八月丁卯，大事於大廟。」《公羊傳》：「大事者何？大祫也。大祫者何？合祭也。其合祭奈何？毀廟之主陳于大祖，未毀廟之主，皆升，合食于大祖。五年而再殷祭。」何休注：「殷，盛也。謂三年祫，五年禘。」《魏書・禮志一》：「禘、祫一名也，合而祭之故稱祫，審諦之故稱禘，非兩祭之名。」韓愈《禘祫議》：「夫祫者，合也；毀廟之主，皆當合食于太祖。」

〔二〕《新唐書·禮樂志三》：「禘、祫，大祭也。祫以昭穆合食於太祖。」

## 5 六宗

六宗〔一〕之説，十餘家迄無定議。《孔叢子》以爲四時、寒暑、日月、星、水、旱〔二〕；鄭玄以爲星、辰、司中、司命、風師、雨師；馬融以爲天地、四時〔三〕；孔光、劉歆以爲水、火、雷、風、山、澤；賈逵以爲日、月、星、河、海、岱〔四〕；歐陽、大小夏侯以爲上不謂天，下不謂地，旁不謂四方，在六者之間，助陰陽變化。此漢以前之説也。

或謂太極冲和之氣爲六氣之宗〔五〕；或謂天皇大帝及五帝〔六〕；或謂地有五色，合五爲六；或謂六代帝王；或謂三昭三穆；或又謂《周禮》無六宗之兆，祭法無六宗之文，可不祀。則又謬甚者也。

就前諸説求之，孔安國、王肅雖主《孔叢子》之説，謂出於孔子，亦無明據。《大宗伯》云：「以禋祀祀昊天上帝，以實柴祀日月星辰司中司命，以槱燎祀風師雨師。」皆天神也。《祭義》曰：「郊之祭，大報天而主日，配以月。」則肆類上帝，並祭日月可知。故又及星、辰、司中、司命、風師、雨師爲六宗。星謂五緯星〔七〕，辰謂日月。所會十二次，司中、司命，文昌第五、第四也〔八〕；風師，箕也；雨師，畢也〔九〕。皆麗於天之神。鄭玄主此説爲是，餘可不必矣。

（槱音酉；燎音了；禋音因）

漢代以來説法紛紜。

**［箋注］**

［一］《書·舜典》：「肆類于上帝，禋于六宗，望于山川，徧于群神。」六宗爲古時所尊祀之六神。而六神爲何，漢代以來説法紛紜。

［二］《孔叢子》，舊題「孔鮒撰」。

［三］伏勝、馬融謂天、地、春、夏、秋、冬爲六宗。

［四］賈逵謂天宗三：日、月、星；地宗三：河、海、岱。

［五］三國魏劉劭謂太極沖和之氣，爲六氣之宗。

［六］北魏孝文帝謂皇天大帝與五帝。

［七］五緯：指金、木、水、火、土五星。

［八］《周禮·春官·大宗伯》：「以槱燎祀司中、司命、飌師、雨師。」鄭玄注引鄭司農曰：「司中、司命，文昌第五、第四星。」《史記·天官書》：「斗魁戴匡六星曰文昌宫……四曰司命。」

［九］箕、畢：俱星宿名。《詩·小雅·巷伯》：「哆兮侈兮，成是南箕。」毛傳：「南箕，箕星也。」孔穎達疏：「二十八宿有箕星，無南箕。故云南箕即箕星也。箕四星：二爲踵，二爲舌。」《孫子·火攻》：「日者，月在箕、壁、翼、軫也；凡此四宿者，風起之日也。」《史記·周本紀》：「九年，武王上祭于畢。」司馬貞索隱：「畢星主兵，故師出而祭畢星也。」《周禮·春官·大宗伯》「以槱燎祀司中、司命、飌師、雨師」鄭玄注：「雨師，畢也。」

## 6 貙膢

（貙音攄；膢音婁）

漢制，立秋出獵祭曰貙膢。蓋貙常以立秋日祭獸，亦以此日出獵，還以祭宗廟曰「貙膢」［一］。

按，《説文》「貙，貗似貍者」，能捕獸祭天。陸佃云：「虎五指爲貙。」[二]

林氏曰：「膢，祭名。」揚子：「不膢臘也與。」「膢臘」皆祭也[三]。《律曆志》作「貙劉」。「膢、劉」聲相近，訛也。或以「劉，殺也」，捕獸爲殺也[四]。

（貗音萬）

## [箋注]

[一]《後漢書·劉玄傳》：「張卬、廖湛、胡殷、申屠建等與御史大夫隗囂合謀，欲以立秋日貙膢時共劫更始，俱成前計。」李賢注引《前書音義》：「貙，獸。以立秋日祭獸。王者亦此日出獵，用祭宗廟。」

[二] 貙：虎屬猛獸，似貍而大。《爾雅·釋獸》：「貙，似貍。」郭璞注：「今貙虎也，大如狗，文如貍。」《集韻·魚韻》：「貙，虎之大者。」《埤雅·釋獸》：「虎五指爲貙。」《搜神記》卷十二：「虎有五指（趾）者皆是貙。」

[三] 此「林氏」蓋爲「蘇林氏」之誤。揚雄《法言·問道》：「申韓之術，不仁之至矣，若何牛羊之用人也？若牛羊用人，則狐狸螻螾不膢臘也與？」

膢：祭名，祈穀嘗新之祭。《説文·肉部》：「膢，楚俗以二月祭飲食也。一曰祈穀食新曰離膢。」《玉篇·肉部》：「膢，飲食祭也，冀州八月，楚俗二月。」《漢書·武帝紀》：「三月，行幸河東，祠后土。令天下大酺五日，膢五日。」顔師古注引蘇林曰：「膢，祭名也。」

膢臘：古代兩種祭名的並稱。其祭多在歲終，古時貧民，必待「膢臘」方得飲酒食肉。《韓非子·五蠹》：「夫山居而谷汲者，膢臘而相遺以水。」桓寬《鹽鐵論·散不足》：「古者，庶人糲食藜藿，非鄉飲酒、膢臘祭祀無酒肉。」

[四] 貙劉：祭禮，立秋之日天子射牲以祭宗廟。《周禮·夏官·射人》「祭祀則贊射牲」鄭玄注：「《國語》曰：『禘郊之事，天子必自射其牲。』今立秋有貙劉云。」賈公彦疏：「劉，殺也。云立秋貙殺物。」

《後漢書・祭祀志中》：「立秋之日……使謁者以一特牲先祭先虞于壇，有事，天子入囿射牲，以祭宗廟，名曰貙劉。」《後漢書・禮儀志中》：「立秋之日，白郊禮畢，始揚威武，斬牲於郊東門，以薦陵廟。其儀：乘輿御戎路，白馬朱鬣，躬執弩射牲，牲以鹿麛。太宰令、謁者各一人，載以獲車，馳送陵廟。於是乘輿還宮，遣使者齎束帛以賜武官。武官肄兵，習戰陣之儀、斬牲之禮，名曰貙劉。」

## 7 射侯 正鵠

（正音征）

侯，其所射者也[一]；正、鵠，射之的也。《司裘》云：王，虎侯；諸侯，熊侯；卿大夫，豹侯。卿大夫之大射，君臣皆麋侯。[二]

侯道[三]，虎侯九十弓，熊侯七十弓，豹麋侯五十弓。侯道，弓二寸以爲侯中，如虎侯九十弓，侯中得一丈八尺也，三分侯中而正鵠居其一，如侯中一丈八尺，正鵠[四]得六尺也，他准此。虎熊豹麋，特以其皮緣[五]侯側耳。「正」即《月令》「征鳥厲疾」[六]，本作「鴊」，或作「征」，又作「正」，今鴟也。「鵠」，《玉篇》：「鳱鵠，鳥之知來者。」今靈鵲也。

侯的制皮，賓射正，大射鵠，正鵠之外所謂二分者，以五采畫之。王：內朱，次白，次蒼，次黃，玄居外；諸侯：損玄黃；卿大夫：去白、蒼，以朱、緑。

燕射[七]之侯無正鵠，畫熊麋虎豹鹿豕之形。庶人主皮之射[八]無侯，張獸皮射之而已。是侯以布爲質，以虎熊豹麋爲緣，侯中二分以五采三采二采爲飾，一分以正鵠爲的。或云「正之言正，鵠之言較」，又云「畫布曰正，棲皮曰鵠」，及「五正、三正、二正之説」，皆非也。

## 【箋注】

［一］射侯：天子的大射禮。《禮記·射義》：「故天子之大射，謂之射侯。射侯者，射爲諸侯也。射中則得爲諸侯，射不中則不得爲諸侯。」射禮有四。一大射，天子、諸侯祭祀前爲了選擇參加祭祀的人而舉行的射祀；二賓射，諸侯朝覲天子或諸侯相會時舉行的射禮；三燕射，平時燕息之日舉行的射禮；四鄉射，地方官爲薦賢舉士而舉行的射禮。

侯：古時射禮所用箭靶，靶布。《説文》作「矦」，《矢部》：「矦，春饗所射矦也。从人从厂，象張布，矢在其下。」清徐灝《説文解字注箋》：「侯制以布爲之，其中設鵠，以革爲之，所射之的也。大射則張皮於侯以爲之飾。」《儀禮·鄉射禮》：「乃張侯下綱，不及地武。」鄭玄注：「侯謂所射布也。」《漢書·吾丘壽王傳》：「《詩》云『大侯既抗，弓矢斯張。』」顔師古注：「侯，所以居的，以皮爲之。天子射豹侯，諸侯射熊侯，卿大夫射麋侯，士射鹿豕侯。」《詩·齊風·猗嗟》「終日射侯，不出正兮」朱熹集傳：「侯，張布而射之也。大射則張皮侯而設鵠，賓射則張布而設正。」

［二］虎侯：邊緣以虎皮爲飾的箭靶。《周禮·天官·司裘》：「王大射，則共虎侯、熊侯、豹侯，設其鵠。」鄭玄注：「侯者，其所射也。以虎、熊、豹、麋之皮飾其側……王之大射，虎侯，王所自射也；熊侯，諸侯所射；豹侯，卿大夫以下所射。」賈公彦疏：「熊侯者，以熊皮飾其側，七十步之侯，諸侯射之也。」《漢書·吾丘壽王傳》：「《詩》云『大侯既抗，弓矢斯張。』」顔師古注：「侯，所以居的，以皮爲之。天子射豹侯，諸侯射熊侯，卿大夫射麋侯，士射鹿豕侯。」

麋侯，用麋皮製成的箭靶。《周禮·天官·司裘》：「卿大夫則共麋侯。」《儀禮·鄉射禮》：「凡侯，天子熊侯，白質；諸侯麋侯，赤質。」宋聶崇義《三禮圖·射侯·麋侯》：「《司裘》云，『卿大夫則供麋侯。』此謂王朝卿大夫畿内有采地者，將祭祖先，亦行大射之禮。張麋侯君臣共射焉……漢以皮方制其鵠……著於侯中，其侯道亦五十弓。侯廣鵠方丈尺之數，亦與王之豹侯同。」

〔三〕侯道：箭靶與射者之距。《儀禮・大射》：「司馬命量人量侯道與所設乏以貍步，大侯九十，參七十，干五十。」鄭玄注：「量侯道，謂去堂遠近也。」

弓，長度單位，相當於「步」。《儀禮・鄉射禮》：「侯道五十弓。」賈公彥疏：「六尺爲步，弓之下制六尺，與步相應，而云弓者，侯之所取數，宜於射器也。」弓制歷代不一，或以八尺爲一弓；或以六尺爲一弓；舊時營造尺以五尺爲一弓（合一點六米），三百六十弓爲一里，二百四十方弓爲一畝。《清史稿・食貨志・田制》：「凡丈蒙地，五尺爲弓，二百四十弓爲畝，百畝爲頃。」

〔四〕弓二寸，每弓射距設二寸侯中，侯中大小方寸視侯道而設置。

正鵠：謂箭靶的中心。《禮記・中庸》：「子曰：『射有似乎君子，失諸正鵠，反求諸其身。』」鄭玄注：「畫布曰正，棲皮曰鵠。」陸德明釋文：「正、鵠皆鳥名也。一曰：正，正也；鵠，直也。大射則張皮侯而棲鵠，賓射張布侯而設正也。」《小爾雅・廣器》：「射有張布謂之侯，侯中者謂之鵠，鵠中者謂之正。正方二尺。」宋陸佃《埤雅・釋鳥》：「鵠，《周禮・天官・司裘》：『王大射，則共（供）虎侯、熊侯、豹侯，設其鵠。』設其鵠者，棲鵠於侯中以爲的也，若今所射紅心是也。」

〔五〕緣，邊飾，裝飾邊緣。

〔六〕《禮記・月令》：「（季冬之月）征鳥厲疾。」孔穎達疏：「征鳥，謂鷹隼之屬也。」征鳥，遠飛的鳥。指鷹隼等猛禽。一説指雁。《呂氏春秋・季冬》：「征鳥厲疾。」今人陳奇猷校釋：「征當讀『出征』之征。征鳥即指雁言。」

〔七〕燕射：射禮，宴飲之射。《周禮・春官・樂師》：「燕射，帥射夫以弓矢舞。」孫詒讓正義：「燕射者，王與諸侯、諸臣因燕而射。《梓人》注云：『燕謂勞使臣，若與羣臣飲酒而射。』是也。」

〔八〕主皮：古代鄉射禮共射三次，第二次瞄射皮質的箭靶，中鵠稱爲「主皮」。《周禮・地官・鄉大夫》：「退而以鄉射之禮五物詢衆庶：一曰和，二曰容，三曰主皮，四曰和容，五曰興舞。」鄭玄注引鄭司農云：「主皮謂善射。」孫詒讓正義引淩廷堪曰：「三曰主皮者，即鄉射禮之三耦及賓、主人、大夫衆耦皆射也。司射命曰：『不貫不釋。』蓋取其中也，故謂之主皮。馬氏《論語》注『次主皮爲能中質』是也。是謂第二次射……主皮之名，蓋起於大射。大射張皮侯，以皮飾侯，又方制之以爲鵠，故以中鵠爲主皮。」

## 8　夫里之布

夫，夫稅也，一夫百畝之稅[一]，使同養公田也[二]。布，泉也，即錢也[三]。一里二十五家之泉[四]，漢口率[五]出錢百二十，是其遺也。《周禮》：「凡宅不毛者，有里布。凡民無職事者，出夫家之征。」[六]《孟子》止言「夫稅」[七]，未及家稅也。家稅出士徒、車輦，給徭役[八]。

**【箋注】**

[一] 古田制，井田制一夫受田百畝，故以百畝爲夫。《周禮・地官・小司徒》：「乃經土地而井牧其田野。九夫爲井，四井爲邑，四邑爲丘，四丘爲甸，四甸爲縣，四縣爲都。」鄭玄注：「『九夫爲井』者，方一里，九夫所治之田也……《司馬法》曰：『六尺爲步，步百爲畮，畮百爲夫，夫三爲屋，屋三爲井，井十爲通。』」

一夫受田百畝，所出之租稅，謂之「夫稅」。《周禮・地官・載師》「凡民無職事者，出夫家之征」漢・鄭玄注：「夫稅者，百畮之稅。」

〔二〕公田：井田制，分爲九區，中區由若干農夫共同耕種，將收穫物繳給統治者，稱爲「公田」。同中區以外的「私田」相對。《詩・小雅・大田》：「雨我公田，遂及我私。」朱熹集傳：「公田者，方里而井，井九百畝，其中爲公田，八家皆私百畝，而同養公田也。」《禮記・王制》：「古者公田藉而不稅。」孔穎達疏：「藉之言借也，借民力治公田。」《漢書・食貨志上》：「六尺爲步，步百爲晦，晦百爲夫，夫三爲屋，屋三爲井，井方一里，是爲九夫。八家共之，各受私田百晦，公田十晦，是爲八百八十晦，餘二十晦以爲廬舍。」

〔三〕布：財帛，亦指賦稅。泉，本爲泉水、源泉，貨泉流布如泉，故爲錢貨之別名。

〔四〕周代以二十五家爲里。《周禮・地官・遂人》：「五家爲鄰，五鄰爲里。」《禮記・郊特牲》：「唯爲社事，單出里。」鄭玄注：「二十五家爲里。」

〔五〕口率：按人口比例。《周禮・天官・太宰》「九曰弊餘之賦」鄭玄注：「賦，口率出泉也。」

〔六〕《周禮・地官・載師》：「凡宅不毛者有里布，凡田不耕者出屋粟，凡民無職事者出夫家之征。」孫詒讓正義：「並任土、任民賦稅之餘法也。」

〔七〕《孟子・公孫丑上》：「廛無夫里之布，則天下之民皆悅，而願爲之氓矣。」朱熹注引鄭玄《周禮》注，謂指一夫百畝之稅。

〔八〕家稅：先秦指出夫及車馬服役。《周禮・地官・載師》「凡民無職事者，出夫家之征」鄭注：「民雖有閑無職事者，猶出夫稅、家稅也。夫稅者，百畝之稅。家稅者，出士徒車輦給繇役。」

## 9 秦以後取民之制

三代取民之制皆十一。秦田租、口賦〔一〕、鹽鐵二十倍於古，力役三十倍於古。

漢田租十五稅一，筭賦每人錢百二十爲一筭，孝文令民半出；田租始三十稅一，孝景則平分而稅一[二]，孝武復三十而稅一算。舟車，榷鹽鐵[三]又紛然雜出，班史以厥名。三十乃十稅五[四]。

唐，丁男給永業田二十畝，口分田八十畝[五]，丁歲輸粟二斛，稻三升，謂之租[六]。歲輸絹四丈，綾絁二丈，布加絹之一，綿三兩，麻三斤，非蠶鄉納銀十兩，謂之調[七]。用人之力，歲二十日，閏加二日，不役者日爲絹三尺，謂之庸[八]。憲宗分天下之賦爲三，一曰上供，二曰送役，三曰留州[九]。德宗作兩稅法，夏輸不過六月，秋輸不過十一月。

宋沿後唐之制，賦民已非良法，至王安石爲相，熙寧、元豐之間務爲聚斂，政和[一〇]以後，領以巨鐺，迄於宋亡。

由秦漢以來，惟唐制差善[一一]，人授田百畝，古今不甚相遠。以中田所獲計之，得粟四百石，租庸調當用銀十二兩，去粟六十石，是十稅一，十分一之五，今亦大畧近之。内府供應即上供，邊儲即送役，存留即留州，夏稅、秋糧即夏秋二輸也。

（絁音詩）

**［箋注］**

［一］取民，即徵賦徭役。此條取民之制，考論歷代賦稅制度。十一：百分之十。田租，即田賦。《管子·幼官》："「令曰：田租百取五，市賦百取二，關賦百取一，毋乏耕織之器。」

口賦：人口稅。漢有口賦、算賦之分。七歲至十四歲，每人每年出二十錢以供天子，爲口賦。武帝時增至二十三錢，以補車騎馬匹之費。自十五歲至五十六歲，每人每年出百二十錢，爲算賦。

［二］《漢書・食貨志》：「（漢景帝）令民半出田租，三十而税一也」。

［三］榷：專賣。漢武帝時官府壟斷食鹽産銷，專營冶鐵，所謂榷鹽鐵。

［四］税率由三十税一，到十税五，不等。漢代的假税，即租賃税，有「十税五」之説。一説百分之五十，一説以半數計税。乃，竟然，表示意外。

［五］丁男，成年男子。永業田：田制名。北魏行均田制，每男夫授桑田二十畝，身没不還，子孫世襲，世代承耕，故稱永業田。北齊、隋、唐沿用此制，而授田不等。

口分田：唐代按人口授田。每口人所受者，皆包含永業田二十畝，其餘爲口分田。《新唐書・食貨志一》：「授田之制，丁及男年十八以上者，人一頃，其八十畝爲口分，二十畝爲永業；老及篤疾、廢疾者，人四十畝，寡妻妾三十畝，當户者增二十畝，皆以二十畝爲永業，其餘爲口分。」

［六］《新唐書・食貨志一》：「凡授田者，丁歲輸粟二斛，稻三斛，謂之租。」輸：交納，獻納。輸粟，指農户向官府捐納糧食。

［七］《新唐書・食貨志一》：「唐之始時，授人以口分、世業田，而取之以租、庸、調之法……丁隨鄉所出，歲輸絹二匹，綾、絁二丈，布加五之一，綿三兩，麻三斤，非蠶鄉則輸銀十四兩，謂之調。」

［八］《新唐書・食貨志一》：「用人之力，歲二十日，閏加二日，不役者日爲絹三尺，謂之庸。」隋唐時期賦役法規定，成丁者每年服役二十日，若不服役則每日須納絹數尺，謂之「庸」。《北史・隋紀上・文帝》：「（開皇）三年……始令人以二十一成丁，歲役功不過二十日，不役者收庸。」

［九］《新唐書・食貨志三》：「（憲宗）分天下之賦以爲三，一曰上供，二曰送使，三曰留州。」唐宋時，所征賦税中解交朝廷的部分，謂之上供；屬州輸送與節度、觀察使府的賦税，謂之送使；留作地方州县使用的税收，謂之留州。《新唐書・食貨志三》：「宰相裴垍又令諸道節度、觀察調費取於所治州，不足，則取於屬州；而屬州送使之餘與其上供者，皆輸度支。」《資治通鑑・後晉天福元年》「凡財賦應留使之外盡將取之」元胡三省注：「唐制，諸州財賦

爲三：一、上供，輸之京師，以供上用也；二、送使，輸送於節度，觀察使府；三、留州，留爲州家用度。其後天下悉裂爲藩鎮，支郡則仍謂之留州，會府則謂之留使。」

［一〇］熙寧（1068—1077）、元豐（1078—1085），宋神宗年號。政和（1111—1118），徽宗年號。

［一一］差善：稍好。差，略微。

## 10 唐宋青苗

唐代宗詔天下，田一畝稅錢十五，不及秋方青苗征之，號青苗錢［一］。宋神宗任王安石爲相，方春貸錢於民，出息以償，亦謂之青苗錢［二］。

**［箋注］**

［一］大曆元年，詔天下苗一畝徵稅錢十五，以補百官俸錢，因國急用，當苗青即預徵，又有地頭錢每畝徵二十，通稱「青苗錢」。《新唐書·食貨志一》：「至大曆元年，詔流民還者，給復二年，田園盡，則授以逃田。天下苗一畝稅錢十五，市輕貨給百官手力課。以國用急，不及秋，方苗青即征之，號『青苗錢』。又有『地頭錢』，每畝二十，通名爲青苗錢。」顧炎武《日知録·豫借》：「代宗廣德二年七月庚子稅天下地畝青苗錢以給百官俸。所謂青苗錢者，以國用急不及待秋，方苗青而徵之，故號青苗錢。」

［二］宋熙寧二年，王安石創青苗之法，青黄不接之際，官府貸錢與民。正月放而夏斂，五月放而秋斂，納息二分。本名常平錢，民間稱青苗錢。青苗法以諸路常平、廣惠倉所積錢糧爲本，意在以低息限制豪强盤剥，減輕百姓負擔，但施行中出現弊端，又遭到保守派的反對而廢止。《宋史·食貨志四》：「今放青苗錢，凡春貸十千，半年之内

便令納利二千，秋再放十千，至歲終又令納利二千。」《宋史・王安石傳》：「青苗法者，以常平糴本作青苗錢，散與人户，令出息二分，春散秋斂。」

## 11　南北軍

漢南軍衛尉主之，掌宫門，屯衛兵[一]。北軍中尉主之，巡徼京師[二]。即周虎賁氏之職也[三]。武帝增八校[四]，改中尉爲執金吾[五]。唐南衙禁兵即漢南軍，領以左右衛府上將軍[六]。宋爲殿前司，官曰都撿點[七]，宋祖由此受禪，改稱都指揮使。北衙衛兵即漢北軍，領以左右羽林軍大將軍[八]，宋爲武德司，後改皇城司，官曰皇城使，又改爲武功大夫。今錦衣衛實兼其職也。

### 〔箋注〕

〔一〕西漢禁衛軍有南軍、北軍之分，南軍守衛未央宫，由衛尉統領。因未央宫在長安城内的南面，故稱。《舊唐書・職官志三》：「漢置南北軍，掌衛京師。南軍，若今諸衛也；北軍，若今羽林軍也。」《漢書・刑法志》：「天下既定，踵秦而置材官於郡國，京師有南北軍之屯。」

〔二〕北軍，守衛京師長樂宫的衛兵。長樂宫在京城東面偏北，其衛兵稱北軍。清俞正燮《癸巳類稿・漢南北軍義》：「今案高祖時之南北軍，以衛兩宫。漢五年，治長樂宫，八年，治未央宫，皆有衛。長樂在東爲北軍，未央在西南爲南軍……至文帝時，乃合南、北軍，夜拜宋昌爲衛將軍，鎮撫南北軍。」

[三] 虎賁，指勇士。賁，奔，勇士如猛虎之奔，故謂也。周代之虎賁氏掌侍衛國君及保衛王宮之事。《周禮・夏官・虎賁氏》：「虎賁氏掌先後王而趨以卒伍。軍旅、會同，亦如之。舍，則守王閑。王在國，則守王宮。國有大故，則守王門。大喪，亦如之。」

[四] 八校：漢代所置八種校尉的合稱。《漢書・百官公卿表上》：「中壘校尉掌北軍壘門内，外掌西域。屯騎校尉掌騎士。步兵校尉掌上林苑門屯兵。越騎校尉掌越騎。長水校尉掌長水宣曲胡騎。又有胡騎校尉，掌池陽胡騎，不常置。射聲校尉掌待詔射聲士。虎賁校尉掌輕車。凡八校尉，皆武帝初置，有丞、司馬。自司隸至虎賁校尉，秩皆二千石。」

[五] 金吾：負責皇帝大臣警衛、儀仗以及徼循京師、掌管治安的武職官員，漢有執金吾，唐宋以後有金吾衛、金吾將軍、金吾校尉等。《漢書・百官公卿表上》：「中尉，秦官，掌徼循京師，有兩丞、侯、司馬、千人。武帝太初元年更名『執金吾』。」顏師古注：「應劭曰：『吾者，禦也，掌執金革以禦非常。』金吾，鳥名也，主辟不祥。天子出行，職主先導，以禦非常。故執此鳥之象，因以名官。」

[六] 《新唐書・兵志》：「夫所謂天子禁軍者，南、北衙兵也。南衙，諸衛兵是也；北衙者，禁軍也。」按，金吾、領軍、千牛之類爲衛兵；羽林、龍武、神策之類爲禁軍。南衙屬宰相管轄，北衙歸皇帝直轄。

[七] 都檢點：五代所置的禁軍最高統帥官。宋初即廢。

[八] 北衙：唐代皇帝禁軍，因在皇宮之北，故稱。羽林、龍武、神武、神策四軍爲皇帝禁軍。

## 12 左袒爲劉

周勃袒左、袒右之令，似坐觀成敗，之形安在？其安劉也。使北軍袒右，將王呂乎？使左右相、半將並王乎[一]？是不然，此勃誓師之辭。爲劉者袒而立於左，左袒，吾賞之也；爲呂者袒而立於右，右社，吾戮之也。片辭之下，定社稷之安危。勃之重厚，於此可見。予聞之關中喬景叔先生[二]，說如此。

［箋注］

［一］《史記·呂太后本紀》記載，呂后死後，太尉周勃謀誅諸呂，行令軍中說：「爲呂氏右袒，爲劉氏左袒。」軍中皆左袒爲劉氏。周勃遂率兵盡殺呂黨。《史記·孝文本紀》：「夫以呂太后之嚴，立諸呂爲三王，擅權專制，然而太尉以一節入北軍，一呼士皆左袒，爲劉氏，叛諸呂，卒以滅之。」

［二］關中，今陝西渭河流域，處於四塞之中，故謂。喬世寧，字景叔，耀州人。明嘉靖十七年(1538)進士，自號三石山人。初授南京户部主事，陞湖廣督學，廉明爲官，累官河南參政、四川按察使。後以丁憂回鄉，潛心著書，終老於家。以詩文名聞關中，撰有《耀州志》《丘隅集》。

## 13 五刑

古五刑，墨、劓、臏、宮、大辟。

墨，黥面；劓，割鼻；臏，去膝盖骨[一]；宮，男子去勢，婦人幽閉[二]；大辟，死刑[三]。

皐陶改臏爲「剕」，去足肚，周改爲「刖」，去趾[四]。

漢文帝定律，諸當黥者，鉗爲城旦、舂[五]；當劓者笞[六]三百；當刖左趾者笞五百；刖右趾，已論而復有笞罪者棄市[七]；宮與大辟，猶故也。

北魏文帝詔，應宮刑者直没官，于是宮刑始除矣[八]。唐玄宗令，應斬者重杖流嶺南[九]，于是大辟亦除矣。今人以除肉刑美漢文，而不知北魏文帝之賢也，知肉刑當除，而不知大辟終不可廢也。

（劓音義；臏音牝；黥音檠；剕音肺；刖音月；鉗音虔）

**[箋注]**

[一] 墨，五刑之一。以刀刺面，染黑爲記。《書·呂刑》：「墨辟疑赦，其罰百鍰，閲實其罪。」蔡沈《集傳》：「墨，刻其顙而涅之也。」

劓：割鼻。《書·呂刑》：「惟作五虐之刑曰法，殺戮無辜，爰始淫爲劓刵椓黥。」孔穎達疏：「劓，截人鼻。」

臏，本指胫骨，亦謂去臏之刑。《周禮·秋官·司刑》「刖罪五百」鄭玄注：「刖，斷足也。周改臏作刖……《書傳》曰：『決關梁、逾城郭而略盗者，其刑臏。』」清劉獻廷《廣陽雜記》卷五：「臏，五刑中去膝蓋骨之名。齊將孫臏，爲龐涓斷其足，故稱孫臏。其名逸不可考，臏非名也。」

[二] 宮刑：男去勢，婦幽閉。幽閉，蓋閉壞婦女之生殖機能，一説禁閉婦女於宮中爲奴。《書·呂刑》：「宮辟疑赦。」孔傳：「宮，淫刑也。男子割勢，婦人幽閉，次死之刑。」班固《白虎通義·五刑》：「宮者，女子淫，執置宮中，不得出也。」《太平御覽》卷六四八引《尚書大傳》：「男女不以義交者，其刑宮。」

[三] 《書·呂刑》：「大辟疑赦，其罰千鍰。」孔穎達疏：「《釋詁》云：辟，罪也。死是罪之大者，故謂死刑爲大辟。」

[四] 剕：斷足之刑。《書·呂刑》：「剕辟疑赦，其罰倍差。」孔傳：「刖足曰剕。」班固《白虎通·五刑》：「腓者

其臏。」《周禮・秋官・司刑》「刖罪五百」唐賈公彥疏：「咎繇改臏作腓，至周改腓作刖。」峰按，剕之爲言「腓」也。腓，小腿肚。剕，去腓之刑；臏，去髕之刑，劓，去鼻之刑。刑名多源自施刑部位之名。

[五] 鉗，刑具，以鐵箍束頸部。古有「髡鉗」，剃去頭髮，用鐵圈束頸，漢文帝改髡爲完。」完刑，對情節輕微或年老年幼有罪當刑者，罰作勞役，而不殘傷其體。《漢書・刑法志》：「刖者使守囿，完者使守積。」顏師古注：「完謂不虧其體，但居作也。」

又漢《刑法志》：「諸當完者，完爲城旦舂。」顏注：「文帝除肉刑，皆有以易之。古以完易髡，以笞代劓。」

城旦：刑罰名，罰作勞役，築城四年。《墨子・号令》：「以令爲除死罪二人，城旦四人。」孫詒讓閒詁引應劭曰：「城旦者，旦起行治城，四歲刑也。」《史記・秦始皇本紀》：「令下三十日不燒，黥爲城旦。」裴駰集解引如淳曰：「《律説》：論決爲髡鉗，輸邊築長城，晝日伺寇虜，夜暮築長城。城旦，四歲刑。」後多指流放或徒刑。

《周禮・秋官・司厲》：「其奴，男子入于罪隸，女子入于舂、槀。」鄭注：「鄭司農云：『謂坐爲盜賊而爲奴者輸於罪隸』……玄謂奴從坐而没入縣官者。」據此，舂，古代蓋謂因罪而成爲舂膳的女奴。《漢書・惠帝紀》：「有罪當刑，及當爲城旦、舂者。」顏師古注引應劭曰：「舂者，婦人不豫外徭，但舂作米。」舂，女子所服徒刑。

[六] 笞：用荆條或竹板拷打臀、腿或背。《漢書・刑法志》：「當笞者笞臀。」《新唐書・刑法志》：「其用刑有五：一曰笞。笞之爲言恥也；凡過之小者，捶撻以恥之。漢用竹，後世更以楚。」按，楚即荆條或荆杖。

[七] 《漢書・刑法志》：「當斬左止者，笞五百；當斬右止，及殺人先自告，及吏坐受賕枉法，守縣官財物而即盜之，已論命復有笞罪者，皆棄市。」李奇曰：「命，逃亡也，復於論命中有罪也。」晉灼曰：「命者，名也，成其罪也。」顏師古曰：「止，足也。當斬右足者，以其辠次重，故從棄市也。殺人先自告，謂殺人而自首得免罪者也。吏受賕枉法，謂曲公法而受賂者也。守縣官財物而即盜之，即今律所謂主守自盜者也。殺人害重受賕盜物贓汙之身，故此三罪以被論名，而又犯笞，亦皆棄市也。」

棄市：原指受刑罰的犯人在街頭示衆，民衆共同鄙棄之，後以「棄市」專指死刑。《禮記・王制》：「刑人於市，與衆弃之。」《漢書・景帝紀》：「(中元)二年春二月……改磔曰棄市，勿復磔。」顏師古注：「磔，謂張其尸也。棄市，殺之於市也。」

[八] 此條「北魏文帝」蓋「西魏文帝」之誤。自漢文帝改革刑罰以後，宫刑興廢無常，漢文帝除肉刑而宫刑不廢。漢景帝允許以宫刑代替死刑。北魏、東魏時仍有施行宫刑之記載。西魏文帝大統十三年(547年)詔：「自今應宫刑者，直没官，勿刑。」北齊後主天流五年(569年)亦詔令：「今應宫刑者，普免刑爲官口。」至此，宫刑終廢。

[九] 天寶六載(747年)正月詔：「削絞斬條……令應絞斬者皆重杖流嶺南。」

## 14 象刑

《書》曰：「象以典刑。」[一] 蔡沈：「以五刑如天垂象以示人。」[二]《白虎通》曰：「象刑者，以衣服象五刑。犯墨者幪巾，犯劓者赭其衣，犯臏者黑其髕，犯宫者屝，犯大辟者布衣而無領緣。」[三] 謂唐虞之世，人尚德義，但設象而民自不犯也。若然，何至又有怙終賊刑耶[四]？其説出《孝經緯》，云：「五帝畫象民順機。」[五] 畫象亦猶懸法象魏[六]，非指衣服而言。蔡沈所説爲是，《白虎通》亦自相兼。蓋犯墨者，着幪巾就刑，餘四刑皆然。今有罪者亦去平時衣冠也。

(幪音蒙；髕，與「臏」同；屝音肺)

**[箋注]**

[一]《書・舜典》：「象以典刑，流宥五刑，鞭作官刑，撲作教刑，金作贖刑。」孔傳：「象，法也。法用常刑，用不

越法。」典刑，常刑也。

相傳上古無肉刑，僅用與衆不同的服飾加之犯人以示辱，謂之象刑。《荀子·正論》：「世俗之爲説者以爲治古者無肉刑而有象刑。墨黥其面而已，蚤嬰，共艾畢，菲對屨。殺，赭衣而不純。治古如是。」楊倞注：「象刑，異章服，耻辱其形象，故謂之象刑也。」《慎子·君人》：「有虞之誅以幪巾當墨，以草纓當劓，以菲屨當剕，以艾鞸當宫，布衣無領當大辟。此有虞之誅也。斬人肢體，鑿其肌膚謂之刑，畫衣冠異章服謂之戮。上世用戮而民不犯也。當世用刑而民不從。」

伏勝《尚書大傳》卷一：「唐虞象刑而民不敢犯，苗民用刑而民漸興犯。唐虞制象刑，上刑赭衣不純，中刑雜屨，下刑墨幪。」

〔二〕《書·舜典》「象以典刑」蔡沈《集傳》：「象如垂天之象，以示人而典常者也，示人以常刑。」

〔三〕《漢書·武帝紀》：「詔賢良曰：『朕聞，昔在唐虞，畫象而民不犯。』」顔師古注引《白虎通》：「畫象者，其衣服象五刑也。犯墨者蒙巾，犯劓者以赭著其衣，犯髕者以墨蒙其髕處，象而畫之，犯宫者扉，犯大辟者布衣無領。」

〔四〕《書·舜典》：「眚災肆赦，怙終賊刑。」孔傳：「賊，殺也……怙姦自終，當刑殺之。」怙，依賴，憑恃。怙終，有所恃而終不悔改。

〔五〕《公羊傳·襄公二十九年》「刑人」漢何休注：「孔子曰：三皇設言民不違，五帝畫象世順機，三王肉刑揆漸加，應世黠巧奸僞多。」

〔六〕懸法：古時公佈法令，懸掛於宫闕，故稱。《周禮·天官·太宰》：「正月之吉，始和，布治于邦國都鄙，乃縣治象之灋于象魏，使萬民觀治象，挾日而斂之。」鄭玄注引鄭司農曰：「象魏，闕也。」賈公彦疏：「鄭司農云：『象魏，闕也』者，周公謂之象魏，雉門之外，兩觀闕高魏魏然，孔子謂之觀。」古代王宫門外兩邊的樓觀，爲懸示教令的地方，魏然而高，故曰象魏。唐·楊炯《少室少姨廟碑》：「太微營室，明堂布政之宫；白獸蒼龍，象魏懸書之法。」

## 15 宮刑

宮，次死之刑，男子割勢，婦人幽閉[一]。男女皆下蠶室，蠶室，密室也[二]。又曰蔭室，隱於蔭室一百日乃可，故曰隱宮。割勢若犍牛[三]然，幽閉若去牝豕子腸，使不復生，故曰次死之刑。或疑幽閉爲禁錮，則視「劓、刵」反輕，豈能以蔭室終身哉？自北魏文帝除後，其法遂泯[四]。惟割勢爲閹人進身之階，甘自蹈之矣。

（犍，音堅）

**［箋注］**

［一］《書·呂刑》「宫辟疑赦」孔傳：「宫，淫刑也。男子割勢，婦人幽閉。次死之刑。」

［二］古代執行宫刑及受宫刑者所居之獄室，名曰蠶室。《文選·司馬遷〈報任少卿書〉》：「李陵既生降，隤其家聲，而僕又佴之蠶室，重爲天下觀笑。」張銑注：「蠶室，漢行割刑之室，使其避風養瘡者。」《漢書·張安世傳》：「初，安世兄賀幸於衛太子，太子敗，賓客皆誅，安世爲賀上書，得下蠶室。」顏師古注：「謂腐刑也。凡養蠶者，欲其温而早成，故爲密室蓄火以置之。而新腐刑亦有中風之患，須入密室乃得以全，因呼爲蠶室耳。」

［三］犍，閹割。唐玄應《一切經音義》卷十四：「犍，割也。《通俗文》：『以刀去陰曰犍。』」

［四］泯，同「泯」，消失，泯滅。

## 16 上服 下服

《周禮》：「聽民之所刺宥，以施上服下服之刑。」注：「上服，墨、劓也；下服，宮、刵也。」[一]墨劓施於面，故爲上服；宮刵施於下體，故爲下服。凡行刺必先以物規之，如衣服，乃施刑，故言服也。《呂刑》：「上刑適輕，下服；下刑適重，上服。」[二]注：「事在上刑而情適輕，則服下刑；事在下刑而情適重，則服上刑。」《周禮》所謂「上下」，身之上下也；《呂刑》所謂「上下」，刑之輕重也。

[箋注]

[一]《周禮·秋官·小司寇》：「聽民之所刺宥，以施上服下服之刑。」鄭玄注：「上服，劓墨也；下服，宮刖也。」賈公彦疏：「墨劓施於面，故爲上服；宮刖施於下體，故爲下服。」古五刑中施於面部的刑罰，曰上服；施於身體下部的刑罰，曰下服。聽民之所刺宥，鄭玄曰：「宥，寬也。民言殺，殺之；言寬，寬之。」刺宥，指用刑的寬嚴。

[二]《書·呂刑》：「上刑適輕，下服。」孔傳：「重刑有可以虧減，則之輕，服下罪。」上刑，即重刑、极刑。

## 17 菹醢 簿録

古刑有菹醢者，果以爲菹醢與？菹，酢菜也；醢，肉醬也。酷烈者亦何至以人爲菹醢也？《漢刑法志》：「梟其首，菹其骨肉於市。」注：「菹，調醢也。」死刑之極者，首則挂之於木，若梟；

骨肉則臠之於市，若菹醢。[一]今凌遲[二]刑也。

簿録[三]猶今言抄劄[四]，籍其貲産没官也。

**［箋注］**

［一］《漢書·刑法志》：「當三族者，皆先黥、劓，斬左右止，笞殺之，梟其首，菹其骨肉於市。」顔師古注：「菹，謂醢也。」按：「調」，或爲「謂」之訛。菹、醢同指肉醬。臠，切成肉塊。

［二］凌遲，一種殘酷的死刑，又稱「剮刑」。始於五代，行於元、明、清諸代，清末始廢。《宋史·刑法志一》：「凌遲者，先斷其支體，乃抉其吭，當時之極法也。」

［三］簿録，登記財物的账目，亦謂查抄财产。唐陸贄《奏請不簿録竇參莊宅》：「今若簿録其家，竊恐以財傷義。」明宋濂《題悦生堂褉帖》：「師憲遭竄逐時，朝廷命王孟孫簿録其家。」

［四］抄劄：查抄没收，没收資産。亦作「抄扎」。《元典章·刑部五·燒埋》：「原抄扎人口内有苦主之家……燒埋銀五十兩就便給付苦主收管外，無苦主之人不須徵埋，所據原抄札到官各家財産等物，盡行分付原主收係甯家。」

## 18 椓刲聅軋

（椓音卓；刲音戞；聅音哲；軋音揠）

椓刲聅軋四者，皆刑名也。《尚書》：「劓刵椓黥。」[一]韓詩：「敗面碎刺刲。」[二]《司馬法》：「小罪聅之，中罪刖之，大罪剄之。」[三]前《匈奴傳》：「有罪小者軋，大者死。」[四]《説文》：「椓，去陰之刑也。」[五]「聅，軍法以矢貫耳也。」《廣韻》：「刮，剥面也。」顔師古曰：「軋謂輾轉轢其骨節，若今之厭踝也。」厭，與「壓」同；踝，户瓦切，讀若「花」，上聲，足骨也，俗謂螺拐骨。厭踝，猶今夾棍踝。又讀若「螺」音者，一作「來可切」，音「倮」，轉而爲「螺」音也。

（刵音貳；剄音挫；轢音歷）

**［箋注］**

［一］《書・吕刑》：「殺戮無辜，爰始淫爲劓、刵、椓、黥。」孔傳：「截人耳鼻，椓陰黥面。」孔穎達疏：「椓陰，即宫刑也……鄭玄云：『椓，謂椓破陰。』」

［二］唐・韓愈等《征蜀聯句》：「㓨膚浹瘡痍，敗面碎剠刮。」廖瑩中注：「黥面曰剠，剥面曰刮。」刮，剥面，割破臉皮。萬曆諸本作「剌」，四庫本作「刺」，皆形訛，當作「剠」是。

［三］聅：古代軍法中以矢貫耳的刑罰。《説文・矢部》：「聅，軍法以矢貫耳也。从耳，从矢。司馬法曰：『小罪聅，中罪刖，大罪剄。』」

［四］軋，碾壓。《史記・匈奴列傳》：「罪小者軋，大者死。」張守節正義引顔師古曰：「軋者，謂輾轢其骨節，若今之厭踝者也。」

［五］《集韻・覺韻》：「斀，《説文》：『去陰之刑也。』或作椓。」椓：槌擊，毁壞，亦指宫刑、閹人。閹人。《詩・大雅・召旻》：「天降罪罟，蟊賊内訌。昏椓靡共。」鄭玄箋：「昏、椓皆奄人也。昏，其官名也。椓，椓毁陰者也。」袁枚《續新齊諧・麒麟喊冤》：「（戴聖）言椓是椓婦人之陰，此是《景十三王傳》中之事，三代無此慘刑。」

# 19 鬼薪 白粲 城旦 舂

漢律，男子有罪，使取薪給宗廟曰「鬼薪」[一]；旦起行治城曰「城旦」[二]；婦人不與外徭，使擇米正白曰「白粲」[三]，但舂作米曰「舂」[四]。

鬼薪、白粲，三歲刑也；城旦、舂，四歲刑也。

【箋注】

[一] 鬼薪：秦漢徒刑，因爲宗廟采薪而得名。鬼薪從事官府雜役、手工業、及其它重體力勞作，服刑三年。《史記·秦始皇本紀》：「盡得毐（嫪毐）等……車裂以徇滅其宗。及其舍人，輕者爲鬼薪。」裴駰集解：「應劭曰：『取薪給宗廟爲鬼薪也。』如淳曰：『《律説》鬼薪作三歲。』」《漢書·惠帝紀》：「上造以上，及内外公孫耳孫，有罪當刑，及當爲城旦、舂者，皆耐爲鬼薪、白粲。」康有爲《大同書》甲部第四章：「古用苗制，施行肉刑，漢文免之，改爲囚徒、髡鉗、鬼薪，役作，隋文代之以笞杖流徙。」

[二] 城旦：古刑罰名，四年徒刑，旦起行築城之役。《史記·秦始皇本紀》：「令下三十日不燒，黥爲城旦。」裴駰集解引如淳曰：「《律説》：論決爲髡鉗，輸邊築長城，晝日伺寇虜，夜暮築長城。城旦，四歲刑。」

[三] 白粲：本指精米、白米，秦漢時指施於女子的刑罰，令罪人選精米以供祭祀，多適於高級官員命婦及其後裔中的女子犯罪者。《漢書·惠帝紀》：「上造以上及内外公孫、耳孫有罪當刑及當爲城旦舂者，皆耐爲鬼薪白粲。」顏師古注引應劭曰：「坐擇米使正白爲白粲。」《漢書·刑法志》：「罪人獄已決，完爲城旦舂，滿三歲爲鬼薪白粲。」《後漢書·章帝紀》：「繫囚鬼薪、白粲已上，皆減本罪各一等。」李賢注：「男子爲鬼薪，取薪以給宗廟。女子爲白

粲，使擇米白粲粲然。」

［四］舂，本是杵臼搗去穀物的皮殼之事，漢代用爲徒刑之名，服舂米之役事。《漢書・惠帝紀》：「有罪當刑，及當爲城旦、舂者。」顔師古注引應劭曰：「舂者，婦人不豫外徭，但舂作米。」

## 20 審録

（録音慮）

録，良豫切，寬省也。《漢・百官志》：「録囚徒。」［一］《太玄》：「躋於狴獄，三歲見録。」［二］録，與「慮」同，史作「慮囚」［三］，謂獄囚必反覆思慮之，有寃抑即與寬省，正書所謂服念要囚也［四］。今讀作紀録之「録」，而曰審某處録［五］，誤矣。

【箋注】

［一］録：《集韻》良據切。《御韻》：「録，寬省也。通作慮。」省察並記録（囚犯的罪狀）。《漢書・雋不疑傳》：「每行縣録囚徒還，其母輒問不疑：『有所平反，活幾何人？』」顔師古注：「省録之，知其情狀有冤滯與不也。今云慮囚，本録之去聲耳。」《晉書・世祖武帝紀》：「録囚徒，理冤枉，詳察政刑得失，知百姓所患苦。」

［二］揚雄《太玄・窮》：「正其足，躋于狴獄，三歲見録。」

［三］慮囚：慮，通「録」，訊察記録囚犯的罪狀。《舊唐書・德宗紀下》：「庚午，命有司慮囚，旱故也。」宋王觀國《學林・慮囚》：「前漢、後漢皆稱録囚，《唐史》《五代史》皆稱慮囚，二字皆是也。」

〔四〕冤抑：冤屈。東方朔《七諫・怨世》：「獨冤抑而無極兮，傷精神而壽夭。」《新唐書・楊瑒傳》：「所論者民冤抑也，位高下乎何取？」明沈鯨《雙珠記・處分後事》：「夢魂顛倒，冤抑無門告。」

服念：反復考慮。要囚：審察囚犯的供辭。《書・康誥》：「要囚服念五六日，至于旬時，丕蔽要囚。」孔傳：「要囚，謂察其要辭以斷獄。既得其辭，服膺思念五六日，至於十日，至於三月，乃大斷之，言必反覆思念，重刑之至也。」

〔五〕審録：猶審訊。

## 21 得財 分贓

律，强盗已行，不得財，杖、流〔一〕。盗賊、窩主行，而不分贓，斬。

或疑：行，不分贓，同已行。

不得財、不知得財、盗財而出也，論夥不論人，即一人得財，同夥皆斬。分贓得財，後分受也，論人不論夥，雖同夥共謀，不行、不分贓，止杖也。

已，雖不行，然已分贓；已，雖不分贓，然已得財，故皆斬也。

不得財，是一物未得，非「某有贓某無」之謂。二「行」字亦有别，「已行」謂已執仗入其家；「行不行」，謂身往不往也。

**〔箋注〕**

〔一〕大明律第四〇九條規定：「凡强盗已行，而不得財者，皆杖一百，流三千里。但得財者，不分首徒，皆斬。」

按，此條涉及律法中盜竊及其分贓的問題，分析辨明盜竊案件中的行與得財，解釋「已行」與「行不行」的表述。讀來尚費揣摩。

## 22 保辜 規避

律文有曰「保辜」[一]，有曰「規避」，其義未詳。《說文》：「嫴，保任也。」則保辜之辜，當作「嫴」，謂毆者死生未決，令毆之者保任之，俟其平復與否，然後坐罪也[二]。《韻會》曰：「規，避也。」《唐書》：「規影徭賦。」

[箋注]

[一] 古代刑律規定，凡毆打致傷，官府視情節立下期限，責令被告爲傷者治療。如傷者在期限內因傷致死，以死罪論；不死，以傷人論。叫做保辜。《急就篇》卷四：「疻痏保辜謕呼號。」顏師古注：「保辜者，各隨其狀輕重，令毆者以日數保之，限內致死，則坐重辜也。」梁章鉅《歸田瑣記·被毆傷風方》：「紀文達師又曰：『凡被毆後以傷風致死者，在保辜限內，於律不能不擬抵。』」

[二] 毆者：被毆打者。毆，擊打，毆打。平復：復原，痊愈。坐罪：治罪，定罪。

## 23 令甲

蕭望之對景帝曰：「《金布令甲》：邊郡數被兵，令天下共給其費。」[一]章帝詔曰：「令丙：『箠長短有數。』」[二]《江充傳》注：「令乙：『騎乘車馬行馳道中。』」[三]三言「令」皆漢令，甲、乙、丙，令之篇次，猶國朝《大誥三篇》律、職制、公式等篇[四]，今稱述法令者不曰有誥、有律，而曰載在令甲，殊非。

**[箋注]**

[一] 令甲：指第一道詔令，或指法令的第一篇。「令甲」後亦用爲法令的通稱。《漢書·宣帝紀》：「令甲，死者不可生，刑者不可息。」顏師古注：「文穎曰：『……天子詔所增損，不在律上者爲令。令甲者，前帝第一令也。』如淳曰：『令有先後，故有令甲、令乙、令丙。』如説是也。甲、乙者，若今之第一、第二篇耳。」《漢書·蕭望之傳》：「《金布令甲》曰：『邊郡數被兵，離飢寒，天絶天年，父子相失，令天下共給其費。』」顏注：「《金布》者，令篇名也，其上有府庫金錢布帛之事，因以名篇。令甲者，其篇甲乙之次。」

[二] 令丙：第三道詔令，法令的第三篇。《後漢書·章帝紀》：「律云：『掠者唯得榜、笞、立。』又令丙：『箠長短有數。』」李賢注：「『令丙』爲篇之次也。《前書音義》曰：『令有先後，有令甲、令乙、令丙。』」

[三] 令乙：第二道詔令，法令之第二篇。漢·賈誼《新書·等齊》：「天子之言曰令，令甲、令乙是也。」《漢書·江充傳》「盡劾没入官」顏師古注引如淳曰：「令乙：『騎乘車馬行馳道中，已論者没入車馬被具。』」

［四］明大誥：明朝初期朱元璋設立的嚴刑懲治吏民的刑事特别法。共有「大誥、大誥續編、大誥三編、大誥武臣」四編，凡二百三十六條。

## 24　花押

今之花押［一］，唐以來之花書［二］也。韋郇公署陟字，時號「五雲體」［三］，王荆公押「石」字，人有笑押「反」字者［四］。其用名自唐宋然矣。

### ［箋注］

［一］花押：舊時文書契約末尾的草書簽名，或代替簽名的某種符號。宋黄伯思《東觀餘論·記與劉無言論書》：「文皇（唐太宗）令羣臣上奏，任用真草，惟名不得草。後人遂以草名爲花押。韋陟五朵雲是也。」

［二］花書，即花押。宋葉夢得《石林燕語》卷四：「唐人初未有押字，但草書其名，以爲私記，故號花書……花書之起，其必始此矣。」高似孫《緯略》卷十：「齊高帝使江夏羣王學鳳尾，一學便工……蓋諸侯箋奏，皆批曰諾。諾字有尾若鳳焉，蓋花書也。」程大昌《演繁露·花書》：「國初人簡牘往來，其前起語處皆書名，後結語處即以花書代名，不再出名也。花書云者，自書其名，而走筆成妍狀，如花葩也。」

［三］唐代韋陟，襲封郇國公。陟在書牘上署名的草書「陟」字如五朵雲，時人慕之，因稱「五雲體、五朵雲」。《新唐書·韋陟傳》：「常以五采牋爲書記，使侍妾主之，其裁答受意而已，皆有楷法，陟唯署名，自謂所書『陟』字若五朵雲，時人慕之，號『郇公五雲體』。」段成式《酉陽雜俎續集·支諾皋下》：「（韋陟）每令侍婢主尺牘，往來復章，未常自札，受意而已。詞旨輕重，正合陟意。而書體遒利，皆有楷法，陟唯署名。嘗自謂所書『陟』字，如五朵雲，當時

人多仿效，謂之郇公五雲體。」

［四］葉夢得《石林燕語》卷四：「唐人初未有押字，但草書其名以爲私記，韋陟五雲體是也。今人押字或多押名，猶是此意。王荆公押石字，初横一畫，左引腳中爲一圈。公性急，作圈多不圓，往往窩匾，而收横畫又多帶過。嘗有密議公押反字者。公知之，加意作圈。一日書《楊蟠差遣敕》，作圈復不圓，乃以濃墨塗去，旁别一圈，蓋欲矯言者。」

## 25 左右

人道尚右，以右爲尊，故尊文曰「右文」[一]，尊武曰「右武」[二]，莫能尚者曰「無出其右」。以左爲僻，凡幽猥曰「僻左」[三]，策畫不適事宜曰「左計」[四]，非正之術曰「左道」，舍天子仕諸侯曰「左官」[五]，去朝廷爲州縣曰「左遷」。

**［箋注］**

［一］右文：崇尚文治。歐陽修《謝賜〈漢書〉表》：「竊以右文興化，乃致治之所先。」龔自珍《説刻石》：「南唐、北宋，始刻於石，以爲天子右文，儒生好古，頗在於是矣，名爲帖。」

［二］右武：崇尚武功。《史記·平津侯主父列傳》：「守成尚文，遭遇右武。」劉禹錫《董氏武陵集紀》：「兵興已還，右武尚功。」王安石《泰州海陵縣主簿許君墓誌銘》：「謀足以奪三軍，而辱於右武之國。」

［三］僻左：鄙陋偏僻之地爲僻左。曹丕《與朝歌令吴質書》：「足下所治僻左，書問致簡，益用增勞。」王禹偁《射弩》詩：「罰郡在僻左，時清政多閑。」

［四］左計：籌畫與事實相背，失策。文天祥《保州道中》詩：「厲階起玉環，左計由石郎。」

［五］《漢書·諸侯王表》：「武有衡山淮南之謀，作左官之律。」顔師古注：「服虔曰：『仕於諸侯爲左官，絶不得使仕於王侯也。』應劭曰：『人道尚右，舍天子而仕諸侯，故謂之左官也。』左官，猶言左道也，皆僻左不正，應説是也。漢時依上古法，朝廷之列以右爲尊，故謂降秩爲左遷，仕諸侯爲左官也。」《後漢書·丁鴻傳》：「臣愚以爲左官外附之臣，依托權門，傾覆諂諛，以求客媚者，宜行一切之誅。」降官、貶職亦謂「左官」。唐獨孤及《爲華陰李太守祭裴尚書文》：「亦既左官，時更困蒙。」

## 26　左右所尚不同

古以右爲尊。周制左祖右社，社，外神也，視祖爲尊。《禮·秋官·朝士》：「掌外朝之法，左九棘，孤、卿、大夫位焉。右九棘，公、侯、伯、子、男位焉。」［一］公侯視孤卿爲尊。秦爵：十左庶長，十一右庶長，右庶長視左庶長爲尊。漢朝儀，功臣、列侯、將軍陳西方，文官，丞相以下陳東方，西方右也；以王陵爲右丞相，陳平爲左丞相，平亞於陵也。漢以前皆尚右。

吴以陸凱、萬彧爲左、右丞相，晉以瑯琊王睿爲左丞相，南陽王保爲右丞相，自是以左爲尊。

國朝廟制、朝儀從周，與秦漢皆尊右。官制，左右都御史，左右少卿，左右布政使，則又從三國以後，尊左。又，今主人肅賓而入，主人從東，居己於左，居賓於右，猶是古人尚右之義。但古人肅賓而出，亦然。故阼階［二］爲主人之階，交拜古東西嚮，今北嚮，南肅賓而東，以東爲左，北肅賓而西，以身左爲左，皆是尚左。至陪祀與參謁上官，尊者居東，亦以東爲左也。

**[箋注]**

[一]《周禮·秋官·朝士》：「左九棘，孤、卿、大夫位焉……右九棘，公、侯、伯、子、男位焉。」鄭玄注：「樹棘以爲立者，取其赤心而外刺，象以赤心三刺也。」群臣外朝之位，樹九棘爲標識，以區分等級職位。後因以九棘爲九卿的代稱。《後漢書·寇榮傳》：「臣思入國門，坐於肺石之上，使三槐九棘平臣之罪。」

[二] 阼階：東階，主人之階。《書·顧命》：「大輅在賓階面，綴輅在阼階面。」《儀禮·士冠禮》：「主人玄端爵韠，立于阼階下，直東序西面。」鄭玄注：「阼，猶酢也，東階所以答酢賓客也。」賈誼《新書·禮》：「禮，天子適諸侯之宮，諸侯不敢自阼階。阼階者，主之階也。」《北史·周紀下·高祖武帝》：「丁未，齊主至，帝降至阼階，見以賓主禮。」

## 27　置草迎新婦

京師娶婦之家置草於門，以緋方尺羃[一]其上，人多未知其故。昔漢京房之女適翼奉子，奉擇日迎之，房以其日三煞在門。三煞者，青羊、青牛、烏鷄之神，新婦犯之損尊長及無子。奉俟新婦至門，以穀豆與草禳之[二]。京師迎新婦置草者，猶踵此也。

**[箋注]**

[一] 羃，同「冪」，覆蓋。

[二] 明劉仕義《新知録摘鈔》：「漢京房之女適翼奉之子。房以其三煞在門，犯之，損尊長，奉以麻豆穀米禳

之，則三煞可避。」禳，除災去邪之祭。

## 28 兑運 中鹽 刻絲

客有問予兑運、中鹽、刻絲者，其義何居[一]？予曰：兑，《增韻》：「通也。」交兑猶言交通也，民出賦而軍運之，有交通之義，故曰兑。

中，《韻會》：「着其中曰中。」今商[二]人先入其直，而後雠鹽，若着其中然，故曰「中」，或曰「種」。

《格古要論》曰：「宋時織者配色，如傅采謂之『刻絲』。」[三]作是「刻絲」，宋已有之，而刻之義未詳。《廣韻》「緙，乞格切，織緯也。」則刻絲之「刻」，本作「緙」，誤作「刻」。《周禮·內司服》翬衣，其色玄，褕狄青；闕狄赤[四]。皆刻繒爲雉形，亦誤作「刻」。

**[箋注]**

[一] 居，句末語氣詞，表示疑問。《禮記·檀弓上》：「何居？我未之前聞也。」鄭玄注：「居讀爲姬姓之姬，齊魯之間語助也。」

[二] 商，訛字，當作「商」。

[三] 刻絲，即緙絲。宋莊季裕《雞肋編》卷上：「定州織刻絲，不用大機，以熟色絲經於木杼上，隨所欲作花草禽獸狀。以小梭織緯時，先留其處，方以雜色綫綴於經緯之上，合以成文，若不相連，承空視之，如雕鏤之象，故名刻絲。」

[四] 《周禮·天官·內司服》：「內司服，掌王后之六服：褘衣、揄狄、闕狄、鞠衣、展衣、緣衣。素沙。」鄭玄

注：「狄當爲翟。翟，雉名……王后之服，刻繒爲之形而采畫之，綴於衣以爲文章。褘衣畫翬者，揄翟畫摇者，闕翟刻而不畫，此三者皆祭服。」狄，通「翟」。褕翟、闕翟，王后之祭服，刻以雉羽。《北堂書鈔》卷一二八引《三禮圖》：「褕翟，王后從王祭先公服衣也，刻青翟形，采畫雉，綴於衣是也。」

## 29 束脩

《曲禮》：「童子委贄而退。」[一]婦人之贄，脯脩棗栗[二]。古者見師以菜爲贄，束脩，非童子所得行也，其贄雖非，其意則是朱子「苟以禮來之」句最爲得之。曰「束脩，其至薄者」，則非[三]。「以上」[四]，猶云以來也。與今來學曰上學、來任曰上任，意同。

漢和帝詔：「束脩良吏。」《伏湛傳》：「自行束脩，訖無毁玷。」[五]二「束脩」皆謂檢束脩飾[六]。《檀弓》：「古之大夫，束脩之問不出境。」與《論語》「束脩」，二「脩」字當从肉。史「束脩」之「脩」當从彡，今亦从肉。《易》「脩辭立誠」[七]，《書》「慎厥身脩」[八]，皆从肉，亂已久矣，不獨史也。

（彡，音衫）

【箋注】

[一]《禮記·曲禮下》：「卿羔，大夫雁，士雉，庶人之摯匹，童子委摯而退。」孔穎達疏：「童子見先生或朋友，既未成人，不敢與主人相授受拜伉之儀，但奠委其摯於地而自退辟之。」漢·班固《白虎通·瑞贄》引《曲禮》作「童子委贄而退」。委贄謂放下禮物，卑幼往見尊長，不敢行賓主授受之禮，把禮物放在地上，然後退出。

[二] 脯脩：乾肉。《禮記・曲禮上》：「以脯脩置者，左朐右末。」孔穎達疏：「脩亦脯也。」《儀禮・士昏禮》：「質明，贊見婦于舅姑……婦執笲棗栗，自門入，升自西階進拜，奠于席。」賈公彥疏：「棗栗，取其早自謹敬。」《国语・鲁语上》：「夫婦贄不過棗栗，以告虔也。」韋昭注：「棗，取蚤起；栗，取敬肅。」

[三] 朱熹《論語集注》卷四：「脩，脯也。十脡爲束。古者相見，必執贄以爲禮。束脩，其至薄者。蓋人之有生，同具此理，故聖人之于人，無不欲其入於善。但不知來學，則無往教之禮，故苟以禮來，則無不有以教之也。」

[四] 此解釋《論語》語句中用詞「以上」。《論語・述而》：「子曰：『自行束脩以上，吾未嘗無誨焉。』」邢昺疏：「束脩，禮之薄者。」

[五] 《後漢書・伏湛傳》：「臣詩竊見故大司徒陽都侯伏湛，自行束脩，迄無毀玷。」李賢注：「自行束脩，謂年十五以上。」此記南陽太守杜詩上疏薦伏湛事。

[六] 《後漢書・延篤傳》：「且吾自束脩以來，爲人臣不陷於不忠，爲人子不陷於不孝。」李賢注：「束脩，謂束帶修飾。」桓寬《鹽鐵論・貧富》：「余結髮束脩，年十三，幸得宿衛，給事輦轂之下。」《晉書・夏侯湛傳》：「惟我兄弟姊妹，束修慎行，用不辱於冠帶。」

[七] 《易・乾》：「脩辭立其誠，所以居業也。」孔穎達疏：「辭謂文教，誠謂誠實也。外則修理文教，内則立其誠實，内外相成，則有功業可居。」

[八] 《書・皋陶謨》：「慎厥身修，思永。」孔傳：「慎修其身，思爲長久之道也。」

## 30 仰駁稟奪

《廣韻》：「仰，舉也。」反首望也。《詩》注：「仰者心慕之辭。」[一]《説文》：「駁，馬色不純。」

《詩》：「皇駁其馬。」[二]《增韻》：「受命曰稟。」《文中子》：「奚適而無稟。」奪，攘取也。《左傳》：「一與十奪。」

四字之訓如此。今行移家以行下爲仰[三]，不允其議爲駁[四]，白事爲稟[五]，詳定爲奪。不知其訓別有所出，否也。

【箋注】

[一]《字彙・人部》：「仰，心慕之辭。」《詩・小雅・車舝》：「高山仰止，景行行止。」鄭玄箋：「古人有高德者則慕仰之，有明行者則而行之。」

[二]《詩・豳風・東山》：「之子于歸，皇駁其馬。」毛傳：「騂白曰駁。」

[三] 舊時官署簽發的通知文件，簽發公文，均謂之行移。程大昌《演繁露・制度》：「武人多不知書，案牘、法令、書判、行移悉仰胥吏。」《元典章・台綱一・設立憲台各例》：「如實有冤枉，即開坐事因，行移原問官司，即早歸結改正。」舊時公文里上級命令下級，慣用「仰」，蓋有切望之意。《通俗編・政治》引孔平仲《談苑》：「今公家文移，以上臨下，皆用仰字。」《續資治通鑑・宋高宗紹興十年》：「仰各路大帥各盡忠力，以圖國家大計。」

[四]《正字通・馬部》：「駁，相駁。」《漢書・薛宣傳》：「(宣)後母病死，修去官持服，宣謂修三年服少能行之者，兄弟相駁不可，修遂竟服，繇是兄弟不和。」顔師古注：「駁者，執意不同，猶如色之間雜。」《舊唐書・王世充傳》：「或有駁難之者，世充利口飾非，辭議鋒起，衆雖知其不可而莫能屈。」

[五]《正字通・禾部》：「稟，今俗以白事爲稟。」以下向上報告曰稟。

# 31 文移

文，文書也。自秦少府[一]遣吏四人在殿中主發書，始有「文書」之稱。移，移狀也。如張安世移病[二]，劉歆移書大常[三]，始有「移狀」之稱。文通上下，皆謂之文；移，公府不相屬，敬則爲移也[四]。

## [箋注]

[一] 文移：即文書、公文。《後漢書・光武帝紀上》：「於是置僚屬，作文移，從事司察，一如舊章。」李賢注：「《東觀記》曰：『文書移與屬縣』也。」少府：指縣令。

[二] 移病：舊時官員上書稱病，多爲居官者求退的婉辭。《漢書・公孫弘傳》：「使匈奴，還報，不合意。上怒，以爲不能，弘乃移病免歸。」顔師古注：「移病，謂移書言病也。」

[三] 移書即致書。《漢書・劉歆傳》：「歆因移書太常博士，責讓之。」發送公文，佈告亦稱「移書」。王充《論衡・謝短》：「兩郡移書，曰：『敢告卒人。』」《後漢書・袁紹傳》：「橋瑁乃詐作三公移書，傳驛州郡。」《陳書・章昭達傳》：「華皎之反也，其移書文檄，竝假以昭達爲辭。」

[四] 不相統屬的官署之間行文曰「移」「移書」。《廣韻・支韻》：「移，宫曹公府不相臨敬，則爲移書，箋表之類也。」《新唐書・百官志一》：「諸司相質，其制有三：一曰關，二曰刺，三曰移。」

# 32 射策 對策

漢射策與對策不同。設爲難問疑義，射者隨其所得而釋之，謂之「射」，與「射覆」之「射」同[一]。顯問以經義政事，對者直陳所見，謂之「對」[二]。對，答問也，今試士兼二者而用之。

**[箋注]**

[一] 難問：質疑，提問。疑義：疑問，疑惑。

射覆：古時的一種猜物遊戲，亦用以占卜、行酒令。《漢書·東方朔傳》：「上嘗使諸數家射覆，置守宮盂下，射之，皆不能中。」顔師古注：「數家，術數之家也。於覆器之下而置諸物，令闇射之，故云射覆。」《三國志·魏志·管輅傳》：「季龍取十三種物，著大篋中，使輅射。云：『器中藉藉有十三種物。』先説雞子，後道蠶蛹，遂一一名之，惟以梳爲枇耳。」清俞敦培《酒令叢鈔·古令》：「然今酒座所謂射覆，設注意『酒』字，則言『春』字、『漿』字，使人射之，蓋春酒、酒漿也。射者言某字，彼此會意，餘人更射。不中者飲，中則令官飲。」

射策：漢代考試取士方法之一，猶今日抽題考試。《漢書·蕭望之傳》：「望之以射策甲科爲郎。」顔師古注：「射策者，謂爲難問疑義書之於策，量其大小署爲甲乙之科，列而置之，不使彰顯。有欲射者，隨其所取得而釋之，以知優劣。射之言投射也。」南朝梁劉勰《文心雕龍·議對》：「又對策者，應詔而陳政也；射策者，探事而獻説也。言中理準，譬射侯中的。二名雖殊，即議之別體也……對策者，以第一登庸；射策者，以甲科入仕。」《南史·儒林傳序》：「及漢武帝時，開設學校，立《五經》博士，置弟子員，射策設科，勸以官禄，傳業者故益衆矣。」

[二] 顯問：針對明顯之事而故意詢問，謂考試。

古時就政事、經義等設問，由應試者對答，稱爲對策，漢代開始成爲取士的一種考試。《史記·平津侯主父列傳》：「太常令所徵儒士各對策，百餘人，弘第居下。策奏，天子擢弘對爲第一。」南朝梁·劉勰《文心雕龍·議對》：「對策者，應詔而陳政也；射策者，探事而獻説也……二名雖殊，即議之別體也。」《漢書·蕭望之傳》「望之以射策甲科爲郎」顔師古注：「對策者，顯問以政事經義，令各對之，而觀其文辭定高下也。」

## 33 挾書 摹印

《白居易集》：「禮部試進士，例用書册，兼得通宵。」[一]《容齋隨筆》：「大中祥符元年試進士，出《清明象天賦》，仍録題解，摹印以示之。景祐元年，詔試日題目，其經史所出，摹印給之，更不許上請。」[二]是挾書給燭，自唐已然。摹印題目所出，則宋事也。

【箋注】

[一] 白居易《論重考試進士事宜狀》：「伏準禮部試進士，例許用書策，兼得通宵。得通宵則思慮必周，用書册則文字不錯。昨重試之日，書策不容一字，木燭只許兩條，迫促驚忙，幸皆成就。若比禮部所試，事較不同。雖詩賦之間，皆有瑕病，在與奪之際，或可矜量。」此奏狀論請科考不禁挾書，並用燭明，夜間答卷可至通宵。

用書册、挾書，謂考試中攜帶書籍參考，或謂夾帶作弊。洪邁《夷堅甲志·沈持要登科》：「時挾書假手之禁甚嚴。」沈德符《野獲編·科場三·會場搜撿》：「至乙丑南宫，上微聞挾書之弊，始命添設御史二員，專司搜撿。」

〔二〕宋洪邁《容齋隨筆》卷三《進士試題》：「國朝淳化三年，太宗試進士，出《危言日出賦》題，孫何等不知所出，相率扣殿檻，乞上指示之，上爲陳大義。景德二年，御試《天道猶張弓賦》。後禮部貢院言，近年進士惟鈔略古今文賦，懷挾入試，昨者御試以正經命題，多懵所出，則知題目不示以出處也。大中祥符元年，試禮部進士，内出《清明象天賦》等題。仍録題解，摹印以示之。至景佑元年，始詔御藥院，御試日進士題目，具經史所出，摹印給之，更不許上請。」御藥院：官署之名，掌禁中醫藥，後兼管禮文。宋程大昌《考古編·御藥院掌禮文》：「御藥院本以按驗祕方，合和御藥爲職，今兼受行典禮，及貢舉事。」

此條引文各本作「其經史所出」，核《容齋隨筆》，當作「具經史所出」。此論宋代進士試中，摹印題目出處，以利解題。

## 34 雋永　傳寄　炙輠

（雋音選；傳音篆；輠音夥）

蒯通論戰國説士權變，號「雋永」〔一〕，裴硎著小説號「傳奇」〔二〕，淳于髡所言齊人視爲「炙輠」〔三〕。説文：「雋，肥肉也。」《釋名》：「傳，傳也，所以傳示人。」〔四〕徐氏曰：「古者車行，嘗載膏以塗軸，輠，其器也。」〔五〕

通之論如雋之悦口而味長；硎之説多奇異可傳示；髡之言如炙輠器，雖久而膏不盡。

**〔箋注〕**

〔一〕《漢書·蒯通傳》：「通論戰國時説士權變，亦自序其説，凡八十一首，號曰《雋永》。」顔師古注：「雋，肥肉也；永，長也。言其所論甘美而義深長也。」後以雋永指言語、詩文意味深長。陸游《午枕》詩：「書中至味人不知，雋永無窮勝粱肉。」明謝榛《四溟詩話》卷一：「（作詩）體貴正大，志貴高遠，氣貴雄渾，韻貴雋永。」

[二] 唐宋人所作小説多稱傳奇，《新唐書・藝文志》小説類録有唐裴鉶《傳奇》三卷，其内容《大平廣記》選録甚多。其源出於六朝「志怪」，内容已擴展到人情世態和社會生活。

[三]《史記・孟子荀卿列傳》：「談天衍，雕龍奭，炙轂過髡。」司馬貞索隱：「劉向《别録》『過』字作『輠』。輠，車之盛膏器也。炙之雖盡，猶有，言髡智不盡如炙輠也。」

依劉向，「炙轂過」之「過」，即「輠」，指車上盛貯油膏的器具。輠膏雖已用完，仍有餘津可潤車轂。比喻其智慧與學説言猶未盡，餘味悠長。《晉書・儒林傳贊》：「炙輠流譽，解頤飛辯。」明李東陽《破戒後和明仲勸作詩韻》：「即當載酒攜我詩，來聽高談如炙轂。」趙翼《贈説書黄周士》詩：「但聞噴飯轟滿堂，炙輠争推此禿叟。」

[四]「傳，傳也」，上「傳」，名詞，指經傳、傳記等；下「傳」，動詞，傳授，傳佈。謂經傳之傳，如《春秋》諸傳、《易》傳、《詩》傳等，是爲了傳佈經典而産生，旨在「傳」。傳奇、傳記，亦在於流傳、傳播。

[五]《篇海類編・器用類・車部》：「輠，車盛膏器。古者車行常載脂膏以塗軸，故軸滑易行，即其器也。」

## 35 八分 飛白

八分、飛白二書，皆蔡邕作也。《法書苑》蔡文姬曰：「臣父割隸字八分，取二分，割李篆字二分，取八分，故名八分。」[一]其爲體篆多而隸少，所謂「漢篆」者也。或言上谷王次中所作[二]，又曰勢如「八」字，又曰蔡邕於八體之後又分此法，皆非也。

《書斷》：「蔡邕待詔鴻都門下，見役人以堊箒成字，心悦焉，歸而爲飛白之書，剏法於八分，窮微於小篆。」[三]王僧虔[四]云：「飛白，八分之輕者。」是飛白即八分篆，但輕微不滿，施之宮殿，題署者也。《歸田録》：「仁宗好飛白，以點畫象物形，而點最難工。」[五]此與蔡邕飛白異，梁武帝謂「蔡邕飛而不白，王羲之白而不飛」[六]，亦是謬談。

（堊音惡）

【箋注】

[一] 宋周越《古今法書苑》引蔡文姬曰：「臣父造八分，割程隸八分取二分，割李篆二分取八分。」

[二] 唐張懷瓘《書斷》引王愔説：「次仲始以古書方廣，少波勢，建初中以隸草作楷法，字方八分，言有模楷。」王次仲，秦時上谷人。

[三] 張懷瓘《書斷》卷上：「飛白者，後漢左中郎將蔡邕所作也。王隱、王愔并云：飛白變楷製也。本是宮殿題署，勢既徑丈，字宜輕微不滿，名爲飛白。」唐李綽《尚書故實》：「飛白書始於蔡邕，在鴻門見匠人施堊箒，遂創意焉。」

[四] 王僧虔，字簡穆，南朝齊書法家。王羲之四世族孫。喜文史，善音律，書承祖法，工真、行書。《齊書》本傳稱：「僧虔善隸楷書，宋文帝見其書素扇，歎曰：『非惟迹逾子敬，方當器雅過之。』」著有《論書》《伎録》等。

[五] 歐陽修《歸田録》卷一：「仁宗萬機之暇，無所翫好，惟親翰墨，而飛白尤爲神妙。凡飛白以點畫象形物，而點最難工。」

[六] 張懷瓘《書斷》卷中《蕭之雲》：「梁蕭子雲，字景喬。武帝謂曰：『「蔡邕飛而不白，羲之白而不飛，飛白之間，在卿斟酌耳。」』嘗大書蕭字，後人匣而寶之，傳至張氏賓護，東都舊第有蕭齊前後序，皆名公之詞也。」

# 名義考卷八　人部

## 1　訓詁註疏箋

顏師古曰：「訓者釋所言之理，詁者明所載事物之故。」《韻會》：「註，解也，識也；疏，陳也，又記也。」[一]《説文》：「箋，表識書也。」[二]《博物志》：「鄭玄，毛萇郡人，謙言不敢註，但表識其不明者耳，因謂之箋。」[三]

[箋注]

[一]《集韻·遇韻》：「註，述也，解也。或從水。」段玉裁《説文解字注·水部》：「注，注之云者，引之有所適也，故釋經以明其義曰注，交互之而其義相輸曰轉注。」《廣韻·御韻》：「疏，記也。」《漢書·蘇建傳附蘇武》：「初（上官）桀、（上官）安與大將軍霍光争權，數疏光過失予燕王，令上書告之。」顏師古注：「疏，謂條録之。」

[二]《説文·竹部》：「箋，表識書也。」徐鍇繫傳：「於書中有所表記之也。」段玉裁注：「鄭《六藝論》云：『注詩宗毛爲主，毛義若隱略，則更表明；如有不同，即下己意。』」

[三]晉·張華《博物志·文籍考》：「聖人製作曰經，賢者著述曰傳。鄭玄注毛詩曰箋，不解此意。或云毛公嘗爲北海郡守，玄是此郡人，故以爲敬。」兹説是也。箋者短簡之謂，謙言其注訓若筆劄然。

## 2 堅白同異

趙平原君客公孫龍善爲堅白同異之辨[一]。成玄英疏云：「公孫龍著守白論，堅持其説而守之，如墨子墨守之義，故曰堅白。龍之辨盖將合異以爲同，故曰同異。」[二]《莊子・齊物》篇之「堅白」[三]，《胠篋》篇之「同異」[四]，與夫《蘇秦傳》注「黄所以爲堅，白所以爲利」[五]，三説亦辨者之事，義與此又别。公孫龍，固鄧析[六]之流也。

（胠音趨；篋音挾）

［箋注］

［一］堅白同異：戰國時名家公孫龍的「離堅白」和惠施的「合同異」之説。《史記・孟子荀卿列傳》：「趙亦有公孫龍爲堅白同異之辯。」名家認爲，一塊石頭放在面前，「視不得其所堅，而得其所白者，无堅也；拊不得其所白，而得其所堅者，无白也。」（《公孫龍子・堅白論》）由此認爲石頭的堅和白兩種屬性是互相分離的，所謂「離堅白」，與《墨經》的「盈堅白」相對立。《莊子・秋水》：「公孫龍問於魏牟曰：『龍少學先王之道，長而明仁義之行；合同異，離堅白；然不然，可不可；困百家之知，窮衆口之辯，吾自以爲至達已。』」

同異：戰國時名家惠施提出的名辯論題，認爲事物中存在小同異和大同異兩種。人們對事物的認識上的同或異，爲小同異；萬物具有完全相同的一面，即都有存亡變化，又有完全相異，即各自的變化又不相同，此爲大同異。《莊子・天下》：「（惠施曰）大同而與小同異，此之謂小同異；萬物畢同畢異，此之謂大同異。」成玄英疏：「物情分別，見有同異，此小同異也。死生交謝，寒暑遞遷，形性不同，體理無異，此大同異也。」

[二]《莊子·天下》成玄英疏：「公孫龍著守白論，行於世。堅白，即守白也，言堅執其說，如墨子墨守之義。自堅白之論起，辯者互執是非，不勝異說。公孫龍能合衆異而爲同，故謂之同異。」

[三]《莊子·齊物論》：「非所明而明之，故以堅白之昧終。」

[四]《莊子·胠篋》：「知詐漸毒、頡滑堅白、解垢同異之變多，則俗惑於辯矣。」

[五]《史記·蘇秦列傳》：「龍淵、太阿，皆陸斷牛馬，水截鵠雁，當敵則斬堅甲鐵幕。」司馬貞索隱引太康地記曰：「汝南西平有龍泉水，可以淬刀劍，特堅利，故有龍泉之劍，楚之寶劍也。以特堅利，故有堅白之論云：『黃，所以爲堅也；白，所以爲利也。』齊辨之曰：『白，所以爲不堅；黃，所以爲不利也。』」

[六]鄧析：春秋末期鄭國大夫，倡名辨之學。

## 3 反后之義

《說文》：「司，臣司事於外者。从反后。」[一]臣事事於外，與后相反也。后道寬惠，司家褊急[二]，違於君也。夫臣者，行君之令者也，與君相反，違於君，豈制字之義哉？君尊臣卑，尊卑反也；君逸臣勞，勞逸反也；君可臣否，可否反也；君違臣弼[三]，違弼反也。反后之義如此。

**[箋注]**

[一]司，謂司事之臣，「司事於外」，「反后」即字形和「后」字方向相反。此條據《說文》所言造字理據，說明君臣相對之理。后本指君主，後謂王后。

〔二〕褊急：性情急躁。《詩・魏風・葛屨序》：「魏地陿隘，其民機巧趨利，其君儉嗇褊急。」孔穎達疏：「褊急，言性躁。」

〔三〕違：違離，過失；弼：輔佐，輔弼。

## 4 健羨

《説文》：「健，伉也。」「羨，貪欲也。」《司馬遷傳》：「大道之要，去健羨。」〔一〕如淳曰：「知雄守雌〔二〕，是去健也，不見可欲，使心不亂，是去羨也。」今人以健羨爲嘆美之詞〔三〕，誤矣。

【箋注】

〔一〕《史記・太史公自序》：「至于大道之要，去健羨，絀聰明，釋此而任術。」去健羨，謂戒除貪欲，內斂處弱。

〔二〕知雄守雌：道家主張的韜晦自處的用世之道。《老子》二十八章：「知其雄，守其雌，爲天下谿。」河上公注：「去雄之强梁，就雌之柔和，如是，則天下歸之如水流入深谿也。」

〔三〕健羨，中古時表示羨仰。唐封演《封氏聞見記・壁記》：「朝廷百事諸廳，皆有壁記……原其作意，蓋欲著前政履歷，而發將來健羨焉。」五代范資《玉堂閑話・選仙場》：「觀者靡不涕泗健羨，望洞門而作禮。」

# 5 兆眹

（眹音引）

《廣韻》：「吉凶形兆謂之兆眹。」按，兆，灼龜坼[一]；眹，目眶[二]，二者著見幾微[三]，故吉凶形兆謂之兆眹。或作「眹兆」，而讀者作「朕兆」[四]，謬矣。[五]

## [箋注]

[一] 此用《説文》釋義。龜卜時燒灼龜甲，視其裂紋而占吉凶，其裂紋曰兆。坼，裂紋。

[二] 眹：本指眼珠。又指徵兆、機微。《莊子・齊物論》：「必有真宰，而特不得其眹。」陸德明釋文：「眹，除忍切，兆也。」

[三] 幾微：隱微，預兆。

[四]《文選・左思〈魏都賦〉》「兆朕振古」李善注引《淮南子》：「欲與物接，而未成朕兆者也。」《宋史・楊大全傳》：「事有幾微於朕兆者，可諫陛下乎？」

[五] 清劉獻廷《廣陽雜記》卷五亦論兆眹，與此幾近。「眹音引，目眶也；兆，灼龜也。二者著見幾微，皆先事而知之。《韻》注云：『吉凶形兆謂之兆眹。』今人誤以眹爲朕，又倒爲朕兆，於古無據。」

## 6 裁纔

裁，度也；纔，淺也，一曰僅也。裁，何以謂之度？「裁」本制衣，制衣者必度其身，故謂度爲「裁」。纔，何以謂之淺？纔，本染色，一入謂之「纔」，僅僅而已，故謂淺爲「纔」。《周易》：「后以財成天地。」[一]《漢書》「財擇、財察、財幸、引決自財」[二]，皆當用「裁」字，用「財」，訛也。

《謝鯤傳》：「才小富。」[三]《馬援傳》「裁知書、食裁足、裁封數百户」[四]，《漢文紀》：「見馬遺財足。」[五]皆當用「纔」字，用「才、裁、財」，皆訛也。後人承訛，習而用之，以爲出經史，是豈可乎？

【箋注】

[一]《易・泰》：「天地交，泰，后以財成天地之道。」陸德明釋文：「財，荀（爽）作『裁』。」讀爲「裁」，剪裁。

[二]《漢書・晁錯傳》：「臣錯愚陋，昧死上狂言，唯陛下財擇。」顔師古注：「財與裁同也。」財察：裁取審察。《史記・酷吏列傳》：「所治即豪，必舞文巧詆；即下户羸弱，時口言，雖文致法，上財察。」《後漢書・來歙傳》：「太中大夫段襄，骨鯁可任，願陛下財察。」《漢書・賈誼傳》：「臣聞聖主言問其臣而不自造事，故使人臣得畢其愚忠。唯陛下財幸！」顔師古注：「財與裁同。裁擇而幸從其言。」財幸，敬辭，謂以裁取爲幸。《史記・吕太后本紀》：「自決中野兮蒼天舉直，于嗟不可悔兮寧蚤自財。」《漢書・司馬遷傳》：「此人皆身至王侯將相，聲聞鄰國，及罪至罔加，不能引決自財。」顔師古注：「財與裁同，古通用字。」自財，即自裁，謂自杀。

[三]《晉書・謝混傳》：「才小富貴，便豫人家事。」

[四]《後漢書・馬援傳》中幾例，裁，皆讀爲剛才之「纔」。「援裁知書，見之自失。」「士生一世，但取衣食裁足，乘下澤車，御款段馬。」「吾望子有善言，反同衆人邪昔伏波軍路博多開置七郡，裁封數百户。」

[五]《漢書・文帝紀》：「其罷衛將軍軍，太僕見馬遺財足，餘皆以給傳置。」

## 7 遲夷

古者「遲、夷」二字通用。《書》「遲任有言」[一]，注：「遲，一音夷。」河伯謂之馮夷，或謂之「馮遲」[二]。史傳或言「陵遲」，或言「陵夷」，其義一也[三]。

【箋注】

[一] 遲任：傳説中的上古賢人。商盤庚遷殷，曾引其言教導民衆。《書・盤庚上》：「遲任有言曰：『人惟求舊；器非求舊，惟新。』」蔡沈集傳：「遲任，古之賢人。」

[二] 馮夷：傳説中的黄河之神，即河伯。《莊子・大宗師》：「馮夷得之，以遊大川。」成玄英疏：「姓馮名夷，弘農華陰潼鄉堤首里人也。服八石，得山仙。大川，黄河也。天帝錫馮夷爲河伯，故游處盟津大川之中也。」亦作「馮遲」。《文選・枚乘〈七發〉》「六駕蛟龍，附從太白」唐・李善注：「《淮南子》曰：昔馮遲太白之御，六雲霓，游微霧，騖忽荒。許慎曰：馮遲、太白，河伯也。」按，今本《淮南子・原道訓》作「馮夷」。

[三] 陵遲、陵夷，俱謂山坡平緩之貌。《荀子・宥坐》：「三尺之岸，而虚車不能登也。百仞之山，任負車登焉。何

則？陵遲故也。」楊倞注：「陵遲，言丘陵之勢漸慢也。」桓寬《鹽鐵論・詔聖》：「故峻則樓季難三刃，陵夷則牧豎易山巔。」又有衰頹、衰落之義，像下坡一樣衰微。《詩・王風・大車序》：「《大車》，刺周大夫也。禮義陵遲，男女淫奔，故陳古以刺今。」孔穎達疏：「陵遲，猶陂陁，言禮義廢壞之意也。」《史記・張釋之馮唐列傳》：「以故不聞其過，陵遲而至於二世，天下土崩。」《史記・高祖功臣侯者年表》：「始未嘗不欲固其根本，而枝葉稍陵夷衰微也。」《漢書・成帝紀》：「帝王之道日以陵夷。」顔師古注：「陵，丘陵也；夷，平也。言其頹替若丘陵之漸平也。」

## 8 契闊　間闊

《詩》「死生契闊」，注：「契闊，勤苦也。」[一]諸葛豐傳：「間何闊。」[二]今人以「契闊」作「間闊」[三]，亦誤。

**[箋注]**

[一]《詩・邶風・擊鼓》：「死生契闊，與子成説。」毛傳：「契闊，勤苦也。」契闊：勤苦，劳苦。韓愈《合江亭》詩：「蕭條緜歲時，契闊繼庸懦。」

[二]《漢書・諸葛豐傳》：「元帝時，擢爲司隸校尉，刺舉無所避，京師爲之語曰：『間何闊，逢諸葛。』上嘉其節，加豐秩光禄大夫。」顔師古注：「言間者何久闊不相見，以逢諸葛故也。」謂京師官吏相見，常曰好久不見，近被諸葛糾彈。闊，闊別，久別。

[三]契闊，只取「闊」之義，表示久別。《後漢書・獨行傳・范冉》：「奂曰：『行路倉卒，非陳契闊之所，可共到前亭宿息，以叙分隔。』」宋梅堯臣《淮南遇楚才上人》詩：「契闊十五年，尚謂卧巖庵。」

## 9 鋒起 蜂生

《東方朔》「變詐鋒起」[一]，《荀子》「嘗試之説鋒起」[二]，謂如鋒刀齊起，鋭而難犯。《中山靖王傳》：「讒言之徒蜂生。」[三]謂衆多也。蜂有鋒之義[四]，《化書》[五]：「蜂其毒在尾，垂穎如鋒，故謂之蜂。」

**[箋注]**

[一]《漢書·東方朔傳》：「舍人所問，朔應聲輒對，變詐鋒出，莫能窮者，左右大驚。上以朔爲常侍郎，遂得愛幸。」

[二]《荀子·王制》：「姦言並至，嘗試之説鋒起。」《晉書·郗鑒傳》：「及京師不守，寇難鋒起，鑒遂陷於陳午賊中。」

[三]《漢書·中山靖王勝傳》：「今臣雍閼不得聞，讒言之徒蜂生，道遼路遠，曾莫爲臣聞，臣竊自悲也。」

[四]蜂之爲言鋒也，其尾有刺，鋭利如刀鋒，故謂之蜂。

[五]《化書》，道教著作，唐末五代譚峭撰。共六卷，分道、術、德、仁、食、儉六化，一百一十篇。該書論述社會演化，認爲世界根源於「虛」，由虛化神，神化氣，氣化形，最終復歸於虛。

## 10 乾没

《張湯傳》「始爲小吏乾没。」[一]服虔曰：「乾没，射成敗也。」如淳曰：「豫居物以待之，得利爲乾，失利爲没。」昔人謂得利曰「乾削」，亦此意。或以爲陸沈之義[二]，非。徐廣曰：「隨勢沈浮。」正義曰：「陽浮慕爲乾，心内不合爲没。」[三]亦非。

【箋注】

[一]《漢書·張湯傳》：「（湯）始爲小吏，乾没，與長安富賈田甲、魚翁叔之屬交私。」清·顧炎武《日知録·乾没》：「乾没大抵是徼幸取利之意。」乾没，投機獲利。又有冒險僥倖之釋。《三國志·魏志·傅嘏傳》：「恪豈敢傾根竭本，寄命洪流，以徼乾没乎？」裴松之注：「蓋謂有所徼射，不計乾燥之與沈没而爲之。」

[二]唐蘇鶚《蘇氏演義》卷上：「《漢書註》『乾没』兩字云：『得利曰乾，失利曰没。』蓋務於穿鑿，不欲淺近荒俗之意解之，殊不知道理之所未當，且乾没之義如陸沈之義。陸沈者，因陸沈之水，又曰陸地而沈，不待在於水中也。乾没者，言乾在於地，没在於水。貨殖之事，或在於陸地，或没於水。」

[三]《史記·酷吏列傳》：「（湯）始爲小吏，乾没。」裴駰集解：「徐廣曰：『隨勢沈浮也。』駰案：服虔曰『射成敗也』，如淳曰『得利爲乾，失利爲末』。」張守節正義：「此二説非也。按：乾没謂無潤及之而取他人也。又云陽浮慕爲乾，心内不合爲没也。」

## 11 合從 連横

（從音宗；横音宏）

天下幅圓[一]之勢，南北爲從，東西爲横。關東[二]地從長，六國共居之。關西地横闊，秦獨居之。蘇秦合六國擯秦，故曰合從[三]；張儀破關東從道，使連秦之横，故曰連横[四]。

【箋注】

[一] 幅員：指疆域，廣狹稱幅，周围稱員，亦作「幅圓」。

[二] 關東謂函谷关以東地区。

[三] 戰國時，蘇秦遊説六國合力拒秦，秦在西方，六國地處南北，故稱合從。《戰國策・秦策三》：「天下之士合從，相聚于趙，而欲攻秦。」劉知幾《史通・言語》：「若《史記》載蘇秦合縱，張儀連衡，范雎反間以相秦，魯連解紛而全趙是也。」

[四] 張儀遊説六國事奉秦國，謂之連横。《戰國策・齊策一》：「張儀爲秦連横。」《史記・平津侯主父列傳》：「於是彊國務攻，弱國備守，合從連横，馳車擊轂，介胄生蟣蝨，民無所告愬。」

## 12　委蛇　魚雅

《詩》言「委蛇」，晉張華「儒雅有籌畧」[一]，由是稱不迫者曰「委蛇」，不俗者曰「儒雅」。不知委从「禾」，取禾穀垂穗委曲之貌，蛇本蛇虵，其行紆曲，言大夫動而有法，若禾穗之垂與蛇行也。故沈讀作委委蛇蛇。「儒」當作「魚」，雅，烏也。魚與烏，飛行皆成隊。言人動容，中禮無錯亂，若魚與烏也。故韓愈《元和詩》云：「魚魚雅雅。」[二]「魚」與「儒」聲相近，訛爲「儒雅」。俗作「鴉」者，非。

（虺音灰，蛇音移）

## ［箋注］

［一］《詩·召南·羔羊》：「退食自公，委蛇委蛇。」鄭玄箋：「委蛇，委曲自得之貌。」陸德明釋文：「《韓詩》作『逶迤』，云公正貌。」《晉書·張華傳》：「賈謐與後共謀，以華庶族，儒雅有籌略，進無逼上之嫌，退爲衆望所倚，欲倚以朝綱，訪以政事。疑而未決，以問裴頠，頠素重華，深贊其事。」

［二］魚魚雅雅：魚行成貫，鴉飛成陣，故謂威儀整肅貌。韓愈《元和聖德詩》：「駕龍十二，魚魚雅雅。」錢仲聯集釋引方世舉曰：「魚有貫，雅有陣，言扈從之象也。」清王應奎《柳南隨筆》卷一：「魚魚雅雅，殆取婣隊之義，言馬之行如魚貫、如雅陣耳。」

# 13 蒼黄

今人謂怱遽曰「倉皇」，曰「蒼惶」，又曰「蒼卒」，義固不謬，而「倉蒼」之文則不可解。《説文》：「倉，穀藏也，蒼黄取而藏之，故謂之倉。」徐氏曰：「蒼黄，穀色也。」［一］農人乘蒼黄而取之，謹盖藏，戒後時［二］也。故以蒼黄爲怱遽義。彼作「遑」、作「惶」者不知其爲「黄」而誤也。作「卒」者，「卒」不可與「蒼」并言也，作「倉」者亦非也。

[箋注]

[一] 徐鍇《繫傳》：「穀熟時蒼黄也。」

[二] 謹加保藏，防止延遲錯失時節。

## 14 通方

方，道也。《漢傳》「通方之士，不可以文亂。」[一]《武帝紀》「方聞之士」[二]，皆謂聞道與有道博聞之士也。《記》曰：「隆禮由禮，謂之有方之士。」[三]語曰：「且知方也。」[四]孰謂非道哉？今指圓融滑稽之士爲通方，此士習之，所以日陋也。

[箋注]

[一]《漢書・韓安國傳》：「通方之士，不可以文亂。」顔師古注：「方，道也。」

[二]《漢書・武帝紀》：「今禮崩樂壞，朕甚閔焉。故詳延天下方聞之士，咸薦諸朝。」方聞，博洽多聞。劉壎《隱居通議・雜録》引宋咸淳六年二月一日詔書：「今天下方聞之士，素所藴抱，有志當世。」

[三]《禮記・經解》：「是故隆禮由禮，謂之有方之士；不隆禮，不由禮，謂之無方之民。」鄭玄注：「隆禮，謂盛行禮也。」孔穎達疏：「隆，盛也……若君子能隆盛行禮，則可謂有道之士也；反此，則爲無知之民。」隆禮，尊崇禮法；由禮，遵行禮教。

[四]《論語・先進》：「由也爲之，比及三年，可使有勇，且知方也。」何晏集解：「方，義方。」

# 15 廉隅

廉，徐云「稜也」[一]；隅，《説文》「陬也」[二]。即一物言之，如堂之邊垂處，一上一下，其稜甚分明，即廉，遠地之廉也。人有分明不苟取者曰廉[三]，義取諸此，如堂之轉角處，一正一旁，其角甚峭厲，即「舉一隅」[四]之「隅」也。人外貌端正，維德之隅，義取諸此。

**[箋注]**

[一] 廉：棱角。《廣雅·釋言》：「廉，棱也。」《周禮·考工記·輪人》：「進而眡之，欲其幬之廉也。」《禮記·月令》：「（孟秋之月）其器廉以深。」孫希旦集解：「器廉以深者，外有廉隅，而其中深邃，象金器之嚴肅而收斂也。」「廉」可喻人的稟性方正、正直。《論語·陽貨》：「古之矜也廉，今之矜也忿戾。」朱熹集注：「廉，謂稜角峭厲。」《荀子·不苟》：「君子寬而不侵，廉而不劌。」楊倞注：「但有廉隅，不至於刃傷也。」

[二] 隅，陬也，指角落，彎曲之處。「隅」有方正、廉隅之義。《詩·大雅·抑》：「抑抑威儀，維德之隅。」毛傳：「隅，廉也。」鄭玄箋：「人密審於威儀抑抑然，是其德必嚴正也……如宮室之制，內有繩直，則外有廉隅。」揚雄《太玄·周》：「次二，植中樞，周無隅，測曰植中樞，立督慮也。」范望注：「隅，方也。」廉爲邊棱，隅爲角，「廉隅」指端方不苟的品性。《漢書·揚雄傳上》：「不汲汲於富貴，不戚戚於貧賤，不修廉隅以徼名當世。」《明史·王廷相傳》：「今廉隅不立，賄賂盛行，先朝猶暮夜之私，而今則白日之攫。」

[三] 廉：不苟取，不貪，廉潔，節儉。《玉篇·广部》：「廉，清也。」《漢書·賈誼傳》：「一寸之地，一人之泉，天子無所利焉，誠以定治而已，故天下咸知陛下之廉也。」《淮南子·原道訓》：「不以奢爲樂，不以廉爲悲。」高誘注：

「廉，猶儉也。」唐姚合《新昌里》詩：「近貧日益廉，近富日益貪。以此當自警，慎勿信邪讒。」

[四]《論語·述而》：「舉一隅不以三隅反，則不復也。」邢昺疏：「凡物有四隅者，舉一則三隅從可知。」

## 16 渢渢 齗齗

（渢，馮、泛二音；齗音銀）

《左傳》：「季札觀樂，歌《魏》曰：『渢渢乎，大而婉。』」[一]《漢志》：「周道衰，洙泗之間齗齗如也。」[二]學者習以「渢渢、齗齗」爲美辭，不知其非也。渢渢，中庸之聲，言可與爲善，可與爲惡；齗齗，辨争貌，又忿嫉之意[三]。《漢志》「齗齗」當作「誾誾」[四]，所謂魯猶有揖遜之風也。

【箋注】

[一]《左傳·襄公二十九年》：「爲之歌《魏》，曰：『渢渢乎，大而婉，險而易行。』」杜預注：「渢渢，中庸之聲。婉，約也；險當爲儉字之誤也。」《漢書·地理志下》：「吴札聞《魏》之歌，曰：『美哉渢渢乎！』」

渢：《集韻》符咸切。渢渢，形容樂聲宛轉，合乎中庸。

[二]《史記·魯周公世家論》：「甚矣魯道之衰也！洙泗之間齗齗如也。」裴駰集解引徐廣曰：「蓋幼者患苦長者，長者忿愧自守，故齗齗争辭，所以爲道衰也。」《漢書·地理志》：「洙泗之水，其民涉渡，幼者扶老，及魯道衰，洙泗之間，齗齗如也。」

[三]《漢書·劉向傳》：「朝臣齗齗不可光禄勳，何邪？」顔師古注：「齗齗，忿嫉之意也。」

〔四〕 誾誾：説話和悦而争辯之貌。《論語·鄉黨》：「朝，與下大夫言，侃侃如也；與上大夫言，誾誾如也。」朱熹集注：「誾誾，和悦而諍也。」劉寶楠正義：「諍者辯論其是非也。」

## 17 藞磋

（藞音喇；磋音鮓）

《山谷集》〔一〕：「藞苴，泥不熟也。中州人謂蜀人不遵軌轍曰『川藞苴』。」〔二〕「藞」，郎假切；「苴」，音「鮓」。考《韻書》無「藞苴」，有「藞磋」〔三〕。「藞」，盧下切，讀若「喇」；「磋」，除瓦切，讀若「鮓」，當作「藞磋」爲是。山谷亦未深考也。

### 〔箋注〕

〔一〕 黄庭堅，字魯直，號山谷道人，北宋詩人。《山谷集》七十卷，收録黄庭堅詩文。

〔二〕 藞苴：邋遢，不俐落，不端莊。宋羅大經《鶴林玉露》卷十：「面目皺瘦，行步藞苴。」亦作「藸苴」，衰謝，破爛。宋楊萬里《野薔薇》：「藸苴餘春還子細，燕脂濃抹野薔薇。」湯顯祖《邯鄲記·入夢》：「三十無家，邯鄲縣偶然存劄，坐酸寒衣衫藞苴。」

〔三〕 藞磋：《玉篇·艸部》：「藞，藞磋，不中皃。」宋李光《己巳二月已發書殊不盡意偶成長句》：「舊日琴書都藞磋，新年行步漸羸垂。」亦有粗率、不檢點之義。黄庭堅《五祖演禪師真贊》：「誰言川藞磋，具相三十二。」

## 18 風流

人今稱輕俊[一]者率曰「風流」。《南史》：「王儉曰『江左風流宰相，惟有謝安。』」[二]安矯情鎮物[三]，繫天下蒼生之望，若東山[四]所爲，其亦輕俊矣，宜王儉少之也。

**[箋注]**

[一] 輕俊：輕盈俊美，飄逸瀟灑。

[二]《南齊書·王儉傳》：「儉常謂人曰，『江左風流宰相，惟有謝安』，蓋自況也。」

[三] 矯情：掩飾真情，或指故違常情以立異。《後漢書·逸民傳·高鳳傳論》：「或高棲以違行，或疾物以矯情，雖軌迹異區，其去就一也。」明劉元卿《賢奕編·閑鈔上》：「儒生家類誚安石圍棋賭墅，若不事事忘國戚者，又多即折屐事證其矯情云，是迂腐之談也。」

鎮物：使衆人鎮定。《晉書·謝安傳》：「玄等既破堅，有驛書至，安方對客圍棊，看書既竟，便攝放牀上，了無喜色，棊如故。客問之，徐答云：『小兒輩遂已破賊。』既罷，還内，過户限，心喜甚，不覺屐齒之折。其矯情鎮物如此。」沈括《夢溪筆談·人事一》：「寇騎充斥，至於城下，人情恟恟……準（寇準）方酣寢於中書，鼻息如雷。人以其一時鎮物，比之謝安。」龔自珍《己亥雜詩》之一二六：「不容兒輩妄談兵，鎮物何妨一矯情？」

[四]《晉書·謝安傳》載，謝安早年曾辭官隱居會稽之東山，經朝廷屢次徵聘，方從東山復出，官至司徒要職，成爲東晉重臣。後以東山指謝安。李白《登金陵冶城西北謝安墩》詩：「想象東山姿，緬懷右軍言。」

## 19 轣轆（轣音歷；轆音鹿）

漢人有適吴者，吴人設筍[一]。問之，曰：「竹也。」歸而煑其簀[二]，不熟。謂妻曰：「吴人轣轆，欺我如此！」《博雅》：「車軌道謂之轣轆。」[三]借軌道爲「詭道」，吴人「轣轆」，猶言吴人「詭道」也。

**［箋注］**

[一] 筍：竹之嫩芽，即竹筍。設筍，吴人以竹筍爲菜招待。

[二] 簀：竹席，同「第」。

[三] 轣，亦作「轢」。《集韻·錫韻》：「轢，《説文》：『車所踐也。』或作轣。」《改併四聲篇海·車部》引《玉篇》：「轣，車踐也。」

## 20 依韋 依違

漢《郊祀歌》：「五音六律，依韋饗昭。」《韋玄成傳》：「上重其事，依違者一年。」[一]《歌》「依韋」，「韋革」之「韋」，不相乖離也[二]；《傳》「依違」，「違背」之「違」，不決也[三]。

［箋注］

［一］《漢書・禮樂志》：「五音六律，依韋饗昭。」顏師古注：「依韋，諧和不相乖離也。」《漢書・韋玄成傳》：「於是上重其事，依違者一年。」

［二］依韋：音樂和諧動聽，無乖離。

［三］依違：遲疑不決，模棱兩可。

## 21　歃血

《索隱》曰：「盟之用牲，貴賤不同。天子用牛、馬，諸侯犬、豭，大夫以下用鷄。」［一］毛遂取鷄犬馬血來，盖總盟之用牲也。《增韻》：「主盟者以血塗口旁曰歃。」［二］顏師古曰：「預盟者各歃血，餘者瘞之。」［三］《漢・文紀》作「啑血」，《王陵傳》作「唼血」［四］。

（豭音家）

［箋注］

［一］《史記・平原君虞卿列傳》：「毛遂謂楚王之左右曰：『取雞狗馬之血來。』毛遂奉銅槃而跪進之楚王，曰：『王當歃血而定從。』」司馬貞索隱：「盟之所用牲貴賤不同，天子用牛及馬，諸侯用犬及豭，大夫已下用雞。今此總言盟之用血，故云『取雞狗馬之血來』耳。」

歃血：古代會盟的一種儀式。盟約宣讀後，與盟各方用口微吸所殺牲之血，以示誠信。一説以指蘸血，塗於口旁。《穀梁傳・莊公二十七年》：「信其信，仁其仁，衣裳之會十有一，未嘗有歃血之盟也。」

［二］《篇海類編・通用類・欠部》：「歃，盟者以血塗口曰歃。」《左傳・隱公七年》：「壬申，及鄭伯盟，歃如忘。」孔穎達疏：「歃，謂口含血也。」

［三］瘞：掩埋，埋葬。

［四］啑血：同「喋血」，踐血而行，謂殺人流血遍地。啑，通「喋」。《史記・孝文本紀》：「今已誅諸呂，新喋血京師。」按，《漢書・文帝紀》作「喋血」。顔師古注：「喋……本字當作蹀。蹀謂履涉之耳。」《漢書・王陵傳》：「始與高帝啑血而盟，諸君不在邪？」

## 22 裂繻 封傳

（繻音須；傳，張戀反）

張晏曰：「繻，符也，書帛而分之若券契矣。」［一］如淳曰：「兩行書繒帛，分持其一，出入關合之，乃得過，此所謂裂繻也。」

《釋名》：「傳，傳也。轉轉相傳，無常人也。」［二］如淳曰：「律，諸當乘傳及發駕置傳者［三］，皆持尺五寸木傳信，封以御史大夫印章，其乘傳者參封之，有期會［四］。累封兩端，端各兩封，凡四封。乘置傳者五封之，兩端各二，中央一也。軺傳［五］再封之，一馬一封。此所謂封傳［六］也，二者皆漢制。今路引［七］乃「繻」之遺意，符驗、勘合，猶封傳也。

（軺音堯）

**［箋注］**

［一］《漢書・終軍傳》：「關吏予軍繻。」顔師古注：「張晏曰：『繻，音須。繻，符也。書帛裂而分之，若券契矣。』蘇林曰：『繻，帛邊也。舊關出入皆以傳。傳煩，因裂繻頭合以爲符信也。』蘇説是也。」漢制，分持繒帛爲符信，憑以出入關隘。

［二］《釋名・釋宫室》：「傳，傳也。人所止息而去，後人復來，轉轉相傳，無常主也。」

［三］乘傳：乘坐驛車。傳，驛站的馬車。《漢書・京房傳》：「臣出之後，恐必爲用事所蔽，身死而功不成，故願歲盡乘傳奏事。」

置傳：漢代駕以四匹良馬的驛車。《漢書・高帝紀下》「横懼，乘傳詣雒陽」顔師古注引三國魏・如淳曰：「律，四馬高足爲置傳，四馬中足爲馳傳，四馬下足爲乘傳。」明楊慎《升庵經説・置郵傳命》：「漢制，四馬高足爲置傳，皆君與大夫所乘。其行安舒，故不得不遲。」

［四］參封：三封。期會：期限。

［五］軺傳：使者所乘馬車。《史記・儒林列傳》：「於是天子使使束帛加璧安車駟馬迎申公，弟子二人乘軺傳從。」裴駰集解引徐廣曰：「馬車。」《漢書・高帝紀下》「（田横）乘傳詣雒陽」顔師古注引三國魏如淳曰：「律，四馬高足爲置傳，四馬中足爲馳傳，四馬下足爲乘傳，一馬二馬爲軺傳。」

［六］封傳：官府所發的出境及乘坐傳車、投宿驛站的憑證。傳，憑證。《史記・孟嘗君列傳》：「孟嘗君得出，即馳去，更封傳，變名姓以出關。」司馬貞索隱：「封傳猶今之驛券。」

［七］路引：古代的通行證。元施惠《幽閨記・文武同盟》：「你去渡關津，怕有人盤問，又没個官司文憑路引，此行何處能安頓？」《醒世恒言・白玉娘忍苦成夫》：「（張萬户）寫下問候書札，上壽禮帖，又取出一張路引，以防一路盤詰。」薛福成《出使四國日記・光緒十七年二月十三日》：「康熙年間，義國教士馬國賢以善繪油畫馳名，居中國

京都十有三年，供奉内庭，頒賜大緞馬匹等物，並發路引，許携華生五名航海西歸。」

## 23　不食周粟

夷、齊恥食周粟〔一〕，與《微子》「我罔爲臣僕」〔二〕同意，「粟」與《論語》「與之粟」〔三〕，「粟」字同。

訓「餓而死，謂窮困終身」也，議者謂「薇，非周土之毛，見何陋耶？」《三秦記》謂夷齊食薇三年，顔色不變。武王戒之不食而死，三年之久，豈盡食薇耶？豈必待武王戒之後枵腹〔四〕以死耶？

**［箋注］**

〔一〕《史記·伯夷列傳》：「武王已平殷亂，天下宗周，而伯夷、叔齊恥之，義不食周粟，隱于首陽山，采薇而食之。及餓且死，作歌。其辭曰：『登彼西山兮，采其薇矣。以暴易暴兮，不知其非矣。神農、虞、夏忽焉没兮，我安適歸矣？於嗟徂兮，命之衰矣。』遂餓死於首陽山。」

〔二〕《尚書·微子》：「商其淪喪，我罔爲臣僕。」

〔三〕《論語·雍也》：「冉子與之粟五秉……原思爲之宰，與之粟九百。」

〔四〕枵腹：空腹，飢餓。

## 24 施從 施施

（「施從」之「施」音尸；「施施」之「施」音移）

《離婁》篇「施從良人之所之」[一]，「施」本作「頉」。《説文》：「頉，伺人也。」蚤起，伺良人之所之，而從之也。

「施施從外來。」[二]「施施」，當作「訑訑」。《廣韻》：「訑訑，自得之貌。」齊人饜足之狀也。

【箋注】

[一]《孟子·離婁下》：「蚤起，施從良人之所之。」趙岐注：「施者，邪施而行，不欲使良人覺也。」

[二]《孟子·離婁下》：「（妻）與其妾訕其良人，而相泣於中庭；而良人未之知也，施施從外來，驕其妻妾。」趙岐注：「施施，猶扁扁，喜悦之貌。」朱熹集注：「施施，喜悦自得之貌。」

## 25 推轂

《荆燕世家》「吕氏推轂，高帝就天下」，言諸吕奉推高帝取天下，若推轂然[一]。《馮唐傳》「王者之遣將也，跪而推轂」[二]，言以殊禮寵異之也。一以薦賢爲義，一以遣將爲義。

【箋注】

〔一〕推轂：推動，協助。《史記·荆燕世家》：「今吕氏雅故本推轂高帝就天下，功至大。」司馬貞索隱：「謂吕氏素心奉推高祖取天下，若人推轂欲前進塗然也。」又有薦舉之義。《史記·魏其武安侯列傳》：「魏其、武安俱好儒術，推轂趙綰爲御史大夫。」《南齊書·陸厥傳》：「永明末，盛爲文章，吴興沈約、陳郡謝脁、琅邪王融以氣類相推轂。」

〔二〕《史記·張釋之馮唐列傳》：「臣聞上古王者之遺將也，跪而推轂，曰閫以内者，寡人制之；閫以外者，將軍制之。」推轂，推車前進，帝王任命將帥時的隆重禮遇。

## 26 博奕

奕，圍棊也；博，局戲也〔一〕。今「雙陸」〔二〕，古謂之「十二棊」，又謂之「六博」，又謂之「五白」。《博雅》云：「投六着，行六棊，故爲六博。」〔三〕着，簺也，今名「骰子」，自幺至六曰六着，棊局齒也〔四〕，内外各六，曰六棊，此六博之義也。

古者以五木爲簺〔五〕，有「梟、盧、雉、犢、塞」五者爲勝負之采。「梟」〔六〕以食爲義，便則食，不便則爲餘行，爲最勝；「盧」〔七〕，黑色，次梟，亦爲勝，故博者云呼盧〔八〕，此五白〔九〕之義也。《摴蒲經》〔一〇〕謂「盧、雉〔一一〕，紅點；犢、塞，黑點。」《潘氏紀聞》謂「唐明皇賜四緋」〔一二〕皆是，後來如此。《楚辭·招魂》：「箟蔽象棊，有六博些。」箟蔽，以竹爲簺；象棊，以象齒飾博局，今猶然。以骨代簺，以兩簺代五木，自陳思王〔一三〕始也。

## 【箋注】

[一]博奕：局戲和圍棋。「奕」亦作「弈」。《論語・陽貨》：「飽食終日，無所用心，難矣哉！不有博弈者乎？爲之，猶賢乎已。」朱熹集注：「博，局戲；弈，圍棋也。」《漢書・遊俠傳・陳遵》：「祖父遂，字長子，宣帝微時與有故，相隨博弈，數負進。」顔師古注：「博，六博；弈，圍碁也。」

[二]雙陸：古代一種博戲，亦稱「雙鹿」。明謝肇淛《五雜俎・人部二》：「雙陸，一名握槊……曰雙陸者，子隨骰行，若得雙陸，則無不勝也。又名『長行』，又名『波羅塞戲』。其法以先歸宮爲勝，亦有任人打子，佈滿他宮，使之無所歸者，謂之『無梁』，不成則反負矣。其勝負全在骰子，而行止之間，貴善用之。其制有北雙陸、廣州雙陸、南番、東夷之異。《事始》以爲陳思王製，不知何據。」《紅樓夢》第八八回：「看見賈母與李紈打雙陸，鴛鴦旁邊瞧着。」中國藝術研究院紅樓夢研究所注：「又名『雙鹿』。古代博戲之一，傳自天竺（印度），盛于南北朝、隋、唐。下鋪一特製盤子，雙方各用十六枚（一説十五枚）棒槌形的『馬』立於自己一方，擲骰子的點數各占步數，先走到對方者爲勝。」《舊唐書・後妃傳上・中宗韋庶人》：「及得志，受上官昭容邪説，引武三思入宮中，升御牀，與后雙陸，帝爲點籌，以爲歡笑。」唐薛用弱《集異記・集翠裘》：「遂命披裘，供奉雙陸。」

[三]六博：亦作「六簙」，古代一種擲采下棋的遊戲。《楚辭・招魂》：「菎蔽象棊，有六簙些。分曹並行，遒相迫些。成梟而牟，呼五白些。」王逸注：「投六箸，行六棊，故爲六簙也。言宴樂既畢，乃設六簙，以菎蔽爲箸，象牙爲棊，麗而且好也。」洪興祖補注引《古博經》云：「博法：二人相對坐向局，局分爲十二道，兩頭當中名爲水，用棊十二枚，六白六黑，又用魚二枚置於水中。其擲采以瓊爲之，瓊畟方寸三分，長寸五分，鋭其頭，鑽刻瓊四面爲眼，亦名爲齒。二人互擲采行棊，棊行到處即豎之，名爲驍棊，即入水食魚，亦名牽魚，每牽一魚獲二籌，翻一魚獲三籌。」《戰國策・齊策一》：「臨淄甚富而實，其民無不吹竽鼓瑟，擊筑彈琴，鬭雞走犬，六博蹹踘者。」《後漢書・梁冀傳》：「（梁冀）性嗜酒，能挽滿、彈棋、格五、六博、蹴踘、意錢之戲。」

〔四〕齒：骰子。《列子·説符》：「設樂陳酒，擊博樓上。」唐殷敬順釋文：「故《博經》曰：其擲采以瓊爲之，瓊畟方寸三分，長寸五分，鋭其頭，鑽刻瓊四面爲眼，亦名爲齒。」《藝文類聚》卷七四引《尹文子》：「博，盡關塞之宜，得周通之路，而不能制齒之大小，在遇者也。」《晉書·葛洪傳》：「性寡欲，無所愛翫，不知棊局幾道，摴蒲齒名。」

〔五〕簺：古代的一種博戲，即格五戲，亦謂之「博塞」。《説文·竹部》：「行棋相塞謂之簺。」《後漢書·梁冀傳》「（梁冀）能挽滿、彈棊、格五、六博、蹴鞠、意錢之戲」李賢注引鮑宏《簺經》：「簺有四采，塞、白、乘、五是也。至五即格，不得行，故謂之格五。」《漢書·吾丘壽王傳》：「吾丘壽王字子贛，趙人也。年少，以善格五召待詔。」顏師古注：「劉德曰：『格五，棊行。』《簺法》曰：『簺白乘五，至五格不得行，故云格五。』」沈括《夢溪筆談·技藝》：「蹙融，或謂之蹙戎，《漢書》謂之格五。雖止用數棋，共行一道，亦有能否……其法（以）已常欲有餘裕，而致敵人於嶮。」《莊子·駢拇》：「問穀奚事，則博塞以游。」成玄英疏：「行五道而投瓊（即骰子）曰博，不投瓊曰塞。」《新唐書·鬱林王恪傳》：「坐與乳媪子博簺，罷都督，削封户三百。」

〔六〕古代博戲摴蒲的彩名。梟爲么，得么者勝。《楚辭·招魂》：「箟蔽象棊，有六簙些……成梟而牟，呼五白些。」《韓非子·外儲説左下》：「博者貴梟，勝者必殺梟，殺梟者，是殺所貴也。」《正字通·木部》：「梟，《通鑑前編》：『周赧王割南陽和秦，蘇代曰：博之所以貴梟者，便則食，不便則不食，今何王之用智不如用梟也？』注：『古之六博即今骰子，梟則骰子之幺也。』」

〔七〕盧：摴蒲戲彩名。擲五子全黑者稱盧，爲最勝頭彩。《晉書·劉毅傳》：「（毅）因挼五木久之，曰『老兄試爲卿答』，既而四子俱黑，其一子轉躍未定，裕厲聲喝之，即成盧焉。」梁元帝《金樓子·雜記》：「世祖先擲得雉，喜謂必勝，師伯後擲得盧，帝失色。」司馬光《送馮狀元歸鄂州》詩：「下韝連得儁，出手盡成盧。」

〔八〕呼盧：賭博。李白《少年行》之三：「呼盧百萬終不惜，報讎千里如咫尺。」宋晏幾道《浣溪紗》詞：「户外緑楊春繫馬，牀前紅燭夜呼盧，相逢還解有情無？」

［九］五白：博戲采名。五木之制，上黑下白。擲得五子皆黑，叫盧，最貴；其次五子皆白，叫白。《楚辭·招魂》：「成梟而牟，呼五白些。」王逸注：「五白，簙齒也。」杜甫《今夕行》：「馮凌大叫呼五白，袒跣不肯成梟盧。」

［一〇］摴蒲：博戲。漢代即有之，晉時尤盛行。以擲骰決勝負，得采有盧、雉、犢、白等，視擲出的骰色而定。三國魏·曹丕《豔歌何嘗行》：「小弟雖無官爵……但當在王侯殿上，快獨摴蒲、六博，對坐彈棋。」《晉書·后妃傳上·胡貴嬪》：「帝嘗與之摴蒱，争矢，遂傷上指。」謝肇淛《五雜俎·人部二》：「今之摴蒲，朱窩云：『起自宋朱河《除紅譜》，一云楊廉夫所作。』然其用有五子、四子、三子之異，視古法彌簡矣。」《樗蒲經》，爲宋代程大昌所著。

［一一］盧雉：樗蒲戲中兩種貴采之名。唐李肇《唐國史補》卷下：「洛陽令崔師本，又好爲古之樗蒲……其骰五枚，分上爲黑，下爲白。黑者刻二爲犢，白者刻二爲雉。擲之全黑者爲盧，其采十六；二雉三黑爲雉，其采十四；二犢三白爲犢，其采十；全白爲白，其采八，四者貴采也。」

［一二］《潘氏紀聞》：「明皇與貴妃采戲，將北唯重四，可轉敗爲勝。上擲連叱呼之骰子，宛轉而成重四。上大悦，命高力士賜四緋也。」

［一三］陳思王，即曹植，其封地在陳郡，謚思，後人稱之爲陳王、陳思王。

## 27 藏擫

（擫，音業）

宋丁謂爲玉清昭應宫［一］，使夏竦爲判官。一日宴齋宫，優人有雜手藏擫者，謂曰：「古人無詠藏擫詩，竦爲一絶。」云：「舞袖挑珠復吐丸，遮藏巧便百千般。主公端坐無由見，却被旁人冷眼看。」［二］竦盖諷之也。

藏擫，不惟古人無詠，其名今亦罕聞，疑即今躇桶戲也。

（躇，音擢）

**［箋注］**

［一］丁謂：人名。字謂之，江蘇長洲（今蘇州）人，曾任參知政事、樞密使、同中書門下平章事，前後共在相位七年。大中祥符二年（1009）四月，丁謂負責修建玉清昭應宮。

［二］藏擫：一種戲法，魔術。宋彭乘《墨客揮犀》卷八：「一日會宴齋宫，伶人有雜手伎號藏擫者在焉，丁顧夏曰：『古無詠藏擫詩，内翰可作一首。』英公即席獻詩曰：『舞拂桃珠復吐丸，遮藏巧伎百千般。主公端坐無由見，却被傍人冷眼看。』」《東軒筆録》記載：

丁謂有才智，然多希合，天下以爲奸邪，及稍進用，即啓導真宗以神仙之事，又作玉清昭應宫，耗費國帑，不可勝計。謂既爲宫使，夏竦以知制誥爲判官。一日，宴宫僚於齋廳，有雜手伎俗謂弄碗注者，獻藝於庭，丁顧語夏曰：「古無詠碗注詩，舍人可作一篇。」夏即席賦詩曰：「舞拂挑珠復吐丸，遮藏巧便百千般。主公端坐無由見，卻被傍人冷眼看。」丁覽讀變色。

## 28 傾盖 掃軌 柴門

孔子遇程子於塗，傾盖而語［一］。《志林》以爲「駢車兩盖相切，小欹之意。」［二］《戰國策》注：「傾者，却不御也。」［三］

劉勝告歸鄉里，閉門掃軌[四]。集覽云：「掃除轍迹，示不與人交也。」楊震收印綬，於是柴門絶賓客[五]。顔師古以爲籬落[六]，毗陵陳濟[七]云：「塞斷其門，不通出入也。」

**［箋注］**

［一］《孔子家語・致思》：「孔子之郯，遭程子於塗，傾蓋而語終日，甚相親。」

［二］《史記・魯仲連鄒陽列傳》：「諺曰：『白頭如新，傾蓋如故。』何則？知與不知也。」司馬貞索隱引《志林》曰：「傾蓋者，道行相遇，軿車對語，兩蓋相切，小欹之，故曰傾。」傾蓋，指車上的傘蓋傾斜相靠。

［三］《戰國策・中山策》：「中山之君，所傾蓋與車而朝窮閭隘巷之士者，七十家。」宋・鮑彪注：「傾者，卻不御也。與之同車，皆所尊禮者。」

［四］《後漢書・黨錮傳・杜密》：「同郡劉勝，亦自蜀郡告歸鄉里，閉門掃軌，無所干及。」李賢注：「軌，車迹也。言絶人事。」掃軌，掃除車輪痕迹，斷絶人事往來。陸游《窮途》詩：「全軀希碌碌，掃軌厭紛紛。」

［五］《後漢書・楊震傳》：「夜遣使者策收震太尉印綬，於是柴門絶賓客。」柴門，即閉門、杜門謝客。

［六］籬落：籬笆，言其簡陋。

［七］陳濟：明代史學家，字伯載，武進（今屬江蘇常州）人，以布衣召爲《永樂大典》都總裁。毗陵，今常州。

## 29　岸幘　倒屣

《漢書》注：「幘，卑賤執事不冠者所服。」[一]後世爲燕巾[二]。《廣韻》：「露額曰岸。」[三]光武岸幘[四]見馬援。

徐氏曰：躧履謂足跟，不正納履[五]。「躧」通作「屣」，倒屣既不着跟，又倒曳，蔡邕倒屣迎王粲[六]。

**【箋注】**

[一] 幘：包扎髮髻的頭巾。《説文·巾部》：「髮有巾曰幘。」《方言》卷四：「覆結謂之幘巾。」蔡邕《獨斷》下：「幘者，古之卑賤執事不冠者之所服也……元帝額有壯髮，不欲使人見，始進幘服之，羣臣皆隨焉，然尚無巾，如今半頭幘而已。」《隋書·禮儀志六》：「幘，尊卑貴賤皆服之。文者長耳，謂之介幘；武者短耳，謂之平上幘。」

[二] 明陶宗儀《輟耕録·巾幘考》：「按《儀禮》：士冠，庶人巾。則古者士以上有冠無巾，幘惟庶人戴之……後世上下通用之，謂之燕巾。」

[三] 岸：冠帽上推，露出前額。《正字通·山部》：「岸，露額曰岸。」唐唐彦謙《夏日訪友》詩：「清風岸烏紗，長揖謝君去。」蘇軾《自净土步至功臣寺》詩：「落日岸葛巾，晚風吹羽扇。」

[四] 岸幘：推起頭巾，露出前額，形容衣着簡率不拘。孔融《與韋林甫書》：「閑僻疾動，不得復與足下岸幘廣坐，舉杯相于，以爲邑邑。」《晉書·謝奕傳》：「岸幘笑詠，無異常日。」白居易《喜與楊六侍御同宿》詩：「岸幘静當明月夜，匡牀閑卧落花朝。」

[五] 此引徐鍇之説。躧履：趿拉鞋子行走，急遽起行貌。段玉裁《説文解字注·足部》：「躧，舞不納履，故凡不箸跟，曳之而行曰躧履。」

《漢書·雋不疑傳》：「勝之開閤延請，望見不疑容貌尊嚴，衣冠甚偉，勝之躧履起迎。」顔師古注：「履不着跟曰躧。躧謂納履未正，曳之而行，言其遽也。」南朝齊陸厥《奉答内兄希叔》詩：「嘉惠承帝子，躧履奉王孫。」

［六］《三國志・魏志・王粲傳》：「時邕才學顯著，貴重朝廷，常車騎填巷，賓客盈坐。聞粲在門，倒屣迎之。粲至，年既幼弱，容狀短小，一坐盡驚。邕曰：『此王公孫也，有異才，吾不如也。』」倒屣，謂急於出迎，把鞋倒穿，形容熱情迎客。皮日休《初夏即事寄魯望》詩：「敲門若我訪，倒屣欣逢迎。」

## 30 如廁 踞廁

孟康曰：「廁，行清［一］也，以其不潔常清除之也。」《廣韻》：「如，往也。」「晉侯如廁」［二］，言往廁也。又曰：「廁⿸广俞，⿸广俞廁中受糞函。」萬石君作「廁牏」，呂静作「槭窬」［三］。「牏、窬」皆當作「⿸广俞」。槭，虎子也［四］，又名「獸子」，今曰「馬子」［五］。古人爲虎形，取義於服猛［六］，爲馬可跨也，今則直爲桶矣。又居高臨邊垂曰廁，武帝踞廁見衛青［七］，言臨高蹲踞以見也。

［箋注］

［一］行清：因其穢汙當常清除，故以謂廁所。《史記・萬石張叔列傳》「取親中帬廁牏，身自浣滌」司馬貞索隱引三國魏孟康曰：「廁，行清；牏，行清中受糞函也。」《騈雅・釋宮》：「槭竇，溷軒；行清，糞廁也。」

［二］《左傳・成公十年》：「（晉侯）將食，張，如廁，陷而卒。」

［三］廁牏，便器。《史記・萬石張叔列傳》：「（石建）取親中帬廁牏，身自浣滌。」裴駰集解引孟康曰：「廁，行清；窬，行中受糞者也。東南人謂鑿木空中如曹謂之窬。」

［四］《説文・木部》：「槭，槭窬，褻器也。」段注：「賈逵解《周官》：『槭，虎子；窬，行清也。』……虎子所以小

便也，行清所以大便，鄭司農謂之路厠者也。」

虎子：便壺，因形作伏虎狀，故名。《周禮·天官·玉府》「掌王之燕衣服，衽、席，牀、第，凡褻器」鄭玄注：「褻器，清器、虎子之屬。」孫詒讓正義：「虎子，盛溺器，亦漢時俗語。」應劭《漢官儀》卷上：「侍中……分掌乘輿服物，下至褻器虎子之屬。」

〔五〕獸子：唐代因避諱而改虎子稱獸子。《漢書·張騫傳》「以其頭爲飲器」唐·顏師古注：「獸子，褻器，所以溲便者也。」

馬子：即馬桶。趙彥衛《雲麓漫鈔》卷四：「馬子，溲便之器也。本名虎子，唐人諱虎，始改爲馬。」

〔六〕服猛：降服凶猛之敵。《禮記·郊特牲》：「虎豹之皮，示服猛也。」

〔七〕踞廁：有兩説，一謂坐於廁屋，一説坐於床側。《史記·汲鄭列傳》：「大將軍青侍中，上踞廁而視之。」裴駰集解引如淳曰：「廁音側，謂牀邊，踞牀視之。一云溷廁也。」《漢書·汲黯傳》：「大將軍青侍中，上踞廁視之。」顏師古注引孟康曰：「廁，牀邊側也。」

## 31 杇 鏝

（杇音烏，鏝音瞞）

杇，《説文》：「所以塗也。秦謂之杇，關東謂之鏝。」〔一〕《增韻》：「杇，塗鏝器也。」因謂塗鏝爲「杇」。《論語》：「糞土之牆不可杇也。」〔二〕

鏝，《説文》：「鐵杇也。」徐氏曰：「所以泥也。」亦作「墁」。《孟子》：「毀瓦畫墁。」〔三〕「杇」與「鏝」一也，即今泥壁是，以鐵爲之，畫墁謂截止而不爲鏝也。

[箋注]

[一]杇，泥鏝，即瓦刀，泥工塗刷牆壁的工具。《爾雅·釋宮》：「鏝謂之杇。」郭璞注：「泥鏝。」郝懿行義疏：「《釋文》引李巡云：『泥鏝一名杇，塗工之作具』是也。」

[二]《論語·公冶長》：「朽木不可雕也，糞土之墻不可杇也。」

[三]《孟子·滕文公下》：「有人於此，毀瓦畫墁，其志將以求食也，則子食之乎？」朱熹集注：「墁，牆壁之飾也。毀瓦畫墁，言無功而有害也。」

## 32 折閱

（折音舌）

《尚書》「關石」注：「彼此通同，而無折閱，謂之關。」[一]《荀子》：「良賈不爲折閱不市。」注：「閱，賣也，謂折所閱賣之價。」[二]則「折閱」猶俗謂「折本」也。

[箋注]

[一]《書·五子之歌》：「關石和鈞，王府則有。」孔傳：「金鐵曰石，供民器用，通之使和平，則官民足。」蔡沈《集傳》：「關，通；和，平也。百二十斤爲石，三十斤爲鈞……關通，以見彼此通同，無折閱之意；和平，以見人情兩平，無乖争之意。」折閱，謂折本銷售。

[二]《荀子·修身》：「良農不爲水旱不耕，良賈不爲折閱不市。」楊倞注：「折，損也，閱，賣也。謂損所閱賣之

物價也。」

## 33 運甓

陶侃運甓[一]。甓，甎也。《説文》：「瓴，甋甓也。」[二]《廣韻》：「瓴甋謂之塼。」「塼」即「甎」也。《詩》「中唐有甓」[三]，謂廟中路甎也。今繪圖者作抱甕之狀，誤矣。

**[箋注]**

[一]《晉書・陶侃傳》：「侃在州無事，輒朝運百甓於齋外，暮運於齋内。人問其故，答曰：『吾方致力中原，過爾優逸，恐不堪事。』其勵志勤力，皆此類也。」后以「運甓」比喻刻苦自励。

[二]按，此引與今本《説文》不同。《説文・瓦部》：「瓴，瓮似瓶也。」又：「甓，瓴甓也。从瓦，辟聲。《詩》曰『中唐有甓。』」《爾雅・釋宫》：「瓴甋謂之甓。」

[三]《詩・陳風・防有鵲巢》：「中唐有甓。」毛傳：「甓，瓴甋也。」

## 34 結草 銜環

世言報德曰「結草銜環」。「結草」出《左傳》，「銜環」無所出。

魏顆從武子治命，嫁其嬖妾，及有輔氏之役，見老人結草以抗秦師，秦有力人杜回，躓而顛，

因獲之。夜夢老人曰：「所嫁婦人之父也。」[一]

楊寶見黃雀將死，飼巾箱中，毛成飛去，有黃衣以白環四枚與寶[二]。言「環」而非「銜」。隋侯見大蛇被傷，因治之，後蛇銜珠以報[三]，言「銜」而非「環」。或合二事爲言也。

【箋注】

[一]《左傳・宣公十五年》：

魏武子有嬖妾，無子。武子疾，命顆（武子之子）曰：「必嫁是。」疾病，則曰：「必以爲殉。」及卒，顆嫁之，曰：「疾病則亂，吾從其治也。」及輔氏之役，顆見老人結草以亢杜回，杜回躓而顛，故獲之。夜夢之曰：「余，而所嫁婦人之父也。爾用先人之治命，余是以報。」

後以「結草」表示受到厚恩，雖死猶報。《三國志・魏志・高堂隆傳》：「魂而有知，結草以報。」蘇軾《到惠州謝表》：「精誠未泯，空餘結草之忠。」明張景《飛丸記・憐儒脱難》：「願他早配公侯，簪纓奕世。我生當啣環，死當結草。」

[二] 南朝梁吴均《續齊諧記》記載東漢楊寶之事。楊寶少年時至華陰山北，見一黃雀爲鴟梟所搏，墜於樹下，寶取雀以歸，置巾箱中，食以黃花，百餘日毛羽成，乃飛去。其夜有黃衣童子自稱西王母使者，以白環四枚與寶曰：「令君子孫潔白，位登三事（三公），當如此環矣。」

後以銜環謂報恩，感恩圖報。唐王縉《青雀歌》：「莫言不解銜環報，但問君恩今若爲。」歐陽修《〈歸田録〉序》：「曾不聞吐珠銜環，效蚍雀之報。」

[三] 晉干寶《搜神記》卷二十：

隋縣溠水側，有斷蛇邱。隋侯出行，見大蛇被傷，中斷，疑其靈異，使人以藥封之，蛇乃能走，因號其處斷蛇邱。歲餘，蛇銜明珠以報之。珠盈徑寸，純白，而夜有光，明如月之照，可以燭室。故謂之「隋侯珠」，亦曰「靈蛇珠」，又曰「明月珠」。

詩文中亦以「銜珠」爲報恩之典。漢焦贛《易林・謙之泰》：「白鶴銜珠，夜寶反明。懷我德音，身受光勞。」梁武帝《孝思賦》：「靈蛇銜珠以酬德，慈烏反哺以報親。」

## 35 後席 前席

孔子間居注：「負墻，却就後席。」[一]商鞅見秦孝公，與語，不自知膝之前席[二]。漢文帝前席賈生[三]。古者坐於地，以筦蒲爲席。天子諸侯則有黼黻純飾[四]，坐則居中。遜避不敢當[五]則却就後席，喜悦不自覺則促近前席，直[六]一席有前後耳。

【箋注】

[一]《禮記・孔子閑居》：「子夏蹶然而起，負墻而立，曰：『弟子敢不承乎。』」與尊者言談畢，退至於墻，肅立，以示避讓尊敬之意。

[二]《史記・商君列傳》：「衛鞅復見孝公。公與語，不自知厀之前於席也。」

[三]《漢書・賈誼傳》：「文帝思賈誼，徵之。至，入見，上方受釐，坐宣室，上因感鬼神事而問鬼神之本。誼具道所以然之故。至夜半，文帝前席。」前席：移坐向前，更加靠近，促膝交談。

[四]黼黻：本指禮服上所繡的華美花紋，此謂坐席的華麗邊飾。《淮南子・説林訓》：「黼黻之美，在於杼軸。」高誘注：「白與黑爲黼，青與赤爲黻，皆文衣也。」純飾：鑲邊，邊飾。

［五］遜避：退讓，退避。當：對等，對當。

［六］直：副詞，就，即使。

## 36　鳧藻　魚水

《杜詩傳》：「士卒鳧藻。」[一]《蜀志》：「孤之有孔明，猶魚之有水也。」[二]鳧戲於藻，光武之士卒似之；魚忘於水，先主之君臣似之，一則保有全蜀，一則恢復帝業，有以哉？

**［箋注］**

［一］《後漢書·杜詩傳》：「陛下起兵十有三年，將帥和睦，士卒鳧藻。」李賢注：「言其和睦歡悅，如鳧之戲於水藻也。」鳧藻，謂鳧戲於水藻，比喻歡悦。北周庾信《齊王進赤雀表》：「臣等預觀休徵，情迫恒慶，不任鳧藻之至。」唐司空圖《復安南碑》：「撫士樂同於鳧藻，伐謀動契於龜蓍。」

［二］《三國志·蜀志·諸葛亮傳》：「（先主）於是與亮情好日密。關羽、張飛等不悦，先主解之曰：『孤之有孔明，猶魚之有水也，願諸君勿復言。』」

## 37　不三宿桑下

襄楷諫漢桓帝曰：「浮屠不三宿桑下，不欲久生恩愛，精之至也。」[一]王幼學[二]以「桑下」

爲衛《桑中》之詩淫奔之事[三]，何其窺釋氏之淺且陋也。《四十二章》云：「沙門受道法者日中一食，樹亦一宿，慎莫再矣。」[四]「不三宿桑下」即「不再宿樹下」之謂也。

**[箋注]**

[一]《後漢書·襄楷傳》：「或言老子入夷狄爲浮屠。浮屠不三宿桑下，不欲久生恩愛，精之至也。天神遺以好女，浮屠曰：此但革囊盛血，遂不眄之。其守一如此，乃能成道。今陛下淫女豔婦，極天下之麗，甘肥飲美，單天下之味，奈何欲如黄老乎？」

[二] 王幼學，字行卿，别號慈湖，元代學者，編有《通鑑綱目集覽》五十九卷。

[三]《詩·鄘風·桑中》：「期我乎桑中，要我乎上宫，送我乎淇之上矣。」朱熹集傳：「衛俗淫亂，世族在位，相竊妻妾，故此人自言將采唐於沬，而與其所思之人相期會迎送如此也。」

[四]《佛説四十二章經》第三章《割愛去貪》：「佛言：剃除鬚髮而爲沙門，受道法者，去世資財，乞求取足，日中一食，樹下一宿，慎勿再矣。使人愚蔽者，愛與欲也。」

## 38 糨盆 彩燕

（糨音辛）

北俗，除夕採竹木葉焚之，謂之「生盆」[一]。元日剪烏金紙，翩翩若飛翔之狀，簪之，謂之黑老婆。按，《荆楚歲時記》[二]：「除夕作藖燭以麻糨濃油，如庭燎，謂之『油糨』。」[三]今「生盆」之

「生」，當作「籸」。

元日剪彩爲燕戴之。曹松詩：「綵燕表年春。」[四]王沂公帖字：「彩燕迎春入鬢飛。」燕爲玄鳥，遺卵生契。故後人目爲黑老婆，即彩燕[五]之遺也。

【箋注】

[一] 生盆：舊俗，除夕之日，焚燒木柴竹葉以祭祀祖先、神靈，謂之生盆，又稱籸盆。宋劉昌詩《蘆浦筆記·籸盆》：「今人祠祭或燕設多以高架然薪照庭下，號爲生盆，莫曉其義。予因執合宮，見御路兩旁火盆，皆疊麻籸。始悟爲籸盆，俗呼爲生也。」

[二]《荆楚歲時記》：南朝梁宗懍所撰筆記，全書凡三十七篇，記載了古代楚地自元旦至除夕的二十四節令、時俗風物。

[三] 蕡燭：以束麻蘸油製成的火炬，用以照明。庭燎：庭中照明的火炬。《周禮·秋官·司烜氏》「凡邦之大事，共墳燭庭燎」鄭玄注：「故書『墳』爲『蕡』。鄭司農云：『蕡燭，麻燭也。』玄謂『墳』，大也。樹於門外曰大燭，於門内曰庭燎，皆所以照衆明也。」宋周密《武林舊事·大禮》：「是夜，鹵簿儀仗軍兵于御路兩傍分列，間以籸盆蕡燭，自太廟直至郊壇泰禋門，輝映如晝。」

[四] 唐曹松《客中立春》詩：「玉燭傳佳節，陽和應此辰。土牛呈歲稔，彩燕表年春。臘盡星回次，寒餘月建寅。梅花將柳色，偏思越鄉人。」

[五] 彩燕：舊俗，據南朝梁宗懍《荆楚歲時記》，立春日剪彩綢爲燕飾於頭部。清陳維崧《清江裂石·人日送大鴻由平陵宛陵之皖桐》詞：「彩燕粘鷄鬬酒天，輕軟到釵鈿。」

## 39　蒸報通

下淫上曰「蒸」〔一〕，上淫下曰「報」〔二〕，旁淫曰「通」〔三〕。

【箋注】

〔一〕蒸：下淫上，指與母輩淫亂，亦作「烝」。《左傳・桓公十六年》：「衛宣公烝於夷姜。」杜預注：「夷姜，宣公之庶母也。上淫曰烝。」《文選・劉孝標〈辨命論〉》：「以誅殺爲道德，以蒸報爲仁義。」李善注：「《小雅》曰：上淫曰蒸，下淫曰報。」《新唐書・徐王元禮傳》：「元禮疾，姬趙有美色，茂逼蒸之。」

〔二〕《小爾雅・廣義》：「男女不以禮交謂之淫，上淫曰烝，下淫曰報。」《左傳・宣公三年》：「文公報鄭子之妃，曰陳嬀，生子華、子臧。」杜預注：「鄭子，文公叔父子儀也。漢律：淫季父之妻曰報。」《後漢書・烏桓鮮卑傳》：「其俗妻後母，報寡嫂，死則歸其故夫。」

〔三〕《小爾雅・廣訓三》：「旁淫曰通。」《左傳・桓公十八年》：「公會齊侯于濼，遂及文姜如齊，齊侯通焉。」

## 40　媧皇三事

《淮南子》：「女媧鍊五色石補天，斷鼇足立四極，聚蘆灰止滔水。」〔一〕人多疑其荒唐不經，然此不過言媧皇參贊〔二〕之功耳。江東俗謂正月二十日爲「天穿」〔三〕，以紅縷繫煎餅置屋上，亦謂之補天，鍊石即此意。斷鼇足，如禹鎻巫支祈[四]；聚蘆灰，如武王沉璧[五]之類，不必疑也。

【箋注】

[一] 西漢劉安《淮南子·覽冥訓》：

往古之時，四極廢，九州裂，天不兼覆，地不周載；火爁炎而不滅，水浩洋而不息；猛獸食顓民，鷙鳥攫老弱。於是女媧鍊五色石以補蒼天，斷鼇足以立四極，殺黑龍以濟冀州，積蘆灰以止淫水。蒼天補，四極正；淫水涸，冀州平；狡蟲死，顓民生；背方州，抱圓天。

顓：善。黑龍：水精，殺之以止雨。蘆：蘆葦，生於水中，積聚其灰以止淫水。

[二] 參贊：輔佐，謀劃。

[三] 天穿：南方民俗，正月二十日以煎餅置於屋上，以補天穿。宋李覯《正月二十日俗號天穿日以煎餅置屋上謂之補天感而爲詩》：「只有人間閑婦女，一枚煎餅補天穿。」清高士奇《天祿識餘·天穿》：「江東俗號正月二十日爲天穿日，以煎餅置屋上，謂之補天穿。」

[四] 鎻：「鎻」之俗字，鎮壓，封閉。巫：此指水神。支祈，淮水水怪之名，亦稱「無支祁」「無支奇」等，傳說大禹將其鎮鎻於龜山腳下。

唐李公佐《古嶽瀆經》：「（夏禹）乃獲淮渦水神，名無支祁，善應對言語，辨江淮之淺深，原隰之遠近……頸鏁大索，鼻穿金鈴，徙淮陰之龜山之足下，俾淮水永安流注海也。」李肇《唐國史補》卷上：「楚州有漁人，忽於淮中釣得古鐵鏁，挽之不絶，以告官，刺史李陽大集人力引之。鏁窮，有青獮猴躍出水，復没而逝。後有驗《山海經》云：『水獸好爲害，禹鏁于軍山之下，其名曰無支奇。』」

[五] 沉璧於河，古代盟誓或祭祀的一種儀式。《太平御覽》卷六十二地部二十七引《尚書·中候》曰：「武王沉

璧於河，禮畢退，至日旰，榮光幕河，青雲浮洛。」《國語·晉語四》：「公子曰：『所不與舅氏同心者，有如河水。』沈璧以質。」《宋書·符瑞志》：「武王殁，成王少，周公旦攝政七年，制禮作樂，神鳥鳳皇見，蓂莢生，乃與成王觀於河洛，沈璧。」

## 41　尹喜

世傳老子度關，關令尹喜先敕門吏，竢[一]其至出迎。又《内傳》：「關令尹喜，周之大夫也。」[二]人多讀爲「關令尹」，不知「尹」姓，名「喜」，爲函谷關吏。故曰「關令」。且令尹，楚上卿，執政者[三]，非關吏。今稱縣令曰「令尹」，亦非。

[箋注]

[一] 敕：誡飭；告誡。竢：等待。

[二]《關令尹喜内傳》：始著録於《隋書·經籍志》史部，署鬼谷先生撰。《史記·老子韓非列傳》：「關令尹喜曰：『子將隱矣，彊爲我著書。』」裴駰集解引劉向《列仙傳》曰：「關令尹喜者，周大夫也。善内學星宿，服精華，隱德行仁，時人莫知。」

[三] 令尹：春秋戰國時楚國官名，相當於其他國家的相國。《論語·公冶長》：「令尹子文，三仕爲令尹，無喜色；三已之，無愠色。」邢昺疏：「令尹，宰也……楚臣令尹爲長，從他國之言，或亦謂之宰。」《漢書·高帝紀上》：「（懷王）以羽爲魯公，封長安侯，吕臣爲司徒，其父吕青爲令尹。」顔師古注引臣瓚曰：「諸侯之卿，唯楚稱令尹，其餘國稱相。」中古時以令尹泛指縣、府等地方行政長官。宋梅堯臣《立春前一日雪中訪烏程宰李君俞依韻和答》：「粉絮先春拂面翔，臨風躍馬到君堂，縣民將喜土膏起，令尹未驚農事忙。」

## 42 嫪毐乃摎毐

（嫪音涝；毐音藹；摎音劉）

《吕不韋傳》：「乃求大陰人嫪毐，以其陰關桐輪而行，以啗太后。」[一]拔其鬚眉爲宦者，相傳皆曰「嫪毐」。《説文》釋「毐」引「嫪毐」[二]，《索隱》謂「士罵淫曰嫪毐」[三]，皆非也。「嫪」，嫺也[四]；「毐」，士無行也。二字本不相承。「嫪」，當作「摎」，从手。《廣韻》：「摎，居尤切，姓也。」即《索隱》亦以爲姓。《孔叢子》子順謂魏王曰：「今秦四境之内執政以下固曰與摎氏乎？與吕氏乎？」[五]可見盖大陰人姓摎，無行，故曰「摎毐」。猶《朱邑傳》稱「魏倩」[六]也，有謂爲「劉伯莊」者。「嫪」與「劉」同音，誤作劉也。

【箋注】

[一]《史記·吕不韋列傳》：「吕不韋恐覺禍及己，乃私求大陰人嫪毐以爲舍人，時縱倡樂，使毐以其陰關桐輪而行，令太后聞之，以啗太后……太后乃陰厚賜主腐者吏，詐論之，拔其鬚眉爲宦者，遂得侍太后。」

[二]毐：本指男子品行不端。《説文·毋部》：「毐，人無行也……秦始皇母與嫪毐婬，坐誅。故世罵婬曰嫪毐。」段玉裁注：「毐，士之無行者……各本作『人無行也』，今依顔氏《五行志》注所引正。士之無行者，故其字从士、毋……毐之本義如此，非爲嫪毐造此字也。」

[三]《史記·秦始皇本紀》「嫪毐封爲長信侯」司馬貞索隱：「嫪，姓；毐，字。按：《漢書》嫪氏出邯鄲。王劭云『賈侍中説秦始皇母予嫪毐淫坐誅，故世人罵淫曰『嫪毐』也。」按：索隱引王劭此説亦據《説文》，而許慎於《説文》中引其師賈逵説。

[四]嫪，戀惜、留戀之意。

[五]《孔叢子·論勢》：「今秦四境之内，執政以下，固曰與嫪氏乎？與吕氏乎？」

[六]《漢書·朱邑傳》：「昔陳平雖賢，須魏倩而後進。」顔師古注：「倩，士之美稱，故云魏倩也。」

## 43 孫臏 黥布

（臏音牝）

齊將孫臏，名逸不可考。「臏」非名也，孫足爲龐涓所斷，故稱爲孫臏。臏乃肉刑，去膝蓋骨之名。[一]

漢淮南王黥布，姓英，「黥」非姓也。布嘗坐法黥，故人稱曰「黥布」[二]。黥乃墨刑在面之名[三]。《韻會》以「黥」爲姓。今武人有名「孫希臏」者，可笑也[四]。

【箋注】

[一]臏：胫骨，膝盖骨。《史記·秦本紀》：「王（秦武王）與孟説舉鼎，絶臏。」張守節正義：「臏，脛骨也。」去脛骨之酷刑故曰「臏」。《周禮·秋官·司刑》「刖罪五百」漢·鄭玄注：「刖，斷足也。周改臏作刖……《書傳》曰：

『決關梁、逾城郭而略盜者，其刑臏。』」劉獻廷《廣陽雜記》卷五亦沿此説：「臏，五刑中去膝蓋骨之名。齊將孫臏，爲龐涓斷其足，故稱孫臏。其名逸不可考，臏非名也。」

[二]《史記·黥布列傳》：「黥布，姓英氏，秦時爲布衣……及壯坐法黥。」

[三] 黥：墨刑，黥面之刑。《書·吕刑》：「爰始淫爲劓、刵、椓、黥。」《史記·孫子吴起列傳》：「臏至，龐涓恐其賢於己，疾之，則以法刑斷其兩足而黥之，欲隱勿見。」

[四] 褚人穫《堅瓠續集》卷四亦輯「孫臏黥布」條：

> 齊將孫臏，名逸，不可考。臏非名也，孫足爲龐涓所斷，故稱爲孫臏。臏乃肉刑，去膝蓋骨之名。明世宗時有裨將名孫繼臏，又有名孫希臏者，甚爲可笑。漢淮南王黥布，姓英，黥非姓也。布嘗坐法黥，故人稱曰黥布。黥乃墨刑在面之名。韻會以黥爲姓，誤矣。

## 44 斑厙雋苻四姓

（厙音赦；雋音選；苻音蒲）

斑彪，史誤作「班彪」。斑姓出楚令尹子文之後，子文爲虎所乳，名「穀於菟」，其子以虎文斑名「斑」，後遂以爲氏[一]。

金城太守厙鈞[二]，讀者誤作「庫鈞」。《韻書》：「厙，式夜反，从厂，姓也。」「庫，古故反，从广，兵車藏也。」或者謂守庫大夫之後爲庫姓，不知倉氏、庾氏則倉庫吏之後[三]。此《姓苑》[四]有厙姓、庾姓，無庫姓也。

京兆尹雋不疑，誤讀作雋不疑。「雋」从隹，乃「雋永」之「雋」，肥肉也，渤海商音姓[五]。若「雋」从隹，音義與「俊」同。

秦苻堅誤作「符堅」。「苻」从艸，乃「萑苻」之「苻」，堅生背有赤文成「艸、付」，祖蒲洪遂改姓「苻」[六]。若「符」从竹，又別爲姓[七]。

（广音鹽；广音儼；隹音皆；萑音桓）

## ［箋注］

［一］《廣韻・删韻》：「班，姓，出扶風。《風俗通》云：『楚令尹鬭班之後。』」《通志・氏族略四》：「班氏，芈姓，楚若敖生鬭伯比，伯比生令尹子文，爲虎所乳，謂虎有班文，因以爲氏。秦有班壹。」於菟：古代楚語稱老虎爲「於菟」，稱乳爲「穀」。《左傳・宣公四年》：「楚人謂乳『穀』，謂虎『於菟』。」陸德明釋文：「於，音烏。」

鬭伯比與其表妹私通生下一子，爲遮其醜，棄子於夢澤，老虎喂之以乳，後被帶回鄖國撫養，名曰穀於菟，即後來的楚國令尹子文。

［二］庫：姓。《後漢書・竇融傳》「金城太守庫鈞」李賢注：「《前書音義》曰：庫姓，即倉庫吏後也。今羌中有姓庫，音舍，云承鈞之後也。」按：李賢所引《漢書音義》以庫爲庫吏之後，僅爲一説，後世多以「庫」爲「庫」，周祈已辨其非。至於羌中庫姓，北周有複姓庫狄，出《周書・庫狄昌傳》。

［三］《廣韻・暮韻》：「庫，姓。《風俗通》云：『古守庫大夫之後，以官爲氏。後漢輔義侯庫鈞。亦虜複姓二氏，周有少師庫狄峙，又有庫門氏。亦虜三字姓。《前燕録》有岷山桓公庫傉官泥。』」《漢書・王嘉傳》：「孝文時，吏居官者或長子孫，以官爲氏。倉氏、庫氏則倉庫吏之後也。」

庾：穀積，露天的穀堆。亦姓。《廣韻・麌韻》：「庾，姓，出潁川、新野二望。本自堯時爲掌庾大夫，因氏焉。」

[四]「此」字衍。按，蓋爲「也」字之形訛，如此則屬上，煞句「也」。

《姓苑》：十卷，南朝宋何承天所撰，收羅並追溯中国姓氏來源，原書已佚，清人王仁俊有輯佚。

[五]雋：肥肉，姓氏。《通志・氏族略五》：「雋氏，漢有京兆雋不疑，渤海人。」「商音」費解，蓋地名。

[六]「苻」，本作「蒲」，至苻堅更改爲「苻」。《晉書・苻洪載記》：「時有説洪稱尊號者，洪亦以讖文有『艸付應王』，又其孫堅背有『艸付』字，遂改姓苻氏。」《集韻・模韻》：「苻，氏姓，本作蒲，至苻堅更改爲苻。」按：「苻堅」，當作「苻洪」。錢大昕《十駕齋養新録・古無輕唇音》：「苻即蒲字……《晉書》：蒲洪孫堅背有『草付』字，改姓苻。」

[七]「符」爲另一姓，與「苻」姓來源不同。《廣韻・虞韻》：「符，姓。魯頃公之孫雅仕秦爲符璽令，因而氏焉。」

## 45 杜康 伯樂

《説文》：「少康，一名杜康。」[一]徐鉉曰：「孫陽即伯樂也。」[二]亦曰王良[三]，《國語》謂之「郵無恤」[四]。

**[箋注]**

[一]《説文・巾部》：「帚，糞也。古者少康初作箕帚、秫酒。少康，杜康也。」《急就篇》第十三章：「蓰箄箕帚筐篋簍。」顔師古注：「帚，所以掃刷。古者杜康作箕帚。」

少康：夏帝相之子。據《左傳・襄公四年》《哀公元年》記載，其父帝相被寒浞之子澆殺死，相后緡方有妊，逃歸其母氏有仍，生少康。及少康長，逃奔有虞，爲庖正。有虞氏以一族之衆攻殺寒浞，而立少康，後兴畜牧农桑，史稱

「少康中興」。倘漢人説法不誤，少康是簸箕、掃帚、秫酒的創始者。

［二］《莊子·馬蹄》：「及至伯樂，曰：『我善治馬。』」陸德明釋文：「伯樂，姓孫，名陽，善馭馬。」《楚辭·東方朔〈七諫·怨世〉》：「驥躊躇於弊輂兮，遇孫陽而得代。」王逸注：「孫陽，伯樂姓名也。」

［三］王良：春秋時人，善馭馬。《孟子·滕文公下》：「昔者趙簡子使王良與嬖奚乘，終日而不獲一禽，嬖奚反命曰：『天下之賤工也。』或以告王良，良曰：『請復之。』强而後可，一朝而獲十禽，嬖奚反命曰：『天下之良工也。』」《呂氏春秋·觀表》：「古之善相馬者……若趙之王良，秦之伯樂九方堙，尤盡其妙矣。」

［四］《國語·晉語九》：「郵無正進。」韋昭注：「無正，晉大夫郵良伯樂也。」《漢書·古今人表》：「郵無恤、王良、柏樂。」《左傳·哀公二年》：「郵無恤御簡子，衛太子爲右。」杜預注：「郵無恤，王良也。」

## 46 曹李敏捷

曹子建七步成詩[一]，李太白自言倚馬可待[二]。世稱敏捷者無如二子。史育《除夕》詩五步而成[三]，公權《賜邊衣》詩三步而成[四]，是又過於子建矣。桓温北征鮮卑，喚袁宏倚馬前作露布文，手不綴筆[五]。太白借用其事，不然。何爲「文」乃言「倚馬」耶？

**［箋注］**

［一］劉義慶《世説新語·文學》：

文帝嘗令東阿王七步中作詩，不成者行大法。應聲便爲詩曰：「煮豆持作羹，漉菽以爲汁。其在釜下然，豆在釜中泣。本自同根生，相煎何太急！」帝深有慚色。

〔二〕李白《與韓荊州朝宗書》：「必若接之以高宴，縱之以清談，請日試萬言，倚馬可待。」倚馬可待，形容才思敏捷。

〔三〕史育，多作「史青」。清沈炳震《唐詩金粉·敏悟》記載，唐人史青上書明皇自薦能詩，云：「子建七步，臣五步之内可塞明詔。」明皇試以除夕、上元、竹火箆等詩，應口而出。上稱賞，授以官。按：塞：應付，應對。塞明詔，謂皆能應對皇上的命題。史青五步詩今存《應詔賦得除夜》一首，見《全唐詩》卷一一五。詩曰：

今歲今宵盡，明年明日催。寒隨一夜去，春逐五更來。
氣色空中改，容顔暗里回。風光人不覺，已著後園梅。

〔四〕《舊唐書》記載，唐文宗將一批禦寒棉衣發送給邊關將士，柳公權「詩以頌之」，三步之内吟成一首五絶《賜衣》：

去歲雖無戰，今年未得歸。皇恩何以報，春日得春衣。

清金埴《不下帶編》卷五《雜綴兼詩話》記曰：

子建七步之後，有三步、五步與十步之才，今但知七步。唐文宗時柳公權應詔邊城，賜衣詩曰三步之才。開元時史育自薦能詩，賦除夕詩曰五步之才。後人誤以爲王涯。北魏元勰賦大松詩曰十步之才。又李賀唾地三而文成三篇。王勃弈下去四子而詩成一首。鍾嶸詩品，謝靈運半日吟詩百篇，頓落十二齒。

〔五〕劉義慶《世説新語·文學》：「桓宣武北征，袁虎時從，被責免官。會須露布文，唤袁倚馬前令作。手不輟筆，俄得七紙，絶可觀。」後人多據此典以「倚馬」形容才思敏捷，爲文立就。唐吴融《靈池縣見早梅》詩：「棲身未識登龍地，落筆元非倚馬才。」明徐渭《漁陽三弄》：「奇禽瑞獸雖嘉兆，倚馬雕龍却禍芽。」

## 47 嵇阮醉

盧仝詩：「玉山自倒非人推。」此嵇康事，康醉倒如玉山之將頽〔一〕。杜甫《飲中八仙歌》：

「知章騎馬似乘船。」[二] 此阮咸事，咸醉騎馬欹傾，人皆指而笑曰：「箇老子騎馬如乘船行波浪中。」[三] 二公放達，方其山頹波擁，胷次悠然，豈直疎遠世故哉[四]！

## 【箋注】

[一] 此句出李白《雜歌謡辭・襄陽歌》：「清風朗月不用一錢買，玉山自倒非人推。」盧仝《悲新年》詩：「公卿共惜取，莫遣玉山崩。」

《晉書・裴楷傳》：「楷風神高邁，容儀俊爽，博涉群書，特精理義，時人謂之『玉人』，又稱『見裴叔則（裴楷字）如近玉山，映照人也。』」

《世説新語・容止》：「時人目夏侯太初『朗朗如日月之入懷』，李安國『頽唐如玉山之將崩』。」又：「嵇康身長七尺八寸，風姿特秀。見者嘆曰：『蕭蕭肅肅，爽朗清舉。』或云：『肅肅如松下風，高而徐引。』山公曰：『嵇叔夜之爲人也，巖巖若孤松之獨立；其醉也，傀俄若玉山之將崩。』」嵇康儀態秀美，風姿出衆，醉酒傾倒之態若玉山之崩。

[二] 杜甫《飲中八仙歌》：

知章騎馬似乘船，眼花落井水底眠。汝陽三斗始朝天，道逢麴車口流涎，恨不移封向酒泉。左相日興費萬錢，飲如長鯨吸百川，銜杯樂聖稱避賢。宗之瀟灑美少年，舉觴白眼望青天，皎如玉樹臨風前。蘇晉長齋繡佛前，醉中往往愛逃禪。李白斗酒詩百篇，長安市上酒家眠。天子呼來不上船，自言臣是酒中仙。張旭三杯草聖傳，脱帽露頂王公前，揮毫落紙如雲煙。焦遂五斗方卓然，高談雄辨驚四筵。

[三] 明王嗣奭《杜臆》：「阮咸嘗醉，騎馬傾欹，人曰：『箇老子如乘船游波浪中。』」

[四] 放達：豪放豁達，不拘禮俗。胸次：胸間，胸懷。疎遠：疏遠。

## 48 跬步（跬音窺）

跬，《玉篇》：「舉一足行也。」[一]步，《白虎通》：「人再舉足，步備陰陽也。」《司馬法》：「六尺曰步。」[二]「跬」得三尺，俗謂之「小步」。人行左步爲「彳」，右步爲「亍」，合則爲「行」[三]。（彳音斥；亍音祝）

［箋注］

[一] 揚雄《方言》卷十二：「跬，半步爲跬。」《小爾雅·廣度》：「跬，一舉足也；倍跬謂之步。」

[二]《禮記·祭義》：「故君子頃步而不敢忘孝也。」鄭玄注：「頃當爲跬。一舉足爲跬，再舉足爲步。」《莊子·庚桑楚》：「步仞之丘陵，巨獸無所隱其軀。」陸德明釋文：「六尺爲步，七尺曰仞。」

[三]《說文》：「彳，小步也。象人脛三屬相連也。」又：「亍，步止也。从反彳。」《字彙·二部》：「彳，左步爲彳，右步爲亍，合則爲行。」

## 49 脉脉

古詩：「盈盈一水間，脉脉不得語。」[一]杜詩：「微微向日薄，脉脉去人遥。」[二]古詩以牛女相去河漢，一水之間不得與語，意甚含蓄，此古詩之妙也，杜亦是雪詩絕唱。然二「脉脉」字不可解。

按，脉，《說文》：「血理之分衺行體中者。」古詩「脉脉」當作「覛覛」。《爾雅》：「覛，相視貌。」謂相去雖近，彼此盼視，而語不相通，意篤至矣。杜詩「脉脉」當作「驀驀」。《增韻》：「驀，越也。」[三]謂空中之雪愈望逾遠，「脉脉去人遥」，猶言「越越去人遠」也。古字通用，若直以「脉」字求之，不得其意矣。

**[箋注]**

[一]《古詩十九首・迢迢牽牛星》：「盈盈一水間，脈脈不得語。」脈脈：同「眽眽」，凝視貌。《漢書・東方朔傳》：「跂跂脈脈善緣壁，是非守宮即蜥蜴。」顔師古注：「脈脈，視貌也。」《楚辭・王逸〈九思・逢尤〉》：「魂煢煢兮不遑寐，目眽眽兮寤終朝。」注：「眽眽，視貌也。」《文選・王延壽〈魯靈光殿賦〉》：「齊首目以瞪眄，徒眽眽而狋狋。」張載注：「眽眽、狋狋，視貌。」李善注引《爾雅》：「眽，相視也。」

[二] 杜甫《又雪》詩：

南雪不到地，青崖沾未消。微微向日薄，脈脈去人遥。
冬熱鴛鴦病，峽深豺虎驕。愁邊有江水，焉得北之朝。

[三] 驀：本義爲上馬、騎馬，故有超越、跨过之訓。唐慧琳《一切經音義》卷三十六：「驀，《考聲》：『逾越也。』」李賀《送沈亞之歌》：「雄光寶礦獻春卿，煙底驀波乘一葉。」王琦注：「驀，越也。」

# 50 瞽瞍 儀狄

瞽瞍，人多以爲無目，儀狄，人多以爲男子[一]。不知瞽瞍，有目；儀狄，女也。孔穎達曰：「無目曰瞽。」[二]舜父有目不能分別善惡，故謂之瞽。配字曰「瞍」，盖「瞍」亦無目之稱[三]。《戰國策》曰「帝女儀狄」，所謂帝，即禹也。

【箋注】

[一] 儀狄：傳説爲夏禹時善釀酒者。《戰國策·魏策二》：「昔者帝女令儀狄作酒而美，進之禹，禹飲而甘之，遂疏儀狄，絶旨酒，曰：『後世必有以酒亡其國者。』」北魏崔鴻《十六國春秋·前秦録·趙整》：「祕書侍郎整以堅頗好酒，因爲《酒德之歌》，乃歌曰：『地列酒泉，天垂酒池。杜康妙識，儀狄先知。紂喪殷邦，桀傾夏國。由此言之，前危後則。』」

[二] 瞽，《説文·目部》：「瞽，目但有眹也。」徐鍇繫傳：「説《尚書》者，言目漫若鼓皮也，眹但有黑子外微有黑影而已。」《書·堯典》：「瞽子，父頑，母嚚。」孔傳：「無目曰瞽。」嚚，愚頑。

[三] 瞍：瞎，瞎子。《説文》：「瞍，無目也。」段注：「無目者，其中空洞無物。故《字林》云，瞍，目有朕而無珠子也。」按，朕，同「眹」，瞳仁。《詩·大雅·靈台》：「矇瞍奏公。」鄭玄箋：「無眸子曰瞍。」

瞽瞍：虞舜之父，亦作「瞽叟」，省稱「瞍」。《書·大禹謨》：「祇載見瞽瞍，夔夔齊慄」宋·蔡沈《集傳》：「瞍，長者之稱。」王充《論衡·定賢》：「舜有瞽瞍，參有曾晳。」吴筠《覽古》詩之十四：「鯀瞍誕英睿，唐虞育昏孽。」

## 51 酣酗沈湎

酣、酗、沈、湎，四者皆酒失[一]也。張晏曰：「中酒曰酣，以酒爲凶曰酗。」《詩》疏：「沈湎者，飲酒過久，若沈浸然。」湎則湎然俱醉，顔色齊同。

**[箋注]**

[一] 酒失：飲酒失度，過度。

酣：飲酒盡興，亦謂嗜酒。《書·伊訓》：「恒舞于宮，酣歌于室。」孔傳：「樂酒曰酣。」孔穎達疏：「言耽酒以自樂也。」《史記·高祖本紀》：「酒酣，高祖擊筑。」裴駰集解引應劭曰：「不醒不醉曰酣，一曰酣，洽也。」

酗，沉迷於酒，酒醉而亂。唐玄應《一切經音義》卷十三引《通俗文》曰：「躭酒曰酗。」

沈，沉溺，深迷。湎，沉溺於酒。《書·酒誥》：「罔敢湎于酒。」孔傳：「無敢沉湎於酒。」《史記·宋微子世家》：「紂沈湎於酒，婦人是用。」《書·泰誓上》：「沈湎冒色，敢行暴虐。」孔穎達疏：「人被酒困，若沈於水，酒變其色，湎然齊同，故沈湎爲嗜酒之狀。」

# 名義考卷九　物部

## 1　蒲盧

蒲盧，沈括以爲蒲葦，《或問》以爲果蠃[一]。《爾雅》：「果蠃之實，栝樓。」[二]夫蒲，似莞；葦，大葭也；果蠃，蜂也；栝樓，天瓜也。不應相遠如此。《埤雅》曰：「似匏而圓曰壺，小而細腰曰蒲盧。其根著在土，而浮蔓常緣於木。」[三]蓋「蒲」以浮爲義，「盧」猶壺盧，今人以盛藥物者是。浮蔓與「敏樹」[四]意正合。果蠃腰細，有似於蒲盧，借蒲盧以名果蠃，所謂「玄蜂若壺」[五]也，非謂果蠃爲蒲盧。

栝樓實兩兩相值，有似於果蠃，又借果蠃以名栝樓，所謂「果蠃之實，栝樓也」，非謂栝樓爲果蠃。朱子訓蒲盧時意亦未安，故托之沈括也。

[箋注]

[一]沈括《夢溪筆談》卷三《辯證一》：「蒲蘆，説者以爲蜾蠃，疑不然。蒲蘆即蒲葦耳，故曰『人道敏政，地道敏藝』。夫政猶蒲蘆也，人之爲政，猶地之藝蒲葦，遂之而已，亦行其所無事也。」《或問》：此指朱熹《四書或問·中庸》。朱熹《〈中庸章句〉序》：「且記所嘗論辯取捨之意，别爲《或問》，以附其

後。」然朱熹於《中庸章句》中用沈括之説，以蒲盧爲蒲葦。《禮記・中庸》：「人道敏政，地道敏樹。夫政也者，蒲盧也。」朱熹集注：「敏，速也。蒲盧，沈括以爲蒲葦是也。以人立政，猶以地種樹，其成速矣，而蒲葦又易生之物，其成尤速也。言人存政舉，其易如此。」

[二]《爾雅・釋草》：「果蠃之實，栝樓。」郭璞注：「今齊人呼之爲天瓜。」李時珍《本草綱目・草七・栝樓》：「栝樓即果蠃，二字音轉也。」王國維《觀堂集林・〈爾雅〉草木蟲魚鳥獸名釋例下》：「栝樓亦果蠃之轉語。」

[三]陸佃《埤雅・釋草・壺》：「似匏而圓曰『壺』。壺，圜器也，故謂之『壺』，亦曰『壺盧』。」又《釋草・蒲盧》：「細要曰『蒲』，亦曰『蒲盧』細要土蜂謂之『蒲盧』，義取諸此。《中庸》曰：『夫政也者，蒲盧也。』亦或謂之『果蠃』。今蒲根箸在土，而浮蔓常緣於木，故亦或謂之『果蠃』也。」

[四]《禮記・中庸》：「人道敏政，地道敏樹。」

[五]《楚辭・招魂》：「赤螘若象，玄蠭若壺些。」王逸注：「言曠野之中，有飛蜂腹大如壺，有毒，能殺人也。」玄蠭：亦作「玄蜂」，大黑蜂。

## 2 菉竹

《大學》「菉竹」，《毛詩》作「緑竹」[一]，是以「竹」爲冬生草，篠簜之屬，「緑」爲色矣，以故二章「青青」、三章「如簀」[二]皆不可訓，不知非也。

按，《爾雅》：「菉，王芻。」注云：「菉蓐也，今呼鴟脚莎。」又《爾雅》：「竹，萹竹。」注云：「似小藜，赤莖節，好生道旁，可食又殺蟲。」[三]疏皆引「菉竹猗猗」爲據，是「菉」非緑，乃王芻；「竹」

非冬生草，乃扁竹也。《詩》傳亦主此説[四]。但王芻、扁竹識之者尠[五]。嘗考王芻即《本草》藎草，扁竹即《本草》萹蓄。唐慎微云：「藎草葉似竹而細薄，莖亦圓小，生平澤溪澗之側，煮以染黄極鮮好，洗瘡有效，俗名菉蓐草。」[六]《圖經》曰：「萹蓄，一名扁竹，生下濕地，苗似瞿麥，葉細緑如竹，赤莖如釵股，節間花出，甚細微，青黄色，根如蒿根。」[七]

二草皆云似竹，一生平澤溪澗之間，一生下濕地，正與淇澳水涯相應。藎草今尚無的識，萹蓄在處有之，南人呼鐵線草者是。二草生於淇澳，「猗猗」，初生貌；「青青」，生而盛也；「如簀」，猶言草如茵也。《詩》「終朝采緑」，亦當作「采菉」[八]。若「菉豆」之「菉」，當作「緑」，其色緑也；「菉筍」之「菉」，當作「甪」，筍嫩者如鳥喙也。

（廿音入；甪音緑；喙音惠）

**【箋注】**

[一]《詩·衛風·淇奧》：「瞻彼淇奥，緑竹猗猗。」「緑竹」，《禮記·大學》引詩，作「菉竹」。

[二]《淇奥》詩第二、三章有「緑竹青青」、「緑竹如簀」之句。

[三]《爾雅·釋草》：「菉，王芻。」郭璞注：「菉，蓐也，今呼鴟脚莎。」又《爾雅·釋草》：「竹，萹蓄。」郭注：「似小藜，赤莖節，好生道旁，可食，又殺蟲。」

[四]《詩·衛風·淇奥》「緑竹猗猗」毛傳：「緑，王芻也；竹，萹竹也。」

[五]尠：同「鮮」，稀少。

[六]藎：藎草，一名「王芻」。細柔草本，葉形似竹葉，生山澗或陰濕地，用作牧草，故曰王芻。《説文·艸

部》：「菉，王芻也。《詩》曰『菉竹猗猗』。」《楚辭・離騷》：「薋菉施以盈室兮。」王逸注：「菉，王蒭也。」宋唐慎微《政和證類本草・草部・藎草》：「此草葉似竹而細薄，莖亦圓小，生平澤溪澗之側。荆、襄人煮以染黄，色極鮮好，洗瘡有效。俗名菉蓐草，《爾雅》云所謂王芻者也。」又《政和證類本草・草下・萹蓄》：「萹蓄，味苦平，無毒主浸淫疥瘙疽痔，殺三蟲，療女子陰蝕，生東萊山谷。」清陳奐《詩毛氏傳疏》：「《唐本草》舊註云：『藎草，俗名菉蓐草。《爾雅》所謂王芻者也。』……竹，《爾雅》亦作竹，傳云萹竹，《爾雅》作萹蓄。」

［七］宋蘇頌《本草圖經・草部下品之下卷第九・萹蓄》：「亦名萹竹。出東萊山谷，今在處有之。春中布地生道傍，苗似瞿麥，葉細緑如竹，赤莖如釵股，節間花出，甚細微，青黄色，根如蒿根。四月、五月採苗，陰乾。」

［八］《詩・小雅・采緑》：「終朝采緑，不盈一匊。」鄭玄箋：「緑，王芻也。」

## 3　苞桑

《易》：「其亡其亡，繫於苞桑。」傳謂「苞桑」爲安固之道[一]。以桑之爲物，其根深固；苞謂叢生者，其固尤甚。此非善説《易》者也。《易》謂休否之大人，其視否也，有其亡之戒，故曰「其亡其亡，若繫於叢生之桑」，即《書》所謂「若蹈虎尾，涉於春冰」[二]也。否休則泰來，此大人所以吉也。凡木樨則叢生，喬則特立，未有樨而可以爲固者也。《書》曰「草木漸包」，「包」與「苞」同[三]，云水退而草木始叢生也。至《詩》，言「苞」者亦不一。「肅肅鴇行，集于苞桑。」「洌彼下泉，浸彼苞稂。」[四]亦可謂鴇集安固之桑、泉浸安固之稂乎？此其不然也。大人致泰之意在言外。

（鴇音保；稂音郎）

**［箋注］**

［一］《易·否》：「其亡其亡，繫于苞桑。」孔穎達疏：「苞，本也。凡物繫於桑之苞本，則牢固也。」苞桑，比喻根深蒂固，根基牢固。

［二］《書·君牙》：「心之憂危，若蹈虎尾，涉于春冰。」孔傳：「春冰畏陷。」春冰薄而易裂，蹈虎尾，涉春冰，比喻指凶險境地。

［三］《書·禹貢》：「厥土赤埴墳，草木漸包。」孔傳：「包，叢生。」包，通「苞」，謂叢生，茂密。

［四］《詩·唐風·鴇羽》：「肅肅鴇行，集于苞桑。」又《曹風·下泉》：「洌彼下泉，浸彼苞稂。」朱熹集傳：「苞，草叢生也。稂，童粱，莠屬也。」

## 4　葑菲

《詩》：「采葑采菲，無以下體。」注謂「不可以其根之惡而棄其莖之美。」［一］此說非，由不辨二物故也。

葑，今蘿蔔。箋：「葑，蔓菁之類也。」陸佃云：「蕪菁，一名葑，紫華者謂之蘆菔。」［二］郭璞云：「蘆菔，蕪菁屬。紫華，大根。」［三］蕪菁即蔓菁，與葑相似，紫華惟蘆菔爲然。是葑爲蘆菔，故曰「蔓菁之類」也。佃說微有疵。吉州人謂蘆菔之脆美者爲芋頭葑。葑，其名；芋，其形耳。謂蘆菔爲葑者，陳楚方言，吉州，故楚地，名猶存。

菲，今土瓜。郭璞云：「菲，芴，土瓜也。」［四］唐慎微：「土瓜根似葛，細而多糝。」［五］即《月令》所謂「王瓜」[六]，二物根爲美。詩人謂「采葑采菲」者，得無以下體之故乎？言己之顔色不足采，而德音或可以配君子，故承言「及爾同死」也[七]。

（蘆音盧；菔音白；槮音纖）

## [箋注]

[一]《詩・邶風・谷風》：「采葑采菲，無以下體。」毛傳：「葑，須也；菲，芴也。下體，根莖也。」郑玄箋：「此二菜者，蔓菁與葍之類也，皆上下可食，然而其根有美時有惡時，采之者不可以其根惡時並棄其葉。」朱熹集傳：「葑，蔓菁也。菲，似葍，莖麤，葉厚而長，有毛。下體，根也。葑菲根莖皆可食，而其根則有時而美惡。」

[二]《詩・邶風・谷風》「采葑采菲」，陸德明釋文：「《草木疏》云：蕪菁也。郭璞云：今菘菜也。案，江南有菘，江北有蔓菁，相似而異。」陸佃《埤雅・釋草・菘》「蕪菁似菘而小，有臺，一名『葑』，一名『須』……《方言》曰：「陳、楚之間謂之豐，趙、魏之郊謂之大芥。其華紫者謂之蘆菔，一名來，所謂温菘是也。」

[三]《爾雅・釋草》：「葖，蘆萉。」郭璞注：「『萉』，宜爲『菔』。蘆菔，蕪菁屬，紫華，大根，俗呼雹葖。」李時珍《本草綱目・菜一・萊菔》（釋名）：「蘆菔，蘿蔔，雹突。」

[四]《爾雅・釋草》：「菲，芴。」郭璞注：「即土瓜也。」郝懿行義疏：「即菲也，芴也，蒠菜也，土瓜也，宿菜也。五者一物也……《本草》王瓜亦名土瓜，非此也。」又《爾雅・釋草》：「菲，蒠菜。」郭注：「菲草生下溼地，似蕪菁，華紫赤色，可食。」

[五]唐慎微《經史證類備急本草・草部・王瓜》：「花下結子如彈丸，生青熟赤。根似葛，細而多槮，謂之土瓜根。」

[六]《禮記・月令》：「（孟夏之月）王瓜生，苦菜秀。」鄭玄注：「王瓜，萆挈也。」王之言大，大於土瓜，故曰王瓜。

［七］《詩・邶風・谷風》：「采葑采菲，無以下體。德音莫違，及爾同死。」

## 5 鬱鬯

《記》曰：「鬱合鬯，臭。」先儒謂「擣鬱金香草之汁和合鬯酒」[一]。

按，《本草》「鬱金」無定識，嘗考《達磨俱舍論》：「鬱金，樹名，出罽賓國。花黃色，壓汁爲香。」竊恐周以前罽賓未通中國，先王不寶遠物，亦何取鬱金也？蓋鬱非草，乃草之春築，猶鬯非酒，乃酒之條達[二]。《説文》「鬱」作「𩰪」：「芳草也。十葉爲貫，百廾貫築以煮之爲鬱。故其字从臼、从缶。又曰百草之華，遠方鬱人所貢。」[三]則「鬱」乃合衆香草春築之，故曰「鬱」，「鬱人」亦以是得名。以是鬱和酒，其氣條達，故曰鬯[四]。衆香草，薰蘭蕭艾之屬皆備也，故曰「百草之華」。《王度記》：「天子以鬯，諸侯以薰，大夫以蘭芝，士以蕭，庶人以艾。」[五]諸侯以下各一物，天子備物耳。《禮記》釋「鬱鬯」誤引「鬱金」，《本草》釋「鬱金」誤引「鬱鬯」，於是交亂矣。《埤雅・釋草》至以鬯亦爲草名[六]，非甚。

**［箋注］**

［一］《禮記・郊特牲》：「周人尚臭，灌用鬯臭。鬱合鬯，臭陰達於淵泉。」

鬱鬯：香酒，用鬯酒調和香草之汁而成，用於祭祀或宴饗。《周禮・春官・鬱人》：「鬱人掌祼器。凡祭祀、賓客之祼事，和鬱鬯以實彝而陳之。」鄭玄注：「築鬱金煮之以和鬯酒。」

[二] 條達：暢達，通達。《禮記・曲禮下》：「凡摯：天子，鬯；諸侯，圭。」孔穎達疏：「天子鬯者，釀黑黍爲酒，其氣芬芳調暢，故因謂爲『鬯』也。」

[三]《説文・鬯部》：「𩰪，芳艸也。十葉爲貫，百廾貫，築以煮之爲𩰪。从臼、冂、缶、鬯。彡，其飾也。一曰𩰪鬯，百艸之華，遠方𩰪人所貢芳艸，合釀之以降神。𩰪，今鬱林郡也。」段玉裁注：「臼，叉手也；缶，瓦器；冂，覆也。鬯之言暢也。叉手築之令糜，乃盛之於缶而覆之，封固以幽之，則其香氣暢達，此會意之恉也。」按，「廾」同「廿」，「百廾貫」，一百二十貫。𩰪，後通作「鬱」。

[四]《周禮・春官・鬱人》：「鬱人掌祼器，凡祭祀賓客之祼事，和鬱鬯以實彝而陳之。」鄭玄注：「鬱，鬱金香草，宜以和鬯。」《國語・周語上》：「及期，鬱人薦鬯，犧人薦醴，王祼鬯饗醴乃行。」

[五]《逸禮・王度記》：「天子以鬯，諸侯以薰，大夫以蘭芝，士以蕭，庶人以艾。」

[六]《埤雅・釋草》：「鬯，草名。先鄭、小毛所謂『鬯，香草也，築而煮之爲鬯』，因謂之鬯。傳曰：『鬯草生庭。』又曰：『德至於地，則蓂莢起，秬鬯出。』知鬯之爲草矣。」

## 6 黍稷 穜稑

（穜音童；稑音六）

《詩》：「黍稷重穋。」[一] 黍，即今黍，北人曰黄米，以釀酒者，古以爲秬鬯者也[二]。赤黍謂之虋，黑黍謂之秬，黑黍一稃二米者謂之秠[三]。稷，即今穄[四]，北人曰小米，以炊飲者，古以爲粢盛者也[五]，關西謂之䵚，冀州謂之𩯭[六]。

重穋，本作「穜稑」，其實不可知。鄭司農曰：「先種後熟曰穜，後種先熟曰稑。」〔七〕恐亦無是。種，疑即今楚人所謂「芒穀」，最先種者；稑，即今楚人所謂「緑穀」，最後種者。「萌」與「穜」聲相近，「緑」則「稑」之訛也。

（虋音門；秬音巨；稃音敷；穄音祭；䵚音糜；鬗音欠）

**〔箋注〕**

〔一〕稑：後種先熟之穀。字亦作「穋」。《詩·豳風·七月》：「十月納禾稼，黍稷重穋，禾麻菽麥。」毛傳：「後熟曰重，先熟曰穋。」陸德明釋文：「穋音六，本又作稑，音同。《説文》云：稑或從翏，後種先熟曰稑。」《吕氏春秋·任地》：「民乃逾處，種稑禾不爲稑；種重禾不爲重；是以粟少而失功。」高誘注：「晚種早熟爲稑，早種晚熟爲重。」

〔二〕古代以黑黍和鬱香釀造之酒，謂之秬鬯，用以祭祀，或以賞賜。《書·洛誥》：「伻來毖殷，乃命寧予以秬鬯二卣。」《禮記·表記》：「天子親耕，粢盛秬鬯，以事上帝。」

〔三〕秠：一種黑黍，一殼二米。《説文·禾部》：「秠，一稃二米。从禾，丕聲。《詩》曰：『誕降嘉穀，惟秬惟秠。』天賜后稷之嘉穀也。」《詩·大雅·生民》「誕降嘉穀，惟秬惟秠」孔穎達疏：「秬是黑黍之大名，秠是黑黍之中有二米者，別名之爲秠。」

〔四〕穄：一種穀物，與黍子相似，而子實硬而不黏，又稱糜子。唐玄應《一切經音義》卷十五引《説文》：「穄，糜也。似黍而不黏者，關西謂之糜。」《吕氏春秋·本味》：「飯之美者……陽山之穄。」高誘注：「穄，關西謂之䵚，冀州謂之鬗。」

〔五〕粢盛：盛在祭器内以供祭祀的穀物。《公羊傳·桓公十四年》：「御廩者何？粢盛委之所藏也。」何休注：「黍稷曰粢，在器曰盛。」

〔六〕段玉裁《説文解字注·黍部·穄》：「此謂黍之不粘者也。黍部曰：穈者，穄也。《吕氏春秋》：『飯之美者，陽山之穄。』高注云：『穄，關西謂之穈，冀州謂之䵚。』」

〔七〕《周禮·天官·内宰》：「上春，詔王后帥六宫之人，而生穜稑之種，而獻之于王。」鄭玄注引鄭司農曰：「先種後孰謂之穜，後種先孰謂之稑。」

## 7 粱粟 秔稻

粱與粟同類，粱大而粟小。《詩》詁曰「粱似粟而大」是也〔一〕。粱有青、黄、白三種，最益脾胃，但收穫少，損地力，故人多種粟而少種粱〔二〕。

粟即禾，《説文》：「禾，嘉穀。二月始生，八月而熟。」「粟，嘉穀實。」〔三〕《春秋·二十八年》「冬，大無麥禾」〔四〕是也。粟有黏、不黏二種，黏者謂之秫〔五〕。《爾雅》：「秫，黏粟。」〔六〕釀酒，汁少於黍爲蘖〔七〕，温於大麥。或以秫爲稷之黏，或以禾爲苗，皆非。

秔與稻亦同類。稻黏而秔不黏。《説文》「秔，稻屬」，「沛國謂稻爲稬」〔八〕，是也。秔，今人所常食米，有赤白，大小四五種，惟白晚米最勝，一名「秈」〔九〕，别一種謂之「占」，亦不黏，宋真宗給江淮兩浙占城種也〔一〇〕。

**【箋注】**

〔一〕《篇海類編·食貨類·米部》：「粱，似粟而大，有黄、青、白三種，又有赤黑色者。」《本草綱目·穀部·

粱》：「粱即粟也。考之《周禮》，九穀、六穀之名，有粱無粟可知矣。自漢以後，始以大而毛長者爲粱，細而毛短者爲粟。今則通呼爲粟，而粱之名反隱矣。今世俗稱粟中之大穗長芒，粗粒而有紅毛、白毛、黄毛之品者，即粱也。」

[二] 明方日升《古今韻會舉要小補》：「粱，粟類，米之善者，五穀之長。今人多種粟而少種粱，以其損地力而收穫少也。

[三]《説文·禾部》：「禾，嘉穀也。二月始生，八月而孰，得時之中，故謂之禾。」段玉裁注：「嘉穀亦謂禾，民食莫重於禾，故謂之嘉穀。嘉穀之連稿者曰禾，實曰粟，粟之人曰米，米曰粱，今俗云小米是也。」《説文》：「粟，嘉穀實也。」段注：「古者民食莫重於禾黍，故謂之嘉穀。穀者，百穀之總名……嘉穀之實曰粟，粟之皮曰穅，中曰米。」宋·羅願《爾雅翼·釋草一·粱》：「古不以粟爲穀之名，但米之有孚殼者皆稱粟，今人以穀之最細而圓者爲粟，則粱是其類。」

[四]《春秋·莊公二十八年》：「冬，築微。大無麥禾。」《公羊傳》：「冬，既見無麥禾矣，曷爲先言築微，而後言無麥禾？諱以凶年造邑也。」

[五]《本草綱目·穀二·粟》：「古者以粟爲黍、稷、粱、秫之總稱。而今之粟，在古但呼爲粱。後人乃專以粱之細者名粟……大抵黏者爲秫，不黏者爲粟。故呼此爲秈粟，以别秫而配秈。北人謂之小米也。」

[六]《爾雅·釋草》：「粢，稷。衆，秫。」郭璞注：「今江東人呼粟爲粢。（秫）謂黏粟也。」《説文·禾部》：「秫，稷之黏者。」《禮記·内則》：「饘、酏、酒、醴、芼、羹、菽、麥、蕡、稻、黍、粱、秫，唯所欲。」孫希旦集解：「秫，黏粟也；然凡黍稻之黏者，皆謂之秫，不獨粟也。」《本草綱目·穀二·秫》：「秫即粱米、粟米之黏者。有赤白黄三色，皆可釀酒熬糖作餈糕食之。」

[七] 蘖：酒麴，釀酒的發酵劑。

[八]《説文·禾部》：「秔，稻屬。」段玉裁注：「稻有至黏者，稬是也；有次黏者，稉是也；有不黏者，稴是也。稉比於稬則不黏，比於稴則尚爲黏。稉與稴爲飯，稬以釀酒爲餌餈，今與古同矣。」按，「稉」，同「粳」，古多作「秔」。

稬：同「糯」，黏性稻米。《説文·禾部》：「沛國謂稻曰稬。」

［九］秈：粳稻之早熟者，少黏性。《集韻·平僊》：「秈，《方言》：『江南呼粳爲秈。』或作籼。」《本草綱目·穀一·秈》：「秈亦粳屬之先熟而鮮明之者，故謂之秈。種自占城國故謂之占。俗作黏者，非矣……高仰處俱可種。其熟最早，六七月可收。品類亦多，有赤白二色，與粳大同小異。

［一〇］占城：古國名。故地在今越南中南部。古稱林邑又稱占城。宋·蘇軾《歇白塔鋪》詩：「吴國晚蠶初斷葉，占城早稻欲移秧。」占城稻：出産於印支半島的稻種。又稱「占禾」，耐旱，生長期短，不擇地而生。宋真宗大中祥符四年（1012），江淮兩浙大旱，宋真宗遣使到福建，取占城稻種三萬斛，分給江淮兩浙地區種植。

稻，今造酒者是。《雜記》曰：「醴，稻醴。」［一］字書解「餈，稻餅」［二］，明「醴」與「餈」皆稻所爲，可見「稻」是「稬」。《説文》「沛國謂稻爲稬」，無疑。此《本草》所以有「秔米、稻米」而無「稬米」一名。稌，《爾雅》：「稌，稻。」［三］孔子曰「食夫稻」［四］，謂飲酒，不然居喪者不粒食耶？自漢人置稻田使者［五］。《字林》有「稬稻、秔稻」之説，於是始亂矣。

（稬，俗作「糯」）

［箋注］

［一］《禮記·雜記》：「醴者，稻醴也。」孔穎達疏：「『醴者，稻醴也』者，言此醴是稻米所爲。」稻醴：稻米釀造的醴酒。

［二］《説文·食部》：「餈，稻餅也。」段注：「以稬米蒸孰，餅之加麪餅曰餈。今江蘇之餈飯也。」《玉篇零卷·食部》引《方言》：「餅或謂之餈。」《周禮·天官·籩人》：「羞籩之實，糗餌粉餈。」鄭玄注：「餌、餈皆粉稻米、黍米所

爲也。合蒸曰餌，餅之曰餈。」

［三］稌：粳稻。《詩·周頌·豐年》：「豐年多黍多稌，亦有高廩，萬億及秭。」毛傳：「稌，稻也。」《周禮·天官·食醫》：「凡會膳食之宜，牛宜稌。」鄭玄注引鄭司農曰：「稌，稉也。」

［四］《論語·陽貨》：「食夫稻，衣夫錦，於女安乎？」

［五］稻田使者：漢代農官。

## 8　蘭蕙

古所佩蘭，蓋都梁香，一名蘭澤，與澤蘭又別[一]。澤蘭，俗名孩兒菊[二]，葉尖，微有毛，方莖，紫節，花似蘭澤，而不香。蘭澤，葉似澤蘭，光潤而有岐[三]，陰微紫，花紅白色而香。二蘭相似而小異。又有山蘭，似劉寄奴[四]，葉無椏。馬蘭，花似菊而紫[五]。

今人所種蘭草，葉似麥門冬而潤且韌，花黄有細紫點，與所釋佩蘭全異。陶隱居以蘭澤爲澤蘭，《本草衍義》以今蘭草爲蘭澤[六]，皆非。

古所稱蕙，蓋零陵香，一名薰，南越謂之燕草[七]。麻葉方莖，赤花黑實，氣如靡蕪，可以已厲，雖乾枯猶香[八]。《爾雅翼》：「蘭，一荑一花；蕙，一荑五六花。」[九]荑，初生芽，有荑而後有柎，有柎而後有花。一荑一花，單出者也；一荑五六花，叢出者也。黄山谷曰：「一幹一花爲蘭，一幹數花爲蕙。」[一〇]並蘭蕙俱不識。今人已不識蘭，又執此以辨蘭蕙，益謬矣。

（韌音刃；荑音移）

## [箋注]

[一] 都梁：山名，在荆州（一云在臨淮盱眙）。所産蘭草，曰都梁香，一説又名「澤蘭」。酈道元《水經注・資水》：「縣（都梁縣）西有小山，山上有渟水，既清且淺，其中悉生蘭草……俗謂蘭爲都梁。山因以號，縣受名焉。」南朝梁吳均《行路難》詩之四：「博山爐中百合香，鬱金蘇合及都梁。」李時珍《本草綱目・草三・澤蘭》（釋名）引陶弘景曰：「生於澤旁，故名澤蘭。亦名都梁香。」陳藏器曰：「蘭草生澤畔，婦人和油澤頭，故云蘭澤。」《文選・宋玉〈神女賦〉》：「沐蘭澤，含若芳。」李善注：「以蘭浸油澤以塗頭。」

[二] 蘭草之葉似菊，女子小兒喜佩之，故曰女蘭、孩菊、孩兒菊。元方回《訂蘭説》：「古之蘭，即今之千金草，俗名孩兒菊者。」方回《秋日古蘭花》詩：「緑葉梢頭紫粟攢，《離騷》經裏古秋蘭。時人誤唤孩兒菊，惟有詩翁解細看。」

[三] 岐，分岔。

[四] 劉寄奴：藥草名。寄奴原爲南朝宋高祖劉裕乳名。《南史・宋武帝紀》記載，劉裕首得此草，曾用以治癒金瘡。後因稱之爲「劉寄奴」。李時珍《本草綱目・草十五・劉寄奴草》：「劉寄奴一莖直上。葉似蒼朮，尖長糙澀，面深背淡，九月莖端分開數枝，一枝攢簇十朵小花，白瓣黄蕊……其子細長。」

[五] 馬蘭：又名紫菊。馬，謂大。《本草綱目・草三・馬蘭》（釋名）：「其葉似蘭而大，其花似菊而紫，故名。俗稱物之大者爲馬也。」

[六] 陶隱居：即陶弘景（456—536），南朝梁時丹陽秣陵（今江蘇南京）人，號華陽隱居，著名醫藥家、煉丹家、文學家，著有《本草經注》。

《本草衍義》，宋寇宗奭著。

[七] 零陵香：香草名，別名薰、燕草。沈括《夢溪補筆談・藥議》：「零陵香，本名『蕙』，古之蘭蕙是也，又名『薰』。《左傳》曰：『一薰一蕕，十年尚猶有臭。』即此草也。唐人謂之『鈴鈴香』，亦謂之『鈴子香』，謂花倒懸枝閒如

小鈴也。」宋范成大《桂海虞衡志·志香》：「零陵香，宜融等州多有之。土人編以爲席薦坐褥，性暖宜人。零陵，今永州，實無此香。」李時珍《本草綱目·草三·熏草零陵香》（集解）引蘇頌曰：「零陵香，今湖嶺諸州皆有之，多生下濕地，葉如麻，兩兩相對，莖方，常以七月中旬開花，至香，古云薰草是也。」又引馬志曰：「零陵香生零陵山谷，葉如羅勒。《南越志》云：土人名燕草，又名薰草，即香草也。《山海經》薰草即是此。」

[八] 靡蕪：多作「蘼蕪」，草名，葉有香氣。《山海經·西山經》：「（浮山）有草焉，名曰薰草，麻葉而方莖，赤華而黑實，臭如蘼蕪，佩之可以已癘。」劉向《九歎·怨思》：「菀蘼蕪與蘭若兮，漸藁本於洿瀆。」

已厲：止治惡瘡、麻風。厲，同「癘」。

[九] 羅願《爾雅翼·釋草》：「蘭，一萸一花；蕙，一萸五六花。」

[一〇] 黃庭堅《幽芳亭》：「一幹一華而香有餘者蘭，一幹五七華而香不足者蕙。」

## 9 梟茈

（茈音疵）

今果實有曰荸薺，諸書無「荸薺」字，必「梟茈」也。《爾雅》：「芍，梟茈。」郭璞曰：「生下田，苗似龍鬚而細，根如指頭，黑色，可食。」《本草》謂之「藉姑」[一]。又苗曰剪刀草。《漢·劉玄傳》「掘梟茈而食」[二]是也，《續漢書》作「符訾」，已非，今作「荸薺」，益妄矣。

【箋注】

[一] 藉姑：又作「茨菰、慈姑」。晉嵇含《南方草木狀》卷上：「綽菜夏生于池沼間，葉類茨菰，根如藕條。」白居

易《履道池上作》詩：「樹暗小巢藏巧婦，渠荒新葉長慈姑。」宋蘇舜欽《城南感懷呈永叔》詩：「老稚滿田野，斲掘尋鳧茈。」《本草綱目·果六·慈姑》：「慈姑，一根歲生十二子，如慈姑之乳諸子，故以名之。」

［二］《後漢書·劉玄傳》：「王莽末，南方饑饉，人庶羣入野澤，掘鳧茈而食之。」李賢注：「郭璞曰：『生下田中，苗似龍鬚而細，根如指頭，黑色，可食。』」

## 10 頻婆

北方有果，六七月熟，似林檎而大，色通碧，注以丹，名頻婆［一］。按，《華嚴經》：「脣口丹潔如頻婆果。」注：「頻婆，果名。此果似北方林檎，極鮮好者也。」又，西域有頻婆帳、頻婆香，蓋頻婆，梵音，猶華言色相端好也。此果鮮赤端好，得頻婆名，故西域種不知何時入中國也。帳與香色似此果，故亦謂之頻婆。

【箋注】

［一］林檎：一種果實，又名花紅、沙果。《宋書·謝靈運傳》：「枇杷林檎，帶谷映渚。」孟元老《東京夢華録·四月八日》：「時菓則御桃、李子、金杏、林檎之類。」明胡應麟《少室山房筆叢·玉壺遐覽二》：「王梵志不知名字。王德和者，見林禽樹有瘿大如斗，破之，中得小兒。」

頻婆：源自梵語，即蘋果。《宋史·真宗紀》：「（大中祥符二年）五月乙卯，罷韶州獻頻婆菓。」宋無名氏《采蘭雜誌》：「燕地有頻婆，味雖平淡，夜置枕邊，微有香氣，即佛書所謂頻婆，華言相思也。」清汪灝《廣群芳譜·果譜四》：「蘋果，出北地燕、趙者尤佳。接用林檎體，樹身聳直，葉青似林檎而大，果如梨而圓滑，生青，熟則半紅半白，或全紅，光潔可愛玩，香聞數步，味甘鬆。」

## 11 蘋蘩蘊藻

蘋，今浮萍也。《爾雅》：「萍，蓱，其大者蘋。」季春始生，可糝爲茹[一]。

蘩，今白蒿也。《埤雅》：「蘩，葉麄於青蒿，從初生至枯，白於衆蒿，欲似細艾者。」[二]陸璣云：「白蒿，春始生，及秋香美，可生食，又可蒸。」《爾雅》謂之「皤蒿」[三]。蔏蔞亦似艾，白色，初生即可食。《詩》「食野之苹」，謂蔏蔞也[四]，又非蘩。

藻，陸璣云：「生水底，有二種。一種葉如鷄蘇，莖大如箸，長四五尺；一種莖大如釵股，葉似蓬蒿，皆好聚生，故曰蘊藻。」[五]

（蓱音平；糝音纖；蔏音商；蔞音閭；莖音横；箸音著）

**［箋注］**

［一］《爾雅·釋草》：「苹，蓱，其大者蘋。」《玉篇·艸部》：「蘋，大苹也。」《詩·召南·采蘋》：「于以采蘋，南澗之濱。」毛傳：「蘋，大蓱也。」三國吴·陸璣《毛詩草木鳥獸蟲魚疏》：「蘋，今水上浮萍是也。其粗大者謂之蘋，小者曰蓱。季春始生，可糝蒸以爲茹。又可用苦酒淹，以按酒，三月采，曝乾。」

［二］《唐本草·草木·艾草》：「艾草，此蒿葉粗於青蒿，從初生至枯，白於衆蒿，欲似細艾者，所在有之也。」宋

陸佃《埤雅卷十五・釋草・蘩》：「蒿青而高，蘩白而繁。《爾雅》曰：『蘩，皤蒿。』白蒿也。葉麤於青蒿，從初生至枯，白於衆蒿，欲似細艾者，所在有之，故曰皤蒿也。」

[三] 皤蒿：即白蒿，一名艾蒿。《爾雅・釋草》：「蘩，皤蒿。」郭璞注：「即白蒿。」《詩・召南・采蘩》：「于以采蘩，于沼于沚。」陸璣疏：「蘩，皤蒿，凡艾白色爲皤蒿。今白蒿春始生，及秋香美可生食，又可蒸食。一名游胡，北海人謂之旁勃。」

[四]《詩・小雅・鹿鳴》：「呦呦鹿鳴，食野之苹。」鄭玄箋：「苹，藾蕭。」陸璣疏：「藾蒿，葉青白色，莖似箸而輕脆，始生香，可生食。」

蔏蔞：水生白蒿。《爾雅・釋草》：「購，蔏蔞。」郭璞注：「蔏蔞，蔞蒿也。生下田，初出可啖，江東用羹魚。」

[五]《詩・召南・采蘋》：「于以采藻，于彼行潦。」孔穎達疏引陸璣疏：「藻，水草也。生水底，有二種：其一種葉如鷄蘇，莖大如箸，長四五尺；其一種莖大如釵股，葉似蓬蒿，謂之聚藻。」峰按，雞蘇：草名，即水蘇。其葉辛香，可以烹雞，故又名雞蘇。《本草綱目・草三・水蘇》：「其葉辛香，可以煮雞，故有龍腦、香蘇、雞蘇諸名。」

《左傳・隱公三年》：「澗溪沼沚之毛，蘋蘩蘊藻之菜，筐筥錡釜之器，潢汙行潦之水，可薦於鬼神，可羞于王公。」孔穎達疏引陸璣疏：「凡艾白色爲皤蒿。今白蒿春始生，及秋香美可生食，又可烝。」《文選・左思〈蜀都賦〉》：「雜以蘊藻，糅以蘋蘩。」劉逵注：「蘊藻、蘋蘩皆水草也。」

## 12 芄蘭

（芄音丸）

《爾雅》：「雚，芄蘭。」[一]《說文》：「芄蘭，莞也。」[二] 莞，即蒲，一名「苻蘺」，其上臺名

「蒚」[三]。一種極纖者名「䕯」[四]，皆可爲席，但有精粗耳。

（雚音貫；莞音官；苻音蒲；蒚音歷）

## 【箋注】

[一] 雚：草名，蘆葦之屬，荻草，可爲細葦之席。《爾雅·釋草》：「雚，芄蘭。」郭璞注：「雚芄蔓生，斷之有白汁，可啖。」《詩·衛風·芄蘭》：「芄蘭之支，童子佩觿。」毛傳：「芄蘭，草也。」鄭玄箋：「芄蘭柔弱，恒蔓延於地，有所緣則起。」陸璣疏：「一名蘿藦。幽州人謂之雀瓢。」

[二]《説文·艸部》：「芄，芄蘭，莞也。从艸丸聲。《詩》曰：『芄蘭之枝。』」段注：「《釋艸》：『雚，芄蘭。』此莞當爲雚。」按，段説是，多作「雚」，亦作「萑」。蘆類植物，初生名「菼」，幼時稱「蒹」，長成曰「萑」。《周禮·春官·巾車》「駹車，雚蔽」鄭玄注：「雚，細葦席也。」阮元校勘記：「唐石經原刻雚，後磨改萑。《釋文》雚，葉鈔本作萑。」《儀禮·特牲饋食禮》：「盛雨敦，陳于西堂，藉用萑，几席陳于西堂，如初。」鄭玄注：「萑，細葦。」《漢書·貨殖傳》：「五穀六畜及至魚鼈鳥獸雚蒲材幹器械之資，所以養生送終之具，靡不皆育。」顔師古注：「雚，薍也，即今之荻也……雚音桓。」李時珍《本草綱目·菜五·雚菌》：「雚當作萑，乃蘆葦之屬。此菌生於其下，故名。」

[三] 莞，蒲草，其莖可編席。《説文·艸部》：「莞，艸也也，可以作席。」《爾雅·釋草》：「莞，苻蘺，其上蒚。」郭璞注：「今西方人呼蒲爲莞蒲；蒚謂其頭臺首也。今江東謂之苻蘺。西方亦名蒲。中莖爲蒚，用之爲席。」《詩·小雅·斯干》：「下莞上簟，乃安斯寢。」鄭玄箋：「莞，小蒲之席也。」孔穎達疏引《本草》曰：「白蒲一名苻蘺，楚謂之莞蒲。」《南史·孫謙傳》：「冬則布被莞席，夏日無幬帳，而夜卧未嘗有蚊蚋，人多異焉。」

[四] 䕯：草名。鼠莞，龍鬚草。《爾雅·釋草》：「䕯，鼠莞。」郭璞注：「亦莞屬也。纖細似龍須，可以爲席，蜀中出好者。」

## 13 杜蘅

陶隱居云：「杜若葉似廉薑而有文理，根似高良薑而細，味辛香，又絶似旋復根。」唐慎微云：「陶所注『旋復根』即真杜若也。」[一] 一名杜蘅。又別有杜蘅，《圖經》曰：「杜蘅苗似細辛，根麄，黄白色，葉似馬蹄之下布者名馬蹄香。」[二]《山海經》曰：「狀如葵，其臭如靡蕪，名曰杜蘅，可以走馬，食之已癭。」[三]

杜若，《廣雅》所謂「楚蘅」者也；杜蘅，《爾雅》所謂「土鹵」者也[四]。

### [箋注]

[一] 李時珍《本草綱目·草三·杜若》（集解）引陶弘景《本草經注》曰：「（杜若）今處處有之。葉似薑而有文理，根似高良薑而細，味辛香，又絶似旋蓄根，殆欲相亂，葉小異爾。楚辭云『山中人兮芳杜若』，是矣。」又引唐蘇恭《本草注》曰：「今江湖多有之，生陰地，苗似廉薑，根似高良薑，全少辛味。陶云『似旋蓄根』者，即真杜若也。」

[二]《本草圖經·草部中品之上卷六·杜蘅》：「舊不著所出州土，今江淮間皆有之。苗葉都似細辛，惟香氣小異，而根亦粗，黄白色，葉似馬蹄，故名馬蹄香。三月三日采根，熟洗，曝乾。」沈括《夢溪筆談·藥議》：「東方南方所用細辛，皆杜衡也。又謂之馬蹄香。」李時珍《本草綱目·草三·杜衡》（釋名）：「蘇恭曰：『杜衡葉似葵，形似馬蹄，故俗名馬蹄香。』蘇頌曰：『《爾雅》杜又名土鹵，然杜若亦名杜衡，或疑是杜若，而郭璞注云，似葵，當是杜衡也。』」

[三]《山海經·西山經》：「（天帝之山）有草焉，其狀如葵，其臭如蘼蕪，名曰杜衡，可以走馬，食之已癭。」可以

走馬，謂編結爲帶，可以策馬。一曰，馬得之而健走。已瘻，謂治愈頸部腫瘤。

[四]《本草綱目・草三・杜若》(釋名)引蘇頌曰：「此草一名杜衡，而草部中品自有杜衡條，即《爾雅》所謂土鹵者也。杜若，即《廣雅》所謂楚衡者也。其類自別，古人多相雜引用。故《九歌》云：『采芳洲兮杜若。』《離騷》云：『雜杜衡與芳芷。』王逸輩皆不分別，但云香草，故二名相混。」

## 14 蔆 芡

「蔆」，今蔆角。《武陵記》曰：「四角、三角曰芰，兩角曰蔆。」《爾雅》「蕨攗」是也[一]。又「芰」，菜名，實如山茱萸，關西謂之薢茩，《爾雅》「英茪」是也，即屈到所耆者[二]。「芡」，今鷄頭子，一名「雁頭」。根謂之「葰」，莖謂之「蔿」、「蔌」[三]，《爾雅》所謂「鉤，芙」也[四]。

蔆華背日，性寒；芡華向日，性暖。故醫家《本草》諸書有「蔆寒芡暖」之諸[五]。要之，芡有益于人也。

（攗音眉；薢音皆；茩音狗；英音決；茪音光；葰音役）

**[箋注]**

[一] 蔆：同「菱」。芰：菱角。唐・段成式《酉陽雜俎・草篇》：「芰，今人但言菱芰，諸解草木書，亦不分別。唯王安貧《武陵記》言：四角、三角曰芰，兩角曰菱。今蘇州折腰菱多兩角。」《國語・楚語上》：「屈到嗜芰」韋昭

注：「芰，蔆也。」

蕨攗：菱角，又名芰。「攗」，亦從木。《爾雅・釋草》：「蔆，蕨攗。」郭璞注：「今水中芰。」

[二] 薢茩：菱的別名。《說文・艸部》：「蔆，芰也。楚謂之芰；秦謂之薢茩。」段成式《酉陽雜俎・草篇》：「芰，一名水栗，一名薢茩。」

芵茪：又名「芵明」、「馬蹄決明」。豆科，種子入藥。《爾雅・釋草》「薢茩，芵茪。」邢昺疏：「藥草芵明也，一名芵茪，一名決明……陶注《本草》云：『葉如茳豆(芒)，子形似馬蹄，呼爲馬蹄決明。』《廣雅》謂之羊躑躅也。」

《國語・楚語上》：「屈到嗜芰。有疾，召其宗老而屬之曰：『祭我必以芰。』」

[三] 芡：水生植物，睡蓮科，又名雞頭、雁頭。種子稱「芡實」，可食用，可入藥。《方言》卷三：「䓈、芡，雞頭也。北燕謂之䓈，青、徐、淮、泗之間謂之芡，南楚、江、湘之間謂之雞頭，或謂之雁頭，或謂之烏頭。」《吕氏春秋・恃君》：「夏日則食菱芡，冬日則食橡栗。」高誘注：「芡，雞頭也。」崔豹《古今注・草木》：「芡，雞頭也，一名雁頭，一名芰。葉似荷而大，葉上蹙皺如沸，實有芒刺，其中如米，可以度饑。」北魏・賈思勰《齊民要術・養魚》：「鷄頭，一名雁喙，即今芡子是也。由子形上花似鷄冠，故名曰鷄頭。」

《本草綱目・果部・芡實》：「(芡)其莖謂之蔿，亦曰䓈。」

葳：嫩莖。《廣雅・釋草》：「蕖，芋也。其莖謂之葳。」王念孫疏證：「葳之爲言猶莖也。」元・王禎《農書・百穀譜三・芡》：「(芡)其莖之柔嫩者，名爲，人採以爲菜茹。」

[四] 《爾雅・釋草》：「鉤，芺。」郭璞注：「大如拇指，中空，莖頭有臺，似薊，初生可食。」《說文・艸部》：「芺，艸也。味苦，江南食以下氣。」李時珍《本草綱目・草四・苦芺》：「凡物穉曰芺，此物嫩時可食，故以名之……今浙東人清明節采其嫩苗食之，云一年不生瘡癤。」邢昺疏：「薊類也，一名鉤，一名芺。」

[五] 宋陳郁《藏一話腴》甲集卷上：「菱芡皆水物也，胡爲菱寒而芡暖？蓋菱花開必背日，芡花開必向日故也。」明・趙釴《晏林子》：「舒州醫人李惟熙善論物理，云菱芡皆水物，菱寒而芡暖。菱開花背日，芡開花向日，故

也。今仕人以近侍爲熱官，以外臣爲冷官，亦以去日有遠近與？」《本草綱目・果六・芰實》（氣味）：「時珍曰：《仇池筆記》言：『菱花開背日，芡花開向日，故菱寒而芡暖。』《别録》言『芰實性平』，豈生者性冷，而乾者則性平與？」「蔆寒芡暖」之諸，猶言「蔆寒芡暖」之辨。諸：辯分、判分。《説文・言部》：「諸，辯也。」

## 15 萑 葦

（萑音桓）

《埤雅》：「葦，即今之『蘆』，一名『葭』，葭，葦之未秀者也。萑，即今之『荻』，一名『蒹』，蒹，萑之未秀者也。」[一]《字説》：「蘆謂之葭，其小曰萑。荻謂之蒹，其小曰葦。」《埤雅》以萑爲蒹荻，葦爲葭蘆；《字説》以萑爲葭蘆，葦爲蒹荻。大都不過二種，而萑葦所屬不同。今南土多蘆，小者曰荻，以代薪；北土多葦，以織箔。此可見大者爲蘆、爲葭，南土所謂荻者，萑也；小者爲荻，爲蒹，爲葦。《字説》爲得，《埤雅》不及也。即《爾雅》亦未辨，曰：菼，葭中赤黑色曰薍[二]，以根旁行曰虇，初生苗也[三]。

（菼音毯；薍音翫；虇音綣；埤音皮）

【箋注】

[一] 宋陸佃《埤雅卷十六・釋草》：「葦，即今之蘆，一名『葭』，葭，葦之未秀者也。萑，即今之荻，一名『蒹』。

蒹，萑之未秀者也。」

［二］《爾雅・釋草》：「菼，薍。」郭璞注：「似葦而小，實中，江東呼爲烏蓲。」《詩・衛風・碩人》「葭菼揭揭」，毛傳：「菼，薍也。」孔穎達疏引陸璣曰：「薍或謂之荻，至秋堅成則謂之萑。」

［三］《爾雅・釋草》：「蒹，薕。葭，蘆。菼，薍。其萌虇蕍。」郭璞注：「今江東呼蘆筍爲虇，然則萑葦之類其初生者皆名虇。」李時珍《本草綱目・草四・蘆》：「蘆有數種：其長丈許中空皮薄色白者，葭也，蘆也，葦也。短小於葦而中空皮厚色青蒼者，薍也，荻也，萑也。其最短小而中實者蒹安也，薕也。」

## 16　荇　蓴

（荇音杏；蓴音純）

荇，一作「莕」，一名接余。葉紫赤色，正圓，徑寸餘，浮水上，莖上青下白，與水淺深等，大如釵股，以苦酒浸之，可案酒，根在水底，正白而細，可糟食，《詩》所謂「參差荇菜」也[一]。

蓴，一名茆，一名鳧葵[二]，又謂「䮂𩧯」，草葉大如手，圓而色赤，莖大如箸，柔滑可羹，以篩盛，漏水中結如冰柱，張翰所思「蓴羹」也[三]。

（䮂音鴨[四]；𩧯音鹿）

**［箋注］**

［一］《說文・艸部》：「莕，菨餘也。从艸杏聲。荇，莕或从行，同。」《爾雅・釋草》：「莕，接余。其葉苻。」郭璞

注：「叢生水中，葉圓，在莖端，長短隨水深淺。江東食之。」陸德明釋文：「莕，本亦作荇。」《詩・周南・關雎》「參差荇菜」，孔穎達疏引陸璣《毛詩草木鳥獸蟲魚疏》云：「接余，白莖，葉紫赤色，正員，徑寸餘，浮在水上，根在水底，與水深淺等，大如釵股，上青下白，鬻其白莖，以苦酒浸之，肥美可案酒。」案酒，謂下酒，或指佐酒的菜肴。

［二］蓴：生於水中，柔嫩可食，又名蓴菜、茆、鳧葵。北魏・賈思勰《齊民要術・羹臛法》：「食膾魚蓴羹：芼羹之菜，蓴爲第一。」《詩・魯頌・泮水》：「思樂泮水，薄采其茆。」毛傳：「茆，鳧葵也。」孔穎達疏：「茆，江南人謂之蓴菜，或謂之水葵。」

［三］蓴羹：以蓴菜烹制的羹。《晉書・文苑傳・張翰》：「翰因見秋風起，乃思吳中菰菜、蓴羹、鱸魚膾，曰：『人生貴得適志，何能羈宦數千里以要名爵乎！』遂命駕而歸。」後以「蓴羹鱸膾」指思鄉辭官。《晉書・陸機傳》：「嘗詣侍中王濟，濟指羊酪謂機曰：『卿吳中何以敵此？』答云：『千里蓴羹，未下鹽豉。』時人以爲名對。」

［四］鶂：字同「鴨」。

## 17 蓬蒿

陸佃云：「蓬葉遇風輒拔而旋。」［一］未識爲何草。古者觀轉蓬爲輪［二］，葉雖乘風亦難圓轉。今野外有草，高尺許，黄花，花罷出白穗，如彈丸，極輕虚，表裏洞見，風起輒飛揚著地，若轉環然，疑此蓬也。

《説文》：「蒿，菣也。」《爾雅》「蘩之類」［三］，青蒿謂之菣［四］，皤蒿謂之蘩［五］，牡蒿、蔚薌蒿、蕭藾蒿、苹蘿蒿、莪［六］，其名不同，至秋皆爲蒿也。一云皤蒿謂之蓬蒿。

（菣，藄、欠二音）

【箋注】

[一] 陸佃《埤雅卷十五・釋草・蓬》：「蓬，蒿屬，草之不理者也，其葉散生如蓬，末大於本，故遇風輒拔而旋。」

[二]《後漢書・輿服志》：「上古聖人，見轉蓬始知爲輪。」杜佑《通典》卷六十四《禮二十四・天子車輅》：「上古聖人，睹轉蓬爲輪。輪行可載，因物知生，復爲之輿。輿輪相乘，流運罔極，任重致遠，以利天下。」

[三]《説文・艸部》：「蒿，菣也。」《爾雅・釋草》：「蘩之醜，秋爲蒿。」郭璞注：「醜，類也。春時各有種名，至秋老成，皆通呼爲蒿。」

[四] 菣：青蒿。《説文・艸部》：「菣，香蒿也。」《爾雅・釋草》：「蒿，菣。」郭璞注：「今人呼青蒿香中炙啖者爲菣。」邢昺疏：「孫炎云：『荆楚之間謂蒿爲菣。』」《詩・小雅・鹿鳴》「呦呦鹿鳴，食野之蒿」朱熹集傳：「蒿，菣也。即青蒿也。」

[五] 皤蒿：白蒿，又謂之蘩。《爾雅・釋草》：「蘩，皤蒿。」郭璞注：「即白蒿。」《詩・豳風・七月》「采蘩祁祁」三國吴陸璣疏：「蘩，皤蒿。」《詩・召南・采蘩》「于以采蘩，于沼于沚」，陸璣疏：「蘩，皤蒿，凡艾白色爲皤蒿。今白蒿春始生，及秋香美可生食，又可蒸食。一名游胡，北海人謂之旁勃。」

[六] 牡蒿：亦稱「牡菣」。《詩・小雅・蓼莪》「匪莪伊蔚」鄭玄箋：「蔚，牡菣也。」孔穎達疏引三國吴・陸璣曰：「牡蒿也，華似胡麻華而紫赤，一名馬薪蒿。」李時珍《本草綱目・草四・牡蒿》：「《爾雅》：『蔚，牡菣。』蒿之無子者。則牡之名以此也。」

莪：莪蒿。《説文・艸部》：「莪，蘿莪，蒿屬。」《爾雅・釋草》：「莪，蘿。」郭璞注：「今莪蒿也，亦曰廪蒿。」《詩・小雅・菁菁者莪》：「菁菁者莪，在彼中阿。」孔穎達疏引陸璣曰：「莪，蒿也，一名蘿蒿也。生澤田漸洳之處。

葉似斜蒿而細，科生。三月中莖可生食，又可蒸，香美，味頗似蔞蒿是也。」

## 18 杜榮 萇楚

杜榮，今莣草也。似茅，皮可爲繩索、履屩[一]。

萇楚，今羊桃也[二]。葉長而狹，紫花，實亦似桃，枝莖弱，引蔓草上，莖浸以水，汁出如膠，可以黏土。

【箋注】

[一] 莣：又作「芒」，草本植物，其狀如茅，俗稱「芭茅」，其皮可制繩編履。《爾雅·釋草》：「莣，杜榮。」陸德明釋文：「莣，字亦作芒。」《晉書·劉惔傳》：「家貧，織芒屩以爲養。」

[二]《説文·艸部》：「萇，萇楚，跳弋。一曰羊桃。」《詩·檜風·隰有萇楚》：「隰有萇楚，猗儺其枝。」

## 19 荷

《爾雅》：「荷，芙蕖。其莖茄，其葉蕸，其本蔤，其華菡萏，其實蓮，其根藕，其中的，的中薏。」[一]注：「蔤，莖下白蒻在泥中者。」蓮，房也；的，蓮中子也；薏，中心苦[二]。

（茄音歌；蕸音遐；蔤音密；菡音喊；萏音禫；蒻音弱；莖音横；薏音意）

## 【箋注】

〔一〕《爾雅・釋草》：「荷，芙渠。」郭璞注：「（芙渠）别名芙蓉，江東呼荷。」《詩・陳風・澤陂》：「彼澤之陂，有蒲與荷。」毛傳：「荷，芙渠也。」孔疏：「今江東人呼荷華爲芙蓉；北方人便以藕爲荷，亦以蓮爲荷；蜀人以藕爲茄。」

茄：荷梗。《説文・艸部》：「茄，芙蕖莖。」《爾雅・釋草》：「荷，芙蕖；其莖茄。」《文選・張衡〈西京賦〉》：「蔕倒茄於藻井，披紅葩之狎獵。」薛綜注：「茄，藕莖也。以其莖倒殖於藻井，其華下向反披。」三國魏・何晏《景福殿賦》：「茄蔤倒植，吐被芙蕖。」

茄，亦通「荷」。段玉裁《説文解字注・艸部》：「茄之言柯也，古與荷通用。《陳風》『有蒲與荷』鄭箋：『夫渠之莖曰荷。』樊光注《爾雅》引《詩》：『有蒲與茄。』」《漢書・揚雄傳上》：「衿芰茄之緑衣兮，被夫容之朱裳。」顔師古注：「茄，亦荷字也。」

〔二〕《爾雅・釋草》「荷，其實蓮」郭璞注：「蓮，謂房也。」《説文・艸部》：「蓮，芙蕖之實也。」徐灝注箋：「蓮之言連，其房如蜂窠相連屬也，因謂其實曰蓮實，省言之但曰蓮。」

薏：蓮心。《爾雅・釋草》：「（荷）其實蓮，其根藕，其中的，的中薏。」邢昺疏引陸璣曰：「蓮青皮，裏白，子爲的；的中有青爲薏，味甚苦。」

## 20　水紅花

《詩》：「隰有游蘢。」毛云：「蘢，紅草也。」陸機云：「一名馬蓼，葉大而赤白色，生水澤中，高丈餘。」〔一〕《爾雅》：「紅，蘢古。其大者蘬。」〔二〕是也。今北人多植之院落，生水澤者謂之水蓼，高不過二三尺。

**[箋注]**

[一]《詩・鄭風・山有扶蘇》：「山有喬松，隰有游龍。」毛傳：「龍，紅草也。」孔穎達疏引三國吴・陸璣曰：「一名馬蓼，葉大而赤白色，生水澤中，高丈餘。」《詩》作「游龍」，謂水草，紅草（字亦作「葒」）。宋朱弁《曲洧舊聞》卷四：「紅蓼即《詩》所謂游龍也，俗呼水紅。」李時珍《本草綱目・草五・葒草》（釋名）引陳藏器曰：「天蓼即水葒，一名游龍，一名大蓼。」

[二]蘬：葒草，一名水葒。《爾雅・釋草》：「紅，蘢古。其大者蘬。」羅願《爾雅翼・釋草・龍》：「龍，紅草也……今人猶謂之水紅草。而《爾雅》又謂之蘢古。鄭《詩》稱『山有喬松，隰有游龍』，云游龍者，言其枝葉之放縱也。」

## 21　苹　萍

苹，藾蒿，陸地所生者。《詩》「呦呦鹿鳴，食野之苹」是也[一]。萍，浮萍。水生，楊花所化，一夜七子者[二]。《爾雅》：「萍，蓱。其大者蘋。」《詩》「于以采蘋」[三]是也。

**[箋注]**

[一]蘋：草名，白蒿類。《詩・小雅・鹿鳴》：「呦呦鹿鳴，食野之苹。」鄭玄箋：「苹，藾蕭。」陸璣疏：「藾蒿，葉青白色，莖似箸而輕脆，始生香，可生食。」

［二］陸佃《埤雅》卷十六《釋草》：「苹，一名荓，無根而浮，常與水平，故曰苹也。江東謂之薸，言無定性，漂流隨風而已……舊説萍善滋生，一夜七子。一曰萍浮於流水則不生，於止水則一夕生九子，故謂之九子萍也……苹之殖根，以水爲地也。世説楊華入水，化爲浮萍。」

［三］《詩·召南·采蘋》：「于以采蘋，南澗之濱。」毛傳：「蘋，大荓也。」陸璣《毛詩草木鳥獸蟲魚疏》：「蘋，今水上浮萍是也。其粗大者謂之蘋，小者曰荓。季春始生，可糝蒸以爲茹。」

## 22 芝

《説文》：「芝，神草。」徐氏曰：「芝爲瑞，服之神仙。《本草》有青赤黄白玄紫六色，今所見者玄紫二色，如鹿角，或如繖蓋，皆堅實芳香，叩之有聲。」［一］

一種木檽，朽木株上生，又名木椹。賀氏曰：「芝，木椹也。」［二］一種胡菌，天陰生糞上，見日則死，《莊》注謂之「大芝」［三］。「菌」與「檽」皆得名芝，非芝也。

**［箋注］**

［一］《説文·艸部》：「芝，神艸也。」徐鍇繫傳：「芝爲瑞，服之神仙，故曰神艸。臣鍇以爲今人所見皆玄紫二色，如鹿角，或如繖蓋，皆堅實而芳香，或叩之有聲。《本艸》有青赤黄白黑紫六色。」

芝草生於枯木根際，可入藥。古以爲瑞，服之可成仙，故又名靈芝。《楚辭·東方朔〈七諫〉》：「拔搴玄芝兮，列樹芋荷。」王逸注：「玄芝，神草也。」洪興祖補注：「《本草》：黑芝，一名玄芝。」《史記·孝武本紀》：「甘泉防生芝九莖。」裴駰集解：「應劭曰：『芝，芝草也，其葉相連。』如淳曰：『《瑞應圖》云：王者敬事耆老，不失舊故，則芝草生。』」《論衡・驗符》：「芝生於土……芝草延年，仙者所食。」

〔二〕《禮記・内則》：「芝栭蔆椇，棗栗榛柹。」孔穎達疏：「芝栭者，庾蔚云：『無華葉而生者曰芝栭。』盧氏云：『芝，木芝也。』王肅云：『無華而實者名栭，皆芝屬也。』……賀氏云：『栭，檽棗，亦云芝，木椹也。』」芝栭，謂木耳。

〔三〕《列子・湯問》：「朽壤之上有菌芝者，生於朝，死於晦。」《莊子・逍遥遊》：「朝菌不知晦朔，蟪蛄不知春秋。」司馬彪云：「大芝也。天陰生糞上，見日則死，一名日及，故不知月之終始也。」成玄英疏：「朝菌者，謂天時滯雨，於糞堆之上熱蒸而生，陰溼則生，見日便死，亦謂之大芝。生於朝而死於暮，故曰朝菌。」

## 23 芀藜藋

（芀音條）

芀，《説文》：「葦華也。」通作「苕」，抽條摇遠，生華而無莩萼，遇風則吹揚如雪，其聚地如絮，稍大爲蘆，今人取之以爲帚，曰「芀帚」是也〔一〕。一名茢，《禮記》：「巫祝桃茢。」〔二〕

藜，徐鉉曰：「今落帚或謂落藜，初生可食。」〔三〕邢昺以爲王蔧，《爾雅》曰：「藜之科大爲樹，可爲帚。」〔四〕又可爲杖，今人曰「杖藜」〔五〕是也。子名地復子，可入藥〔六〕。一名萊，《詩》：「北山有萊。」〔七〕

藋，《説文》：「菽之少。」豆葉也，初生可食〔八〕。一種鹿藋，即豋豆。

（豋音勞）

[箋注]

［一］《爾雅·釋草》：「猋、藨，芀，葦醜。芀，葭華。」郭璞注：「其類皆有芀秀。」陸德明釋文：「芀，字或作笤。」按，「葦醜」，謂葦之類。「葭華」，指葦花。芀：同「笤」，蘆葦之花，笤秆可爲帚。《説文·艸部》：「芀，葦華也。」徐鍇繫傳：「笤者抽條摇遠，生華而無莩蕚也。今人取之以爲帚，曰『笤帚』是也。」

《荀子·勸學》：「蒙鳩以羽爲巢，而編之以髮，繫之葦苕。」王先謙集解：「苕，葦之秀也。」《晉書·孝友傳·庾衮》：「衮乃刈荆苕爲箕箒。」

［二］《説文·艸部》：「茢，芀也。」清·朱駿聲通訓定聲：「茢，葦花已退，其穎可爲帚。」《禮記·檀弓下》：「君臨臣喪，以巫祝桃茢執戈，惡之也。」陳澔集説：「桃性辟惡，鬼神畏之……茢，苕帚也，所以除穢。巫執桃，祝執茢，小臣執戈。」桃茢，指桃杖與掃帚，古以辟邪除穢。《周禮·夏官·戎右》：「贊牛耳、桃茢。」鄭玄注：「桃，鬼所畏也，茢，掃帚，所以掃不祥。」賈公彦疏：「殺牲取血，旁有不祥，故執此二者於血側也。」《左傳·襄公二十九年》：「乃使巫以桃、茢先祓殯。」韓愈《論佛骨表》：「古之諸侯，行弔於其國，尚令巫祝先以桃茢祓除不祥，然後進弔。」

［三］徐鍇《説文解字繫傳·通釋卷二·藜》：「今落帚，或謂落藜，初生可食，藜之類也。」

［四］《爾雅·釋草》：「葥，王蔧。」郭璞注：「王帚也，似藜，其樹可以爲埽蔧。江東呼之曰藜帚。」邢昺疏：「此即藜之科大爲樹可以作埽蔧者，一名葥一名王蔧，一名王帚，江東呼落帚。」

［五］《晉書·山濤傳》：「魏帝嘗賜景帝春服，帝以賜濤，又以母老，並賜藜杖一枚。」藜杖，又曰杖藜，用藜莖所做手杖，質輕而堅實。杜甫《暮歸》詩：「年過半百不稱意，明日看雲還杖藜。」宋秦觀《寧浦書事》詩之五：「身與杖藜爲二，對月和影成三。」

［六］地復：一作「地膚」，通稱「掃帚菜」。莖多分枝，可做掃帚。果實叫地膚子，可入藥。

［七］《詩·小雅·南山有台》：「南山有臺，北山有萊。」陸璣疏：「萊，草名，其葉可食。今兗州人烝以爲茹，謂

之萊烝。」

［八］藿：豆葉，嫩時可食。《太平御覽》卷八百四十一《百穀部五・豆》引《説文》曰：「藿，菽之少也。」《爾雅・釋草》：「豆角謂之莢，其葉謂之藿。」《詩・小雅・白駒》：「皎皎白駒，食我場藿。」毛傳：「藿猶苗也。」《楚辭・劉向〈九歎・愍命〉》：「掘荃蕙與射干兮，耘藜藿與蘘荷。」王逸注：「藿，豆葉也。」

## 24 蘿蔦

蘿，正名女蘿，即唐蒙也，一名兔絲[一]。陸佃云：「在木爲女蘿，在草爲兔絲。」[二]《爾雅翼》：「女蘿，正青而細長，無雜蔓。」

蔦，即宛童，寄生草也。陶隱居云：「生桑上者爲桑寄生，亦有生楊及楓上者，各隨其樹名。」[三]

［箋注］

［一］唐：草名，即菟絲。又稱蒙、唐蒙。《爾雅・釋草》：「唐、蒙，女羅。女羅，菟絲。」《説文・艸部》：「蒙，王女也。」《詩・鄘風・桑中》：「爰采唐矣，沫之鄉矣。」毛傳：「唐，菜名。」朱熹集傳：「唐，蒙菜也，一名兔絲。沫，衛邑也，《書》所謂妹邦者也。」錢大昕《十駕齋養新録・王女》：「《釋艸》『蒙，王女』注：『蒙即唐也，女蘿別名。』案：女蘿之大者謂之王女，猶王彗、王芻，魚有王鮪，鳥有王雎也。」女蘿：多附生於松樹，成絲狀下垂，又稱松蘿、菟絲。《詩・小雅・頍弁》：「蔦與女蘿，施于松柏。」毛傳：「女蘿，菟絲，松蘿也。」《楚辭・九歌・山鬼》：「若有人兮山之阿，被薜荔兮帶女羅。」曹植《雜詩》：「寄松爲女蘿，依水如浮萍。」

［二］陸佃《埤雅卷十八・釋草・菟絲》：「在木爲女蘿，在草爲兔絲。」

〔三〕蔦：寄生木。莖蔓生，寄生於桑、楓等樹上，結實如豆，可入藥。《詩·小雅·頍弁》：「蔦與女蘿。」毛傳：「蔦，寄生也。女蘿，菟絲松蘿也。」朱熹集傳：「此燕兄弟親戚之詩……以比兄弟纏綿依附之意。」

## 25 菖蒲花

古詩「菖蒲開花馬生角」，甚言菖蒲無花也〔一〕。梁太祖后忽見庭前菖蒲花，謂侍者曰：「女見否？」曰：「不見。」因取吞之，是月産武帝〔二〕。此猶是異事，至蘇子瞻《和子由盆中石菖蒲忽開九花》〔三〕，則誠有花矣。《風俗通》：「菖蒲放花，人取而食之，長年。」則是菖蒲有花，但不常有耳。

### 〔箋注〕

〔一〕南朝宋鮑令暉《烏夜啼》詩：「歌舞諸年少。娉婷無踵迹。菖蒲花可憐，聞名不曾識。」唐施肩吾《古相思》詩：「十訪九不見，甚於菖蒲花。可憐雲中月，今夜墮我家。」唐劉駕《鄰女》詩：「君嫌鄰女醜，取婦他鄉縣。料嫁與君人，亦爲鄰所賤。菖蒲花可貴，只爲人難見。」

〔二〕《梁書·武帝紀》：「（太祖皇后張氏）嘗於室内忽見庭前菖蒲生花，光彩照灼，非世所有，后驚異之，謂侍者曰：『汝見否？』皆云未見。后曰：『嘗聞見菖蒲花當貴。』因取食之，生高祖。」《本草乘雅》：「梁太祖后張氏忽見庭前菖蒲生花，光彩昭灼，非世所有，驚謂侍者日：見否？曰不見。曰嘗聞見者當富貴。遂取吞之，是月即孕梁武帝。」

［三］宋蘇軾《和子由盆中石菖蒲忽開九花》詩：「春萁秋莢兩須臾，神藥人間果有無。無鼻何由識薝卜，有花今始信菖蒲。芳心未飽兩蛺蝶，寒意知鳴幾蟪蛄。記取明年十二節，小兒休更鑷霜須。」

## 26 甘菊

《風俗通》：「南陽郡酈縣有甘谷，其上有大菊，水得其滋液，飲者多壽。」［一］《爾雅》疏：「菊有兩種。一種莖紫，氣香而味甘，葉可作羹食者，爲真。一種莖青，作艾蒿氣，味苦不堪食者，名苦薏。」［二］今菊，甘谷者亡矣，大抵味甘者，甘菊也。

【箋注】

［一］《初學記》卷二十七《草部》引漢·應劭《風俗通》曰：「南陽酈縣有甘谷，水甘美，其山上有大菊，水從山上流下，得其滋液。谷中有三十餘家，不復穿井，悉飲此水。上壽百二三十，中百餘，下七八十者，名『大夭』。菊花輕身益氣，令人堅强，故也。」

［二］《爾雅·釋草》：「蘜，治蘠。」宋邢昺疏引陶弘景曰：「菊有兩種。一種莖紫，氣香而味甘，葉可作羹而食者，爲真。一種莖青，作蒿艾氣，味苦不堪食者，名苦薏，非真也。」《本草綱目·草四·菊》（集解）引陶弘景曰：「菊有兩種。一種莖紫，氣香而味甘，葉可作羹食者，爲真菊。一種青莖而大，作蒿艾氣，味苦不堪食者，名苦薏，非真菊也。葉正相似，惟以甘苦别之。南陽酈縣最多，今近道處處有之，取種便得。」蘇頌曰：「種類頗多。惟紫莖氣香葉厚至柔者，嫩時可食，花微大，味甚甘者爲真。其莖青而大，葉細氣烈，似蒿艾，花小味苦者，名苦薏，非真也。」

# 27　遠志　寄生

《世説》：「謝安晦迹東山，已而就桓温辟，有餉温遠志者，温以問安：『此藥又名小草，何也？』安未即答。郝隆曰：『處則爲遠志，出則爲小草。』安有媿色。」[一]其實、苗名小草[二]。

《東方朔傳》：「幸倡郭舍人覆樹上寄生，令朔射之。朔曰：『是寠藪也。』舍人曰：『果知朔不能中也。』朔曰：『生肉爲膾，乾肉爲脯，寄生盆下爲寠藪。』上令倡監搒舍人。」注：「以盆盛物戴於首，故以寠藪薦之。」[三]《楊惲傳》：「鼠不容穴銜寠藪。」[四]其實寠藪不盡皆寄生。

（搒，音彭）

**[箋注]**

[一] 劉義慶《世説新語・排調》：「謝公始有東山之志，後嚴命屢臻，勢不獲已，始就桓公司馬。于時人有餉桓公藥草，中有遠志，公取以問謝，此藥又名小草，何一物而有二稱。謝未即答。時郝隆在坐，應聲答曰：『此甚易解。處則爲遠志，出則爲小草。』謝甚有愧色。桓公目謝而笑曰：『郝參軍此過乃不惡，亦極有會。』」劉孝標注：「《本草》曰：遠志一名棘菀，其葉名小草。」

晦迹：匿迹，隱居。

[二] 晉張華《博物志》卷七：「遠志苗曰小草，根曰遠志。」李時珍《本草綱目・草一・遠志》：「此草服之能益智强志，故有遠志之稱。」

[三]《漢書·東方朔傳》:「時有幸倡郭舍人,滑稽不窮,常侍左右,曰:『朔狂,幸中耳,非至數也。臣願令朔復射,朔中之,臣榜百,朔不能中,臣賜帛。』迺覆樹上寄生,令朔射之。朔曰:『是窶藪也。』舍人曰:『果知朔不能中也。』朔曰:『生肉爲膾,乾肉爲脯;著樹爲寄生,盆下爲窶數。』上令倡監榜舍人。」顏師古注:「窶藪,戴器也。以盆盛物戴於頭者,則以窶藪薦之。今賣白團餅人所用者是也。寄生者,芝菌之類,淋潦之日著樹而生,形有周圍,象窶數者,今關中俗亦呼爲寄生。」

[四]《漢書·楊惲傳》:「我不能自保,真人所謂『鼠不容穴銜窶數』者也。」顏師古注:「窶數,戴器也。如淳曰:『所以不容穴,坐銜窶數自妨,故不得入穴。』」

## 28 雕苽

(苽音孤)

《説文》:「雕,一名蔣。」[一]今所食茭苗米也。初生苗謂之茭白,中心生薹如藕,至秋如小兒臂,可蒸食。其中有黑點者謂之茭鬱,至後結實,可炊爲飯[二],乃雕苽米也,《爾雅》「齧雕蓬」[三]是也。《西京雜記》作「雕胡」,《内則》注作「彫胡」,枚乘作「安胡」,《相如傳》作「觚盧」[四]。《爾雅翼》云:「江南人呼茭草,刈以飼馬、肥土,人謂之『葑田』。」[五]其莖謂之苽。《書》「峙乃芻茭」[六],即此物。又《爾雅》:「茭,牛蘄。」郭璞注:「今馬蘄,葉細鋭,似芹,可食。」[七]《本草》注:「茭生水澤中,苗似鬼鍼,花青白色,子黄黑色,似防風子。」皆是物也。但其名有異,《爾雅》又兩言之耳。

【箋注】

[一] 各本均如是作，此引有脱文。《説文・艸部》：「苽，雕苽，一名蔣。」

苽：茭筍，字亦作「菰」，亦謂之蔣，其米謂之「雕菰、彫胡、雕胡米」。《説文・艸部》：「蔣，苽蔣也。」《廣雅・釋草》：「菰，蔣。其米謂之彫胡。」《周禮・天官・膳夫》「凡王之饋，食用六穀」鄭玄注引鄭司農云：「六穀：稌、黍、稷、粱、麥、苽。苽，彫胡也」賈公彦疏：「南方見有苽米，一名彫胡。」《禮記・内則》「蝸醢而苽食雉羹」鄭玄注：「苽，彫胡也。字又作菰。」孔穎達疏：「謂以蝸爲醢，以苽米爲飯，以雉爲羹。」《楚辭・大招》：「五穀六仞，設菰粱只。」王逸注：「菰粱，蔣實，謂雕葫也。」《淮南子・原道》：「雪霜滾灖，浸潭苽蔣。」高誘注：「苽者，蔣實也，其米曰彫胡。」《西京雜記》卷一：「太液池邊皆是彫胡、紫蘀、緑節之類。菰之有米者，長安人謂爲彫胡。」《本草綱目・穀二・菰米》(集解)引蘇頌曰：「菰生水中，葉如蒲葦，其苗如莖梗者，謂之菰蔣草，至秋結實，乃彫胡米也。古人以爲美饌。今饑歲，人猶採以當糧。」又《本草綱目・草八・菰》(集解)引蘇頌曰：「春末生白茅如笋，即菰菜也，又謂之茭白，生熟皆可啖，甜美。」

[二] 李時珍《本草綱目・草八・菰》(集解)引五代・韓保昇曰：「菰根生水中，葉如蔗荻，久則根盤而厚。夏月生菌堪啖，名菰菜。三年者中心生白薹，如藕狀，似小兒臂而白軟，中有黑脈，堪啖者名菰首也。」陳藏器曰：「菰首小者，擘之内有黑灰如墨者，名烏鬱，人亦食之。」

[三] 《爾雅・釋草》：「齧雕蓬，薦黍蓬。」鄭樵《通志・昆蟲草木略》：「彫蓬者，米茭也。其米謂之彫胡，可作飯，故曰齧。黍蓬者，野茭也，不能結實，惟堪薦藉，故曰薦。」黍蓬，編席的野草。

[四] 《西京雜記》卷一：「太液池邊皆是彫胡、紫蘀、緑節之類。菰之有米者，長安人謂爲彫胡。」《西京雜記》卷五又載曰：「會稽人顧翺，少失父事母至孝。母好食雕胡飯，常帥子女躬自採擷。還家，導水鑿川自種，供養每有贏儲。家亦近太湖，湖中後自生雕胡，無復餘草，蟲鳥不敢至焉，遂得以爲養。郡縣表其閭舍。」

《禮記・内則》：「蝸醢而苽食雉羹。」鄭玄注：「苽，彫胡也。字又作菰。」《文選・枚乘〈七發〉》：「楚苗之食，安胡之飯，摶之不解，一啜而散。」李善注：「一曰：安胡，彫胡也。」吕向注：「用彫胡草實以爲飯。」《史記・司馬相如列傳》：「其卑溼則生藏莨蒹葭，東薔雕胡。」司馬貞索隱：「雕胡，案，謂菰米。」《漢書・司馬相如傳》：「東蘠雕胡，蓮藕觚盧。」顔師古注引張晏曰：「觚盧，扈魯也。」

［五］宋・羅願《爾雅翼》卷一：「菰者，蔣草也，生水中，葉如蔗荻，江南人呼爲茭草，刈以飼馬，甚肥。其生兩浙下澤者，根既相結，歲久則並土浮于水上，人謂之葑田。刈去其葉，便可耕植。」葑即菰根，湖中茭白積聚年久腐化爲泥土，水涸成田，是謂葑田。

［六］《書・費誓》：「魯人三郊三遂，峙乃芻茭，無敢不多，汝則有大刑。」孔安國傳：「郊遂多積芻茭，供軍牛馬。」芻茭即乾草，牛馬的飼料。

［七］《爾雅・釋草》：「茭，牛蘄。」郭璞注：「今馬蘄，葉細鋭似芹，亦可食。」《説文・艸部》：「茭，乾芻。从艸交聲。一曰牛蘄艸。」徐鍇繫傳：「刈取以用曰芻，故曰『生芻一束』。乾之曰茭，故《尚書》曰『峙乃芻茭』。」李時珍《本草綱目・草八・菰》：「江南人呼菰爲茭，以其根交結也。」

## 29 芹獻　葵傾

今人言芹獻，非水芹，乃馬芹也［一］。言葵傾，非蜀葵，乃葵菜也。

芹獻，説出嵇康「野人美芹子」［二］。《韻會》：「馬芹，俗謂胡芹，不可食，惟子香美，可調羹飲。」若水芹則無子，故知是馬芹也。

葵傾，說出《左傳》：「葵猶能衛其足」[三]。《說文》：「葵，菜也。」有紫、白莖二種，常傾葉向日，不令照其根，若蜀葵。蜀之言獨也，無附枝葉不能衛足，故知是葵菜也。

**[箋注]**

[一]《說文·艸部》：「芹，楚葵也。」《爾雅·釋草》：「芹，楚葵。」郭璞注：「今水中芹菜。」《本草綱目·菜一·水斳》（釋名）：「其性冷滑如葵，故《爾雅》謂之楚葵。《呂氏春秋》『菜之美者有雲夢之芹』，雲夢楚地也，楚有蘄州蘄縣，俱音淇。羅願《爾雅翼》云：『地多産芹，故字從芹，蘄亦音芹。』」又《菜一·水斳》（集解）李時珍曰：「芹有水芹、旱芹。水芹生江湖陂澤之涯，旱芹生平地。有赤白二種，二月生苗，其葉對節而生，似芎藭，其莖有節棱而中空，其氣芬芳。五月開細白花，如蛇牀花。楚人采以濟飢，其利不小。」

[二]《列子·楊朱》：「昔人有美戎菽、甘枲莖芹萍子者，對鄉豪稱之。鄉豪取而嘗之，蜇於口，慘於腹。衆哂而怨之，其人大慙。」三國魏·嵇康《與山巨源絶交書》：「野人有快炙背而美芹子者，欲獻之至尊，雖有區區之意，亦已疏矣。」

[三]《左傳·成公十七年》：「仲尼曰：『鮑莊子之智不如葵，葵猶能衛其足。』」

## 30 天棘

杜詩：「天棘蔓青絲。」人多不識天棘爲何物，鄭樵以爲柳，非是。《學林新編》以爲天門冬[一]。按，《博物志》：「天門冬，逆捋有刺，若葉滑者名絺體，一名顛棘。」《抱朴子》：「天門冬，在東嶽名淫羊藿，在中嶽名天門冬，在西嶽名管松，在北嶽名無不愈，在南嶽名百部，在京陸山阜名顛棘。」[三]二書所云皆顛棘。又按，《説文》：「天，顛也。」則顛棘即天棘也，天棘即天門冬也。

【箋注】

[一] 杜甫《巳上人茅齋》詩：「江蓮摇白羽，天棘蔓青絲。」楊倫箋注引《學林新編》：「『天棘蔓青絲』，蓋天門冬，亦名天棘。其苗蔓生，好纏竹木上，葉細如青絲，寺院庭檻中多植之可觀。」

[二]《本草綱目・草六・天門冬》(釋名)：「(掌)禹錫曰，《抱朴子》云：『一名顛棘，或名地門冬，或名筵門冬。在東嶽名淫羊藿，在中嶽名天門冬，在西嶽名菅松，在北嶽名無不愈，在南嶽名百部，在京陸山阜名顛棘，在越人名浣草。』雖處處有之，其名不同，其實一也。」

## 31 南燭

南燭，日華子謂即烏飯草也[一]。《本草圖經》：「葉類苦楝而小，冬生紅子作穗，謂之南天燭。其種是木而似草，又號南燭。」[二]葉可以染飯，食之令人健，即太極真人青精乾石䭀也，根治誤吞銅鐵[三]。

(䭀音訊)

【箋注】

〔一〕日華子，唐本草學家。原名大明，以號行，著有《日華子諸家本草》二十卷，已佚。佚文散見於《證類本草》、《本草綱目》等文獻。

《本草綱目·木三·南燭》《釋名》：「（陳）藏器曰：『取汁漬米作烏飯，食之健如牛筋，故曰牛筋。』」

〔二〕《本草綱目·木三·南燭》《集解》引蘇頌《本草圖經》曰：「今惟江東州郡有之，株高三五尺，葉類苦楝而小，凌冬不凋，冬生紅子作穗，人家多植庭除間，俗謂之南天燭。不拘時采枝葉用。陶隱居《登真隱訣》載太極真人青精乾石飯法云，其種是木而似草，故號南燭草木。」

〔三〕青䭀飯，即青精飯，又稱烏飯。原爲一種道家食物，佛家亦用以供佛。《本草綱目·穀四·青精乾石䭀飯》《釋名》引蘇頌圖經曰：「陶隱居《登真隱訣》載太極真人青精乾石飯法，䭀音信。䭀之爲言飧也，謂以酒蜜藥草輩溲而曝之也。」又《穀四·青精乾石䭀飯》《集解》引蘇頌曰：「其作飯法，以生白粳米一斛五斗舂治，淅取一斛二斗，用南燭木葉五斤，燥者三斤亦可，雜莖皮煮取汁，極令清冷，以溲米米釋炊之。從四月至八月末，用新生葉，色皆深；九月至三月，用宿葉，色皆淺。可隨時進退其斤兩。又采軟枝莖皮，於石臼中擣碎。假令四、五月中作，可用十許斤熟舂，以斛二斗湯浸染得一斛也。比來只以水漬一二宿，不必用湯，漉而炊之。初米正作緑色，蒸過便如紺色。若色不好，亦可淘去，更以新汁漬之。灑溲皆用此汁，惟令飯作正青色乃止。高格曝乾，當三蒸曝，每蒸輒以葉汁溲令浥浥。」

## 32 石南花

石南花，即今白繡毬花。《本草》注：「石南，生石上，葉似枇杷，但背無毛，光而不皺，正二月間開花，冬含胎爲苞，一黄五六苞，一苞中十餘花，一花六葉，如椿花，甚細碎，淡白緑色，葉多於花。既開惟見葉不見花，花纔罷舊葉盡脱，漸生新者。湖南北江湘皆有之。」[一] 此惟白繡毬花爲然，故知爲白繡毬花也。

【箋注】

[一] 李時珍《本草綱目·木三·石南》（釋名）：「生於石間向陽之處，故名石南。桂陽呼爲『風藥』，充茗及浸酒飲，能愈頭風，故名。」

又《本草綱目·木三·石南》（集解）引宋寇宗奭曰：「石南，葉似枇杷葉之小者，而背無毛，光而不皺，正二月間開花，冬有二葉爲著苞。苞既開，中有十五餘花，大小如椿花，甚細碎，每一苞約彈許大，成一毬。一花六葉，一朵有七八毬，淡白緑色，葉末微淡赤色，花既開，葉滿花，但見葉不見花。花纔罷，去年緑葉盡脱落，漸生新葉。京洛河北河東山東頗少，人故少用。湖南北江西二浙甚多，故人多用。」

## 33 菟葵 燕麥

《爾雅》：「莃，菟葵；蘥，燕麥。」[一]《本草》注：「菟葵，苗如石龍，花白如梅，莖紫色，煮汁極滑，堪啖。」[二]

燕麥，苗似小麥而弱，實似穬麥而細[三]。二者今在處有之。

【箋注】

[一] 莃：草名，菟葵，又名野葵。《爾雅・釋草》：「莃，菟葵。」郭璞注：「頗似葵而小，葉狀如藜，有毛。汋啖之，滑。」

蘥：雀麥。《説文・艸部》：「蘥，爵麥也。」按，爵，通「雀」。《爾雅・釋草》：「蘥，雀麥。」郭璞注：「即燕麥也。」郝懿行義疏：「蘇恭《本草注》云：『所在有之，生故墟野林下，苗葉似小麥而弱，其實似穬麥而細。一名杜姥草，一名牛星草。』」

[二] 李時珍《本草綱目・草五・菟葵》：「菟葵一名莃。」又（集解）引蘇恭曰：「菟葵苗如石龍芮而葉光澤，花白似梅，其莖紫黑，煮啖極滑。所在下澤田間皆有，人多識之。六月七月採莖葉，曝乾入藥。」

[三] 燕麥，野生於廢墟荒地間，燕雀所食，故名。穬麥，一種大麥，亦稱青稞。

## 34 菘 芥 蘆菔 蔓菁

（菘音松； 菔音白）

菘，今白菜也[一]； 芥，今辣菜也； 蘆菔，今蘿蔔也，一名葑； 蔓菁，即蕪菁也[二]，又名蕘。《本草圖經》：「菘與蕪菁相類，梗長，葉不光者爲蕪菁； 梗短，葉濶厚而肥痺者爲菘。」[三]《衍義》曰：「菘，葉似蕪菁，緑色差淡，其味微苦。」[四] 陶隱居曰：「芥，似菘而有毛，味辛。」[五] 郭璞曰：「蘆菔，蕪菁屬。紫花，大根。」又云：「蕪菁，根細於温菘，而葉似菘。」[六] 此説四物之最精者也。

菘謂之白菜者，以白菘得名[七]。蘆菔謂之温菘，又謂之紫色菘[八]，一曰大芥。《爾雅疏》謂「葑也、須也、蕪菁也、蔓菁也、飱蕪也、蕘也、芥也，七者一物也」[九]。夫葑與蘆菔一物；蕪菁、蔓菁、蕘，一物；芥一物。須、飱蕪，郭璞謂「似羊蹄，葉細，味酢」[一〇]，與四物又不類，當别一物。《疏》殆未之辨與？

**[箋注]**

[一] 菘：白菜。《南史·周顒傳》：「文惠太子問顒菜食何味最勝，顒曰：『春初早韭，秋末晚菘。』」李時珍《本草綱目·菜一·菘》：「菘，即今人呼爲白菜者。有二種，一種莖圓厚微青，一種莖扁薄而白。其葉皆淡青白色……燕京圃人又以馬糞入窖壅培，不見風日，長出苗葉皆嫩黄色，脆美無滓，謂之黄芽菜，豪貴以爲嘉品。」

[二] 葑：蕪菁，又名蔓菁。塊根可做蔬菜，俗稱大頭菜。《説文·艸部》：「葑，須從也。」《詩·邶風·谷風》：「采葑采菲，無以下體。」鄭玄箋：「此二菜者，蔓菁與葍之類也。」陸璣云：「葑，蕪菁，幽州人或謂之芥。」《東觀漢記·桓帝紀》：「令所傷郡國，皆種蕪菁，以助民食。」

[三] 《本草綱目·菜一·菘》(正誤)引蘇頌《圖經本草》曰：「菘，南北皆有之。與蔓菁相類。梗長，葉不光者爲蕪菁，梗短，葉濶厚而肥腴者爲菘。」

[四] 《本草綱目·菜一·菘》(集解)引寇宗奭《本草衍義》曰：「菘葉如蕪菁，緑色差淡，其味微苦，葉嫩稍闊。」差：略微，稍微。

[五] 《本草綱目·菜一·芥》(釋名)引陶弘景《本草經注》曰：「芥似菘而有毛，味辣，可生食及作葅，其子可以藏冬瓜。又有莨，音郎，作葅甚辣。」

[六] 《爾雅·釋草》：「葖，蘆葩。」郭璞注：「葩，宜爲菔。蘆菔，蕪菁屬。紫花，大根。俗呼雹葖。」

［七］唐蘇敬《新修本草·菜部》：「菘有三種：有牛肚菘，葉最肥厚，味甘；紫菘，葉薄細，味少苦；白菘似蔓菁也。」蘇頌《圖經本草》：「揚州一種菘，葉圓而大……啖之無滓，絶勝他土者，此所謂白菜。」李時珍《本草綱目·菜一·菘》：「白菘，即白菜也。」。

［八］蘿蔔，别稱温菘。《爾雅·釋草》：「葖，蘆萉。」邢昺疏：「紫花菘也。俗呼温菘，似蕪菁，大根。一名葖，俗呼雹葖。一名蘆菔，今謂之蘿蔔是也。」《本草綱目·菜一·萊菔》（集解）引陶弘景曰：「蘆菔是今温菘，其根可食。」

［九］《爾雅·釋草》「須，葑蓯」邢昺疏：「葑也、須也、蕪菁也、蔓菁也、葑蓯也、蕘也、芥也，七者一物也。」

［一〇］《爾雅·釋草》：「須，葑蓯。」郭璞注：「葑蓯似羊蹄，葉細，味酢，可食。」

## 35 稂莠

（稂音郎；莠音酉）

《爾雅》疏：「稂，一名童梁。」［一］陸璣云：「禾秀爲穗不成，則嶷然，謂之童梁。」［二］《爾雅翼》：「莠，似稷而無實。」今狗尾草，一名莠。《詩》注：「物成自秀莠始。」［三］

### ［箋注］

［一］稂：禾粟之癟者，秀穗而穀内無米。《爾雅·釋草》：「稂，童梁。」郭璞注：「稂，莠類也。」邢昺疏：「舍人曰：『稂，一名童梁。』」清邵晉涵正義：「稂爲穀之有稃而無米者，南方農諺謂之扁子。磽瘠之地與夫雨暘之不時，人事之不齊，禾不能成實則爲稂，豐年則無之。」

［二］《詩·曹風·下泉》：「洌彼下泉，浸彼苞稂。」三國吴陸璣疏：「禾秀爲穗而不成，崱嶷然，謂之童粱。今

人謂之宿田翁，或謂之守田也。」《本草綱目・穀一・狼尾草》（釋名）：「稂、董稂、狼茅、孟、宿田翁、守田。時珍曰：狼尾，其穗象形也。秀而不成，嶷然在田，故有宿田、守田之稱。」

［三］葽：雜草。《説文・艸部》：「葽，艸也。从艸要聲。《詩》曰：『四月秀葽。』劉向説：此味苦，苦葽也。」徐鍇繫傳：「葽，按，字書云：狗尾草也。」《廣雅・釋草》：「葽，莠也。」《詩・豳風・七月》：「四月秀葽，五月鳴蜩。」毛傳：「不榮而實曰秀。葽，葽草也。」鄭玄箋：「物成自秀葽始。」

## 36　胡麻　戎菽

胡麻，似脂麻而大。胡麻稭短而圓，一名藤弦；脂麻稭長而方，一名苣藤［一］。皆可壓油，古以爲飯，鄭司農以居五穀之首。今脂麻南北皆有，胡麻惟陝西近邊一帶有之。云種出大宛，故得「胡」名。

戎菽，即今黄黑大豆。大者曰菽，小者曰荅，古以爲粥，鄭司農以居五穀之一。或以種出山戎得「戎」名。一曰戎，大也，戎菽猶言大豆也，對小者荅而言。

**［箋注］**

［一］《正字通・麻部》：「麻，《素問》：『麻麥稷黍豆爲五穀。』麻，即今麻油。中國有四稜六稜者。張騫從外國得八稜黑麻種，故又曰胡麻。一名巨勝，言其大而勝，即黑脂麻也……又脂麻以油膏得名，俗訛呼爲芝麻。」《禮記・月令》：「（孟秋之月）天子居總章左个，乘戎路，駕白駱，載白旂，衣白衣，服白玉，食麻與犬，其器廉以深。」

李時珍《本草綱目・穀一・胡麻》(釋名)：「巨勝、方莖、狗蝨、油麻、脂麻。俗作芝麻，非。」又《本草綱目・穀一・胡麻》(集解)引陶弘景曰：「胡麻，八穀之中，惟此爲良。純黑者名巨勝，巨者大也。本生大宛，故名胡麻。又以莖方者爲巨勝，圓者爲胡麻。」

## 37 荼即茶

嘗考「荼」即「茶」也。《説文》荼从艸余聲，有二音，一鉏加切，一同都切。有四義。一苦苣，霜後可食，《詩》「誰謂荼苦」是也[一]；一委葉，布地而生，花黃如菊，《傳》「秦網密於秋荼」是也[二]；三茆秀，其穗色白，《詩》「有女如荼」是也[三]；四苦荼，茗也。《爾雅》：「檟，苦荼。」郭璞曰：「樹如梔子，冬生葉，可煮爲羹飲。」[四]《本草》「苦茶能去脂，使人不睡」是也。

後人視苦苣、委葉、茆秀爲惡草，作「荼」，作同都切；視茗爲嘉木，妄作「茶」，作鉏加切，於是有「荼」字，又有「茶」字，不知「茶」非正文也。陸羽《茶經》曰：「其字或从艸，或从木，或艸、木并。」[五]从艸者「荼」，正文也；艸、木并者，旁从木作「⿰木荼」也，巴南人曰「椵⿰木荼」[六]。俗以上从艸、下从木，作「茶」；亦曰「木并」，不知下「余」聲，非从木也。

**[箋注]**

[一]《爾雅・釋草》：「荼，苦菜。」邢昺疏：「葉似苦苣而細，斷之有白汁。花黃似菊，堪食，但苦耳。」《詩・邶風・谷風》：「誰謂荼苦？其甘如薺。」毛傳：「荼，苦菜也。」

［二］荼：又同「蒤」，田間雜草。《爾雅・釋草》：「蒤，委葉。」邢昺疏：「蒤，一名委葉……原田蕪穢之草。」《詩・周頌・良耜》：「以薅荼蓼。」孔穎達疏：「蓼是穢草，荼亦穢草。」漢桓寬《鹽鐵論・刑德》：「昔秦法繁於秋荼，而網密於凝脂。」秋荼，比喻蕪雜繁多。

［三］荼，亦指茅草、蘆葦等植物的白花。《詩・鄭風・出其東門》：「出其闉闍，有女如荼。」《國語・吴語》：「萬人以爲方陣，皆白裳、白旂、素甲、白羽之矰，望之如荼。」韋昭注：「荼，茅秀也。」《漢書・禮樂志》「顔如荼」顔師古注引應劭曰：「荼，野菅白華也。言此奇麗，白如荼也。」

［四］《爾雅・釋木》：「檟，苦荼。」郭璞注：「樹小如梔子，冬生葉，可煮爲羹飲。今呼早采者爲荼，晚取者爲茗，一名荈，蜀人名之苦荼。」陸德明釋文：「荼，音徒。《埤蒼》作𣘻。案：今蜀人以作飲，音直加反，茗之類。」郝懿行義疏：「今茶字古作『荼』……至唐陸羽《茶經》始減一筆作茶字。」

［五］陸羽《茶經・一之源》：「其字，或从艸，或从木，或艸木并。其名一曰茶，二曰檟，三曰蔎，四曰茗，五曰荈。」

［六］《集韻・麻韻》：「荼，茗也。一曰葭荼。或从木，亦省。」

## 38 松柏

松，南土爲多，北鮮，唯塞上者爲尤大。柏，南北皆有之。身曲而葉直者松，葉曲而身直者柏。《爾雅》：「樅，松葉柏身；檜，柏葉松身。」樅，葉與身俱直；檜，葉與身俱曲也。《埤雅》：「樅直而從，檜曲而會。」［一］柏，木理堅緻，美於松，樅又美於柏。《尸子》云：「松柏之鼠不知堂密之有美樅。」［二］今塞上大者或即樅，與古以爲太廟梁材者也。

【箋注】

［一］宋陸佃《埤雅·釋木·柏》：「檜，柏葉松身，則葉與身皆曲；樅，松葉柏身，則葉與身皆直。樅以直而從之，檜以曲而會之。」李時珍《本草綱目·木一·柏》：「柏葉松身者，檜也。其葉尖硬，亦謂之栝；今人名圓柏。」

［二］《漢書·霍光傳》：「賜金錢、繒絮、繡被百領……樅木外臧椁十五具。」顏師古注：「《爾雅》及《毛詩傳》並云樅木松葉柏身。」《尸子》卷上：「松柏之鼠，不知堂密之有美樅。」

## 39　橘柚

（柚音宥）

橘，今黄柑也。劉晏傳「江淮珍甘」［一］，以味甘得名。柑，木銜馬口［二］，俗借用耳。柚，大於橘，皮薄而苦，不可口，犀中小瓣如麥粒，解之視橘不易敗，汁少而微酸。《詩·秦風》「有條」，《列子》「吴楚之國有大木，其名爲櫾」，皆謂柚也［三］。似橘而小，如彈丸者名棱［四］；似橘而大，皮麄厚，香美者名橙［五］；似柚而大如盂，皮厚二三寸，中似枳，食之少味者名椵［六］；一種皮似橙，狀如手指，俗名佛手柑［七］。

【箋注】

［一］《新唐書·劉晏傳》：「自江淮茗橘珍甘，常與本道分貢，競欲先至，雖封山斷道，以禁前發，晏厚貲致之，常冠諸府，由是媢怨益多。」

〔二〕《集韻・鹽韻》：「柑，以木銜馬口也。」柑，以木拑馬口禁食。《公羊傳・宣公十五年》：「圍者柑馬而秣之，使肥者應客。」何休注：「柑者，以木銜其口，不欲令食粟。示有畜積。」

〔三〕犀：籽實。《詩・衛風・碩人》「齒如瓠犀」傳：「瓠瓣也。」《爾雅・釋木》：「柚，條。」郭璞注：「似橙實酢，生江南。」《埤雅・釋木》：「柚似橙而大於橘……一名條，《秦風》所謂『有條』即此也。」《詩・秦風・終南》：「終南何有？有條有梅。」毛傳：「條，槄。」《列子・湯問》：「吳楚之國有大木焉，其名爲櫾，碧樹而冬生，實丹而味酸……渡淮而北而化爲枳焉。」《山海經・中山經》：「東北百里，曰荆山……其木多松柏，其草多竹，多橘櫾。」郭璞注：「櫾似橘而大也，皮厚味酸。」

〔四〕楱：果名，橘類。《文選・司馬相如〈上林賦〉》：「黄甘橙楱。」李善注引張揖曰：「楱，小橘也，出武陵。」

〔五〕《本草綱目・果二・橙》：「橙産南土，其實似柚而香，葉有兩刻缺如兩段，亦有一種氣臭者。柚乃柑屬之大者，早黄難留；橙乃橘屬之大者，晚熟耐久。皆有大小二種。」

〔六〕椵：果木名，柚類。《爾雅・釋木》：「櫠，椵。」郭璞注：「柚屬，子大如盂，皮厚二三寸，中似枳，食之少味。」郝懿行義疏：「《桂海虞衡志》云：『廣南臭柚大如瓜，可食，其皮甚厚，染墨打碑，可代氈刷，且不損紙。』即郭注所説也。」

〔七〕《本草綱目・果二・枸櫞》：「枸櫞産閩廣間……其實狀如人手，有指，俗呼爲佛手柑。」

## 40 枏

《爾雅》：「梅，枏。」〔一〕夫梅之曰「枏」，猶鯉之曰「鱣」也。

枏，即「楠」，本大木，木理細緻於豫章，一名交讓木〔二〕。

後人因《爾雅》「梅，枏」之文，遂謂枏爲梅，雖許慎、孫炎亦不復知有楠矣〔三〕。猶「鱣」，本鱣鮪，大魚，鯉亦謂之鱣，不應遂謂鱣獨爲鯉也。

**[箋注]**

[一]《爾雅・釋木》：「梅，枏。」郭璞注：「似杏實酢。」邢昺疏引孫炎曰：「荆州曰梅，揚州曰柟。」《廣韻・鹽韻》：「柟，梅也，子如杏而酢。」枏，字亦作「柟」，《爾雅》所釋爲梅。

[二] 枏：木名，生南方，故字又作「楠」。《莊子・山木》：「獨不見夫騰猿乎，其得枏梓豫章也，攬蔓其枝而王長其閒，雖羿、蓬蒙不能眄睨也。」郭象注：「枏，音南，木名。」《漢書・司馬相如傳上》：「其北則有陰林巨樹，楩柟豫章。」顏師古注：「柟音南，今所謂楠木。」晉・崔豹《古今注・草木》：「紫枏木出扶南，色紫，亦謂之紫檀。」

豫章：亦作「豫樟」，木名。枕木與樟木的並稱，一説爲樟木。《史記・司馬相如列傳》：「其北則有陰林巨樹，楩枏豫章。」張守節正義：「案：《活人》云：『豫，今之枕木也。章，今之樟木也。二木生至七年，枕樟乃可分別。』」《後漢書・王符傳》：「今者京師貴戚，必欲江南檽梓豫章之木。」李賢注：「豫章，即樟木也。」

楠木，又名交讓木。南朝梁任昉《述異記》卷上：「黄金山有楠樹，一年東邊榮西邊枯，後年西邊榮東邊枯，年年如此。張華云：交讓樹也。」明王象晉《群芳譜・木譜五・柟》：「柟生南方，故又作楠。其樹童童若幢蓋，枝葉森秀不相礙，若相避然，又名交讓木。」

[三]《説文・木部》：「枏，梅也。」桂馥義證：「字或作楠。」邵瑛群經正字：「枏，俗作楠。《爾雅・釋木》：『梅，枏。』諸本多作柟。」《爾雅・釋木》「梅，柟」邢昺疏引三國魏孫炎曰：「荆州曰梅，揚州曰柟。」

## 41 楩梓 豫章

古人稱美材曰「楩梓」「豫章」[一]，然四木鮮有辨之者。

楩，蓋椿屬。《爾雅》：「棆，楩屬。」《説文》：「棆，母杶。」[二]此可見爲椿屬也。

梓，今梓木，楸屬。陸璣云：「楸之白色而生子者爲梓。」[三]

《正義》云：「豫，今枕木。章，今樟木。」服虔曰：「豫章生七年乃可知。」[四]以枕、樟初生相似也。

**[箋注]**

[一]《書·禹貢》「齒革羽毛惟木」孔傳：「木，楩梓豫章。」《墨子·公輸》：「荆有長松文梓，楩楠豫章。」《漢書·司馬相如傳上》：「其北則有陰林巨樹，楩柟豫章。」

[二]楩：木名。南方良木，質地堅密。

棆：良木名。《爾雅·釋木》：「棆，無疵。」郭璞注：「棆，楩屬，似豫章。」邢昺疏：「棆，美木也，無疵病因名之。」《説文·木部》：「棆，毋杶也。」

[三]《説文·木部》：「梓，楸也。」《埤雅·釋木》：「梓即是楸，蓋楸之疏理而白色者爲梓。」

[四]枕：木名。即釣樟，又名烏樟。《史記·司馬相如列傳》：「其北則有陰林巨樹，楩柟豫章。」裴駰集解引郭璞曰：「楩，似梓。柟，葉似桑。豫章，大木也，生七年乃可知也。」張守節正義：「案：《活人》云：『豫，今之枕木也。章，今之樟木也。二木生至七年，枕樟乃可分別。』」《漢書·司馬相如傳上》「其北則有陰林巨樹，楩柟豫章」顏師古注引服虔曰：「豫章，大木也，生七年乃可知。」

## 42　女貞　合歡

女貞，一名萬年枝，一名冬青[一]，江東人呼爲凍生，又訛爲粽心。葉凌冬不凋，堪染緋，木理白文如象齒，子赤，如郁李。《山海經》：「秦山多貞木。」

合歡，一名夜合，一名青裳，北人謂之馬纓花[二]。木似梧桐，葉與皂莢槐等，至暮而合，五月花開，紅白色，若絲茸然。嵇康合歡蠲忿[三]。

【箋注】

[一] 女貞：木名，淩冬青翠不凋。《史記·司馬相如列傳》：「檍檀木蘭，豫章女貞。」裴駰集解：「女貞，木，葉冬不落。」司馬貞索隱引《荆州記》云：「宜都有喬木，叢生，名爲女貞，葉冬不落。」《漢書·司馬相如傳上》「豫章女貞」，顔師古注：「女貞，樹冬夏長青，未嘗凋落，若有節操，故以名焉。」

又名冬青、萬年枝、冬生。《廣群芳譜·木譜十二·女貞》：「女貞，一名貞木……淩冬不凋，人亦呼爲冬青。」南朝齊謝朓《直中書省》詩：「風動萬年枝，日華承露掌。」吴曾《能改齋漫録·沿襲》：「萬年枝，江左謂之冬青。」《藝文類聚》卷八九引晉蘇彦《女貞頌》：「女貞之樹，一名冬生，負霜葱翠，振柯淩風。」

[二] 合歡：植物名。其小葉對生，夜間成對相合，故俗稱「合歡、夜合」，夏季開花，淡紅色。古人以之贈人，謂能去嫌合好。《太平御覽》卷九五八引周處《風土記》：「夜合，葉晨舒而暮合。一名合昏。」唐無名氏《雜詞》：「捲簾相待無消息，夜合花前日又西。」蘇軾《過高郵寄孫君孚》詩：「可憐夜合花，春枝散紅茸。」

青裳：合歡的别稱。字或作「青堂」，然此處作「青裳」。崔豹《古今注·問答釋義》：「青堂，一名合懽，合懽則忘忿。」范成大《行路難》詩：「贈君以丹棘忘憂草，青裳合歡之花。」明王志堅《表異録》卷八：「欲人蠲忿贈青裳，青裳一名合歡。」

合歡，亦謂之馬纓，以其狀似之。郝懿行《證俗文》卷十二：「黄昏木自是合昏、夜合、合歡樹爾……一名馬纓也。案馬纓以形似。」清吴震方《嶺南雜記·馬纓花》：「色赤，如馬纓，其花下垂，一條數十朵，樹高者丈許。有白者，有桃花而大紅鑲邊者，皆異種也。」

［三］蠲忿：消除忿怒。嵇康《養生論》：「合歡蠲忿，萱草忘憂，愚智所共知也。」晉崔豹《古今注·草木》：「合歡，樹似梧桐，枝葉繁互相交結，每風來，輒身相解，了不相牽綴，樹之階庭，使人不忿，嵇康種之舍前。」崔豹《古今注·問答釋義》：「欲蠲人之忿，則贈之青堂，青堂一名合懽，合懽則忘忿。」南朝梁簡文帝《聽夜妓》詩：「合歡蠲忿葉，萱草忘憂條。」

## 43 芧栗

（芧音序）

杜甫詩「園收芧栗未全貧」［一］，與山農詞「歲暮鋤犁空傍壁，呼兒登山收橡栗」［二］意同。芧栗，即橡栗，櫟木子也，材善爲炭，殻可以染，子澀腸，可禦歉歲。《莊子》「狙公賦芧」，即此物，一作「杼」。《莊子》：「食杼栗。」［三］

一名栩，《詩》：「集于包栩。」一名柞，陸機：「今柞櫟也。」［四］一名棌，《相如傳》「棌椽不斲」，《史記》作「采」［五］。俗名皂斗［六］。

今刻本與讀者皆云「芋栗」，芋爲蹲鴟，栗爲莯蝟［七］，是二物矣，朱山人其富翁耶？

**［箋注］**

［一］芧：橡樹，櫟的一種，亦指橡實。

杜甫《南鄰》詩：「錦里先生烏角巾，園收芧栗不全貧。慣看賓客兒童喜，得食階除鳥雀馴。秋水才深四五尺，野航恰受兩三人。白沙翠竹江村暮，相對柴門月色新。」詩中「芧栗」，又多作「芋栗」，周祈以爲乃字之誤，據此更解爲蹲鴟之芋，失其意遠，本條辨之。

［二］唐張籍《野老歌》：「老農家貧在山住，耕種山田三四畝。苗疏稅多不得食，輸入官倉化爲土。歲暮鋤犁傍空室，呼兒登山收橡實。西江賈客珠百斛，船中養犬長食肉。」

［三］《莊子・齊物論》：「狙公賦芧。」陸德明釋文引司馬彪曰：「芧，橡子也。」《莊子・徐無鬼》：「先生居山林，食芧栗。」陸游《夢歸》詩：「從渠造物巧，賦芧戲羣狙。」

［四］栩：木名，櫟之別名。《詩・唐風・鴇羽》：「肅肅鴇羽，集于苞栩。」陸璣疏：「栩，今柞櫟也。徐州謂櫟爲杼。或謂之栩。其子爲皁或言皁斗，其殼爲汁，可以染皁。今京洛及河内多言杼汁，或云橡斗。」

［五］採椽：亦作「采椽」，以柞木作屋椽，謂簡樸儉約。《韓非子・五蠹》：「堯之王天下也，茅茨不翦，采椽不斲。」《史記・太史公自序》：「堂高三尺，土階三等，茅茨不翦，采椽不刮。」司馬貞索隱引韋昭曰：「采椽，櫟榱也。」《漢書・司馬遷傳》：「墨者亦上堯舜，言其德行曰：『堂高三尺，土階三等，茅茨不翦，採椽不斲。』」《漢書・揚雄傳上》：「夏卑宮室，唐虞採椽，三等之制也。」顔師古注：「採，柞木也。」《宋書・樂志三》：「舜漆食器，畔者十國；不及唐堯，採椽不斲。」

［六］柞實謂之皂斗，亦作「皁斗」，可染黑，又稱橡斗。《周禮・地官・大司徒》「其植物宜皁物」鄭玄注：「皁物，柞栗之屬，今世間謂柞實爲皁斗。」明・李時珍《本草綱目・果二・橡實》（集解）引蘇頌曰：「橡實，櫟木子也，所在山谷皆有。木高二三丈，三四月開花黃色，八九月結實爲皂斗。」

［七］大芋，其狀如蹲伏之鴟，故又稱蹲鴟。《史記・貨殖列傳》：「吾聞汶山之下，沃野下有蹲鴟，至死不飢。」張守節正義：「蹲鴟，芋也。」左思《蜀都賦》：「坰野草昧，林麓黝儵，交讓所植，蹲鴟所伏。」劉逵注：「蹲鴟，大芋也。」

# 44　木蘭

世傳木蘭舟[一]，不知木蘭爲何物。

陶隱居云：「似楠木，皮甚薄，而味辛香。」[二]《相如傳》注：「如椒而香，可作面膏。」[三]或云與桂同，或云桂中之一種[四]。《玉篇》：「欓，木蘭也。」《廣韻》：「欓，檀木别名。」[五]則木蘭其理與材堅緻，故云似楠；皮亦香，故云似椒桂。

［箋注］

[一]任昉《述異記》卷下：「木蘭洲在潯陽江中，多木蘭樹。昔吴王闔閭植木蘭於此，用構宫殿也。七里洲中，有魯般刻木蘭爲舟，舟至今在洲中。詩家云木蘭舟，出於此。」李時珍《本草綱目·木一·木蘭》：「木蘭枝葉俱疎，其花内白外紫，亦有四季開者，深山生者尤大，可以爲舟。」詩文常以木蘭舟爲船的美稱。羅隱《秋曉寄友人》詩：「更見南來釣翁説，醉吟還上木蘭舟。」馮延巳《喜遷鶯》詞：「忽憶去年離别，石城花雨倚江樓，波上木蘭舟。」宋慕容嵓卿妻《浣溪沙》詞：「滿目江山憶舊游，汀洲花草弄春柔，長亭艤住木蘭舟。」

[二]《本草綱目·木一·木蘭》（集解）引陶弘景曰：「零陵諸處皆有之，狀如楠樹，皮甚薄而味辛香。今益州者皮厚，狀如厚朴，而氣味爲勝。」

[三]《漢書·司馬相如傳上》：「桂椒木蘭，檗離朱楊。」顔師古注：「木蘭，皮似椒而香，可作面膏藥。」

[四]《本草綱目·木一·木蘭》（集解）引蘇頌曰：「今湖嶺蜀川諸州皆有之，此與桂全别。而韶州所生，乃云與

桂同是一種，取外皮爲木蘭，中肉爲桂心，蓋是桂中之一種耳。」李時珍曰：「蘇頌所言韶州者，是牡桂，非木蘭也。」

［五］槐：檀木別名。《廣韻・咸韻》：「槐，檀木別名。」《文選・司馬相如〈上林賦〉》：「槐檀木蘭，豫章女貞。」李善注引孟康曰：「槐檀，檀別名也。」

## 45 桐

陶弘景謂桐有四種：青桐、梧桐、白桐、岡桐。青桐，似梧桐無子；白桐與岡桐無異，惟白桐有花子[一]。

此不足據。賈思勰曰：「華而不實者曰白桐，實而皮青者曰梧桐。」青、白之外復有岡桐，即油桐也。[二]《埤雅》曰：「青桐即今梧桐，白桐無子，材中琹瑟，岡桐子大而有油。」[三]一說爲是，則桐止三種。

賈又曰：「白桐無子，冬結似子者，乃是明年之華房。」[四]《爾雅》所謂「榮，桐者」也[五]。鄭氏曰「諸桐惟白桐最大，可爲棺槨」，《爾雅》所謂「櫬，梧」者也，注：「指櫬梧。」[六]與榮桐木皆爲梧桐，非。即郭璞亦未辨，況其他乎？

岡桐，《埤雅》云：「桐性便濕，不生於岡。」[七]反得岡名。

【箋注】

［一］《本草綱目・木二・桐》（集解）：「（陶）弘景曰：桐樹有四種：青桐，葉皮青，似梧而無子；梧桐，皮白，

葉似青桐而有子，子肥可食；白桐，一名椅桐，人家多植之，與岡桐無異，但有花子，二月開花，黄紫色，《禮》云『三月桐始華』者也，堪作琴瑟；岡桐無子，是作琴瑟者。」

〔二〕賈思勰《齊民要術・種槐柳楸梓梧柞》「梧桐」自注：「桐葉花而不實者曰白桐。實而皮青者曰梧桐，按今人以其皮青，號曰『青桐』也。」《本草綱目・木二・桐》（集解）：「賈思勰《齊民要術》言『實而皮青者爲梧桐，華而不實者爲白桐，白桐冬結似子者，乃是明年之花房』，非子也。岡桐即油桐也，子大有油。」

〔三〕陸佃《埤雅・釋木・桐》：「青桐即今梧桐，白桐又與岡桐全異。白桐無子，才中琴瑟，岡桐子大有油。」按，此與陶説相反。

〔四〕賈思勰《齊民要術・種槐柳楸梓梧柞》：「白桐無子，冬結似子者，乃是明年之花房。亦繞大樹掘坑，取栽移之。成樹之後，任爲樂器。青桐則不中用。於山石之間生者，樂器則鳴。」

〔五〕《爾雅・釋木》：「榮，桐木。」郭璞注：「即梧桐。」《説文・木部》：「榮，桐木也。」

〔六〕《爾雅・釋木》：「櫬，梧。」晉・郭璞注：「今梧桐。」清・郝懿行義疏：「《説文》：『梧，梧桐木，一名櫬。』……今人謂之青桐，即此櫬梧是也。」《本草綱目・木二・梧桐》（釋名）：「櫬，時珍曰：梧桐，名義未詳。《爾雅》謂之櫬，因其可爲棺，《左傳》所謂『桐棺三寸』是也。」

〔七〕《埤雅・釋木・桐》：「桐有三輩，青白之外，復有岡桐，即油桐也，生於高岡，今亦謂之『岡梧』。蓋梧性便濕，不生於岡，故此桐有『岡』之號。《毛詩傳》曰：『梧桐不生山岡，太平而後生朝陽。』」

## 46 桂子

桂子如蓮實，閩粤間多有之。郭璞云：「桂，花而不著子。」〔一〕謂白花者也。《埤雅》：「桂，黄花者著子。」謂在閩粤者也。餘則否。

［箋注］

［一］《史記·司馬相如列傳》「梗枏豫章，桂椒木蘭」，張守節正義引郭璞云：「桂，似枇杷葉而大，白花，花而不著子，藂生嚴嶺間，無雜木，冬夏長青。」

## 47 陽燧 陰燧

《周禮》：「以夫遂取明火於日。」謂陽燧也［一］。《淮南子》：「方諸見月，則津而爲水。」謂陰燧也［二］。《廣韻》：「陽樣，木名。」一名赤羅［三］。「樣」與「燧」同，以其木謂之樣，以其取火謂之燧。今江浙間欏木也，與榆、棗、槐、檀皆可取火。《淮南子》注：「陰燧，大蛤也。」《説文》：「方，石也。」「諸，珠也。」［四］《周禮》注：「鏡謂之方諸。」《韻會》：「方諸，鑑名。」由《淮南子》注，則方諸爲蛤；由《説文》，則方諸爲石與珠；由《周禮》注、《韻會》，則方諸爲鏡。

珠，胎于蛤，孕月而生，以取水氣相感也；鏡，呵之則水出，亦可取水以鏡，故又謂之鐩。

［箋注］

［一］《周禮·秋官·司烜氏》：「司烜氏掌以夫遂取明火於日，以鑒。」鄭玄注：「夫遂，陽遂也。」賈公彦疏：

「以其日者，太陽之精，取火於日，故名陽遂。」

［二］《淮南子·天文》：「陽燧見日，則燃而爲火。方諸見月，則津而爲水。」高誘注：「陽燧，金也。取金杯無緣者，熟摩令熱，日中時以當日下，以艾承之，則燃得火也。方諸，陰燧，大蛤也。熟摩令熱，月盛時以向月下，則水生，以盤受之，下水數滴。」

［三］《詩·秦風·黄鳥》：「山有苞棣，隰有樹檖。」毛傳：「檖，赤羅也。」陸璣疏：「檖，一名赤蘿，一名山梨，今人謂之楊檖，其實如梨，但實甘小異耳。」檖，又稱楊檖、赤羅，即山梨樹。

［四］此爲許慎《淮南子》注，周氏誤爲《説文》之文。《太平御覽》卷四《天部四·月》：（《淮南子》）曰：「方諸見月，則津而爲水。」高誘注曰：「方諸，陰燧大蛤也。熟摩拭令熱，以向月，則水生也。」許慎注曰：「諸，珠也；方，石也。以銅盤受之，下水數升。」

## 48　崖蜜　石蜜　木蜜　竹蜜　波羅蜜

杜詩「崖蜜亦易求」，注以爲櫻桃［一］。

《南中八郡志》：「窄甘蔗汁曝成飴，謂之石蜜。」［二］

《詩》註：「枳椇樹高大似白楊，有子著枝端，如指，長數寸，噉之甘美如飴，八月熟。亦名木蜜。」［三］

《孔氏六帖》：「蜀中有竹蜜蜂，好于野竹上結窠，窠與蜜并紺色，甘倍于常蜜。」［四］

《一統志》：「安南有波羅蜜，大如冬瓜，皮有軟刺，五六月熟，味最甜香，食能飽人。」

【箋注】

[一] 杜甫《發秦州》詩：「充腸多薯蕷，崖蜜亦易求。密竹復冬筍，清池可方舟。」宋朱翌《猗覺寮雜記》上：「東坡橄欖詩『待得餘甘回齒頰，已輪崖蜜十分甜』。崖蜜，櫻桃，出《金樓子》。坡意正爲蜜爾。言『餘甘』者，甘味有餘，非果中餘甘也。立之見餘甘爲果，遂以崖蜜爲櫻桃。杜詩云：『充腸多薯蕷，崖蜜亦易求。』又云：『崖蜜松花白。』皆蜜蜂之蜜也。然則崖蜜豈專是櫻桃？且櫻桃非十分甜者，又不與橄欖同時。」

一說崖蜜謂野蜂在山崖間所釀的蜂蜜。《本草綱目·蟲一·蜂蜜》（集解）引南朝梁陶弘景曰：「石蜜即崖蜜也。在高山巖石間作之，色青，味小酸。」

[二] 宋王灼《糖霜譜》引《南中八郡志》：「笮甘蔗汁曝成餳，謂之石蜜。」笮，同「榨」；餳，飴糖。

[三] 木蜜：枳椇的別名。《詩·小雅·南山有臺》「南山有枸」三國吴陸璣疏：「枸樹高大似白楊，有子著枝端，大如指，長數寸，噉之甘美如飴，八月熟，今官園種之，謂之木蜜。」唐蘇鶚《蘇氏演義》卷下：「木蜜生南方，合體皆甜，嫩枝及葉，皆可生啗，味如蜜，解煩止渴。」

[四] 段成式《酉陽雜俎·廣動植之二·蟲》：「竹蜜蜂，蜀中有竹蜜蜂，好於野竹上結窠。窠大如雞子，有蔕，長尺許。窠與蜜並紺色可愛，甘倍於常蜜。」李時珍《本草綱目·蟲一·竹蜂》（集解）：「《六帖》云：『竹蜜蜂，出蜀中。于野竹上結窠，紺色，大如雞子，長寸許，有蔕，窠有蜜，甘倍常蜜。』」

## 49 唐棣

《爾雅》：「唐棣，栘。」注：「似白楊，江東呼夫栘。」[一] 陸璣疏云：「唐棣，奥李也，一名雀梅。」[二] 陸佃云：「唐棣，一名栘，其華反而後合。凡木之華，皆先合而後開，惟此華先開而後合。」[三]故曰「偏其反而」[四]。

**[箋注]**

[一]《爾雅·釋木》:「唐棣,栘。」郭璞注:「似白楊,江東呼夫栘。」

[二]《論語·子罕》:「唐棣之華,偏其反而。」邢昺疏引陸璣《毛詩草木鳥獸蟲魚疏》:「(唐棣,)奥李也。一名雀梅,亦曰車下李,所在山皆有。其華或白或赤;六月中熟,大如李子,可食。」

[三]宋陸佃《埤雅·釋木·唐棣》:「唐棣,一名『栘』,其華反而後合……凡木之華,皆先合而後開,惟此華先開而後合。」故曰偏其反而

[四]《論語·子罕》:「唐棣之華,偏其反而,豈不爾思?室是遠而。」

## 50 沈速

《本草》沈香木類椿櫸,多節,皮幹俱朽,心與節不壞者香也,色黑而沈水者爲沈香,半沈半浮爲鷄骨香,最粗者爲箋香[一]。《酉陽雜俎》:「一木四香,根曰旃檀,節曰沈香,花曰鷄舌,膠曰薰陸。」[二]一名乳香,丁香母亦謂之鷄舌[三]。伐樹而得者,名「生結」;樹自朽而得者,名「熟結」[四]。又曰:伐樹去木而得香者,謂之「生速」,樹仆於地,木腐而香存者,謂之「熟速」[五]。葉廷珪《香譜》更不名速。何樹或生速、熟速,即生結、熟結也?速亦沈香與?本産自異域,鮮的名[六],以其沈水,謂之「沈香」,以其自腐謂之「熟結」。「速」又「熟」音之訛也[七]。

**[箋注]**

[一]《本草綱目・木一・沈香》(釋名)：「時珍曰：木之心節置水則沈，故名沈水，亦曰水沈。半沈者爲棧香，不沈者爲黄熟香。」《本草綱目・沈香》(集解)引蘇頌曰：「沈香青桂等香，出海南諸國及交廣崖州。沈懷遠《南越志》云，交趾蜜香樹，彼人取之，先斷其積年老木根，經年其外皮幹俱朽爛，木心與枝節不壞，堅黑沈水者，即沈香也。半浮半沈，與水面平者，爲鷄骨香。細枝緊實未爛者，爲青桂香。其幹爲棧香，其根爲黄熟香。其根節輕而大者爲馬蹄香。此六物同出一樹，有精粗之異爾。」晉嵇含《南方草木狀・蜜香沉香》：「交趾有蜜香，樹幹似柜柳，其花白而繁，其葉如橘。欲取香，伐之，經年，其根幹枝節，各有別色也。木心與節堅黑，沉水者爲沉香。」《南史・夷貊傳上・林邑國》：「沉木香者，土人斫斷，積以歲年，朽爛而心節獨在，置水中則沉，故名曰沉香。」

[二] 段成式《酉陽雜俎》卷十八《廣動植三》：「木五香：根栴檀，節沉香，花雞舌，葉藿，膠薰陸。」

[三] 薰陸：香料，又名乳香。唐無名氏《香品一》：「南海波斯國松樹脂，有紫赤如櫻桃者，名乳香，蓋薰陸之類也。」《新五代史・閩世家・王繼鵬》：「日焚龍腦、薰陸諸香數斤，作樂于臺下，晝夜不輟。」沈括《夢溪筆談・藥議》：「薰陸，即乳香也，以其滴下如乳頭者，謂之乳頭香。鎔塌在地上者，謂之塌香。」

雞舌，母丁香。《本草綱目・木一・丁香》(釋名)引陳藏器曰：「雞舌香與丁香同種。花實叢生。其中心最大者爲雞舌，擊破有順理，而解爲兩向，如雞舌，故名。乃是母丁香也。」

[四] 生結：生結香，沉香中之上品。熟結：沉香品名，朽木膏脈凝結而成。宋洪芻《香譜・天香傳》：「生結香者，取不候其成，非自然者也。」李時珍《本草綱目・木一・沉香》(集解)引寇宗奭曰：「南恩、高、竇等州，惟産生結香。蓋山民入山，以刀斫曲幹斜枝成坎，經年得雨水浸漬，遂結成香。」又《本草綱目・木一・沉香》(集解)「時珍曰：沉香入水即沉，其品凡四：曰熟結，乃膏脈凝結自朽出者；曰生結，乃刀斧伐僕，膏脈結聚者……生結爲上，熟脱次之。」

［五］生速：斫伐而取者謂之「生速」。李時珍《本草綱目・木一・沉香》：「其黃熟香，即香之輕虛者，俗訛爲速香是矣。有生速，斫伐而取者；有熟速，腐朽而取者。其大而可雕刻者，謂之水盤頭。並不堪入藥，但可焚爇。」

［六］鮮：少。鮮的名：缺少確切名稱。

［七］《名香譜》：宋葉廷珪撰。速香：香木，即黃熟香。李時珍《本草綱目・木一・沉香》：「香之等凡三，曰沉，曰棧，曰黃熟是也……其黃熟香，即香之輕虛者，俗訛爲速香是矣。」

## 51 木芍藥 木芙蓉

牡丹，唐人謂之木芍藥。李白序：「開元中，禁中初種木芍藥。」，謂牡丹也[一]。拒霜，唐人謂之木芙蓉。宗元詩「嘉木開芙蓉」，李白詩「花盡木蓮開」，皆謂拒霜也[二]。

**［箋注］**

［一］唐人稱牡丹爲木芍藥。舊題唐李濬《松窗雜録》：「開元中，禁中初重木芍藥，即今牡丹也。」自注：「《開元天寶花木記》云：禁中呼木芍藥爲牡丹。」蘇軾《雨晴後步至四望亭下魚池上》詩之一：「殷勤木芍藥，獨自殿餘春。」李時珍《本草綱目・草三・芍藥》（集解）引蘇頌曰：「崔豹《古今注》云：『芍藥有二種，有草芍藥、木芍藥。』木者花大而色深，俗呼爲牡丹，非矣。」

［二］木芙蓉：俗稱芙蓉花、地芙蓉，又稱木蓮，以別于荷花之稱芙蓉。冬凋夏茂，仲秋開花，耐寒不落，故又名拒霜。韓愈《木芙蓉》詩：「豔色寧相妬？嘉名偶自同。採江官渡晚，搴木古祠空。」朱熹考異：「此詩言荷花與木芙蓉生不同處，而色皆美，名又同，故以採江、搴木二事相對，言其生處。」

## 52 檮櫟

《韻會》：「檮，似椿。」北人呼山椿，江東呼虎目，葉脱處有痕如摴蒲子，又如眼目，故名。材易大，而不中器用，今臭椿是[一]。

《爾雅》：「櫟，其實梂。」孫炎曰：「櫟實橡也，有梂彙自裹。」木雖堅而不堪充材，今櫟炭木是[二]。

**［箋注］**

［一］檮：木名，臭椿，古以爲無用之材。《説文·木部》：「檮，木也，以其皮裹松脂。」段玉裁注：「《豳風》、《小雅》毛傳皆曰『檮，惡木也。』惟其惡木，故豳人衹以爲薪……今之臭椿樹是也。」《詩·豳風·七月》：「采荼薪檮，食我農夫。」毛傳：「檮，惡木也。」孔穎達疏：「唯堪爲薪，故云惡木。」《莊子·逍遥遊》：「惠子曰：『吾有大樹，人謂之檮。其大本擁腫而不中繩墨，其小枝卷曲而不中規矩。立之塗，匠者不顧。』」

［二］櫟：麻櫟，落葉喬木，櫟實爲橡子，裹子之房謂之梂。木理曲斜，宜用薪炭，古人喻爲不材之木。《爾雅·釋木》：「櫟，其實梂。」郭璞注：「有梂彙自裹。」邢昺疏：「梂，盛實之房也。」郝懿行義疏：「櫟實外有裹橐，形如彙毛，狀如球子。」按，彙，同「蝟」，毛刺。《本草綱目·果部二·橡實》：「禹錫曰：秦人謂之櫟，徐人謂之杼，或謂之栩……今京洛河内亦謂之杼，蓋五方通語，皆一物也。時珍曰：櫟，柞木也。實名橡斗，皁斗。」《詩·秦風·晨風》：「山有苞櫟，隰有六駁。」陸璣疏：「秦人謂柞櫟爲櫟。」張籍《樵客吟》：「秋來野火燒櫟林，枝柯已枯堪採取。」

## 53 茈

茈，音子。《廣韻》：「茈薑。」《玉篇》：「茈，草。」作「紫」者，非[一]。又音豺。《廣韻》「茈胡」，作「柴」者，非[二]。

【箋注】

[一]《廣韻·紙韻》：「茈，茈薑。又茈草也。」《大廣益會玉篇·艸部》：「茈，積豕切。草，可染。又音疵。」茈薑，即嫩薑。《史記·司馬相如列傳》：「茈薑蘘荷，葴橙若蓀。」司馬貞索隱引張揖曰：「子薑也。」楊萬里《牽牛花》詩：「浪言偷得星橋巧，只解冰盤染茈薑。」按，茈草，可染紫，故「茈、紫」同源。茈草，即紫草，含紫草素，呈暗紫色，可作染料，也可藥用。《説文·艸部》：「茈，茈草也。」徐鍇繫傳：「即今染紫草也。」《爾雅·釋草》：「藐，茈草。」郭注：「可以染紫。」《山海經·西山經》：「北五十里，曰勞山，多茈草，弱水出焉。」郭璞注：「一名茈戾，中染紫也。」

[二]《廣韻·佳韻》：「茈，茈胡，藥。」劉禹錫《答道州薛郎中論方書書》：「地之慝果不能傷，雖茈胡水瀉，喜速朽者，率久居而無害。」李時珍《本草綱目·草二·茈胡》：「茈字有柴、紫二音：茈薑、茈草之『茈』，皆音紫；茈胡之『茈』音柴。茈胡生山中，嫩則可茹，老則採而爲柴，故苗有芸蒿、山菜、茹草之名，而根名柴胡也。」後多作「柴胡」。

# 54　竹

竹類甚多，《本草》所載，惟篁、淡、苦三竹而已[一]。

按，《竹譜》：「篁，音斤。其竹堅而促節，體圓而質勁，皮白如霜。大者宜刺舩，細者可爲笛。」淡竹，肉薄，節濶有粉，南人以燒竹瀝者。苦竹有二種。一種出江西及閩中，本極麄大，味殊苦，不可噉；一種出江浙，肉厚，而葉長濶，笋微有苦味，俗呼甜苦笋，食品所最貴者不入藥[二]。

## 【箋注】

[一]《本草綱目・木五・竹》（集解）：「弘景曰：『竹類甚多，入藥用篁竹，次用淡苦竹。』蘇頌曰：『竹處處有之，其類甚多，而入藥惟用篁竹、淡竹、苦竹三種，人多不能盡别。』」

[二] 元李衎《竹譜詳録・竹品譜・全德品》：「篁竹處處有之，大似淡竹，堅而促節，體圓而質勁，節下粉白如霜。大者最宜爲船篙，細者亦中雜用。或云用作簟，不潮汗鹵。」《本草綱目・木五・竹》（集解）：「蘇頌曰：按，《竹譜》：『篁竹堅而促節，體圓而質勁，皮白如霜，大者宜刺船，細者可爲笛。』苦竹有白有紫。甘竹似篁而茂，即淡竹也。然今之刺船者多用桂竹。作笛自有一種，亦不名篁竹。苦竹亦有二種：一出江西、閩中，本極粗大，笋味殊苦，不可啖；一出江浙，肉厚而葉長闊，笋微有苦味，俗呼甜苦笋是也。今南人入藥燒瀝，惟用淡竹一品，肉薄，節間有粉者。」

## 55 嶰谷

《吕氏春秋》：「伶倫自大夏之西，沅渝之陰，取竹于嶰谷兩節間。」注：「解，脱也；谷，溝也。取竹之無谷節者。」[一]則「嶰」當作「解」，兩節間自無谷節，故云「取竹于解谷兩節間」。或以爲地名者[二]，非也。

**［箋注］**

［一］《吕氏春秋・仲夏紀・古樂》：「昔黄帝令伶倫作爲律，伶倫自大夏之西，乃之阮隃之陰，取竹於嶰谿之谷，以生空竅厚鈞者，斷兩節間，其長三寸九分而吹之，以爲黄鐘之宫。」高誘注：「竹生谿谷者，取其厚鈞，斷兩節間以爲律管。」

按，據《吕氏春秋》「取竹於嶰谿之谷」及高注，「嶰谷」爲山谷之名。此引當爲《漢志》之誤。《漢書・律曆志上》：「黄帝使泠綸，自大夏之西，昆侖之陰，取竹之解谷，生其竅厚均者，斷兩節間而吹之，以爲黄鐘之宫。」顔師古注引孟康曰：「解，脱也；谷，竹溝也。去竹之脱無溝節者也。一説：昆侖之北谷名也。」

［二］應劭《風俗通・聲音序》：「昔黄帝使伶倫自大夏之西，崑崙之陰，取竹於嶰谷，生其竅厚均者，斷兩節而吹之，以爲黄鐘之管。」《漢書・律曆志上》「取竹之解谷」，顔師古注引晉灼《漢書音義》：「谷名是也。」《文選・左思〈吴都賦〉》：「梢雲無以逾，嶰谷弗能連。」劉良注：「嶰谷，山名，生美竹。」

## 56 蘄

《郡志》：「蘄，香草也，葉如蘼蕪，即今之芹菜。」此説非。蓋因《廣韻》「蘄，通作芹」之説而誤也。《廣韻》謂古文作「蘄」，後通作芹。如云「馬蘄，馬芹」，非謂蘄即芹也。

芹，楚葵，莖潔白有節，其氣芬香，可食[一]。蘄，一名茝，一名蘼蕪[二]。《爾雅》：「蘄茝，蘼蕪。」郭璞云：「香草，葉小如萎狀。《淮南子》云似蛇床。」邢昺云：「芎藭苗也。」[三]《本草》：「芎藭，其葉名蘼蕪。」《圖經》：「蘼蕪，一名蘄。即《楚詞》所謂『江離』也。楚謂之蘺，晉謂之蘼，齊謂之茝。」[四]

諸説甚明。何得謂之芹也？陶弘景云：「芎藭出歷陽者節大莖細，狀如馬銜，謂之馬銜芎藭。」因謂馬銜爲蘄。《三都賦》：「結駟方蘄。」[五]

此亦可證吾郡之得名以此。《管子》曰：「五沃之土生蘼蕪。」蘄在荆域中，亦沃土與？《説文》：「江夏有蘄春亭。」《前漢志》江夏郡有蘄春縣，蘄在秦爲亭，在漢高析南郡置江夏郡，始爲縣也[六]。

又薜名山蘄，又名白蘄[七]。茭名牛蘄，又名馬蘄[八]。而白芷一名茝，是以混而莫辨也。

（茝音齒，又昌亥切；虈音梟；芎音熊；藭音窮；芷音止）

【箋注】

[一]芹：蔬菜名，即水芹。《説文·艸部》：「芹，楚葵也。」《詩·小雅·采菽》：「觱沸檻泉，言采其芹。」朱熹集傳：「芹，水草，可食。」《本草綱目·菜·水蘄》：「芹有水芹、旱芹。水芹生江湖陂澤之涯；旱芹生平地……其莖有節棱而中空，其氣芬芳。五月開細白花，如蛇牀花。楚人采以濟飢，其利不小。」

[二]茝：香草。《玉篇·艸部》：「茝，香草也。」《廣韻·止韻》：「茝，香草。《字林》云：『麋蕪別名。』又昌待切。」《楚辭·離騷》：「雜申椒與菌桂兮，豈維紉夫蕙茝。」王逸注：「蕙、茝皆香草。」《漢書·禮樂志》：「俠嘉夜，茝蘭芳，澹容與，獻嘉觴。」顏師古注：「茝，即今白芷。茝音昌改反。」

蘼蕪：草名，又名江蘺。芎藭之苗，葉有香氣。《山海經·西山經》：「(浮山)有草焉，名曰薰草，麻葉而方莖，赤華而黑實，臭如蘼蕪，佩之可以已癘。」劉向《九歎·怨思》：「菀蘼蕪與蘭若兮，漸藁本於洿瀆。」《玉臺新詠·佚名〈古詩〉》：「上山采蘼蕪，下山逢故夫。」《本草綱目·草·蘼蕪》：「蘼蕪，其莖葉靡弱而繁蕪，故以名之。當歸名蘄，白芷名蘺，其葉似當歸，其香似白芷，故有蘄茝、江蘺之名。」

[三]《爾雅·釋草》：「蘄茝，蘪蕪。」郭璞云：「香草，葉小如萎狀。《淮南子》云『似蛇床』，《山海經》云『臭如蘪蕪』。」邢昺疏：「芎藭苗也，一名蘄茝，一名蘪蕪。《本草》一名『薇蕪』，一名『江離』，陶(弘景)注云『似蛇牀而香』。郭云『香草，葉小如萎狀』者，言如萎蕤之狀也。」

蛇牀：草名，可入藥，主治陽痿、疥癬濕疹等癥。《淮南子·氾論訓》：「夫亂人者，芎藭之與藁本也，蛇牀之與蘪蕪也，此皆相似者。」《山海經·中山經》「其草多荔蘪蕪芍藥芎藭」郭璞注：「蘪蕪似蛇牀而香也。」《本草綱目·草三·蛇床》：「蛇虺喜卧于下食其子，故有蛇牀、蛇粟諸名。其葉似蘼蕪，故曰墻蘼。《爾雅》云：盱，虺牀也。」

芎藭：嫩苗未結根時，名蘼蕪，既結根後，乃名芎藭。根莖皆入藥，以産於四川者爲佳，故又名川芎。《山海經・西山經》：「又北百八十里，曰號山，其木多漆、椶，其草多葯、虈、芎藭。」郭璞注：「芎藭，一名江蘺。」晉・張華《博物志》卷七：「芎藭，苗曰江蘺，根曰芎藭。」

〔四〕江離：亦作「江蘺」。香草，又名「蘼蕪」。《楚辭・離騷》：「扈江離與辟芷兮，紉秋蘭以爲佩。」王逸注：「江離、芷，皆香草名。」

虈：香草名，白芷。《説文・艸部》：「虈，楚謂之蘺，晉謂之虈，齊謂之茝。」《廣韻・宵韻》：「虈，白芷别名。」漢王逸《九思・怨上》：「菽藟兮蔓衍，芳虈兮挫枯。」注：「虈，香草名也。」

〔五〕蘄：馬銜。《文選・張衡〈西京賦〉》：「旗不脱扃，結駟方蘄。」薛綜注：「蘄，馬銜也。」

〔六〕《説文・艸部》：「蘄，艸也。江夏有蘄春亭。」《廣韻・之韻》：「蘄，州名，漢蘄春縣也。」

〔七〕薜：當歸，大葉者爲山蘄，小葉者爲白蘄。《爾雅・釋草》：「薜，山蘄。」又：「薜，白蘄。」郝懿行義疏：「(《本草》)唐本注云：『當歸苗有二種：一種似大葉芎藭，一種似細葉芎藭。細葉者名蠶頭當歸，大葉者名馬尾當歸。』……白蘄葉較細，即蠶頭者。可知山蘄葉粗大，即馬尾者也。」

〔八〕《爾雅・釋草》：「茭，牛蘄。」郭注：「今馬蘄。葉細鋭似芹，亦可食。」

## 57 離離

《詩》：「彼黍離離。」〔一〕《説文》釋「䅻」引《詩》：「彼黍䅻䅻。」長沙人謂禾把曰䅻。《詩》作「離離」，與《説文》作「䅻䅻」，俱非是。按，《集韻》：「穲穲，黍稷行列也。」〔二〕當作「彼黍穲穲」。

【箋注】

［一］《詩・王風・黍離》：「彼黍離離，彼稷之苗。行邁靡靡，中心摇摇。」

［二］《龍龕手鑑・禾部》：「穲，黍行列也。」

# 名義考卷十　物部

## 1　鳳

鳳，神鳥也。「朋」「鵬」，皆古鳳字。其雌曰凰，一名鷗。《爾雅》：「鳳曰鷗。」[一]一名鶉，南方七宿鶉是也[二]。

漢蔡衡曰：「凡鳥象鳳者有五：多赤色者鳳，多青色者鸞，多黄色者鵷，多紫色者鸑，多白色者鵠。」[三]蓋鳳，五色備舉，總言之謂之鳳。就其中赤多者獨得鳳名，故曰朱鳳，或曰丹鳳，又曰朱雀。鸞也、鵷也、鸑也、鵠也，四者皆鳳也，其色小異。古謂鸞曰青鸞，是矣，鵷曰鵷鶵，鸑曰鸑鷟，鵠曰鴻鵠，皆不言色[四]。惟鵠又曰黄鵠。《楚辭》：「寧與黄鵠比翼乎？」《漢》始元元年，「黄鵠下建章宫」[五]。雖言色而非白，大抵皆鳳類而稱名或異也。

今人知鳳不常有，而不知鸞、鵷、鸑、鵠亦不常有，乃謂某爲鸞、爲鵠，妄矣。

**［箋注］**

［一］《爾雅·釋鳥》：「鷗，鳳。其雌皇。」邢昺疏：「鳳，一名鷗。」《説文·鳥部》：「鷗，鳥也，其雌皇。从鳥，匽聲。一曰鳳凰也。」

[二]鶉：赤鳳。《山海經・西山經》：「(昆侖之丘)有鳥焉，其名曰鶉鳥，是司帝之百服。」郝懿行箋疏：「鶉鳥，鳳也；《海内西經》云，昆侖開明西北皆有鳳皇，此是也。《埤雅》引師曠《禽經》曰：『赤鳳謂之鶉。』」又爲星宿名。《左傳・僖公五年》：「鶉之賁賁，天策焞焞。」杜預注：「鶉，鶉火星也。」沈括《夢溪筆談・象數一》：「天文家『朱鳥』乃取象於鶉。故南方朱鳥七宿，曰鶉首、鶉火、鶉尾是也。」

[三]《春秋讖緯》引漢太史令蔡衡曰：「凡象鳳者有五。多赤色者鳳，多黄者鵷鶵，多青者鸞，多紫者鸑鷟，多白者鵠。」

[四]《國語・周語上》：「周之興也，鸑鷟鳴於岐山。」韋昭注：「三君云：鸑鷟，鳳之別名也。《詩》云：『鳳皇鳴矣，于彼高岡。』其在岐山之脊乎？」宋委心子《新編分門古今類事・夢兆門中》：「鳳鳥有五色赤文章者，鳳也；青者，鸞也；黄者，鵷鶵也；紫者，鸑鷟也。」

[五]《楚辭・卜居》：「寧與黄鵠比翼乎？將與雞鶩争食乎？」《漢書・昭帝紀》載，始元元年春二月，有「黄鵠下建章宫太液池中」，漢昭帝爲此作歌云：「黄鵠飛兮下建章，羽肅肅兮行蹌蹌，金爲衣兮菊爲裳；唼喋荷行，出入蒹葭，自顧菲薄，愧爾嘉祥。」

## 2　五鳩

《左傳》「郯子五鳩」：祝鳩、鴡鳩、鳲鳩、鷞鳩、鶻鳩[一]。

《爾雅》：「隹其，鳺鴀。」《疏》云：「鳩也，今水鳧。」是鳥之謹愿與波上下者[二]。

《詩》詁：「鴡鳩，王鴡也。」[三]王鴡，鶚鳩也，今杜鵑是。秋則爲鶚，春復爲杜鵑，《月令》「鷹化爲鳩」者[四]，此也。方其爲杜鵑，居幽閑遠人之地，故曰「在河之洲」；及爲鶚，則能搏擊，故曰「摯」[五]。《莊子》誤以爲布穀。

《爾雅》：「鳲鳩，鴶鵴。」今布穀是。牝牡飛鳴，以翼相排，居鵲之成巢，有均一之德[六]。

鳺鳩，杜云鷹，是。《爾雅》謂之「鵻鳩」。「鵻」，蓋「鳺」字之誤[七]。

鶻鳩，杜云「鶻鵃」也，一名「鶌鳩」，今鶻鵃是。其聲輈輈，故謂之「鵃」。陸璣以爲斑鳩，非[八]。

五鳩之外，如鴿而灰色者，曰「鵓鳩」，天晴則呼其牝，雨則逐之，常聞其聲[九]。又曰「鳴鳩」，似鵓鳩而大，有繡項者曰「斑鳩」[一〇]。

（隹，音錐；鳺，音扶；鴀，音浮；鴶，音甲；鵴，音局；鶻，音骨；鵃，音昭；鵓，音勃）

**[箋注]**

[一]《左傳·昭公十七年》：「秋，郯子來朝，公與之宴，昭子問焉，曰，少皞氏鳥名官，何故也？郯子曰，吾祖也，我知之……祝鳩氏司徒也，鴡鳩氏司馬也，鳲鳩氏司空也，爽鳩氏司寇也，鶻鳩氏司事也，五鳩，鳩民者也。」杜預注：「鳩，聚也。治民上聚，故以鳩爲名。」

[二]《爾雅·釋鳥》：「隹其，鳺鴀。」邢昺疏：「此是謹愨孝順之鳥也。」鳺鴀，亦作「夫不」，又稱鵻、祝鳩。《詩·小雅·四牡》：「翩翩者鵻，載飛載下，集於苞栩。」毛傳：「鵻，夫不也。」鄭玄箋：「夫不，鳥之愨謹者。人皆愛之，可以不勞，猶則飛則下，止於栩木。」孔穎達疏：「言『愨謹』者，即宜不勞是也，故人愛之。言『可以不勞』者，以惡鳥勞苦，固是其常。愨謹之鳥，宜不爲勞，尚則飛而乃有所集，是無不勞而安者。」

[三]鴡鳩：鴡，又作「雎」。《爾雅·釋鳥》：「鴡鳩，王鴡。」郭璞注：「雕類，今江東呼之爲鶚，好在江渚山邊食魚。」陸德明釋文：「本又作雎。」

[四]《左傳・昭公十七年》：「祝鳩氏，司徒也；鴡鳩氏，司馬也。」杜預注：「鴡鳩，王鴡也，鷙而有別，故爲司馬，主法制。」楊伯峻注：「王鴡，雕類，亦謂之鶚。」李時珍《本草綱目・禽三・鶚》：「鶚，鵰類也。似鷹而土黄色，深目好峙。雄雌相得，鷙而有別，交則雙翔，别則異處。能翱翔水上捕魚食，江表人呼爲食魚鷹。亦啖蛇。《詩》云『關關雎鳩，在河之洲』，即此。」

《禮記・月令》：「仲春之月……始雨水，桃始華，倉庚鳴，鷹化爲鳩。」

[五]《左傳・昭公十七年》：「鴡鳩氏，司馬也。」杜預注：「鴡鳩，王鴡也。鷙而有別，故爲司馬，主法制。」陸德明釋文：「鴡，本作雎，七徐反。鷙音至，本亦作摯。」

[六]《爾雅・釋鳥》：「鳲鳩，鴶鵴。」郭璞注：「今之布穀也。」鳲鳩，或作「尸鳩」，即布穀鳥。揚雄《方言》卷八：「布穀，自關而東梁楚之間謂之結誥，周魏之間謂之擊穀。自關而西或謂之布穀。」結誥，《一切經音義》引作「鴶鵴」。《詩・曹風・鳲鳩》「鳲鳩在桑」毛傳：「鳲鳩，秸鞠也。」

唐陳藏器《本草拾遺》：「江東呼爲郭公，北人云撥穀……似鷂長尾，牝牡飛鳴，以翼相拂擊。」《詩・召南・鵲巢》：「維鵲有巢，維鳩居之。」毛傳：「鳩，鳲鳩，秸鞠也。鳲鳩不自爲巢，居鵲之成巢。」鄭箋：「鵲之作巢，冬至架之，至春乃成。猶國君積行累功，故以興焉。興者，鳲鳩因鵲成巢而居有之，而有均一之德，猶國君夫人來嫁，居君子之室。」又《曹風・鳲鳩》：「鳲鳩在桑，其子七兮。」毛傳：「鳲鳩，秸鞠也。鳲鳩之養七子，朝從上下，莫從下上，平均如一。」鄭注：「興者，喻人君之德當均一於下也。」

[七]《左傳・昭公十七年》「爽鳩氏，司寇也」杜預注：「爽鳩，鷹也。鷙，故爲司寇，主盜賊。」孔穎達疏：「《（爾雅・）釋鳥》云：『鷹，鶆鳩。』樊光曰：『來鳩，爽鳩也。《春秋》曰：爽鳩氏司寇。鷹鷙，故爲司寇。』郭璞曰：『鶆，當爲爽，字之誤耳。《左傳》作爽鳩，是也。』鷹是鷙擊之鳥，司寇主擊盜賊，故爲司寇。」

[八]《左傳・昭公十七年》「鶻鳩氏，司事也」杜預注：「鶻鳩，鶻鵰也。春來冬去，故爲司事。」按，《爾雅・釋鳥》疏引「鵰」作「鵃」。孔穎達疏：「《釋鳥》云：『鶌鳩，鶻鵃。』舍人曰：『鶌鳩，一名鶻鵃，今之班鳩也。』……郭璞

云：『今江東亦呼爲鶻鵃，似山鵲而小，短尾，青黑色，多聲。』即是此也。舊説及《廣雅》皆云班鳩，非也。」《詩·衛風·氓》「於嗟鳩兮」毛傳：「鳩，鶻鳩也。」陸璣疏：「鶻鳩，一名班鳩，似鵓鳩而大。」周祈以爲非。

軥輈，象聲詞，摹鳥鳴之聲。

［九］陸璣《毛詩草木鳥獸蟲魚疏·宛彼鳴鳩》：「鵓鳩，灰色，無繡項，陰則屏逐其匹，晴則呼之。語曰『天將雨，鳩逐婦』是也。」

［一〇］《吕氏春秋·季春》「鳴鳩拂其羽」高誘注：「鳴鳩，班鳩也。」陸璣《毛詩草木鳥獸蟲魚疏·宛彼鳴鳩》：「斑鳩，項有繡文斑然。」一本作「班鳩」。

## 3 九雇

（雇音户）

《左傳》帝少昊以鳥名官，有「九雇爲九農正」［一］。《説文》：「九雇，農桑候鳥，雇民不淫者也。春雇鳻鶞，夏雇竊玄，秋雇竊藍，冬雇竊黄，棘雇竊丹，行雇唶唶，宵雇嘖嘖，桑雇竊脂，老雇鷃。」蔡邕《獨斷》曰：「春扈氏趣民耕種，夏扈氏趣民芸除，秋扈氏趣民收斂，冬扈氏趣民蓋藏，棘扈氏掌民百果，行扈氏晝爲民驅鳥，宵扈氏夜爲民驅獸，桑扈氏趣民養蠶，老扈氏趣民收麥。」

九雇有名，而不知爲何鳥。

按，直音鳻鶞，鷃也。《禽經》：「竊玄曰鵰。」《廣韻》：「鷃，鴽屬。」則春雇爲黄鸝，夏雇爲鵬，老雇似鴿。餘無可考。

郭璞曰：「竊，淺也。」「竊藍」謂毛羽淺青。「竊黄、竊丹、竊脂」，猶淺黄、淺赤、淺白也[二]。一曰，「竊脂」以盜脂膏而食得名[三]。「唶唶、嘖嘖」，其聲也。（鳻音分；鶞音春；鸝音梨）

[箋注]

[一] 雇，亦作「扈」。九扈，少皞時主管農事之官。《左傳・昭公十七年》：「九扈爲九農正。」杜預注：「扈有九種也。春扈鳻鶞，夏扈竊玄，秋扈竊藍，冬扈竊黄，棘扈竊丹，行扈唶唶，宵扈嘖嘖，桑扈竊脂，老扈鷃鷃。以九扈爲九農之號，各隨其宜以教民事。」孔穎達疏：「《釋鳥》自「春鳸鳻鶞」至「宵扈嘖嘖」，凡七鳸，其文相次，與此注正同。李巡總釋之云『諸扈别春、夏、秋、冬四時之名。唶唶、嘖嘖，鳥聲貌也』。郭璞曰：『諸鳸皆因其毛色、音聲以爲名。竊藍，青色。』」《説文・隹部・雇》引作「九雇」，九雇本是農桑候鳥，故藉以作農事官名。《爾雅》扈作「鳸」，《釋鳥》：「老鳸，鴳；桑鳸，竊脂。」

[二] 竊：淺，淡。《爾雅・釋獸》：「虎竊毛謂之虦貓。」郭璞注：「竊，淺也。」邢昺疏：「虎之淺毛者别名虦貓。」《左傳・昭公十七年》「九扈爲九農正」杜預注：「夏扈，竊玄；秋扈，竊藍。」孔穎達疏：「竊，即古之淺字。」

[三]《爾雅・釋鳥》：「桑鳸，竊脂。」郭璞注：「俗謂之青雀，觜曲食肉，好盜脂膏，因名云。」

## 4 鯤鵬

自有「北冥」篇，人疑天壤間有鯤鵬焉，若不得見不知無。

所謂鯤鵬者，鯤，魚子。《國語》：「禁鯤鮞。」[一]鵬，古文「鳳」字。鯤，雖有，而未成魚；鵬，不常有。

《莊子》蓋寓言耳。郭象曰：「鯤鵬之實，未詳。」象固疑之矣[二]。諸韻書訓「鯤」爲大魚。阮宣子《大鵬讚》[三]、李白《大鵬賦》，皆濫觴於北冥篇也。

**［箋注］**

[一]《爾雅・釋魚》：「鯤，魚子。」郭璞注：「凡魚之子，總名鯤。」《國語・魯語上》「魚禁鯤鮞」，韋昭注：「鯤，魚子也。鮞，未成魚也。」《詩・齊風・敝笱》「其魚魴鰥」孔穎達疏引《國語・魯語》作「魚禁鯤鱬。」

[二]《莊子・逍遥遊》：「北冥有魚，其名爲鯤。鯤之大，不知其幾千里也！化而爲鳥，其名爲鵬；鵬之背，不知其幾千里也！怒而飛，其翼若垂天之雲。」陸德明釋文引李頤曰：「鯤，大魚名也。」郭象注：「鯤鵬之實，吾所未詳也。夫莊子之大意，在乎逍遥遊放，無爲而自得，故極小大之致以明性分之適。」鯤，本小魚之名，莊子用作大魚之名。

[三]《玉篇・魚部》：「鯤，大魚。」

阮修（270—311）：字宣子，晉代陳留尉氏人。嘗作《大鵬贊》。

## 5 烏

烏即鴉。「鴉」與「雅」同，猶「鷄」與「雞」無異也。韓文「魚魚雅雅」是已[一]。《小爾雅》謂「鵯鶋」爲雅烏，失之複[二]。

「雅正」之「雅」，本作「疋」，古文「大疋、小疋、爾疋」是已。後人借作「雅」[三]。今人止知烏爲鴉。

「雅」則語下切，爲大、小雅；「疋」則僻吉切，爲倍兩之疋矣[四]。

**【箋注】**

[一] 雅，本指烏鴉，因「雅」字常借以表示雅正，故烏鴉之字後多从鳥作「鴉」。《説文·隹部》：「雅，楚烏也。一名鸒，一名卑居，秦謂之雅。」《集韻·麻韻》：「雅，烏名。《説文》：『楚烏也。』或作雅。」韓愈《元和聖德詩》：「天兵四羅，旂常婀娜，駕龍十二，魚魚雅雅。」

[二] 鵯鶋，古作「卑居」，烏鴉之别名。《爾雅·釋鳥》：「鸒斯，鵯鶋。」郭璞注：「鴉烏也，小而多羣，腹下白，江東亦呼爲鵯烏。」《詩·小雅·小弁》：「弁彼鸒斯，歸飛提提。」毛傳：「鸒，卑居。卑居，雅烏也。」孔穎達疏：「此烏名鸒，而云斯者，語辭。」按，孔疏之説甚是。鸒，本是單稱。《詩》中「弁彼鸒斯」之「斯」爲語氣助詞。《爾雅》之「鸒斯」，當是後人依《詩·小雅·小弁》之句「弁彼鸒斯」，而誤加「斯」字形成。《説文》、《小爾雅》、《本草》等書中「鸒」下皆無「斯」字。

周祈認爲古人以「雅烏、鴉烏」稱烏，失之重複。

[三] 《説文·疋部》：「疋，足也。上象腓腸，下从止。《弟子職》曰：『問疋何止？』古文以爲《詩·大疋》字。亦以爲足字，或曰胥字。一曰疋記也。」

「疋」字有三讀。

一讀所葅切，此讀有三義：脚、疏記（字後作「疏」）、胥徒小吏。

一讀五下切，雅正。「大疋、小疋、爾疋」，今作「大雅、小雅、爾雅」。

一讀譬吉切，同「匹」，亦三義。匹配、相偶；單獨，如：匹夫匹婦；或爲量詞，用以計量織品和騾馬，如：布匹、馬匹。

［四］兩：布帛計量單位。古時帛錦二丈爲端，二端爲兩，亦謂之匹。匹，四丈。《説文》：「匹，四丈也。」王筠句讀：「古之布帛，自兩頭卷之，一匹兩卷，故古謂之兩，漢謂之匹也。」《左傳・昭公二十六年》：「申豐從女賈，以幣錦二兩，縛一如瑱，適齊師。」杜預注：「二丈爲一端，二端爲一兩，所謂匹也。」

## 6 鵙 鶷鶡

《爾雅》：「鵙，伯勞也。」郭璞曰：「似鶷鶡而大，《左傳》鵙伯趙氏。」《説文》：「鵙，博勞也。」[一]曰鵙、曰伯勞、曰伯趙、曰博勞，不省爲何物。服虔曰：「鵜鳺，一名鵙。」《博雅》：「鶗鳺，子規也。」知子規，而鵙與伯勞、伯趙、博勞皆可知矣。第服虔所謂「鵜鳺」、《博雅》所謂「鶗鳺」，皆訛也[二]。

子規，本作「䳜鳺」，䳜从朿，音子。从弟，乃鵜鶘之「鵜」；从是，乃鶗鵳之「鶗」。鳺，从夫，音規。从夬，乃鷤鴂之「鴂」。

鵜鶘爲淘河，鷤鴂爲巧婦[三]，二鳥與子規迥別。鶗鵳爲鶚，又子規所化者，焉有一鳥而借三鳥以爲名也？

《曆書》「子」作「秭」，《集韻》「規」作「𨾊」，意自可見[四]。《離騷》「恐鵜鳺之先鳴兮」，亦當作「恐䳜鳺之先鳴兮」[五]爲是，非屈子之誤，乃傳寫訛耳。蓋鵙，一名䳜鳺，「䳜鳺」，亦作「子巂」，又作「鷤搗」，通借作「子規」，猶「贔屭」之借作「臂係」也。鵜鴂，即郯子所謂「鵙鳩」，一名杜宇，又名杜鵑[六]。莫春始鳴，夜啼達旦，血漬草木，至秋化爲鶚，仲春復化爲鵜鴂。春鳴百草芳，秋鳴百草死，先鳴恐其未秋，即化而鳴也。其曰賊害之鳥，與應陰氣之動者[七]，皆謂化爲鶚時也。《詩》「七月鳴鵙」[八]，七月已化爲鶚，復曰鵙者本始言之也。

《字林》云「鶷鶡似伯勞而小」[九]，即今八哥鳥，或呼八八者。鶷，胡八切；鶡，牙八切，因切音而曰「八八」也。或呼「八葛」者，鶡从葛，上以切音，下以所以也。葛又轉而爲哥，由不識二字故也。鶷鶡，一名鸜鴿。陸佃云：「鸜鴿似鵙而有幘。」[一〇]今鸜鴿黑而有幘，子規黑而無幘，鸜鴿視子規而小，子規視鸜鴿而大，二鳥始辨矣。《韻會》并鶷鶡字亦不載，非以其不知而畧乎？據字義而言博，鮮不誤矣。

（鵜、鶗，俱音提；鶚，音寧）

**[箋注]**

[一]《爾雅·釋鳥》：「鵙，伯勞也。」郭注：「似鶷鶡而大，《左傳》曰『伯趙氏』。」《左傳·昭公十七年》：「伯趙氏，司至者也。」杜預注：「伯趙，伯勞也。以夏至鳴，冬至止。」今人楊伯峻注：「伯趙即伯勞，一名鵙。秋月以所捕動物貫於小枝，儲作冬糧。鳴聲甚壯。」

[二]《廣韻·齊韻》：「鶗，鶗鴂鳥，春三月鳴也。」《文選·張衡〈思玄賦〉》：「恃己知而華予兮，鶗鴂鳴而不芳。」李善注：「《臨海異物志》曰：『鶗鴂，一名杜鵑，至三月鳴，晝夜不止，夏末乃止。』」

第：轉折副詞，但是。

〔三〕鵜鶘，別名淘河。《爾雅·釋鳥》「鵜，鴮鸅」郭璞注：「今之鵜鶘也。好羣飛，沈水食魚，故名洿澤，俗呼之爲淘河。」李時珍《本草綱目·禽一·鵜鶘》：「鵜鶘處處有之，水鳥也。似鶚而甚大，灰色如蒼鵝。喙長尺餘，直而且廣，口中正赤，頷下胡大如數升囊。好羣飛，沈水食魚，亦能竭小水取魚。」

鸋鴂，又名巧婦。《詩·豳風·鴟鴞》「鴟鴞」毛傳：「鴟鴞，鸋鴂也。」陸璣疏：「鴟鴞似黄雀而小……幽州人謂之鸋鴂，或曰巧婦，或曰女匠；關東謂之工雀，或謂之過贏；關西謂之桑飛，或謂之韈雀，或曰巧女。」漢·焦贛《易林·噬嗑之漸》：「鸋鴂鴟鴞，治成禦灾，周公勤勞，綏德安家。」舊注：「鸋鴂，鳥名。一名飛桑，又名巧婦。」

〔四〕子規，亦作「秭鳺、子鳺、子巂、鷤搗」。《史記·曆書》：「於時冰泮發蟄，百草奮興，秭鳺先滜。」裴駰集解引徐廣曰：「秭音姊，鳺音規。子鳺，鳥也，一名鷤搗。」《説文·隹部》：「巂，蜀王望帝婬其相妻，慙，亡去，爲子巂鳥。故蜀人聞子巂鳴，皆起云望帝。」《廣雅·釋鳥》：「鷤搗，子鳺也。」《古今韻會舉要·支韻》：「雉，《説文》本作巂……子巂，今子規是也。《集韻》作『雉』，或作『鳺』。」

〔五〕《楚辭·離騷》：「恐鵜鴂之先鳴兮，使夫百草爲之不芳。」洪興祖補注：「按《禽經》云：巂周，子規也。江介曰子規，蜀右曰杜宇。又曰：鶗鴂鳴而草衰。注云：鶗鴂，《爾雅》謂之鵙，《左傳》謂之伯趙。然則子規、鶗鴂，二物也。」曹植《令禽惡鳥論》：「屈原曰：『鶗鴂之先鳴，使百草爲之不芳。』其聲鶗鶗然，故以音名也。」

〔六〕《左傳·昭公十七年》：「秋，郯子來朝，公與之宴，昭子問焉，曰，少皞氏鳥名官，何故也？郯子曰，吾祖也，我知之……祝鳩氏司徒也，鴡鳩氏司馬也。」杜預注：「鴡鳩，王鴡也，鷙而有別，故爲司馬，主法制。」楊伯峻注：「王鴡，雕類，亦謂之鶚。」《爾雅·釋鳥》：「鴡鳩，王鴡。」郭璞注：「雕類，今江東呼之爲鶚，好在江渚山邊食魚。」

杜鵑，又名杜宇。據《成都記》載：古蜀王杜宇自天而降，稱望帝。望帝死後，其魂化爲鳥，名曰杜鵑。春末夏初，晝夜啼鳴，其聲哀切。南朝宋鮑照《擬行路難》詩之六：「中有一鳥名杜鵑，言是古時蜀帝魂。其聲哀苦鳴不息，羽毛憔悴似人髡。」杜甫《杜鵑行》：「君不見昔日蜀天子，化作杜鵑似老烏。寄巢生子不自啄，羣鳥至今與哺雛。」

〔七〕曹植《令禽惡鳥論》：「伯勞以五月鳴，應陰氣之動。」

［八］《詩・豳風・七月》：「七月鳴鵙，八月載績。」毛傳：「鵙，伯勞也。」

［九］《廣韻・鎋韻》：「鶷，鶷鸛，鳥名，似伯勞而小。」《本草綱目・禽部・百舌》：「反舌、鶷鸛。時珍曰：『按，《易通卦驗》云：能反復其舌如百鳥之音，故名。鶷鸛，亦象聲。今俗呼爲牛屎哵哥，爲其形似鴝鵒而氣臭也。』」按，哵，鳥鳴之聲。哵哥，即八哥。

［一〇］陸佃《埤雅・釋鳥・鸜鵒》：「舊説鸜鵒不逾濟，又穴居，故《春秋》『夏，有鸜鵒來巢』，以異書也。鳥似鵙而有幘。」

## 7　黄鸝

「黄鸝」之「鸝」，本作「離」，猶「烏鴉」之「鴉」本作「雅」。後人以「離」爲離別，别作「鸝」字，猶以「雅」爲雅頌，别作「鴉」字。

《説文》：「離黄，倉庚也。」[一]以是鳥黧黑而黄，因名「離黄」。庚，金黄也[二]。「倉」與「蒼」同，亦黧黑也，猶黧首謂之「蒼生」，故曰「離黄，倉庚也」。

俗呼黄離留，或謂之「黄栗留」。「栗」，「離」之訛也。一名「商庚」，「商倉」之訛也。或又謂之「鵹黄」，一名「楚雀」，一名「搏黍」，今所謂「黄鶯」也[三]。

【箋注】

［一］《説文・隹部》：「離，離黄，倉庚也。鳴則蠶生。」《詩・豳風・七月》「有鳴倉庚」毛傳：「倉庚，離黄也。」

陸德明釋文：「離，本又作鵹、作鸝。」《楚辭・悼亂》：『鶬鶊兮喈喈。』王逸注：『鶬鶊，鸝黃也。』」離黃，又謂之「鸝黃、黃鸝、鸝鶊」，今謂之黃鶯。《文選・宋玉〈高唐賦〉》：「王鴡鸝黃，正冥楚鳩。」李善注：「郭璞曰：其色黧黑而黃，因名之。一曰鶬鶊。」三國魏・阮籍《詠懷》之六四：「松柏鬱森沈，鸝黃相與嬉。」韓愈、孟郊《城南聯句》：「甚黑老蠶蠋，麥黃韻鸝鶊。」

［二］庚，天干第七位，五行屬金屬秋，故曰金黃。《左傳・昭公三十一年》「庚午之日」孔穎達疏：「庚是西方之日，金也。」《淮南子・天文訓》「其日庚辛」，高誘注：「庚、辛，皆金也。」

［三］《爾雅・釋鳥》：「鵹黃，楚雀。」《詩・周南・葛覃》「黃鳥于飛」，毛傳：「黃鳥，摶黍也。」陸璣疏：「黃鳥，黃鸝留也，或謂之黃栗留。幽州人謂之黃鸎，或謂之黃鳥，一名倉庚，一名商庚，一名鵹黃。齊人謂之摶黍，關西謂之黃鳥。」李時珍《本草綱目・禽三・鶯》(釋名)：「黃鳥、黃鸝、鵹黃。」南朝梁沈約《郊居賦》：「其林鳥則翻泊頡頏，遺音下上，楚雀多名，流鸎雜響。」王維《左掖梨花》詩：「黃鶯弄不足，銜入未央宮。」陸游《農家歌》：「二月鳴摶黍，三月號布谷。」

## 8　鸒

錢氏曰：《詩》「弁彼鸒斯」，孔疏曰「此鳥名鸒，而云斯者，語辭」，猶「蓼彼蕭斯」「菀彼柳斯」［一］。以劉孝標之博學，而《類苑》鳥部乃立「鸒斯」目，是不精也［二］。

此說是矣。

《爾雅》：「鸒斯，鵯鶋。」不獨《類苑》也。《釋名》：「鸒⿰斯鳥，鵯鶋。」則又以斯从鳥矣。若然，則「螽斯」之「斯」當从虫，「鹿斯」之「斯」當从鹿，寧有是理乎？

［箋注］

［一］《詩・小雅・小弁》：「弁彼鸒斯，歸飛提提。」毛傳：「鸒，卑居。卑居，雅烏也。」孔穎達疏：「此鳥名鸒，而云斯者，語辭。」「菀彼柳斯」亦《小雅・小弁》詩句，「蓼彼蕭斯」，《小雅・蓼蕭》句。古注認爲諸句之「斯」是「語辭」，即語氣詞。周氏此則批評《爾雅》《類苑》以「斯」爲實詞詞素已是不妥，竟至後來出現類化加旁之寫法，更是脱離理據。

［二］劉峻，字孝標，梁朝學者，著述甚豐。其《世説新語注》徵引繁博，考定精審，流傳至今。據《南史》與《隋書》所載，劉峻又有《漢書注》一百四十卷，編撰《類苑》一百二十卷，惜乎二書今已亡佚。

## 9 鵜

陸璣云：「鵜，水鳥。形如鶚而極大，喙長尺餘，頷下胡大如數升囊，小澤中便羣共抒水，滿其胡，棄之，令水渴魚見，乃共食之。俗名『淘河』。」［一］一名鵜鶘，以頷下有胡也［二］。一名鴮鸅，以渴澤食魚也。郭璞作「洿澤」爲是［三］，亦淘河意，不知「胡」何以加「鳥」作「鶘」，「洿澤」何以去「水」並从「鳥」作「鴮鸅」也。《爾雅》亦莫之辨。然則「鵜」其名，「胡」其形，「淘河、洿澤」，鵜之用，則然矣。

［箋注］

［一］《詩・曹風・候人》「維鵜在梁」，孔穎達疏引陸機曰：「鵜，水鳥，形如鶚而極大，喙長尺餘，直而廣，口中正赤，頷下胡大如數升囊。若小澤中有魚，便群共杼水，滿其胡而棄之，令水竭盡，魚在陸地，乃共食之，故曰淘河。」

孔疏之「陸機」，當作「陸璣」，二者非一人。

〔二〕鵜鳥，其頷下肉胡碩大，故謂之鵜鶘。胡囊大可容水，群鳥可吸水入胡囊，竭澤而捕魚食之。李時珍《本草綱目·禽一·鵜鶘》：「鵜鶘處處有之，水鳥也。似鶚而甚大，灰色如蒼鵝。喙長尺餘，直而且廣，口中正赤，頷下胡大如數升囊。好羣飛，沈水食魚，亦能竭小水取魚。」

〔三〕《爾雅·釋鳥》：「鵜，鴮鸅。」郭璞注：「今之鵜鶘也。好羣飛，沈水食魚，故名洿澤。」《本草綱目·禽一·鵜鶘》：「陸璣云：遇小澤即以胡盛水，戽涸取魚食，故曰鴮鸅，曰淘河。」淘河，鵜鶘俗名，亦作「逃河」。宋高承《事物紀原·蟲魚禽獸·逃河》：「(逃河)鵜鶘也。《本草》曰：身是水沫，唯胷前兩塊肉如拳。云昔爲人竊肉，入河化爲此身，今猶有肉，因名逃河。」

## 10 雉

《爾雅》：鷂雉，青質，五彩；鷮雉，長尾，走且鳴；鳪雉，黄色，鳴自呼；鷩雉，似山鷄而小冠，背毛黄，腹下赤，項緑；鸐雉，長尾者；翰雉，今白鵫也〔一〕。

鷂、鷮、鳪，其爲禽不可辨。鷩，即今錦鷄。鸐，即今野鷄。翰，即今白鷴。

鷩，《尚書》所謂「華蟲。」〔二〕《廣韻》：「鷩」即今鵕鸃也。《南越志》：「鵕鸃，山鷄也。」今錦鷄，冠，背黄，腹赤，項緑，爲山鷄無疑，曰似誤也〔三〕。華蟲，唐虞以爲十二章〔四〕；鷩，周以爲冕〔五〕；鵕鸃，漢以爲侍中冠；錦鷄，今以爲一品服。是知錦鷄、山鷄、鵕鸃、華蟲、鷩，一也。

鸐，一名翬，王后之服以爲飾，《周禮》「褘衣畫翬者」是也。亦作「翟」，《書》「羽畎夏翟」。又作「狄」，《周禮》「褕狄」[六]。

又，南方曰獨，東方曰鶅，北方曰鵗，西方曰鷷，皆翟也，因地異名。鷂、鷮、鳪，或亦皆翟也，色微不同耳。又《西京雜記》：「南越王獻高帝白鷳、黑鷳各一隻。」[七]黑鷳，疑即《爾雅》所謂「秩秩，如雉而黑，在海中山上者」。雉之種類實繁，要[八]以羽毛見重，亦因色而異名，故古人服物多用之爲飾。

（鷂音搖；鷮音驕；鳪音撲；鷩音别；鸐音狄；鶾音汗；鵫音罩；鷁音倪；翬、褘，俱音揮；獨音儔；鶅音緇；鵗音希；鷷音尊）

【箋注】

[一]《爾雅·釋鳥》：「鷂雉。鷮雉。鳪雉。鷩雉。秩秩，海雉。鸐，山雉。鶾雉。鵫雉。雉絶有力，奮。伊洛而南，素質，五采皆備成章曰翬；江淮而南，青質，五采皆備成章曰鷂。南方曰獨，東方曰鶅，北方曰鵗，西方曰鷷。」按，南方雉名，《左傳》杜預注作「翟」。《左傳·昭公十七年》「五雉爲五工正」杜注：「五雉，雉有五種，西方曰鷷雉，東方曰鶅雉，南方曰翟雉，北方曰鵗雉，伊洛之南曰翬雉。」杜説可備一説。

郭璞注：「（鷂雉）青質，五彩；（鷮雉）即鷮雞也，長尾，走且鳴；（鳪雉）黄色，鳴自呼；（鷩雉）似山鷄而小冠，背毛黄，腹下赤，項緑，色鮮明；（海雉）如雉而黑，在海中山上；（鸐）尾長者；（鶾雉）今白鵫也，江東呼白鵫亦名白雉。」

[二]《書·益稷》：「予欲觀古人之象，日月星辰，山龍華蟲，作會。」孔傳：「華，象草華；蟲，雉也。」孔穎達疏：「草木雖皆有華，而草華爲美……雉五色，象草華也。《月令》五時皆云其蟲，蟲是鳥獸之摠名也。」雉，亦稱華蟲，古多以爲吉服之畫飾。

［三］此處辨明鷩雉即山雞，認爲《爾雅》郭璞注謂「鷩雉，似山鷄」爲不當，故曰「曰似誤也」。

［四］古時天子之服繪繡十二種圖像，即所謂十二章。衣繪日、月、星辰、山、龍、華蟲，謂之上六章；裳繡宗彝、藻、火、粉米、黼、黻，謂之下六章。《周禮・春官・司服》「王之吉服，祀昊天上帝，則服大裘而冕」鄭玄注：「《書》曰：『予欲觀古人之象：日、月、星辰、山、龍、華蟲作繢，宗彝、藻、火、粉米、黼、黻希繡。』此古天子冕服十二章。」孫詒讓正義：「日也，月也，星也，山也，龍也，華蟲也，六者畫以作繪，施於衣也；宗彝也，藻也，火也，粉米也，黼也，黻也，此六者紩以爲繡，施之於裳也。」古十二章之制始於軒轅，著於有虞，垂於夏殷，詳於兩周。

［五］鷩冕，鷩衣而冕，爲周王與諸侯之吉服。北周宗周禮，復行鷩冕。唐代爲二品所服。宋代諸臣祭服有鷩冕。宋以後漸廢。《周禮・春官・司服》：「王之吉服……享先公饗射，則鷩冕。」鄭玄注：「鷩，畫以雉，謂華蟲也。其衣三章，裳四章，凡七也。」

［六］《周禮・天官・內司服》：「掌王后之六服，褘衣、揄狄、闕狄、鞠衣、展衣、緣衣。」鄭玄注：「褘衣，畫翬者……從王祭先王時服褘衣。」褘衣繪有野雞圖紋，古禮王后從王祭祀時所服，王后有六服。鄭玄曰：「狄當爲翟。翟，雉名……王后之服，刻繒爲之形而采畫之，綴於衣以爲文章。褘衣畫翬者，揄翟畫搖者，闕翟刻而不畫，此三者皆祭服。」《書・禹貢》：「羽畎夏翟，嶧陽孤桐。」孔傳：「夏翟，翟，雉名，羽中旌旄，羽山之谷有之。」《漢書・地理志上》引《禹貢》作「夏狄」。

［七］劉歆《西京雜記》卷四：「南越王獻高帝石蜜五斛蜜燭二百枚，白鷴黑鷴各一雙，高帝大悅，厚報遣其使。」

［八］要，猶須也，當也。

## 11 鶾鴩

（鶾音罕；鴩音秩）

楊用脩曰：「後周皇后服制，受繭則服鷩衣，聽女教則服鶾衣，歸寧則服鴩衣。鶾鴩字惟見

此，蓋蘇綽所制也。」[一]

用脩其亦未讀《爾雅》耶？《爾雅》：「秩秩，海雉。雗雉。鵫雉。」郭璞云：「秩秩，似雉而黑。鵫雉，今白鵫也。」是「鵫䳀」已見《爾雅》，但「䳀」作「秩」，古字通用。《廣韻》䳀，讀若益，鋪豉鳥，未知即秩秩否[二]？而云鵫䳀惟見此，已非是，又云蘇綽所制，尤非。

［箋注］

[一] 此引出於楊慎《丹鉛總録》卷七「鵫䳀字」。

蘇綽，北朝西魏名臣，深得權臣宇文泰信任，拜大行臺左丞，參與機密，改革舊制，敦行教化。

《隋書·禮儀志六》：「（皇后）祭群小祀，受獻繭，則服鷩衣，採桑則服鳪衣。從皇帝見賓客。聽女教，則服鵫衣。食命婦，歸寧則服䳀衣。」

[二]《廣韻·質韻》：「鴩，鋪鼓鳥也。」夷質切。今本《廣韻》釋「鋪鼓鳥」，又見它釋多作「鋪豉」，周氏作「豉」不誤。《説文·鳥部》：「鴩，鋪豉也。」徐鉉注：「鋪豉，鳥名。」字又作「䳀」。《爾雅·釋鳥》：「䳀，鋪敊。」郝懿行義疏：「鋪，鋪音同。鋪豉，蓋以鳥聲爲名。《倉頡篇》云：『鋪穀鳥即布穀。』非此。」《龍龕手鑑·鳥部》：「䳀，哺豉鳥也。或作鴩。」

## 12 鶂

（鶂音逆）

《説文》：「鶂，鶃也。」《春秋傳》「六鶃退飛」，一作「六鷁」[一]。《廣韻》：「鶂，水鳥。」亦作

「鶂、鷁、鶃」，是知鶃也、鶂也、鵙也、鷁也，四者一鳥也。

按，字書「鵙」，水鳥，九頭。《博物志》：「鵙，雌雄相視則孕。」《莊子》：「鵙相視，眸子不運而風化。」[二]

然則果何鳥也？裴瑜注《爾雅》云：「鶬，麋鴰，是九頭鳥也。」孔子聞河上人鶬歌曰，逆毛衰兮，一身九尾長兮[三]。「逆」，當作「鵙」。楊用脩曰：「鬼車，九頭鳥也。」《白澤圖》謂之蒼鸆，《帝嚳書》謂之逆鶬。」[四]逆，亦當作鵙，是知鵙即鶬鴰，鶬鴰即鬼車，蓋鶬鶂類也。

《爾雅》：「鶃，綬鳥。」《埤雅》：「綬鳥，大如鸜鵒，有時吐物長數寸。」[五]《古今注》：「綬鳥行必遠草木，慮觸其嗉。」[六]《倦游録》：「吐綬，一名真珠鷄。」遇晴日先出兩肉角，然後徐舒其綬，逾時斂於嗉下。

《爾雅》誤以綬鳥釋「鶃」，陸佃諸人因名生義，皆未得其實也。

予謂吐綬當是鷩。古者鷩綬，緑色，施於左肩以佩印[七]。鷩，郭璞云：「冠，背毛黄，腹下赤，項緑。」[八]細辨之，冠下别有毛，黄而黑文，長足覆項及肩，仰則緑盡韜，俯則緑漸舒，若吐綬然，是知吐綬乃鷩，非鶃也。劉禹錫《吐綬鳥詩》：「朱鳥星精鍾異氣。」[九]鷩爲赤雉，故云「朱鳥」。王介甫《錦鷄》詩：「天日晴明聊一吐。」[一〇]鷩，一名錦鷄；吐，謂吐綬。質之二詩，可信。

**［箋注］**

［一］《説文·鳥部》：「鶂，鳥也。《春秋傳》曰：『六鶂退飛。』鶃，鶂或从鬲。」《春秋·僖公十六年》：「六鷁退

飛過宋都。」《穀梁春秋》作「六鶂」，《左氏春秋》、《公羊春秋》俱作「六鷁」。

［二］《玉篇・鳥部》：「鶂，水鳥，善高飛。」《廣韻・錫部》：「鷁，水鳥也。《博物志》曰：『鷁，雄雌相視則孕，或曰雄鳴上風雌鳴下風亦孕。』」又有「鶂」，同「鷁」，俱五歷切。

《莊子・天運》：「夫白鶂之相視，眸子不運而風化」陸德明釋文引《三蒼》：「鶬，鶂也。」張華《博物志・物性》：「白鷁雄雌相視則孕，或曰雄鳴上風則雌孕。」

［三］《廣韻・末韻》：「鴰，鶬鴰。《韓詩》云：孔子渡江，見之異，衆莫能名。孔子嘗聞河上人歌曰：『鴰兮鶬兮，逆毛衰兮，一身九尾長兮。』鶬，鴰也。」

［四］參《楊升庵全集》卷八十一。

唐段成式《酉陽雜俎・羽篇》：「鬼車鳥，相傳此鳥昔有十首，能收人魂，一首爲犬所噬。秦中天陰，有時有聲，聲如力車鳴。或言是水雞過也……《白澤圖》謂之蒼鸆，《帝鵠書》謂之逆鶬。」宋周密《齊東野語・鬼車鳥》：「鬼車，俗稱九頭鳥，陸長源《辨疑志》又名渠逸鳥。世傳此鳥昔有十頭，爲犬噬其一，至今血滴人家，能爲災咎，故聞之者必叱犬滅燈，以速其過……淳熙間，李壽翁守長沙日嘗募人捕得之。身圓如箕，十脰環簇，其九有頭，其一獨無，而鮮血點滴，如世所傳。」李時珍《本草綱目・禽三・鬼車鳥》：「鬼車鳥別名鬼鳥、蒼鸆、奇鶬。鬼車狀如鵂鶹，而大者翼廣丈許，晝盲夜瞭，見火光輒墮。」楊慎《楊升庵全集》卷八一《鬼車》：「周公居東周，惡聞此鳥，命庭氏射之，血其一首，餘九首。」郝懿行《證俗文》卷十一：「異史載：鬼車，九頭鳥也。帝鵠書謂之逆鶬……郭璞《江賦》『奇鶬九頭』，是鳥有九頭也。族祖山輝爲余言，此鳥南方有之，慶遠人説，喜夜飛，人聞其鳴，擊銅驚之，滴血人屋上，主有凶。」

［五］《埤雅・釋鳥》：「綬鳥，一名鷊，亦或謂之吐綬。咽下有囊如小綬，五色彪炳……亦曰真珠雞，體有真珠點文。」綬鳥因喉下有肉垂，似綬，呈五色，能伸縮，故名。《本草綱目・禽二・附吐綬雞》：「出巴峽及閩廣山中，人多畜玩。大者如家雞，小者如鴝鵒。頭頸似雉，羽色多黑，雜以黃白圓點，如真珠斑。項有嗉囊，內藏肉綬，常時不見，每春夏晴明，則向日擺之。頂上先出兩翠角，二寸許，乃徐舒其頷下之綬，長闊近尺，紅碧相間，采色煥爛……此

鳥生亦反哺。行則避草木，故《禽經》謂之避株，《食物本草》謂之吐錦雞，《古今注》謂之錦囊，《蔡氏詩話》謂之真珠雞，《倦游録》謂之孝鳥，《詩經》謂之鷊。」

〔六〕晉崔豹《古今注・鳥獸》：「吐綬，一名功曹，今俗謂之錦囊。一名辟株，行必遠草木，慮觸其嗉也。」段成式《酉陽雜俎・廣動植之一》：「魚復縣南山有鳥大如鴝鵒，羽色多黑，雜以黄白，頭頰似雉，有時吐物長數寸，丹采彪炳，形色類綬，因名爲吐綬鳥。」

〔七〕盭：草名，通「綟」可染緑，因指黄緑色。《後漢書・南匈奴傳》：「詔賜單于冠帶、衣裳、黄金璽、盭緺綬，安車羽蓋，華藻駕駟。」李賢注：「盭音戾，草名。以戾草染綬，因以爲名。」

盭綬：印綬，色黄而近緑。《漢書・百官公卿表上》：「諸侯王，高帝初置，金璽盭綬。」顔師古注引晉灼曰：「盭，草名也，出琅邪平昌縣，似艾，可染緑，因以爲綬名也。」

〔八〕《爾雅・釋鳥》「鷩雉」郭璞注：「似山鷄而小冠，背毛黄，腹下赤，項緑，色鮮明。」

〔九〕劉禹錫《吐綬鳥詞》：「越人偶見而奇之，因名吐綬江南知。四明天姥神仙地，朱鳥星精鍾異氣。」

〔一〇〕王安石《吐綬雞》詩：「樊籠寄食老低摧，組麗深藏肯自媒。天日晴明聊一吐，兒童初見互驚猜。」

## 13 鳥隹（隹音錐）

《説文》禽長尾者曰鳥，短尾者曰隹〔一〕。尾莫長於鳳，故鳳从鳥；莫短於雀，故雀以隹。亦有不盡然者。雉，尾本長，而从隹；鵃，尾本短，而从鳥。有兩从者。雅，或从隹，或从鳥；鷄，或从鳥，或从隹。

有並从者。雝，既从鳥，又从隹；鷹，既从隹，又从鳥。然「雝」，隹聲，「鷹」，「膺」省也。隺，本从冂、从隹，加鳥作「鶴」者，俗文也。（冂音坰，義同）

［箋注］

［一］《説文·鳥部》：「鳥，長尾禽總名也。」又《隹部》：「隹，鳥之短尾總名也。」

## 14　鳥鼠

《禹貢》：「導渭自鳥鼠同穴。」［一］《爾雅》：「鳥鼠同穴，其鳥爲鵌，其鼠爲鼵。」注：「鼵，如人家鼠而短尾；鵌，似鵽而小，黄黑色，共處一穴。」［二］山以是得名，在今臨洮渭源縣南，俗名青雀山。（鵌音徒；鼵音突；鵽音奪）

［箋注］

［一］《書·禹貢》：「導渭自鳥鼠同穴。」孔傳：「鳥鼠共爲雌雄，同穴處此山，遂名山曰鳥鼠，渭水出焉。」

［二］《爾雅·釋鳥》：「鳥鼠同穴，其鳥爲鵌，其鼠爲鼵。」郭璞注：「鼵，如人家鼠而短尾；鵌，似鵽而小，黄黑色。穴入地三四尺，鼠在内，鳥在外。今在隴西首陽縣鳥鼠同穴山中。孔氏《尚書傳》云『共爲雌雄』，張氏《地理記》

云『不爲牝牡』。」《山海經・海内東經》：「渭水出鳥鼠同穴山，東注河，入華陰北。」明焦竑《焦氏筆乘續集・鳥鼠同穴》引《甘肅志》：「涼州之地有兀兒鼠者，形狀似鼠，尾若贅疣。有鳥曰本周兒者，形似雀，色灰白，常與兀兒鼠同穴而處。所謂鳥鼠同穴也。」

鵌、鷋，鳥名。鼵，鼠名。

隴西首陽縣即今甘肅渭源縣。

## 15 三狊

《爾雅》：「鳥曰臭。」注：「張兩翼也。」[一]《論語》「三臭而作」[二]，謂雉張兩翼臭臭者三，遂舉去，於上文「色斯舉矣」意實相應。

劉聘君亦主此說，不知朱子何以不取也[三]。

[箋注]

[一]《爾雅・釋獸》：「獸曰釁，人曰撟，魚曰須，鳥曰狊。」郭璞注：「（釁）自奮釁，動作；（撟）頻伸夭撟；（須）鼓鰓須息；（狊）張兩翅。皆氣體所須。」

按，此條分説獸、人、魚、鳥各類在疲倦時的休息方式，看似辨析名稱，實在説明喘息或休息姿態。

夭撟，屈伸之貌，舒展曲折曰撟。

狊，鳥張兩翅貌。《爾雅・釋獸》「鳥曰狊」邢昺疏：「鳥之張兩翅，狊狊然摇動者名狊，此皆氣倦體罷所須。」「鳥曰狊」，本又作「鳥曰臭」。

［二］《論語·鄉黨》：「色斯舉矣，翔而後集。曰：『山梁雌雉，時哉時哉！』子路共之，三嗅而作。」邢昺疏：「嗅，謂鼻歆其氣。」楊伯峻注：「嗅，當作狊（音殈），張兩翅之貌。」

［三］朱熹《論語集注·鄉黨》：「子路不達，以爲時物而共具之。孔子不食，三嗅其氣而起。晁氏曰：『石經嗅作戛，謂雉鳴也。』劉聘君曰：『嗅，當作狊，古闃反。張兩翅也。見《爾雅》。』愚按，如後兩説，則共字當爲拱執之義。然此必有闕文，不可强爲之説。姑所記聞，以俟知者。」

## 16　龍

《廣雅》云：「有鱗曰蛟龍，有翼曰應龍，有角曰虯龍，無角曰螭龍，未升天曰蟠龍。」［一］其言若辨而實非也。

按，《説文》「龍」从肉，童省聲［二］。象肉飛之形，何有於翼也？龍時飛則飛，時潛則潛。蟠，非定稱也。《説文》：「蛟，龍屬，無角曰蛟；虯，龍子無角者；螭，若龍，無角而黄，北方謂之土螻。」［三］蛟則謂之「蛟」，虯則謂之「虯」，螭則謂之「螭」，不可言「蛟龍、虯龍、螭龍」也，亦猶謂螣爲「螣蛇」也。《埤雅》：「螣，龍類。」將亦可謂「螣龍」哉？

**［箋注］**

［一］《廣雅·釋魚》：「有鱗曰蛟龍，有翼曰應龍，有角曰虯龍，無角曰螭龍，未升天曰蟠龍。」

［二］《説文·龍部》：「龍，鱗蟲之長。能幽能明，能細能巨，能短能長；春分而登天，秋分而潛淵。从肉，飛之

形，童省聲。」

[三]《説文・虫部》：「蛟，龍之屬也。池魚滿三千六百，蛟來爲之長，能率魚飛。置笱水中，即蛟去。」「螭，若龍而黄，北方謂之地螻。从蟲离聲。或云無角曰螭。」「虯，龍子有角者。」一説「虯」爲無角龍。《玉篇》、《後漢書》李賢注持此説。今按，「虯」之聲符「丩」謂糾纏繚結，依此虯當有角。《漢書》顔師古注、《文選》李善注等認爲「龍子有角」。蟠，同「盤」，盤伏，盤曲。

## 17 鱗之而

《考工記》：「凡攫閷援簭之類，必深其爪，出其目，作其鱗之而。」[一] 鄭注：「謂笱虡之獸也。『之而』，頰頌也。」

按，頰，面旁，頌，頭禿無髮，義本不相承，以訓「之而」，似未得。且「之」，語助，亦不當以「之」而爲句。

許慎云：「而，頰毛也。」後又从彡作「耏」[二]。

鱗，謂龍蛇也，蓋笱虡之獸刻爲龍蛇之狀。閷與殺同，簭與噬同，言其狀飛動可畏，攫著而欲殺，援攬而欲噬，如此者必深入其爪，突出其目，振起其頰毛也。

（虡音巨； 頌音哭； 彡音杉； 耏音而； 攫音夾）

## [箋注]

[一]《考工記・梓人》，鐘鼓懸架虡簨之上須雕飾禽獸龍蛇，此記梓人的雕刻工藝標準。戴震補注：「頰側上出者曰『之』，下垂者曰『而』，鬚鬣屬也。」王引之《經義述聞・周官下》：「而，頰毛也；之，猶與也。作其鱗之而，謂起其鱗與頰毛也……然則『之』爲語詞，非實義所在矣。」按，戴以「之」爲實詞，王以「之」爲虛詞，二説不同。

閷，同「殺」；簭，同「噬」；深，猶藏，深雕；作，猶起，凸現；鬚鬣，鳥獸龍等動物之鬚毛者鬣。

[二]《説文・而部》：「而，頰毛也。象毛之形。《周禮》曰：『作其鱗之而。』」又：「耏，罪不至髡也。从而，从彡。耐，或寸。諸法度字从寸。」徐鍇繫傳：「但鬄其頰毛而已。」《漢書・高帝紀下》：「令郎中有罪耐以上，請之。」顏師古注引應劭曰：「輕罪不至於髡，完其耏鬢，故曰耏。古耐字從彡，髮膚之意也。」耐者，剃除頰毛。完其耏鬢，謂寬緩施刑，全其肢首，僅去鬢頰之鬚而已。

## 18 騶虞　斗牛　螭虎

相傳物象有騶虞、有斗牛、有螭虎，而今皆亡之。

騶虞見《詩》[一]，漢儒以爲義獸，合四靈以配五行，其説誣罔。歐陽脩引《賈誼新書》亦既辨之矣，戴植謂天子田獵七騶，虞，虞人也，言文王田獵雖騶從，與虞人之賤，皆有仁心，故嘆美之也[二]。

至斗牛、螭虎，別無考見。即其形狀，斗牛似龍而觩角[三]，螭虎似龍而岐尾，乃知所謂斗牛者，天文北宮七宿斗牛也。《埤雅》云：「虛危以前象蛇，蛇體似龍，故以爲人臣最尊貴之服。」所謂螭虎者，傳譌也，蔡邕《獨斷》曰：「天子璽以玉，螭虎紐。」衛宏曰，「秦以前皆以金玉爲印，龍虎紐。」邕謂或螭或虎，宏謂或龍或虎，非謂螭虎一物也[四]。螭，若龍，無角而黄。亦非岐尾，岐尾者蜼也。

（蜼音壘）

【箋注】

[一]《詩・召南・騶虞》：「彼茁者葭，壹發五豝，于嗟乎騶虞。」毛傳：「騶虞，義獸也。白虎，黑文，不食生物，有至信之德則應之。」

[二] 宋人戴埴《鼠璞・騶虞》説，騶虞爲「騶人」與「虞人」之並稱。

[三] 觩，字亦作「斛」。角上曲貌。《詩・小雅・桑扈》：「兕觥其觩，旨酒思柔。」朱熹集傳：「觩，角上曲貌。」《穀梁傳・成公七年》「郊牛日，展斛角而知傷」唐楊士勛疏：「言日日皆省察牛之觩角而則知傷，是省察之道盡矣。」

[四] 清顧張思《土風録》卷五：「衣飾器皿繪畫龍像，呼曰螭虎。按蔡邕《獨斷》：天子璽以玉，螭虎紐。衛宏《漢舊儀》云：秦以前用金玉朱印，龍虎紐。《正字通》云：或龍或虎爲紐，非謂螭虎一物也。今俗連螭讀誤，合爲一物云云。則以龍曰螭虎，自明已然。」參明陸容《菽園雜記》卷二。

## 19 風馬牛

《左傳》：「唯是風馬牛不相及也。」服虔曰：「馬牛風逸，是末界之末事，喻不相干也。」[一]

此訓亦未爲得。俞文豹曰：「牛馬見風則走，牛喜順風，馬喜逆風，南風則牛南而馬北，北風則牛北而馬南，相去遂遠。正如楚處南海齊處北海也，故曰不相及。」〔二〕

**［箋注］**

〔一〕《左傳・僖公四年》：「君處北海，寡人處南海，唯是風馬牛不相及也。」孔穎達疏引服虔曰：「牝牡相誘謂之風……此言『風馬牛』，謂馬牛風逸，牝牡相誘，蓋是末界之微事，言此事不相及，故以取喻不相干也。」

〔二〕宋人俞文豹在其《古今藝苑談概》中主張此説，後人賡相引述。明周夢暘《青溪山人文集常談考誤》卷四「風馬牛」云：「杜預注云：牝牡相誘曰風。以此似不可曉。而今人有去『牛』字用若『風馬不相及』者，尤謬。俞文豹有云：牛馬見風則走，牛喜順風，馬喜逆風，南風則馬南而牛北，北風則馬北而牛南，相去遂遠，正如楚處南海，齊處北海也，故曰不相及。此説優於杜注。」

明張存紳《雅俗稽言》卷二十四亦記述俞説：「杜預云：牝牡相誘曰風，此於『不相及』難通。劉元城以爲此醜詆之辭，齊楚相去遠甚，即馬牛之病風者猶不相及，今汝人輒入吾地，何也。此説亦近。又俞文豹有云：牛馬見風則走，牛喜順風，馬喜逆風，南風則馬南而牛北，北風則馬北而牛南，相去遂遠，正如齊楚，南北相距不相及耳。此説較是。」

清吴楚材《古文觀止・周文一・齊桓公伐楚盟屈完》注：「牛走順風，馬走逆風，兩不相及。」

## 20 天禄 辟邪

《西域傳》：「烏弋山離國有桃拔。」一名符拔，似鹿，長尾，一角者爲天禄，兩角者爲辟邪。」〔一〕

予謂「桃拔、符拔」當作「桃祓、符祓」，以是獸能祓除不祥也。祓，誤作「拔」。曰桃、曰符者，猶度朔山桃梗之意[二]，祓除不祥，故謂之「辟邪」[三]；永綏百祿，故謂之「天祿」。

漢立天祿于閣門[四]，古人置辟邪於步摇上[五]。南陽宗資碑旁有兩石獸，一曰天祿，一曰辟邪，皆取祓除永綏之意[六]。《一統志》：「忽魯謨斯國産福祿，似驢而花文可愛。」[七]即天祿也。今元旦賜近臣福祿獅子，亦其遺與？

**[箋注]**

[一]《漢書·西域傳上·烏弋山離國》：「烏弋地暑莽平……而有桃拔、師子、犀牛。」顔師古注引三國魏孟康曰：「桃拔一名符拔，似鹿，長尾，一角者或爲天鹿，兩角者或爲辟邪。」《後漢書·西域傳·安息》：「章帝章和元年，遣使獻師子、符拔。符拔形似麟而無角。」

[二] 度朔，古代傳説爲東海中之的山名。王充《論衡·亂龍》：「上古之人，有神荼、鬱壘者，昆弟二人，性能執鬼，居東海度朔山上，立桃樹下，簡閲百鬼。」又《訂鬼》引《山海經》：「滄海之中，有度朔之山。上有大桃木，其屈蟠三千里，其枝間東北曰鬼門，萬鬼所出入也。上有二神人，一曰神荼，一曰鬱壘，主閲領萬鬼。惡害之鬼，執以葦索，而以食虎。於是黄帝乃作禮以時驅之，立大桃人，門户畫神荼、鬱壘與虎，懸葦索以禦凶魅。」

桃梗，舊俗，桃木刻制木偶，用以辟邪禦殃。《戰國策·齊策三》：「今者臣來，過於淄上，有土偶人與桃梗相與語。」《後漢書·禮儀志中》：「先臘一日，大儺，謂之逐疫……百官官府各以木面獸能爲儺人師訖，設桃梗、鬱櫑、葦茭畢，執事陛者罷。」《晉書·禮志上》：「歲旦常設葦茭、桃梗、磔雞於宫及百寺之門，以禳惡氣。」

[三]《急就篇》卷三：「射魃辟邪除羣凶。」顔師古注：「射魃，辟邪，皆神獸名……辟邪，言能辟禦妖邪也。」

[四]《三輔黄圖·未央宫》：「天祿閣，藏典籍之所。《漢宫殿疏》云：『天祿麒麟閣，蕭何造，以藏祕書，處賢才

也。』」天禄閣，漢朝未央宫藏書閣之名，漢初創建，劉向、劉歆、揚雄等曾校書於此。

［五］步摇，妇女加於簪钗上的首飾，隨步履而摇動，故名。《釋名·釋首飾》：「步摇上有垂珠，步則摇動也。」步摇，亦爲冠名。《漢書·江充傳》：「充衣紗縠襌衣，曲裾後垂交輸，冠襌纚步摇冠，飛翮之纓。」顔師古注引服虔曰：「冠襌纚，故行步則摇，以鳥羽作纓也。」《晉書·慕容廆載記》：「時燕代多冠步摇冠，莫護跋見而好之，乃斂髮襲冠，諸部因呼之爲步摇，其後音訛，遂爲慕容焉。」

《後漢書·輿服志下》：「步摇以黄金爲山題，貫白珠爲桂枝相繆，一爵九華，熊、虎、赤羆、天鹿、辟邪、南山豐大特六獸，《詩》所謂『副笄六珈』者。」王先謙集解引陳祥道曰：「漢之步摇，以金爲鳳，下有邸，前有笄，綴五采玉以垂下，行則動摇。」

［六］《後漢書·靈帝紀》：「復修玉堂殿，鑄銅人四，黄鍾四，及天禄、蝦蟆。」李賢注：「天禄，獸也……今鄧州南陽縣北有宗資碑，旁有兩石獸，鐫其膊，一曰天禄，一曰辟邪。據此，即天禄、辟邪並獸名也。漢有天禄閣，亦因獸以立名。」

［七］《明史·外國傳七·忽魯謨斯》：「忽魯謨斯，西洋大國也……所貢有獅子、麒麟、駝雞、福禄、靈羊。」福禄，蓋即斑馬，狀似驢，身有條狀花紋。

## 21 角 甪

（角音覺，甪音鹿）

説文角作「角」，古岳切，「獸角也，象形。角與刀魚相似。」［一］崔偓佺云：「角从刀，作角，音覺，頭骨上出也。甪以一點一丿作甪，音鹿，無訓。」［二］

《廣韻》：「用，獸角挺。」[三]番陽董敬菴、饒雙峯皆云：「用，鳥咮骨也。」咮即喙也。

予按，《説文》與崔偓佺所云，互有得失。《説文》「角」象形，予謂「用」亦象形。角本作「角」，上象頭骨，有岐，下象骨文。角亦當作「角」，上象咮骨，直而鋭，下亦象骨文。訓「角」爲刀魚相似，以刀訓「用」爲獸角挺，及从一點一丿者，俱非也。

「用」爲鳥咮骨，其説始見於董、饒，二氏最爲得之。《廣韻》：「觜，鳥喙也。」「此、用」爲觜，會意[四]。《詩》：「誰謂雀無角，何以穿我屋？」言雀有角，而能穿屋也。《漢書》：「予之齒者去其角。」言獸有齒，無咮骨也[五]。顔師古以牛無上齒爲訓，非是。《詩》與《漢書》皆當作鹿音讀。

（偓音握；佺音詮；丿音撇；咮音晝；喙音誨）

【箋注】

[一]《説文・角部》：「角，獸角也。象形，角與刀魚相似。」《唐韻》古岳切。今按，古文字形總象獸角之形，内中曲線象犀理之形。《玉篇・角部》：「角，獸頭上骨出外也。」

[二] 崔偓佺，開封封丘人，崔頤正之弟，兄弟同舉進士。宋淳化中，歷福州連江尉、國子監直講。與頤正、孫奭等重校儒家七經。真宗臨國學，召偓佺説《尚書》《道德經》，至崇文院每日候對。著有《帝王手鑑》十卷。

《宋史・崔偓佺傳》：

偓佺，淳化中歷福州連江尉，判國子監李至奏爲直講，引對便坐，太宗顧謂曰：「李覺嘗奏朕云：四皓中一先生，或言姓『用』字加撇，或云加點。爾知否？」偓佺曰：「昔秦時程邈撰隸書，訓如僕隸之易使也。今字與古或異。臣聞『刀、用爲角（音榷）』，兩點爲『角（音鹿）』，『用』上一撇一點俱不成字。」

按，漢初商山四皓有「甪里先生」，以其所居在甪里。《史記·留侯世家》司馬貞索隱引《陳留志》作「角里先生」，又引孔安國《祕記》作「禄里」。

［三］《廣韻·屋韻》：「角，角里先生。漢時四皓名。又音覺。」字形作「角」，盧谷切。《古今韻會舉要·屋韻》：「甪，獸角挺。」

［四］《廣韻·紙韻》：「觜，喙也。」即委切。

［五］《詩·召南·行露》：「誰謂雀無角，何以穿我屋？」毛傳：「雀之穿屋，似有角者。」鄭玄箋：「物有似而不同，雀之穿屋，不似角，乃以咮。」聞一多《古典新義·詩經通義》：「《説文》曰：『噣，喙也。』角即噣之本字……以字義言之，獸角鳥喙，其形其質，本極相似，又同爲自衛之器，故古語角之一名，獸角與鳥喙共之……《漢書·董仲舒傳》引《古諺》曰：『予之齒者去其角，傅其翼者兩其足。』角亦噣字。」角，謂鳥喙，學者多輾轉訓解，或破字而讀，於此周祈之説顯得精微中肯。

## 22　牛溲　馬勃

（溲音小）

牛溲，牛溺也。《本草》：「黄犍牛、烏牯牛溺，主水腫。」馬勃，菌也。《本草注》：「俗呼馬氣勃，紫色，虚軟，狀如狗肺，彈之粉出，生濕地及腐木上，主惡瘡。」［一］

（溺音尿）

[箋注]

[一]《本草綱目·獸一·牛溲》：「牛溺，氣味苦辛，微温無毒，主治水腫、腹脹、脚滿，利小便。」馬勃，一名屎菰，生於濕地及腐木的菌類。牛溲、馬勃二者皆至賤，均可入藥。韓愈《進學解》：「玉札丹砂，赤箭青芝，牛溲馬勃，敗鼓之皮，俱收並蓄，待用無遺者，醫師之良也。」

## 23 太牢 少牢 一牢 五牲 八珍

太牢，牛也；少牢，羊也[一]；一牢，牛羊豕也[二]。五牲，麋、鹿、麏、狼、兔也[三]；八珍，牛、羊、麋、鹿、麏、豕、狗、狼也。

[箋注]

[一] 太牢、少牢，古來歧説紛如。一説牛羊豕三牲具備，曰太牢；僅用羊豕二牲，曰少牢。《左傳·襄公二十二年》：「祭以特羊，殷以少牢。」杜預注：「四時祀以一羊，三年盛祭以羊、豕。殷，盛也。」《莊子·至樂》：「具太牢以爲膳。」唐成玄英疏：「太牢，牛羊豕也。」《清史稿·禮志一》：「太牢：羊一、牛一、豕一。」一説謂牛爲太牢，羊、豕爲少牢。僅用一羊一豕，則爲特羊、特豕。《大戴禮記·曾子天圓》：「諸侯之祭，牛，曰太牢。大夫之祭牲，羊曰少牢。」孔廣森補注：「少牢，舉羊以賅豕。」李時珍《本草綱目·獸一·牛》：「〔牛〕《周禮》謂之大牢。牢乃豢畜之室，牛牢大，羊牢小，故皆得牢名。」清·趙翼《陔餘叢考·太牢少牢》：「《國語》『鄉舉少牢』注：『少牢，羊、豕也。』則羊與豕俱稱少牢矣。其不兼用二牲而專用一羊或一豕者，則曰特羊、特豕。可知太牢不專

言牛、少牢不專言羊也。」

〔二〕牢，亦爲牲牢數量單位，牛羊豕齊具，爲一牢。《左傳·僖公十五年》「饋七牢焉」杜預注：「牛、羊、豕各一爲一牢。」《周禮·天官·小宰》：「凡朝覲會同賓客，以牢禮之灋，掌其牢禮。」鄭玄注：「三牲牛羊豕具爲一牢。」

〔三〕五牲，一指五種祭牲；又指五種獸類，禮饗等級低於犧。《左傳·昭公十一年》：「五牲不相爲用。」杜預注：「五牲：牛、羊、豕、犬、雞。」又《昭公二十五年》：「爲六畜、五牲、三犧，以奉五味。」杜注：「麇、鹿、麐、狼、兔。」

## 24　犗　騬　犍　羯

（犗音介；騬音呈；犍音堅；羯音揭）

《説文》：「犗，騬牛也。騬，犗馬也。羯，羊牯犗也。」〔一〕《廣韻》：「犍，犗牛。」〔二〕人多未喻。《增韻》：「凡畜健强者皆爲犗。」〔三〕唐郭崇韜謂魏王繼岌曰「騬馬亦不可乘」，是以不馴爲義〔四〕。按，《漢·陳宮傳》：「宮刑或云犗刑。」〔五〕《廣韻》：「劇，以刀去牛勢也，或作犍。」〔六〕則犗也、騬也、犍也、羯也，皆馬牛羊去勢之名。《説文》、《廣韻》得之。

（劇音堅；羯音結）

【箋注】

〔一〕《説文·牛部》：「犗，騬牛也。」《馬部》：「騬，犗馬也。」《羊部》：「羯，羊羖犗也。」清朱駿聲《説文通訓定聲·騬》：「牛曰犍、曰犗，馬曰騬……皆去勢之謂。」

《廣雅·釋獸》:「羖羊犗曰羯。」唐·玄應《一切經音義》卷十三:「犗,以刀去陰也。」《廣韻·夬韻》:「犗,犍牛也。」《説文新附·牛部》:「犍,犗牛也。」清鈕樹玉新附考:「《廣韻》『劇』訓『以刀去牛勢,或作犍。』」

[二]《廣韻·元韻》:「犍,犗牛名。」

按,各本此條之下,字皆作从牛从疌之形,爲「犍」之誤字,今通改爲「犍」。

[三]《增韻·怪韻·犗》。

[四]《資治通鑑·後唐莊宗同光三年》:「郭崇韜素疾宦官,嘗密謂魏王繼岌曰:『大王他日得天下,騬馬亦不可乘,況任宦官!宜盡去之,專用士人。』」《舊五代史·唐書·郭崇韜傳》作「騸馬」。

[五]《後漢書·陳忠傳》「又上除蠶室刑」唐·李賢注:「蠶室,宮刑名也,或云犗刑。」陳忠,東漢安帝朝尚書,主管斷獄,周文誤爲「陳宫」。

[六] 出《廣韻·元韻》,居言切。

## 25 魚須

(須音斑)

《玉藻》:「笏,大夫以魚須文竹,士竹本象可也。」[一]馮鑑云:「大夫用魚鬚,文士以竹。」誤以「須」爲「鬚」,於文字下又去「竹」字,以「文士」連讀。史繩祖辨之,是矣,即本註亦未爲得[二]。崔云「用文竹及魚斑也」,隱義云「以魚須飾文竹之邊」[三],且亦未明爲何物。

按,《廣韻》:「魚,獸名。」陸機云:「魚獸似豬,出東海,肉背有斑文,肉雖乾,每潮至及將雨，毛皆起。」[四]是大夫笏以竹爲質，以魚斑飾之，士則竹而已，故曰「本象」。

魚斑不獨以飾笏，古以爲箭室，《詩》「象弭魚服」是也，又以爲旗，《吴都賦》「旗魚須」、《子虛賦》「靡魚須之撓旃」，是也[五]。

## [箋注]

[一]《禮記·玉藻》：「笏，天子以球玉，諸侯以象，大夫以魚須文竹，士竹本象可也。」《廣韻·没韻》：「笏，一名手板，品官所執。天子以玉，諸侯以象，大夫魚須文竹，士木可也。」按，文竹，即斑竹。

[二]宋史繩祖《學齋佔畢》卷一《魚須笏辯》：

> 《禮記·玉藻》云……須，音班，謂魚須文飾竹之邊也。而後之俗儒承訛襲誤，至馮鑑《事始》乃謂「球玉爲珠玉」，不知珠豈可以爲笏耶？又謂「大夫用魚鬚，文士以竹」，既誤以「須」爲「鬚」，於文字下又去「竹」字。殊失本義。而李賀詩云：「往還誰是龍頭人，公主遣秉魚須笏。」以「鬚」對「頭」，失之甚矣。又漢制，列侯夫人以魚須爲擿，長一尺，爲簪珥，則直以魚須爲象耳，尤可笑也。

[三]出自何胤《禮記隱義》。

[四]《詩·小雅·采薇》：「四牡翼翼，象弭魚服。」毛傳：「魚服，魚皮也。」孔疏引陸機：「魚服，魚獸之皮也。魚獸似豬，東海有之，其皮背上斑文，腹下純青，今以爲弓鞬步叉者也。其皮雖乾燥，以爲弓鞬矢服經年，海水潮，及天將雨，其毛皆起。水潮還，及天晴，其毛復如故。雖在數千里外，可以知海水之潮，自相感也。」

[五]《文選·左思〈吴都賦〉》：「旗魚須，常重光。」劉良注：「魚須，魚之髭鬚，以爲旗竿。」又《司馬相如〈子虛賦〉》：「靡魚須之橈旃，曳明月之珠旗。」李善注引張揖曰：「以魚須爲旃柄。」

## 26 飛魚 白澤

飛魚，鰩也。《山海經》：「泰器之山，淮水出焉，是多鰩魚，鳥翼，蒼文，白首，赤喙，群飛海上常有大風。」[一]《爾雅翼》：「鰩長尺許，翅與尾齊。一名飛魚。」[二]

白澤，貘也。《説文》：「貘，似熊而黄黑色。」[三]白居易《貘屏贊》：「象鼻，犀目，牛尾，虎足。寢其皮，辟濕；圖其形，辟邪。」[四]徐氏謂即白澤也。

**［箋注］**

［一］《山海經·西山經》：「西百八十里，曰泰器之山。觀水出焉，西流注於流沙。是多文鰩魚，狀如鯉，魚身而鳥翼，蒼文而白首赤喙，常行西海，游於東海，以夜飛。」按，周引「泰」作「秦」，今從《山海經》改「泰」。《吕氏春秋·本味》：「藿水之魚，名曰鰩，其狀若鯉而有翼，常從西海夜飛游於東海。」

鰩，著者其字原从蟲，今改从魚。

［二］羅願《爾雅翼·釋魚·鰩》：「文鰩魚出南海，大者長尺餘，有翅與尾齊，一名飛魚。羣飛水上，海人候之，當有大風。《吴都賦》云『文鰩夜飛而觸綸』是也。《西山經曰》：『鰩魚，狀如鯉，魚身鳥翼，蒼文，白首赤喙，常從西海遊於東海，以夜飛，音如鸞，見大穰。』《本草綱目·鱗部·文鰩魚》：「文鰩魚生海南，大者長尺許，有翅與尾齊，群飛海上。」清李元《蠕範·物候》：「鰩，魰也，文鰩也，飛魚也。似鯉，鳥翅魚身，蒼文白首赤喙，長尺許，大者長丈，翅與尾齊，羣飛水上，海人候之當有大風。」

［三］《説文·豸部》：「貘，似熊而黄黑色也，出蜀中。」《爾雅·釋獸》：「貘，白豹。」郭璞注：「似熊，小頭庳脚，

黑白駁，能舐食銅、鐵及竹骨。骨節强直，中實少髓，皮辟溼。或曰豹白色者别名貘。」清王引之《經義述聞・爾雅下》「貘白豹」：「豹與熊殊類，似熊則不得謂之豹，當以後説爲長……《列子・天瑞》篇：『青寧生程，程生馬。』《釋文》引《尸子》云：『程，中國謂之豹，越人謂之貘。』又引《山海經》云：『南山多貘豹。』郭注云：『貘是豹之白者。』此皆《爾雅》所謂貘也。」

白澤，神獸名。《云笈七籤》卷一百：「黄帝得白澤神獸，能言，達于萬物之情。」

〔四〕白居易《貘屏贊》序：「貘者，象鼻，犀目，牛尾，虎足，生南方山谷中。寢其皮，辟瘟；圖其形，辟邪。予舊病頭風，每寢息，常以小屏衛其首。適遇畫工，偶令寫之。」貘屏，屏風畫以貘獸，舊謂可避風邪。

## 27　邛邛　岠虚

《爾雅》：「西方有比肩獸焉，與邛邛岠虚比，爲邛邛岠虚齧甘草。即有難，邛邛岠虚負而走。其名謂之蟨。」〔一〕

《吕氏春秋》：「北方有獸，其名爲蟨，鼠前而兔後，趨則頓，走則顛。邛邛岠虚，鼠後而兔前，高不得取甘草，故須蟨食之。」〔二〕《孔叢子》：「蟨得甘草，必齧以遺蛩蛩駏驉。二獸見人來，必負蟨以走。」〔三〕

《爾雅》與《吕氏春秋》作「邛邛岠虚」，《孔叢子》作「蛩蛩駏驉」。其説有無，不可知。《子虚賦》注：「邛邛，青獸，如馬；距虚，似嬴而小。」岠，又作「距」，今驢父馬母生曰「駏」〔四〕，或即岠虚也。邛邛或亦此類與？

【箋注】

〔一〕《爾雅・釋地》條釋。蟨，兽名。

邛邛岠虛：又作「邛邛距虛」、「蛩蛩駏驉」。傳説中的獸名，爲相似而形影不離的二獸。一説爲一獸。《逸周書・王會》：「獨鹿邛邛距虛善走也。」孔晁注：「獨鹿，西方之戎也。邛邛，獸，似距虛，負厥而走也。」《淮南子。道應訓》：「北方有獸，其名曰蹷，鼠前而兔後，趨則頓，走則顛，當爲蛩蛩駏驉取甘草以與之，蹷有患害，蛩蛩駏驉必負而走。」《史記・司馬相如列傳》：「轔邛邛，蹵距虛。」裴駰集解：「郭璞曰：邛邛，似馬而色青。距虛即邛邛，變文互言之。」《漢書・司馬相如傳上》：「蹵蛩蛩，轔距虛。」顔師古注：「張揖曰：『蛩蛩，青獸，狀如馬。距虛似驘而小。』郭璞曰：『距虛即蛩蛩，變文互言耳。』據《爾雅》文，郭説是也。」

羅願《爾雅翼・釋獸四》：「蟨，鼠前而兔後，趨則頓，走則顛，故常與邛邛、距虛比，爲邛邛、距虛齧甘草；即有難，邛邛、距虛負之走，故號比肩獸……張揖以爲邛邛，青獸，其狀如馬；距虛，似驘而小。」

〔二〕《吕氏春秋・不廣》：「北方有獸，名曰蹶，鼠前而兔後，趨則跲，走則顛，常爲蛩蛩距虛取甘草以與之。蹶有患害也，蛩蛩距虛必負而走，此以其所能托其所不能。」

〔三〕劉向《説苑・復恩》：「孔子曰：北方有獸，其名曰蟨，前足鼠，後足兔。是獸也，甚矣其愛蛩蛩巨虛也，食得甘草，必齧以遺蛩蛩巨虛。蛩蛩巨虛見人將來，必負蟨以走。蟨非性之愛蛩蛩巨虛也，爲其假足之故也，二獸者亦非性之愛蟨也，爲其得甘草而遺之故也。」

〔四〕崔豹《古今注・鳥獸》：「騾爲牝，馬爲牡，生駏。」玄應《一切經音義》卷十三：「駏驢，謂似騾而小，牛父馬子者也。」

# 28 獬豸 鸂鶒

今制，品官服色，法官服獬豸，七品官服鸂鶒。而鸂鶒又諫垣獨服之[一]。《説文》：「獬豸，似山羊，一角，古者決獄，令觸不直者。」《埤雅》：「鸂鶒，性食短狐。蓋鳥之敕邪逐害者。」[二]法官與諫垣，上則弼違，下則癉惡[三]，有觸不直、敕邪逐害之義，故服之。脱有不然，是仗馬、是窮奇矣[四]。

## [箋注]

[一] 獬豸，又作「解廌、解豸」等，傳説中的古代神獸，獨角，見人相鬥，則以其角抵觸理屈不直之人，故遠古之人認爲它能辨曲直，用其斷訟。古禮，法官服獬豸之冠。後亦以「獬豸、獬豸冠」代指御史大夫等執法官員。《漢書・司馬相如傳》：「椎蜚廉，弄解廌。」顔師古注引張揖：「解廌似鹿而一角，人君刑罰得中，則生於朝廷，主觸不直者。」漢・楊孚《異物志》：「東北荒中有獸，名獬豸，一角，性忠，見人鬭則觸不直者，聞人論則咋不正者。」《宋書・符瑞志中》：「獬豸知曲直，獄訟平則至。」羅隱《廣陵春日憶池陽有寄》詩：「別後故人冠獬豸，病來知己賞鷫鷞。」杜甫《送盧侍御護韋尚書靈櫬歸上都》詩：「墓待龍驤詔，臺迎獬豸威。」

諫垣，諫官官署。歐陽修《謝知制誥啓》：「代言禁掖，已愧才難，兼職諫垣，猶當責重。」

[二]《埤雅・釋鳥》：「溪鶒……性食短狐，在山澤中無復毒氣，故《淮賦》云：『溪鶒尋邪而逐害。』此鳥蓋溪中鳥之敕邪逐害者，故以名云。」《埤雅》作「溪鶒」，鶒之言「勅」也，勅害於溪中也。勅，戒除，整飭。

短狐，又作「短弧」，蜮，又名射工，傳説能含沙射影，使人得病。《詩・小雅・何人斯》「爲鬼爲蜮」毛傳：「蜮，短狐也。」《漢書・五行志下之上》：「蜮猶惑也，在水旁能射人，射人有處，甚者至死，南方謂之短弧。」顔師古注：「即射工也，亦呼水弩。」段玉裁《説文解字注・虫部・蜮》：「今惟《五行志》、《左傳》釋文作『弧』，不誤矣……按此因其以氣射害人，故謂之短弧，作『狐』非也。其氣爲矢，則其體爲弧。」

[三] 弼違：糾正過失，語出《書・益稷》：「予違，汝弼。」孔傳：「我違道，汝當以義輔正我。」劉勰《文心雕龍・銘箴》：「昔帝軒刻輿几以弼違，大禹勒筍簴而招諫。」白居易《除武元衡門下侍郎平章事制》：「弼違救失，不以尤悔爲慮；進善懲惡，不以親讎自嫌。」

癉惡：癉，病苦，憎恨。癉惡，此謂止惡，制惡。《書・畢命》：「彰善癉惡，樹之風聲。」孔傳：「明其爲善，病其爲惡。」《晉書・曹志秦秀等傳贊》：「象既攘善，秀惟癉惡。」獨孤及《唐故太子賓客張公遺愛碑頌》：「彰善用明，癉惡用威。」

[四] 仗馬：仗馬本指皇帝儀仗中的馬匹，此謂坐享俸禄而不敢言事之官。典出《新唐書・奸臣傳・李林甫》：「林甫居相位凡十九年，固寵市權，蔽欺天子耳目，諫官皆持禄養資，無敢正言者。補闕杜璡再上書言政事，斥爲下邽令。因以語動其餘曰：『明主在上，羣臣將順不暇，亦何所論？君等獨不見立仗馬乎？終日無聲，而飫三品芻豆；一鳴，則黜之矣。後雖欲不鳴，得乎？』由是諫争路絶。」

窮奇，遠古惡人之號，行惡而好邪僻。《左傳・文公十八年》：「少皞氏有不才子，毀信廢忠，崇飾惡言，靖譖庸回，服讒蒐慝，以誣盛德，天下之民謂之窮奇。」杜預注：「謂共工。其行窮，其好奇。」孔穎達疏：「行惡終必窮，故云其行窮也；好惡言，好讒慝，是所好奇異於人也。」

## 29 象鼻 鱷尾

《虞衡志》：「象頭不可俯，頸不可回，口隱於頤，去地尚遠，以鼻爲用。一軀之力皆在鼻，將行，先以鼻柱地，鼻端甚深，可以開闔取物，中有小肉夾，雖芥子亦可拾，每取物，就爪甲擊去泥垢，而後捲以入口。飲水亦以鼻吸。」[一]

《嶺表異物志》：「鱷形如鼉，喙長半其身，牙如鋸，尾有二鈎，極利。遇鹿豕，以尾戟之以食。生卵甚多，或爲魚鼉，其爲鱷不過一二。」[二]

象食以鼻，鱷食以尾，物類之異者也。象孕五年乃乳，鱷生卵爲魚鼉，天不欲其類繁也。

**[箋注]**

[一]《桂海虞衡志》，宋人范成大所撰風俗著作。其《志獸》篇有「象」之條釋，但内容與此無關，周祈此誤。當引自宋人周去非之地理著作。

宋周去非《嶺外代答》卷九《象》：

見乘象者來，（象）低頭跪膝，人登其頸，則奮而起行。象頭不可俯，頸不可回，口隱於頤，去地猶遠，其飲食運動，一以鼻爲用。鼻端深大，可以開闔，其中又有小肉夾，雖芥子亦可拾也，每以鼻取食，即就爪甲擊去泥垢，而後卷以入口。其飲水亦以鼻，吸而卷納諸口。

[二] 沈括《夢溪筆談・異事》：

《嶺表異物志》記鱷魚甚詳。余少時到閩中，時王舉直知潮州，釣得一鱷，其大如船，畫以爲圖，而自序其下。大體其形如鼉，但喙長等其身，牙如鋸齒。有黄蒼二色，或時有白者。尾有三鈎，極銛利，遇鹿豕即以尾戟之以食。生卵甚多，或爲魚，或爲鼉、黿，其爲鱷者不過一二。土人設鉤于大豕之身，筏而流之水中，鱷尾而食之，則爲所斃。

按，鼉，即揚子鱷；黿，大鱉，俗稱癩頭黿。魚、鼉、黿、鱷，皆是卵生，古人誤認爲魚鼉黿鱷都是鱷魚所生。

## 30 豭 豝

（豭，音加； 豝，音巴）

《説文》：「豭，牡豕也。」《左傳》：「盍反吾艾豭。」[一] 豭，音轉爲牙，又轉爲假，俗謂「牙猪」「假肉」也[二]。稱假者，今武昌稱牙者，所至皆然。

《説文》：「豝，牝豕也。」《詩》：「一發五豝。」[三] 南人謂餈曰巴，北人謂女陰曰巴。南人有音而無字，作「粑」者俗也。北人取義於牝，故每聞南人言，輒盧胡[四]。

**[箋注]**

[一]《左傳・定公十四年》：「衛侯爲夫人南子召宋朝……過宋野，野人歌之曰：『既定爾婁豬，盍歸吾艾豭？』」杜預注：「艾豭，喻宋朝。艾，老也。」陸德明釋文：「豭，牡豕也。」

[二] 清西厓《談徵・名部下・牙豬》：「牙豬，牙即豭之轉音也。」

[三]《詩・召南・騶虞》：「彼茁者葭，壹發五豝。」鄭玄箋：「豕，牝曰豝。」

[四] 盧胡，謂發笑於喉間，亦曰「胡盧」。胡，喉，喉嚨。

蘇軾《石芝》詩：「主人相顧一撫掌，滿堂坐客皆盧胡。」陸游《書感》詩：「成敗只堪三太息，是非終付一胡盧。」明胡應麟《詩藪・唐下》：「數詩淺俗鄙夷，即與所譏不類，寧免大雅盧胡。」蒲松齡《聊齋志異・促織》：「視成所蓄，掩口胡盧而笑。」

# 31 鱣鮪

《詩》：「鱣鮪發發。」[一]鱣，今海東黄魚，俗作「鰉」。鮪，一名鱏，俗作「鱘」。郭璞曰：「鱣，大魚，似鱏而短鼻，口在頷下，體有斜行甲，肉黄，大者長二三丈。」[二]鮪，鱣屬，大者名王鮪，小者叔鮪，似鱣而青黑，頭小而尖，似鐵兜鍪。陸璣曰：「鮪身形似龍。」[三]周洛曰鮪[四]，出鞏山穴中，三月遡河流上，能度龍門則爲龍，是化龍者。鱣，鮪也，俗謂鯉化龍，因鯉亦謂之鱣，故訛也。《字説》云：「龍八十一鱗，能變者也；鯉三十六鱗，雖無變而有理者也。」無變，又豈能化？

［箋注］

[一]《詩・衛風・碩人》：「施罛濊濊，鱣鮪發發。」陸德明釋文引馬融曰：「魚著罔尾發發然。」

[二]鱣鱘鰉魚。《爾雅・釋魚》「鱣」郭璞注：「鱣，大魚，似鱏而短鼻，口在頷下，體内有邪行甲，無鱗，肉黄。大者長二、三丈。今江東呼爲黄魚。」《史記・屈原賈生列傳》：「横江湖之鱣鱏兮，固將制於蟻螻。」裴駰集解引如淳曰：「大魚也。」李時珍《本草綱目・鱗四・鱣魚》：「鱣出江淮、黄河、遼海深水處，無鱗大魚也。其狀似鱘，其色灰白，其背有骨甲三行，其鼻長有鬚，其口近頷下，其尾岐。」

[三]鮪，鱣屬，鱘魚或鰉魚。《詩・周頌・潛》：「有鱣有鮪，鰷鱨鰋鯉。」陸璣疏：「鮪魚，形似鱣而色青黑，頭小而尖，似鐵兜鍪，口在頷下，其甲可以磨薑，大者不過七八尺，益州人謂之鱣鮪。大者爲王鮪，小者爲鮛鮪。」清方

文《品魚・上品・鮪》詩：「《月令》薦王鮪，鬼神亦歆之，至今皖江鮓，嘉名四方馳。」題解：「鮪，即鱘魚，其形延長而有餘，故名。」李時珍《本草綱目・鱗四・鱘魚》：「〔鮪〕其狀如鱣，而背上無甲，其色青碧，腹下色白。其鼻長與身等，口在頷下，食而不飲。頰下有青斑紋，如梅花狀。尾岐如柄。肉色純白，味亞於鱣。」

［四］周洛，洛水流域，此謂周洛地區的方言。

## 32 鮆 鱖

（鮆，在禮切；鱖，居衛切）

《漢・貨殖傳》：「鮐鮆千斤。」《説文》：「鮆，刀魚也，飲而不食。」［一］俗作「鱭」，韻書無鱭字［二］。唐人詩：「桃花流水鱖魚肥。」《爾雅翼》：「鱖魚，有肚能嚼者。」［三］《廣韻》：「大口，細鱗，有斑文。一名婢魚。」訛作「鱀」，鱀。鼻在額上，似鱏。

【箋注】

［一］《説文・魚部》：「鮆，飲而不食，刀魚也，九江有之。」《爾雅・釋魚》：「鮤，鱴刀。」郭璞注：「今之鮆魚也，亦呼爲魛魚。」邢昺疏：「是則此魚一名鮤魚，一名鱴刀，一名魛魚，一名鮆魚也。」《史記・貨殖列傳》：「鮐鮆千斤，鯫千石，鮑千鈞。」張守節正義：「鮆，刀魚也。」司馬貞索隱：「《爾雅》謂之鮤魚也。鮆音才爾反，又音薺。」

［二］鮆，亦可从齊，作「鱭」。《集韻・薺韻》：「鮆，或从齊。」

［三］張志和《漁歌》：「西塞山前白鷺飛，桃花流水鱖魚肥。」《爾雅翼》：「鱖魚，有肚能嚼者。」李時珍《本草綱

目・鱗三・鱖魚》：「鱖生江湖中，扁形闊腹，大口細鱗，有黑斑采斑，色明者雄，稍晦者雌，皆有鬐鬣刺人。厚皮緊肉，肉中無細刺。有肚能嚼，亦啖小魚。夏月居石穴，冬月偎泥罧，魚之沉下者也。小者味佳，至三五斤者不美。」

## 33　鮞　鰖

（鮞音而；鰖音妥）

《説文》：「鮞，魚子也。」「鰖，魚子生者也。」[一]鮞，是子之在胎者；鰖，是子之散泊在草者。

［箋注］

［一］《説文・魚部》：「鮞，魚子也。一曰魚之美者，東海之鮞。」又：「鰖，魚子已生者。」《文選・張衡〈西京賦〉》：「摷昆鮞，殄水族。」薛綜注：「鮞，細魚。」

## 34　蛤四　蜃二

（蜃音矧）

蛤，蚌也[一]。亦曰蜆，又曰珧，狹而長者曰蠯，附石而生者曰蠣，又曰蠔[二]。

海蛤，蚶也[三]。亦曰魁陸，圓而厚，外有理縱橫[四]。

山蛤，石鱗魚也，似蝦蟆而大，身長，黑色，無痱癗[五]。

三者皆可食。

蛤蚧，似守宫而大，長四五寸，尾與身等，可入藥[六]。

蜃，車螯也，似蛤而大，其甲可爲器，煅之以爲灰[七]。《禮・鬯人》職：「四方山川用蜃器。」《㡛氏》「淫之以蜃」，謂薄粉之也[八]。

又，蜃似蛟而無足。《天官書》「海旁蜃氣象樓臺」，謂之「海市」者，此也[九]。

（珧音摇；蠯音排；痱音肺；瘤音疊；㡛音荒；贔音被；屭音戲）

## 【箋注】

[一] 蛤，水中軟體動物，有介殼。其殼可開合，故謂之蛤；其甲殼鋭利如割，故謂之蠣。別名蛤厲、蛤蜊，詞源亦同。此條辨明四種蛤類和二種蜃類，對其別稱及差異辨之尤詳。小者曰蛤，大者曰蜃。「蛤四」指蛤、海蛤、山蛤、蛤蚧。「蜃二」指兩類，一謂蛤屬，一謂蛟屬，吐氣海上結爲蜃樓。

蜯，同「蚌」。李時珍《本草綱目・介二・蚌》：「蚌與蛤同類而異形。長者通曰蚌，圓者通曰蛤，故蚌从丰，蛤从合，皆象形也。後世混稱蛤蚌者，非也。」

[二] 蜆，淡水蛤類，圓形介殼，其殼表面有輪紋。《廣韻・銑韻》：「蜆，小蛤。」《隋書・文學傳・劉臻》：「性好噉蜆，以音同父諱，呼爲扁螺。」

珧，本指蚌屬，而多指其甲殼，用以爲刀弓之飾。《爾雅・釋魚》：「蜃小者珧。」郭璞注：「珧，玉珧，即小蚌。」又《釋器》：「弓有緣者謂之弓，無緣者謂之弭。以金者謂之銑，以蜃者謂之珧，以玉者謂之珪。」郭璞注：「用金、蚌、玉飾弓兩頭，因取其類以爲名。」《説文・玉部》：「珧，蜃甲也，所以飾物也。」《詩・小雅・瞻彼洛矣》「鞞琫有珌」毛傳：「鞞，容刀鞞也。琫，上飾；珌，下飾也。天子玉琫而珧珌。」鄭玄箋：「以蜃者謂之珧。」《山海經・東山經》：

「嵲皋之水出焉，東流注于激女之水，其中多蜃珧。」郭璞注：「蜃，蚌也。珧，玉珧，亦蚌屬。」《文選・左思〈魏都賦〉》：「弓珧解檠，矛鋋飄英。」劉良注：「以蛤骨飾弓曰珧。」

蠯，字形从蟲，庳聲。蚌之狹長者。《爾雅・釋魚》：「蜌，蠯。」郭璞注：「今江東呼蚌長而狹者爲蠯。」《周禮・天官・鼈人》：「祭祀，共蠯、蠃、蚳，以授醢人。」鄭玄注引杜子春曰：「蠯，蜯也。」漢・張衡《東京賦》：「獻鼈蜃與龜魚，供蝸蠯與菱芡。」宋梅堯臣《清池》詩：「僊鯉勿苦羨，寧將蠯蛤卑。」

蠣，牡蠣，特指其殼。牡蠣簇聚附石而生，連結如房，即所謂蠣房。李時珍《本草綱目・介二・牡蠣》〔集解〕引蘇頌曰：「（牡蠣）皆附石而生，磈礧相連如房，呼爲蠣房。」宋方勺《泊宅編》卷二：「蔡襄守泉州，因故基修石橋……十八年橋乃成，即多取蠣房，散置石基，益膠固焉。」

蠔，牡蠣，又作「蚝」。唐劉恂《嶺表録異》卷下：「蠔，即牡蠣也。其初生海島邊，如拳石，四面漸長，有高一二丈者，巉巖如山。」李時珍《本草綱目・介二・牡蠣》〔集解〕引蘇頌曰：「初生止如拳石，四面漸長，至一二丈者，嶄巖如山，俗呼蠔山。」清鄒弢《三借廬筆談・愚蟲》：「牡蠣附石而生，磈礧相連如房，故曰蠣房，一名蠔山。清趙翼《題嶺南物産圖》詩：「嗜蜆或改名，食蠔矢弗告。」

〔三〕海蛤，海中蛤類總稱。沈括《夢溪筆談・藥議》：「蛤之屬，其類至多。房之堅久瑩潔者皆可用，不適指一物，故通謂之海蛤耳。」

蚶，生於淺海泥沙之中，兩扇貝殼，厚而堅硬，上有瓦楞狀突起。俗稱瓦楞子，又名魁陸、魁蛤。《文選・郭璞〈江賦〉》：「紫蚢如渠，洪蚶專車。」李善注引《臨海水土物志》：「蚶則徑四尺，背似瓦壟，有文。」唐劉恂《嶺表録異》卷下：「瓦屋子，蓋蚌蛤之類也。南中舊呼爲『蚶子』，頃因盧鈞尚書作鎮，遂改爲瓦屋子，以其殼上有棱如瓦壟，故名焉。」李時珍《本草綱目・介二・魁蛤》：「（魁蛤），魁者，羹斗之名，蛤形肖之故也。」

〔四〕魁陸，蚶之别名。《爾雅・釋魚》「魁陸」郭璞注：「《本草》云：『魁狀如海蛤，員而厚，外有理縱横。』即今之蚶也。」陸德明釋文：「《説文》云：蛤有三，皆生於海。蛤厲，千歲雀所化，秦人謂之牡厲；海蛤者，百歲雀所化也；魁蛤，一名復累，老服翼所化。」按，服翼，即蝙蝠。此説不可信。《資治通鑑・唐憲宗元和十二年》「明州歲貢蚶、蛤」胡三省注：「蚶、蛤皆生於海瀕潮汐往來舄鹵之地。蚶，魁陸也。横縱其理，五味自充，殼如瓦壠者，謂之瓦壠蚶。」清王應奎《柳南隨筆》卷一：「雀入大水化爲蛤，雉入大海化爲蜃，蛤與蜃原不皆雀雉所化也。」

［五］痱癗，亦作「痱磊」，小腫，此指疹樣小粒。玄應《一切經音義》卷三：「痱癗，小腫也。」《埤雅・釋魚》：「蟾除吐生，腹白背黑，皮上多痱磊，跳行舒遲。」

［六］蛤蚧：亦作「蛤解」。爬行動物。形似壁虎而大，也稱大壁虎。棲於牆壁、山岩間或樹洞之内，捕食昆蟲、小鳥。乾燥體可入藥。《方言》第八：「桂林之中守宫大者而能鳴，謂之蛤解。」郭璞注：「似蛇醫而短身，有鱗采，江東人呼爲蛤蚧。」劉恂《嶺表録異》卷下：「蛤蚧，首如蝦蟇，背有細鱗如蠶子，土黄色，身短尾長，多巢於樹中。端州古牆内有巢于廳署城樓間者，暮則鳴，自呼蛤蚧……里人採之，鬻于市爲藥，能治肺疾。醫人云：藥力在尾，不具者無功。」

［七］蜃，大蛤。古禮，社祭以蜃盛肉祭土神，或以蜃殼飾祭器。《周禮・地官・掌蜃》：「祭祀共蜃器之蜃。」鄭玄注：「蜃之器，以蜃飾，因名焉。」《國語・晉語五》「受脤於社」韋昭注：「脤宜社之肉，盛以蜃器。」

蜃，燒之爲灰，以禦濕氣，驅蟲害，用途與石灰相同。《周禮・秋官・赤犮氏》：「掌除牆屋，以蜃炭攻之。」鄭玄注：「除牆屋者，除蟲豸藏逃其中者。蜃，大蛤也，擣其炭以坋之則走。」孫詒讓正義：「《掌蜃》注謂蜃炭可以禦濕，蓋兼可以殺蟲，故擣其炭爲灰，以被牆屋而攻之，則蟲豸畏其氣而走避也。」《左傳・成公二年》：「宋文公卒，始厚葬，用蜃炭。」蜃灰置入墓穴以禦潮。《三國志・魏志・常林傳》「旹弟静紹封」裴松之注引魚豢《魏略》：「至夫末世，緣生怨死之徒……壙穴之内，錮以紵絮，藉以蜃炭，千載僵燥，托類神仙。」

車螯，蛤類，璀璨如玉，肉爲海味珍品，肉殼皆入藥。

［八］《周禮・春官・鬯人》：「凡山川四方用蜃。」鄭玄注：「（蜃）漆尊也……蜃，畫爲蜃形。」賈公彦疏：「蜃，畫爲蜃形者，亦謂漆畫之。」此謂祭器，畫有蜃形的漆尊。

《周禮・冬官・㡛氏》：「實諸澤器，淫之以蜃。」鄭玄注：「蜃，炭也。」此蜃指蛤蜊殼燒成的粉灰，即所謂蜃炭、蜃灰。《周禮・地官・掌蜃》：「掌斂互物蜃物，以共闉壙之蜃。」鄭注：「將井槨先塞下，以蜃禦濕也。」

［九］蜃，蛟屬，舊説它吐氣可以結成海市蜃樓，所謂蜃氣、蜃樓。《史記・天官書》：「海旁蜄氣象樓臺；廣野氣成宮闕然。雲氣各象其山川人民所聚積。」晉伏琛《三齊略記》：「海上蜃氣，時結樓臺，名海市。」李時珍《本草綱目・鱗一・蛟龍》：「蛟之屬有蜃，其狀亦似蛇而大，有角如龍狀，紅鬣，腰以下鱗盡逆。食燕子。能吁氣成樓臺城郭之狀，將雨即見，名蜃樓，一曰海市。」

## 35 蛤蠯

今人或以紙或以繒重糊之，以爲書衣、冠武、履襯［一］，曰「蛤蠯」，不悟其義。嘗閲韻書：「蛤，蜃屬，大曰蛤，小曰蜆；蠯，蚌狹而長者。」皆甲蟲也［二］。書之衣、冠之武、履之襯，皆殼也，殼，甲也，借「蛤蠯」以名殼也。北音呼「歌排」，南人呼「格簿」，皆「蛤蠯」之訛也［三］。凡俗呼，未嘗無字，但人不察耳。

**［箋注］**

［一］書衣：包裹書籍的套子，書袋，書封。冠武，冠上結帶，冠卷。履襯，猶鞋墊。冠武，古亦稱冠卷，冠上的結帶。《禮記・玉藻》：「縞冠玄武，子姓之冠也。」鄭玄注：「武，冠卷也。」又《雜記上》：「委武玄縞而后蕤。」鄭玄注：

「委、武，冠卷也。秦人曰委，齊東曰武。」清・毛奇齡《喪禮吾説篇》卷六：「古冠名有三，曰冕曰弁曰冠。弁與冕皆有縰、有武……以結於頷下，其繩謂之武。」

[二] 參34注①、②。

[三] 以甲蟲之名「蛤蠬」稱呼相似的事物，則以其聲音表示有殼或堅硬的物品。又有一種寫法「袼褙」，亦同理，以碎布或舊布重疊加襯裱糊成爲厚片，用以製作鞋履、坐墊、鞋墊之類。

## 36 觜蠵 贔屭

（觜音咨；蠵音兮；贔音被；屭音戲）

觜蠵，《玉篇》：「大龜也。」似瑇瑁而薄，有文，今龜同是也[一]。又西方宿名[二]。贔屭，《廣韻》：「鼇也。一曰雌鼇爲贔。」今碑跗其像也。又，作力貌[三]。楊孚《嶺表異物賛》：「係臂如龜，生於海洲。」係臂，當作臂係，即贔屭也。楊用脩以臂係爲海錯之名[四]，又以贔屭爲鴟吻之類，殆猶未辨耳？

**[箋注]**

[一] 蠵，大龜，雄爲毒冒（即玳瑁），雌爲觜蠵。《説文・虫部》：「蠵，大龜也，以胃鳴者。」《山海經・東山經》：「有水焉，廣員四十里皆涌，其名曰深澤，其中多蠵龜。」郭璞注：「蠵，觜蠵，大龜也。甲有文彩，似瑇瑁而薄。」《楚辭・招魂》：「露雞臛蠵，厲而不爽些。」王逸注：「蠵，大龜之屬也。」《漢書・司馬相如傳上》：「其中則有神龜蛟鼉，

毒冒鼊黿。」顏師古注引張揖曰：「毒冒似觜蠵，甲有文。」《漢書・揚雄傳上》：「據黿鼉，抾靈蠵。」顏師古注引應劭曰：「蠵，大龜也。雄曰毒冒，雌曰觜蠵。」

［二］觜蠵，星座名，二十八宿之一。白虎七宿之第六宿，有星三顆，即觜宿，又作「觜觿」。《禮記・月令》：「仲秋之月，日在角，昏牽牛中，旦觜觿中。」《呂氏春秋・有始》：「西南曰朱天，其星觜巂、參、東井。」《史記・天官書》：「小三星隅置，曰觜觿，爲虎首，主葆旅事。」宋馬永卿《嬾真子》卷三：「西方白虎而參觜爲虎首，故有觜之義。」

［三］贔屭，亦作「贔屓」。《廣韻・至韻》：「贔，贔屓，壯士作力皃。」《集韻・至韻》：「贔屭，鼇也。一曰雌鼇爲贔。」《文選・張衡〈西京賦〉》：「巨靈贔屓，高掌遠蹠。」薛綜注：「贔屓，作力之貌也。」

蠵龟，別稱贔屓，以其壯猛有力堪任重負，舊時石碑下的石座沿雕作贔屓狀，故又因以「贔屓」代指石碑。明・焦竑《玉堂叢語・文學》：「一曰贔屭，形似龜，好負重，今石碑下龜趺是也。」《楊升庵全集・龍生九子》：「俗傳龍生九子，不成龍，各有所好……一曰贔屓，形似龜，好負重，今石碑下龜趺是也。」《本草綱目・介部・蠵龜》：「贔屓者，有力貌，今碑趺象之。」一說謂贔屓乃碑兩旁蜿蜒者，非碑下之趺。錢謙益《韓蘄王墓碑記》：「豐碑巋然，贔屭屈盤。」

［四］係臂，傳説爲海中動物。唐段成式《酉陽雜俎・鱗介篇》：「係臂，如龜，入海捕之，人必先祭。」海錯，統指各種海味，典出《書・禹貢》：「厥貢鹽絺，海物惟錯」。孔傳：「錯雜非一種。」

## 37 鼃黽

（黽音猛）

《周禮》：「蟈氏掌去鼃黽。」［一］鼃，即蛙。《説文》：「蝦蟆屬。」長脚，喜鳴，色青，謂之青蛙，一名田鷄，又曰水鷄[二]。黽，郭璞云：「蝦蟆屬，似青蛙，大腹，一名土鴨。」[三]二者皆可食。陶弘景云：「蝦蟆腹大，皮上多痱癗。」[四]不可食，今但以取蟾酥[五]。一名「螻蟈」，子名「科斗」，一名「活東」，形圓，有尾，聞雷震，則尾脱脚生[六]。《爾雅》：「鼀鼀，詹諸也。」其鳴詹諸，其形鼀鼀。詹諸，作「蟾蠩」，似蝦蟆，居陸地[七]。《玄中記》：「蟾蠩生角，食之壽千歲。」《尚書故實》：「百越人以蝦蟆爲上味，皮最佳，謂之錦襖子。」[八]非真蝦蟆，蓋謂石鱗魚耳。石鱗魚似蝦蟆而大，生石澗中，此即所謂「蛤」、所謂「鼀鼀」、所謂「錦襖子」者也。生角，又其異者耳。

（痱音肺；癗音壘；鼀音蔟，或作「䵶」）

**［箋注］**

［一］《周禮・秋官・蟈氏》：「蟈氏，掌去鼃黽。焚牡蘜，以灰洒之，則死。」鄭玄注：「齊魯之間謂鼃爲蟈；黽，耿黽也。蟈與耿黽尤怒鳴，爲聒人耳，去之。」蟈氏，周時官名，掌除蛙類動物，以其聒噪刺耳，用草灰除之。曹寅《聞蛙》詩：「我官同蟈氏，清夜聽閑冷。」

［二］《説文・黽部》：「鼃，蝦蟆也。」段玉裁注：「鼃，蝦蟆屬。『屬』，各本作『也』。鼃者，今南人所謂水雞，亦曰田雞。」《漢書・武帝紀》：「秋，鼃、蝦蟆鬭。」顔師古注：「鼃，黽也，似蝦蟆而長脚，其色青。」《本草綱目・蟲部・鼃》：「鼃好鳴，其聲自呼，南人食之，呼爲田雞。」

［三］《爾雅・釋魚》：「蟾諸，在水者黽。」郭璞注：「黽，耿黽也，似青蛙，大腹，一名土鴨。」

［四］李時珍《本草綱目・蟲四・蟾蜍》集解引陶弘景曰：「此是腹大皮上多痱磊者。」痱磊，即痱癗，亦作「痱

瘤、痱磊」等，指皮膚上的疹樣小粒塊。

［五］蟾酥：蟾蜍耳後腺及皮膚腺的白色分泌物，有毒，乾燥後入藥，主治癰毒疔瘡、咽喉腫痛等症。《本草綱目·蟲四·蟾蜍》：「取蟾酥不一：或以手捏眉稜，取白汁於油紙上及桑葉上，插背陰處，一宿即自乾白，安置竹筒内盛之，真者輕浮，入口味甜也；或以蒜及胡椒等辣物納口中，則蟾身白汁出，以竹篦刮下，麪和成塊，乾之。」明宋應星《天工開物·玉》：「凡鏤刻絶細處，難施錐刃者，以蟾酥填畫而後鍥之。」

［六］螻蟈，蛙屬，其幼子名曰「蝌蚪」，或因方言音變而異其名曰「活東」。《爾雅·釋魚》：「科斗，活東，蝦蟆子也。」《莊子·秋水》：「還虷蟹與科斗，莫吾能若也。」陸德明釋文：「科斗，蝦蟇子也。」《禮記·月令》：「（孟夏之月）螻蟈鳴，蚯蚓出。」鄭玄注：「螻蟈，蛙也。」《本草綱目·蟲四·蝌蚪》：「蝌蚪生水中，蝦蟇、青鼃之子也……蝌蚪狀如河豚，頭圓，身上青黑色，始出有尾無足，稍大則足生尾脱。」

［七］《爾雅·釋魚》：「鼁䶂，蟾諸。」郭璞注：「似蝦蟆，居陸地，淮南謂之去蚥。」按，「鼁鼀」二字形近；鼀，字亦作「䶂」。《說文·黽部》：「鼀，圥鼀，詹諸也。其鳴詹諸，其皮鼀鼀，其行圥圥。从黽，从圥，圥亦聲。鼀或从酋。」

［八］晉郭璞《玄中記》：「千歲蟾蜍，頭生角，得而食之，壽千歲。」明姜准《岐海瑣談》卷十一引唐李綽《尚書故實》曰：「百越人以蝦蟆爲上味，疥者皮最佳，名錦襖子。」

錦襖子，又曰金襖子，即蝦蟆皮。《說郛》卷七三引唐尉遲樞《南楚新聞》：「百粤人以蝦蟇爲上味……又云疥皮者最佳，切不可脱去錦襖子。」李時珍《本草綱目·蟲四·蛤蟆》集解引吴瑞曰：「長肱，石鷄也，一名錦襖子，六七月山谷間有之，性味同水雞。」

## 38　馬螘

（螘，與「蟻」同）

《爾雅》：「蚍蜉，大螘。小者螘。」注：「大螘，俗呼爲馬蚍蜉。」[一]《大戴禮》注：「螘爲玄駒。」[二]毋以大螘「馬」、小螘「駒」與？或以馬善陣，螘亦善陣，有似於馬，故得馬名[三]。《古今注》謂「人成蚊蚋，馬成大螘」[四]，恐非。

**［箋注］**

［一］《爾雅·釋魚》：「蚍蜉，大螘。小者螘。」郭璞注：「（大螘）俗呼爲馬蚍蜉。」陸德明釋文：「螘，俗作『蟻』。」《楚辭·招魂》：「赤螘若象，玄蠭若壺些。」王逸注：「螘，蚍蜉也。小者爲螘，大者謂之蚍蜉也。」

［二］《大戴禮記·夏小正》：「玄駒賁。玄駒也者，螘也。賁者何也，走於地中也。」玄駒，又作「玄蚼」，蟻之別名。揚雄《方言》第十一：「蚍蜉，齊魯之間謂之蚼蟓，西南梁益之間謂之玄蚼，燕謂之蛾蛘。」

［三］段成式《酉陽雜俎·蟲篇》：「秦中多巨黑蟻，好鬬，俗呼爲馬蟻。」明·李時珍《本草綱目·蟲二·蟻》：「蟻處處有之，有大、小、黑、白、黃、赤數種。穴居卵生。其居有等，其行有隊。能知雨候，春出冬蟄。」

［四］崔豹《古今注·問答釋義》：「牛亨問曰：『蟻名玄駒者何也？』答曰：『河内人並河而見人馬數千萬，皆如黍米，遊動往來，從旦至暮，家人以火燒之，人皆是蚊蚋，馬皆是大蟻，故今人呼蚊蚋曰黍民，名蟻曰玄駒也。』」

# 39 青蚨　海月

《博雅》：「蜳蝺，魚伯，青蚨也。」謝靈運詩：「挂席拾海月。」[一]青蚨、海月二者，皆水蟲也。《搜神記》：「南海有蟲名「蜩蠋」，如蟬大，辛美可食，其子如蠶種。殺其母塗錢，子塗貫，用錢則自還。」[二]即青蚨也，今閩廣所食龍虱是[三]。《本草》云：「海月，南海水沫所化，煮時猶變爲水，似半月，因以名之。海蛤類也。」[四]黄直翁以爲寶名，誤矣。

【箋注】

[一]蜳蝺，蟲名，蜳，字亦从「敦」。《集韻·魂韻》：「蜳，蜳蝺，蟲名，似蟬而長。」謝靈運《遊赤石進帆海》詩：「揚帆採石華，挂席拾海月。溟漲無端倪，虚舟有超越。」

[二]青蚨，一種飛蟲，又名魚伯。母子不分離，傳説用青蚨之血塗錢貫，可以引錢返歸。亦因以稱錢。《説文·虫部》：「蚨，青蚨，水蟲，可還錢。」《搜神記》卷十三：「南海有蟲名蜳蝺，一名蜩蠋，又名青蚨。其形似蟬而稍大，味辛美可食。每生子，必依草葉，大如蠶種。人得其子以歸，則母飛來就之，不以遠近。雖潛取其子，母必知處。殺其母以塗錢，以其子塗貫，用錢貨市，旋即自還。」《太平御覽》卷九五〇引漢劉安《淮南萬畢術》：「青蚨還錢：青蚨一名魚，或曰蒲，以其子母各等，置瓮中，埋東行陰垣下，三日後開之，即相從。以母血塗八十一錢，亦以子血塗八十一錢，以其錢更互市，置子用母，置母用子，錢皆自還。」唐·寒山詩之一二〇：「囊裏無青蚨，篋中有黄

絹。」宋楊備《夢中作》詩：「月俸蚨錢數甚微，不知從宦幾時歸。」

［三］龍虱，一種水中昆蟲。體形扁平橢圓，黑褐色，常居水中，夜出飛翔。廣東、福建常捕以爲食品。明屠本畯《閩中海錯疏·介部》：「龍虱，似螥蜋而小，黑色，兩翅六足，秋月暴風起，從海上飛來，落水田或池塘，海濱人撈取，油鹽製藏珍之。」明陈懋仁《泉南杂志》：「龍虱，如牛糞上蟲，似黑而薄，劈食之，小有風味。」

［四］海月，海生动物，肉可食。贝壳薄而透明，多用來嵌装门窗或房顶，以透光亮，亦稱窗贝。《文選·郭璞〈江賦〉》：「王珧海月，土肉石華。」李善注引《臨海水土物志》：「海月，大如鏡，白色，正圓，常死海邊，其柱如搔頭大，中食。」

## 40 麛

按，麛，鹿子也。《韻會》：「凡獸子初生，皆曰麛。」［一］引韓愈《猛虎行》「子食赤豹麛」，誤矣。羔，小羊也，北人罵人年少曰「羔」［二］，然則羔亦豈人與？麛爲豹子借用耳。

【箋注】

［一］《爾雅·釋獸》：「鹿，其子麛。」《禮記·曲禮下》：「國君春田不圍澤，大夫不掩羣，士不取麛卵。」孔穎達疏：「麛乃是鹿子之稱，而凡獸子亦得通名也。」

［二］羔、羔子，俗作罵人之語。《紅樓夢》第七回：「没良心的忘八羔子，瞎充管家。」《二十年目睹之怪現狀》第二八回：「那姓朱的還在那裏『羔子、王八蛋』的亂罵。」

# 41　馬頭娘

《雲笈》云：「黄帝元妃西陵氏始養蠶爲絲。」《禮記》：「皇妃祭先蠶西陵氏也。」[一]《周禮》疏：「蠶爲龍精，與馬同氣，禁原蠶爲其害馬也。」[二]由《雲笈》與《禮記》，則蠶祖爲西陵氏黄帝妃也；由《周禮》疏，則蠶，馬之所視，以爲盛衰，馬胎于蠶也。古之可見者如此。《圖經》：「高辛時，蜀蠶女父爲人所掠，惟所乘馬在，母誓：得父者娶以女。馬振，迅去，得父還，父違誓，殺馬曝其皮，皮捲女飛去，女化爲蠶，披馬皮謂之馬頭娘。」[三]

蜀人祀：以祈蠶曰「娘」者，因西陵氏而訛也；曰「馬」者，因馬同氣而訛也。曰祀以祈蠶者，托于「皇妃祀先蠶」之文也，其不經如此。至有謂高辛氏募得犬戎將吴將軍頭，以少女娶槃瓠[四]，皆此類也。

［箋注］

［一］《雲笈七籤》，北宋張君房編。宋羅泌《路史·后記五》：「黄帝元妃西陵氏，曰嫘祖。以其始蠶，故有祀爲先蠶。」按，先蠶，傳説中教民育蠶之神，古代王后或皇后主祭先蠶。《周禮·天官·内宰》：「中春，詔后帥外内命婦，始蠶於北郊，以爲祭服。」《後漢書·禮儀中》：「是月，皇后帥公卿諸侯夫人蠶，祠先蠶。祠先蠶，禮以少牢。」劉昭注引《漢舊儀》曰：「祭蠶神曰菀窳婦人、寓氏公主，凡二神。群臣妾從桑還，獻於繭觀。皆賜從桑者。皇后自行。凡蠶絲絮，織室以作祭服。」

〔二〕《周禮·夏官·馬質》「禁原蠶者」鄭玄注：「原，再也。天文辰爲馬。《蠶書》：『蠶爲龍精，月直大火，則浴其種。』是蠶與馬同氣，物莫能兩大。禁再蠶者爲傷馬與？」原蠶，即二蠶，夏秋第二次孵化的蠶。

〔三〕《蜀圖經》云：

高辛時，蜀有蠶女，父爲人掠，唯所乘馬在。其母誓之曰：「有得父還者，以此女嫁之。」馬聞言振迅而去。數日，父乘馬歸。自此馬嘶鳴，不肯飲齕，父射殺之，曝其皮於庭。皮蹶然而起，卷女去，旬日皮棲于桑上，女化爲蠶。每歲祈蠶者雲集。蜀宫觀塑女像，披馬皮，謂之馬頭娘，以祈蠶焉。」

干寶《搜神記》卷十四：

舊說，太古之時，有大人遠征，家無餘人，唯有一女，牡馬一匹，女親養之。窮居幽處，思念其父，乃戲馬曰：『爾能爲我迎得父還，吾將嫁汝。』馬既承此言，乃絶韁而去，徑至父所……（父）亟乘以歸。爲畜生有非常之情，故厚加芻養。馬不肯食，每見女出入，輒喜怒奮擊，如此非一。父怪之，密以問女，女具以告父……於是伏弩射殺之，暴皮於庭。父行，女與鄰女于皮所戲，以足蹙之曰：『汝是畜生，而欲取人爲婦耶？招此屠剥，如何自苦？』言未及竟，馬皮蹶然而起，卷女以行……鄰女走告其父……後經數日，得於大樹枝間，女及馬皮盡化爲蠶，而績於樹上。其繭綸理厚大，異于常蠶。鄰婦取而養之，其收數倍。因名其樹曰桑。桑者，喪也。由斯百姓種之，今世所養是也。

宋戴埴《鼠璞·蠶馬同本》：「唐《乘異集》載，蜀中寺觀多塑女人披馬皮，謂馬頭娘，以祈蠶。《搜神記》載：女思父，語所養馬，若得父歸，吾將嫁汝。馬迎得父，見女輒怒，父殺馬，曝皮於庖中，皮忽卷女飛去桑間，俱爲蠶。俗謂蠶神爲馬明菩薩，以此然。」

宋無名氏《張協狀元》戲文第十六齣：「末：『不虧了口。我那神道威！』丑：『怎比馬明王？』」錢南揚校注：「馬明王，蠶神，即馬頭娘……俗稱馬明王，明王乃神之通號。」清翟灝《通俗編·神鬼》：「《七修類稿》所謂馬頭娘，本《荀子·蠶賦》『身女好而頭馬首』一語附會，俗稱馬明王。」

［四］《後漢書・南蠻西南夷列傳》：昔高辛氏有犬戎之寇，帝患其侵暴，而征伐不克。乃訪募天下，有能得犬戎之將吴將軍之頭者，購黄金千鎰，邑萬家，又妻以少女。時帝有畜狗，其毛五采，名曰盤瓠。

## 42 狼戾 很戾

（很，下懇切）

狼性多藉，其草穢亂，故曰「狼藉」［一］。曰「狼貪」、又曰「狼戾」［二］，皆言多也。羊性很，愈牽愈不進，其曰「很戾」，言不順從也［三］。狼，从犬，良聲；很，从彳，艮聲。字相近，而迥異。今言不順從者，乃曰「狼戾」，或曰「貪很」，則失之矣。

（彳音尺）

【箋注】

［一］藉，本指草墊，此謂坐卧。《漢書・佞幸傳・董賢》：「嘗晝寢，偏藉上褎，上欲起，賢未覺，不欲動賢，乃斷褎而起。」顔師古注：「藉謂身卧其上也。」

［二］狼戾，凶狠，暴戾。又謂散亂交雜。《孟子・滕文公上》：「樂歲粒米狼戾。」趙岐注：「狼戾，猶狼藉也……饒多狼藉，棄捐於地。」《淮南子・覽冥訓》：「昔雍門子以哭見於孟嘗君……孟嘗君爲之增欷歍唈，流涕狼戾

不可止。」漢高誘注：「狼戾，猶交横也。」《文選·王褒〈洞簫賦〉》：「貪饕者聽之而廉隅兮，狼戾者聞之而不懟。」吕向注：「狼戾，惡性也。」

［三］很，違逆，不順服，倔强執拗，而不肯前行。《説文·彳部》：「很，不聽從也。一曰行難也。」《莊子·漁父》：「見過不更，聞諫愈甚，謂之很。」《史記·項羽本紀》：「猛如虎，很如羊，貪如狼，彊不可使者，皆斬之。」賈思勰《齊民要術·養羊》：「白羊性很，不得獨留。」

引申之，謂險惡，凶暴殘忍，此義後作「狠」。《書·酒誥》：「厥心疾很，不克畏死。」《左傳·襄公二十六年》：「太子痤美而很。」杜預注：「貌美而心很戾。」《淮南子·主術》：「上好取而無量，下貪很而無讓。」韓愈《雜説》之三：「即有平脅曼膚，顔如渥丹，美而很者，貌則人，其心則禽獸，又惡可謂之人邪！」

## 43 決明 螵蛸各二

石決明，鰒也，似蛤，附石而生，王莽所啗者[一]。菜決明，芠也。葉黄鋭，赤華，實如山茱萸，屈到所嗜者[二]。

桑螵蛸，螳蜋子，螳蜋逢木便産，唯桑上者爲佳[三]。陶隱居以爲得桑之津氣也[四]。海螵蛸，烏賊，止背上一骨輕虚，而白腹中血及膽如墨。《本草》以爲生東海池澤者也[五]。

**［箋注］**

［一］石決明，海中動物，即鮑，又稱鰒魚，其殼入藥。《漢書·王莽傳》：「莽軍師外破，大臣内畔，左右亡所信，

莽憂懣不能食，亶飲酒，啖鰒魚。」顏師古注：「鰒，海魚也。」宋陳師道《後山談叢》卷二：「石決明，登人謂之鰒魚，明人謂之化孔螺。」明葉子奇《草木子・石決明》：「石決明，海中大螺也，生於南海崖石之上。海人泅水取之，乘其不知，用手一撈則得；苟其覺知，雖用斧鑿亦不脱矣。」清李元《蠕範・物偏》：「鰒，鮑魚也，石鮭也，石華也，石決明也。」

[二]《國語・楚語上》：「屈到嗜芰。」《韓非子・難四》：「屈到嗜芰，文王嗜菖蒲葅，非正味也，而二賢尚之，所味不必美。」宋人蘇軾撰有《屈到嗜芰論》。

[三] 螵蛸，螳螂的卵塊，產於桑樹之上者曰桑螵蛸，可入藥。《禮記・月令》「（仲夏之月）小暑至，螳蜋生」鄭玄注：「螳蜋，螵蛸母也。」《魏書・陸俟傳》：「子彰崇好道術，曾嬰重疾，藥中須桑螵蛸，子彰不忍害物，遂不服焉。」李時珍《本草綱目・蟲一・螳蜋桑螵蛸》：「桑螵蛸生桑枝上，螳蜋子也。」

[四] 陶弘景自號華陽隱居，故謂。李時珍《本草綱目・蟲部・螳蜋桑螵蛸》引陶弘景曰：「螳螂，俗名石蜋，逢樹便産，以桑上者爲好，是兼得桑皮之津氣也。惟連枝斷取者爲真，僞者亦以膠着桑枝之上也。」

[五] 烏賊，又名墨魚、算袋魚、烏鰂、海鰾鮹。入藥之海螵蛸取自烏賊魚骨。李時珍《本草綱目・鱗四・烏賊魚》：「骨名海螵蛸。」又《集解》：「別録曰：『烏賊魚生東海池澤，取無時。』」

## 44 螧 蟢

（螧音豈）

《廣韻》：「螧，長足蟲也。」[一]《説文》：「蠨蛸，長股者，一名長蚑。」《詩》疏：「長螧，河内人謂之喜母，著人衣，當有親客至。」[二] 今産子牆壁上，護以白膜，亦有足抱子行者，俗謂之「喜」。喜則螧也。[三]《西京雜記》：「蜘蛛集而百事喜。」陸賈云：「蟢子垂而百事喜。」李德裕云：「人

將有喜，兆垂於冠冕。」[四]

蜘蛛有三種，一種布網簷端，一種絡幕草上，俱蒼黑色；一種小而微紅，謂之蟢蛛，則蟢也。郭璞以小蜘蛛長脚者爲蠨蛸，是猶未辨。

［箋注］

［一］《爾雅·釋蟲》：「蠨蛸，長蹄。」郭璞注：「小蜘蛛，長腳者，俗呼爲喜子。」《廣韻·支韻》：「踦，長腳蜘蛛。」長踦，亦作「長蚑」。亦作「長跂」。晉崔豹《古今注·魚蟲》：「長蚑，蠨蛸也。身小足長，故謂長蚑。」五代馬縞《中華古今注·長跂》：「長跂，蠨蛸也。身小足長，故謂長跂。」唐元稹《蜘蛛》詩：「縫隙容長踦，虛空織横羅。」

［二］《詩·豳風·東山》：「伊威在室，蠨蛸在户。」毛傳：「蠨蛸，長踦。」孔穎達疏引陸璣：「蠨蛸，一名長脚。荆州、河内人謂之喜母，此蟲來著人衣，當有親客至有喜也。幽州人謂之親客，亦如蜘蛛爲羅網居之。」

［三］蜘蛛結網多在室内墻壁之間，古人認爲是喜兆，故又名喜蛛、喜子、壁蟢、壁钱，其字後來作「蟢」。北齊劉晝《新論·鄙名》：「今野人晝見蟢子者，以爲有喜樂之瑞。」南朝梁宗懔《荆楚歲時記》：「(婦女)陳瓜果於庭中以乞巧，有喜子網於瓜上，則以爲符應。」遼李齊賢《居士戀》詩：「鵲兒籬際噪花枝，蟢子牀頭引網絲。」清金農《蟢子》詩：「雙燭生花送喜頻，紅絲蟢子漾流塵。」

［四］參李德裕《喜征論》。

# 45　蜥蜴　蝘蜓

《説文》：「在草曰蜥蜴，在壁曰蝘蜓。」《爾雅》疏：「在草澤中者名『蠑螈』，蜥蜴在壁名『蝘蜓、守宮』。」[一]。

蜥蜴，又名蛇醫，又曰龍子。其色青紺，長二三尺[二]。守宮，又名蝎虎，灰色，大如指。《夷堅志》：「劉居中至嵩山，嶺有大蜥蜴數百就水，飲纔入口，即吐雹，圓結如彈丸，忽雷震，彈丸皆失去。故人用以禱雨。」蜥蜴龍子，理或然也。顔師古曰：「守宮，術家以器養之，飼以丹砂，滿七斤，擣治萬杵，以點女子臂，終身不滅，有房室之事則滅矣。」[三]劉郃曰：「守宮生屋壁，如守宮然，故名之。何在防淫佚也？」郃此言是矣。《儒行篇》：「宮，牆垣也。」[四]蝘蜓常居牆垣之中，若守然。東方朔「跂跂脈脈善緣壁」是也[五]。

【箋注】

[一]《説文・易部》：「易，蜥易，蝘蜓，守宮也。」段玉裁注：「《虫部》蜥下曰：『蜥，易也。』，蝘下曰：『在壁曰蝘蜓，在艸曰蜥易。』《釋魚》曰：『蠑螈，蜥蜴；蜥蜴，蝘蜓；蝘蜓，守宮也。』郭云：『轉相解，博異語別四名也。』《方言》曰：『守宮，秦、晉、西夏謂之守宮，或謂之，或謂之蜥蜴，其在澤中者謂之易蜴；南楚謂之蛇醫，或謂之蠑螈……』許舉其三者，略也。易，本蜥易。」

守宮，別名壁虎、蠍虎。因其常守伏于宮牆屋壁以捕食蟲蛾，故名守宮。

[二]蛇醫，亦作「虵醫」，蠑螈別名，又稱龍子。漢揚雄《方言》卷八：「守宮，南楚謂之蛇醫，或謂之蠑螈。」晉崔豹《古今注・魚蟲》：「蝘蜓，一曰守宮，一曰龍子，善於樹上捕蟬食之，其五色長大者，名爲蜥蜴，其短而大者名爲蠑螈，一曰蛇醫。」蘇軾《次韻舒堯文祈雪霧豬泉》：「長笑虵醫一寸腹，銜冰吐雹何時足。」

[三]壁虎之性，伏壁守宮，故舊朱砂飼養壁虎，搗碎取其汁液，點於女子之體，傳説可以驗貞。

《漢書・東方朔傳》：「上嘗使諸數家射覆，置守宮盂下射之，皆不能中。」顏師古注：「守宮，蟲名也。術家云，以器養之，食以丹砂，滿七斤，擣治萬杵，以點女子體，終身不滅。若有房室之事，則滅矣。言可以防閑淫逸，故謂之守宮也。今俗呼爲辟宮，辟亦禦扞之義耳。」

張華《博物志》卷四：「蜥蜴或名蝘蜓。以器養之，食以朱砂，體盡赤，所食滿七斤，治擣萬杵，點女人支體，終身不滅。唯房室事則滅，故號守宮。」明王錂《春蕪記・感歎》：「傷心縱是警啼鳥，係臂還應護守宮。」《天雨花》第十八回：「玉人洗手金盆内，見守宮一點尚瑩瑩，便把羅巾拭過渾無見，暗暗心驚自忖心，誰知這等多靈驗，今日方知假共真。」

[四]《禮記・儒行》：「儒有一畝之宮，環堵之室，篳門圭窬，蓬户甕牖。」鄭玄注：「宮謂牆垣也。」宮謂圍墻、宮墻。

[五]《漢書・東方朔傳》：「臣以爲龍又無角，謂之爲虵又有足，跂跂脈脈善緣壁，是非守宮即蜥蜴。」

## 46 璅蛣 水母

郭景純《江賦》：「璅蛣腹蟹，水母目蝦。」松陵集注：「璅蛣，似蚌，有一小蟹在腹中，爲璅蛣出求食，或不歸，璅蛣餒死。淮南人呼爲蟹奴。」[一]《廣韻》：「水母名蟦，形如羊胃，無目，以鰕爲目。」[二]《嶺表録》：「水母腹下有物如絮，謂之足，而無口眼，常有數十鰕，寄腹下。捕者或遇之，即沈，乃是鰕有所見耳。」[三]一名蛇，又名摴蒱魚，又名海鉭。

二物者亦異矣。

**[箋注]**

[一]《文選・郭璞〈江賦〉》:「璅蛣腹蟹,水母目蝦。」李善注:「《南越志》曰:『璅蛣,長寸餘,大者長二三寸,腹中有蟹子,如榆莢,合體共生,俱爲蛣取食。』又曰:『海岸間頗有水母,東海謂之蛇。正白,濛濛如沫,生物有智識,無耳目,故不知避人,常有蝦依隨之,蝦見人則驚,此物亦隨之而没。』」

璅蛣,又作「瑣蛣」,介類。腹蟹,寄居於璅蛣腹中之小蟹,亦謂之蟹子、蟹奴、寄居蟹。

唐段公路《北户録・紅蟹》:「又蟹奴,如榆莢,在其腹中,生死不相離。」宋傅肱《蟹譜》上篇:「瑣蛣似蚌,常有一小蟹在腹中,爲蛣出求食,蟹或不至,蛣餒死,所以淮海人呼爲蟹奴。」趙翼《放言》詩:「蟹奴寄殼居,水母借月視。」

[二] 蟦,海蜇,水母。又名蛇。《玉篇・虫部》:「蛇,形如覆笠,常浮隨水。」《廣韻・禡韻》:「蛇,水母也,一名形如羊胃,無目,以蝦爲目。」《集韻・微韻》:「蟦,蟲名。出北海水上,狀如凝脂,一曰水母也。」

[三] 唐劉恂《嶺表録異》卷下:「水母,廣州謂之水母,閩謂之蛇。其形乃渾然凝結一物。有淡藍色者,有白色者。大者如覆帽,小者如碗。腹下有物如懸絮,俗謂之脚,而無口眼。常有數十蝦,寄腹下。捕者或遇之,即沈,乃是蝦有所見耳。」

## 47 蝍蛆 蜈蚣 蚿

《爾雅》:「蒺蔾,蝍蛆。」郭璞云:「似蝗,而大腹長角,能食蛇腦。」[一]《莊子》「蝍蛆甘帶」[二],是也。《埤雅》:「蝍蛆,蜈蚣。今俗謂之百足。」《魯連子》:「百足之蟲,三斷不蹶。」[三]是也。

《韻會》:「馬蚿蟲,百足,似蜈蚣而小,尤多脚,不能毒人。」《莊子》「蚿憐蛇」是也[四]。

按，蒺藜，茨也，《爾雅》以爲蝍蛆，不可曉。或亦以果蠃爲蒲盧之類[五]。郭璞以蝍蛆似蝗，非，食蛇唯蜈蚣爲然。《埤雅》以爲蜈蚣，是。《廣韻》：「帶，蛇別名。」亦非帶腦也，中州人謂頭爲「腦帶」[六]。《莊子》謂「甘帶」，即郭璞所謂「食蛇腦」也。

蜈蚣謂之百足，蚿亦謂之百足。

**［箋注］**

［一］《廣雅・釋蟲》：「蝍蛆，蜈公。性能制蛇，卒見大蛇，便緣而啖其腦。」蜈蚣，第一對足有毒腺，能分泌毒液，斷足後各段仍別行而去。又名馬陸、馬蚿、馬蚰、百足。張華《博物志》卷二：「百足，一名馬蚿，中斷成兩段，其頭尾各異行而去。」趙翼《題棕亭見和長篇後即贈》詩：「至死不僵蟲百足，橫行無敵蟹雙螯。」

一說蝍蛆爲蟋蟀。

［二］《莊子・齊物論》：「蝍且甘帶。」陸德明釋文：「且，字或作蛆……《廣雅》云：『蜈公也。』帶，司馬（彪）云：『小蛇也。蝍蛆好食其眼。』」

［三］《文選・曹冏〈六代論〉》：「百足之蟲，至死不僵。」李善注引《魯連子》：「百足之蟲，至斷不蹶者，持之者衆也。」

［四］《廣韻・先韻》：「蚿，馬蚿蟲，一名百足。」《莊子・秋水》：「夔憐蚿，蚿憐蛇。」陸德明釋文：「司馬（彪）云：馬蚿蟲也。」《孔子家語・六本》：「馬蚿斬足而復行，何也？以其輔之者衆。」賈思勰《齊民要術・飧飯》：「清明節前二日夜雞鳴時，炊黍熟，取釜湯遍洗井口甕邊地，則無馬蚿，百蟲不近井甕矣。」

［五］果蠃，細腰蜂。又名蒲盧。《爾雅・釋蟲》：「果蠃，蒲盧。」郭璞注：「即細腰蜂也，俗呼爲蠮螉。」

［六］帶腦，腦帶，即腦袋。

## 48 鷄尸 蚌兩

《史記》：「蘇秦説韓宣惠王曰：『寧爲鷄口，無爲牛後。』」《戰國策》作「鷄尸」、「牛從」[一]。《戰國策》：「蘇代語趙惠王曰：『鷸曰：今日不雨，明日不雨，即有死蚌。蚌亦謂鷸曰：今日不出，明日不出，即有死鷸。』」陸農師讀「雨」作「兩」。

秦[二]稱牛後者，將激其怒而從也，《史記》爲是。鷸，知天將雨鳥也，雨即解去，《戰國策》爲是。

**[箋注]**

[一] 按，《顔氏家訓·書證篇》引《史記·蘇秦列傳》作「寧爲雞尸，無爲牛從」。王念孫《讀書雜誌·戰國策》：《顔氏家訓·書證篇》曰：「《太史公記曰》：『寧爲雞口，無爲牛後。』按：延篤《戰國策音義》曰：『尸，雞中之主；從，牛子。』然則「口」當爲「尸」，「後」當爲「從」，俗寫誤也……又按：蘇秦説趙王曰：「臣人之與臣於人也，豈可同日而言之哉！」鷄尸，喻臣人也；牛從，喻臣於人也。故下文曰：「交臂而事秦，何以異於牛從乎？」而《史記正義》乃云「雞口雖小猶進食，牛後雖大乃出糞」，其説甚爲迂曲。鮑（彪）襲取其義，謂「蘇秦以惡語侵韓」，謬矣。

[二] 秦，指蘇秦。陸農師，指陸佃。

## 49 桂蠹

《漢成帝紀》：「桂蠹花不實。」《文帝紀》：「賜尉佗書、衣服，使者獻桂蠹一器。東方朔《七諫》：「桂蠹不知所淹留兮。」[一]《大業拾遺録》：「桂蠹，紫色，有香，噉之已陰痿之疾。」

按，桂蠹，桂樹中蝎蟲，食桂，味辛，蜜漬之可食[二]。《成帝紀》「桂蠹」，謂桂有蠹，後三言「桂蠹」，皆指蝎蟲，言此亦可見桂有實。

**［箋注］**

［一］《楚辭・東方朔〈七諫・怨世〉》：「桂蠹不知所淹留兮，蓼蟲不知徙乎葵菜。處涽涽之濁世兮，今安所達乎吾志？」王逸注：「桂蠹以喻食禄之臣也。言桂蠹食芬香、居高顯，不知留止，妄欲移徙，則失甘美之木，亡其處也，以言衆臣食君之禄，不建忠信，妄行佞諂亦將失其位，喪其所也。」

［二］蠹，木中蛀蟲。寄生於桂樹之中者，曰桂蠹。《漢書・西南夷兩粵朝鮮傳》：「謹北面因使者獻白璧一雙，翠鳥千，犀角十，紫貝五百，桂蠹一器，生翠四十雙，孔雀二雙。」顔師古注：「應劭曰：『桂樹中蝎蟲也。』蘇林曰：『漢舊常以獻陵廟，載以赤轂小車。』此蟲食桂，故味辛，而漬之以蜜食之也。」

## 50　鎖陽　五靈脂　紫稍花

《輟耕録》：「韃靼田地，野馬或與蛟龍交，遺精入地，久之，發起如笋，上豐下儉，鱗甲櫛比，筋脈連絡，其形類男陰，名曰鎖陽。」[一]

「五臺山有鳥，名號寒蟲，四足，肉翅不能飛。盛夏文采絢爛，自鳴曰『鳳凰不如我』。深冬毛羽落，索然如鷇雛，又自鳴曰『得過且過』，其糞五靈脂。」[二]

《秇林伐山》：「龍生三卵，一爲吉吊，上岸與鹿交，或在水邊遺精，流槎遇粘裹，浮木枝如蒲桃焉，號紫稍花。道樞謂之龍鹽。」[三]

如所云，則三物亦希有矣，有或贋也。

［箋注］

［一］宋周密《癸辛雜識續集上·鎖陽》：「（韃靼）有鱗甲筋脈，其名曰鎖陽。即所謂肉蓯蓉之類也。」李時珍《本草綱目·草部·鎖陽》：「鎖陽出肅州。按，陶九成《輟耕録》云：『鎖陽生韃靼田地，野馬或與蛟龍遺精入地，久之發起如笋，上豐下儉，鱗甲櫛比，筋脈連絡，絶類男陽，即肉蓯蓉之類，或謂里之淫婦。」

［二］出自明陶宗儀《南村輟耕録》卷十五。《本草綱目·禽二·寒號鳥》「集解」：「五靈脂，出北地，寒號鳥糞也。禹錫曰：『寒號蟲，四足，有肉翅，不能遠飛。』五臺諸山甚多，其狀如小雞，四足有肉翅，夏月毛采五色，自鳴若曰『鳳凰不如我』。至冬毛落如鳥雛，忍寒而號，曰『得過且過』。」

〔三〕楊慎《升庵全集》卷八一：「龍生三卵，一爲吉弔。上岸與鹿交，或在水邊遺精，流槎過粘裹，浮木如蒲桃焉，號紫稍花，道樞所謂龍鹽。有益帷箔者也。」

龍鹽，藥名，又稱吉弔脂、紫稍花。唐韓偓《金鑾密記・士林紀實》：「龍鹽，士大夫共知之。龍方交，有所遺。用鹽漬之，服之，治虛敗，有益幃簿之事。」按，帷箔，又作「幃簿」，本指帷簾，此謂内私，室事。

吉弔，爲龍所生的卵之名。宋孫光憲《北夢瑣言》卷四：「又海上人云：龍生三卵，一爲吉弔也。」李時珍《本草綱目・鱗一・弔》：「惟蘇頌《圖經》載吉弔脂，云龍所生也。」

## 51 音聲木　鸂鶒灘

《因話録》：「唐尚書省南門有古槐，垂陰甚廣。相傳夜深聞絲竹之音，省中即有入相者，謂之音聲木。」〔一〕

《劇談録》：「河南府尹闕，前臨大溪，每僚佐有入臺，則水中先有小灘漲出。牛僧孺爲縣尉，忽報灘出，邑宰與同僚往觀之，有老吏云：此必分司御史，若是，西臺灘上當有一雙鸂鶒。俄，鸂鶒飛下，不數日拜西臺御史。」〔二〕

由此，則人之出處當有定也。

【箋注】

〔一〕唐趙璘《因話録》卷五《徵部》：

尚書省東南隅通衢有小橋，相承目爲「拗項橋」。言侍御史及殿中諸郎，久次者至此，心拗項而望南宫也。都堂南門東道，有古槐垂陰至廣。相傳夜深聞絲竹之音，省中即有人入相者，俗謂之「音聲樹」。

［二］唐康駢《劇談録》卷上《御史灘》：河南府尹闕縣，前臨大溪，每僚佐有入臺者，則水中先有小灘漲出，石礫金沙，澄澈可愛。牛相國爲縣尉，一旦忽報灘出，翌日邑宰者與同僚列筵于亭上觀之。因召耆宿詢其事，有老吏云：「此必分司御史，非西臺之命。若是，西臺灘上當有雙鸂鶒立前後居。人以此爲則，相國潛揣縣僚無出於己，因舉杯祝曰：『既能有灘，何惜一雙鸂鶒？』宴未終，俄有飛下。不旬日，拜西臺監察御史。西臺，官署名，御史臺。陸游《老學庵筆記》卷六：「唐人本謂御史在長安者爲西臺，言其雄劇，以别分司東都，事見《劇談録》。本朝都汴，謂洛陽爲西京，亦置御史臺，至爲散地。以其在西京，亦號『西臺』，名同而實異也。」宋喻良能《文舉司理以鸂鶒一雙見遺作詩爲謝》：「五采斕斑好毛羽，金沙石礫映毰毸。我無御史西臺望，安用一雙鸂鶒來。」

## 52 螽

《爾雅》：「蛗螽，蠜。草螽，負蠜。蜇螽，蜙蝑。蟿螽，螇蚸。土螽，蠰谿。」厥類有五［一］。蠜，蝗也，一生八十一子，或云九十九子，信宿即飛。《周南》「螽斯」是已［二］。負蠜，大小長短如蝗，奇音，青色，好在茅草中，因謂之草螽［三］。蜙蝑，長而青色，長角似股，以股鳴者也［四］。《詩》「五月斯螽動股」，毛、鄭誤以釋「螽斯」［五］。螇蚸，似蜙蝑而細長，飛翅作聲。

蠰谿，一名蚱蜢，似蝗而小，善跳。𧒂，或謂即草蟲，因其多子，故詩人取喻也[六]。（𧒂，音負；蠜，音凡；蜇，音斯；蚣，音嵩；蝑，音胥；蟿，音契；蚸，音曆）

**［箋注］**

［一］螽，《爾雅·釋蟲》有𧒂螽（又作「阜螽」）、草螽、蜇螽、蟿螽、土螽五種。舊説謂爲蝗類的總名。今以阜螽、蟿螽、土螽屬蝗蟲科；蜇螽、草螽屬螽斯科。

［二］蠜，阜螽。《爾雅·釋蟲》：「𧒂螽，蠜。」邢昺疏：「𧒂螽，一名蠜。李巡曰：蝗子也。」《詩·召南·草蟲》「趯趯阜螽」毛傳：「阜螽，蠜也。」

信宿：信，再宿爲信。信宿，兩夜，此謂兩三日。

［三］草螽，古又稱負蠜、草蟲。《漢書·五行志中之下》：「嚴公二十九年『有蜚』。劉歆以爲負蠜也，性不食穀，食穀爲災，介蟲之孽。」按，此「嚴公」即「莊公」，漢時避諱而改稱。李時珍《本草綱目·蟲三·𧒂螽》：「𧒂螽在草上者曰草螽，在土中者曰土螽。」

［四］蚣蝑，蟲類，翅摩而鳴。《春秋·桓公五年》：「蔡人、衛人、陳人從王伐鄭。大雩。螽。」杜預注：「蚣蝑之屬爲災，故書。」

［五］《詩·周南·螽斯》：「螽斯羽，詵詵兮。」毛傳：「螽斯，蚣蝑也。詵詵，衆多也。」鄭玄箋：「凡物有陰陽情慾者，無不妬忌，維蚣蝑不耳。得受氣而生子，故能詵詵然。」周祈以毛傳、鄭箋兩家以蚣蝑釋螽斯爲誤。馬瑞辰通釋：「螽斯蓋柳斯、鹿斯之比，以斯爲語詞耳。」

［六］《詩·周南·螽斯序》：「螽斯，后妃子孫衆多也，言若螽斯不妬忌，則子孫衆多也。」取典螽斯則喻多子。

《後漢書·皇后紀下·順烈梁皇后》：「夫陽以博施爲德，陰以不專爲義，螽斯則百，福之所由興也。」明陳汝元《金蓮記·慈訓》：「追昔緣成孔雀，期今慶衍螽斯。」

## 53　皮革

生曰皮，理之曰革，柔之曰韋[一]，柔之不均謂之韠[二]。

（韠音虧）

[箋注]

[一]　治理去毛之皮爲革，柔治之爲韋。《説文·革部》：「革，獸皮治去其毛，革更之。」《正字通·韋部》：「韋，柔皮。熟曰韋，生曰革。」《周禮·天官·掌皮》：「掌皮，掌秋斂皮，冬斂革，春獻之。」孫詒讓正義引宋綿初云：「凡連毛者曰皮，裘材也，去毛者曰革，練治之革曰韋。」《儀禮·聘禮》：「君使卿韋弁。」唐賈公彦疏：「有毛則曰皮，去毛熟治則曰韋。」《漢書·鄭崇傳》「每見曳革履」，顔師古注：「孰曰韋，生曰革。」

[二]　韠，音義同「虧」，虧損。《字彙·韋部》：「韠，柔革不均也。」《周禮·考工記·鮑人》：「卷而摶之，欲其無迆也。」鄭玄注引鄭衆曰：「無迆，謂革不韠。」孫詒讓正義：「韠字，唐以前字書未見。《類篇·韋部》始有此字，云：『柔革平均也』。安《釋文》『音虧』，疑即虧之俗……不虧，蓋謂革不縮而減損，則卷之無迆邪不正之患。」清·翟灝《通俗編·雜字》：「今消皮家曰韠皮及韠帽、韠鼓，皆用此字。」

韠，謂柔革不均。然《類篇·韋部》、《集韻·支韻》轉相參引，作「韠，柔革平均也」，當爲「柔革不均」之誤。周祈之説正確。

## 54　十四物取義

贔屭，形似龜，性好負重，故用載碑。

螭吻，形似獸，性好望，故立屋角上。

徒牢，形似龍而小，性好吼，有神力，故懸於鐘上。

憲章，形似獸，有威性，好囚，故立於獄門上。

饕餮，性好水，故立於橋所。

蟋蜴，形似獸，鬼頭，性好腥，故用於刀柄上。

蠻蛇[一]，形似龍，性好風雨，故用於殿脊上。

螭虎，形似龍，性好文彩，故立於碑首。

金猊，形似獅，性好火烟，故立於爐蓋上。

椒圖，形似螺螄，好閉口，故立於門上，今呼鼓丁，非也。

虭蛥，形似龍而小，好立險，故立於護朽上[二]。

鰲魚，形似龍，好吞火，故立於屋脊上。

獸吻，形似獅，好食陰邪，故立於門鐶上。

金吾，形似美人，首魚，尾有兩翼，性通靈，不睡，故用巡警。見《菽園雜記》，得之倪村民家雜録中，必博雅者有所采也[三]。其曰螭虎，亦不免訛耳[四]。恐訛亦不止此云。

【箋注】

[一] 蠻，字形又作从虫从蠻，作「蠻」。

[二] 護朽：柱頭或塔頂，用以保護防朽，故名。

[三] 明陸容《菽園雜記》卷二《古諸器物異名》：

古諸器物異名：贔屓，其形似龜，性好負重，故用載石碑。螭蚴，其形似獸，性好望，故立屋角上。徙牢，其形似龍而小，性吼叫，有神力，故懸於鐘上。憲章，其形似獸，有威性，好囚，故立於獄門上。饕餮，性好水，故立橋頭。蟋蝪，形似獸，鬼頭，性好腥，故用於刀柄上。蠻𧊲，其形似龍，性好風雨，故用於殿脊上。螭虎，其形似龍，性好文彩，故立於碑文上。金猊，其形似獅，性好火煙，故立於香爐蓋上。椒圖，其形似螺螄，性好閉口，故立於門上，今呼鼓丁，非也。蚓蛥，其形似龍而小，性好立險，故立屋脊上。獸蚴，其形似獅子，性好食陰邪，故立門環上。金吾，其形似美人，首魚，尾有兩翼，其性通靈，不睡，故用巡警。出《山海經》《博物志》。右嘗過倪村民家，見其《雜録》中有此，因録之以備參考。如詞曲有「門迎四馬車，户列八椒圖」之句，「八椒圖」，人皆不能曉。今觀椒圖之名，義亦有出也。然考《山海經》《博物志》，皆無之。《山海經》原缺第十四、十五卷，聞《博物志》自有全本，與今書坊本不同，豈記此者嘗得見其全書與？

謝肇淛《五雜俎》卷九物部「龍生九子」：

龍生九子：「蒲牢好鳴，囚牛好音，蚩吻好吞，嘲風好險，睚眥好殺，負屭好文，狴犴好訟，狻猊好坐，霸下好負重。」此語近世所傳，未考所出，而《博物志》九種之外，又有：憲章好囚，饕餮好水，蟋蜴好腥，蠻蛀好風雨，螭虎好文采，金猊好煙，椒圖好閉口，虭蛥好立險，鼇魚好火，金吾不睡。亦皆龍之種類也。蓋龍性淫，無所不交，故種獨多耳。

又明褚人穫《堅瓠集》十集卷二：

龍生九子，不成龍，各有所好。明孝宗書小帖，以問內閣李西涯，西涯不能悉。乃據羅圭峰玘、劉蘆泉績之言，具疏以聞。西涯言于楊升庵，升庵爲西涯承上問，而不蔽下臣之美。賢相之盛節，録于集中。

一曰贔屓（避戲），形似龜，好負重，今石碑下龜趺是也。二曰螭吻，形似獸，性好望，今殿脊獸頭是也。三曰蒲牢，形似龍，性好叫吼，今鐘上獸鈕是也。四曰狴犴，形似虎，有威力，故立於獄門。五曰饕餮，好飲食，故立于鼎蓋。六曰蚣蝮，性好水，故立於橋柱。七曰睚眥，性好殺，故立於刀環。八曰金猊，形似獅，性好煙火，故立於香爐。九曰椒圖，形似螺蚌，性好閉，故立於門鋪首。又有金吾，似美人首，尾似魚，有兩翼，性通靈不寐，故用警巡。

然升庵無所引證。且與金吾而爲十矣。胡承之侍《真珠船》，亦有龍九子，並載西涯事，其名不同。

一曰囚牛，好音樂，胡琴上所刻是。二曰睚眥，刀柄龍吞頭是。三曰嘲風，性好險，殿角走獸是。四曰蒲牢，好鳴，鐘上獸紐是。五曰狻猊，好坐，佛座獅子是。六曰霸下，好負重，碑座獸是。七曰狴犴，好訟，獄門所畫獸是。八曰贔屓，好文，石碑兩傍所畫龍是。九曰蚩吻，好吞，殿春獸頭是。

各有引證。以爲其説不經，援史傳「睚眥必報」等語，以證「睚眥」之非。蒲牢，海邊獸名，班固《東都賦》注：「海中有大魚曰鯨，蒲牢畏鯨，鯨擊蒲牢，輒大鳴。凡鐘欲令聲大，故作蒲牢於上，而刻鯨形以撞之。」狻猊，《穆天子（傳）》：「狻猊野馬走五百里。」《爾雅》云：「狻麑如虥貓，食虎豹。」郭璞注：「即師子也，出西域。」狴犴，《韻會》曰：「犴，犬子也。」犬所以守，故謂獄爲犴。《字林》云：「犴、豻同，胡地野狗，似狐，黑喙。」《周官》「士射豻侯」注：「豻，胡犬，其守在夷，士以能勝四夷之守爲善，故射之。」《埤雅》云：「豻善守，故獄曰豻。」贔屓，《西京賦》「巨靈贔屓」注：「壯大貌。」《吴都賦》「巨鼇贔屓」注：「用力貌。」蚩吻，當作鴟尾。王子年《拾遺記》：「鯀沉羽淵，化爲玄魚，後人修玄魚祠以祀之。見其浮躍出水，長百尺，噴水激浪，必降大雨。」漢世越巫，請以鴟魚尾厭火災，今之獸頭鴟尾是也。《唐會要》：「漢武柏梁台災，越巫言海中有魚名虬，其尾似鴟，激浪則降雨。遂作其形。置於殿脊以厭火。」《南史》：「蕭摩訶詔其廳事寢堂，並置鴟尾。」諸書並不見有龍子之説。囚牛，亦無龍九子之説。霸下、嘲風，俱無考證。劉調父元卿《賢奕》亦載諸物名，云見《山海經》、《博物志》。其贔屭、蒲牢、金猊、椒圖、螭吻、金吾，説與升庵同。他如：憲章，形似獸，有威，性好囚，立於獄門；蜥蜴，形似獸，鬼頭，性好腥，立於刀柄；蠻蛀，形似龍，性好風雨，立於殿脊；螭虎，形似龍，性好文采，立於石碑兩旁；蚴蟉(刀哲)，形似龍而小，性好險，故立護杇上；鼇魚，形似龍，好吞火，故立於屋脊；獸吻，形似獅子，性好食陰邪，故立門鈽上；饕餮，性好水，立於橋柱。按，饕餮，《韻匯》等書，作「貪食貌」，升庵「好飲食，立鼎蓋」之説爲是。「好水」未識何據。升庵以蚣蝮爲好水。而陸儼山《金台紀聞》又以虮蝮爲好飲云。鴟鴞氏生三子，長曰蒲牢，次曰鴟吻，説亦與升庵同。三曰虮蝮好飲，即今閘口、閘暫字入聲所置是也，閘口上以石鑿獸，置兩榜，狀似蜥蜴，首下尾上，名曰虮蝮。諸説各異，備書之，以俟博物君子訂正焉。

峰按，上文所出人名及其表字注釋如下：

羅玘，明代江西南城人，字景鳴，號圭峰，學者稱圭峰先生。

劉績，明代湖廣江夏人，字用熙，號蘆泉。明人胡侍，字奉之，咸寧人，撰有《真珠船》八卷。

劉元卿，明代江西吉安人，字調甫，撰有寓言集《賢奕編》。

[四] 周祈認爲「螭虎」之名爲訛傳之誤，參「18 騶虞 斗牛 螭虎」。

## 55 鴟鴞

《爾雅》：「鴟鴞，鸋鴂。」按，鴟鴞，惡鳥；鸋鴂，小鳥，即鷦鷯也[一]。二鳥本不同，蓋誤也。

正名曰鴟鴞，分言之，或曰鴟，或曰鴞，又或作「梟」[二]。有三種。

一種茅鴟，似鷹而白，有冠；一名鵂[三]，一名鵟，今未知爲何鳥。

一種怪鴟，又分二種：一似鷹，性嗜鼠，俗名夜食鷹，頭圓而有耳，俗又名猫兒頭，即鵂鶹也，曰角鴟[四]、曰鵋鶀、曰鴝鵒、曰訓狐[五]、曰姑獲，皆其名也。一似黄鸝，背有文如鋤，雄鳴扛，雌鳴孔，俗名快扛，即鵩[六]也，曰⿰鬼鳥、曰鶹離、曰鬼車、曰車截板、曰九頭鳥，皆其名也。二鳥晝伏夜見，鳴則凶。

一種梟鴟，又名土梟[七]，少好，長醜，大則食其母，日至捕磔之，以頭挂木上，因謂挂首爲梟。亦未詳其形，似或云即鵂鶹也。

【箋注】

[一]《詩·豳風·鴟鴞》「鴟鴞」毛傳：「鴟鴞，鸋鴂也。」陸璣疏：「鴟鴞似黄雀而小……幽州人謂之鸋鴂，或曰巧婦，或曰女匠；關東謂之工雀，或謂之過嬴；關西謂之桑飛，或謂之襪雀，或曰巧女。」《文選·陳琳〈檄吴將校部曲文〉》：「鸋鴂之鳥，巢於葦苕。」李善注引《廣雅》：「鸋鴂，工雀也。」晉張華《鷦鷯賦》序：「鷦鷯，小鳥也，生於蒿萊之間，長於藩籬之下，翔集尋常之内，而生生之理足矣。」

[二]李時珍《本草綱目·禽部·鴞》：「鴟與鴞二物也，周公合而詠之，後人遂以鴟鴞爲一鳥，誤矣。」

[三]《爾雅·釋鳥》：「雚，老鵵。」晉郭璞注：「木兔也。似鴟鵂而小，兔頭有角，毛腳，夜飛，好食雞。」清郝懿行義疏：「《廣雅》云：『鸛鴟，老鵵也。』……鵵與兔同。《酉陽雜俎》云：『北海有木兔，似鵂鶹也。』按：此即上狂茅鴟一種，大者亦俗呼猫兒頭，其頭似兔，以耳上毛爲角也。」

［四］李時珍《本草綱目·禽四·鴟鵂》：「角鴟、怪鴟……夜食鷹。其狀似鴟而有毛角，故曰鴟，曰角。」徐珂《清稗類鈔·動物·角鴟》：「角鴟，形與梟同，惟耳邊有長毛如角……亦名鴟鵂，又稱怪鴟，俗稱貓頭鷹。」

［五］訓狐，鴞之别名。黄庭堅《演雅》詩：「訓狐啄屋真行怪，蟰蛸報喜太多可。」

［六］鵩，鴞之别稱。《本草綱目·禽部·鴞》：「（釋名）鵩，其色如服色也。」

［七］土梟，梟屬。《爾雅·釋鳥》「狂、茅鴟、怪鴟、梟鴟」郭璞注：「梟鴟，土梟。」郝懿行義疏：「《爾雅翼》云：『土梟，穴土以居，故曰土梟。』」

# 名義考卷十一　物部

## 1　緼袍

《玉藻》：「纊爲繭，緼爲袍。」注：「纊，新綿；緼，舊絮。」[一]《廣韻》：「繹繭爲絲，不繰爲綿，繰餘爲絮。」[二]以蠶繭繹而出之曰「繰」[三]；繰之所累曰「絲」，以爲黼黻文章[四]；不繰而成之曰「綿」。《書》「纖纊」、《莊子》「洴澼絖」是也[五]。

**[箋注]**

[一]《禮記・玉藻》：「纊爲繭，緼爲袍。」鄭玄注：「纊謂今之新綿也。緼謂今纊及舊絮也。」《漢書・東方朔傳》：「以韋帶劍，莞蒲爲席，兵木無刃，衣緼無文。」顔師古注：「緼，亂絮也。」

[二]《急就篇》卷二：「絳緹絓紬絲絮綿。」顔師古注：「漬繭擘之，精者爲綿，麤者爲絮。今則謂新者爲綿，故者爲絮。」

[三]《説文・糸部》：「繰，繹繭爲絲。」《玉篇・糸部》：「繰，繹繭出絲也。」

[四]黼黻、文章，泛指華美的花紋與色彩，亦謂繡有華麗花紋的禮服。白與黑相間謂之黼，黑與青相間謂之黻，文，花紋；章，色彩。

［五］《書・禹貢》：「厥篚纖纊。」孔傳：「纊，細緜。」孔穎達疏：「纖是細，故言細綿。」《莊子・逍遥遊》：「宋人有善爲不龜手之藥者，世世以洴澼絖爲事。」鍾泰發微：「洴澼，漂也，漂緩讀之則爲『洴澼』……絖與『纊』通，絮也。」洴澼絖：在水中漂洗棉絮。

以褚襺繅餘爲絮，繭内衣護蛹者，與其外膜雜爲之，《易》「繻有衣袽」［一］是也。以褚袍襺，《春秋傳》所謂「重繭」，衣之貴者［二］；「袍」即《論語》所謂「緼袍」，衣之賤者［三］。貧者又不可得絮，於是雜用枲褚、枲檾［四］也。以褚袍亦曰「緼袍」，編而爲粗短衣，即《孟子》所謂「褐」［五］，寬博以爲禪縠，以行道禦塵［六］，即詩所謂「褧衣」［七］，《記》所謂「絅」［八］。師古曰：「以綿裝衣曰褚。」［九］《論語》注作「著」。

（襺，音簡；繅，音騷；絖，與「纊」同；檾、褧、絅，俱音頃）

**［箋注］**

［一］《易・既濟》：「繻有衣袽，終日戒。」王弼注：「繻宜曰濡。衣袽所以塞舟漏也。」程頤傳：「繻當作濡，謂滲漏也。舟有罅漏，則塞以衣袽。」袽，破絮，敗衣。

［二］《左傳・襄公二十一年》：「重繭衣裘，鮮食而寢。」杜預注：「繭，緜衣。」重繭當是厚織的綿衣。

［三］《論語・子罕》：「衣敝緼袍，與衣狐貉者立，而不恥者，其由也與？」朱熹集注：「緼，枲著也；袍，衣有著者也。蓋衣之賤者。」緼袍，古爲貧賤者所服。桓寬《鹽鐵論・貧富》：「原憲之緼袍，賢於季孫之狐貉。」阮籍《詠懷》之四五：「屣履詠《南風》，緼袍笑華軒。」

［四］枲：大麻；檾：苘麻。二者俱麻類植物。《説文・林部》「檾」下引《詩・衛風・碩人》：「衣錦檾衣。」今本作「褧」。《尔雅翼・釋草八》：「檾，枲屬，高四五尺，或六七尺，葉似苧而薄，實如大麻子，今人績以爲布及造繩

索。」褚：以錦裝衣。

［五］褐：粗衣，以葛麻或獸毛製成，古爲貧賤者所服。《詩・豳風・七月》：「無衣無褐，何以卒歲？」鄭玄箋：「褐，毛布也。」《孟子・滕文公上》：「許子衣褐。」趙岐注：「以毳織之，若今馬衣也。或曰：褐，枲衣也；一曰粗布衣也。」

［六］禪縠：絲製的外罩單衣，旅途服之以禦風塵。《釋名・釋衣服》：「有裏曰複，無裏曰禪。」寬博，謂寬大之衣。

［七］褧衣：用枲麻類植物纖維織成的單外衣，古代女子出嫁時在途中所穿，以蔽塵土。《詩・衛風・碩人》：「碩人其頎，衣錦褧衣。」毛傳：「夫人德盛而尊，嫁則錦衣加褧襜。」鄭玄箋：「國君夫人翟衣而嫁。今衣錦者，在塗之所服也。」《詩・鄭風・丰》：「衣錦褧衣，裳錦褧裳。」明・楊慎《升庵經説・毛詩・褧衣》：「褧衣，或作絅衣，《説文》作檾衣，《儀禮》作穎衣，又作景衣，音義並同，皆嫁時在途之衣也。」

［八］絅：禪衣，罩在外面的單衣。同「褧」。《禮記・玉藻》：「禪爲絅。」鄭玄注：「有衣裳而無裏。」《禮記・中庸》引《詩》：「衣錦尚絅。」朱熹集傳：「『褧』，『絅』同；禪衣也。」今本《詩・衛風・碩人》作「衣錦褧衣」。

［九］《漢書・南粵傳》：「上褚五十衣，中褚三十衣，下褚二十衣，遺王。」顏師古注：「以綿裝衣曰褚。上中下者，綿之多少薄厚之差也。」《玉篇・衣部》：「褚，裝衣也。」

## 2 褐寬博

褐，《説文》：「編枲韈也。」馬絡頭也，亦謂之「馬衣」［一］。賤者編枲爲衣，寬大有似於韈，故曰「褐寬博」［二］，毛布以禦寒，何取於寬博哉？今士子出身曰「釋褐」，言去賤而將貴也［三］。若毛布則罽也，亦謂之「毾」，其字从毛。康成、杜預諸人皆誤釋［四］。

（罽音計，褐音曷）

**［箋注］**

［一］《説文》：「褐，編枲韤。一曰粗衣。」《急就篇》卷二：「靸鞮卬角褐韤巾。」顔師古注：「韤，足衣也，一曰褐，謂編枲爲韤也。」韤，足衣，即襪子。《説文》具兩説，粗麻編製，一襪一衣。此條引爲「編枲韤」，蓋有別本。韤，馬嚼，馬絡頭，周以此聯繫「馬衣」。

馬衣，用麻或毛製成，爲賤者所服。《孟子·滕文公上》「許子衣褐」趙岐注：「以毳織之，若今馬衣。」《淮南子·覽冥訓》「短褐不完」高誘注：「短褐，毛布。如今之馬衣。」《左傳·定公八年》：「主人焚衝，或濡馬褐以救之」晉·杜預注：「馬褐，馬衣。」楊伯峻注：「馬褐，漢晉人謂之馬衣，即以粗麻布所製之短衣，賤者所服。」

馬衣，麻毛粗織，訓爲短衣，可商。按，當爲寬大之服，所謂「寬博」。古者命名以「馬」謂大，如馬蜂、馬刀、馬勺之類。李時珍《本草綱目·草五·馬蓼》：「凡物大者，皆以馬名之，俗呼大蓼是也。」

［二］《孟子·公孫丑上》：「不受於褐寬博，亦不受於萬乘之君。」朱熹集注：「褐，毛布。寬博，寬大之衣，賤者之服也。」焦循正義：「上言褐寬博，下言褐夫，則褐寬博即是衣褐之匹夫。故云獨夫被褐者。褐寬博，蓋當時有此稱也。」褐寬博：古爲貧賤者所服，寬大粗織。

［三］釋褐：脱去平民衣服，始任官職。揚雄《解嘲》：「夫上世之士，或解縛而相，或釋褐而傅。」《周書·李基傳》：「大統十年，（李基）釋褐員外散騎常侍。」

［四］毼罽，乃毛紡細織。古賤者服粗製麻、毛，毛爲獵獲之獸皮鳥羽，故相比細布、綿絲爲低廉。康成，鄭玄之字。《詩·豳風·七月》：「無衣無褐，何以卒歲。」鄭玄箋：「褐，毛布也。」《左傳·哀公十三年》：「旨酒一盛兮，余與褐之父睨之。」杜預注：「褐，寒賤之人。」經師之説妥當。

## 3 褧衣

褧，《説文》：「檾也。」[一]《爾雅翼》：「檾葉似苧而薄，今人績爲布以爲衣。」[二]不重曰禪縠，《詩》「衣錦褧衣」[三]是也。亦作「絅」。《玉藻》「禪爲絅」，《中庸》「衣錦尚絅」，通作「潁」[四]。《士昏禮》：「女從者畢袗玄，袗潁黼。」《雜記》：「三年之喪，既潁。」又作「景」。《儀禮》：「婦乘以几，姆加景，乃驅。」[五]「絅、潁、景、褧」，通皆嫁時在途禦塵之衣也。

**［箋注］**

［一］褧：以麻或輕紗製成的單衣，女子出嫁時穿在錦衣之外以避塵土。《説文》：「褧，檾也。《詩》曰：『衣錦褧衣。』」段玉裁注：「檾者，枲屬；績枲爲衣，是爲褧衣。」《玉篇·衣部》：「褧，衣無裏也。」《詩·鄭風·丰》：「衣錦褧衣，裳錦褧裳。」鄭玄箋：「蓋以禪縠爲之，中衣裳用錦而加禪縠焉，爲其文之大著也。」

［二］《爾雅翼·釋草》：「檾，枲屬，高四五尺，或六七尺，葉似苧而薄，實如大麻子，今人績以爲布及造繩索。」

［三］女子出嫁時在途中所穿之單衣，謂之褧衣，以蔽塵土。《詩·衛風·碩人》：「碩人其頎，衣錦褧衣。」毛傳：「夫人德盛而尊，嫁則錦衣加褧襜。」鄭玄箋：「國君夫人翟衣而嫁。今衣錦者，在塗之所服也。」

［四］絅：同「褧」，禪衣，罩在外面的單衣。《集韻·迥韻》：「絅，禪也。或从帛，通作褧。」《禮記·玉藻》：「禪爲絅。」鄭玄注：「有衣裳而無裏。」《禮記·中庸》：「《詩》曰：『衣錦尚絅』，惡其文之著也。」漢·鄭玄注：「禪爲絅，錦衣之美，而君子以絅表之，爲其文章露見似小人也。」唐·陸德明釋文：「絅，本作潁，《詩》作褧。」

顈：枲麻之類的植物，似苧，可織布制衣。《禮記・雜記下》：「如三年之喪，則既顈，其練、祥皆行。」鄭玄注：「顈，草名。無葛之鄉，去麻則用顈。」《儀禮・士昏禮》：「女從者畢袗玄，纚笄被顈黼，在其後。」鄭玄注：「顈，禪也……士妻始嫁，施禪黼於領上。」賈公彥疏：「云『顈，禪也』者，此讀如《詩》云『褧衣』之『褧』，故爲禪也。」

［五］景，貴族婦女出行禦塵的罩衣，後作「幜」。《儀禮・士昏禮》：「婦乘以几，姆加景，乃驅。」鄭玄注：「景之制，蓋如明衣，加之以爲行道禦塵，令衣鮮明也，景亦明也……今文景作幜。」《隋書・禮儀志四》：「皇后服大嚴繡衣，帶綬珮，加幜……入昭陽殿前至席位，姆去幜。」

## 4　端　章甫

「端」與「玄端」即緇布衣［一］。古者卿士聽朝之服，以其正幅，不衺殺，故曰「端」［二］。章甫視毋追，其飾漸大，故曰「章甫」［三］。亦以緇布爲之，所謂玄冠也。

（毋音牟；追音堆）

［箋注］

［一］端、玄端：古代禮服。天子、諸侯、士大夫祭祀禮儀服之，天子燕居時亦服玄端。緇：黑色。《周禮・考工記・鍾氏》：「三入爲纁，五入爲緅，七入爲緇。」鄭玄注：「染纁者，三入而成……又復再染以黑，乃成緇矣。」古朝服制以黑帛，所謂緇衣。《詩・鄭風・緇衣》：「緇衣之宜兮，敝予又改爲兮。」毛傳：「緇，黑也，卿士聽朝之正服也。」

［二］《周禮・春官・司服》：「其齊服有玄端素端。」鄭玄注：「鄭司農云：『衣有襦裳者爲端。』玄謂：端者，取

其正也。」賈公彦疏：「此端據正幅不據襦裳，故後鄭不從也……端，正也，故以正幅解之也。」《論語・先進》：「宗廟之事，如會同，端章甫，願爲小相焉。」邢昺疏：「其衣正幅，染之玄色，故曰玄端。」

〔三〕毋追：夏代冠名。殷曰章甫，周曰委貌。《禮記・郊特牲》：「毋追，夏后氏之道也。」鄭玄注：「常所服以行道之冠也。」《禮記・儒行》：「丘少居魯，衣逢掖之衣；長居宋，冠章甫之冠。」孫希旦集解：「章甫，殷玄冠之名，宋人冠之。」《後漢書・輿服志下》：「委貌冠、皮弁冠同制，長七寸，高四寸，制如覆杯，前高廣，後卑鋭，所謂夏之毋追，殷之章甫者也。」

## 5 冕服

黄帝垂衣裳，有冕服〔一〕。虞舜「觀古人之象，日、月、星辰、山、龍、華蟲，作會；宗彝、藻、火、粉米、黼、黻，絺繡」〔二〕。有十二章之制〔三〕。周去三辰爲旂常〔四〕。九章自山龍而下謂之「衮冕」〔五〕，龍，阿曲也。七章自華蟲而下謂之「鷩冕」〔六〕，鷩，朱雉，即華蟲也。五章自宗彝而下，無火，謂之「毳冕」〔七〕，虎蜼毛縟也。三章粉米黼黻謂之「希冕」〔八〕，所存者少也。一章唯黻而已曰「元冕」，衣玄也。此皆自服而言，曰冕者以服得名也，非冕之上有龍與鷩等也。

【箋注】

〔一〕《易・繫辭下》：「黄帝堯舜垂衣裳而天下治，蓋取諸乾坤。」

〔二〕《尚書・益稷》：「予欲觀人之象，日、月、星辰、山、龍、華蟲，作會；宗彝、藻、火、粉米、黼、黻，絺繡，以五采彰施於五色，作服，汝明。」

〔三〕古代天子之服，繪繡以十二種圖像，謂之十二章。衣繪日、月、星辰、山、龍、華蟲，稱上六章；裳繡宗彝、藻、火、粉米、黼、黻，稱下六章。《周禮・春官・司服》：「王之吉服，祀昊天上帝，則服大裘而冕。」鄭玄注：「《書》曰：『予欲觀古人之象：日、月、星辰、山、龍、華蟲作繢，宗彝、藻、火、粉米、黼、黻希繡。』此古天子冕服十二章。」孫詒讓正義：「日也，月也，星也，山也，龍也，華蟲也，六者畫以作繪，施於衣也；宗彝也，藻也，火也，粉米也，黼也，黻也，此六者紩以爲繡，施之於裳也。」

［四］日月星爲三辰。旂常：旂與常，王侯旗幟。旂畫交龍，常畫日月。《周禮・春官・司常》：「日月爲常，交龍爲旂……王建大常，諸侯建旂。」

［五］九章：古代帝王冕服上的九種圖案。《周禮・春官・司服》「享先王則袞冕」漢鄭玄注：「冕服九章，登龍於山，登火於宗彝，尊其神明也。九章，初一曰龍，次二曰山，次三曰華蟲，次四曰火，次五曰宗彝，皆畫以爲繢；次六曰藻，次七曰粉米，次八曰黼，次九曰黻，皆希以爲繡。則袞之衣五章，裳四章，凡九也。」

袞冕：袞與冕，古代帝王與上公的禮服和禮冠。《周禮・春官・司服》：「王之吉服，祀昊天上帝則大裘而冕；祀五帝亦如之；享先王則袞冕……公之服，自袞冕而下，如王之服。」《國語・周語中》：「棄袞冕而南冠以出，不亦簡彝乎。」韋昭注：「袞，袞龍之衣也；冕，大冠也。公之盛服也。」

［六］《周禮・春官・司服》：「王之吉服……享先公饗射，則鷩冕。」鄭玄注：「鷩，畫以雉，謂華蟲也。其衣三章，裳四章，凡七也。」

鷩：雉鳥。鷩冕，鷩衣而加冕，爲周天子與諸侯的命服。

［七］毳：鳥獸的細毛。毳冕：毳衣和冕，古代天子祭祀四望山川時所用禮服。《周禮・春官・司服》：「王之吉服……祀四望山川則毳冕。」鄭玄注引鄭司農曰：「毳，罽衣也。」《舊唐書・文苑傳上・楊炯》：「又製毳冕以祭四望也。四望者，岳瀆之神也。」

蜼：長尾猿。

［八］希冕：即希衣之冕，帝王祭社稷、五祀時所戴的與希衣相配的禮冠。《周禮・春官・司服》：「祭社稷、五

祀則希冕。」段玉裁《周禮漢讀考》卷三：「（鄭玄）注：希，讀爲『黹』（今本作『絺』），或作『絺』（今本作『黹』）……周冕服九章，初一曰龍，次二曰山，次三曰華蟲，次四曰火，次五曰宗彝，皆畫以爲繢，次六曰藻，次七曰粉米，次八曰黼，次九曰黻，皆黹（今本作『希』）以爲繡……黹，刺粉米無畫也。」

衮冕十二旒[一]，王大祀、朝覲服之，上公九旒。鷩冕九旒，王祀先公、饗射服之，王、三公八旒，侯、伯七旒。毳冕七旒，王四望服之，王之孤卿六旒，子、男五旒。希冕五旒，王祭社稷、五祀服之，王之大夫、諸侯之孤各四旒。元冕三旒，王祭群小祀服之，諸侯之公三旒，再命大夫二旒，一命大夫一旒。

王之五冕，旒有多寡。每旒玉皆十二，無增損也。上公以下，每旒玉數如其旒數，尊卑之等也。

是冕之與服，君臣所共，惟冕前後垂旒則遞減耳，故臣下之冕總謂之「裨冕」[二]。

《説文》曰：「冕者，大夫以上冠也。」[三]《玉藻》注：「冕以板爲之。」[四]師古注：「五冕之板，廣八寸，長六寸，前圓後方。」[五]

## [箋注]

[一] 旒：冕冠前後懸垂的玉串，同「瑬」。《廣韻・尤韻》：「瑬，《説文》曰：『垂玉也，冕飾。』今典籍用旒。」《正字通・方部》：「旒，以絲繩貫玉，垂冕前後也。」《禮記・禮器》：「天子之冕，朱緑藻，十有二旒，諸侯九，上大夫七，下大夫五，士三。」《孔子家語・入官》：「古者聖主冕而前旒，所以蔽明也。」《淮南子・主術》：「故古之王者，冕而前旒，所以蔽明也。」高誘注：「冕，王者冠也。前旒，前後垂珠飾邃綖也。下自目，故曰蔽明也。」按，邃綖，多作「邃延」，下垂延覆。《禮記・玉藻》：「天子玉藻，十有二旒，前後邃延。」鄭玄注：「前後邃延者，言皆出冕前後而垂也。」《後漢書・輿服志下》：「冕冠，垂旒，前後邃延，玉藻。」劉昭注：「邃，垂也。延，冕上覆。」

古代凡吉禮皆戴冕，而服飾隨事而異。《周禮・春官・司服》：「王之吉服：祀昊天上帝，則服大裘而冕，祀五帝亦如之；享先王則衮冕；享先公饗射則鷩冕；祀四望山川則毳冕；祭社稷五祀則希冕；祭羣小祀則玄冕。」

[二] 裨冕：與衮冕或上一等冕服相對而言，古代諸侯卿大夫朝覲或祭祀時所穿冕服的通稱。《儀禮・覲禮》：「侯氏裨冕，釋幣于禰。」鄭玄注：「裨冕者，衣裨衣而冠冕也。裨之爲言埤也。天子六服，大裘爲上，其餘爲裨，以事尊卑服之，而諸侯亦服焉。」《禮記・曾子問》：「大祝裨冕，執束帛。」郑玄注：「裨冕者，接神則祭服也，諸侯之卿大夫所服。裨冕，絺冕、玄冕也。士服爵弁服，大祝裨冕則大夫。」

[三]《説文》：「冕者，大夫以上冠也，邃延垂瑬紞纊。从冃，免聲。古者黄帝初作冕。絻，冕或从糸。」徐鍇繫傳：「冕，冠上加之也。長六寸，前狹圓，後廣方，朱緑塗之。前後邃延，旒其前，垂珠也……以黄綿綴冕兩旁，下係玉瑱，又謂之珥，細長而鋭若筆頭，以屬耳中，無作聰明亂舊章，虚己以待人之意也。」

[四]《禮記・玉藻》：「玄端而朝日於東門之外，聽朔於南門之外，閏月則闔門左扉，立於其中。」鄭玄注：「冕，謂以板爲之，以『延覆』也，故云『延冕上覆』也。」

[五]《宋史・輿服志四》：「古者，冕以木版爲中，廣六寸，長尺六寸，後方前圓，後仰前低……今羣臣冕版長一尺二寸，闊六寸二分，非古廣尺之制；以青羅爲覆，以金塗銀稜爲飾，非古玄表朱裏之制。」

有綎，綎用三十升布[一]，染黄，覆冕上，出冕前後而垂。有紘，紘，冠卷也[二]。有紞，即黈纊，以黄綿爲圜，懸冕兩旁塞耳者[三]，下繫玉瑱，謂之珥[四]。有繅，繅合五采絲爲繩，垂於綎之前，後以結玉[五]。有就，就，成也，一玉爲一成，結之不相棄也[六]。

周制如此，秦服袀元[七]。漢冠竹皮，因陋就簡，古製隳廢，此賈生有易服色之請[八]，班固不志輿服也。

（絺音紙；䵸音陡）

**［箋注］**

［一］綖：覆於冠冕上的飾物。《左傳・桓公二年》：「衡、紞、紘、綖，昭其度也。」杜預注：「綖，冠上覆。」孔穎達疏：「此四物者，皆冠之飾也。」

升：古代區別布帛粗細的計算單位，布八十縷爲升。《儀禮・喪服》：「冠六升，外畢。」鄭玄注：「布八十縷爲升。」《禮記・雜記》：「朝服十五升。」漢・劉向《説苑・臣術》：「進不事上，以爲忠；退不克下，以爲廉；八升之布，一豆之食足矣。」

［二］紘：冕飾，繫於頷下的冠帶，由頷下向上系于笄。《説文》：「紘，冠卷也。」《玉篇・糸部》：「紘，冠卷維也，冠飾也。」《儀禮・士冠禮》：「緇組紘纁邊。」鄭玄注：「有笄者屈組爲紘，垂爲飾。」賈公彦疏：「謂以一條組於左笄上繫定，遶頤下，又相向上仰屬于笄屈繫之，有餘因垂爲飾也。」《禮記・禮器》：「管仲鏤簋，朱紘，山節，藻棁，君子以爲濫矣。」孔穎達疏：「紘，冕之飾，用組爲之，以其組從下屈而上屬之於兩旁，垂餘爲纓。」

［三］䵸：黄色。纊：綿絮，帝王用以塞耳，上懸於紞，下飾玉，謂之瑱，冕、弁等皆置之。班固《白虎通・紼冕》：「纊塞耳，示不聽讒也。」

䵸纊，黄色之綿所製小球，懸於冠冕之上，垂兩耳旁，以示不欲妄聽是非。《淮南子・主術訓》：「故古之王者，冕而前旒所以蔽明也，䵸纊塞耳所以掩聰，天子外屏所以自障。」《文選・張衡〈東京賦〉》：「夫君人者，䵸纊塞耳，車中不内顧。」薛綜注：「䵸纊，言以黄綿大如丸，懸冠兩邊，當耳，不欲妄聞不急之言也。」

［四］瑱：古人垂在冠冕兩側用以塞耳的玉墜。《左傳・昭公二十六年》：「夏，齊侯將納公，命無受魯貨，申豐從女賈，以幣錦二兩，縛一如瑱，適齊師。」孔穎達疏：「禮以一條五采横冠上，兩頭下垂繫黄緜，緜下又懸玉爲瑱以塞耳。」

珥：耳飾，以珠玉爲之，也叫瑱、璫。《列子・周穆王》：「施芳澤，正娥眉，設笄珥。」張湛注：「珥，瑱也，冕上垂玉以塞耳。」《文選·枚乘〈七發〉》：「九寡之珥以爲約。」李善注引《蒼頡篇》：「珥，珠在耳也。」

［五］繅：五彩絲繩，通「藻」。《周禮·夏官·弁師》：「掌王之五冕……五采繅，十有二就。」鄭玄注：「繅，雜文之名也，合五采絲爲之，繩垂於延之前後，各十二，所謂邃延也。」賈公彥疏：「此據兖冕而言，謂合五采絲爲藻繩十二道，爲十二旒也。」《儀禮·聘禮》：「賈人西面坐，啓櫝，取圭垂繅，不起而授宰。」賈公彥疏：「繅，絢組爲之者，所以繫玉於韋版，使不失墜。」

［六］就：五采絲一匝稱爲一就。從一就而上，以別等級尊卑。《周禮·秋官·大行人》：「上公之禮，執桓圭九寸，繅藉九寸，冕服九章，建常九斿，樊纓九就。」鄭玄注：「每一處五采備爲一就。就，成也。」《禮記·禮器》：「大路繁纓一就，次路繁纓七就。」孔穎達疏：「五色一帀曰就。」

［七］袀：純匀之義，同「均」。一説爲黑色。袀元，即「袀玄」。袀玄：黑色禮服，亦作「袀袨」。《淮南子·齊俗訓》：「尸祝袀袨，大夫端冕，以送迎之。」高誘注：「袀，純服；袨，墨齋衣也。」按，齋衣謂祭服。《後漢書·輿服志下》：「秦以戰國即天子位，滅去禮學，郊祀之服皆以袀玄。」《金史·輿服志中》：「自秦滅棄禮法，先王之制，靡敝不存，漢初猶服袀玄以從大祀，歷代雖漸復古，終亦不純而已。」清惲敬《〈十二章圖説〉序》：「古者，十二章之制，始於軒轅著於有虞，垂於夏殷，詳於有周，蓋二千有餘年。東漢考古定制，歷代損益，皆十二章，亦二千有餘年，可謂備矣。中間秦王水德，上下皆服袀玄，西漢仍之，隔二百有餘年。」

［八］賈誼（前200—168）曾上疏漢文帝，建議移風易俗，興禮樂，改正朔，易服色，改變官名，「色上黄，數用五，爲官名」，制訂新的典章制度，但文帝認爲條件不成熟，未采納。參《漢書·賈誼傳》。

## 6　冠　幘

《説文》：「冠，絭也，所以絭髮。」又曰：「髮有巾曰幘。」［一］夏之冠曰「毋追」，「追」猶「堆」也［二］；

商曰「章甫」，漸章著也[三]；周曰「委貌」，委曲有貌也[四]。並以緇布爲之，故曰「緇布冠」[五]，又曰「玄冠」[六]。《輿服志》：「委貌與皮弁同制，長七寸，高四寸，前高廣後卑鋭，但皮弁以鹿皮耳。」[七]

【箋注】

［一］《説文·冖部》：「冠，絭也。所以絭髮，弁冕之總名也。从冖，从元，元亦聲。冠有法制，从寸。」字形象手持冠帽加於頭上之形。

又《巾部》：「幘，髮有巾曰幘。」《釋名·釋首飾》：「幘，蹟也，下齊眉蹟然也。」幘，包扎髮髻的頭巾。《方言》卷四：「覆結謂之幘巾。」漢蔡邕《獨斷》下：「幘者，古之卑賤執事不冠者之所服也……元帝額有壯髮，不欲使人見，始進幘服之，羣臣皆隨焉，然尚無巾，如今半頭幘而已。」《隋書·禮儀志六》：「幘，尊卑貴賤皆服之。文者長耳，謂之介幘；武者短耳，謂之平上幘。」《晉書·輿服志》：「古者冠無幘，冠下有纚，以繒爲之。後世施幘於冠，因或裁纚爲帽。」

［二］毋追：夏代冠名，又稱「毋追收」。《禮記·郊特牲》：「毋追，夏后氏之道也。」鄭玄注：「常所服以行道之冠也。」明謝肇淛《五雜俎·物部四》：「毋追收，夏冠也。」

［三］章甫：商代的一種冠，亦名「章父」。《禮記·儒行》：「丘少居魯，衣逢掖之衣；長居宋，冠章甫之冠。」孫希旦集解：「章甫，殷玄冠之名，宋人冠之。」《莊子·逍遥遊》：「宋人資章甫而適諸越，越人斷髮文身，無所用之。」《漢書·賈誼傳》：「章父薦屨，漸不可久兮。」顔師古注：「章父，殷冠名也……父讀曰甫。」

［四］委貌：冠名，以皁絹爲之。《儀禮·士冠禮》：「委貌，周道也。」鄭玄注：「委，猶安也，言所以安正容貌。」漢·班固《白虎通·紼冕》：「委皃者何謂也？周朝廷理政事，行道德之冠名。」《後漢書·輿服志下》：「委貌冠、皮弁冠同制，長七寸，高四寸，制如覆杯，前高廣，後卑鋭，所謂夏之毋追，殷之章甫者也。」

［五］緇布冠：古代士與庶人常用的一種冠。古之冠禮，初加緇布冠，次加皮弁，次加爵弁。《禮記·玉藻》：

「始冠，緇布冠，自諸侯下達，冠而敝之可也。」《儀禮・士冠禮》：「緇布冠，缺項，青組纓屬於缺，緇纚，廣終幅，長六尺。」缺項，冠後當人項處空缺，用青組纓結之。《晉書・輿服志》：「緇布冠，蔡邕云即委貌冠也。太古冠布，齊則緇之。緇布冠，始冠之冠也。」

[六] 玄冠：黑色冠。《儀禮・士冠禮》：「主人玄冠朝服，緇帶素韠。」《論語・鄉黨》：「羔裘、玄冠不以弔。」楊伯峻注：「羔裘、玄冠都是黑色的，古代都用作吉服。」

[七]《後漢書・輿服志》：「委貌冠、皮弁冠同制，長七寸，高四寸，制如覆杯，前高廣，後卑鋭，所謂夏之毋追，殷之章甫者也。委貌以皂絹爲之，皮弁以鹿皮爲之。」

古冠制雖不可詳，今羽流束髮者大畧近之[一]。趙惠文冠以冠如蟬翼，猶古之鷩冕[二]，一名「鵕鸃冠」[三]，一名「鶡冠」[四]。謂之武弁，鵕鸃、鶡，勇而有介。今勳臣籠巾[五]插鶡羽，其遺意。楚獬豸冠，以獲獬豸得名[六]，後有鐵柱，又曰「柱後」[七]，謂之法冠，今憲臣[八]冠加獬豸於上，亦其遺意也。唐翼善冠，太宗采古制自服之，今乘輿常服亦名翼善冠，或唐制也[九]。

【箋注】

[一] 羽流，指道人，道士。羽流束髮，蓋謂道者之髮飾。

[二] 鷩冕：古禮服，鷩衣而加冕，爲周天子與諸侯的命服。《周禮・春官・司服》：「王之吉服……享先公饗射，則鷩冕。」鄭玄注：「鷩，畫以雉，謂華蟲也。其衣三章，裳四章，凡七也。」《新唐書・車服志》：「鷩冕者，二品之服也。」《宋史・輿服志四》：「今天子六服，自鷩冕而下，既不親祠，廢而不用。」

[三] 鵕鸃：鷩雉，即錦雞，有美麗羽毛，可爲冠飾。《漢書・司馬相如傳上》：「揜翡翠，射鵕鸃」。顔師古注：

「鵕鸃，鷩鳥也，似山雞而小冠，背毛黄，腹下赤，項緑色，其尾毛紅赤，光采鮮明，今俗呼爲山雞，其實非也。」《正字通・鳥部》：「鵕鸃，似山雞而小，即錦雞。」《漢書・佞幸傳》：「故孝惠時，郎、侍中皆冠鵕鸃，貝帶。」顔師古注：「以鵕鸃毛羽飾冠，海貝飾帶。」

［四］鶡冠：冠飾以鶡羽，爲武官之冠，隱士亦冠之。《後漢書・輿服志下》：「武冠，俗謂之大冠，環纓無蕤，以青系爲緄，加雙鶡尾，豎左右，爲鶡冠云。五官、左右虎賁、羽林、五中郎將、羽林左右監皆冠鶡冠，紗縠單衣。」《文選・劉孝標〈辯命論〉》：「至於鶡冠甕牖，必以懸天有期。」李善注：「《七略》鶡冠子者，蓋楚人也，常居深山，以鶡爲冠，故曰鶡冠。」

［五］籠巾：即貂蟬冠，以貂尾和附蟬爲飾的冠冕。宋時亦稱貂蟬籠巾。《宋史・輿服志四》：「貂蟬冠一名籠巾，織藤漆之，形正方，如平巾幘。飾以銀，前有銀花，上綴玳瑁蟬，左右爲三小蟬，御玉鼻，左插貂尾。三公、親王侍祠大朝會，則加于進賢冠而服之。」

［六］獬豸：傳説中的異獸，似鹿而一角，能辨曲直，見人相鬥，則以角觸理屈者。古人視爲靈獸，以解糾紛。漢楊孚《異物志》：「東北荒中有獸，名獬豸，一角，性忠，見人鬭則觸不直者，聞人論則咋不正者。」《文選・司馬相如〈上林賦〉》：「椎蜚廉，弄獬豸。」郭璞注引張揖曰：「獬豸，似鹿而一角。人君刑罰得中，則生於朝廷，主觸不直者。」《宋書・符瑞志中》：「獬豸知曲直，獄訟平則至。」

古代御史大夫等執法官，冠獬豸冠，因謂之法冠。蔡邕《獨斷》：「法冠，楚冠也……秦制執法服之。今御史廷尉監平服之，謂之獬豸冠。」

［七］柱後：法官、御史等官吏之冠，又稱獬豸冠。《後漢書・輿服志下》：「法冠，一曰柱後。高五寸，以纚爲展筩，鐵柱卷，執法者服之，侍御史、廷尉正監平也。或謂之獬豸冠。獬豸，神羊，能别曲直，楚王嘗獲之，故以爲冠。」後以「柱後」代指法官、御史等。《文選・左思〈魏都賦〉》：「詰朝陪幄，納言有章。亞以柱後，執法内侍。」李周翰注：「柱後，御史官。」

［八］憲臣：多指御史，宋代指提點刑獄，即後之按察使。錢大昕《廿二史考異・宋史五・職官志七》：「宋人稱轉運爲漕司，安撫爲帥司，提點刑獄爲憲司，提舉、常平爲倉司，故有漕臣、帥臣、憲臣之目。」

［九］翼善冠：冠名。唐貞觀中，太宗采古制爲翼善冠，自服之。朔望視朝，以常服及帛練裙襦通著之。若服袴褶，又與平巾幘通用。參《舊唐書・輿服志》。明永樂三年，規定皇帝常服冠以烏紗覆之，折角向上，亦名翼善冠。參《明史・輿服志二》。

其他冠名尚多，制不可考。秦加武將首飾絳帕［一］，後稍稍作顏題［二］，漢興，續其顏却結之，施巾連題却覆之，名之曰「幘」，孝文乃高顏，續爲之耳，崇其巾爲屋［三］，文者長耳，武者短耳，若今喪冠。

【箋注】

［一］絳帕：紅色頭巾，爲男子裹頭巾幘。《三國志・吳志・孫策傳》「策陰欲襲許，迎漢帝」裴松之注引晉虞溥《江表傳》：「昔南陽張津爲交州刺史，舍前聖典訓，廢漢家法律，常著絳帕頭，鼓琴燒香，讀邪俗道書，云以助化，卒爲南夷所殺。」陸游《正旦後一日》詩：「羊映紅纏酒，花簪絳帕頭。」自注：「絳帕頭，蓋以絳帕飾巾幘之類。」

［二］稍稍：逐漸，漸漸。顏題：覆蓋額面的頭巾。《後漢書・輿服志下》：「古者有冠無幘，其戴也，加首有頍，所以安物……秦雄諸侯，乃加其武將首飾爲絳袙，以表貴賤，其後稍稍作顏題。漢興，續其顏，卻摞之，施巾連題，卻覆之，今喪幘是其制也，名之曰幘。幘者，賾也，頭首嚴賾也。至孝文，乃高顏題，續之爲耳，崇其巾爲屋，合後施收上下，羣臣貴賤皆服之。文者長耳，武者短耳。尚書賾收方三寸，名曰納言。未冠童子幘無屋。」

［三］屋，謂古人帽子頂部高起的部分。蔡邕《獨斷》：「王莽無髮，乃施巾。故語曰：王莽秃，幘施屋。」《晉書・輿服志》：「而江左時野人已著帽，人士亦往往而然，但其頂圓耳，後乃高其屋云。」《宋書・禮志五》：「童子幘無屋者，示未成人也。」

# 7 導

《周禮》：「天子以玉屏，而導亦如之。」[一]《南史》：「齊高帝見主衣中有玉介導。」[二]梁沙門法雲謂周舍曰：「檀越既能戴纛，貧道何爲不執鍮？」[三]段公路云，通天、犀堪爲釵纛[四]。「纛」與「導」同音，一物也。按，《隋禮儀》云：「簪，所以建髮於冠，導，所以櫟髮於巾幘之裏。」[五]《説文》：「篦，導也。」「簪」即笄釵、岐笄，導即揥，整髮釵[六]，篦亦以整髮，即今掠子[七]，導即今引子，以角爲之，櫟髮入幘，故名「引」，古名「導」，今名「引」，其義一也。

纛，羽葆幢[八]，所以引行，故又借爲「纛」，俗呼「轉」爲「敏」音，俗書作「刡」字，於是引之義晦，而導纛不復知爲何物矣。餘冬、丹鉛二録雖嘗置辨，亦未明的，惜不能得楊君起而證之[九]。（纛，音到；鍮，音偷；笄，音鷄；刡，音敏）

**[箋注]**

[一]《隋書·禮儀志》：「今依《周禮》，天子以玉笄，而導亦如之。」各本作「玉屏」，當爲「玉笄」之誤。

導：引頭髮入冠幘的櫛器，多以玉制，亦作爲首飾。《釋名·釋首飾》：「導，所以導櫟鬢髮，使入巾幘之裏也。」《晉書·桓玄傳》：「益州督護馮遷抽刀而前，玄拔頭上玉導與之。」

[二]《南史·齊本紀上》：「及即位後，身不御精細之物，衣中有玉介導，以長侈奢之源，命打破之。」

[三]《太平廣記》卷二百三十一《周舍》：「舍學通内外，兼有口才。謂沙門法雲師曰：『孔子不飲盜泉之水。

法師何以捉鍮石香爐？』答曰：『檀越既能戴纛，貧道何爲不執鍮？』」

〔四〕 唐段公路《北户録・通天犀》：「通犀置大霧重露下，終不沾濡。又堪辨毒藥酒，藥酒生沫。若貯米飼雞，雞見輒驚散，一呼爲『駭雞犀』。或中毒箭，刺於創中立愈。蓋犀食百毒棘刺故也。」據説通天犀角有避水霧和去百毒等功效，故南北朝時人以犀角爲釵導而珍愛之。《太平御覽》卷六八八引《江表傳》：「魏文帝遣使于吴求通犀簪，群臣曰：『貢有常典，魏所求非法，宜勿與。』」又《太平廣記》卷四〇三「犀導」引吴均《續齊諧記》：「晉東海蔣潛，嘗至不其縣，見林下踣一屍，已臭爛……見死人頭上著通天犀導，價數萬錢，乃拔取之……潛後以此導上晉武陵王。王薨，以襯衆僧，王武剛以九萬錢買之。後落褚太宰處，褚以餉齊故丞相豫章王。王死後，内人江夫人遂斷以爲釵。」

〔五〕《隋書・禮儀志》：「簪，所以建冠於髮，導，所以櫟髮於巾幘之裏也。」簪導，古代冠飾，用以束髮。《釋名・釋首飾》：「簪，建也，所以建冠於髮也……導，所以導擽鬢髮，使入巾幘之裏也。」

〔六〕 揥：首飾，可以搔髮。《釋名・釋首飾》：「揥，摘也，所以摘髮也。」《詩・鄘風・君子偕老》：「玉之瑱也，象之揥也。」毛傳：「揥，所以摘髮也。」孔穎達疏：「以象骨搔首，因以爲飾，名之揥，故云『所以摘髮』。《葛屨》云：『佩其象揥』是也。」

〔七〕 掠子：梳頭用具，即篦子。清・方以智《通雅・衣服》：「梁冀使人劾李固曰：『搔頭弄姿。』遯園曰：『即今掠子。』」

〔八〕 纛：古代以雉尾或旄牛尾做成的舞具，亦用爲車飾，又名「羽葆幢」。《爾雅・釋言》：「纛，翳也。」郭璞注：「舞者所以自蔽翳。」《玉篇・糸部》：「纛，羽葆幢也。」《史記・項羽本紀》：「紀信乘黄屋車，傅左纛。」裴駰集解：「李斐曰：『纛，毛羽幢也。在乘輿車衡左方上注之。』蔡邕曰：『以犛牛尾爲之，如斗，或在騑頭，或在衡上也。』」

羽葆幢：聚鳥羽於幢首（柄頭），其形下垂如蓋。葆即蓋斗。古時舞者所執，亦用以引柩。《爾雅・釋言》「翢，纛也。纛，翳也」郭璞注：「今之羽葆幢，舞者所以自蔽翳。」

〔九〕 二録指明人孟何春之《餘冬録》、楊慎之《丹鉛録》。楊君即楊慎（1488—1559）。

# 8 履舄

草曰「扉」[一]，又謂之「履」[二]，又謂之「不借」[三]。麻曰「屨」，葛亦謂之「屨」[四]。皮亦曰「履」，又謂之「鞮」[五]，又謂之「鞵」[六]。

又禪下曰「履」，複下曰「舄」[七]。蓋舄有三等，赤舄爲上，冕服最上達者，下有白舄，皆履之複底者。《古今注》曰：「祭服謂之舄，朝服謂之履，燕服[八]謂之屨。」亦得。凡履下置木曰「屐」[九]，履中薦曰「屧」[一〇]，履不著跟曰「屣」[一一]，小兒履曰「靸」[一二]。

（扉音費）

**箋注**

[一] 扉：粗鞋，以皮、麻、草制作。《方言》卷四：「扉，麤履也。徐、兗之郊謂之扉。」《釋名·釋衣服》：「齊人謂草屨曰扉。」《左傳·僖公四年》：「若出於陳鄭之間，共其資糧扉屨，其可也。」杜預注：「扉，草屨。」孔穎達疏：「麻作之曰扉。」

[二] 履：多指革履。《說文·履部》：「履，足所依也。」《玉篇》：「履，皮曰履。」

[三] 不借：草鞋，或麻制的鞋子。《急就篇》卷二：「裳韋不借爲牧人。」顏師古注：「不借者，小屨也，以麻爲之，其賤易得，人各自有，不須假借，因爲名也。」桓寬《鹽鐵論·散不足》：「及其後，則綦下不借。」

[四] 屨：單底鞋。多以麻、葛、皮等製成。《周禮·天官·屨人》：「掌王及后之服屨。」鄭玄注：「複下曰舄，

襌下曰屨。」

［五］鞮：革履。《急就篇》卷二：「靸鞮卬角褐韈巾。」顏師古注：「鞮，薄革小履也。」韓翃《送巴州楊使君》詩：「前驅錦帶魚皮鞮，側佩金璋虎頭綬。」

［六］鞵：後作「鞋」。慧琳《一切經音義》卷十五引《證俗音》：「鞵，今内國唯以麻作，南土諸夷雜以皮絲及革諸物作之。」

［七］舃：加木爲複底的鞋。《釋名·釋衣服》：「複其下曰舃。」《左傳·桓公二年》：「帶、裳、幅、舃……昭其度也。」杜預注：「舃，複履。」《周禮·天官·屨人》：「掌王及后之服屨。」鄭玄注：「複下曰舃。」崔豹《古今注·輿服》：「舃，以木置履下，乾腊不畏泥濕也。」

［八］燕服：閑居之服，便服。

［九］屐：木制之鞋，底部有二齒，以踐泥濘。《晉書·五行志上》：「初作屐者，婦人頭圓，男子頭方，圓者順之義，所以别男女也。至太康初，婦人屐乃頭方，與男無别。」

［一〇］屧：本指鞋中的襯墊，也指木底、木屐。玄應《一切經音義》卷十四：「《説文》：『履之薦也。』」段玉裁《説文解字注·尸部》：「此藉於履下，非同履中苴也；薦者，藉也。」

［一一］屣：鞋。《吕氏春秋·觀表》：「竊觀公之志，視舍天下若舍屣。」拖着鞋子走路曰屣。《廣韻·紙韻》：「屣，履不躡跟。」《後漢書·鄭玄傳》：「國相孔融深敬於玄，屣履造門。」李賢注：「屣謂納履未正，曳之而行，言趨賢急也。」《南齊書·蔡約傳》：「高宗爲録尚書輔政，百僚屣履到席，約躡屐不改。」韓愈《後漢三賢贊·王符》：「衣不及帶，屣履出迎。」

［一二］靸：古時指小兒穿的鞋子，前幫深而覆腳，無後幫。後亦指形制與之類似的拖鞋。《説文·革部》：「靸，小兒履也。」桂馥義證：「小兒履也者，履之無跟者也。《急就篇》：『靸鞮卬角褐韈巾。』顏注：『靸謂韋履頭深而兑，平底者也，今俗呼謂之跣子。』……今江南謂靴無頸者爲靸。《釋名》：『靸，韋履深頭者之名也。靸，襲也，以

其深襲履足也。」《六書故·動物二》:「靸,今人以履無踵直曳之者爲靸。」

## 9 韍 韠 韐

(韍,音弗; 韠,音必; 韐,音閤)

《説文》:「韍,韠也。」[一]「韠,韍也。所以蔽前,以韋,下廣二尺,上廣一尺,其頸五寸。」[二]帶博二寸[三]。鄭云:「韐,合韋爲之,以茅蒐染之。」[四]一曰韎韐以代韠。是「韍、韠、韐」三者,皆蔽膝之衣,制同名異。

韐乃合韋,韍韠不合,此其異耳。朱子曰:「冕服謂之韍,他服謂之韠,此大夫以上之服。韐則士服也。」玉藻云:「君朱,大夫素,士爵韋。天子直,公侯前後方,大夫前方後挫角,士前後正。」[五]陳氏曰:「以其茀前曰韍,以其一巾足矣,曰韠。以色則曰緼,以緼質則曰韎韐。」[六]《詩》疏:「古者佃漁,因衣其皮,先知蔽前,後知蔽後,後王易以絺繡。」[七]黑與白相次畫爲黹,謂之黻,以韋,从韋作「韍」;以絺,从黹作「黻」。一曰古者席地而坐,以臨俎豆,設蔽膝以備濡漬。

(韎音抹; 蒐音搜; 絺音止,與「黹」同; 茀,古「弗」字)

【箋注】

[一] 韍:祭祀或朝覲時遮蔽在衣裳前的服飾,熟皮製成。形制、圖案、顏色按等級有所區別。大夫以上朝服用韠,祭服用韍,士無韍有韐。《禮記·玉藻》:「一命緼韍幽衡,再命赤韍幽衡,三命赤韍葱衡。」鄭玄注:「此玄冕

爵弁服之韠，尊祭服，異其名耳。韍之言亦蔽也。」孔穎達疏：「他服稱韠，祭服稱韍。是異其名。韍、韠皆言爲蔽，取蔽鄣之義也。」

[二]《説文・韋部》：「韠，韍也。所以蔽前，以韋，下廣二尺，上廣一尺，其頸五寸。一命緼韠，再命赤韠。」韠：皮制的蔽膝。古代朝覲或祭祀時遮蔽在衣裳前面的一種服飾。《詩・檜風・素冠》：「庶見素韠兮，我心蘊結兮，聊與子如一兮。」朱熹集傳：「韠，蔽膝也，以韋爲之。冕服謂之韍，其餘曰韠。韠從裳色，素衣素裳，則素韠矣。」

[三]《禮記・玉藻》：「頸五寸，肩革帶博二寸。」鄭玄注：「頸五寸，亦謂廣也。頸中央，肩兩角皆上接革帶以繫之。肩與革帶廣同。」

[四] 韐：蔽膝，以茜草染成赤黄色，爲士人所服。《儀禮・士冠禮》：「爵弁服：纁裳、純衣、緇帶、韎韐。」鄭玄注：「韎韐，緼韍也。士緼韍而幽衡，合韋爲之，士染以茅蒐，因以名焉。」

[五]《禮記・玉藻》：「韠，君朱，大夫素，士爵韋。」鄭玄注：「此玄端服之韠也。韠之言蔽也。凡韠以韋爲之，必象裳色。則天子諸侯玄端朱裳，大夫素裳，唯士玄裳、黄裳、雜裳也。皮弁服皆素韠。」

又《玉藻》：「圜殺直。天子直。」鄭注：「四角直無圜殺。」

又《玉藻》：「公侯前後方，大夫前方，後挫角，士前後正。」鄭注：「殺四角使之方，變於天子也，所殺者去上下各五寸。圜其上角變於君也，韠以下爲前，以上爲後。士賤，與君同，不嫌也。正：直、方之間語也。天子之士則直，諸侯之士則方。」

[六] 馬端臨《文獻通考》卷一百十一《王禮考六》引宋陳祥道《禮書》曰：「韠之爲物，以其茀前則曰『韍』，以其一巾足矣，故曰『韠』。以色則曰『緼』，以緼質則曰『韎韐』」。

[七]《詩・小雅・采菽》：「赤芾在股，邪幅在下。」孔穎達疏引《易・乾鑿度》注云：「古者田漁而食，因衣其皮。先知蔽前，後知蔽後，後王易之以布帛，而猶存其蔽前者。重古道，不忘本。」

## 10 珮

《記》曰：「古之君子必佩玉，右徵角，左宮羽。」[一]《輿服志》曰：「古者君臣皆佩玉，因名爲珮。」《三禮圖》：「凡玉珮上有雙衡，衡長五寸，博一寸，下有雙璜，璜徑三寸。衝牙蠙珠以納其間。」[二]朱子曰：「佩有珩者，佩之上横者也。下垂三道，貫以蠙珠。璜如半璧，繫於兩旁之下端。琚如圭而正方，在珩璜之中，瑀如大珠，在中央之中，别以珠貫，下繫於璜，而交貫於瑀，復上繫於珩之兩端。衝牙如牙，兩端皆鋭，横繫於瑀下，與璜齊，行則衝璜出聲也。」[三]

**[箋注]**

[一]《禮記·玉藻》：「古之君子必佩玉，右徵角，左宮月。」按，今本《禮記》作「宮月」，應以「宮羽」爲是。鄭玄注：「玉聲所中也，徵角在右，事也，民也，可以勞；宮羽在左，君也，物也，宜逸。」

[二]《太平御覽》卷六百九十二《服章九》引《三禮圖》曰：「凡玉佩，上有雙衡，長五寸，博一寸。下有雙璜，徑三寸，衝牙蠙珠以納其間。上下爲衡，半璧爲璜，璜中横以衝牙，以蒼珠爲瑀。」

衡：佩玉上的横玉，以繫璜與衝牙。亦作「珩」。《禮記·玉藻》：「一命緼韍幽衡。」鄭玄注：「衡，佩玉之衡也。」又《玉藻》：「佩玉有衝牙。」孔穎達疏：「凡佩玉必上繫於衡，下垂三道，穿以蠙珠。下端前後以縣於璜，中央下端縣以衝牙，前後觸璜而爲聲。」《大戴禮記·保傅》：「下車以珮玉爲度，上有雙衡，下有雙璜、衝牙，玭珠以納其間，琚瑀以雜之。」清孔廣森補注引《三禮舊圖》曰：「衡，長五寸，博一寸。」《詩·鄭風·女曰雞鳴》「雜佩以贈之」毛傳：

「雜佩者，珩、璜、琚、瑀、衝牙之類。」陸德明釋文：「珩音衡，佩上玉也；璜音黄，半璧曰璜。」

衝牙：佩玉之部件。《禮記·玉藻》：「佩玉有衝牙。」孔穎達疏：「凡佩玉必上繫於衡，下垂三道，穿以蠙珠，下端前後以縣於璜，中央下端縣以衝牙，動則衝牙前後觸璜而爲聲。所觸之玉，其形似牙，故曰衝牙。」

蠙珠：珍珠，玉佩之飾。賈誼《新書·容經》：「鳴玉者，佩玉也，上有雙珩，下有雙璜，衝牙蠙珠，以納其閑，琚瑀以雜之。」

［三］《詩·鄭風·女曰雞鳴》：「知子之來之，雜佩以贈之。」朱熹集傳：

雜佩者，左右佩玉也。上横曰珩，下繫三組，貫以蠙珠。中組之半貫一大珠，曰瑀。末懸一玉，兩端皆鋭，曰衝牙。兩旁組半各懸一玉，長博而方，曰琚。其末各懸一玉，如半璧而内向，曰璜。又以兩組貫珠，上繫珩兩端，下交貫於瑀，而下繫於兩璜，行則衝牙觸璜而有聲也。

## 11　帔

《説文》：「弘農謂帬爲帔。」《玉篇》：「在肩背也。」［一］今命婦衣，外以織文，一幅前，後如其衣長，中分而前兩開之，在肩背之間，謂之「霞帔」［二］。即古之帔也。

［箋注］

［一］《説文》：「帔，弘農謂帬帔也。」段玉裁注：「謂帬曰帔也。」依此，帔即裙，指下裳。《方言》卷四：「帬，陳魏之間謂之帔。」《急就篇》第十一章：「袍襦表裏曲領帬，」顔師古注：「帬即裳也。一名帔。」

後多以指婦女披在肩上的衣飾，披肩。《釋名·釋衣服》：「帔，披也，披之肩背，不及下也。」《玉篇·巾部》：

「帔，在肩背也。」《周書・異域傳・波斯國》：「婦女服大衫，披大帔。」

〔二〕霞帔：宋代以後命婦的禮服。高承《事物紀原・衣裘帶服・帔》：「今代帔有二等，霞帔非恩賜不得服，爲婦人之命服，而直帔通用於民間也。」

## 12 褘 褕

（褘音輝；褕音俞）

按，王后六服〔一〕，褘衣、褕狄。褘衣，畫翬也〔二〕；褕狄，畫鷂也〔三〕。「狄」本作「翟」，雉名。「翬、鷂」皆雉也。《爾雅》：「伊雒而南，素質，五采皆備成章曰翬。江淮而南，青質，五采皆備，成章曰鷂。」〔四〕是褘、褕皆畫翟，但質有青、素之殊。《説文》謂「翟羽飾衣曰褕」〔五〕，羽不可以飾衣。十二章華蟲作會，華蟲爲鷩，繪爲畫〔六〕，帝服用鷩，后服用翟，皆畫也。

### 〔箋注〕

〔一〕《周禮・天官・内司服》：「掌王后之六服。褘衣、揄狄、闕狄、鞠衣、展衣、緣衣，素沙。」賈公彦疏：「此素沙與上六服爲裏，使之張顯。」

〔二〕褘：王后祭服，飾以雉紋。《玉篇・衣部》：「褘，畫翬雉於王后之服也。」《周禮・天官・内司服》：「掌王后之六服：褘衣、揄狄、闕狄、鞠衣、展衣、緣衣。」鄭玄注：「王后之服，刻繒爲之形而采畫之，綴於衣以爲文章。褘衣，畫翬者……從王祭先王則服褘衣。」翬：五彩山雉，錦雞。

[三] 褕狄：古代王后禮服，助祭、受册、朝會等大事所服。亦爲三夫人及上公妻之命服。服上采畫雉形爲飾，故名。狄，通「翟」，亦作「褕翟」、「揄翟」。《周禮・天官・内司服》：「掌王后之六服，褘衣、揄狄、闕狄。」鄭玄注：「狄當爲翟，翟，雉名……王后之服，刻繒爲之形，而采畫之，綴於衣以爲文章。褘衣畫翬者，揄翟畫摇者，闕翟刻而不畫，此三者皆祭服，從王祭先王則服褘衣，祭先公則服揄翟，祭羣小祀則服闕翟。」《禮記・玉藻》：「王后褘衣，夫人揄狄。」鄭玄注：「夫人，三夫人，亦侯伯之夫人也。」陸德明釋文：「揄音摇，羊消反。《爾雅》云：『……江淮而南，青質五色皆備成章曰鷂。』鷂音摇，謂刻畫此雉形以爲后、夫人服也。」《詩・鄘風・君子偕老》「其之翟也」毛傳：「褕翟，闕翟，羽飾衣也。」鄭玄箋：「侯伯夫人之服，自褕翟而下，如王后焉。」

[四] 《爾雅・釋鳥》：「伊、雒而南，素質，五采皆備成章曰翬。江淮而南，青質，五采皆備成章曰鷂。」郭璞注：「翬亦雉屬，言其毛色光鮮。（鷂）即鷂雉也。」

[五] 《説文・衣部》：「褕，翟羽飾衣。从衣俞聲。一曰直裾謂之襜褕。」

[六] 古代天子禮服，上繪十二種圖像，曰十二章：日、月、星辰、山、龍、華蟲、宗彝、藻、火、粉米、黼、黻。《尚書・益稷》：「予欲觀人之象，日、月、星辰、山、龍、華蟲，作會；宗彝、藻、火、粉米、黼、黻，絺繡。以五采彰施於五色，作服，汝明。」《周禮・春官・司服》：「王之吉服，祀昊天上帝，則服大裘而冕。」鄭玄注：「《書》曰：『予欲觀古人之象：日、月、星辰、山、龍、華蟲作繢，宗彝、藻、火、粉米、黼、黻希繡。』此古天子冕服十二章。」孫詒讓正義：「日也，月也，星也，山也，龍也，華蟲也，六者畫以作繪，施於衣也；宗彝也，藻也，火也，粉米也，黼也，黻也，此六者紩以爲繡，施之於裳也。」

## 13 副編次

《周禮》：「追師掌爲副、編、次。」[一] 按，「副」，本作「䯱」[二]，覆首以爲飾，若步摇，服之從王祭。「編」者列髮爲之，若假紒，服之以桑[三]。「次」本作「髟次」，次第髮長短爲之，若髲鬄，服之以見王[四]。燕居有纚笄總[五]。

## [箋注]

[一]《周禮・天官・追師》：「追師，掌王后之首服，爲副編次，追衡笄。」鄭玄注：「副之言覆，所以覆首爲之飾，其遺象若今步摇矣，服之以從王祭祀。」副，古代王后或貴族婦女的首飾，假髻。《釋名・釋首飾》：「王后首飾曰副。副，覆也，以覆首；亦言副貳也，兼用衆物成其飾也。步摇，上有垂珠，步則摇也。」《詩・鄘風・君子偕老》：「君子偕老，副笄六珈。」毛傳：「副者，后夫人之首飾，編髮爲之。」

[二]鬠：假髻，多作「副」。《玉篇・髟部》：「鬠，《周禮・追師》：『掌王后之首服爲鬠。』本亦作副。」

[三]編：結髮爲辮，通「辮」。桑，謂採桑養蠶。《周禮・天官・追師》「追師掌王后之首服，爲副、編、次」鄭玄注：「編，編列髮爲之，其遺象若今假紒矣。」假紒，即假髻，假髮所作之髻飾。《後漢書・輿服志下》：「皇后謁廟服……假結，步摇，簪珥。」《隋書・禮儀志六》：「皇后謁廟……首飾則假髻、步摇，俗謂之珠松是也。」

[四]次，編髮爲飾。髲鬄，假髻。《周禮・天官・追師》：「掌王后之首服，爲副編次。」鄭玄注：「次，次第髮長短爲之，所謂髲髢也，服之以見王。」《儀禮・士昏禮》：「女次純衣纁袡，立于房中南面。」鄭玄注：「次，首飾也，今時髲也。」

[五]燕居：閑居，退朝。纚，盤繞。笄總，謂插笄束髮。《禮記・内則》：「子事父母，雞初鳴，咸盥漱，櫛縰笄總。」鄭玄注：「總，束髮也。」孔穎達疏：「笄者，著縰既畢，以笄插之。」

## 14 綦 緤 韈 縢

（綦音其；緤音屑；縢音滕）

七林云：「文綦綵緤，緰韈羅縢。」[一]綦，《廣韻》：「履飾也。」[二]文綦，履之有文者。緤，與「紲」同，《廣韻》：「繫也」[三]。綵緤，韈繫之有采色者。緰，《説文》：「貲布也。」緰韈，以貲布爲韈也[四]。縢，《增韻》：「約也，纏也。」偪束其足，令小。男子行縢自足至膝，此則施之足[五]。羅縢，以羅爲之。

四者皆婦人足飾。

[箋注]

[一] 明焦竑《焦氏類林》卷七引七林詠美人足飾云「文綦彩緤，緰韈羅縢」，注云：「緤，足衣；縢，足缠。」

[二] 綦，鞋帶。《廣韻・之韻》：「綦，履飾。」《儀禮・士喪禮》：「夏葛屨，冬白屨，皆繶緇絇純，組綦繫于踵。」鄭玄注：「綦，屨係也，所以拘止屨也。」賈公彦疏：「經云『繫于踵』，則綦當屬于跟後，以兩端向前與絇相連于脚，跗踵足之上合結之，名爲『繫于踵』也。」《禮記・内則》：「偪屨著綦。」鄭玄注：「綦，屨繫也。」《後漢書・劉盆子傳》：「直綦履，乘軒車大馬。」李賢注：「綦，履文也。蓋直刺其文以爲飾也。」

[三] 緤：繫索，同「紲」。《説文・糸部》：「紲，系也。《春秋傳》曰：『臣負羈紲。』緤，紲或从枼。」《禮記・少儀》：「犬則執緤。」鄭玄注：「緤，所以繫制之者。」

［四］緰：上等細布。《説文》：「緰，緰貲，布也。」《急就篇》第九章：「服瑣緰貲與繒連。」顔師古注：「緰貲，緆布之尤精者也。」

［五］幐：繩索，緘封。行幐：綁腿布。《詩·小雅·采菽》「邪幅在下」鄭玄箋：「邪幅，如今行幐也。偪束其脛，自足至膝，故曰在下。」

## 15 絲 綸 紼

《説文》：「絲，蠶所吐也。」一曰一蠶爲忽，十忽爲絲［一］。《緇衣》注：「綸，有秩嗇夫所佩。」疏云：「綸如宛轉繩。」［二］《廣韻》：「紼，大索。」一曰引車索，又引柩索。《喪大記》注：「在棺曰紼，行道曰引。」［三］一蠶謂蠶口所吐，甚微，合十忽而成一絲；綸，所佩之繩，視絲爲大；紼，引車、引柩之索，則又大矣。

### ［箋注］

［一］絲、忽：古代計絲之量詞，可計長度、容量和重量的微量單位。十忽爲一絲，十絲爲一毫。《史記·太史公自序》：「律曆更相治，閑不容翲忽。」張守節正義：「忽，一蠶口出絲也。」《孫子算經》卷上：「度之所起，起於忽，欲知其忽，蠶吐絲爲忽。十忽爲一絲，十絲爲一毫。十毫爲一釐，十釐爲一分。」明程汝思《算法統宗·零數》：「度法，丈以下曰尺、寸、分、釐、毫、絲、忽、微。」《宋史·律曆志一》：「故自忽、絲、毫、釐、黍、絫、銖各定一錢之則。忽萬

爲分，絲則千，毫則百，釐則十，轉以十倍倍之，則爲一錢。」

［二］《禮記・緇衣》：「王言如絲，其出如綸。王言如綸，其出如綍。」鄭玄注：「言言出彌大也。綸，今有秩嗇夫所佩也。綍，引棺索也。」孔穎達疏：「王者出言，下所效之，其事漸大，不可不慎……王言初出，微細如絲。及其出行於外，言更漸大如似綸也，言綸麤於絲……其出如綍者，亦言漸大，出如綍也，綍又大於綸……張華云：『綸如宛轉繩。』」按，疏文此引張華《博物志》。

［三］綍：引棺的大索，同「紼」。《玉篇・糸部》：「紼，引棺索也，車索也，亂麻也。綍，同紼。」《廣韻・物韻》：「綍，大索。葬者引車紼。」《周禮・地官・遂人》：「及葬，帥而屬六綍及窆。」鄭玄注：「綍，舉棺索也。」《禮記・雜記下》：「升正柩，諸侯執綍五百人。四綍，皆銜枚。」鄭玄注：「廟中曰綍，在塗曰引。」又《喪服大記》：「四綍二碑，御棺用羽葆。」鄭注：「在㭬曰綍，行道曰引。」

## 16　綬

綬有二，一以佩玉，謂之繸；一以佩印，謂之組［一］。訓者未甚分曉。古人佩玉以比德，必有綬，維之乃可佩。徐廣曰：「秦以絲組連結於璲，轉相結受。漢制，繸綬之間得施玉環鐍。」《詩》所謂「鞙鞙佩璲」［二］是也，今錦綬乃其遺制。佩印以檢姦萌［三］，亦必有綬，以繫之乃可佩。《翟方進傳》「赤韍縌」，師古曰：「韍，所以繫印。」［四］石顯爲中書令，民歌曰：「印何纍纍，綬若若耶！」［五］淮南王所謂「方寸之印，丈二之組」［六］是也。今印鑰縚乃遺意。

（鐍，音決）

【箋注】

［一］綬：絲帶，用以繫佩玉、官印、帷幕等，常以顏色標誌身份與等級。《説文・糸部》：「綬，韍維也。」段玉裁注：「古者韍佩皆系於革帶，佩玉之系謂之璲，俗字爲繸，又謂之綬，韍之系亦謂之綬。」《正字通・糸部》：「綬，《漢官儀》：綬長一丈二尺，法十二月，廣三尺，法天地人。此佩印之組也。」《禮記・玉藻》：「天子佩白玉而玄組綬，公侯佩山玄玉而朱組綬。」鄭玄注：「綬者，所以貫佩玉相承受者也。」《周禮・天官・幕人》：「幕人掌帷、幕、幄、帟、綬之事。」鄭玄注引鄭司農曰：「綬，組綬，所以繫帷也。」

繸：貫串佩玉的絲帶。《爾雅・釋器》：「繸，綬也。」郭璞注：「即佩玉之組，所以連繫瑞玉者。」

組：佩印佩玉之綬。《書・禹貢》：「厥篚玄纖璣組。」孔傳：「組，綬類。」《漢書・嚴助傳》：「陛下以方寸之印，丈二之組，填撫方外。」顏師古注：「組者，印之綬。」

［二］《詩・小雅・大東》：「鞙鞙佩璲，不以其長。」鞙鞙：佩玉累垂之貌。

［三］檢：約束，察驗。姦萌：作奸行詐之人。萌，通「氓」，民。

［四］《漢書・翟方進傳》：「遣使者持黄金印、赤韍綖、朱輪車，即軍中拜授。」顏師古注引服虔曰：「綖即今之綬也。韍，所以繫印。」《後漢書・輿服志下》：「自青綬以上，綖皆長三尺二寸，與綬同采而首半之。綖者，古佩璲也。佩綬相迎受，故曰綖。」

［五］《漢書・佞幸傳・石顯》：「顯與中書僕射牢梁、少府五鹿充宗，結爲黨友，諸附倚者，皆得寵位。民歌之曰：『牢邪石邪，五鹿客邪，印何纍纍，綬若若邪！』言其兼官據執也。」顏師古注：「纍纍，重積也。若若，長貌。」

［六］《漢書・嚴助傳》載淮南王安上書諫曰：「陛下以方寸之印，丈二之組，填撫方外，不勞一卒，不頓一戟，而

威德並行。」

## 17 魚袋

唐百官佩金魚，謂之魚袋[一]。武后朝佩金龜，後乃佩魚。《朝野僉載》：「唐初爲銀菟符，以兔爲瑞。」後爲銀魚符，以鯉爲瑞。武后以玄武爲瑞，乃以銅爲龜符。」[二]或謂鯉，李也，龜，武也，重國姓也。《炙轂子》云：「古者有算袋，魏文帝易以龜袋，唐改魚袋。」[三]

本算袋之遺，而龜袋又何取於國姓耶？

【箋注】

[一]《舊唐書·輿服志》：「咸亨三年五月，五品以上賜新魚袋，并飾以銀……垂拱二年正月，諸州都督刺史，并准京官帶魚袋。」《宋史·輿服志五》：「魚袋。其制自唐始，蓋以爲符契也……宋因之，其制以金銀飾爲魚形，公服則繫於帶而垂於後，以明貴賤，非復如唐之符契也。」

[二]《新唐書·高祖紀》：「辛巳，停竹使符，班銀菟符。」《新唐書·車服志》：「（高祖）班銀菟符，其後改爲銅魚符。」唐張鷟《朝野僉載》：「漢發兵用銅虎符。及唐初，爲銀兔符，以兔子爲符瑞故也。又以鯉魚爲符瑞，遂爲銅魚符以佩之。至僞周，武姓也，玄武，龜也。」

[三]馬端臨《文獻通考》卷一一二《王禮考七·君臣冠冕服章》引《炙轂子》：「魚袋，古之算袋。魏文帝易以

龜，取其先知歸順之義。唐改以魚袋，取其合魚符之義。自一品至六品以下皆佩。唐初，卿大夫歿，追取魚袋。」

算袋，唐宋時期，百官裝納筆硯等物的袋子。《資治通鑑·唐則天后神功元年》：「賜以緋算袋。」元胡三省注：「唐初職事官，三品以上賜金裝刀、礪石，一品以下則有手巾、算袋。開元以後，百官朔望朝參，外官衙日，則佩算袋，各隨其所服之色，餘日則否。」宋李上交《近事會元》卷一：「腰帶乃是九環十三環帶也……環以佩魚龜算帒等也。」

## 18 犀比 犀毗

《楚辭·招魂》：「晉制犀比，費白日些。」王逸注：「犀比，博著，比集犀角以爲飾也。」[一]前《匈奴傳》「黃金犀毗一」，顔師古注：「犀毗，胡帶鈎。」[二]

【箋注】

[一]《楚辭·招魂》：「晉制犀比，費白日些。」王逸注：「晉，國名也。制，作也。比，集也。費，光貌也。言晉國工作簙棋箸，比集犀角，以爲雕飾，投之皜然如日光也。」

[二]《漢書·匈奴傳上》：「黃金飭具帶一，黃金犀毗一。」顔師古注：「犀毗，胡帶之鈎也。亦曰鮮卑，亦謂師比，總一物也，語有輕重耳。」犀毗，此謂帶鉤。又爲漆器之別稱，字訛爲「犀皮」。宋俞琰《席上腐談》卷上：「漆器有所謂犀皮者，出西毗國，訛而爲犀皮。」明馬愈《馬氏日抄·犀毗》：「髹器稱犀毗者，人不解其義，訛爲犀皮……蓋毗者，臍也。犀牛皮堅有文，其臍旁四面文如饕餮相對，中一圜眼，坐卧起伏，磨礪光滑。西域人剸西，剜取之以爲腰帶之飾……後世髹器倣而爲之，曰白犀毗焉。有以細石水磨，混然成凹者，曰滑地犀毗。黑剔爲是，紅剔則失本義矣。」

## 19 紗縠綾綺

師古曰：「紡絲而織，輕者爲紗，皺者爲縠。」[一]《説文》：「綾，紈也。」「綺，繒也。」[二]紗，即今紗，縠即今皺紗。輕紗又謂之絹。綾，即今綾，綺今細綾。紈素亦謂之絹，繒亦謂之帛。今言段者，紈繒之堅美者。古無段之稱，其曰段者，猶言端疋[三]也。今人妄从絲作「緞」，非是。

**[箋注]**

[一] 縠：縐紗。《戰國策・齊策四》：「王之憂國愛民，不若王愛尺縠也。」元・吴師道補注：「縠，縐紗。」《漢書・江充傳》：「充衣紗縠禪衣。」顔師古注：「紗縠，紡絲而織之也。輕者爲紗，縐者爲縠。」

[二]《説文・糸部》：「綾，東齊謂布帛之細曰綾。」《正字通・糸部》：「綾，織素爲文者曰綺，光如鏡面有花卉狀者曰綾。」《漢書・高帝紀下》：「賈人毋得衣錦、繡、綺、縠、絺、紵、罽。」顔師古注：「綺，文繒也，即今之細綾也。」《説文》：「綺，文繒也。」段玉裁注：「謂繒之有文者也。」宋戴侗《六書故・工事六》：「綺，織采爲文曰錦，織素爲文曰綺。」《楚辭・招魂》：「纂組綺縞，結琦璜些。」宋洪興祖補注：「綺，文繒也。」

[三] 端疋：即端匹，古代布帛计量單位。亦作「段匹」。《資治通鑑・唐憲宗元和五年》：「悉罷諸道行營將士，共賜布帛二十八萬端匹。」胡三省注：「唐制：布帛六丈爲端，四丈爲匹。」

## 20 六珈　六服

《詩》：「副笄六珈。」疏云：「祭服首飾，副之言覆，所以覆首。其遺制若今步摇。」〔一〕云婦人之副可以當男子之冕。《晉志》：「皇后則假髻，步摇，俗謂之珠松。以黄金爲山題，貫白珠爲桂枝相繆，一爵九華，熊、虎、赤羆、辟邪、南大豐大特六獸，謂之六珈。」〔二〕

《周禮·内司服》：「掌王后之六服，褘衣、褕狄、闕狄、鞠衣、展衣、褖衣。」〔三〕「褘」當爲「翬」〔四〕，「褕狄」讀爲「摇翟」。「摇」本作「鷂」〔五〕。闕狄，一名屈狄，言屈於二翟也〔六〕。是謂三翟〔七〕。唯褘言衣者，爲六服之首，以衣目之也。翬其色玄，褕狄青，闕狄赤，皆刻繒爲雉形，五采兼之，綴於衣上，數皆十二。鞠衣，黄色如鞠塵，展衣白，褖衣黑〔八〕。祭先王服褘衣，祭先公服褕狄，祭羣小祀服闕狄，蠶則服鞠衣，以禮見王及賓客服展衣，燕見及御於王服褖衣。衣與裳其色同，舄亦如其衣之色，謂之六服。珈與服皆六，六者，陰數之中也。

（褖音彖）

**【箋注】**

〔一〕《詩·鄘風·君子偕老》：「君子偕老，副笄六珈。」毛傳：「副者，后夫人之首飾，編髮爲之。笄，衡笄也。珈，笄飾之最盛者，所以別尊卑。」鄭玄箋：「珈之言加也。副既笄而加飾，如今步摇上飾。」孔穎達疏：「副者，祭服之首飾。（《周禮·天官·追師》）『追師掌王后之首服，爲副編次』，（鄭玄）注云：『副之言覆，所以覆首爲之飾，其遺象若今步摇矣，服之以從王祭祀。』」

副：編髮爲假髻，王后、諸侯夫人祭服之首飾。副用衡笄覆於頭上，笄上加以玉飾，曰珈。珈數有多寡，「六珈」爲侯伯夫人之髮簪玉飾。

[二]《後漢書·輿服志下》：「步摇以黄金爲山題，貫白珠爲桂枝相繆，一爵九華，熊、虎、赤羆、天鹿、辟邪，南山豐大特六獸，《詩》所謂『副笄六珈』者。」《晉書·輿服志》：「皇后謁廟……首飾則假髻，步摇，俗謂之珠松是也。簪珥。步摇以黄金爲山題，貫白珠爲支相繆。八爵九華，熊、獸、赤羆、天鹿、辟邪、南山豐大特六獸，諸爵獸皆以翡翠爲毛羽，金題白珠榼，繞以翡翠爲華。」晉志引文中，各本作「南大豐大特」，當作「南山豐大特」。豐大特，古代傳説中居於南山豐水中的大公牛神。

[三]《周禮·天官·内司服》：「掌王后之六服：褘衣、揄狄、闕狄、鞠衣、展衣、緣衣。」鄭玄注：「王后之服，刻繒爲之形而采畫之，綴於衣以爲文章。褘衣，畫翬者……從王祭先王則服褘衣。」

[四]褘：王后祭服，飾以翬雉紋。《玉篇·衣部》：「褘，畫翬雉於王后之服也。」翬，錦雞。

[五]褕狄：王后禮服，助祭、受册、朝會等大事所服。服上采畫雉形爲飾，故名。狄，通「翟」，亦作「褕翟」「揄翟」。《周禮·天官·内司服》：「掌王后之六服，褘衣、揄狄、闕狄。」鄭玄注：「狄當爲翟，翟，雉名……褘衣畫翬者，揄翟畫摇者，闕翟刻而不畫，此三者皆祭服，從王祭先王則服褘衣，祭先公則服揄翟，祭羣小祀則服闕翟。」《禮記·玉藻》：「王后褘衣，夫人揄狄。」唐·陸德明釋文：「揄音摇，羊消反。《爾雅》云：『……江淮而南，青質五色皆備成章曰鷂。』鷂音摇，謂刻畫此雉形以爲后、夫人服也。」

[六]闕狄：王后祭服，亦作「闕翟」「屈狄」。《周禮·天官·内司服》「内司服，掌王后之六服」鄭玄注：「狄當爲翟。翟，雉名……褘衣畫翬者，揄翟畫摇者，闕翟刻而不畫，此三者皆祭服。」《禮記·玉藻》：「君命屈狄。」鄭玄注：「屈，《周禮》作闕，謂刻繒爲翟不畫也，此子男之夫人及其卿大夫士之妻命服也。」孔穎達疏：「屈，闕也。狄，亦翟也。直刻雉形，闕其采畫，故云闕翟也。」

〔七〕三翟：即后妃之禕衣、揄狄、闕狄三種祭服，因服上分别以翬翟、摇翟圖形爲飾，故稱。《周禮・天官・内司服》「掌王后之六服：禕衣、揄狄、闕狄、鞠衣、展衣、緣衣」鄭玄注：「此三者皆祭服，從王祭先王則服禕衣，祭先公則服揄翟，祭群小祀，則服闕翟。今世有圭衣者，蓋三翟之遺俗。」

〔八〕鞠衣：王后六服之一，九嬪及卿妻亦服之，其色如桑葉始生。《周禮・天官・内司服》「鞠衣」鄭注：「鄭司農云：『鞠衣，黄衣也。』鞠衣，黄桑服也。色如鞠塵，象桑葉始生。」《禮記・月令》：「(季春之月)是月也，天子乃薦鞠衣于先帝。」鄭玄注：「爲將蠶，求福祥之助也。鞠衣，黄桑之服。」《北堂書鈔》卷一二八引《三禮图》：「鞠衣，王后親桑之服也。孤之妻服以從助祭，其鞠衣之色，象桑始生。」按，鞠塵，蓋酒麴所生的黴菌，色淡黄，如塵。鞠，通「麴」。《周禮・天官・内司服》「鞠衣」鄭玄注：「黄桑服也，色如鞠塵，象桑葉始生。」賈公彦疏：「云『色如鞠塵』者，麴塵，不爲麴字者，古通用。」

展衣：王后六服之一，又爲世婦及卿大夫妻之命服，色白。《周禮・天官・内司服》「展衣」鄭玄注：「鄭司農云：『展衣，白衣也。』……以禮見王及賓客之服。」

褖衣：爲王后燕居或進御時所服。《周禮・天官・内司服》「掌王后之六服：禕衣、揄狄、闕狄、鞠衣、展衣、緣衣，素沙。」鄭玄注：「此緣衣者，實作褖衣也。褖衣，御于王之服，亦以燕居。」《儀禮・士喪禮》「褖衣」鄭玄注：「黑衣裳赤緣謂之褖，褖之言緣也，所以表袍者也。」

## 21 襦

《説文》：「襦，短衣也。」《方言》：「汗襦，自關而西謂之祇裯。」〔一〕此説非。

《劉弘傳》：「持更者羸疾無襦，給韋袍複帽。」〔二〕謝朓過江革，時大雪，見革敝絮單席，躭學不倦，朓脱所著襦，并手割半氊，與革充卧席而去〔三〕。顧協冬服單薄，蔡法度欲解襦與之，懼其清嚴，不敢發口[四]。觀此，則襦當是纊襺緼袍之類，可以禦寒者，非短衣汗衫也。

（祇音低；裯音稠）

**[箋注]**

[一] 揚雄《方言》卷四：「汗襦，自關而西或謂之祇裯，自關而東謂之甲襦，陳魏宋楚之間謂之襜襦。」

[二]《晉書·劉弘傳》：「弘嘗夜起，聞城上持更者歎聲甚苦，遂呼省之。兵年過六十，羸疾無襦。弘湣之，乃謫罰主者，遂給韋袍複帽，轉以相付。」

[三]《梁書·江革傳》：「齊中書郎王融、吏部謝朓雅相欽重。朓嘗宿衛，還過江革，時大雪，見革弊絮單席，而耽學不倦，嗟歎久之，乃脱所著襦，並手割半氈與革充卧具而去。」

[四]《梁書·顧協傳》：「協少清介有志操。初爲廷尉正，冬服單薄，寺卿蔡法度謂人曰：『我願解身上襦與顧郎，恐顧郎難衣食者。』竟不敢以遺之。」顧協，字正休，又字正禮，南朝吴郡人，歷任散騎侍郎、鴻臚卿、中書通事舍人等職。蔡法度，南朝濟陽人，梁武帝時任尚書郎。

## 22 半臂 背子

古者有半臂、背子。《事物紀原》：「隋大業中，内官多服半臂，除即長袖也。」又曰：「秦二世詔衫子上朝服加背子，其制袖短於衫，身與衫齊而大袖。」[一]

按，《方言》：「襜褕，其短者自關之西謂之裗䙠。」郭璞云：「俗名䙠掖。」[二] 一曰襤褸，即是

「諸于」，上加繡䘿，如今半臂。《漢書音義》云：「諸于，大掖衣也。」[三] 此可見大掖衣外加半臂，在手臂之間，如今搭護[四] 相似，脱去半臂即大掖衣，故曰「除即長袖也」。又衫子外加背子，在脊背之間，如今披風相似，所謂「其制袖短於衫，身與衫齊而大袖」也。

## [箋注]

[一] 半臂：短袖上衣，男女皆服。宋高承《事物紀原》卷三《衣裘帶服・半臂》：「隋大業中，内官多服半臂，除卻長袖也。唐高祖減其袖，謂之半臂，今背子也。」《事物紀原・衣裘帶服・背子》引《實録》：「秦二世詔衫子上朝服加背子，其制袖短於衫，身與衫齊而大袖。今又長與裙齊，而袖纔寬於衫。」按，「除即」爲「除卻」之誤。

[二]《方言》卷四：「自關而西謂之襜褕，其短者謂之裋褕。以布而無緣，敝而紩之，謂之襤褸。自關而西謂之䘨䘿，其敝者謂之緻。」郭璞注：「（䘨䘿）俗名䘿掖。緻縫納敝，故名之也。」

襜褕：一種單衣，有直裾、曲裾二式，男女通用之非正朝之服，因其寬大而長，其狀襜襜然，故名。《史記・魏其武安侯列傳》：「元朔三年，武安侯坐衣襜褕入宮，不敬。」司馬貞索隱：「襜，尺占反。褕音逾。謂非正朝衣，若婦人服也。」《漢書・雋不疑傳》：「始元五年，有一男子乘黄犢車，建黄旐，衣黄襜褕，著黄冒，詣北闕，自謂衛太子。」顏師古注：「襜褕，直裾襌衣。」《漢書・何並傳》：「林卿迫窘，乃令奴冠其冠被其襜褕自代。」顏師古注：「襜褕，曲裾襌衣也。」

[三]《後漢書・光武帝紀》：「時三輔吏士東迎更始，見諸將過，皆冠幘，而服婦人衣，諸于繡镼，莫不笑之，或有畏而走者。」李賢注引《漢書音義》「諸于，大掖衣也，如婦人之袿衣。」

諸于，亦作「諸衦」，婦人穿的寬大上衣。《正字通・衣部》：「衦，諸衦，即諸于，今俗呼披風敞袖是也。」《漢書・元后傳》：「是時政君坐近太子，又獨衣絳緣諸于。」顏師古注：「諸于，大掖衣，即袿衣之類也。」

[四] 搭護，胡人上衣，宋時謂半臂衫。宋鄭思肖《絶句》之八：「騣笠氈靴搭護衣，金牌駿馬走如飛。」自注：

「搭護，胡衣名。」

## 23 重襺 重繭

《左傳》：「夏重襺。」按，纊爲襺，新綿也。重襺謂重綿。[一]《叙傳》：「申重繭以存荆。」[二] 按，繭，本作「趼」，足胝也。亦通作「繭」，胝起如繭也。

（襺、趼，並音簡）

**［箋注］**

［一］《左傳・襄公二十一年》：「重繭衣裘，鮮食而寢。」杜預注：「繭，綿衣。」重襺，厚綿衣，亦作「重繭」。

［二］班固《漢書・叙傳》：「木偃息以蕃魏兮，申重繭以存荆。」按，申，指申包胥。重繭，生於手腳之上的厚繭，謂跋涉辛苦。繭，同「趼」。《戰國策・宋衛策》：「墨子聞之，百舍重繭，往見公輸般。」姚宏注：「重繭，累胝也。」應劭《風俗通・十反》：「干木息偃以藩魏，包胥重繭而存郢。」《晉書・温嶠傳》：「昔包胥楚國之微臣，重趼致誠，義感諸侯。」

## 24 褦襶

（褦音柰；襶音戴）

程曉伏日詩：「今世褦襶子，觸熱到人家。」諸韻書訓「褦襶」爲不曉事[一]。二字从衣，何以云不曉事？蓋褦襶，涼笠也[二]，以竹爲蒙，以帛若絲繳簷，戴之以遮日，炎暑戴笠，見人必不曉事者也[三]。

## [箋注]

[一]《古文苑·程曉〈嘲熱客詩〉》：「平生三伏時，道路無行車。閉門避暑卧，出入不相過。只今褦襶子，觸熱到人家。」章樵注：「音耐戴，言不爽豁也。《類説》、《集韻》：『褦襶，不曉事之名。』」

褦襶子，指不曉事者，愚蠢無能，不懂事，亦喻失儀之狀。《類篇·衣部》：「褦，褦襶，不曉事。」清吴文英《吴下方言考·褦襶》：「褦襶，不能事而笨也，吴諺呼笨人爲褦襶。」詩文中用例較多。王安石《用前韻戲贈葉致遠直講》：「反嗤褦襶子，但守一經籍。」金史肅《放言》詩之二：「壯歲羞爲褦襶子，如今却羨囁嚅翁。」明孫傳庭《答東撫札》：「邊禍如此，誤國何人？比極壞難支，乃責之褦襶子曰：『非爾不可。』區區一身不足惜，其如疆事何哉？」明許自昌《水滸記·剽劫》：「把青蚨幾貫易縹清，酩酊何辭褦襶行。」清王晫《快説續記》：「二三知己在座，忽聞褦襶子至，俱顰蹙無奈。」

[二]褦襶：夏天遮日的涼笠。《正字通·衣部》：「褦，褦襶，避暑笠也。竹胎蒙以帛若涼繖簷，戴之以遮日。」李時珍《本草綱目·服器·敗天公》：「近代又以牛馬尾、椶毛、皂羅漆製以蔽日者，亦名笠子，乃古所謂褦襶子者也。」郝懿行《證俗文》卷二：「褦襶，《潛確類書》：『即今暑月所戴涼笠，以青繒綴其襜，而蔽日者也。』」陸游《夏日》詩：「赤日黄塵褦襶忙，放翁湖上獨相羊。」明許三階《節俠記·俠晤》：「褦襶訪蘭英，下馬炎威失。」

[三]《字彙補·衣部》：「炎暑戴笠見人，必不曉事，故字書以此義釋之。」褦襶，亦可形容衣服粗厚臃腫之貌。清·郝懿行《證俗文》卷六：「今俗所謂褦襶者，爲其不俏醋也，褒衣大袖不合時尚，亦爲褦襶。」明張煌言《雨中寒甚再疊前韻》：「春衣褦襶還如鐵，島樹槎枒轉似金。」清吴熾昌《客窗閑話續集·悟知子》：「猝有一道人來，著折角

巾，褦襶不堪。」況周頤《蕙風詞話》卷一：「詞過經意，其蔽也斧琢；過不經意，其蔽也褦襶。」是謂累贅。

## 25 裨冕 副褘

（裨音卑）

裨之言偏也。天子大裘爲上，公衮，侯伯鷩，子男毳，偏於天子者也[一]。《玉藻》「諸侯裨冕以朝」是也。

副之言貳也。王后褘衣上，公如天子之服，則上，公夫人如后之服，貳於后也。《禮記》「夫人副褘」[二]是也。

【箋注】

[一] 裨：次等禮服，相對於最上等之服而言。天子六服中，大裘爲上，其餘爲裨衣。《禮記・樂記》：「裨冕搢笏。」鄭玄注：「裨冕，衣裨衣而冠冕也。裨衣，衮之屬也。」孔穎達疏：「衮謂從衮冕之衣以下皆是也。」《周禮・春官・司服》「享先公饗射，則鷩冕」鄭玄注引鄭司農曰：「鷩，裨衣也。」賈公彥疏：「《禮記・曾子問》云：『諸侯裨冕。』《覲禮》：『侯氏裨冕。』鄭注云：『裨之言埤也。天子大裘爲上，其餘爲裨。』若然，則裨衣自衮以下皆是。先鄭獨以鷩爲裨衣，其言不足矣。」

著裨衣，戴冕，謂之裨冕。《儀禮・覲禮》：「侯氏裨冕，釋幣于禰。」鄭玄注：「裨冕者，衣裨衣而冠冕也。裨之爲言埤也。天子六服，大裘爲上，其餘爲裨，以事尊卑服之，而諸侯亦服焉。」《禮記・曾子問》：「大祝裨冕，執束帛。」郑玄注：「裨冕者，接神則祭服也，諸侯之卿大夫所服。裨冕，絺冕、玄冕也。士服爵弁服，大祝裨冕則大夫。」

大裘：天子祭天禮服。《周禮・天官・司裘》：「司裘掌爲大裘，以共王祀天之服。」鄭玄注引鄭司農云：「大裘，黑羔裘，服以祀天，示質。」《周禮・春官・司服》：「祀昊天上帝，則服大裘而冕，祀五帝亦如之。」

［二］副褘：公夫人之上服。《禮記・祭義》：「歲既單矣，世婦卒蠶，奉繭以示于君，遂獻繭于夫人。夫人曰：『此所以爲君服與。』遂副褘而受之，因少牢以禮之。」

## 26 裼襲

（裼音錫）

裼衣乃半袖襌衣，加于裘之上，以見美［一］。襲衣乃有袖全衣，加于裼之上，以充美［二］。《曲禮》注：「古人近體衣有袍襗，其外有裘葛。」裘葛皆有裼衣，裼衣上有襲衣，襲衣上有常着之服，則皮弁服與深衣之屬也。

**［箋注］**

［一］裼：加覆於裘外之衣。《禮記・檀弓上》：「祛，裼之可也。」鄭玄注：「裼，表裘也。」孔穎達疏：「裼謂裘上又加衣也。」《禮記・玉藻》：「裘之裼也，見美也。」孔穎達疏：「裘之裼者，謂裘上加裼衣，裼衣上雖加他服，猶開露裼衣，見裼衣之美，以爲敬也。」

［二］襲：盛禮所服上衣，加於裼衣之外。《禮記・曲禮下》：「執玉，其有藉者則裼，無藉者則襲。」孔穎達疏：

「凡衣，近體有袍襗之屬；其外有裘，夏月則衣葛；其上有裼衣；裼衣上有襲衣；襲衣之上有常著之服，則皮弁之屬也。掩而不開則謂之襲。」《禮記·表記》：「子曰：『裼襲之不相因也，欲民之毋相瀆也。』」鄭玄注：「不相因者，以其或以裼爲敬，或以襲爲敬。禮盛者，以襲爲敬，執玉龜之屬也；禮不盛者，以裼爲敬，受享是也。」孔穎達疏：「行禮之時，禮不盛者，則露見裼衣；禮盛之時，則重襲上服。是行禮初盛則襲衣，禮不盛則裼衣，是裼襲不相因也……其行禮之時，或初襲而後裼，或初裼而後襲。所以然者，欲使人民無相褻瀆使禮相變革也。」

## 27　布稱升

古者布稱升，蓋精粗之名[一]。《廣韻》：「升，成也。布八十縷爲一升，一成也。二千四百縷爲三十升，三十成也。」猶樂小成大成[二]，俗謂銀一成二成至十成之意。《閑傳》曰：「斬衰三升，既虞卒哭，受以成布六升。」[三]《論語》注：「三十升細密難成。」[四]夫布，三升雖成猶未成，六升始謂之成，三十升則又細密難成。此亦可見升之爲成也。

**［箋注］**

［一］升，古代布帛織造中計量精粗的單位，布八十縷爲升。《儀禮·喪服》：「冠六升，外畢。」鄭玄注：「布八十縷爲升。」《朱子語類》卷八五：「古者，布帛精粗皆有升數，所以説布帛精粗不中度不鬻市。」

［二］奏樂一曲爲一成。《書·益稷》：「簫韶九成，鳳皇來儀。」孔傳：「備樂九奏。」

［三］《禮記·間傳》：「斬衰三升，既虞卒哭，受以成布六升，冠七升。」孔穎達疏：「三升四升五升之布，縷既麤

疏，未爲成布。六升以下，其縷漸細，與吉布相參，故稱成布也。」成布，指質地較細的布。

[四]《論語・子罕》：「子曰：『麻冕，禮也；今也純，儉。吾從衆。』」何晏集解引孔安國曰：「冕，緇布冠也。古者績麻，三十升布以爲之。純，絲也。絲易成，故從儉。」朱熹集注：「緇布冠，以三十升布爲之，升八十縷，則其經二千四百縷矣。細密難成，不如用絲之省約。」

## 28 玄纁

《考工記》：「三入爲纁，五入爲緅，七入爲緇。」《爾雅》：「一染謂之縓，再染謂之竀，三染謂之纁。」賈疏云：「凡染玄纁之法，取《爾雅》、《考工記》相兼乃具。然四入、六入無文，縓竀纁三色皆染以丹秫。鄭云：『更以纁入赤汁則爲朱。』」[一]《淮南子》曰：「纁不入赤，而入黑汁則爲紺，更入黑則爲緅。」朱與紺皆四入也。《周禮・染人》：「六入爲玄。」[二]以緅更入黑汁也。更以此玄入黑汁則名七入，爲緇矣。緇與玄相似，故禮家每以緇布衣爲玄端也。

更取《周禮・染人》及鄭氏、《淮南子》諸説始備。赤汁以朱湛、丹秫。丹秫，赤粟也[三]。黑汁以涅。涅，黑土在水中者也[四]。由朱以前則皆赤汁，由紺以後則皆黑汁。緅，《禮》俗文作「爵」，言如爵頭色，赤多黑少也[五]。《廣韻》：「縉，色一入爲纔。」纔即「縓」也[六]。

（竀音稱）

**[箋注]**

[一]《周禮・考工記・鍾氏》:「三入爲纁,五入爲緅,七入爲緇。」鄭玄注:「染纁者,三入而成,又再染以黑則爲緅。緅,今《禮》俗文作『爵』,言如爵頭色也。又復再染以黑,乃成緇矣。」賈公彦疏:「凡染玄纁之法,取《爾雅》及此相兼乃具……此三者皆以丹秫染之。此經及《爾雅》不言四入及六入,按,《士冠禮》有『朱紘』之文,鄭云『朱則四入,與是更以纁入赤汁則爲朱。』」《爾雅・釋器》:「一染謂之縓,再染謂之竀,三染謂之纁。」

[二]《周禮・天官・染人》:「染人掌染絲帛。凡染,春暴練,夏纁玄,秋染夏,冬獻功。」孔穎達疏:「染玄雖史傳闕,推約則有之。故鄭注《鍾氏》及《士冠禮》云:『玄則六入。』」

[三]丹秫:赤粟,古用爲染料。《周禮・考工記・鍾氏》:「鍾氏染羽,以朱湛丹秫,三月而熾之。」鄭玄注:「鄭司農云:『湛,漬也。丹秫,赤粟。』玄謂『湛』讀如『漸車帷裳』之『漸』。熾,炊也。羽,所以飾旌旗及王后之車。」

[四]涅:礦物,古以染黑。《説文・土部》:「涅,黑土在水中者也。」《廣雅・釋詁三》:「涅,泥也。」《書・洪範》「時人斯其爲皇之極」孔穎達疏引《荀子》:「蓬生麻中,不扶自直;白沙在涅,與之俱黑。」《山海經・西山經》:「女牀之山,其陽多赤銅,其陰多石涅。」郭璞注:「即礬石也。楚人名爲涅石,秦名爲羽涅也。」《淮南子・俶真》:「今以涅染緇,則黑於涅;以藍染青,則青於藍。」高誘注:「涅,礬石也。」

[五]緅:青赤色。《玉篇・糸部》:「緅,青赤色。」《周禮・考工記・鍾氏》「五入爲緅」鄭玄注:「染纁者,三入而成,又再染以黑則爲緅。緅,今《禮》俗文作『爵』,言如爵頭色也。」《儀禮・士冠禮》「爵弁」鄭玄注:「其色赤而微黑,如爵頭然,或謂之緅。」

[六]纔:微黑帶紅之色。《説文・糸部》:「纔,帛雀頭色,一曰微黑色如紺。纔,淺也。」段玉裁注:「《(周禮・春官・)巾車》『雀飾』注曰:『雀,黑多赤少之色。』玉裁按:今目驗雀頭色,赤而微黑。」桂馥義證:「一曰微黑色如紺,『纔,淺也』者,言淺於紺也。」

縓：《説文・糸部》：「縓，帛赤黄色。一染謂之縓，再染謂之䞓，三染謂之纁。」《爾雅・釋器》：「一染謂之縓。」郭璞注：「今之紅也。」邢昺疏：「此述染絳法也。一染一入色名縓。」

## 29 袒綄

《檀弓》注：「綄以布廣一寸，從項中而前交於額上，又卻向後繞髻。」[一]《喪服小記》集解：「吕氏曰，綄以布，卷幘以收四垂短髮，而露其髻於冠，《禮》謂之闕項，冠者先著此，後加冠。」[二]

按，二説綄之義已明。而曰袒者何？蓋不著冠，露髻，猶《喪大紀》注所稱「袒，幘也，此服之最輕者」。緦以下冠各異，而綄固有也。又古者有罪免冠而闕項存，因謂之「免」。是知綄不獨喪服，即平時亦有。吉則用皂，所謂「緇纚」[三]，凶則用素，所謂「袒綄」[四]。緇纚，所以韜髮[五]，故用全幅；袒綄，止於括髮，故廣一寸耳。緇纚，今易爲網巾[六]；袒綄，猶今之勒頭布也。

（纚，徙、離二音）

【箋注】

[一]《禮記・檀弓上》：「公儀仲子之喪，檀弓免焉。」鄭玄注：「免，音問，注同。以布廣一寸，從項中而前交於額上，又卻向後繞於髻。」

綄：古喪服之一。去冠，以麻布裹髮髻。《左傳・哀公二年》：「使太子綄，八人衰絰，僞自衛逆者。」杜預注：「綄者，始發喪之服。綄音問。」孔穎達疏：「太子綄者，禮不至喪所，不括髮，故以綄代之耳。此用麻布爲之，狀如今之著幓頭矣。」

[二] 此引宋呂大臨《禮記傳》之説。闕項，亦作「缺項」，固冠之髮飾。

[三] 緇纚：束髮的黑繒。《儀禮·士冠禮》：「緇纚，廣終幅，長六尺。」鄭玄注：「纚，今之幘梁也。終，充也。纚一幅長六尺，足以韜髮而結之矣。」

[四] 袒絻，亦作「袒免」。《禮記·大傳》：「五世袒免，殺同姓也。」陸德明釋文：「免，音問。」孔穎達疏：「謂其承高祖之父者也，言服袒免而無正服，減殺同姓也。」

[五] 用幘巾包紮頭髮，謂之「韜髮」。《儀禮·士冠禮》「緇纚廣終幅」鄭玄注：「纚，今之幘梁也……纚一幅長六尺，足以韜髮而結之矣。」《急就篇》卷三「冠幘簪簧結髮紐」顏師古注：「幘者，韜髮之巾，所以整嫧髮也。常在冠下，或但單著之。」

[六] 網巾：以絲結成的網狀頭巾，用以束髮。

## 30 帢　鞮　襴

（帢音恰；鞮音提；襴音闌）

古者以緇布爲冠，止於斂髮。魏武帝裁縑帛以爲帢，按頭使下，今帽也[一]。以皮爲履，止於拘足。趙武靈王作胡服，變履爲鞮，連脛服之，今靴也[二]。

上衣下裳，以隱形，自蔽障。後魏胡俗，欲便於鞍馬，施帬於衣，爲橫幅而綴於下，謂之襴，今長衫也[三]。

帢本軍容，鞮與㡓皆胡服，古人冠裳之制於是盡變矣。

[箋注]

[一] 帢：用縑帛縫製的便帽，相傳爲曹操創制。《廣韻・洽韻》：「帢，士服，狀如弁，缺四角，魏武帝制。」《集・洽韻》：「帢，按頭使下，故曰帢。」《三國志・魏志・武帝紀》「二月丁卯，葬高陵」裴松之注引晉傅玄《傅子》：「漢末王公，多委王服，以幅巾爲雅，是以袁紹之徒，雖爲將帥，皆著縑巾。魏太祖以天下凶荒，資財乏匱，擬古皮弁，裁縑帛以爲帢，合于簡易隨時之義。」

[二] 鞮：革履。《急就篇》卷二：「靸鞮印角褐韤巾。」顏師古注：「鞮，薄革小履也。」

[三] 㡓：同「襴」。上衣與下裳相連，長衣下擺加以横幅，作爲下裳，稱爲襴。《廣韻・平寒》：「㡓，㡓衫、㡓裙。」《古今韻會舉要・寒韻》：「衣與裳連曰㡓，俗作襴。」《新唐書・車服志》：「士服短褐，庶人以白。中書令馬周上議：『《禮》無服衫之文，三代之制有深衣。請加襴、袖、褾、襈，爲士人上服。開骻者名曰缺骻衫，庶人服之。』……太尉長孫無忌又議：『服袍者下加襴，緋、紫、緑皆視其品，庶人以白。』」

## 31 窮袴 犢鼻褌

《漢昭記》：「霍光欲后擅寵，左右皆阿意，雖宫人使令皆爲窮袴。」注：「窮袴有前襠，不得交通。」[一]《列傳》：「司馬相如家徒四壁，立自着犢鼻褌。」注：「小褌形如犢鼻。」[二]《玉篇》：「三尺布作，如牛鼻。」

【箋注】

[一] 窮袴：亦作「窮絝」。前後有襠之褌。《漢書·外戚傳上·孝昭上官皇后》：「光（霍光）欲皇后擅寵有子，帝時體不安，左右及醫皆阿意，言宜禁內，雖宮人使令皆爲窮絝，多其帶。」顔師古注：「服虔曰：『窮絝有前後當，不得交通也。』使令，所使之人也。絝，古袴字也。窮絝，即今之緄襠袴也。」

[二] 犢鼻褌：短褲，一説圍裙。形如犢鼻，故名。漢趙曄《吳越春秋·勾踐入臣外傳》：「越王服犢鼻，着樵頭。」《漢書·司馬相如傳上》：「相如身自著犢鼻褌。」王先謙補注：「但以蔽前，反繫于後，而無袴襠，即吾楚所稱圍裙是也。」

## 32 匹 特

今人稱布帛一、馬一曰「匹」[一]。夫一、婦一曰「匹」，遂以匹爲獨。不知匹，偶也。《楚辭》：「孰可與兮匹儔。」[二]布帛一曰匹者，舉兩端也；馬一曰匹者，舉四足也；匹夫、匹婦曰「匹」者，庶人夫妻相匹[三]，其名既定，故通謂匹夫匹婦也。

特，獨也。《書》：「歸，格于藝祖，用特。」謂一牛也[四]。又以匹爲義。《詩》「實維我特」，婦謂夫爲特也；「求爾新特」，夫謂婦爲特也。[五]

【箋注】

[一] 匹：布帛等織物長度的計量單位，古以四丈爲匹。《説文·匸部》：「匹，四丈也。」王筠句讀：「古之布

帛，自兩頭卷之，一匹兩卷，故古謂之兩，漢謂之匹也。」

［二］匹儔：伴侶，配偶。王褒《九懷・危俊》：「步余馬兮飛柱，覽可與兮匹儔。」王逸注：「歷觀羣英，求妃合也。」三國魏・曹植《贈王粲》詩：「樹木發春華，清池激長流。中有孤鴛鴦，哀鳴求匹儔。」

［三］班固《白虎通・爵》：「庶人稱匹夫者，匹，偶也，與其妻爲偶，陰陽相成之義也。」匹夫、匹婦，古指平民男子和女子。《左傳・昭公六年》：「匹夫爲善，民猶則之，況國君乎？」《韓非子・有度》：「刑過不避大臣，賞善不遺匹夫。」《孟子・盡心上》：「五畝之宅，樹墻下以桑，匹婦蠶之，則老者足以衣帛矣。」《漢書・杜欽傳》：「愛寵偏於一人，則繼嗣之路不廣，而嫉妒之心興矣。如此，則匹婦之説，不可勝也。」顔師古注：「匹婦，一婦人也。」

［四］特：公牛，牲一头。《書・舜典》：「十有一月，朔巡守……歸，格于藝祖，用特。」孔傳：「特，一牛。」

［五］《詩・鄘風・柏舟》：「髡彼兩髦，實維我特。」朱熹集傳：「特，亦匹也。」《詩・小雅・我行其野》：「不思舊姻，求爾新特。」特，指配偶。

## 33 端匹

杜預曰：「二丈爲端，二端爲兩。」所謂匹也，是每匹長四丈，中分之，向裹卷，其末爲二端。二端，兩也，其實只一匹[一]。此胡大監旦致仕遇赦賜高年束帛當十端，夏竦鎮襄陽，選縑十匹贈之胡，却還其五也[二]。

又《曾子問》疏云：「丈八尺爲端，十端、六纁、四玄、五兩、三玄、二纁。」[三]。説又不同。「匹」與「疋」同，《爾雅》「倍兩謂之匹」是也。

## 【箋注】

[一] 端，量詞，古代布帛長度單位。其制不一，有二丈、一丈六尺、五丈、六丈、八丈等説法。《小爾雅・度》：「倍丈謂之端。」《周禮・地官・媒氏》「入幣純帛無過五兩」鄭玄注：「五兩，十端也……《雜記》曰：『納幣一束，束五兩，兩五尋』。然則每端二丈。」賈公彦疏：「古者二端相向，卷之共爲一兩，五兩故十端也。」《左傳・昭公二十六年》「以幣錦二兩」杜預注：「二丈爲一端，二端爲一兩，所謂疋也。」《六書故・人二》：「布帛一丈六尺曰端，二端爲匹。」《新唐書・百官志三》：「布五丈爲端。」《集韻・桓韻》：「端，布帛六丈曰端。」《通志・食貨略一》：「舊制，民間所織絹布皆幅廣二尺二寸。長四十尺爲一疋，六十尺爲一端。」《資治通鑑・漢獻帝初平二年》：「烈聞而使人謝之，遺布一端。」胡三省注：「布帛六丈曰端。一曰，八丈曰端。按，古以二丈爲端。」宋洪邁《容齋五筆・謂端爲匹》：「今人謂縑帛一匹爲壹端，或總言端匹。案，《左傳》：『幣錦二兩。』注云：『二丈爲一端，二端爲一兩，所謂匹也。二兩，二匹也。』然則以端爲匹非矣……若束帛，則卷其帛爲二端，五匹遂見十端。」

兩，帛錦二端爲兩。《小爾雅・廣度》：「五尺謂之墨，倍墨謂之丈，倍丈謂之端，倍端謂之兩。」《左傳・昭公二十六年》：「夏，齊侯將納公，命無受魯貨，申豐從女賈，以幣錦二兩，縛一如瑱，適齊師。」杜預注：「二丈爲一端，二端爲一兩，所謂匹也。」

[二] 宋文瑩《湘山野録》卷下記載：

夏英公鎮襄陽，遇大赦，賜酺宴，詔中有「致仕高年，各賜束帛。」時胡大監旦瞽廢在襄，英公依詔旨，選精縑十匹贈之。胡得縑，以手捫之，笑曰：「寄語舍人，何寡聞至此！奉還五匹，請檢《韓詩外傳》及服虔、賈誼諸儒所解『束帛戔戔，賁於丘園』之義，自可見證。」英公檢之，果見三代束帛、束脩之制。若束脩則十挺之脯，其實一束也；若束帛則卷其帛，屈爲二端，五匹遂見十端，表王者屈折於隱淪之道也，夏亦少沮。

[三]《禮記・曾子問》：「大祝裨冕，執束帛，升自西階，盡等。」孔穎達疏：「裨冕，祭服也。以其將告神，故執束

帛。執，持也。束帛，十端也。端則二丈，鬼神質，故用偶數也。鬼神以丈八尺爲端，鬼神之道，陰陽不測，故用陰陽之數求之，一丈象陽，八尺法陰，十端、六玄、四纁、五兩、三玄、二纁。纁是地色，玄是天色也。欲往告殯，故升自西階。」

## 34 圭璧

《周官・典瑞》：「王搢大圭，執鎮圭。」「大圭長三尺，杼上終葵首。」[一]以見天地宗廟。鎮圭長尺有二寸，以朝諸侯。[二]大圭，或謂之「珽」，又謂之「玠」[三]。公執桓圭，侯執信圭，伯執躬圭，子執穀璧，男執蒲璧[四]。

《檀弓》注：「四植謂之桓。」《漢書》注：「亭郵四角建大木，貫以方板，名曰桓表。」[五]天子須諸侯以安，猶亭郵須桓楹以安也，故曰桓，長九寸。孔義云：「直者爲信，曲者爲躬。」皆長七寸。疏云：「穀以養人，蒲爲席，以安人。」[六]皆徑五寸，各以其象爲瑑飾。

圭圓而宛之無鋒芒，曰琬圭；圭上圓而判之，曰琰圭，皆王使之瑞節[七]。琬圭以治德，以結好；琰圭以除慝，以易行。

璧，孔曰好，邊曰肉。《爾雅》：「肉倍好謂之璧，好倍肉謂之瑗。肉好若一謂之環。」[八]《廣韻》：「玦，如環而有缺。」《荀子》：「召人以瑗，絶人以玦，反絶以環。」[九]

**[箋注]**

[一]《周禮・春官・典瑞》：「王晉大圭，執鎮圭，繅藉五采五就，以朝日。」《周禮・考工記・玉人》：「大圭長

三尺，杼上終葵首，天子服之。」鄭玄注：「王所搢大圭也，或謂之珽。」孫詒讓正義引戴震云：「大圭，笏也。天子玉笏，其首六寸，謂之珽。」

［二］鎮圭：朝儀中天子所執玉制禮器，長一尺有二。以四鎮之山爲雕飾，取安定四方之義，故稱。《周禮・春官・大宗伯》：「以玉作六瑞，以等邦國。王執鎮圭。」孫詒讓正義：「注云『鎮，安也』者，《廣雅・釋詁》同。云『所以安四方』者，《職方氏》注云『鎮名山安地德者』也。王執此鎮圭，亦所以鎮安四方，故象彼爲文。《國語・周語》云：『爲摯幣瑞節以鎮之。』韋注云：『鎮，重也。』重與安義亦相成也。云『鎮圭者，蓋以四鎮之山爲瑑飾』者。《玉人》注云：『瑑，文飾也。』『六瑞之瑑飾』經無文，鄭皆依其名義推之……云圭長尺有二寸者，據《玉人》文。」《南齊書・禮志上》：「天子冕而執鎮圭，尺有二寸。」

［三］珽：玉笏，天子所持大圭。《左傳・桓公二年》：「袞、冕、黻、珽。」杜預注：「珽，玉笏也，若今吏之持簿。」陸德明釋文引徐廣曰：「持簿，手版也。」《荀子・大略》：「天子御珽，諸侯御荼，大夫服笏，禮也。」楊倞注：「珽，大圭。長三尺，杼上，終葵首，謂剡上至其首而方也。」

玠，大圭。《爾雅・釋器》：「珪大尺二寸謂之玠。」郭璞注：「《詩》曰：『錫爾玠珪。』」按，今本《詩・大雅・崧高》作「介圭」。

［四］《説文》：「圭，瑞玉也。上圜下方。公執桓圭，九寸；侯執信圭，伯執躬圭，皆七寸；子執穀璧，男執蒲璧，皆五寸。以封諸侯。从重土。楚爵有執圭。珪，古文圭从玉。」《周禮・春官・大宗伯》：「以玉作六瑞，以等邦國：王執鎮圭，公執桓圭，侯執信圭，伯執躬圭，子執穀璧，男執蒲璧。」鄭玄注：「鎮，安也，所以安四方；鎮圭蓋以四鎮之山爲瑑飾，圭長尺有二寸。公，二王之後，及王之上公。雙植謂之桓；桓，宮室之象，所以安其上也；桓圭蓋亦以桓爲瑑飾，圭長九寸。信當爲身，聲之誤也；身圭、躬圭蓋皆象以人形爲瑑飾，文有麤縟耳，欲其慎行以保身；圭皆長七寸。穀所以養人，蒲爲席所以安人；二玉蓋或以穀爲瑑飾，或以蒲爲瑑飾；璧皆徑五寸。不執圭者，未成國也。」《儀禮・聘禮》：「所以朝天子，圭與繅皆九寸，剡上寸半，厚半寸，博三寸。」鄭玄注：「圭，所執以爲瑞節也，

剡上象天圜地方也……九寸，上公之圭也。」賈公彦疏：「凡圭，天子鎮圭，公桓圭，侯信圭，皆博三寸，厚半寸，剡上左右各寸半，唯長短依命數不同。」

依鄭玄之説，六瑞瑑飾不同。鎮圭釋以四鎮之山，所以鎮安四方。桓圭飾以宫桓，桓，表柱也。信圭、躬圭俱以人形爲飾，欲其慎行以保身，飾文有疏密之别，「信」讀爲「身」。穀璧、蒲璧釋以穀、蒲，寓養人、安人之意。

［五］《禮記·檀弓下》：「三家視桓楹。」鄭玄注：「四植謂之桓。」孔穎達疏：「案《説文》，桓，亭郵表也。謂亭郵之所而立表木謂之桓。桓，即今之橋旁表柱也。」《漢書·酷吏傳·尹賞》：「便輿出，瘞寺門桓東。」顔師古注：「如淳曰：『舊亭傳於四角面百步築土四方，上有屋，屋上有柱，出高丈餘，有大板貫柱四出，名曰桓表。縣所治，夾兩邊各一桓。陳宋之俗言桓聲如和，今猶謂之和表。』即華表也。」按，古時十里一長亭，五里一短亭，亭設郵傳，即驛站，以木柱表識，即所謂桓，郵亭柱上四出，故曰四植。

［六］《周禮·春官·大宗伯》「子執穀璧，男執蒲璧」孔穎達疏：「穀，所以養人，蒲爲席，所以安人。」

［七］琬圭，上端呈圓形的圭。《周禮·考工記·玉人》：「琬圭九寸而繅以象德。」鄭玄注：「琬，猶圜也，王使之瑞節也。諸侯有德，王命賜之，使者執琬圭以致命焉。」

琰圭，圭呈上端尖鋭之形，古以作爲征討不義之符。《周禮·考工記·玉人》：「琰圭九寸，判規，以除慝，以易行。」鄭玄注：「琰圭，琰半以上，又半爲瑑飾，諸侯有爲不義，使者征之，執以爲瑞節也。」《周禮·春官·典瑞》：「琰圭以易行以除慝。」鄭玄注引鄭司農曰：「琰圭有鋒芒、傷害、征伐、誅討之象者。」

［八］好，璧之孔曰好。《周禮·考工記·玉人》：「璧羨度尺，好三寸以爲度。」鄭玄注引鄭司農曰：「好，璧孔也。」《爾雅·釋器》：「肉倍好謂之璧，好倍肉謂之瑗。肉好若一謂之環。」郭璞注：「肉，邊；好，孔。」

［九］有缺口之環玉謂之玦，用以象徵決斷、決絶。《左傳·閔公二年》：「公與石祁子玦，與甯莊子矢，使守。」杜預注：「玦，示以當決斷；矢，示以禦難。」《荀子·大略》：「聘人以珪，問士以璧，召人以瑗，絶人以玦，反絶以環。」

予謂大圭長三尺，恐非紳帶之間所能容，長或亦與鎮圭等，但以見天地宗廟，故曰大[一]。鎮圭以朝，諸侯鎮安天下，故曰鎮。桓以植爲義，信，其形伸，以直爲義；躬，其形曲，以卑爲義。躬圭，在圭爲卑也。鄭云：「穀，善也。」天子穀圭以聘女[二]，又何取於養？漢制，天子卧内以青規地曰青蒲[三]，則蒲璧以青玉得名，亦未可知。若必以瑑飾爲言，則桓當刻大木雙楹，恐無是理。新圖[四]亦云：「信圭直，躬圭曲，舊圖瑑爲人形，誤矣。」又天子執瑁四寸，以朝諸侯[五]，蓋謂諸侯所受於天子之圭，其冒藏之，天子來，則出以合之，非執以爲儀也。亦取覆冒天下之意。

半圭曰「璋」，半璧曰「璜」，外八角而中圓曰「琮」。「圭邸」，邸，本也。「璧羨」，羨，延也。「璋邸射」謂剡而出也[六]，又有「圭瓚」，瓚形如槃，以圭爲柄，有流，爵以灌鬯，瓚以受灌，蓋祭器也[七]。

（瑑音篆）

【箋注】

[一] 等：等同，等長。但：僅，只不過。

[二] 《周禮・春官・典瑞》：「穀圭以和難，以聘女。」鄭玄注：「穀圭，亦王使之瑞節，穀，善也，其飾若粟文然。」

[三] 《漢書・史丹傳》：「丹以親密臣得侍視疾，候上間獨寢時，丹直入卧内，頓首伏青蒲上。」顔師古注引應劭曰：「以青規地曰青蒲，自非皇后不得至此。」故以「青蒲」指天子内庭。《文選・任昉〈天監三年策秀才文〉三》：「比雖輻湊闕下，多非政要；日伏青蒲，罕能切直。」李周翰注：「青蒲，天子内庭也，以青色規之，而諫者伏其上。」杜甫

《壯遊》詩：「斯時伏青蒲，廷諍守御牀。」

［四］新圖，指宋代太常博士聶崇義所撰《三禮圖》。

［五］瑁：天子所執之瑞玉，以合諸侯之圭。因冒其上，故名瑁。《説文・玉部》：「瑁，諸侯執圭朝天子，天子執玉以冒之似黎冠。《周禮》曰：『天子執瑁四寸』。」《書・顧命》：「太保承介圭，上宗奉同瑁，由阼階隮。」孔傳：「瑁，所以冒諸侯圭，以齊瑞信，方四寸，邪刻之。」

［六］邸射：玉名，上璋下琮，形有尖角，用以祭山川，贈賓客。《周禮・春官・典瑞》：「璋邸射，以祀山川，以造贈賓客。」鄭玄注：「璋有邸而射，取殺於四望。」《周禮・考工記・玉人》：「璋邸射，素功，以祀山川，以致稍餼。」鄭玄注：「邸射，剡而出也。」賈公彦疏：「向上謂之出，半圭曰璋。璋首邪却之，今於邪却之處從下向上，總邪却之名爲剡而出。」剡：尖鋭，削尖。

［七］瓚：同「瓚」。圭瓚：玉制酒器，形狀如勺，以圭爲柄，用於祭祀。《書・文侯之命》：「平王錫晉文侯秬鬯圭瓚。」孔傳：「以圭爲杓柄，謂之圭瓚。」《禮記・王制》：「（諸侯）賜圭瓚，然後爲鬯，未賜圭瓚，則資鬯於天子。」鄭玄注：「圭瓚，鬯爵也。」

## 35　瑤瓊玖碧藍

瑤，白玉；瓊，赤玉；玖，黑玉；碧，石之青美者。《紀年》：「惠成王七年，雨碧於郢。」［一］又「萇弘死於蜀，埋其血，三年化爲碧。」［二］藍，玉之次美者。《三秦記》：「有川，方三十里，其水北流，出玉名藍田。」［三］

「瑤」則所謂白如截肪［四］，「瓊」則赤如鷄冠，「玖」則黑如純漆者也。「碧」爲石，青多而白少；

「藍」爲玉，白多而青少。今人秖[五]知「瑶」爲玉，即「瓊、玖」不甚辨，「碧」與「藍」則專指爲色矣。

**[箋注]**

[一]《韻會》引《竹書紀年》：「惠成王七年，雨碧於郢。」

[二]《莊子·外物》：「萇弘死於蜀，藏其血，三年而化爲碧。」成玄英疏：「碧，玉也。」《漢書·司馬相如傳上》：「雌黄白坿，錫碧金銀。」顔師古注：「碧，謂玉之青白色者也。」

[三]《後漢書·地理志·郡國一》「藍田出美玉」李賢注引《三秦記》曰：「有川，方三十里，其水北流。出玉、铜、铁、石。」

[四]截肪：指切開的脂肪，喻顔色和質地白潤。三國魏·曹丕《與鍾大理書》：「竊見玉書稱美玉，白如截肪，黑譬純漆，赤擬雞冠，黄侔蒸栗。」白居易《文柏床》詩：「玄班狀狸首，素質如截肪。」陸游《老學庵筆記》卷九：「政和中，蔡太師在錢塘，一日中使賜茶藥，亦於合中得大玉環，徑七寸，色如截肪。」

[五]秖：僅，只。

## 36　錢

夾漈鄭氏云：「古錢其形如篆「泉」文，一變而爲刀器，再變而爲圜法。」[一]《文獻通考》云：「太昊氏、高陽氏謂之金，有熊氏、高辛氏謂之貨，陶唐氏謂之泉，周人謂之布，齊人、莒人謂之刀。」[二]

錢文[三]，周曰「寶貨」，秦曰「半兩」，漢曰「漢興」，宋武帝面曰「孝建」，幕曰「四銖」[四]，以孝建年鑄，重四銖也，載年號始此。後周宣帝曰「永通萬國」，隋曰「五銖」，唐曰「開通元寶」[五]。史思明據東都，亦鑄「得一元寶」[六]。南唐李璟鑄「永通錢貨」。不載年號，又多有之。稱「元寶」自唐高祖始，稱「重寶」自唐肅宗始[七]，稱「通寶」自宋人，誤讀「開通」。錢文始改「元」，更鑄自宋太宗始[八]。今制錢輕重大小倣唐開通，而文則襲宋人之誤讀也。

（漈音祭；，篆文「泉」字；圜，與「圓」同；幕音慢）

## 〔箋注〕

[一] 夾漈，山名，在福建莆田，或作「夾祭」。宋代學者鄭樵居夾漈山著書立説，人稱「夾漈先生」。夾漈鄭氏，指鄭樵。《漢書·食貨志下》：「太公爲周立九府圜法。」顏師古注：「圜，謂均而通也。」圜法謂貨幣、幣制。馬端臨《文獻通考》卷八《錢幣考一》引鄭樵曰：

謂之泉者言其形，謂之金者言其質，謂之刀者言其器，謂之貨、謂之布者言其用。古文「錢」字作「泉」者，言其形如泉文，一變而爲刀器，再變而爲圜法（即太公所作）。自圜法流通於世，民實便之，故泉與刀並廢。後人不曉其謂也，觀古錢其形即篆泉文也，後世代以「錢」字，故「泉」之文借爲泉水之泉，其實「泉」之篆文下體不從水也。先儒不知本末，因謂流於泉，布於布，實於金，利於刀，此皆沿鑿之義也。

[二]《文獻通考》卷八《錢幣考一》：「自太昊以來則有錢矣。太昊氏、高陽氏謂之『金』，有熊氏、高辛氏謂之『貨』，陶唐氏謂之『泉』，商人、周人謂之『布』，齊人、莒人謂之『刀』。」

[三] 錢文，指幣面上所鑄文字。歐陽修《歸田録》卷一：「國家開寶中所鑄錢，文曰『宋通元寶』；至寶元中，則曰『皇宋通寶』。近世錢文皆著年號，惟此二錢不然者，以年號有『寶』字，文不可重故也。」

[四] 面，錢幣正面；幕，錢幣的背面。《漢書·西域傳上·罽賓國》：「以金銀爲錢，文爲騎馬，幕爲人面。」顏師古注引張晏曰：「錢文面作騎馬形，漫面作人面目也。」《史記·大宛列傳》「錢如其王面」司馬貞索隱：「《漢書》云：『文獨爲王面，幕爲夫人面。』……韋昭云：『幕，錢背也。』」

[五] 開通元寶，一讀「開元通寶」。古錢幣名，唐高祖武德四年始鑄。《舊唐書·食貨志上》：「武德四年七月，廢五銖錢，行開元通寶錢，徑八分，重二銖四絫，積十六重一兩……初，開元錢之文，給事中歐陽詢制詞及書，時稱其工。其字含八分及隸體，其詞先上後下，次左後右讀之。自上及左迴環讀之，其義亦通，流俗謂之開通元寶錢。」周祈認爲當稱「元寶」，宋人誤讀爲「開元通寶」，參本條下文及下條「開通元寶」。周氏玆論可備一說。唐代之後即出現「通寶」鑄文，冠以年號，如南唐的「唐國通寶」、宋代的「太平通寶」、元代的「至正通寶」、明代的「大明通寶」、清代的「康熙通寶」等，日本、越南、朝鮮等國錢幣亦用「通寶」之名。

[六] 得一元寶，亦作「得壹元宝」。唐乾元二年史思明據洛陽時所鑄，省稱「得壹錢」、「得壹」。《新唐書·食貨志四》：「史思明據東都，亦鑄『得一元寶』錢，徑一寸四分，以一當『開元通寶』之百。」宋龐元英《文昌雜録》補遺：「後唐同光三年洛京積善坊得古文錢曰『得一元寶』、『順天元寶』，史不載何代鑄此錢。近見朝士王儀家有錢氏《錢譜》云：『史思明再陷洛陽，鑄得一錢，賊黨以謂得一非佳號，乃改順天。』蓋史思明所鑄錢也。」洪遵《泉志·僞品下·史思明得壹錢》：「得壹錢，《唐書·食貨志》曰：『史思明據東都鑄「得壹元寶」錢，徑寸四分，以一當「開元通寶」之百。』《舊譜》曰：『得壹錢，徑寸三分，重十三銖。』余按此錢重十二銖六絫。」沈括《夢溪筆談·器用》：「熙寧中，嘗發地得大錢三十餘千文，皆『順天』、『得壹』，當時在庭皆疑古無『得壹』年號，莫知何代物。予按《唐書》，史思明僭號，鑄『順天』、『得壹』錢。順天乃其僞年號，『得壹』特以名鑄錢耳，非年號也。」

[七] 重寶：古代錢幣的一種名稱，以一當十、或當五十，有銅、鐵、鉛質的三種。幣面多在「重寶」二字前鑄有年號。最早的是唐肅宗乾元元年(758年)鑄的「乾元重寶」。後有南漢的「乾亨重寶」、宋仁宗的「慶曆重寶」、宋徽宗的「崇寧重寶」和清代的「咸豐重寶」等。參閲《清史稿·食貨志五》。

［八］《宋史・食貨志下二・錢幣》：「初，太宗改元太平興國，更鑄『太平通寶』。淳化改鑄，又親書『淳化元寶』，作真、行、草三體。後改元更鑄，皆曰『元寶』，而冠以年號。」

## 37　開通元寶

唐錢率曰「開元通寶」，予語人當曰「開通元寶」，人多未之信。

按，《文獻通考》：「唐武德四年，廢五銖錢，鑄開通元寶。」「其文歐陽詢製，書八分及篆隸三體，文自上及右迴環讀之，詢初進蠟樣，文德皇后掐一甲迹，後錢上有掐文。」［一］呂東萊曰：「自漢至隋，惟五銖之法不可易，自唐至五代，惟開通之法不可易。」［二］《龍川畧志》：「蘇轍至京師上書。王介甫問鑄錢，對曰：『唐開通錢最善。』」［三］

凡此皆可證。而曰「開元」者何？蓋是錢爲唐鑄，開元又唐年號。裴耀卿對玄宗曰：「錢者通寶，有國之權。」［四］後人遂不知迴環讀，乃錯綜讀而曰「開元通寶」也。玄宗亦嘗鑄錢，宋璟請行二銖四參錢，謂開通元寶也，以是錢徑八分，重二銖四參，得輕重之中，故再鑄之，其錢獨多也。予家藏杜佑《通典》，皆云「開通」，今新刻本皆云「開元」，末學妄竄易也。錢文不用年號者，古比比是，即唐後亦有不用者，南唐錢文曰「永通錢貨」，宋錢文曰「皇宋通寶」，何可以年號拘也？

**［箋注］**

［一］《文獻通考》卷八《錢幣考一》：「唐武德四年廢五銖錢，鑄開元通寶錢。每十錢重一兩，計一千重六斤四

兩，得輕重大小之中。」又《文獻通考》卷八《錢幣考一》：

高祖初入關，民間行線環錢，其制輕小，凡八九萬才滿半斛。乃鑄「開元通寶」，其文，給事中歐陽詢制詞及書，時稱其工。字含八分及篆、隸三體，其詞先上後下，次左後右讀之。自上及左回環讀之，其義亦通，流俗謂之「開通元寶」錢。鄭虔《會粹》云，詢初進蠟樣日，文德皇后掐一甲迹，故錢上有掐文。每兩二十四銖，則一錢重二銖半以下，古秤比今秤三之一也，則今錢爲古秤之七銖以上，古五銖則加重二銖以上。

[二]《文獻通考》卷九《錢幣考二》引吕祖謙曰：

自漢至隋，其泉布更易雖不可知，要知五銖之錢最爲得中。自漢至隋，屢更屢易，惟五銖之法終不可易。自唐至五代，惟武德時初鑄「開元錢」最得其中，自唐至五代，惟「開元」之法終不可易。論者蓋無不以此爲當。以此知數千載前有五銖，後有「開元」最可用。何故？論太重，有所謂直百、當千之錢；論太輕，則有所謂榆莢、三銖之錢。然而皆不得中，惟「五銖、開元」銖兩之多寡，鼓鑄之精密，相望不可易。

[三]蘇轍《龙川略志》卷三《與王介甫論青苗鹽法鑄錢利害》載曰：

熙寧三年，予自蜀至京師，上書言事，神宗皇帝即日召見延和殿，授制置三司條例司檢詳文字。時参政王介甫、副樞陳暘叔同管條例事，二公皆未嘗知予者……一日復問鑄錢，對曰：「唐『開通』錢最善，今難及矣。天禧、天聖以前錢猶好，非今日之比，故盗鑄難行。然是時，官鑄大率無利，蓋錢法本以均通有無，而不爲利也。舊一日鑄八九百耳，近歲務多以求利，今一日千三四百矣。錢日濫惡，故盗鑄日多，今但稍復舊，法漸正矣。」介甫曰：「何必鑄錢？古人以銅爲器皿，精而能久，善於瓷漆。今河東銅器，其價極高，若官勿鑄錢而鑄器，其利比錢甚厚。」對曰：「自古所以禁鑄銅爲器皿者，爲害錢法也。今若不禁銅器，則人争壞錢爲器矣。」介甫曰：「鑄錢不如鑄器之利，又安以錢爲？」對曰：「人私鑄銅器，則官銅器亦將不售。」介甫曰：「是不難，勒工名可也。」不對而退。其後銅器行而錢法壞。

[四]《册府元龜》卷五百一《邦計部·錢幣三》：「黄門侍郎平章事裴耀卿、黄門侍郎李林甫等皆曰：『錢者通

貨，有國之權。是以歷代禁之以絶奸濫今。若一啓此門，但恐小人棄農逐利。』」

## 38 傳國璽 劈正斧

傳國璽，秦始皇所刻，玉出藍田山，方四寸，上紐交盤五龍，文曰「受命於天，既壽永昌」，歷漢魏，晉没於劉淵。[一]

劈正斧，或云自殷時流傳，以蒼水玉碾造，高二尺，廣半之，藻文，每朝會一人執之，立於陛前。元時猶存。[二]

二物者所在，當有神物護之。[三]

### 【箋注】

[一]《漢書·元后傳》：「初，漢高祖入咸陽至霸上，秦王子嬰降於軹道，奉上始皇璽。及高祖誅項籍，即天子位，因御服其璽，世世傳受，號曰漢傳國璽。」《晉書·元帝紀》：「(太興元年)十二月，劉聰故將王騰、馬忠等誅靳準，送傳國璽於劉曜。」

[二]《元史·輿服志二》：「劈正斧，制以玉，單刃，金塗柄，銀鐏。」陶宗儀《輟耕録·劈正斧》：「劈正斧，以蒼水玉碾造，高二尺有奇，廣半之，徧地文藻粲然。或曰：自殷時流傳至今者，如天子登極、正旦、天壽節、御大明殿會朝時，則一人執之，立於陛下酒海之前，蓋所以正人不正之意。」

[三]此爲初刻本之文。重刻本作「二物者，不幸皆没於夷狄，可惜也」。

## 39　五金　一金

《説文》：「金，五色金也。五金黄爲之長。」[一]師古曰：「金有五色，黄金、白銀、赤銅、青鉛、黑鐵。」《爾雅》：「黄金謂之璗，其美者謂之璆，絶澤謂之銑，白金謂之銀，其美者謂之鐐。」[二]徐曰：「銀色而鉛質曰錫。」[三]又曰「鈏」，又謂之「鑞」[四]。鐵堅者曰「鋼」。古稱「金印、金鋪、金馬、金人」皆銅也。漢律，三人以上無故羣飲酒，罰金四兩，亦銅也。《史平準書》「秦以一鎰爲一金。」[五]《惠本記》注：「晉灼曰：『凡言黄金，真金也，不言黄，謂錢也。一斤直萬錢。』」[六]秦一金得二十四兩，漢一斤得十六兩。萬錢以今估計之，纔足十二兩，可見古今不甚相遠。今人謂一兩曰一金，一錢曰一文，不知何起也。

（璗音蕩；　鑞音臘）

**[箋注]**

[一]《説文·金部》：「金，五色金也。黄爲之長，久薶不生衣，百鍊不輕，从革不違。」

[二]《爾雅·釋器》：「黄金謂之璗，其美者謂之鏐。白金謂之銀，其美者謂之鐐。鉼金謂之鈑。錫謂之鈏。」郭璞注：「鏐即紫磨金。」鏐，各本作「璆」，誤，當從金。《釋器》又別出條曰：「絶澤謂之銑。」絶澤，最具光澤。又，《爾雅·釋器》：「弓有緣者謂之弓，無緣者謂之弭。以金者謂之銑，以蜃者謂之珧，以玉者謂之珪。」郭璞注：「用金、蚌、玉飾弓兩頭，因取其類以爲名。」銑又謂帶有金飾之弓。

〔三〕《説文·金部》：「錫，銀鉛之間也。」徐鍇繫傳：「銀色而鉛質也。」

〔四〕《爾雅·釋器》：「錫謂之鈏。」郭璞注：「白鑞。」《玉篇·金部》：「鑞，錫也。」《六書故·地理一》：「鑞，錫之堅白者也。」鑞：錫鉛合金，錫之别稱。

〔五〕《史記·平準書》「一黄金一斤」，唐·司馬貞索隱引臣瓚云：「秦以一鎰爲一金，漢以一斤爲一金。」

〔六〕《漢書·惠帝紀》：「視作斥土者，將軍，四十金。」顔師古注：「鄭氏曰：『四十金，四十斤金也。』晉灼曰：『此言四十金，實金也。下凡言黄金，真金也。不言黄，謂錢也。《食貨志》：黄金一斤直錢萬。』」

## 40 塗金 襄金

今人謂金飾器外曰「鎏」，包器内曰「鑲」。傳寫不知其非。《玉篇》：「鎏，美金也。」〔一〕美金安得謂之飾外？當用「塗」字。塗，《廣韻》「飾也」，謂以金飾其外也〔二〕。訛而爲「鎏」。塗，又「鋤加切」。《東方朔傳》：「諧語老柏塗。」〔三〕俗書作「搽」。《廣韻》：「鑲，兵器也。」〔四〕兵器安得謂之包内？當用「襄」字。襄，《廣韻》「包也」，謂以金包其内也，訛而爲「鑲」。俗又作「廂」〔五〕，尤非。楊用脩謂當作「瓖」，引馬融《廣成頌》「金鋄玉瓖」，似爲得之，不知「鋄」，馬首飾，「瓖」，馬帶玦。《東京賦》「鉤膺玉瓖」，《國語》「懷纓挾瓖」，皆指馬帶玦言，並非包意〔六〕。

又，以金飾器曰「鍍」，飾器口曰「釦」〔七〕。

【箋注】

〔一〕《玉篇·金部》：「鎏，美金。」《集韻·尤韻》：「鎏，美金謂之鎏。」鎏，成色好的金子。

〔二〕塗，以金飾物，後來寫作「鍍」。《集韻·莫韻》：「鍍，金飾也，或作塗。」《漢書·外戚傳下·孝成趙皇后》：「居昭陽舍，其中庭彤朱，而殿上髤漆，切皆銅沓黄金塗，白玉階。」顔師古注：「塗，以金塗銅上也。」《漢書·霍光傳》：「作乘輿輦，加畫繡絪馮，黄金塗。」顔注：「以繡爲茵馮而黄金塗輿輦也。」

〔三〕《漢書·東方朔傳》：「妄爲諧語曰：令壺齟，老柏塗，伊優亞，狋吽牙。何謂也？朔曰：『……老者，人所敬也；柏者，鬼之廷也；塗者，漸洳徑也。』」後因以「柏塗」指詼諧的隱語。柳宗元《同劉二十八院長述舊言懷感時書事》詩：「善幻迷冰火，《齊諧》笑柏塗。」

〔四〕鑲，古兵器名。《急就篇》卷三：「矛鋋鑲盾刃刀鉤。」顔師古注：「鑲者，亦刀劍之類，其刃却偃而外利，所以推攘而害人也。」《釋名·釋兵》：「鉤鑲，兩頭曰鉤，中央曰鑲，或推鑲，或鉤引，用之宜也。」張華《博陵王宮俠曲二首》之二：「腰間叉素戟，手持白頭鑲。」

〔五〕近古以「廂」表示鑲嵌、鑲邊之義。元無名氏《翫江亭》第一折：「我半年前倒下金子，雇人匠累絲廂嵌，何等的用心哩也。」《説郛》卷八七引明曹昭《格古論·蠟子》：「有紅蠟白蠟……可廂嵌釧鐲碗盞戒指用。」明文震亨《長物志·裝帖》：「以白鹿紙廂邊，不可用絹。」清梁同書《直語補證》：「鑲邊，作相最古。《詩》『金玉其相』，亦可作廂。《禮》：『左廂刀，右廂刀。』」

〔六〕瓖：馬帶上的玉飾。《玉篇·玉部》：「瓖，馬上飾。」《廣韻·陽韻》：「瓖，馬帶飾。」《文選·張衡〈東京賦〉》：「方釳左纛，鉤膺玉瓖。」薛綜注：「瓖，馬帶玦，以玉飾也。」《後漢書·馬融傳》：「羽毛紛其髟鼬，揚金鍐而拖玉瓖。」唐李賢注：「瓖，馬帶以玉飾之。」《晉書·輿服志》：「五路皆有錫鸞之飾，和鈴之響，鉤膺玉瓖。」明張自烈《正字通》：「婦女釵釧加飾，俗謂之瓖嵌，或金或玉不同，其爲瓖一也。」

［七］鍍，以金飾物。《集韻·莫韻》：「鍍，金飾也，或作塗。」《玉篇·金部》：「鍍，金鍍物也。」白居易《西涼伎》詩：「刻木爲頭絲作尾，金鍍眼睛銀帖齒。」唐李紳《答章孝標》詩：「假金方用真金鍍，若是真金不鍍金。」楊萬里《已未春日山居雜興》詩之十：「月影雲光學鍍金，好風不肯碎花陰。」

釦：以金玉緣飾器物。《説文·金部》：「釦，金飾器口。」段玉裁注：「謂以金塗器口，許（慎）所謂錯金，今俗所謂鍍金也。」揚雄《蜀都賦》：「雕鏤釦器，百伎千工。」《後漢書·皇后紀上·和熹鄧皇后》：「其蜀、漢釦器九帶佩刀，並不復調。」李賢注：「釦，以金銀緣器也。」《文選·班固〈西都賦〉》：「玄墀釦砌。」李善注：「釦砌，以玉飾砌也。」

## 41 錙銖

按，《説文》：「十黍重曰銖。」一曰十黍爲絫，十絫爲銖，八銖爲錙，二十四銖爲兩。［一］一則十黍爲銖，一則百黍爲銖。孟康曰：「黄鍾一龠容千二百黍，爲十二銖。」［二］則百黍爲銖也。

［箋注］

［一］《説文·金部》：「銖，權十分黍之重也。」銖，古衡制單位，一兩的二十四分之一爲銖。《禮記·儒行》：「雖分國，如錙銖。」孔穎達疏：「十黍爲參，十參爲銖，二十四銖爲兩。」《孫子算經》卷上：「稱之所起，起于黍，十黍爲一絫，十絫爲一銖，二十四銖爲一兩，十六兩爲一斤。」

銖黍之制，古説不一，約有四説。一説，百黍爲一銖。《國語·周語下》：「律度量衡，於是乎出。」三國吴·韋昭注：「黄鍾之管容秬黍千二百粒。粒百爲銖。」又一説，十黍當一銖。《荀子·富國》：「割國之錙銖以賂之，則割定而欲無猒。」楊倞注：「十黍之重爲銖。」第三種説法，九十六黍爲一銖。劉向《説苑·辨物》：「十六黍爲一豆，六豆爲一銖，二十四銖重一兩。」第四種説法，一百四十四粟當一銖。《淮南子·天文訓》：「十二粟而當一分，十二分而當一銖，十二銖而當半兩。」

〔二〕《史記·五帝本紀》「同律度量衡」張守節正義：「衡權者，銖、兩、斤、鈞、石也，所以稱物輕重也。本起於黄鐘之重，一龠容千二百黍，重十二銖，二十四銖爲兩，十六兩爲斤，三十斤爲鈞，四鈞爲石。」《國語·周語下》「律度量衡，於是乎出」韋昭注：「黄鍾之管容秬黍千二百粒。粒百爲銖。」《漢書·律曆志上》：「一龠容千二百黍，重十二銖，兩之爲兩。二十四銖爲兩，十六兩爲斤。」

## 42 縮酒　莤酒

（莤音縮）

《郊特牲》：「縮酌用茅。」注：「縮，泲也。」〔一〕《説文》：「禮祭，束茅加於裸圭而灌鬯酒，是爲莤。」〔二〕「泲」與「醑」同，蓋醴齊濁，以茅藉滓醑出其汁〔三〕。《詩》：「釃酒有藇。」〔四〕藇，香草，亦猶茅也。曰縮者，去滓若縮歛之耳。束茅立之祭前，沃酒其上，酒滲下若神飲之。《士虞禮》「束茅五寸」，謂之苴者，此也〔五〕。曰莤者，从艸、酉會意。《周禮·甸師》「共蕭茅」，鄭大夫云：「蕭字或爲莤，莤讀爲縮。」〔六〕《左傳》：「包茅不入，無以縮酒。」注：「謂束茅，而灌之以酒爲縮。」〔七〕皆混釋也。

（泲、醑，俱音淮濟之「濟」；釃，師、徒二音〔八〕；藇，音語）

【箋注】

〔一〕縮，謂濾酒去渣。《禮記・郊特牲》：「縮酌用茅，明酌也。」鄭玄注：「縮，去滓也。」《周禮・春官・司尊彝》：「凡六彝六尊之酌，鬱齊獻酌，醴齊縮酌。」《左傳・僖公四年》：「爾貢包茅不入，王祭不共，無以縮酒，寡人是徵。」孔穎達疏引鄭玄曰：「縮，去滓也。」晉王隱《晉書地道記・零陵郡》：「泉陵縣有香茅，氣甚芬香，言貢之以縮酒也。」

〔二〕莤：古代祭禮，用酒灌注茅束以祭神。《説文・酉部》：「莤，禮祭，束茅加于祼圭而灌鬯酒，是爲莤，象神歆之也……《春秋傳》曰：『尔貢包茅不入，王祭不供，無以莤酒。』」按，今本《左傳・僖公四年》作「縮酒」。《周禮・天官・甸師》：「祭祀，共蕭茅。」鄭玄注引鄭大夫曰：「蕭，字或爲莤。莤，讀爲縮。束茅立之祭前，沃酒其上，酒滲下去，若神飲之，故謂之縮。縮，浚也。」莤，又指濾酒去渣。《詩・小雅・伐木》「有酒湑我」毛傳：「湑，莤之也。」陸德明釋文：「莤，與《左傳》『縮酒』同義，謂以茅泲之而去其糟也。」

〔三〕泲：漉，過濾。《周禮・天官・酒正》：「辨四飲之物，一曰清。」鄭玄注：「清，謂醴之泲者。」孫詒讓正義：「凡泲，皆謂去汁滓。」

䍞：同「擠」。此謂濾酒，釀酒成熟之後，以網隔去酒糟，用力擠壓使酒液流出。《玉篇・网部》：「䍞，手出其汁。亦作擠。」《集韻・薺韻》：「䍞，莤酒也。通作泲。」

〔四〕釃：濾酒，去糟取清。《詩・小雅・伐木》：「伐木許許，釃酒有藇。」毛傳：「以筐曰釃。」按，謂以筐篚濾渣取汁。《後漢書・馬援傳》：「援乃擊牛釃酒，勞饗軍士。」李賢注：「釃，猶濾也。」

〔五〕《儀禮・士虞禮》：「苴刌茅，長五寸束之。實于篚，饌于西坫上。」鄭玄注：「苴，猶藉也。」

〔六〕《周禮・天官・甸師》：「祭祀，共蕭茅。」鄭玄注引鄭大夫曰：「蕭，字或爲莤。莤，讀爲縮。束茅立之祭前，沃酒其上，酒滲下去，若神飲之，故謂之縮。縮，浚也。」

〔七〕《左傳・僖公四年》：「爾貢包茅不入，王祭不共，無以縮酒，寡人是徵。」杜預注：「包，裹束也；茅，菁茅也。束茅而灌之以酒，爲縮酒。」

［八］此條注文，各本皆作「醲，師、徒二音」。按，《廣韻》有「所宜、所葅、所綺」三切，據此，疑「徒」爲「徙」之形訛，其上聲讀音當同「徙」。

## 43 案酒 下飯

今謂折俎曰案酒［一］，謂腥曰下飯［二］。《説文》：「按，下也。」亦作「案」。陸璣云：「接余浸以苦酒，肥美可以案酒。」［三］下飯，古無是稱，今人謂腥可以下飯也。又謂歸餽曰下程，夫行者登途曰上路，則停驂當曰下程，必有歸餽以食，俗所謂下馬飯者也［四］。

［箋注］

［一］折俎：古代祭祀、宴會時，殺牲肢解而後置於俎上。俎，盛牲之禮器。《儀禮·鄉飲酒禮》：「賓升自西方，乃設折俎。」賈公彦疏：「凡解牲體之法，有全烝其豚。解爲二十體，體解即此折俎是也。」《左傳·宣公十六年》：「王享有體薦，宴有折俎，公當享，卿當宴。王室之禮也。」

案酒，謂佐酒，下酒，亦指佐酒的菜肴。三國吴陸璣《毛詩草木鳥獸蟲魚疏·參差荇菜》：「荇，一名接余……鬻其白莖，以苦酒浸之，脆美可案酒。」宋梅堯臣《對雪憶往歲錢塘西湖訪林逋》詩之三：「樵童野犬迎人後，山葛棠梨案酒時。」元李文蔚《燕青博魚》第二折：「你則在這閣子裏坐，我買案酒去也。」《西遊記》第二十回：「今奉大王嚴命，在山巡邏，要拿幾個凡夫去做案酒。」

［二］腥，生肉。佐餐曰下飯。范公偁《過庭録》：「（王子野）正食，羅列珍品甚盛。水生適至，子野指謂生曰：

『試觀之，何物可下飯乎？』生遍視良久，曰：『此皆未可，唯飢可下飯爾。』」宋吴自牧《夢粱録・天曉諸人出市》：「和寧門紅杈子前，買賣細色異品菜蔬、諸般下飯，及酒醋時新果子、進納海鮮品件等物。」

〔三〕《詩・周南・關雎》「參差荇菜」，孔穎達疏引陸璣《毛詩草木鳥獸蟲魚疏》云：「接余，白莖，葉紫赤色，正員，徑寸餘，浮在水上，根在水底，與水深淺等，大如釵股，上青下白，鬻其白莖，以苦酒浸之，肥美可案酒。」

〔四〕下程，本指停駐，休憩，後指贈送行人的旅費或禮物，亦指招待行人的酒食。陸游《宿武連縣驛》詩：「野店風霜俶裝早，縣橋燈火下程遲。」陸游《杭頭晚興》詩之二：「落葉孤舟晚下程，癡雲殘日半陰晴。」《金瓶梅詞話》第五五回：「月娘一面教衆人收好行李及蔡太師送的下程。」清王士禛《池北偶談・葛端肅公家訓》：「每公出，必自齎盤費，縣驛私餽下程，俱不敢受。」清西厓《談徵・事部・下程》：「世謂下馬飯也。夫登途曰上路，則停驂當曰下程，必有歸餽以食，故有謂歸餽曰下程也。」

歸餽：饋餽，贈以牲腥，饋贈米食。《資治通鑑・宋文帝元嘉二十二年》：「呼韓入漢，厥儀未泯，饋餽之秩，每存豐厚。」胡三省注：「饋餽，餉客以生食及芻米也。」

## 44 母母 爪剌 屈膝 叵羅

（母音謨）

京師人謂餅曰「餥餥」〔一〕，帽曰「爪拉」，門鐶曰「曲須」，斗曰「頗羅」。初聞不省所謂，久而思之乃知餥餥爲母母。《禮》八珍，「淳母，煎醢加黍上，沃以膏者」〔二〕，是也。爪拉爲爪剌。《韻會》：「罩，爪剌也。」帽亦罩也。曲須爲屈膝。李賀詩：「屈膝銅鋪鎖阿甄。」蓋門鐶雙曰「金鋪」，單曰「屈膝」，言形如膝之屈也。《古烏棲曲》作「屈戌」，李商隱作「屈戌」[三]，皆誤。頗羅爲叵羅。李白詩「蒲萄美酒金叵羅」[四]，謂金酒罍也。叵羅本斗，罍刻文似斗，故名叵羅。

**[箋注]**

[一] 餈，同「饃」，一種麵食。方外山人《談徵·言部·母母笸籮》：「京師及河南人謂餅曰餈餈。」

[二]《禮記·内則》：「淳母，煎醢加於黍食上，沃之以膏，曰淳母。」鄭玄注：「母讀曰模。模，象也。作此象淳熬。」淳母，古代八珍食品之一。《周禮·天官·膳夫》：「珍用八物。」鄭玄注：「珍，謂淳熬、淳母、炮豚、炮牂、擣珍、漬、熬、肝膋也。」

[三] 唐李賀《宫娃歌》：「啼蛄弔月鈎闌下，屈膝銅鋪鎖阿甄。」屈膝：指門窗、櫥櫃等上面的環紐、搭扣，又作「屈戌」。庾信《燈賦》：「舒屈膝之屏風，掩芙蓉之行障。」李商隱《驕兒》詩：「凝走弄香奩，拔脱金屈戌。」戌字，一本作「戍」。陶宗儀《輟耕録·屈戌》：「今人家窗户設鉸具，或鐵或銅，名曰環紐，即古金鋪之遺意，北方謂之屈戌，其稱甚古。」

[四] 叵羅：一种饮酒器，口敞底浅。此爲音譯西域詞，亦作「頗羅」「笸籮」。《北齊書·祖珽傳》：「神武宴寮屬，於坐失金叵羅，竇泰令飲酒者皆脱帽，於珽髻上得之。」唐段成式《酉陽雜俎·貝編》：「畢形如笠，又屬木，祭用鹿肉，祭頗羅墮。」苏辙《饮酒过量肺疾复作》詩：「惟知醍醐滑，不悟頗羅大。」李白《對酒》詩：「蒲萄酒，金叵羅，吴姬十五細馬馱。」瞿蛻園、朱金城校注：「叵羅，胡語酒杯也。《舊唐書·高宗紀》作頗羅。」

## 45 瑟瑟

白居易詩：「楓葉荻花秋槭槭。」《廣韻》：「槭槭，隕落貌。」潘岳賦：「庭樹槭以灑落。」[一]

蘇軾《金山寺》詩：「槭槭風響變。」後人誤以「槭槭」作「瑟瑟」。

杜甫詩：「雨多往往得瑟瑟。」[二]《博雅》：「瑟瑟，碧珠也。」益州城西每雨，過人多得瑟瑟。《唐書》：「高僊芝襲石國，掠得瑟瑟十餘斛。」[三]《五代史・四夷》附録：「吐蕃婦人辮髮戴瑟瑟，最好者一顆易一良馬。」[四]瑟瑟，本作「璱璱」。夫瑟，絃樂也，白詩誤以「槭」作「瑟」，杜詩、《博雅》與史通以「璱」作「瑟」，楊用脩偶見瑟爲碧珠，不審秋瑟瑟爲槭槭，乃謂爲碧色[五]，失之矣。又按，風亦謂之「飋飋」，或云秋飋飋，謂楓葉荻花爲秋風所吹，飋飋然也，雖非白之舊，較用脩所説差勝[六]。

（槭音戚）

**【箋注】**

[一] 槭：枝葉枯落，草木凋落貌。《集韻・麥韻》：「槭，木枝空皃。」《文選・潘岳〈秋興賦〉》：「庭樹槭以灑落兮，勁風戾而吹帷。」唐李善注：「槭，枝空之貌。」又，潘岳《射雉賦》：「初莖蔚其曜新，陳柯槭以改舊。」李善注引徐爰曰：「槭，彫柯貌也。」白居易《琵琶行》：「潯陽江頭夜送客，楓葉荻花秋瑟瑟。」

[二] 杜甫《石筍行》：「君不見益州城西門，陌上石筍雙高蹲。古來相傳是海眼，苔蘚蝕盡濤浪痕。雨多往往得瑟瑟，此事恍惚難明論。恐是昔時卿相墓，立石爲表今仍存。惜哉俗態好蒙蔽，亦如小臣媚至尊。政化錯迕失大體，坐看傾危受厚恩。嗟爾石筍擅虚名，後來未識猶駿奔。安得壯士擲天外，使人不疑見本根。」

[三]《周書・異域傳下・波斯》：「（波斯國）又出白象、師子……馬瑙、水晶、瑟瑟。」《新唐書・高仙芝傳》：「仙芝爲人貪，破石，獲瑟瑟十餘斛。」唐段成式《酉陽雜俎・貶誤》：「蜀石筍街，夏中大雨，往往得雜色小珠。俗謂

地當海眼，莫知其故。」明沈德符《野獲編・外國・烏思藏》：「其官章飾，最尚瑟瑟；瑟瑟者，緑珠也。」

[四]《新五代史・四夷》：「吐蕃男子冠中國帽，婦人辮髮戴瑟瑟珠，云珠之好者，一珠易一良馬。」

[五] 明楊慎《升庵全集》卷五十七：

白樂天《琵琶行》：「楓葉荻花秋瑟瑟。」今詳者，多以爲蕭瑟，非也。瑟瑟本是寶名，其色碧。此句言楓葉赤、荻花白，秋色碧也。或者咸怪今説之異。余曰：曷不以樂天他詩證之。其《出府歸吾廬》詩曰：「嵩碧伊瑟瑟。」《重修香山寺》排律云：「兩面蒼蒼岸，中心瑟瑟流。」《薔薇》云：「猩猩凝血點，瑟瑟甕金匡。」《閑遊即事》云：「寒食青青草，春風瑟瑟波。」《太湖石》云：「未秋已瑟瑟，欲雨先沉沉。」又云：「隱起磷磷狀，凝成瑟瑟胚。」亦狀太湖石也。《早春懷微之》云：「沙頭雨染斑斑草，水面風驅瑟瑟波。」《暮江吟》：「一道殘陽鋪水中，半江瑟瑟半江紅。」諸詩以瑟瑟對斑斑，對蒼蒼，對猩猩，豈是蕭瑟乎？唐詩惟白公用瑟瑟字多。

[六] 差勝：稍好，略好。差：頗，略微。

## 46 刀斗

《李廣傳》：「下擊刀斗。」古者軍有刀斗，以銅作鐎，受一斗，形如銷，晝炊夜擊。[一] 刀，即「刀兵」「刀」字。刀兵之刀，都勞切；刀斗之刀，丁聊切。字同音異。作「刁」者，俗。至有謂刁爲姦衺者，古無是訓。《莊子》：「而獨不見之刀刀乎。」[二] 以風聲有似於刀斗鳴也。

（鐎，音焦；銷，音喧）

## [箋注]

[一]「下擊刀斗」，當作「不擊刀斗」。《史記·李將軍列傳》：「人人自便，不擊刀斗以自衛。」裴駰集解引孟康曰：「以銅作鐎器，受一斗，晝炊飯食，夜擊持行，名曰刀斗。」司馬貞索隱：「刀，音貂。案荀悦云：『刀斗，小鈴，如宫中傳夜鈴也。』」鐎：温煮之器。銷：釜類炊具、容器。

[二] 刀刀，動摇貌。《玉篇·刀部》：「刀，又丁幺切。《莊》『刀刀乎』。」今本《莊子·齊物論》作「刁刁乎」。《莊子·齊物論》：「厲風濟，則衆竅爲虚。而獨不見之調調之刁刁乎？」郭象注：「調調刁刁，動摇之貌也。」

# 名義考卷十二　物部

## 1　酒醴食

酒，酉也，以米麴酉醳爲義，黍所成者[一]。醴，體也，以汁滓相埒爲義，稌所成者[二]。稌即稻，稻即稉。《詩》：「多黍多稌，爲酒爲醴。」[三]食，飯也，以炊穀爲義，稷所成者。詩曰：「我蓺黍稷，以爲酒食。」又曰：「黍稷彧彧，以爲酒食。」[四]古人以黍稷百穀之長，故祭祀用焉。稌則洽百禮，不用祼獻矣。

（醳音亦；稌音杜，又音涂；祼音貫）

[箋注]

[一]《釋名・釋飲食》：「酒，酉也。釀之米麴酉澤，久而味美也。」米麴：米制的酒母，酒麯。酉醳，又作酉澤、酉繹，指長久釀造的精熟之酒。《釋名・釋飲食》：「醳酒，久釀酉澤也。」畢沅疏證：「此《禮記》所謂舊繹之酒也。醳當作繹，从系，睪聲；俗从酉，非。酉澤，從《說文》當作酋繹。」《類篇・酉部》：「醳，昔酒也。」昔酒謂久釀。明馮時化《酒史・酒考》：「《周禮》辨三酒之物：一曰事酒，有事而釀之酒也，如今之醳酒也。醳酒，久釀酉澤也。」

[二]醴：甜酒，濁而味淡。《說文》：「醴，酒一宿孰也。」《玉篇・酉部》：「醴，甜酒也。」《周禮・天官・酒

正》：「二曰醴齊。」鄭玄注：「醴猶體也，成而汁滓相將，如今恬酒矣。」孫詒讓正義：「《釋名・釋飲食》云：『醴齊，醴，體也，釀之一宿而成醴，有酒味而已也。』許（慎）、劉（熙）言體成之速，鄭（玄）言釀成之濁，各舉一端，義不異也。」《呂氏春秋・重己》：「其爲飲食酏醴也，足以適味充虚而已矣。」高誘注：「醴者，以蘖與黍相體，不以麴也，濁而甜耳。」

［三］《詩・周頌・豐年》：「豐年多黍多稌。亦有高廩，萬億及秭。爲酒爲醴，烝畀祖妣。以洽百禮，降福孔皆。」

［四］《詩・小雅・楚茨》：「楚楚者茨，言抽其棘。自昔何爲？我蓺黍稷。我黍與與，我稷翼翼。我倉既盈，我庾維億。以爲酒食，以饗以祀，以妥以侑，以介景福。」《詩・小雅・信南山》：「疆埸翼翼，黍稷彧彧。曾孫之穡，以爲酒食。」

## 2 糗餌粉餈

（糗，丘救切；餈音慈）

《周禮》：「糗餌粉餈。」［一］《内則》注：「擣熬穀以爲糗餌，與餈同。」又：「糗，擣粉熬大豆爲之。」又曰：「合蒸曰餌，粉之曰餈。」又曰：「粉稻米餅之曰餈。」又曰：「粉米蒸屑，皆餌也。」［二］訓皆未辨。按，《説文》：「糗，熬米麥也。」一曰煼乾米麥也，一曰䴰糗也［三］。《説文》：「餌，先屑米爲粉，然後溲之爲餅也。」［四］粉，以豆爲粉，糁餈上也。餈，炊米爛，乃擣之，不爲粉也［五］。諸家之説莫精於《説文》。

（煼、䴰，俱音炒，義同；溲，音藪）

【箋注】

[一]《周禮・天官・籩人》：「羞籩之實，糗餌、粉餈。」

[二]《禮記・内則》：「羞，糗餌粉酏。」鄭玄注：「糗，擣熬穀也，以爲粉、餌與餈。」《周禮・天官・籩人》「糗餌粉餈」鄭玄注：「故書餈作茨。鄭司農云：『糗，熬大豆與米也；粉，豆屑也；茨字或作餈，爲乾餌餅之也。』玄謂此二物（糗餌、粉餈），皆粉稻米、黍米所爲也，合蒸曰餌，餅之曰餈。糗者，擣粉熬大豆爲餌餈之黏著，以粉之耳。餌言糗，餈言粉，互相足。」糗餌，指將米麥炒熟，搗粉制成的食品。粉餈，用稻米、黍米之粉做成的食品，上粘豆屑。

[三]糗：炒熟的米、麥等乾糧。《説文・米部》：「糗，熬米麥也。」清桂馥義證：「米麥火乾之乃有香氣，故謂之糗……無論擣與未擣也。」《書・費誓》：「峙乃糗糧，無敢不逮。」孔傳：「皆當儲峙汝糗糒之糧，使足食。」《左傳・哀公十一年》：「國人逐之，故出，道渴，其族轅咺進稻醴粱糗腶脯焉。」杜預注：「糗，乾飯也。」明宋應星《天工開物・稻災》：「若貧困之家，苦於無霽，將濕穀升於鍋内，燃薪其下，炸去糠膜，收炒糗以充飢，亦補助造化之一端矣。」

[四]餌：粉餅，糕餅。《急就篇》第二章：「餅餌麥飯甘豆羹。」顔師古注：「溲米而蒸之則爲餌。」《方言》卷十三：「餌謂之糕。」五代徐鍇《説文解字繫傳》：「粉米蒸屑皆餌也。」

[五]餈：以糯米製成的糕餅，稻餅，糍粑。《説文・食部》：「餈，稻餅也。」段玉裁注：「以稉米蒸孰，餅之如麪餅曰餈。今江蘇之餈飯也。」王筠釋例：「安徽所謂糍粑即餈也。」

## 3 餅

《釋名》：「餅，并也，溲麥麪使合并也。」[一]凡以麪爲食具者，皆謂之「餅」。以火炕曰「爐餅」；有巨勝曰「胡餅」，漢靈帝所嗜者，即今燒餅；以水瀹曰「湯餅」，亦曰「煮餅」[二]；束皙云

「玄冬爲最」[三]者，即今切麪[四]； 蒸而食者曰「蒸餅」，又曰「籠餅」[五]，侯思正令「縮葱加肉」者[六]，即今饅頭； 繩而食者曰「環餅」，又曰「寒具」[七]，桓玄恐汚書畫，乃不復設[八]，即今饊子，他如「不托、起溲、牢丸、泠淘」[九]等，皆餅類。

**【箋注】**

[一]《釋名·釋飲食》：「餅，并也，溲麪使合并也。」古稱烤熟或蒸熟的麵食爲餅，取麵水合並之意。《急就篇》第二章：「餅餌麥飯甘豆羹。」顔師古注：「溲麪而蒸熟之則爲餅。」《墨子·耕柱》：「見人之作餅，則還然竊之。」宋高承《事物紀原·酒醴飲食·餅》：「《説苑》敍戰國事。 則餅蓋起于七國之時也。」宋黄朝英《緗素雜記·湯餅》：「余謂凡以麪爲食具者，皆謂之餅，故火燒而食者呼爲燒餅，水瀹而食者呼爲湯餅，籠蒸而食者呼爲蒸餅。」《兒女英雄傳》第二八回：「羹湯者，有『湯餅』之意存焉。 古無『麵』字，凡麵食一概都叫作『餅』。」

[二]《釋名·釋飲食》：「胡餅，作之大漫沍也，亦言以胡麻著上也。 蒸餅、湯餅、蝎餅、髓餅、金餅、索餅之屬，皆隨形而名之也。」清成蓉鏡《釋名補證》引《續漢書》：「漢靈帝好胡餅，京師皆食胡餅。」爐餅，指烘烤的燒餅。 宋張師正《倦遊雜録》：「市井有鬻胡餅者，不曉名之所謂，得非熟于爐而食者，呼爲爐餅宜矣。」巨勝：黑胡麻。《神農本草經》卷一：「胡麻……一名巨勝。」李時珍《本草綱目·穀一·胡麻》(集解)引陶弘景曰：「胡麻，八穀之中，惟此爲良。 純黑者名巨勝，巨者大也。 本生大宛，故名胡麻。 又以莖方者爲巨勝，圓者爲胡麻。」

[三]《初學記》卷二六引晉束晳《餅賦》：「玄冬猛寒，清晨之會，涕凍鼻中，霜凝口外，充虚解戰，湯餅爲最。」

[四] 切麪：亦作「切麵」，一種麵條。 明·方以智《通雅·飲食》：「遊水委綖即水引也，今之切麵也。」清俞正燮《癸巳存稿·麪條子》：「麪條子曰切麪，曰拉麪，曰索麪，曰挂麪，亦曰麪湯，亦曰湯餅，亦曰索餅，亦曰水引麪。」

[五] 蒸餅、籠餅，即饅頭。《晉書·何曾傳》：「廚膳滋味，過於王者，每燕見，不食太官所設，帝輒命取其食。

蒸餅上不拆作十字不食。」沈括《夢溪筆談・異事》：「徐德占過逆旅，老婦懟以飢，其子恥之，對德占以蒸餅啖之，盡一竹簣，約百餅，猶稱飢不已。」陸游《蔬園雜詠・巢》：「昏昏霧雨暗衡茅，兒女隨宜治酒殽，便覺此身如在蜀，一盤籠餅是豌巢。」自注：「蜀中雜彘肉作巢饅頭，佳甚。唐人正謂饅頭爲籠餅。」

［六］《太平廣記》卷二五八《嗤鄙一・侯思正》：「唐侯思正出自皂隸，言音不正，以告變授侍書御史……思正嘗命作籠餅，謂膳者曰：『與我作籠餅，可縮葱作。』比市籠餅，葱多而肉少。故令縮葱加肉也。時人號爲『縮葱侍御史』。」

［七］環餅：一種環釧形的油炸麵食，又稱寒具、饊子。賈思勰《齊民要術・餅法》：「環餅，一名『寒具』；截餅，一名『蝎子』。皆須以蜜調水溲麪。若無蜜，煮棗取汁。牛羊脂膏亦得；用牛羊乳亦好。令餅美脆。」宋莊季裕《雞肋編》卷上：「食物中有饊子，又名環餅。或曰：即古之寒具也。」李時珍《本草綱目・穀部・寒具》：「林洪《清供》云：寒具，捻頭也。以糯粉和麪，麻油煎成，以糖食之。可留月餘，宜禁煙用。觀此，則寒具即今饊子也。以糯粉和麪入少鹽，牽索紐捻成環釧之形，油煎食之。」

［八］唐張彦遠《歷代名畫記・論鑒識收藏購求閲玩》：「昔桓玄愛重圖書，每示賓客。客有非好事者，正飡寒具，以手捉書畫，大點污。玄惋惜移時。自後每出法書，輒令洗手。」《太平廣記》卷二百九《桓玄》：「桓玄嘗盛具法書名畫，請客觀之。客有食寒具，不濯手而執書畫，因有涴，玄不懌。自是會客不設寒具。」寒具油漬污畫，此後桓玄招待看客不設寒具。「寒具」作爲典故，後世多用。蘇軾《次韻朱黻二王書跋尾二首》（其一）：「怪君何處得此本，上有桓玄寒具油。」晁公溯《寧江僑人劉生》詩：「平生長嘯桓將軍，客持寒具輒怒嗔。」陸游《西窗》詩：「看畫客無寒具手，論書僧有折釵評。」

［九］不托：湯餅。《舊五代史・世襲傳一・李茂貞》：「軍有鬭而訴者，茂貞曰：『喫令公一椀不托，與爾和解。』」宋歐陽修《歸田録》卷二：「湯餅，唐人謂之不托，今俗謂之餺飥矣。」宋程大昌《演繁露・不托》：「湯餅一名餺飥，亦名不托……不托，言不以掌托也。」

起溲：本指一種發酵法，亦指發酵製成的麵食。黃庭堅《跋奚移文》：「臠肉法欲方，膾魚法欲長，起溲如截肪，煮餅深注湯。」清厲荃《事物異名録・飲食・餅》：「徐暢《祭記》：『五月麥熟，薦新作起溲白餅。』」

牢丸：湯團，一説爲蒸餅。亦作「牢九」。《初學記》卷二六引晉束皙《餅賦》：「四時從用，無所不宜，唯牢丸乎！」蘇軾《游博羅香積寺》詩：「豈惟牢九薦古味，要使真一流仙漿。」俞正燮《癸巳存稿・牢丸》：「牢丸之爲物，必是湯團。宋以來多作牢九。陸游詩自注云：『聞人德懋言牢九是包子。』亦向壁之言。《老學叢談》云：『牢九者，牢丸也，即蒸餅，宋諱丸字，去一點，相承已久。』亦向壁之言。北宋《蘇軾集》已作牢九，豈知豫避靖康嫌名耶？其言丸去一點爲九，今市語九爲未丸，猶然。」

冷淘：當作「冷淘」，過水面或涼麵之類食品。宋王溥《唐會要・光禄寺》：「冬月，量造湯餅及黍臛，夏月冷淘、粉粥。」杜甫《槐葉冷淘》詩，仇兆鼇注：「朱曰：以槐葉汁和麪爲冷淘。」陸游《春日雜題》詩之四：「佳哉冷淘時，槐芽雜豚肩。」清潘榮陛《帝京歲時紀勝・夏至》：「夏至大祀方澤，乃國之大典。京師於是日家家俱食冷淘麪，即俗説過水麪是也，乃都門之美品。向曾詢及各省遊歷友人，咸以京師冷淘麪爽口適宜，天下無比。」

## 4 麴糵

《説文》：「麴，酒母也。」徐氏曰：「麴，糵也，酒主於麴，故曰酒母。」《玉篇》：「梅麴，酒母。」[一] 孟康曰：「媒，酒酵；糵，麴也。」[二]《周禮・媒人》注：「齊人名麴麩曰媒。」《説文》《玉篇》《媒人》注，訓「麴」已明，徐氏訓「麴」并及「糵」，孟康所訓俱失之。蓋麴，今麴餅；糵，今麥芽爲餳者。故《書》注曰：「麴多則太苦，糵多則太甘。」[三] 今人止用麴不復用糵矣，然麴亦麥所成者。酒酵，酒滓也。麴、糵以釀酒，故釀成其罪者曰「媒糵」[四]。

（梅，音枚；酵，音教）

［箋注］

［一］麴，酒麯。《玉篇・麥部》：「麴，米麥蘖揔名。」《本草綱目・穀部・麴》：「麴以米麥包罨而成……酒非麴不生，故曰酒母。」

［二］《漢書・李陵傳》「媒蘖其短」，顏師古注：「孟康曰：『媒，酒教。蘖，麴也。謂釀成其罪。』齊人名麴餅曰媒。」

［三］麴餅：餅狀的酒母。郝懿行《證俗文》卷十七：「齊人名麴餅曰媒。」蘖：多作「糵」。《説文・米部》：「糵，牙米也。」段玉裁注：「牙，同芽，芽米者，生芽之米也。」《書・説命下》：「若作酒醴，爾惟麴糵。」

［四］媒孽：酒母，比喻借端誣罔構陷，釀成其罪。亦作「媒蘖、媒孽」。《漢書・司馬遷傳》：「今舉事壹不當，而全軀保妻子之臣隨而媒孽其短。」顏師古注引臣瓚曰：「媒謂遘合會之，孽謂生其罪疊也。」《周書・宇文孝伯傳》：「臣知齊王忠於社稷，爲羣小媒孽，加之以罪。」

## 5 緑蟻　白墮

《釋名》：「酒有汎齊，浮蟻在上，汎汎然。」［一］蓋酒之美者，其上有華，其色緑，斟則汎汎然浮於杯間［二］。《洛陽伽藍記》：「晉河東人劉白墮善釀酒，飲者醉不能醒。」［三］謂酒曰「白墮」者，與「何以解憂，唯有杜康」［四］意同。

【箋注】

〔一〕汎齊：古代祭祀用酒按清濁分五等，稱爲「五齊」。汎齊酒色最濁，上有浮沫，故名。亦作「泛齊」。《周禮・天官・酒正》：「辨五齊之名：一曰泛齊，二曰醴齊，三曰盎齊，四曰緹齊，五曰沈齊。」鄭玄注：「自醴以上，尤濁縮酌者，盎以下差清。泛者，成而滓浮，泛泛然。」《釋名・釋飲食》：「汎齊，浮蟻在上，汎汎然也。」

〔二〕酒液上浮起的緑色泡沫，謂之「緑蟻」，亦作「緑螘」。《文選・謝朓〈在郡卧病呈沈尚書詩〉》：「嘉魴聊可薦，緑蟻方獨持。」張銑注：「緑蟻，酒也。」白居易《問劉十九》詩：「緑螘新醅酒，紅泥小火爐。」李清照《漁家傲》詞：「共賞金尊沉緑蟻，莫辭醉，此花不與羣花比。」

〔三〕北魏楊衒之《洛陽伽藍記・法雲寺》：「河東人劉白墮善能釀酒。季夏六月，時暑赫晞，以甖貯酒，暴於日中。經一旬，其酒不動，飲之香美而醉，經月不醒。」白墮，人名，後用作美酒别稱。蘇轍《次韻子瞻病中大雪》：「殷勤賦《黄竹》，自勸飲白墮。」陸游《官舍夙興》詩：「不復扶頭傾白墮，但知臨目養黄寧。」明焦竑《焦氏筆乘・物名》：「劉白墮善釀酒，而名酒曰白墮。」

〔四〕傳説杜康爲最早造酒的人。《書・酒誥》：「惟天降命，肇我民惟元祀。」孔穎達疏引漢應劭《世本》：「杜康造酒。」後借杜康指酒。曹操《短歌行》：「何以解憂？惟有杜康。」清方文《梅季升招飲天逸閣因吊亡友朗三孟璿景山》詩：「追念平生腸欲結，杜康何以解吾憂。」

## 6 尊彝觴勺

《周禮》六尊：犧尊、象尊、著尊、壺尊、太尊、山尊，以待祭祀賓客之禮。六彝：鷄彝、鳥彝、黄彝、虎彝、蜼彝、斝彝，以待祼將之禮〔一〕。

犧尊，沙牛飾尊也。象尊，三足，象其鼻形也。著尊，著地無足也。壺尊，以壺爲尊也。太尊，瓦尊也。山尊，爲山雲形也。壺以壺，太以瓦[二]，餘皆木也。

鳥，鳳也；黄，龜目也；蜼，卬鼻歧尾獸也；斝，稼也，刻而畫之於彝也[三]。

尊之爲言尊也，彝之爲言常也[四]。尊用以獻，上及於天地，彝用以祼，施於宗廟而已。尊受五斗，彝受三斗。曰「罍」、曰「卣」，尊、彝之異名也，皆用以盛酒者。《三禮圖》云：「凡諸觴皆同，升數則異。」《詩》疏引《韓詩》説：「一升曰爵，二升曰觚，三升曰觶，四升曰角，五升曰散，總名曰爵，其實曰觴。」[五]爵，雀也，故謂之「羽觴」[六]，曰「巵」、曰「觥」，「觴」之異名也，皆用以飲酒者。《周禮・梓人》云：「勺一升。」注：「勺，尊，升也。」[七]《明堂位》曰：「夏后氏以龍勺。」注：「爲龍頭狀。」[八]勺口似魁，勺柄似杓，有似於斗，又謂之斗，用以挹酒者。

此其大畧耳，取象之不同，所受之不一，諸儒之説尚多也。

（蜼音壘；卬音昂）

【箋注】

[一]《周禮・春官・小宗伯》：「辨六尊之名物，以待祭祀賓客。」鄭玄注引鄭司農曰：「六尊，獻尊、象尊、壺尊、著尊、大尊、山尊。」又《春官・小宗伯》：「辨六彝之名物，以待果將。」郑玄注：「六彝：雞彝、鳥彝、斝彝、黄彝、虎彝、蜼彝。」

犧尊：酒器，作犧牛形，背上開圓口，以腹盛酒，或説於尊腹刻畫牛形。尊，亦作「樽、罇、鐏」。《詩・魯頌・閟宮》：「白牡騂剛，犧尊將將。」朱熹集傳：「畫牛於尊腹也。或曰，尊作牛形，鑿其背以受酒也。」《國語・周語中》「奉其犧象」，三國吳・韋昭注：「犧，犧樽，飾以犧牛。」明焦竑《焦氏筆乘・犧樽》：「《三禮圖》畫彝形，刻劃犧象於其上。此鄙儒未見其器，妄想圖形。謹按《博古圖》作牛形背上開竅以注酒，曰犧罇。如象形者曰象罇。據此，可證《三禮圖》之謬。」

犧尊，又稱「獻尊」，祭用酒器。《周禮・春官・司尊彝》：「其朝踐用兩獻尊。」鄭玄注：「鄭司農云：獻讀爲犧。犧尊飾以翡翠。」陸德明釋文：「『兩獻』，本或作『戲』，注作『犧』，同。素何反。」

象尊：其形如象或鳳凰，一説以象牙爲飾。《周禮・春官・司尊彝》：「其再獻用兩象尊。」鄭玄注引鄭司農曰：「象尊，以象鳳皇。或曰以象骨飾尊。」

[二] 壺以壺，太以瓦：六尊之中，壺尊以壺爲尊，太尊（或謂「大尊」）以瓦製作。《周禮・春官・司尊彝》：「秋嘗，冬烝，裸用斝彝、黄彝，皆有舟。其朝獻用兩著尊，其饋獻用兩壺尊，皆有罍，諸臣之所昨也。」鄭玄注：「壺者，以壺爲尊。」《宋史・禮志四》：「壺尊實清酒爲終獻，陳於阼階之下，皆爲酌尊。」大尊，六尊之一，瓦質。《周禮・春官・司尊彝》：「其朝踐用兩大尊，其再獻用兩山尊，皆有罍。」鄭玄注：「大尊，太古之瓦尊。」陸德明釋文：「『兩『大』，音泰。」

[三] 鳥彝：祭器，刻以鳳鳥形圖案。《周禮・春官・司尊彝》：「春祠夏禴，裸用雞彝、鳥彝。」鄭玄注：「雞彝、鳥彝，謂刻而畫之爲雞、鳳皇之形。」

黄彝，刻黄目爲飾。《周禮・春官・司尊彝》：「秋嘗冬烝，裸用斝彝、黄彝，皆有舟。」鄭玄注：「黄彝，黄目尊也。」《禮記・明堂位》：「灌尊，夏后氏以雞夷，殷以斝，周以黄目。」沈括《夢溪筆談・器用》：「禮書所載黄彝，乃畫人目爲飾，謂之『黄目』。予遊關中，得古銅黄彝，殊不然，其刻畫甚繁，大體似『繆篆』，又如欄盾閑所畫回波曲水之文，中閑有二目，如大彈丸，突起煌煌然，所謂黄目也。」

蜼彝：器上以蜼爲飾。《周禮・春官・司尊彝》：「凡四時之間祀、追享、朝享，裸用虎彝、蜼彝。」賈公彦疏：「虎彝、蜼彝相配，皆爲獸。」

斝彝：飾有禾稼飾紋的酒器。《周禮・春官・司尊彝》：「秋嘗，冬烝，裸用斝彝、黄彝。」鄭玄注：「斝讀爲稼，稼彝，畫禾稼也。」

［四］彝：宗廟常用禮器的總名。彝者，常也，故名。《説文・糸部》：「彝，宗廟常器也。」《詩・大雅・烝民》：「民之秉彝，好是懿德。」毛傳：「彝，常。」朱熹集傳：「是乃民所執之常性，故其情無不好此美德者。」《國語・周語中》：「天道賞善而罰淫，故凡我造國，無從非彝，無即慆淫，各守爾典，以承天休。」韋昭注：「彝，常也。」

［五］《三禮圖》：「凡諸觴形皆同，升數則異。」《詩・周南・卷耳》「我姑酌彼兕觥」，孔穎達疏引韓詩説云：「一升曰爵。爵，盡也，足也。二升曰觚。觚，寡也，飲當寡少。三升曰觶。觶，適也，飲當自適也。四升曰角。角，觸也，不能自適，觸罪過也。五升曰散。散，訕也，飲不能自節，爲人謗訕。總名曰爵，其實曰觴。觴者餉也。觥亦五升。所以罰不敬，觥，廓也，所以著名之貌，君子有過，廓然著名，非所以餉，不能名觴。」《考工記・梓人》：「梓人爲飲器。勺一升，爵一升，觚三升。」孔穎達疏引韓詩説：「一升曰爵，二升曰觚，三升曰觶，四升曰角，五升曰散。」

［六］酒器作鳥雀狀，左右形如兩翼，謂之羽觴。一説，插鳥羽於觴，促人速飲。《楚辭・招魂》：「瑶漿蜜勺，實羽觴些。」王逸注：「羽，翠羽也。觴，觚也。」洪興祖補注：「杯上綴羽，以速飲也。一云作生爵形，實曰觴，虚曰觶。」《漢書・外戚傳下・孝成班倢伃》：「顧左右兮和顔，酌羽觴兮銷憂。」顔師古注引孟康曰：「羽觴，爵也，作生爵形，有頭尾羽翼。」

［七］《考工記・梓人》：「梓人爲飲器。勺一升。」鄭玄注：「勺，尊，升也。」

［八］《禮記・明堂位》：「其勺，夏后氏以龍勺，殷以疏勺，周以蒲勺。」鄭玄注：「龍，龍頭也。疏，通刻其頭。蒲，合蒲，如鳧頭也。」

## 7　罍

《説文》：「罍，龜目酒尊，似壺，容一斛。刻作雲雷，象施不窮也。」［二］按，雲，古文作「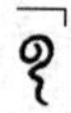」；雷，古文作「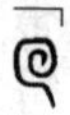」。罍刻、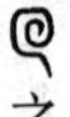之文，象施不窮也。古器存者文尚可見。謂罍作阿

香[二]狀，連鼓形者，蓋俗也，今器邊肉處有迴環文，猶是之遺意，而知者鮮矣。

**[箋注]**

[一]《説文・木部》：「櫑，龜目酒尊，刻木作雲雷象，象施不窮也。从木，畾聲。罍，櫑或从缶。」《詩・周南・卷耳》：「我姑酌彼金罍，維以不永懷。」朱熹集傳：「罍，酒器，刻爲雲雷之象，以黄金飾之。」

[二] 阿香：神話謂推雷車的女神。《初學記》卷一引《續搜神記》：「義興人姓周，永和中出都。日暮，道邊有一新草小屋，一女子出門望見周。周曰：『日暮求寄宿。』向一更中，聞外有小兒喚：『阿香，官喚汝推雷車。』女乃辭去。」蘇軾《無錫道中賦水車》詩：「天公不念老農泣，喚取阿香推雷車。」

## 8　飲器

趙襄子漆智伯之頭以爲飲器[一]。韋昭曰：「飲器，椑榼也。」晉灼：「虎子屬也。」[二]一以爲酒器，一以爲溺器。按，《漢・匈奴傳》：「單于以老上單于所破月氏王頭爲飲器者歃血盟。」[三]然則酒器是也。每賓會設之，示恨深耳。

（溺音尿）

**[箋注]**

[一]《戰國策・趙策一》：「及晉三分知氏，趙襄子最怨知伯，而將其頭以爲飲器。」

［二］《淮南子·道應訓》：「大敗知伯，破其首以爲飲器。」漢·高誘注：「飲，溺器，椑榼也。」《漢書·張騫傳》「以其頭爲飲器」，顔師古注：「韋昭曰：『飲器，椑榼也。』晉灼曰：『飲器，虎子屬也，或曰飲酒之器也。』……韋云椑榼，晉云獸子，皆非也。椑榼，即今之偏榼，所以盛酒耳，非用飲者也。」

［三］《漢書·匈奴傳下》：「昌猛與單于及大臣俱登匈奴諸水東山，刑白馬，單于以徑路刀金留犁撓酒，以老上單于所破月氏王頭爲飲器者共飲血盟。」

## 9　車制

上古聖人觀轉蓬爲輪［一］。輪主流運。有輻，輪中木之直指者，上有爪以輳轂，下有菑以指輞［二］。有轂，居輪之正中，而爲輻之所輳［三］。三十輻共一轂，當輻之空，謂之藪［四］。大車之轂，長一尺有半；兵車之轂，長三尺二寸。三分其轂之長，二在外以置輻，一在內以受軓［五］。其內大穿謂之賢，小穿謂之軹［六］。有軝，轂之旁出者，即長二分在外者也。有輞，輪之外圍者，一曰轑［七］。有輨，轂中鐵，以受轄者，亦謂之軑［八］。曰輻、曰轂、曰藪、曰賢、曰軹、曰輞轑、曰輨軑，皆附於輪者也。

**［箋注］**

［一］《後漢書·輿服志》：「上古聖人，見轉蓬始知爲輪。輪行可載，因物知生，復爲之輿。輿輪相乘，流運罔極，任重致遠，天下獲其利。」

[二] 輻：車輪中的直條木，湊集於車轂，連接車轂與車輞。古亦稱「轑」。《正字通・車部》：「輻，謂輪中木之直指者，下有菑以指輞，上有爪以湊轂。」明宋應星《天工開物・舟車》：「輻計三十片，其内插轂，其外接輔。」

菑，車輻插入轂中的部分，亦作「菑」。《周禮・考工記・輪人》：「察其菑蚤不齵，則輪雖敝不匡。」鄭玄注：「菑謂輻入轂中者也。」又引鄭司農曰：「菑……謂建輻也，泰山平原所樹立物爲菑。」賈公彦疏：「凡植物於地中謂之菑，此輻入轂中似植物地中，亦謂之菑。」戴震《釋車》：「輻端之枘建轂中者謂之菑……建牙中謂之蚤。」

輞：車輪的外框，漢代以前稱作「牙」。亦作「棢」，《釋名・釋車》：「輞，罔也，罔羅周輪之外也。關西曰輮，言曲輮也。」《正字通・車部》：「輞，車輪外圍。」《周禮・考工記・輪人》「牙也者以爲固抱也」，清孫詒讓正義：「輞則輪外匡之總名……阮元云：『輞非一木，其木須揉，其合抱處必有牡齒以相交固，爲其象牙，故謂之牙。』……總舉其大圓則曰輞，輞與牙微異，漢時俗語通稱牙爲輞。」明宋應星《天工開物・車》：「車輪之中，内集輪輻，外接輞，圓轉一圈者，是曰輔也。」

[三] 轂：車輪中心穿軸承輻的部位。《説文・車部》：「轂，輻所湊也。」《釋名・釋車》：「轂，埆也，體堅埆也。」《詩・秦風・小戎》：「文茵暢轂，駕我騏馵。」朱熹集傳：「轂者，車輪之中，外持輻内受軸者也。」《六書故・工事三》：「輪之中爲轂，空其中，軸所貫也，輻湊其外。」宋應星《天工開物・車》：「其大車中轂（俗名車腦），長一尺五寸，所謂外受輻、中貫軸者。輻計三十片，其内插轂，其外接輔。」

[四]《老子》十一章：「三十輻共一轂，當其無，有車之用。」

藪：《集韻》千候切，謂車轂的空腔。《集韻・候韻》：「藪，車轂空也，衆輻之輳。」《周禮・考工記・輪人》：「以其長爲之圍，以其圍之防捎其藪。」鄭玄注：「鄭司農云：『藪讀爲蜂藪之藪，謂轂空壺中也。』玄謂此藪徑三寸九分寸之五，壺中當輻菑者也。蜂藪者，猶言趨藪也，藪者，衆輻之所趨也。」阮元《〈考工記〉車制圖解・輪解》：「轂中空謂之藪。」

[五] 軌：車子兩輪間的距离。古有定制，其廣爲古制八尺。《周禮・考工記・匠人》：「國中九經九緯，經涂九軌。」鄭玄注：「軌謂轍廣，乘車六尺六寸，旁加七寸，凡八尺，是爲轍廣。」《吕氏春秋・勿躬》：「平原廣城，車不結軌，士不旋踵。」高誘注：「車兩輪間曰軌。」

［六］賢：《集韻》形甸切，車轂所傳之孔，在輻以內略大一端之稱。《集韻·霰韻》：「賢，車大穿也。」軹：車轂外端貫穿車軸的細孔。《説文·車部》：「軹，車輪小穿也。」桂馥義證：「車軸之耑，毋轂者名爲轊，轂末之小穿容轊者名爲軹。」《周禮·考工記·輪人》：「五分其轂之長，去一以爲賢，去三以爲軹。」鄭玄注引鄭司農曰：「賢，大穿也；軹，小穿也。」

［七］輞：車輪的外圍。《釋名·釋車》：「輞，罔也，罔羅周輪之外也。」《正字通·車部》：「輞，車輪外圍。」轑：車輻。《説文·車部》：「轑，蓋弓也。一曰輻也。」段玉裁注：「輻三十湊一轂，亦如椽然，故亦得轑名。」戴震《釋車》：「輪轑謂之輻。」

［八］輨：裹在車轂頭上的金屬套。亦稱「軑」。《説文·車部》：「輨，轂耑錔也。」段玉裁注：「錔者，以金有所冒也。轂孔之裹，轂以金裹之曰釭；轂孔之外，以金表之曰輨。輨之言管也。」又：「軑，車輨也。」《方言》卷九：「關之東西曰輨，南楚曰軑。」《楚辭·離騷》：「屯余車其千乘兮，齊玉軑而並馳。」王逸注：「軑，錮也。一云車轄也。」清錢繹箋疏：「輨之言管也。以鐵爲管，約轂外兩端，以金冒之曰輨。」轄：車鍵，車軸兩端的插鍵，以管控車輪。《説文·車部》：「轄，鍵也。」《左傳·哀公三年》：「校人乘馬，巾車脂轄，隸人、牧、圉各瞻其事。」

輪行不可載，因爲之輿。輿，車底也，主容納[一]。有軫，車上前後横木，大車前軫至後軫其深八尺，兵車之軫四尺四寸[二]。有轖，車藉交錯也[三]。有軨，車藉間横木，「已駕僕展軨」也，一曰轛[四]。有轓，車箱也，以障物[五]。有珥，車軨間皮篋，以藏玉[六]。有軾，去輿高三尺三寸[七]。有較[八]，去軾又高二尺二寸，通高五尺五寸，立則憑較，應爲敬則俯憑軾。有輢，兩旁植木以横較者[九]。曰軫、曰轖、曰軨轛、曰轓、曰珥、曰軾、曰較、曰輢，居輿之中，在輿上者也。

## [箋注]

［一］輿，車箱。《説文·車部》：「輿，車輿也。」段玉裁注：「車輿謂車之輿也……輿爲人所居，可獨得車名也。軾、較、軫、軹、轛，皆輿事也。」《古今韻會舉要·魚韻》：「輿，《詩詁》曰：『輈軸之上加板以載物；又軫、軾、較、轛之所附植。輿其總名也。』」輿，又謂車箱底板。徐鍇《説文繫傳·車部》：「輿，車底也。」清毛際盛《説文解字述誼·車部》：「輿，車箱底也。王宗涑云：『車箱底即薦板。《釋名》曰，薦板謂在上如薦席也。』」

［二］軫：車後橫木。一説爲車廂底部四面的横木。《説文·車部》：「軫，車後横木也。」段玉裁注：「合輿下三面之材與後横木而正方，故謂之軫……渾言之，四面曰軫；析言之，輢軾所尌曰軓，輢後曰軫。」《六書故·工事三》：「軫，四面木匡合成輿者也。」《周禮·〈考工記〉序》：「車軫四尺，謂之一等。」鄭玄注：「軫，輿後横木。」《漢書·司馬相如傳下》：「是胡越起轂於下而羌夷接軫也，豈不殆哉！」顔師古注：「軫，車後横木。」

［三］轖：車廂旁側用皮革交錯纏縛的障蔽物。《文選·枚乘〈七發〉》：「邪氣襲逆，中若結轖。」李善注引《説文》：「轖，車籍交革也。」按，今本《説文》作「車籍交錯」，以「交革」爲是。

［四］軨：車欄，在車箱前面和左右兩面用木條結成的圍欄。《説文·車部》：「軨，車轖間横木。」段玉裁注：「車轖間横木，謂車輢之直者、衡者也。軾與車輢皆以木一横一直爲方格成之，如今之大方格然……戴先生（戴震）曰：軨者，軾較下縱横木總名，即《考工記》之軹、轛也。」《楚辭·九辯》：「倚結軨兮長太息，涕潺湲兮下霑軾。」朱熹集注：「軨，車軾下縱横木也。」

展軨：察看車輛。《禮記·曲禮上》：「君車將駕，則僕執策，立於馬前；已駕，僕展軨，效駕。」鄭玄注：「展軨，具視。」孔穎達疏：「已駕，駕竟。展，視也。舊解云，軨，車欄也。駕竟，僕則從車軨左右四面看視之，上至於欄也。」

轛：車軾下面横直交接的欄木。《周禮·考工記·輿人》：「參分軹圍，去一以爲轛圍。」鄭玄注：「兵車之轛圍二寸八十一分寸之十四。轛，式之植者衡者也。鄭司農云：『轛讀如繫綴之綴，謂車輿軨立者也，立者爲轛，横者爲軹。書轛或作軨。』玄謂轛者以其鄉人爲名。」按,「鄉人」,即「向人」,朝向人。清徐灝《説文解字注箋·車部》:「轛,康成以轛從對,爲嚮人之義,屬之軾下,竊謂當屬之輢,兩旁相對,故謂之轛耳。轛屬輢,則在軾下者爲軹矣。」戴震《釋車》:「式下人所對謂之轛。」

[五] 轓:車蔽,車廂兩旁的遮蔽。《集韻·阮韻》:「轓,車蔽。」《篇海類編·器用類·車》:「轓,小車兩耳,所以爲藩屏,翳塵泥,以簟爲之,或用革。」《漢書·景帝紀》:「令長吏二千石車朱兩轓,千石至六百石朱左轓。」顔師古注:「轓,應劭曰:『車耳反出,所以爲之藩屏,翳塵泥也。二千石雙朱,其次乃偏其左。以簟爲之,或用革。』如淳曰:『轓,小車兩屏也。』據許慎、李登説,轓,車之蔽也。《左氏傳》云:『以藩載欒盈,即是有鄣蔽之車也。』」

[六] 𨋍:車欄間的皮筐,用以藏玉器或弓矢。《説文·玨部》:「𨋍,車笭閑皮篋,古者使奉玉以藏之。」段玉裁注:「謂此皮篋,漢時輕車以藏弩。輕車,古之戰車也。其制沿於古者,人臣出使,奉圭璧璋琮諸玉,車笭閑皮篋所用盛之。」《文選·張衡〈東京賦〉》:「𨋍弩重旃,朱旄青屋。」李善注:「《説文》曰:𨋍,車蘭閑皮筐,以安其弩也。徐廣《車服志》曰:輕車置弩於軾上,載以屬車;然置弩於𨋍,曰𨋍弩。」

[七] 軾:車箱前横木,爲立乘者所憑扶。有三面,其形如半框。亦作「式」。《左傳·莊公十年》:「下視其轍,登軾而望之。」《詩·大雅·韓奕》「鞹鞃淺幭」孔穎達疏:「軾者,兩較之間有横木可憑者也。」伏軾,致敬之禮。《釋名·釋車》:「軾,式也,所伏以式敬者也。」《淮南子·修務訓》:「段干木辭禄而處家,魏文侯過其閭而軾之。」高誘注:「軾,伏軾敬有德。」《漢書·石奮傳》:「過宫門闕必下車趨,見路馬必軾焉。」顔師古注:「軾謂撫軾,蓋爲敬也。」

[八] 較:《廣韻》古岳切,車箱兩旁板上的横木。《詩·衛風·淇奥》:「寬兮綽兮,猗重較兮。」朱熹集傳:「較,兩輢上出軾者,謂車兩傍也。」《後漢書·輿服志上》:「鳥旟七斿,五仞齊較,以象鶉火。」劉昭注引鄭玄曰:「較者,車高欄木也。」

[九] 輢:車箱兩旁可憑依的木板。兵車之輢,插兵器於其上。《説文·車部》:「輢,車旁也。」段玉裁注:「謂車兩旁,式之後,較之下也。注家謂之輢。按輢者言人所倚也。前者對之,故曰轛,旁者倚之,故曰輢。兵車戈殳戟矛皆

臿於車輢。」《周禮・〈考工記〉序》「殳長尋有四尺」鄭玄注：「戈殳戟矛，皆插車輢。鄭司農云：謂著戈於車，邪倚也。」

有軌，車下横木以持輪者[一]。兵車、乘車之輪，其崇六尺六寸，軌居輪之中，實得其半，「濟盈不濡軌」[二]是也。凡車之制，廣皆六尺六寸，軌之廣狹既同，則轍迹亦同，後人因謂車轍亦曰軌，「車同軌」[三]是也。亦謂之軸，又謂之轊[四]。有轄，車軌頭鐵以鍵輨者，無事則脱，行則設之，一作「舝」[五]。有轐，伏兔也，伏於軌上，一作「鏷」[六]。曰軌軸、曰轊、曰轄、曰轐，居輿之中，在輿下者也。

有轅，兩腋木之前後出者，長一丈四尺四寸。有輈，轅之從軫以前，稍曲而上至衡，居衡之上而嚮下，鉤之如屋之梁，謂之梁輈，一曰軏[七]。有輗，横居輈下以縛軛者，亦謂之衡。有軛，重縛於衡上以駕馬領者[八]。有軥，軛之下曲者[九]。曰轅、曰輈軏、曰輗衡、曰軛、曰軥，在輿前，附於轅者也。

**［箋注］**

［一］軌，車軸，特指軸之兩端。《禮記・少儀》：「祭左右軌范，乃飲。」鄭玄注：「《周禮・大御》：『祭兩軹，祭軌，乃飲。』軌與軹於車同謂轊頭也。」孔穎達疏：「《周禮・大御》『祭兩軹，祭軌』，此云『祭左右軌范』，兩文不同，則左右軌與兩軹是一。」軌，亦指輪距，古制八尺之廣。《周禮・考工記・匠人》：「國中九經九緯，經涂九軌。」鄭玄注：「軌謂轍廣，乘車六尺六寸，旁加七寸，凡八尺是謂轍廣。」《吕氏春秋・勿躬》：「平原廣城，車不結軌，士不旋踵。」高誘注：「車兩輪間曰軌。」

［二］《詩・邶風・匏有苦葉》：「濟盈不濡軌，雉鳴求其牡。」

〔三〕《禮記·中庸》：「今天下車同軌，書同文，行同倫。」《史記·秦始皇本紀》：「一法度衡石丈尺，車同軌，書同文字。」

〔四〕轊：車軸頭，套在車軸末端的器件。《史記·田單列傳》：「已而燕軍攻安平，城壞，齊人走，爭塗，以轊折車敗，爲燕所虜，惟田單宗人以鐵籠故得脱。」裴駰集解引徐廣曰：「轊，車軸頭也。」戴震《考工記圖·釋車》：「軸末謂之轊。」

〔五〕轄：車軸兩端的管鍵，以固車輪。字又作「舝」。各本誤作「牽」，屬手民誤植。《詩·邶風·泉水》：「載脂載舝，還車言邁。」孔穎達疏：「古者車不駕則脱其舝……今將行，既脂其車，又設其舝。」《詩·小雅·車舝序》：「車舝，大夫刺幽王也。」陸德明釋文：「車軸頭鐵也。」

〔六〕伏兔：古代車上部件，鉤連車箱底板和車軸，形如蹲伏之兔，故名。《周禮·考工記·輈人》：「良輈環濁，自伏兔不至軌七寸。」賈公彦疏：「伏兔銜車軸，在輿下，短不至軌。」

　輹：捆綁車伏兔與車軸的繩索。《説文·車部》：「輹，車軸縛也。」段玉裁注：「謂以革若絲之類纏束於軸，以固軸也。縛者，束也。」《左傳·僖公十五年》：「車説其輹，火焚其旗。」杜預注：「輹，車下縛也。」孔穎達疏：「以繩縛於軸，因名縛也。」一説「輹」即車箱底板伏兔，伏於軌上。同「轐」。《釋名·釋車》：「輹，伏也，伏於軸上也。」畢沅疏證：「輹轐實一字。」《廣韻·屋韻》：「輹，車輹兔。」

〔七〕轅：車前駕牲畜的直木，壓在車軸上，伸出車輿前端。輈：車轅。直者用於大車，曰轅，曲者用於兵車、田車、乘車，曰輈。《説文·車部》：「轅，輈也。」段玉裁注：「《考工記》：『輈人爲輈』，『車人爲大車之轅』，是輈與轅別也。」朱駿聲通訓定聲：「大車、柏車、羊車皆左右兩木，曰轅。其形直，一牛在轅間。田車、兵車、乘車，皆居中一木穹隆而上，曰輈，其形曲，兩馬在輈旁。轅與輈對文則別，散文則通。」《周禮·考工記·車人》：「凡爲轅，三其輪崇。」孫詒讓正義：「凡爲轅三其輪崇者，明牛車爲兩直轅，異於馬車之一曲輈也。」《考工記·輈人》「輈人爲輈」鄭注：「輈，轅也。」孫詒讓正義：「小車曲輈，此輈人所爲者是也。大車直轅，車人所爲者是也。散文則輈、轅亦通稱。王宗涑云：『析言之，曲者爲輈，直者爲轅。小車曲輈，一木居中，兩服馬夾輈左右。任載車直轅，兩木分左右，一牛在兩轅中。』」

輈爲駕馬之曲轅，呈穹隆形，如屋梁，故又謂之梁輈。《詩·秦風·小戎》：「小戎俴收，五楘梁輈。」毛傳：「梁輈，輈上句衡也。」孔穎達疏：「如屋之梁然，故謂之梁輈也。」

軏：車轅與横木銜接的關鍵，貫穿轅、衡的活銷。《説文·車部》：「軏，車轅耑持衡者。」段玉裁注：「衡者，横木，長六尺六寸，以施軶駕馬頸者也。持衡者曰軏，則衡與轅耑相接之關鍵也。」《論語·爲政》：「大車無輗，小車無軏，其何以行之哉？」何晏集解引包咸曰：「軏者，轅端上曲鉤衡。」戴震《釋車》：「轅端持鬲其關鍵名輗，輈端持衡其關鍵名軏，輈轅所以引車，必施輗軏然後行……包氏以逾丈之輈，六尺之鬲，而當咫尺之輗軏，疎矣。」

［八］輗：大車轅端與横木銜接的活銷。《説文·車部》：「輗，大車轅耑持衡者。」段注：「轅與衡相接之關鍵也。」《論語·爲政》：「大車無輗，小車無軏，其何以行之哉！」包咸曰：「輗者，轅端横木以縛軛。」皇侃義疏引鄭玄曰：「輗穿轅端著之，軏因轅端著之。」戴震《釋車》：「軶謂之鬲，持鬲者謂之輗。」

軶：駕於牛馬頸部的器具。同「軛」。《説文·車部》：「軶，轅前也。」朱駿聲通訓定聲：「輈耑之衡，轅耑之槅皆名軶，以其下缺處爲軥，所以扼制牛馬領而稱也。」《玉篇·車部》：「軶，牛領軶也。亦作軛。」《楚辭·卜居》：「寧與騏驥亢軛乎？」朱熹集注：「軛，車轅前衡也。」《後漢書·列女傳·皇甫規妻》：「卓（董卓）乃引車庭中，以其頭縣軶，鞭撲交下。」李賢注：「《周禮·考工記》曰：『軶長六尺。』鄭衆曰：『謂轅端壓牛領者。』」

車轅前端横木曰衡。《釋名·釋車》：「衡，横也。横馬頸上也。」《論語·衛靈公》：「在輿，則見其倚於衡也。」劉寶楠正義：「衡之言横也，謂横於車前。」《莊子·馬蹄》「加之以衡扼」陸德明釋文：「衡，轅前横木，縛軛者也；扼，叉馬頸者也。」阮元《車制圖解下》：「衡與車廣等，長六尺六寸是也，兩旁下有曲木。」

［九］軥：軛下曲卷部分，以繫革帶施於馬頸。《説文·車部》：「軥，軶下曲者。」段玉裁注：「軶木上平而下爲兩坳，加於兩服馬之頸，是曰軥。」朱駿聲通訓定聲：「軶下爲兩坳以叉服馬之頸者，亦爲烏啄。」《左傳·襄公十四年》：「射兩軥而還。」杜預注：「軥，車軛卷者。」孔穎達疏引服虔曰：「車軛，兩邊叉馬頸者。」

有蓋，以覆輿者也。有軨，車無輻，直斫木爲之，若推輪也[一]。有軔，礙輪木也[二]。有輠，盛膏器也[三]。

輿方象地，蓋圓象天，三十輻象日月，蓋弓二十八以象列星也[四]。他若爲楯、爲樏，用之泥乘、山乘者，其制非一[五]。皆古聖之精意也。

（輞音罔；軹音止；軧音遲；轑音老；輨音管；軑音地；轖音色；輹音復；轊音遂；輠音夥）

【箋注】

[一] 軨：無輻車輪，以全木制成。亦指無輻之車。《説文・車部》：「軨，蕃車下庳輪也。一曰無輻也。」徐鍇繫傳：「無輻謂直斫木爲之，若推輪乎。」段玉裁注：「庳者，屋庳也，因以爲凡卑之稱。蕃車而下爲卑輪，蓋所謂安車輪。卑則車安矣。」按，安車，僅能坐乘而不能立乘的小車。徐灝箋：「車差小，故輪庳而無輻。」《玉篇・車部》：「有輻曰輪，無輻曰軨。」

[二] 軔：阻礙車輪滚動之木。《説文・車部》：「軔，礙車也。」徐鍇繫傳：「止輪之轉，其物名軔。」《字彙・車部》：「去軔輪動而車行，故凡初爲則曰發軔。」《楚辭・離騷》：「朝發軔於蒼梧兮，夕余至乎縣圃。」王逸注：「軔，搘輪木也。」洪興祖補注：「軔，止車之木，將行則發之。」《戰國策・秦策五》：「陛下嘗軔車於趙矣。」高誘注：「軔車，止仕也，不欲言其質，故住車，故止於趙敢國。」《漢書・揚雄傳下》：「是以車不安軔，日未靡旃，從者仿佛，骫屬而還。」《後漢書・申屠剛傳》：「光武嘗欲出遊，剛……諫不見聽，遂以頭軔乘輿輪，帝遂爲止。」李賢注：「軔，謂以頭止車輪也。」

[三] 輠：車上盛膏之器具，以潤滑車軸。《釋名・釋車》：「輠，裹也，裹軹頭也。」《玉篇・車部》：「輠，車脂

轂。」《篇海類編・器用類・車部》：「輠，車盛膏器。古者車行常載脂膏以塗軸，故軸滑易行，即其器也。」

［四］《後漢書・輿服志上》：「輿方法地，蓋圓象天，三十輻以象日月，蓋弓二十八以象列星。」輪輻制三十條，取法月曆三十之數；車上傘蓋設二十八爪支，以象二十八星宿。

［五］楯：行於泥濘的交通工具，以板制爲木橇。亦作「輴」。《書・益稷》「予乘四載」孔傳：「所載者四，謂水乘舟，陸乘車，泥乘輴，山乘樏。」孔穎達疏：「輴，《漢書》作橇，如淳音蕝，以板置泥上。服虔云：木橇形如木箕，擿行泥上。」《尸子》卷下：「行塗以楯，行險以撮，行沙以軌。」《淮南子・齊俗》：「譬若舟車楯肆窮廬，故有所宜也。」高誘注：「沙地宜肆，泥地宜楯，草野宜窮廬。」

樏：登山用具。同「欙」。《説文・木部》：「欙，山行所乘者。《虞書》曰：『予乘四載：水行乘舟，陸行乘車，山行乘欙，澤行乘輴。』」《尸子》卷下：「澤行乘舟，山行乘樏。」《書・益稷》「予乘四載」孔傳：「山乘樏。」孔穎達疏：「應劭云：『梮或作樏，爲人所牽引也。』如淳云：『梮謂以鐵如錐頭，長半寸，施之履下以上山不蹉跌也。』韋昭云：『梮，木器也，如今轝牀，人轝以行也。』……樏與梮、轝爲一，古篆變形，字體改易，説者不同，未知孰是。」《吕氏春秋・慎勢》：「凡王也者，窮苦之救也。水用舟，陸用車，塗用輴，沙用鳩，山用樏。」

## 10 冰鑑 水鑑

鑑，鏡，所以照物。又器名，如甀，大口。冰鑑，以盛冰，置食物於中，以禦温氣［一］。《周禮・凌人》「春治鑑，祭祀共冰鑑」，是也［二］。

水鑑，如水之照物，無有遁形者。《書》：「人無於水鑑。」［三］習鑿齒：「水鑑無私。」［四］龐德公以司馬德操爲水鑑［五］，衛瓘奇樂廣曰此人之水鑑［六］，蔡大寶見莊，嘆曰：「襄陽水鑑復在於茲」[七]，是也。

（甀音垂）

## [箋注]

[一] 氷，同「冰」。甀：甖、甕之類陶器。《淮南子・氾論》：「（古者）木鉤而樵，抱甀而汲。」鑑：青銅器，盛水以鑒影，亦用爲沐浴之水器，或盛冰以冷藏食物。《周禮・天官・凌人》：「春始治鑑。」鄭玄注：「鑑，如甀。大口，以盛冰，置食物于中，以禦温氣。」《宋書・禮志二》：「二廟夏祠用鑑盛冰，室一鑑，以禦温氣蠅蚋。」

[二]《周禮・天官・凌人》：「春始治鑒，凡外内饔之膳羞，鑒焉；凡酒漿之酒醴亦如之。祭祀共冰鑑，賓客共冰。」

[三] 鑑，初文作「監」，字形像鑑器盛水，人立其旁，下視自監其容。《廣韻・鑑韻》：「鑑，照也。亦作監。」《書・酒誥》：「古人有言曰：『人無於水監，當於民監。』」孔傳：「視水見己形，視民行事見吉凶。」《書・召誥》：「我不可不監于有夏，亦不可不監于有殷。」

[四]《三國志・蜀志・李嚴傳》「故以激憤也」裴松之注引晉・習鑿齒曰：「水至平而邪者取法，鏡至明而醜者無怒，水鏡之所以能窮物而無怨者，以其無私也。」《資治通鑑》卷七二《魏記四》：「夫水至平而邪者取法，鑒至明而醜者忘怒；水鑒之所以能窮物而無怨者，以其無私也。水鑒無私，猶以免謗，況大人君子懷樂生之心，流矜恕之德，法行於不可不用，刑加乎自犯之罪，爵之而非私，誅之而不怒，天下有不服者乎！」

習鑿齒，襄陽人，東晉文學家，史學家，《晉書》有傳。

[五]《三國志・蜀志・龐統傳》「稱統當爲南州士之冠冕」裴松之注引晉習鑿齒《襄陽記》：「諸葛孔明爲卧龍，龐士元爲鳳雛，司馬德操爲水鏡，皆龐德公語也。」《资治通鉴》卷六十五《孝獻皇帝庚建安十二年》：「司馬徽，清雅有知人之鑒。同縣龐德公素有重名，徽兄事之。諸葛亮每至德公家，獨拜床下，德公初不令止。德公從子統，少時

樸鈍，未有識者，惟德公與徽重之。德公常謂孔明爲卧龍，士元爲鳳雛，德操爲水鑒；故德操與劉備語而稱之。」

司馬徽，字德操，有知人之鑒。龐德公，襄陽人，龐統（士元）從父，隱居峴山南。司馬徽少十歲，以兄事之，故呼龐德公。龐德公嘗謂「諸葛孔明爲卧龍，其從子士元爲鳳雛，德操爲水鑒」。水鑒、水鏡，喻明鑒之人，見識清明如鏡。

[六]《世説新語·賞譽》：「衛伯玉爲尚書令，見樂廣與中朝名士談議，奇之，曰：『自昔諸人没已來，常恐微言將絶，今乃復聞斯言於君矣！』命子弟造之，曰：『此人，人之水鏡也，見之若披雲霧而睹青天。』」

衛瓘，字伯玉，河東安邑人，仕晉，官尚書令、太保，善草書。樂廣，字彦輔，南陽人，官至河南尹，代王戎爲尚書令，善清言，爲時人所重。

[七]《隋書·柳莊傳》：「柳莊，字思敬，河東解人也。祖季遠，梁司徒從事中郎。父遐，霍州刺史。莊少有遠量，博覽墳籍，兼善辭令。濟陽蔡大寶有重名于江左，時爲岳陽王蕭詧諮議，見莊便歎曰：『襄陽水鏡，復在於兹矣。』大寶遂以女妻之，俄而詧辟爲參軍，轉法曹。」《册府元龜》卷七七七《總録部·名望第二》：「柳莊，字思敬，少有器量，博覽墳籍，兼善辭令。濟陽蔡大寶有重名於江右，時爲岳陽王蕭詧諮議，見莊歎曰：『襄陽水鏡復在於兹。』大寶遂以其女妻之，俄而詧辟爲參軍。」

## 11 闌干

階際木勾欄曰欄干，亦作「闌干」。眼眶亦曰闌干，蓋闌干以横斜爲義。勾欄木縱横爲之，故曰闌干，以木爲之，故字从木。《息夫躬傳》：「涕泣流兮萑蘭。」臣瓚曰：「萑蘭，泣涕，闌干也。」[一]萑葦、蘭，香草，躬誤，當作「涣瀾」，亦縱横之意，淚出于眼，因謂眼眶爲闌干。曹植詩：「月落參横，北斗闌干。」薛令之詩：「苜蓿長闌干。」近孫太初詩：「山中芝草闌干長。」[二]凡横斜皆可言「闌干」。

【箋注】

[一]《漢書・息夫躬傳》：「涕泣流兮萑蘭，心結愲兮傷肝。」顏師古注引臣瓚曰：「萑蘭，泣涕闌干也。」王先謙補注：「萑蘭即汍瀾之異文。」按，汍瀾，流淚貌。《隸釋・漢金鄉長侯成碑》：「號泣發哀，泣涕汍蘭。」《後漢書・馮衍傳下》：「淚汍瀾而雨集兮，氣滂浡而雲披。」

[二]《樂府詩集・相和歌辭十一・善哉行》：「月没參横，北斗闌干；親友在門，飢不及餐。」五代王定保《唐摭言・閩中進士》載曰：「薛令之……累遷左庶子。時開元東宫官僚清淡，令之以詩自悼，復紀於公署曰：『朝旭上團團，照見先生盤。盤中何所有，苜蓿長闌干。飯澀匙難綰，羹稀筯易寬。只可謀朝夕，那能度歲寒』。」明孫一元（太初）《太白山人漫藁》卷六《王與時方伯顧與成条議見訪山中》詩：「柴門車馬藩侯重，下榻高談盡日懽，笑我風流丘壑相，對君倒著竹皮冠。山中芝草闌干長，石上松陰空翠寒。記得晦翁詩句好，一川風月要人看。」

## 12　爐瓶

周人尚臭，宗廟焫蕭[一]。漢人始爲博山爐[二]，其制象海中博山，下盤貯湯，使潤氣蒸香，無今之爐也，所焚唯蘭蕙。劉后《博山爐銘》：「中有蘭錡，朱火青煙。」《古樂府》：「香風難久居，空令蕙草殘。」[三]無今之香也，自武帝通南越，中國始有龍腦、鷄舌等香[四]，通西域，始有安息薔薇水等香[五]，而蕙蘭與蕭不復用矣。佛氏有供花之説，亦未聞用瓶。瓶似罋，但以汲水。

今之爐，古鼎也；今之瓶，古觚也。得二器者無所用，以爇香插花，謂之爐瓶，後又倣而爲之，其制愈訛矣。

（焫音芮；錡音起；罋，與「甕」同；爇音越[六]）

## 【箋注】

[一] 焫蕭：焚燒艾蒿致香。蕭，香蒿，祭祀時以脂爇之爲香。《禮記・郊特牲》：「故既奠，然後焫蕭合羶薌。」《通典・禮三》：「祭天則燔柴，祭地則瘞血，祭宗廟則焫蕭。」

[二] 博山爐：香爐，爐蓋上造型像海中名山博山，故名。一說象華山，因秦昭王與天神博於此。《西京雜記》卷一：「長安巧工丁緩者……又作九層博山香爐，鏤爲奇禽怪獸，窮諸靈異，皆自然運動。」南朝宋鮑照《擬行路難》詩之二：「洛陽名工鑄爲金博山，千斲復萬鏤，上刻秦女攜手仙。」吴均《行路難》：「博山爐中百和香，鬱金蘇合及都梁。」

[三]《藝文類聚》卷七十引劉向《熏爐銘》：「嘉此正器，嶃岩若山；上貫太華；承以銅盤，中有蘭綺，朱火青煙。」各本作「劉后」，手民之誤，當爲「劉向」。《玉台新詠》卷一古詩八首之一曰：「請說銅爐器，崔嵬象南山。上枝以松柏，下根據銅盤。雕文各異類，離婁自相聯。誰能爲此器？公輸與魯班。朱火然其中，青煙揚其間。從風入君懷，四坐莫不歎。香風難久居，空令蕙草殘。悲與親友別，氣結不能言。贈子以自愛，道遠會見難。」

[四] 龍腦：龍腦香，亦作「龍瑙」。唐段成式《酉陽雜俎・木篇》：「龍腦香樹，出婆利國，婆利呼爲固不婆律，亦出波斯國。其樹有肥有瘦。瘦者有婆律膏香。一曰瘦者出龍腦香，肥者出婆律膏也。」宋劉蒙《菊譜・龍腦》：「龍腦一名小銀臺……香氣芬烈，甚似龍腦。」

雞舌，即丁香。古時尚書上殿奏事，口含此香。《初學記》卷一一引應劭《漢官儀》：「尚書郎含雞舌香伏奏事，黄門郎對揖跪受，故稱尚書郎懷香握蘭，趨走丹墀。」劉禹錫《郎州竇員外見示與澧州元郎中郡齋贈答長句二篇因而繼和》：「新恩共理犬牙地，昨日同含雞舌香。」明陳汝元《金蓮記・接武》：「御杯共醉龍頭榜，春雪同含雞舌香。」

［五］薔薇水，一種香水，用以薰衣。南唐張泌《妝樓記・薔薇水》：「周顯德五年，昆明國獻薔薇水十五瓶，云得自西域，以洒衣，衣敝而香不滅。」宋蔡絛《鐵圍山叢談》卷五：「舊説薔薇水乃外國採薔薇花上露水，殆不然，實用白金爲甑，採薔薇花蒸氣成水，則屢採屢蒸，積而爲香，此所以不敗，但異域薔薇花氣馨烈非常，故大食國薔薇水雖貯琉璃缶中，蠟密封其外，然香猶透徹聞數十步，灑著人衣袂，經十數日不歇也。」

［六］焫、爇，焚燒之義。此處兩字注音可疑。

## 13　銀囊　滚毬

銀囊，帳中爐也；滚毬，被中爐也。《鄴中記》：「石季龍冬月爲複帳，四角安金銀鑿鏤爲香爐。」白居易詩：「銀囊貯火懸。」［一］《西京雜記》：「長安巧匠丁緩作被中香爐，爲機圜轉之，其運四周，爐體常平。」［二］趙德麟曰：「今謂之滚毬。」銀囊甚新，滚毬殊不文，曩予名之曰「金鞠」，與「銀囊」正作對也［三］。

**【箋注】**

［一］《初學記》卷二十五《器物部上・香爐第八》載《鄴中記》曰：「石季龍冬月爲複帳，四角安純金銀鑿鏤香爐。」白居易《青氈帳》詩：「側置低歌座，平鋪小舞筵。閑多揭簾入，醉便擁袍眠。鐵檠移燈背，銀囊帶火懸。深藏

曉蘭焰，暗貯宿香煙。」銀囊，銀香爐，懸掛於帳中。

［二］《西京雜記》卷一：「長安巧工丁緩者，又作卧褥香爐，一名被中香爐，本出房風，其法後絶，至緩始更爲之。爲機環轉運四周，而爐體常平，可置之被褥，故以爲名。」

［三］趙令畤：宋室貴族，初字景貺，蘇軾爲之改字德麟，自號聊復翁。著有《侯鯖録》八卷，趙萬里爲輯《聊復集》詞一卷。

滚毬：被中香爐，設有機關，可滚轉。不文：不加文飾，此謂不雅。曩：往日，以前。予：表示第一人稱，我。

## 14 梳枇（枇音陛）

《廣韻》：「梳，櫛也。枇，細櫛也。皆理髮之器。」《炙轂子》：「赫連氏造梳，二十四齒，取疏通之義。」[一]故名梳。枇似梳，齒而密，取密比之義，故名枇[二]。《匈奴傳》「比疏」注：「比疏，解髮之飾，以金爲之。」[三]揚雄「頭蓬不暇疏」[四]，疏即梳也。今枇作「篦」，魏武帝病眼，令華陀以金篦刮膜[五]。篦乃掠器，非細櫛也。

### ［箋注］

［一］王叡《炙轂子》：「赫連氏造梳，二十四齒，取疏通之義。」明・高承《事物紀原》：「赫連氏造梳，以木爲之，二十四齒，取梳通之意。」梳齒疏，故名。

[二] 刘熙《釋名・釋首飾》：「梳，言其齒疏也。數言比，比於梳，其齒差數也。比言細相比也。」按，「數言比，比於梳」之比，謂篦。

[三] 比疎：亦作「比疏」，古人辮髮上的一種金屬飾物，或謂梳篦，又稱比余。《漢書・匈奴傳上》：「服繡袷綺衣、長襦、錦袍各一，比疏一……使中大夫意、謁者令肩遺單于。」顔師古注：「辮髮之飭也，以金爲之。比音頻寐反。疏字或作余。」《史記・匈奴列傳》：「服繡袷綺衣、繡袷長襦、錦袷袍各一，比余一……使中大夫意、謁者令肩遺單于。」司馬貞索隱：「比音鼻。小顔云『辮髮之飾也，以金爲之』……按蘇林説，今亦謂之『梳比』，或亦帶飾者也。」

[四] 揚雄《長楊賦》：「頭蓬不暇梳，飢不及餐。」

[五] 金篦，亦作「金鎞」「金錍」。古時治療眼病的掠器，形似箭鏃，用以刮眼膜。《增韻・齊韻》：「鎞，掠器也。」《涅槃經》卷八：「有盲人爲治目，故造詣良醫，是時良醫即以金錍決其眼膜。」《周書・張元傳》：「其夜，夢見一老公，以金鎞治其祖目。」杜甫《秋日夔府詠懷奉寄鄭監李賓客一百韻》：「金篦空刮眼，鏡象未離銓。」

## 15 蘭膏 蓮炬

宋玉《招魂》「蘭膏明燭」，注：「以蘭漬膏，取其香也。」[一] 唐令狐綯「夜對禁中，以金蓮花炬送歸院」[二]。金蓮花以載炬者，範銅爲之，天子制也。

**[箋注]**

[一] 《楚辭・招魂》：「蘭膏明燭，華容備些。」王逸注：「蘭膏，以蘭香煉膏也。」張華《雜詩》：「朱火青無光，蘭膏坐自凝。」唐劉長卿《雜詠上禮部李侍郎・寒釭》：「戀君秋夜永，無使蘭膏薄。」蘭膏，以澤蘭子煉製的香味油脂，

可然燭照明。

［二］《新唐書・令狐綯傳》：「（綯）夜對禁中，燭盡，帝以乘輿、金蓮華炬送還，院吏望見，以爲天子來。」後以「金蓮華炬」形容天子以特殊禮遇對待臣下。亦作「金蓮花炬」。金陳庚《吊麻信之》詩之二：「君恩未賜金蓮炬，天闕俄成白玉樓。」明高明《琵琶記・新進士宴杏園》：「便催歸玉簡侍宸旒，他日歸來金蓮送。」

## 16 關鍵管鑰

《老子》：「善閉者無關楗而不可開。」［一］《周禮・地官》：「掌受管鍵。」［二］《月令》：「謹管鑰楗。」或又从金。鑰，本作「闟」，亦有作「籥」者［三］，訓者多未辨。按，《説文》：「關，以横木持門户也。」《廣雅》：「楗，拒門木。」《月令》注：「鍵謂鏁之入内者。」［四］鑰，搏鍵器也，以鐵爲之，揞鏁内搏取其鍵。

是知「關」即今門閂，「管」即今鏁筒，「鍵」即今鏁鐍［五］，「鑰」即今鑰匙。鍵，从金者爲鏁鐍，从木者爲關之入牝處，總曰拒門木。鑰从門者以其爲門用，从竹者古字通用也。

［箋注］

［一］楗：關門的木閂。《説文・木部》：「楗，限門也。」《老子》二十七章：「善閉，無關楗不可開。」朱謙之校釋引范應元曰：「拒門木也。横曰關，竪曰楗。」《文選・宋玉〈風賦〉》：「至其將衰也，被麗披離，衝孔動楗，眴焕粲爛。」李善注：「楗，拒門也。」韓愈《贈别元十八》詩之一：「金石出聲音，宮室發關楗。」李賀《公莫舞歌》：「鐵樞鐵楗

重東關，大旗五丈撞雙鐶。」王琦注：「楗，限門之木，即户牡兩端入牝口，所以止門者。」

［二］鍵：金屬門閂，即鎖簧。《周禮・地官・司門》：「司門掌授管鍵，以啓閉國門。」鄭玄注引鄭司農曰：「管謂籥也，鍵謂牡。」賈公彦疏：「謂用管籥以啓門，用鍵牡以閉門。」《急就篇》卷三：「釭鐧鍵鈷冶錮鐈。」顔師古注：「鍵以鐵，有所豎關，若門牡之屬也。」《資治通鑑・唐高祖武德元年》：「諸門皆不下鍵。」胡三省注：「陳楚謂户鑰牡爲鍵。」

［三］鑰：門直閂，上貫横閂下插入地的直木。《方言》卷五：「户鑰，自關而東，陳楚之間謂之鍵，自關而西，謂之鑰。」鑰，亦通「籥」，謂鎖鑰。《小爾雅・廣服》：「鍵謂之籥。」《墨子・號令》：「諸城門吏，各入請籥，開門已，輒復上籥。」《墨子・備城門》：「周垣之高八尺，五十步一方，方尚必爲關籥守之。」孫詒讓閒詁：「關籥即管籥。」《禮記・月令》：「脩鍵閉，慎管籥。」鄭玄注：「管籥，搏鍵器也。」《史記・魯仲連鄒陽列傳》：「魯人投其籥，不果納。」張守節正義：「籥，即鑰匙也。投鑰匙於地。」《南史・恩倖傳・戴法興》：「法興臨死，封閉庫藏，使家人謹録籥牡。」按，籥牡，即鎖鑰，《宋書》作「鑰牡」。

［四］《禮記・月令》「脩鍵閉」，鄭玄注：「鍵，牡；閉，牝也。」孔穎達疏：「凡鏁器入者謂之牡，受者謂之牝。」按，鏁同鎖。

［五］鑐：鎖牡。

## 17 銓衡　文衡

銓，《説文》：「衡也」，非是。《玉篇》：「平木器。」［一］今俗謂推鉋。衡，諸書訓平。《廣韻》：「權衡也。」今俗謂秤笴［二］。《唐選法》：「尚書，銓掌七品以上選。侍郎，銓掌六品以下選。」［三］阿衡，古官名。阿，倚也；衡，平也［四］。水衡，漢官名，主平其税入［五］。今吏部曰「銓衡」，主考官曰「文衡」[六]，顧名思義，可不平乎？

（笴音桿）

## [箋注]

[一] 銓：衡量輕重的器具，即秤。《説文·金部》：「銓，稱也。」段玉裁注：「稱，各本作衡，今正。禾部：『稱，銓也。』與此爲轉注，乃全書之通例。稱，即今秤字……稱錘以金爲之，故从金。」《國語·吴語》：「不智，則不知民之極，無以銓度天下之衆寡。」韋昭注：「銓，稱也。」《漢書·王莽傳中》：「白煒象平，考量以銓。」顔師古注引應劭曰：「量，斗斛也。銓，權衡也。」《玉篇·金部》：「銓，平木器。」

[二] 秤笴，秤杆。

[三] 《新唐書·選舉志下》：「初，尚書銓掌七品以上選，侍郎銓掌八品以下選。」銓掌，謂掌管選才授官。

[四] 阿衡：商代官名，謂師保。伊尹曾任此職，故多指伊尹。《書·太甲上》：「惟嗣王不惠于阿衡。」孔傳：「阿，倚；衡，平。言不順伊尹之訓。」《詩·商頌·長發》：「實維阿衡，實左右商王。」毛傳：「阿衡，伊尹也。」北周庾信《燕射歌辭·商調曲之一》：「殷湯受命，委任于阿衡。」阿衡，後指辅弼大夫、宰相之職。《世説新語·政事》「丞相末年略不復省事」劉孝標注引晉徐廣《曆紀》：「導阿衡三世，經綸夷險，政務寬恕，事從簡易，故垂遺愛之譽也。」

[五] 水衡：漢置官名，掌皇家上林苑，兼管税收、鑄錢。《漢書·百官公卿表上》「水衡都尉」，顔師古注引漢應劭曰：「古山林之官曰衡，掌諸池苑，故稱水衡。」水衡，亦指掌理水利之官。《後漢書·張衡傳》：「前長離使拂羽兮，委水衡乎玄冥。」李賢注：「水衡，官名，主水官也。」

[六] 銓衡：考核、選拔（人才），亦指主管選拔官吏的部門。《晉書·良吏傳·吴隱之》：「汝若居銓衡，當舉如此輩人。」《隋書·高祖紀上》：「公水鏡人倫，銓衡庶職，能官流詠，遺賢必舉。」《資治通鑑·晉哀帝興寧二年》：「辟

召非其人者，悉降爵爲侯，自今國官皆委之銓衡。」胡三省注：「銓衡，謂吏部尚書也。」明張煌言《徐允岩詩序》：「我明選舉既行，薦辟遂廢。一命必由銓衡，三事莫敢幕置。」

文衡：評判文章高下而取士。評文若以秤衡物，故云。唐劉禹錫《唐故尚書主客員外郎盧公集紀》：「丞相曲江公方執文衡，揣摩後進，得公深器之。」宋洪邁《容齋五筆・門生門下見門生》：「裴歡宴永日，書一絶云：『宦途最重是文衡，天與愚夫作盛名，三主禮闈今八十，門生門下見門生。』」

## 18 度量衡古今不同

宋張表臣云：「劉仲原得銅斛二於永興軍，其一云『始元四年造』，一云『甘露元年十月造』。數量皆同，云『容十斗，重四十斤』。以今權量較之，容三斗，重十五斤。」[一]

按，永興軍，漢左馮翊地；始元，漢昭帝年號；甘露，漢宣帝年號。則二銅斛，漢器也。以此上推之，廉頗見魏使，一飯斗米，肉十斤[二]，則是米三升，肉三斤十二兩。凡言一石，准今三斗；一斤，准今六兩。于定國飲酒數石不亂[三]，劉伶飲一石五斗解酲[四]，孔珪飲酒七八斗[五]，曹操帳下士持雙戟八十斤[六]。皆可推。

且古升上徑一寸，下徑六分，其深八分。

古權，十黍爲絫，十絫爲銖，八銖爲錙，二十四銖爲兩。視漢又輕小矣。

周尺纔得今六寸六分。《家語》「布指知尺」[七]，謂以拇指食指一奓。仍以食指屈二節爲一尺。湯九尺，文王十尺[八]，亦可推。

（奓，音揸）

## 【箋注】

［一］張表臣《珊瑚鈎詩話》卷二：

劉仲原得銅斛二於左馮翊，其一云「始元四年造」，其二云「甘露元年十月造」，數量皆同，云「容十斗」。後刻云「重四十觔」。以今權量校之，容三斗，重十有五觔，乃知古今不同。《漢書》於定國飲酒至一石不亂，晉劉伶一飲一石，五斗解酲。則是故三斗，而一斗五升扶頭耳。《魏志》云：「曹公帳下有典君，持一雙戟八十觔。」則是一戟重十五觔，兩戟共重三十觔耳。

峰按，觔，同「斤」。《字彙·角部》：「觔，今俗多作『斤』字。」《淮南子·天文》：「天有四時，以成一歲，因而四之，四四十六，故十六兩而爲一觔。」永興軍，府治名，宋置，治京兆府，轄今陝西、甘肅和河南西部地區。

［二］《史記·廉頗藺相如列傳》：「趙使者既見廉頗，廉頗爲之一飯斗米，肉十斤，被甲上馬，以示尚可用。」

［三］《漢書·于定國傳》：「定國食酒至數石不亂，冬月治請讞，飲酒益精明。」沈括《夢溪筆談》卷三《辨證一》載曰：

漢人有飲酒一石不亂。予以制酒法較之，每粗米二斛，釀成酒六斛六斗。今酒之至醨，每秫一斛，不過成酒一斛五斗。若如漢法，則粗有酒氣而已，能飲者飲多不亂，宜無足怪。然漢之一斛，亦是今之二斗七升，人之腹中亦何容置二斗七升水邪？或謂石乃鈞石之石，百二十斤，以今秤計之，當三十二斤，亦今之三斗酒也。于定國飲酒數石不亂，疑無此理。

［四］劉義慶《世説新語·任誕》：「天生劉伶，以酒爲名；一飲一斛，五斗解酲。」按，酒病曰酲，解酲謂醒酒。

［五］《南史·孔珪傳》：「珪風韻清疏，好文詠，飲酒七八斗。」

[六]《三國志·魏志·典韋傳》：「(典)韋好持大雙戟與長刀等，軍中爲之語曰：『帳下壯士有典君，提一雙戟八十斤。』」

[七]《大戴禮記·王言》：「布指知寸，布手知尺，舒肘知尋。」布指，張開手指；布手，伸展手臂，皆古人以肢體量度之法。

[八]《孟子·告子下》：「交聞文王十尺，湯九尺，今交九尺四寸以長，食粟而已，如何則可？」

## 19 滑稽

《楚辭》：「突梯滑稽。」注：「滑稽，圜轉貌。」[一]《公孫弘傳》：「滑稽則東方朔。」注：「滑稽，轉利之稱。」揚雄《酒箴》：「鴟夷滑稽。」應劭曰：「鴟夷，酒器。」師古曰：「滑稽，圜轉縱舍無窮之狀。」[二]是滑稽本圜轉之義，或以言人，或以言酒器耳。酒器何以能圜轉？崔浩音義：「酒器，轉注吐酒不已，若今之陽燧尊。」[三]此亦是臆説。

按，罍，《説文》：「龜目酒尊，刻作雲雷象，施不窮也。」徐氏曰：「圜轉之意，故曰不窮。」罍既圜轉，則罍亦可稱滑稽，此其義何也？蓋雲雷之文圜轉不窮，非吐酒不窮也。今尊彝諸古器皆有之，人不識以爲花樣耳。揚雄謂鴟夷腹如大壺，《説文》謂罍似壺，可見鴟夷與罍皆似壺之器，知罍之有雲雷，則鴟夷亦有雲雷；知鴟夷可稱滑稽，則罍亦可稱滑稽，互言之也。鴟，當作「瓻」。《廣韻》：「瓻，酒器。」後通作「鴟」，夫差取馬革爲鴟夷，以爲榼也，范蠡自號鴟夷，謙言但可盛酒耳[四]。

〔箋注〕

〔一〕《楚辭·卜居》：「將突梯滑稽，如脂如韋，以潔楹乎？」王逸注：「轉隨俗也。」滑稽，形容圓轉順俗的態度。

〔二〕《漢書·游俠列傳·陳遵》引揚雄《酒箴》：「自用如此，不如鴟夷。鴟夷滑稽，腹大如壺，盡日盛酒，人復借酤。」顔師古注：「鴟夷，韋囊以盛酒，即今鴟夷幐也。滑稽，圜轉縱捨無窮之狀。滑音骨，稽音雞。」

〔三〕《太平御覽》卷六七一引北魏崔浩《漢記音義》：「滑稽，酒器也。轉注吐酒，終日不已，若今之陽燧樽。」據此，滑稽爲注酒器，類似後代的酒過龍。

〔四〕鴟夷：韋囊。《戰國策·燕策二》：「昔者伍子胥説聽乎闔閭，故吴王遠迹至於郢。夫差弗是也，賜之鴟夷而浮之江。」《史記·伍子胥列傳》：「吴王聞之大怒，乃取子胥尸盛以鴟夷革，浮之江中。」裴駰集解引應劭曰：「取馬革爲鴟夷。鴟夷，榼形。」榼：盛酒器具。

越大夫范蠡適齊，易號爲鴟夷子皮。《史記·越王勾踐世家》：「范蠡浮海出齊，變姓名，自謂鴟夷子皮，耕于海畔，苦身勠力，父子治産。」司馬貞索隱：「范蠡自謂也。蓋以吴王殺子胥而盛以鴟夷，今蠡自以有罪，故爲號也。韋昭曰：『鴟夷，革囊也。』或曰生牛皮也。」《漢書·貨殖傳》：「（范蠡）乃乘扁舟，浮江湖，變姓名，適齊爲鴟夷子皮，之陶爲朱公。」顔師古注：「自號鴟夷者，言若盛酒之鴟夷，多所容受，而可卷懷，與時張弛也。鴟夷，皮之所爲，故曰子皮。」

## 20 舟

《周禮》：「天子造舟，諸侯維舟，大夫方舟，士特舟。」〔一〕天子以舟爲橋，自此造彼，曰造；諸侯以衆舟維持之，曰維；大夫二舟相並，曰方〔二〕；士扁舟而已。貴賤之分也。後乃以造从舟作「艁」，方从舟作「舫」[三]，扁从舟作「艑」，皆非字之正也。楊用脩[四]謂扁舟作「鯿舟」，亦非。

**[箋注]**

[一] 此誤以詩毛傳、《爾雅》説法爲《周禮》之文。然此爲周制無疑。《詩・大雅・大明》：「文定厥祥，親迎于渭。造舟爲梁，不顯其光。」毛傳：「天子造舟，諸侯維舟，大夫方舟，士特舟。造舟然後可以顯其光輝。」鄭玄箋：「天子造舟，周制也。殷時未有等制。」《爾雅・釋水》：「天子造舟，諸侯維舟。」郭璞注：「維連四船。」

[二] 《莊子・山木》：「方舟而濟於河，有虚船來觸舟，雖有惼心之人，不怒。」成玄英疏：「兩舟相并曰方舟。」方舟，兩船相并。班固《西都賦》：「方舟並鶩，俛仰極樂。」《梁書・武帝紀上》：「郢城、竟陵間粟，方舟而下；江陵、湘中之兵，連旗繼至。」

[三] 舫：并連起來的兩船。《爾雅・釋言》：「舫，舟也。」郭璞注：「並兩船。」《戰國策・楚策一》：「舫船載卒，一舫載五十人。」鮑彪注：「舫，併船也。」《資治通鑑・陳宣帝太建十年》：「周兵益至，諸將議破堰拔軍，以舫載馬而去。」胡三省注：「舫，並兩船也。」

[四] 楊用脩：指明代學者楊慎。

## 21　箜篌即琵琶

傅玄《琵琶賦・序》：「故老云：漢遣公主嫁烏孫，念其行道思慕，使知音者裁箏筑箜篌之聲。」[一]以方語目之，曰「琵琶」，方語，烏孫語也。推手前曰琵，引手後曰琶。烏孫謂箏、筑、箜篌皆曰琵琶，以有絃可推引也，字本作「批把」[二]。箏，即今箏[三]；筑，形似箏[四]；箜篌，其説不一。烏孫謂箜篌爲琵琶，則琵琶即箜篌，箏、筑雖可言琵琶，而其名仍舊，獨箜篌易以方語耳。《晉志》「箜篌出自西域」，又曰「琵琶出自西域」[五]，皆未深考。《釋名》：「箜篌，空國之侯所好。」[六]杜佑謂其聲「坎坎」，應節曰「坎侯」[七]，吴競《樂府》謂樂人侯暉依琴造坎，故曰坎侯[八]，皆未得其實也。

## 【箋注】

[一] 晉傅玄《琵琶賦・序》：「聞之故老云：『漢遣烏孫公主，念其行道思慕，使知音者裁琴、箏、筑、箜篌之屬，作馬上之樂。』」

[二] 應劭《風俗通・聲音・批把》：「謹按，此近世樂家所作，不知誰也。以手批把，因以爲名。」《釋名・釋樂器》：「枇杷，本出於胡中，馬上所鼓也。推手前曰枇，引手卻曰杷。象其鼓時，因以爲名也。」

[三] 《釋名・釋樂器》：「箏，施弦高急，箏箏然也。」

[四] 筑：戰國弦樂器，久已失傳。有五弦、十三弦、二十一弦三種説法。其形似箏，頸細而肩圓，弦下設柱。演奏時，左手按弦的一端，右手執竹尺擊弦發音。《説文・竹部》：「筑，以竹曲，五弦之樂也。」段玉裁注：「《吴都賦》李注作似箏，五弦之樂也。高注《淮南》曰，筑曲二十一弦。《樂書》云十三弦。筑弦數未審。」《釋名・釋樂器》：「筑，以竹鼓之，筑柲之也。」《戰國策・齊策一》：「臨淄甚富而實，其民無不吹竽、鼓瑟、擊筑、彈琴、鬥雞、走犬、六博、蹹踘者。」《史記・高祖本紀》：「酒酣，高祖擊筑。」裴駰集解引韋昭曰：「筑，古樂，有弦，擊之不鼓。」

[五] 《隋書・音樂志下》：「今曲項琵琶、豎頭箜篌之徒，並出自西域，非華夏舊器。」《舊唐書・音樂志》：「（卧箜篌）形似瑟而小，七弦，用撥彈之……豎箜篌漢靈帝好之，體曲而長，二十有二（一作「三」）弦，豎抱于懷，用兩手齊奏，俗謂之擘箜篌。」

[六]《釋名·釋樂器》:「箜篌,此師延所作,靡靡之樂也。後出於桑間濮上之地,蓋空國之侯所存也。師涓爲晉平公鼓焉,鄭衛分其地而有之,遂號『鄭衛之音』,謂之『淫樂』也。」

[七] 坎侯: 漢時箜篌別稱。漢武帝令樂人侯調依琴作「坎坎之樂」,坎坎,應合節奏之聲,故稱「坎侯」。或謂「坎、空」聲近義通,又謂之空侯。《後漢書·禮儀志下》:「壎一,簫四,笙一,篪一,柷一,敔一,瑟六,琴一,竽一,筑一,坎侯一。」

[八]《史記·孝武本紀》:「禱祠泰一、后土,始用樂舞,益召歌兒,作二十五弦及箜篌瑟自此起。」裴駰集解引徐廣曰:「應劭云:武帝令樂人侯調始造箜篌。」「吴競《樂府》」,指唐人吴兢《樂府古題要解》,其名多作「吴兢」。

## 22 巵匜

應劭曰:「巵,飲酒禮器。古以角作,受四升。」師古曰:「飲酒圜器也。」《漢高紀》:「奉玉巵爲太上皇壽。」[一]

《説文》:「匜,盥器,似羹魁,柄中有道,可以注水。」《左傳》:「奉匜沃盥。」[二]

一爲酒器,一爲洗手器,今槩稱酒器曰「巵匜」,失之矣。《廣韻》:「杯,匜似柿。」[三]非是。

**[箋注]**

[一] 巵: 圓形酒器。《説文》:「巵,圜器也。一名觛。所以節飲食。」按,觛,鱓之小者,圓形小酒器。《玉篇·巵部》:「巵,酒漿器也,受四升。」《史記·高祖本紀》:「高祖奉玉巵,起爲太上皇壽。」《漢書·高帝紀》:「九年冬十月。淮南王、梁王、趙王、楚王朝未央宫,置酒前殿。上奉玉巵爲太上皇壽。」應劭曰:「(巵,)飲酒禮器也。古以角

作，受四升。古巵字作『觝』。」顔師古注：「巵，飲酒圓器也。今尚有之。」

［二］《説文・匚部》：「匜，似羹魁，柄中有道，可以注水。」《左傳・僖公二十三年》：「（懷嬴）奉匜沃盥。」杜預注：「匜，沃盥器也。」孔穎達疏：「匜者，盛水器也。」匜：上古水器，上部敞開無蓋，置流與鋬，與盤相配以盥。亦可用爲盛酒之具。《禮記・内則》：「敦牟巵匜，非餕莫敢用。」鄭玄注：「巵、匜，酒漿器。」

［三］此語《廣韻》無，未知所出。

## 23 白玉珂　紫荷囊

（荷音賀）

昔人誤以白玉珂作佩玉，如杜甫《夜宿左省》詩「因風想玉珂」［一］。又以紫荷囊作侍從事，如宋祁事，「賦筆助荷囊」［二］。

按，《爾雅翼》：「貝大者珂，黄黑色，其骨白。」《通俗文》：「勒飾曰珂。」以貝飾馬勒謂之珂，其骨白，謂之白玉珂，非真玉也［三］。

《晉輿服志》：「文武皆有囊綴綬，八座尚書則荷紫，謂之生紫，爲袷囊，綴之服外，加於左肩。」［四］乃負荷之荷，非荷蕖也。今謂囊曰「荷包」，本此。

［箋注］

［一］杜甫《夜宿左省》：「花隱掖垣暮，啾啾棲鳥過。星臨萬户動，月傍九霄多。不寢聽金鑰，因風想玉珂。明

朝有封事，數問夜如何？」

[二] 宋祁《慈聖閣秋橙結實上召宗室同觀》詩：「盧橘非同種，安榴肯並芳。榮觀聳麟族，賦筆助荷囊。」

[三] 珂：美石，色白似玉。又説爲貝類，或白色瑪瑙。《玉篇・玉部》：「珂，石次玉，亦碼碯絜白如雪者。一云螺屬。」《爾雅翼・釋魚》：「貝，大者爲珂，黄黑色，其骨白，可以飾馬。」李時珍《本草綱目・介二・珂》：「珂生南海，采無時，白如蚌。恭曰：珂，貝類也。大如鰒，皮黄黑而骨白，堪以爲飾。」珂石色白如玉，撞擊有聲，用作馬勒之飾物。《初學記》卷二十二引漢服虔《通俗文》：「凡勒飾曰珂。」《西京雜記》卷二：「（武帝時）長安始盛飾鞍馬。或一馬之飾直百金。皆以南海白蜃爲珂，紫金爲華，以飾其上。」張華《輕薄篇》詩：「文軒樹羽蓋，乘馬鳴玉珂。」唐李賀《馬》詩之二二：「汗血到王家，隨鸞撼玉珂。」王琦匯解：「玉珂者，以玉飾馬勒之上，振動則有聲，故有『撼玉珂』、『鳴玉珂』之語。」

[四]《晉書・輿服志》：「革帶……其有囊綬，則以綴於革帶，其戎服則以皮絡帶代之。八坐尚書荷紫，以生紫爲袷囊，綴之服外，加于左肩。」紫荷囊，簡稱紫荷，古時尚書令、僕射等官服之外負于左肩之上的紫色囊袋。《宋書・禮志五》：「尚書令、僕射、尚書手板頭復有白筆，以紫皮裹之，名笏。朝服肩上有紫生袷囊，綴之朝服外，俗呼曰紫荷。或云漢代以盛奏事，負荷以行，未詳也。」《南齊書・輿服志》：「（尚書令、僕射、尚書）其肩上紫袷囊，名曰契囊，世呼曰紫荷。」

## 24　虆梩

《孟子》「虆梩」，注：「籠臿之屬。」[一] 按，《韻書》：「虆，盛土籠，或作蔂。」《詩》注：「築牆者捊聚壤土，盛之以虆，投諸版中。」[二] 是也。梩，臿也。臿，本作「鍤」，鍬也。《爾雅》「廁謂之疀」[三] 是也。

（捊音裒；㓟，古鍬字；疀，古臿字；虆音雷；梩音梨）

【箋注】

［一］《孟子·滕文公上》：「夫泚也，非爲人泚，中心達於面目，蓋歸反虆梩而掩之。」趙岐注：「虆梩，籠臿之屬，可以取土者也。」焦循正義：「梩，同梠，可以臿地揠土者。」按，虆，多作「樏、蔂」，盛器，盛土之籠；梩，起土工具，鍬鍤之類。虆梩，合指取土器具。《淮南子·説山》：「針成幕，蔂成城，事之成敗，必由小生，言有漸也。」高誘注：「蔂，土籠也。」

［二］《詩·大雅·緜》「度之薨薨」，鄭玄箋：「築牆者，捊聚壤土，盛之以虆而投諸版中。」

［三］㓟，同「鍬」。《字彙·刀部》：「㓟，古鍬字。《爾雅》：『㓟謂之疀。』」按，「疀」字，各本从甾从建，當是俗寫，今從正。

## 25 鹿中

《禮記》：「司射奉中。」注：「士，鹿中；大夫，兕中。」疏云「刻木如兕虎而伏，背上立圜圈以盛算」［一］者，猶今之算盤。今但平底，不復刻木爲鹿與兕矣。

【箋注】

［一］《禮記·投壺》：「投壺之禮，主人奉矢，司射奉中，使人執壺。」鄭玄注：「中，士則鹿中也。」孔穎達疏：

「《鄉射記》云，『大夫兕中，士鹿中。』……其中之形，刻木爲之，狀如兕鹿而伏，背上立圜圈以盛筭。」

計數的籌碼，曰筭。《說文・竹部》：「筭，長六寸，計曆數者。从竹从弄，言常弄乃不誤也。」投壺時盛放筭籌的器皿，曰中。《周禮・春官・大史》：「凡射事，飾中，舍筭，執其禮事。」鄭玄注：「鄭司農云：『中，所以盛筭也。』玄謂設筭於中，以待射時而取之。」受筭之中，刻木爲鹿、兕之形，即所謂鹿中、兕中。《儀禮・鄉射禮》：「釋獲者執鹿中一人，執筭以從之。」又：「大夫兕中，各以其物獲。」

## 26 笏 手板

徐廣《車服儀制》曰：「笏即手板也，漢魏以來皆執手板，有事則插於紳間，故曰搢紳。」[一]晉王坦之倒執手板[二]；唐段秀實以笏擊朱泚[三]；唐故事搢笏於帶而乘馬，張九齡體羸，使人持之，因置笏囊[四]；崔琳每歲時宴于家，以一榻置笏，猶重積其上[五]。是知古人執笏、搢笏，不獨對君也。

【箋注】

[一] 笏：臣下上朝時所執的狹長板子，用玉、象牙、竹木制成，上可書寫記事，也叫手板。《釋名・釋書契》：「笏，忽也，君有教命及所啓白，則書其上，備忽忘也。」《說文新附》：「笏，公及士所搢也。」《廣韻・没韻》：「笏，一名手板，品官所執。天子以玉，諸侯以象，大夫魚須文竹，士木可也。」《禮記・玉藻》：「凡有指畫於君前，用笏；造受命於君前，則書於笏。笏，畢用也，因飾焉。笏度二尺有六寸，其中博三寸，其殺六分而去笏一。」

插笏於紳帶，謂之搢紳，字後作「縉紳」。《周禮・春官・典瑞》「王晉大圭」鄭玄注引鄭司農曰：「晉讀爲搢紳之搢，謂插於紳帶之間，若帶劍也。」《漢書・郊祀志上》：「其語不經見，縉紳者弗道。」顔師古注：「李奇曰：『縉，插也，插笏於紳。』……字本作搢，插笏於大帶與革帶之間。」《晉書・輿服志》：「笏，古者貴賤皆執笏，其有事則搢之於腰帶，所謂搢紳之士者，搢笏而垂紳帶也。」

[二]《太平御覽》卷六百九十二《服章部九・笏》引《晉書》曰：「桓温秉政，謝安、王坦之往候之。坦之倒持手板。」

[三]《新唐書・段秀實傳》記載，唐德宗建中四年，朱泚謀反，召段秀實議事，秀實以象牙笏猛擊朱泚，尋被害。後德宗追封段秀實爲太尉，號忠烈。《新唐書・顔少連傳》：「少連挺笏曰：『段秀實笏擊賊臣，今吾笏將擊奸臣！』」宋文天祥《正氣歌》：「或爲擊賊笏，逆豎頭破裂。」

[四]《舊唐書・張九齡傳》：「故事皆搢笏於帶，而後乘馬，九齡體羸，常使人持之，因設笏囊。」笏囊，藏笏之袋。唐馮贄《雲仙雜記・笏囊笏架》：「會昌以來，宰相朝則有笏架，入禁中，逐門傳送至殿前，朝罷則置于架上。百寮則各有笏囊，親吏持之。」

[五]《新唐書・崔義玄傳・(孫)崔琳》：「每歲時宴於家，以一榻置笏，猶重積其上。琳與弟太子詹事珪、光禄卿瑶俱列棨戟，世號『三戟崔家』。」

## 27 竹根 藍尾

杜甫詩：「共醉終同卧竹根。」白居易詩：「三杯藍尾酒。」[一]竹根、藍尾，人多未喻。庾信：「山杯捧竹根。」[二]是知竹根，杯名，傾銀注玉，富貴者之器；竹根，山家之器。其醉一也。

藍，又作「婪」。宋景文詩：「且盡燈前婪尾杯。」[三]《河東記》謂是謙遜不敢先飲[四]，《石林燕語》謂是處於末席，得酒常貪婪[五]。二説非是。《廣韻》：「飲酒半罷半在曰闌。」[六]當作「闌尾」爲是，淳于髡所謂「主留髡而送客，當此之時，能飲一石」[七]者也。宋景文意亦是，但襲用「婪」字，不察耳。

## 【箋注】

[一] 杜甫《少年行》三首詩之一：「莫笑田家老瓦盆，自從盛酒長兒孫。傾銀注瓦驚人眼，共醉終同卧竹根。」白居易《七年元日對酒》五首其三：「三杯藍尾酒，一楪膠牙餳。除卻崔常侍，無人共我爭。」白居易《歲日家宴戲示弟侄等》詩：「歲盞後推藍尾酒，春盤先勸膠牙餳。」按，膠牙餳，是用麥芽製成的糖，食之黏齒，故名。

[二] 北周庾信《奉報趙王惠酒》詩：「野鑪然樹葉，山杯捧竹根。」竹根，謂以竹根製作的酒器，蓋用以注酒；山杯，以竹節、葫蘆等製成的粗陋飲器。李賀《始爲奉禮憶昌谷山居》詩：「土甑封茶葉，山杯鎖竹根。」王琦匯解：「《太平寰宇記》：『段氏《蜀記》云，巴州以竹根爲酒注子，爲時珍貴。』」

[三] 宋祁《守歲詩》：「迎新送故只如此，且盡燈前婪尾杯。」宋祁，北宋文學家，字子京，謚景文。

[四] 唐無名氏《河東記·申屠澄》：「有頃，嫗自外挈酒壺至，於火前煖飲，謂澄曰：『以君冒寒，且進一杯，以禦凝冽。』因揖讓曰：『始自主人。』翁即巡行，澄當婪尾。」婪尾，酒巡至末座。唐·蘇鶚《蘇氏演義》卷下：「今人以酒巡匝爲婪尾。」

[五] 宋葉夢得《石林燕語》卷八：「唐人言藍尾多不同，藍字多作啉，云出於侯白《酒律》。謂酒巡匝，末坐者連飲三杯，爲藍尾。蓋末坐遠，酒行到常遲，故連飲以慰之，以啉爲貪婪之意。或謂啉爲燷，如鐵入火，貴其出色，此尤無稽。則唐人自不能曉此義也。」

宋胡仔《苕溪漁隱叢話》卷二十一引《緗素雜記》：

蘇鶚《演義》云：「今人以酒巡匝爲啉尾，即再命其爵也，云南朝有異國進貢藍牛，其尾長三丈，一云藍颢水牛，其尾三丈。時人仿之，以爲酒令，今兩盏，從其簡也，此皆非正。行酒巡匝，即重其盏，蓋慰勞其得酒在後也。又啉者，貪也，謂處於座末，得酒最晚，腹癢於酒，既得酒巡匝，更貪婪之，故曰啉尾。啉字從口，是明貪婪之意。此説近之。」余觀宋景文公《守歲詩》云：「迎新送故只如此，且盡燈前婪尾杯。」又云：「稍倦持螯手，猶殘婪尾觴。」又東坡《寒食詩》云：「藍尾忽驚新火後，遨頭要及浣花前。」注引樂天《寒食詩》云：「三杯藍尾酒，一楪膠牙餳」，乃用「藍」字，蓋「婪」「藍」一也。

[六]《廣韻·寒韻》：「闌，希也。又飲酒半罷曰闌。」稀疏，散盡，又謂酒闌，酒宴將盡。《史記·高祖本紀》：「酒闌，吕公因目固留高祖。」裴駰集解引文穎曰：「闌言希也。謂飲酒者，半罷半在謂之闌。」

[七]《史記·滑稽列傳》：「日暮酒闌……主人留髡而送客。羅襦襟解，微聞薌澤，當此之時，髡心最歡，能飲一石。」後因稱留客爲「留髡」。唐陳陶《贈別離》詩：「楊柳聽歌莫向隅，雞鳴一石留髡醉。」蘇軾《聞李公擇飲傅國博家大醉》詩之一：「縱使先生能一石，主人未肯獨留髡。」

## 28 摴蒱

摴蒱，局戲[一]。局戲爲博，博爲今雙陸[二]。按，《韻會》：「樗似椿，北人呼山椿，江東呼虎目，葉脱處有痕，如摴蒱子，故名樗。」虎目與摴蒱子皆謂葉脱處形迹也，知樗以摴蒱得名，則知摴蒱以骰子爲義，雙陸有骰子也。

【箋注】

[一] 摴蒱：亦作「摴蒲」，古博戲名，盛行於晉代。以擲骰決勝負，得采有盧、雉、犢、白等稱，視擲出的骰色而定。曹丕《豔歌何嘗行》：「小弟雖無官爵……但當在王侯殿上，快獨摴蒱、六博，對坐彈棋。」《晉書・后妃傳上・胡貴嬪》：「帝嘗與之摴蒱，爭矢，遂傷上指。」謝肇淛《五雜俎・人部二》：「今之摴蒱，朱窩云：『起自宋朱河《除紅譜》，一云楊廉夫所作。』然其用有五子、四子、三子之異，視古法彌簡矣。」

[二] 雙陸：古代博戲，盛行於六朝隋唐時期。謝肇淛《五雜俎・人部二》：「雙陸，一名握槊……曰雙陸者，子隨骰行，若得雙陸，則無不勝也。又名『長行』，又名『波羅塞戲』。其法以先歸宮爲勝，亦有任人打子，布滿他宮，使之無所歸者，謂之『無梁』，不成則反負矣。其勝負全在骰子，而行止之間，貴善用之。其制有北雙陸、廣州雙陸、南番、東夷之異。《事始》以爲陳思王製，不知何據。」

## 29 黃流　流黃

《詩》：「瑟彼玉瓚，黃流在中。」注：「黃流，鬱鬯也。」[一] 沈佺期詩：「誰爲含愁獨不見，更教明月照流黃。」[二] 人多未喻。流黃，蓋謂簟也，簟之佳者，織文黃色，滑膩若流，故曰流黃[三]。唐人詩「珍簟冷流黃」是也。韓昌黎詠吾蘄竹簟云：「攜來當晝不得卧，一府爭看黃琉璃。」[四] 則又以琉璃比黃色矣。

## 【箋注】

[一]《詩・大雅・旱麓》：「瑟彼玉瓚，黄流在中。」毛傳：「黄金所以飾流鬯也。」鄭玄箋：「黄流，秬鬯也。」孔穎達疏：「釀秬爲酒，以鬱金之草和之，使之芬香條鬯，故謂之秬鬯。草名鬱金，則黄如金色；酒在器流動，故謂之黄流。」按，傳、箋兩説並不相同，箋疏之説可從。黄流，指香酒。沈約《梁宗廟登歌》之四：「我鬱載馨，黄流乃注。」陸游《題齋壁》詩：「晝存真火温枵腹，夜挽黄流灌病骸。」

[二] 沈佺期《獨不見》詩：「盧家少婦鬱金堂，海燕雙棲玳帽梁。九月寒砧催木葉，十年征戍憶遼陽。白狼河北音書斷，丹鳳城南秋夜長。誰謂含愁獨不見，更教明月照流黄。」

[三]《西京雜記》卷二：「會稽歲時獻竹簟供御，世號爲流黄簟。」高似孫《緯略》卷七：「潁子顔曰……中央土，土色黄，黄加黑爲流黄，流黄爲中央之間色。」流黄，褐黄色，特指褐黄色的絲絹。《文選・江淹〈别賦〉》：「慙幽閨之琴瑟，晦高臺之流黄。」李善注引《環濟要略》：「間色有五：紺、紅、縹、紫、流黄也。」《樂府詩集・相和歌辭九・相逢行》：「大婦織綺羅，中婦織流黄。」

[四] 韓愈《鄭群贈簟》詩：「蘄州笛竹天下知，鄭君所寶尤瑰奇。攜來當晝不得臥，一府傳看黄琉璃。」

## 30 鼓角

《衛公兵法》：「軍城及野營行軍在外，日出没時，鼓千撾，三百三十搥爲一通。鼓音止，角音動，吹十二聲爲一疊，一角三鼓，而昏明畢。」[一]角之曲有三弄：一曰爲君難，爲臣亦難，難又難。二曰創業難，守成亦難，難又難。三曰起家難，保家亦難，難又難。曹子建撰。今角聲嗚，嗚者皆難字，曳聲耳[二]。

**［箋注］**

［一］《文獻通考·樂考十一·警角》引《衛公兵法》云：「軍城及野營行軍在外，日出没時撾鼓千槌，三百三十三槌爲一通。鼓音止，角音動，吹十二聲爲一疊，一角三鼓，而昏明畢。」

［二］三弄，三段。樂曲一闋或演奏一遍稱一弄。明蔣一葵《堯山堂外紀》卷八《三國魏·曹植》云：「譙樓畫角之曲有三弄，相傳爲曹子建作。其初弄曰：『爲君難，爲臣亦難。難又難。』再弄曰：『創業難，守成亦難。難又難。』三弄曰：『起家難，保家亦難。難又難。』今角音之鳴，鳴者皆難字，曳聲。」

## 31　車蓋

車上覆者曰蓋，其形圓以象天。《風俗通》：「黄帝戰蚩尤於涿鹿，常有五色雲氣，金枝玉葉止於帝上，因作華蓋。」武王伐紂，大風折蓋，遂爲曲蓋。［一］［二］《家語》：「孔子之郯，遭程子於途，傾蓋而語。」［三］《漢高紀》：「天子車以黄繒爲蓋裹，謂之黄屋。」［三］《續漢志》：「二千石皆皂蓋。」［四］皆車上覆者也。後世乘藍輿，乃謂繖爲蓋矣［五］。

**［箋注］**

［一］宋祝穆《事文類聚》續二五引《風俗通》：「黄帝戰蚩尤於涿鹿，常有五色雲氣，金枝玉葉止於帝上，因作華蓋。」武王伐紂，大風折蓋，遂爲曲蓋。」崔豹《古今注·輿服》：「華蓋，黄帝所作也，與蚩尤戰於涿鹿之野，常有五色雲氣，金枝玉葉，止於帝上，有花葩之象，故因而作華蓋也。曲蓋，太公所作。武王伐紂，大風折蓋，太公因折蓋之

形，而制曲蓋焉。」

[二]《孔子家語·致思》：「孔子之郯，遭程子於塗，傾蓋而語終日，甚相親。」《史記·魯仲連鄒陽列傳》：「諺曰：『白頭如新，傾蓋如故。』何則？知與不知也。」司馬貞索隱引《志林》曰：「傾蓋者，道行相遇，軿車對語，兩蓋相切，小欹之，故曰傾。」車頂傘蓋相靠，曰傾蓋。

[三]《史記·項羽本紀》：「紀信乘黄屋車，傅左纛。」張守節正義引李斐曰：「天子車以黄繒爲蓋裏。」《史記·秦始皇本紀》：「子嬰度次得嗣，冠玉冠，佩華紱，車黄屋。」裴駰集解引蔡邕曰：「黄屋者，蓋以黄爲裏。」

[四]《後漢書·輿服志上》：「中二千石、二千石皆皁蓋，朱兩轓。」皁蓋：黑色蓬傘。

[五]藍輿：即籃輿，竹轎。繖，同「傘」。

## 32 凝缸

佛書「凝缸」注：「凝，定也；缸，燈也。」缸，从缶，蓋長頸甖，佛氏以注油燃燈，故謂缸爲燈。凝則燈光之凝，定也。唐人不知，誤以凝爲銀，以缸爲釭[一]。黄氏辨釭爲車轂中鐵，是矣，不知二字俱誤，非止釭也。

### [箋注]

[一]古以「銀釭、銀缸」謂銀色的燈盞、燭臺。南朝梁元帝《草名》詩：「金錢買含笑，銀釭影梳頭。」一本作「銀缸」。金董解元《西廂記諸宫調》卷四：「壁上銀釭半明滅，牀上無眠，愁對如年夜。」宋晏幾道《鷓鴣天》詞：「今宵剩把銀釭照，猶恐相逢是夢中。」明夏完淳《寒燈賦》：「渺銀釭之寒夜，照羈愁之獨眠。」

## 33　風鐸　風旌

《開元遺事》：「唐岐王宫於竹林内懸碎玉片，每夜聞相觸之聲，即知有風，號『占風鐸』。」[一]又：「五王宫中各立長竿，挂五色旌於竿頭，四垂綴以金鈴，有聲，即往視旌之所向，可以知四方風候。」[二]此後世鐵馬、定馬旗之始也[三]。

**［箋注］**

［一］五代王仁裕《開元天寶遺事·占風鐸》：「岐王宫中於竹林内懸碎玉片子，每夜聞玉片子相觸之聲，即知有風，號爲占風鐸。」占風鐸，風鈴，測風器具，用以知風。白居易《遊悟真寺詩》：「前對多寶塔，風鐸鳴四端。」宋張耒《宿柳子觀音寺》詩：「夜久月高風鐸響，木魚呼覺五更眠。」

［二］王仁裕《開元天寶遺事·相風旌》：「五王宫中，各於庭中竪長竿，掛五色旌於竿頭。旌之四垂，綴以小金鈴，有聲，即使侍從者視旌之所向，可以知四方之風候也。」

［三］鐵馬：懸掛在宫殿、廟宇等屋簷下的金屬片，風吹過時互相撞擊發出聲音。清顧張思《土風録》卷一：「簷前懸鐵馬，始於隋煬帝。《南部烟花記》云：『臨池觀竹，既枯，隋后每思其響，夜不能寐。煬帝爲作薄玉龍數十枚，以縷線懸于簷外，夜中因風相擊，聽之與竹無異。民間效之，不敢用龍，以竹駿代，今俗則以燒料謂之鐵馬。以如馬被甲作戰鬥形，且有聲也。』」

## 34 書瓻 酒經

瓻，酒器，亦以盛書，大者一石，小五斗[一]。古語「借書一瓻，還書一瓻。」[二]後人訛以「瓻」爲「癡」，謂「借書與人爲一癡，還書爲一癡」[三]。

經，亦酒器，小頸，環口，脩腹，受一斗。晉安人餉人酒，一經，二經，至五經，他境人不達其義，聞「五經」，至束帶迎於門，乃是酒五瓶[四]。二事出《聞見》、《侯鯖》二録。

[箋注]

[一] 瓻：盛酒器。《廣韻・脂韻》：「瓻，酒器，大者一石，小者五斗，古之借書盛酒瓶。」宋朱敦儒《鷓鴣天》：「霓裳拽住君休去，待我醒時更一瓻。」

[二] 宋邵博《聞見後録》卷二十七：「古語：『借書一瓻，還書一瓻。』」宋張世南《游宦紀聞》卷四：「前輩謂借書還書，皆以一瓻。《禮部韻略》云：『瓻，盛酒器也。』」按，「借書一瓻」又有異説。宋何薳《春渚紀聞・雜記》：「古人借書，必先以酒醴通殷勤，借書還書，皆用之耳。」未知孰是，録此以俟知者。

[三] 清梁紹壬《兩般秋雨盦隨筆・借書》：「『借人書一癡，還人書一癡』。見杜征南與兒書。後人作借書一瓻。孫愐《唐韻》瓻字注云：瓻，酒器也。大者容一石，小者五斗，古借書盛酒器也。」

[四] 經：指一種口圓、頸細、腹長的酒具。蓋爲方言，一説晉安人方言，一説晉潘安仁用此稱。《正字通・糸部》：「經，《侯鯖録》：『陶人爲器，有酒經。小頸環口脩腹，可以盛酒，受一斗。』齊桓公飲諸群臣酒，令曰：後者罰

一經程。註：『酒器之大者曰經程。』趙德麟曰：潘安仁餉人酒云：一經、二經、至五經，乃五缾也。」宋趙令畤《侯鯖録》卷三：「陶人之爲器，有酒經焉。晉安人盛酒以瓦壺，其製小頸環口修腹，受一斗……他境人有游于是邦，不達其義，聞五經至，束帶迎於門，乃知是酒五缾爲五經焉。」宋袁文《甕牖閑評》卷六：「晉安人以瓦壺小頸環口修腹受一斗可以盛酒者，名曰經。」

趙令畤（1061—1134）：初字景貺，蘇軾爲之改字德麟，自號聊復翁。宋太祖次子燕王德昭之玄孫。襲封安定郡王，遷寧遠軍承宣使。紹興四年卒，贈開府儀同三司。著有《侯鯖録》八卷。趙萬里爲輯《聊復集》詞一卷。

束帶：整飾衣服，以示端莊。《論語・公冶長》：「赤也，束帶立於朝，可使與賓客言也。」清劉寶楠正義：「帶，繫繚於要，所以整束其衣，故曰束帶。」

## 35　骨朵

（朵，本作「⿱竹朵」，音髽）

《演繁露》云：「宋景文謂俗以撾爲骨朵。」[一]古無稽，據字書，檛，竹瓜反，通作「簻」，徒果反，轉爲「骨朵」。此説亦非。《説文》：「檛，箠也。」本作「⿱竹朵」，是「⿱竹朵」與「撾、簻」一也[二]。曰「骨朵」者，始製以木，从木曰「檛」；以竹，从竹曰「簻」、曰「⿱竹朵」；後以骨飾之曰「骨⿱竹朵」，猶骰子，以竹从竹曰「簺」，以牙曰「牙簺」，以車渠曰「車渠」，簺，今又範銅爲之。宿衛人所執者是也[三]。「⿱竹朵」又待可切，後人去竹，直曰「骨朵」，遂難曉也，今人稱花含胎者曰骨朵，上尃下枝，與檛類也。

（檛、簻俱音髽；簺音色；尃音敷）

**［箋注］**

［一］《演繁露》，十六卷，宋人程大昌所著，又稱《程氏演繁露》，記載三代至宋朝雜事四百八十八項。

［二］《説文・竹部》：「筞，箠也。或作檛。」段玉裁注：「『筞、檛』古今字。」筞同檛，指馬鞭，亦指一種椎擊的兵器。《左傳・文公十三年》「繞朝贈之以策」杜預注：「策，馬檛。」陸德明釋文：「檛，張瓜切，馬杖也。」《舊五代史・唐書・李存孝傳》：「陣中易騎，輕捷如飛，獨舞鐵檛，挺身陷陣。」宋洪邁《夷堅丙志・婺州雷》：「面醜黑，短髮血赤色，蓬首不巾，執檛如骨朵狀。」《續資治通鑑・宋高宗紹興七年》：「顧見有執鐵檛者，瓊取以擊卒，斃於階下。」《宋史・王繼勳傳》：「繼勳有武勇，在軍陣，常有鐵鞭、鐵槊、鐵檛，軍中目爲『王三鐵』。」此兵器可稱爲「骨朵」，以鐵質或堅木製成的長棒，頂端擊頭呈蒜形或蒺藜形，唐以後用爲刑杖。宋以後並用爲儀仗，俗稱金瓜。

《玉篇・竹部》：「簻，箠也。」《文選・馬融〈長笛賦〉》：「剡其上孔通洞之，裁以當簻便易持。」李善注：「簻，馬策也。」劉良注：「羌人裁截之以當馬簻，使其易執持而復吹之也。」

［三］此説「檛、骨朵」之用，爲近衛所持。宿衛：皇宫禁軍，特指宫禁中值宿之警衛。宋代御前侍衛手執骨朵，故稱「骨朵子直」，省稱「骨朵直」。宋祁《宋景文公筆記・釋俗》：「國朝有骨朵子直，衛士之親近者。」《宋史・儀衛志二》：「御龍骨朵子直二百二十人，並全班祗應。」《宋史・職官志六》：「步軍有御龍直、骨朵子直、弓箭直、弩直及天武以下諸軍指揮。」宋陳世崇《隨隱漫録》卷二：「二十四班行門，長入祗候殿前指揮左右班、御龍直、金鎗班、銀鎗班、散員散指揮、骨朵直、散祗候、散都頭，東一至五，西一至二。」《宋史・儀衛志二》：「凡皇城司隨駕人數，崇政殿祗應親從四指揮，共二百五十二人，執擊骨朵充禁衛。」

## 36　魁

《説文》：「魁，羹斗也。」蓋挹羹之器［一］。北斗七星，第一至第四爲首，其形方，有似於魁，故名魁；第五至第七爲末，其形曲似魁柄，故名杓；總謂之斗，借羹斗爲言也[二]。凡爲首者，皆名曰「魁」[三]，罪首曰「渠魁」[四]，舉首曰「倫魁」，亦曰「大魁」[五]，是又借斗首爲言也。又《東夷傳》：「三韓皆魁頭露紒。」注：「魁頭，猶科頭。」[六]「科」，當作「窠」，謂人髮縈繞成窠，有似於羹斗，其取義已遠，作「科」益謬矣。

（杓音標；窠音科）

## 【箋注】

[一] 魁：食勺。《説文·斗部》：「魁，羹斗也。」段玉裁注：「斗，當作枓……枓，勺也，抒羹之勺也。」

[二] 魁：北斗七星之第一星至第四星，一説指第一星，即天樞。《史記·天官書》：「衡殷南斗，魁枕参首。」張守節正義：「魁，斗第一星也。」《淮南子·天文》：「斗杓爲小歲。」高誘注：「斗第一星至第四爲魁。」《太平御覽》卷五引《春秋運斗樞》：「北斗七星……第一至第四爲魁，第五至第七爲杓。」唐楊炯《渾天賦》：「天有北斗，杓攜龍角，魁枕参首。」

[三]《書·胤征》：「殲厥渠魁，脅從罔治。」孔傳：「魁，帥也。」《後漢書·黨錮傳序》：「刻石立墠，共爲部黨，而儉（張儉）爲之魁。」李賢注：「魁，大帥也。」韓愈《故幽州節度判官張君墓誌銘》：「守者以告其魁，魁與其徒皆駭。」

[四] 首領、大頭目曰「渠魁」。《書·胤征》：「殲厥渠魁，脅從罔治。」孔傳：「渠，大。魁，帥也。」孔穎達疏：「『殲厥渠魁』，謂滅其元首，故以渠爲大，魁爲帥，史傳因此謂賊之首領爲渠帥，本原出於此。」陸游《董逃行》：「渠魁赫赫起臨洮，僵尸自照臍中膏。」

[五] 倫魁：科舉考試中奪魁爲榜首，即所謂舉首，多指狀元。倫，通「掄」。周密《齊東野語·誅韓本末》：「毛自知奪倫魁恩，以首論用兵故也。」明章懋《與謝木齋閣老書》：「宰輔則有杜正獻、李莊簡，倫魁則有詹騤、王佐，莫

不表表於當時。」

大魁：狀元，殿試第一名稱「大魁」。陸游《老學庵筆記》卷九：「四方舉人集京都，當入見，而宋公姓名偶爲衆人之首……然其後卒爲大魁。」宋何薳《春渚紀聞・霍端友明年狀元》：「爾遲暮至此，得一第幸甚，若果爲大魁，則何天下乏才之如此也。」

［六］《後漢書・東夷傳・韓》：「（馬韓人）大率皆魁頭露紒，布袍草履。」李賢注：「魁頭猶科頭也，謂以髮縈繞成科結也。」《三國志・魏志・東夷馬韓傳》：「其人性彊勇，魁頭露紒，如炅兵，衣布袍，足履革蹻蹋。」

## 37 蒯緱

（蒯音塊； 緱音勾）

《史》：「馮驩往見孟嘗君，置之傳舍十日，問傳舍長曰：『客何爲？』曰：『馮先生甚貧，猶有一劍耳，又蒯緱。』」［一］按，《廣韻》：「刀劍頭纏絲爲緱。」《爾雅》：「蒯草中爲索。」［二］蒯緱言劍緱，無絲，以草爲之也。

【箋注】

［一］《史記・孟嘗君列傳》：「馮驩聞孟嘗君好客，躡蹻而見之。孟嘗君曰：『先生遠辱，何以教文也？』馮驩曰：『聞君好士，以貧身歸於君。』孟嘗君置傳舍十日，孟嘗君問傳舍長曰：『客何所爲？』答曰：『馮先生甚貧，猶有一劍耳，又蒯緱。』」裴駰集解：「蒯，音苦怪反。茅之類，可爲繩。言其劍把無物可裝，以小繩纏之也。緱，音侯，亦作『候』，謂把劍之處。」司馬貞索隱：「言其劍無物可裝，但以蒯繩纏之，故云『蒯緱』。」

〔二〕蒯：草名，多生水邊或陰濕處，其莖可織席、制繩。緱：纏繞於劍柄的絲繩。《説文·糸部》：「緱，刀劍緱也。」《廣韻·侯韻》：「緱，刀劍頭纏絲爲緱。」

## 38 模笵

《通俗文》：「規模曰笵，以土曰型，以金曰鎔，以木曰模，以竹曰笵。」〔一〕今模笵作「模範」。按，《説文》：「出必先告其神，樹茅以依神爲軷，既祭軷，轢於牲而行爲範。」〔二〕作「範」，借用耳。

（軷音鈸）

〔箋注〕

〔一〕玄應《一切經音義》卷二：「《通俗文》：『規模曰範。』……《説文》：『古法有竹刑。』以土曰型，以金曰鎔，以木曰模，以竹曰範。四者一物材別也。」

〔二〕《説文·車部》：「軷，出將有事於道，必先告其神，立壇四通，樹茅以依神爲軷。既祭軷，轢於牲而行爲範軷。」

軷：古代出行時祭路神，謂之「軷」。祭後驅車從祭牲上碾過，取其行道無艱險之意。《詩·大雅·生民》：「取蕭祭脂，取羝以軷。」毛傳：「軷，道祭也。」孔穎達疏：「謂祭道神之祭。」《周禮·夏官·大馭》：「馭下祝，登受轡，犯軷遂驅之。」鄭玄注：「行山曰軷。犯之者，封土爲山象，以菩蒭棘柏爲神主，即祭之，以車轢之而去，喻無險難也。」南朝梁江淹《齊太祖高皇帝誄》：「亦既推軷，擁土庇民。」胡之驥注：「軷，音跋。出將有事於道，必先告其神。立壇四通，樹茅以依神爲軷。」

字亦作「範」。《説文・車部》：「範，範軷也。」朱駿聲通訓定聲：「按：範軷，祖道之祭也。出將有事于道，必先告其神，立壇爲山象四通，樹茅若菩蒭棘柏以依神；既祭，轢牲而行爲範。犯之而過，喻無險難也。」

## 39 觚

《論語》「觚」，注或曰酒器，或曰木簡。[一]

《説文》：「觚，鄉飲之爵，受四升。」[二]《韓詩外傳》：「一升曰觚。」此酒器之觚也。

《博雅》：「笘、籙，籥觚也，小兒所書。」[三]《通俗文》：「木四方爲稜，八稜爲柧。」「籥、柧」通作「觚」。陸士衡《文賦》：「或操觚而率爾。」此木簡之觚也[四]。一名而二物，夫子本意所指今不可知，即以木簡言之亦得。

（笘音占；籙音隸）

【箋注】

[一]《論語・雍也》：「子曰：『觚不觚，觚哉！觚哉！』」朱熹集注：「觚，棱也；或曰酒器，或曰木簡，皆器之有棱者也。不觚者，蓋當時失其制而不爲棱也。觚哉，觚哉，言不得爲觚也。」

[二]《説文・角部》：「觚，鄉飲酒之爵也。一曰觴受三升者謂之觚。」《儀禮・特牲饋食禮》：「實二爵二觚四觶一角一散。」鄭玄注：「舊説云：爵一升，觚二升，觶三升，角四升，散五升。」

[三] 笘：古代孩童習字的竹片。籙：簡札。《説文・竹部》：「笘，潁川人名小兒所書寫爲笘。」《廣雅・釋

器》：「笘，籥也。」王念孫疏證：「籥通作觚。《急就篇》顔師古注云：觚者，學書之牘，或以記事，削木爲之，蓋簡之屬也。其形或六面，或八面，皆可書。」

［四］《急就篇》卷一：「急就奇觚與衆異。」顔師古注：「觚者，學書之牘，或以記事，削木爲之，蓋簡之屬也……其形或六面，或八面，皆可書。觚者，棱也，以有棱角，故謂之觚。」《文選・陸機〈文賦〉》：「或操觚以率爾，或含毫而邈然。」李善注：「觚，木之方者，古人用之以書，猶今之簡也。」唐蘇鶚《蘇氏演義》卷下：「觚者，棱也，學書之牘，或以記事，削木爲之。其形或六面，或八面，面面皆可書，以有稜角，遂謂之觚。今或呼小兒學書簡爲觚木。」

## 40 艗舟

（艗音逆）

《廣韻》：「艗，舟也，舟首謂之艗首。」則凡舟皆可言艗，首者對尾而言，後誤作「鷁」［一］。張協《七命》：「乘鷁舟兮爲水嬉。」［二］郭璞云：「鷁，水鳥也，今江東貴人船前作青雀，是其像也。」嘗考鷁即鶂，鶂即鵅鵋，鵅鵋即鬼車，所謂九頭鳥，蓋鵂鶹類也，其爲禽不祥，舟首何取焉？且青雀爲桑扈，又非鷁。晉王濬爲益州刺史，謀伐吴，造戰艦畫怪獸於其首，以懼江神［三］。今官舟多獸形，無水鳥者。是鷁本無與於艗，當作「艗首」爲是，後人誤用，璞亦誤釋也。

［箋注］

［一］《方言》卷九：「（船）首謂之閤閭，或謂之艗艏。」艏，一本作「首」。郭璞注：「鷁，鳥名也。今江東貴人船

前作青雀，是其像也。」《廣雅・釋水》：「艗艏，舟也。」王念孫疏證：「艗首，本作鷁首，畫鷁於船首，因命其船爲鷁首也。」

［二］《晉書・張協傳》：「乘鷁舟兮爲水嬉，臨芳洲兮拔靈芝。」唐・李商隱《南潭上宴集以疾後至因而抒情》詩：「鷁舟縈遠岸，魚鑰啓重關。」

［三］《晉書・王浚傳》：「王浚爲益州刺史，謀伐吴，造戰艦大船連舫，方百二十步，受二千餘人。以木爲城，起樓櫓，開四出門，其上皆得馳馬來往。又畫鷁首怪獸於船首，以懼江神。舟楫之盛，自古未有。」王浚，《宋書》作「王濬」。

## 41 鸞旗 屬車 黄屋 左纛

顔師古曰：「編以羽毛，列繫幢旁，載於車上，謂之鸞旗，車駕出則陳於道而先行。」［一］《輿服志》：「古者諸侯二車九乘，秦滅九國，兼其車服，大駕屬車八十一乘，法駕半之，最後一車懸豹尾。」［二］蔡邕曰：「天子車，翠羽蓋，以黄繒爲裏。」是爲黄屋［三］。李斐曰：「纛，羽葆幢也，在乘輿車衡上左方注之。」故曰左纛［四］。

【箋注】

［一］《漢書・賈捐之傳》：「鸞旗在前，屬車在後。」顔師古注：「鸞旗，編以羽毛，列繫橦旁，載於車上，大駕出，則陳於道而先行。」天子儀仗中的旗子，上繡鸞鳥，故稱鸞旗。南唐馮延巳《壽山曲》詞：「鴛瓦數行曉日，鸞旂百尺

春風。侍臣舞蹈重拜，聖壽南山永同。」

〔二〕《漢書·賈捐之傳》：「鸞旗在前，屬車在後。」顏師古注：「屬車，相連屬而陳於後也。屬，音之欲反。」《文選·張衡〈東京賦〉》：「屬車九九，乘軒並轂。」薛綜注：「副車曰屬。」宋高承《事物紀原·輿駕羽衛·屬車》：「周末諸侯有貳車九乘，貳車即屬車也，亦周制所有。秦滅九國，兼其車服，故八十一乘。」

法駕：一種天子車駕。天子的鹵簿分大駕、法駕、小駕三種，儀衛繁簡各有不同。《史記·呂太后本紀》：「迺奉天子法駕，迎代王於邸。」裴駰集解引蔡邕曰：「天子有大駕、小駕、法駕。法駕上所乘，曰金根車，駕六馬，有五時副車，皆駕四馬，侍中參乘，屬車三十六乘。」

天子屬車最後一車懸飾豹尾。漢蔡邕《獨斷》下：「秦滅九國，兼其車服，故大駕屬車八十一乘也，尚書、御史乘之。最後一車懸豹尾。」崔豹《古今注·輿服》：「豹尾車，周制也，所以象君子豹變，尾言謙也，古軍正建之，今唯乘輿得建之。」《宋史·輿服志一》：「豹尾車。古者軍正建豹尾。漢制，後車一乘垂豹尾，豹尾以前即同禁中。」

〔三〕《史記·秦始皇本紀》：「子嬰度次得嗣，冠玉冠，佩華紱，車黃屋。」裴駰集解引蔡邕曰：「黃屋者，蓋以黃爲裏。」黃屋：帝王專用的黃繒車蓋，亦指天子所居宮室。《太平御覽》卷四三一引漢·應劭《風俗通》：「殷湯寐寢黃屋，駕而乘露輿。」宋王觀國《學林·路》：「車者貴賤之所通乘，惟天子所乘獨謂之路；亦猶屋者貴賤之所通居，惟天子所居獨謂之黃屋。」

〔四〕《史記·項羽本紀》：「紀信乘黃屋，傅左纛。」裴駰集解：「李斐曰：『纛，毛羽幢也，在乘輿車衡左方上注之。』蔡邕曰：『以犛牛尾爲之，如斗，或在騑頭，或在衡上也。』」纛：古代用犛牛尾或雉尾製成的舞具，也用作帝王的車飾。皇帝乘輿上的飾物，設在車衡左邊或左騑上，謂之左纛。《南史·蕭穎胄傳》：「詔贈穎胄丞相，前後部羽葆、鼓吹、班劍三十人，輼輬車、黃屋左纛。」

## 42　豹尾　儤房

（儤音豹）

崔豹《古今注》：「豹尾車，周制，象君子豹變，尾言謙也。」[一]蔡邕云：「行道豹尾中，亦爲禁中。」今鹵簿有旛曰豹尾，雖非車，亦其遺意也。」

《唐志》：「新到官府併上者謂之儤。」[二]俗謂程司課作者爲儤上[三]。《增韻》：「吏官連直也。」今大内有儤房，當是課作連直之所。以爲豹房者，誤。

**[箋注]**

[一]　崔豹《古今注·輿服》：「豹尾車，周制也，所以象君子豹變，尾言謙也，古軍正建之，今唯乘輿得建之。」《宋史·輿服志一》：「豹尾車。古者軍正建豹尾。漢制，後車一乘垂豹尾，豹尾以前即同禁中。」

豹變，謂如豹文發生顯著變化，幼豹長大退毛，然後疏朗煥散，有光澤文采。《易·革》：「上六，君子豹變，其文蔚也。」孔穎達疏：「上六居『革』之終，變道已成，君子處之，雖不能同九五革命創制，如虎文之彪炳，然亦潤色鴻業，如豹文之蔚縟。」程頤傳：「君子從化遷善，成文彬蔚，章見於外也。」《三國志·蜀志·後主傳》：「降心回慮，應機豹變。」劉孝標《辨命論》：「視彭韓之豹變，謂鷙猛致人爵。」李白《陳情贈友人》詩：「英豪未豹變，自古多艱辛。」

[二]　儤：古代謂官吏連日值班。《正字通·人部》：「儤，官吏連直也。《唐志》：新到官府併上直謂之儤，儤直一作豹直，亦曰伏豹，取不出之義。」李肇《翰林志》：「凡當直之次，自給舍丞郎入者，三直無儤；自起居御史郎官

入，五直一傈；其餘雜入者，十直三傈。」姚寬《西溪叢語》卷下：「唐制，官新到官府併上者，謂之傈……《玉篇》云：『傈，連直也。』」

［三］按：各本作「傈上」，當作「傈工」，形近而誤植。《正字通·人部》：「傈，今俗謂程外課作者爲傈。」宋姚寬《西溪叢語》卷下：「今俗謂程外課作者，謂之傈工。」傈工：指服役超過法定數量的傭工。

## 43 筵席

古人坐於地，以席藉之。《司几筵》疏：「初地一重者謂之筵，重在上者謂之席。」［一］皆以莞蒲爲之。《詩》「上莞下簟」是也［二］。或以竹，《書》「筍席、篾席」是也［三］。天子諸侯席有黼黻純飾［四］。凭則設几，宴饗則設籩豆［五］，今俗言「椅」以代席也，言「棹」以代几也，言「楪」以代籩豆也。「椅、棹、楪」，本無此字。椅，則借「椅柅」之「椅」，「棹」與「楪」［六］皆俗書也。

今人謂尊俎曰「筵席」［七］，至又謂「席一筵」，可哂也。

【箋注】

［一］《説文·竹部》：「筵，竹席也。从竹，延聲。《周禮》曰：『度堂以筵，筵一丈。』」《周禮·春官·司几筵》：「依前南鄉，設莞筵紛純。」唐賈公彥疏：「凡敷席之法，地者一重即謂之筵，重在上者即謂之席。」筵席：古時坐墊，筵鋪在下面，席加在上面。《周禮·春官·序官》：「司几筵下士二人。」鄭玄注：「鋪陳曰筵，藉之曰席。」賈公彥疏：「設席之法，先設者皆言筵，後加者爲席。」孫詒讓正義：「筵長席短，筵鋪陳于下，席在上，爲人所坐藉。」《禮

記·樂記》：「鋪筵席，陳尊俎，列籩豆，以升降爲禮者，禮之末節也。」

［二］莞：蒲草。《詩·小雅·斯干》：「下莞上簟，乃安斯寢。」鄭玄箋：「莞，小蒲之席也。」

［三］筍席：嫩竹青編成的席子；篾席：竹篾編的席子。《書·顧命》：「牖間南嚮，敷重篾席，黼純，華玉仍几。」《書·顧命》：「西夾南嚮，敷重筍席。」孔傳：「筍，蒻竹。」孔穎達疏：「《釋草》云：『筍，竹萌。』孫炎曰：『竹初萌生謂之筍。』是筍爲蒻竹，取筍竹之皮以爲席也。」

［四］純：鑲邊，繞口緣飾。黻：黑與青之花紋；黼：白與黑相間之紋。

黼純：用白黑絹製成花紋，作邊緣的裝飾。《書·顧命》：「牖間南嚮，敷重篾席，黼純。」孔傳：「白黑雜繒緣之。」孔穎達疏：「《考工記》云：『白與黑謂之黼。』《釋器》云：『緣謂之純。』知黼純是白黑雜繒緣之，蓋以白繒黑繒錯雜彩以緣之。」《周禮·春官·司几筵》：「加次席黼純，左右玉几。」鄭玄注引鄭司農曰：「純，緣也。」《新唐書·禮樂志一》：「每座黼扆，莞席紛純，藻席畫純，次席黼純，左右几。」

［五］籩：古代祭祀與宴饗中常用禮器。竹製爲籩，木製爲豆。盛果脯的竹器。《周禮·天官·籩人》：「（籩人）掌四籩之實。」鄭玄注：「籩，竹器如豆者，其容實皆四升。」孫詒讓正義：「《論語·述而》皇疏云：『竹曰籩，木曰豆。豆盛葅醢，籩盛果實，並容四升，柄尺二寸，下有跗也。』」

［六］棹：同「桌」。《正字通·木部》：「棹，椅棹。」橾：同「碟」，古時盤器以木爲之，故從木。

［七］尊俎：盛放酒肉的器皿。尊，盛酒器；俎，置肉之几。

## 44 刀圭

《本草》云：「刀圭，十分方寸匕之一藥，准如梧桐子大。」［一］《釋名》：「婦人上服曰袿，其下垂者，上廣下狹，如刀圭。」[二]夫刀圭，《本草》以狀藥之大小，《釋名》以見燕尾之廣狹，未有明言其義者。

蓋刀鋭處如圭首，故曰刀圭，猶刀尖也。匕，匙也，方一寸得十分，一分如梧桐子。大衣下垂者，割正幅使一頭狹如燕尾然。梧桐子、燕尾，其大小廣狹纔刀尖若耳，故或言梧桐子，或言燕尾，或言刀圭也。

**[箋注]**

[一]刀圭：量藥用具，蓋源自湯匙。《本草綱目·序例》引南朝梁·陶弘景《名醫別録·合藥分劑法則》：「凡散云刀圭者，十分方寸匕之一，准如梧桐子大也……一撮者，四刀圭也。」刀圭即用爲藥量單位，亦表示藥物。唐·崔元略《贈毛仙翁》詩：「度世無勞大稻米，昇天只用半刀圭。」唐王績《采藥》詩：「且復歸去來，刀圭輔衰疾。」明單本《蕉帕記·贈帕》：「願今宵，刀圭入口，寒熱霎時消。」

[二]《釋名·釋衣服》：「婦人上服謂之袿，其下垂者，上廣下狹如刀圭也。」

## 45 金井　銀床

《楮記室》：「世言金井梧飄，以葉上有金井字，非井也。」唐人謂井欄爲銀床，潘平田之説不知何據[一]。葉上恐亦無字，今人家甃井有置鉛錫其下者，蓋青金也，或以此得名。銀床亦非井欄，蓋轆轤架也。《廣韻》：「轆轤，圓轉木也，用以汲水。」《喪大紀》：「以綍繞碑間之鹿盧。」[二]

南人謂之油葫蘆，北人謂之滑車。曰銀者，對金而言，或其色白也。李白詩「絡緯秋啼金井欄」[三]，亦是指井。蘇軾「露帳銀床初破睡」，誤以銀床爲偃息之具也。

**[箋注]**

[一] 潘塤（1476—1562）：字伯和，號熙台，晚號子田野老，山陽（今淮安）人，正德三年（1508）進士，明代詩文家。輯有《楮記室》十五卷。

[二]《禮記・喪大記》：「凡封，用綍去碑負引。」鄭玄注：「又樹碑於壙之前後，以紼繞碑間之鹿盧，挽棺而下之。」

[三] 李白《長相思詩》：「絡緯秋啼金井闌，微霜淒淒簟色寒。」

## 46 輜重

《説文》：「輧車前，衣車後。」[一]徐氏曰：「所謂庫車。」《字林》：「載衣物車，前後皆蔽。」《後漢書・輿服志》注：「輧車有衣蔽，無後轅者謂之輜。」[二]《釋名》：「輜，厠也，謂軍糧什物雜厠，載之以其累重，故稱輜重。」《説文》「衣」字，即《字林》、《輿服志》「蔽」字，但《説文》：「輜，後蔽。」《字林》與《志》則前後俱蔽。《釋名》「雜厠」正所謂庫也，《字林》「衣物」即所謂軍糧、什物也。或曰「輜，載衣車；重，載物車」，非是。

**［箋注］**

［一］《説文·車部》：「輜，軿車前、衣車後也。」《左傳·定公九年》「寢於其中而逃」，孔穎達疏：「《説文》云：輜軿，衣車也，前後有蔽。」輜指有掩蔽的車子，「衣」謂施之以衣，設有帷幔。《釋名·釋車》：「輜軿之形同，有邸曰輜，無邸曰軿。」畢沅疏證：「《宋書·禮志》引《字林》曰：『軿車有衣蔽無後轅，其有後轅者謂之輜。』」

［二］在道曰輜，止舍曰庫。《釋名》：「輜車，載輜重……輜，厠也，所載衣物雜厠其中也。」《集韻·之韻》：「輜，《字林》：『載衣物車』，前後皆蔽，若今庫車。」

又軿，《説文》「軿，輜車也。」朱駿聲通訓定聲：「輜、軿皆衣車，前後皆蔽曰輜，前有蔽曰軿。」《釋名·釋車》：「軿車，軿，屏也，四面屏蔽，婦人所乘牛車也。」《廣韻·先韻》：「軿，四面屏蔽婦人車。」《後漢書·袁紹傳》：「士無貴賤，與之抗禮，輜軿紫轂，填接街陌。」李賢注：「《説文》曰：『軿車，衣車也。』鄭玄注《周禮》曰：『軿猶屏也，取其自蔽隱。』」

## 47　什器　家火

軍法五人爲伍，二伍爲什，共其器物，故稱「什器」[一]。

從軍及作役者，十人爲火，共畜調度，故稱「家火」[二]。

**［箋注］**

［一］《史記·五帝本紀》：「舜耕歷山，漁雷澤，陶河濱，作什器於壽丘，就時於負夏。」司馬貞索隱：「什器，什，數也。蓋人家常用之器非一，故以十爲數，猶今云『什物』也。」

[二] 軍中以十人爲火，共灶炊食，故稱同火者爲火伴，後作「伙伴」，故以「家火」指生活器具。

## 48 廜穌

《博雅》：「廜穌，菴也。」《通俗文》：「屋平曰廜穌。」[一]《四時纂要》作「屠蘇」。又《廣韻》：「酴酥，酒名。」《玉篇》：「麥酒不去滓飲。」[二]是「屠蘇」爲屋，「酴酥」爲酒，本不相混也。唐人詩「手把屠蘇讓少年」，「先把屠蘇不讓春」[三]，誤以「屠蘇」爲「酴酥」，後人遂謂屠蘇又爲酒。古人正旦飲酒，以少者得歲，故先飲；老者失時，故後飲，是日酒皆然，亦無屠蘇先飲之説。或云「屠絶鬼氣，蘇醒人魂」，妄説也。

【箋注】

[一] 廜穌：平屋，茅庵。《廣雅·釋宮》：「廜穌，庵也。」《廣韻·模韻》：「廜，廜穌，草庵。」《廣韻·模韻》又引《通俗文》曰：「屋平曰廜穌。」元袁桷《次韻繼學途中竹枝詞》：「土屋苫草成廜穌。」蓋「屠蘇」原爲草名，後指草屋。北周王褒《日出東南隅行》：「飛甍雕翡翠，繡桷畫屠蘇。」楊慎《藝林伐山·屠蘇爲草名》：「屠蘇本草名，畫於屋上，因草名以名屋。」

[二] 酴酥：酒釀，亦作「酴蘇」、「屠蘇」。《廣雅·釋器》：「酴，酒也。」《玉篇·酉部》：「麥酒不去滓飲也。」南朝梁宗懍《荊楚歲時記》：「正月一日，是三元之日也，長幼悉正衣冠，以次拜賀，進椒柏酒，飲桃湯，進屠蘇酒……次第從小起。」唐盧照鄰《長安古意》詩：「漢代金吾千騎來，翡翠屠蘇鸚鵡杯。」蘇轍《除日》詩：「年年最後飲屠酥，不覺

年來七十餘。」明沈受先《三元記·辭親》：「夜雨燈前蒙訓育，春風堂上飲酴蘇。」

[三] 唐顧況《歲日作》詩：「不覺老將春共至，更悲攜手幾人全。還丹寂寞羞明鏡，手把屠蘇讓少年。」裴夷直《歲日先把屠蘇酒戲唐仁烈》詩：「自知年幾偏應少，先把屠蘇不讓春。倘更數年逢此日，還應惆悵羨他人。」

## 49 紫詔 黃麻

《漢志》：「凡天子璽，皆以武都紫泥封。」[一]《聞見後録》謂「武都今階州，山水皆赤而泥紫，用爲印色，故詔有紫泥之稱」。泥豈堪作印色？或如今紫粉之類武都所出爲最，非真泥也。

唐太宗詔：「用麻紙寫詔敕。」高宗以制敕爲永式，白紙多蠹，自今並用黃紙[二]。蓋自蔡倫用樹膚、敝布爲紙，故有麻紙。《遯齋閑覽》謂「以檗染紙使不蠹，故曰黃麻」[三]。古今書籍亦曰黃卷，不獨詔敕用黃紙也。

【箋注】

[一]《後漢書·光武帝紀上》「奉高皇帝璽綬」李賢注引蔡邕《獨斷》：「皇帝六璽，皆玉螭虎紐……皆以武都紫泥封之。」古時以泥封書信，泥上蓋印，謂之「封泥」，皇帝詔書用紫泥。沈約《爲始興王讓儀同表》：「徒塵翠渥，方降紫泥，以玆上令，用隔下情。」唐楊炯《崇文館宴集詩序》：「封紫泥於璽禁，傳墨令於銀書。」白居易《代書一百韻寄微之》：「恩隨紫泥降，名向白麻披。」宋趙彦衛《雲麓漫鈔》卷十二：「古印文作白字，蓋用以印泥，紫泥封詔是也。」

〔二〕永式：永久的制度。杜甫《贈翰林張四學士垍》詩：「紫誥仍兼綰，黃麻似《六經》。」宋敏求《春明退朝録》卷下：「上元三年閏三月戊子敕：『制敕施行，既爲永式，比用白紙，多有蟲蠹，自今已後，尚書省頒下諸司、及州下縣，宜並用黃紙。』」上元，唐高宗年號。

〔三〕檗：木名，即黃檗，也稱黃柏，莖可作黃色染料。《文選・司馬相如〈子虛賦〉》：「桂椒木蘭，檗離朱楊。」李善注引張揖曰：「檗，皮可染者。」宋・曾慥《類説・雌黃》：「古人寫書皆用黃紙，以檗染之，所以辟蠹，故曰黃卷。」

## 50 紙

古者書用竹帛。竹，簡策是已，其字从竹；帛，紙是已，其字以糸，一作「帋」，从巾。馮鑑事始謂蔡倫始造紙〔一〕，史繩祖引「趙飛燕赫蹏書」注：「赫蹏，小紙也」〔二〕，謂紙已見於前漢，其辨似是，而亦未燭其原。

按，《説文》：「紙，絲滓也。」〔三〕以絲繅餘絮爲紙，以是爲書，謂之帛書，非真縑帛也。後漢蔡倫始用樹膚及敝布、魚網爲紙，今穀樹皮紙即蔡倫樹膚紙，高麗蠶繭紙即古絲滓紙。又有用竹與秸者，因樹膚而生智也。紙，一音低；蹏，音題，聲相近，訛謂紙爲蹏。赫，赤也，赫蹏謂赤紙也。鄧展謂「赫，音閲」，孟康謂「蹏，猶地」，晉灼謂「薄小物爲赫蹏」，皆非。後人以漢人之説，多未詳考也。

（糸音覓〔四〕；赫音黑；繅音騷；穀，谷、搆二音；閲音奭）

[箋注]

[一]《後漢書・宦者傳・蔡倫》:「自古書契多編以竹簡,其用縑帛者謂之爲紙。縑貴而簡重,並不便於人。倫乃造意,用樹膚、麻頭及敝布、魚網以爲紙。」

[二] 赫蹏: 用以書寫的小幅絹帛。《漢書・外戚傳下・孝成趙皇后》:「武(籍武)發篋中,有裹藥二枚,赫蹏書。」顔師古注:「鄧展曰:『赫,音兄弟鬩牆之鬩。』應劭曰:『赫蹏,薄小紙也。』」宋趙彦衛《雲麓漫鈔》卷七:「《趙后傳》所謂『赫蹏』者,注云『薄小紙』,然其寔亦縑帛。」

[三]《説文・糸部》:「紙,絮一笘也。」紙,原指漂洗蠶繭時附著於編筐上的絮渣,後來指以絲帛或植物纖維爲原料的製品,用於書寫繪畫。

[四] 覔,此覓字,本从爪、見。俗写从不、見,謂不見而覓。

## 51 碑

今世所謂碑,古無之。七十二家封禪言「勒石」[一],《穆天子傳》言「爲名迹於弇兹石上」[二],可見者惟此而已。《士昏禮》:「入門當碑揖」,則廟内之碑用以麗牲者[三]。《喪大記》:「天子用大木爲碑,謂之豐碑。諸侯樹兩大木,謂之桓盈[四]。《檀弓》注:「天子六綍四碑,諸侯四綍二碑,士二綍無碑。」[五] 則方上之碑用以下棺者,臣子因於其上紀述功德。今廟堂、墓隧及諸創建碑林立,而不知非古也。

【箋注】

〔一〕《史記·封禪書》：「自古受命帝王，曷嘗不封禪。」又《封禪書》：「古者封泰山禪梁父者七十二家。」封禪：帝王祭天地之大典。在泰山上築土爲壇，報天之功，稱封；在泰山下的梁父山上辟場祭地，報地之德，稱禪。元劉壎《隱居通議·禮樂》：「説者謂封禪取高厚之義，封土於山，而禪祭於地，天以高爲尊，地以厚爲德也。增泰山之高以報天，附梁父之厚以報地。」

〔二〕《穆天子傳》卷三：「天子遂驅升于弇山，乃紀名迹于弇山之石。」名迹：聲名與業績。

〔三〕《儀禮·士昏禮》：「入門將右曲，揖；將北曲，揖；當碑，揖。」碑，豎立在宗廟庭院繫牲口的石頭。《禮記·祭義》：「祭之日，君牽牲……既入廟門，麗於碑。」鄭玄注：「麗猶繫也。」孔穎達疏：「君牽牲入廟門，繫著中庭碑也。王肅云：『以紖貫碑中。』」《儀禮·聘禮》「上當碑」鄭玄注：「凡碑，引物者，宗廟則麗牲焉，以取毛血。」

〔四〕《禮記·喪大記》：「大夫葬用輴，二綍二碑。」鄭玄注：「碑，桓楹也。」孔穎達疏：「《檀弓》云『三家視桓楹』，是僭也。則天子用大木爲碑，謂之豐碑。諸侯則樹兩大木爲碑，謂之桓楹。」《禮記·檀弓下》：「公室視豐碑，三家視桓楹。」孔穎達疏：「桓，大也。楹，柱也。」宋王讜《唐語林·補遺四》：「桓楹，天子、諸侯葬時下棺之柱，其上有孔，以穿綍索，懸棺而下，取其安審，事畢即閉壙中。」

〔五〕《禮記·檀弓下》：「公室視豐碑。」鄭玄注：「豐碑，斲大木爲之，形如石碑。於槨前後四角樹之，穿中於間爲鹿盧，下棺以綍繞。天子六綍四碑，諸侯四綍二碑，士二綍無碑。」碑，古代殯葬中下棺用具，以引棺放入墓穴的木柱，後以石爲之，並勒名追述功美。《釋名·釋典藝》：「碑，被也。此本葬時所設也，施鹿盧以繩被其上，引以下棺也。臣、子追述君、父之功美，以書其上，後人因焉，無故建於道陌之頭顯見之處，名其文就，謂之碑也。」宋孫何《碑解》：「古之所謂碑者，乃葬祭饗聘之際所植一大木耳。而其字從石者，將取其堅且久乎？」

# 52 方策

《春秋》正義云：「簡容一行，字數行者書於方，方所不容書於策。」杜預曰：「大事書之於策，小事簡牘而已。」大事、小事謂字有多寡也[一]。古者折竹爲簡，以火炙之，令其汗，取其青易書。青簡、汗青、殺青，皆取炙竹爲義[二]。曰篇，《廣韻》謂「篇，簡成章也。」連編諸簡謂之策，以繩次策謂之編[三]。此「簡、篇、策」从竹，「編」从糸也。又以木爲方，謂之柧，作「觚」，故曰「操觚」[四]。又謂之「槧」，故曰「鉛槧」[五]。其體方，總謂之方。曰劄，《説文》：「刺著也。」[六]竹木以刺著爲書，竹書當作「劄」，木書當作「札」。曰牒，《説文》以爲札。曰牘，《説文》以爲書板[七]。皆方也。此「柧、槧、札」从木，「牒、牘」从片。《説文》：「片，判木也。」大都不過竹、木二者，後世易之以紙，而其稱名猶故也。

【箋注】

［一］杜預《春秋左氏傳序》：「大事書之於策，小事簡牘而已。」孔穎達疏：「蔡邕《獨斷》曰：『策者，簡也。其制，長二尺，短者半之。其次一長一短，兩編下附。』鄭玄注《中庸》亦云『策，簡也』。由此言之，則簡、札、牒畢同物而異名。單執一札謂之爲簡，連編諸簡乃名爲策，故於文策或作『冊』，象其編簡之形。以其編簡爲策，故言『策者，簡也』……簡之所容，一行字耳。牘乃方版，版廣於簡，可以並容數行。凡爲書，字有多有少，一行可盡者，書之於簡；數行乃盡者，書之於方；方所不容者，乃書於策……是其字少則書簡，字多則書策。此言大事小事，乃謂事有大小，非言字有多少也。」

《儀禮·聘禮》：「百名以上書於策，不及百名書於方。」鄭玄注：「名，書文也，今謂之字；策，簡也；方，版也。」賈公彦疏：「云策簡、方板也者，簡謂據一片而言，策是編連之稱。」

[二]《後漢書·吴祐傳》：「恢（吴恢）欲殺青簡以寫經書。」李賢注：「殺青者，以火炙簡令汗，取其青易書，復不蠹，謂之殺青，亦謂汗簡。」《太平御覽》卷六〇六引漢·應劭《風俗通》：「劉向《别録》：殺青者，直治竹作簡書之耳。新竹有汁，善折蠹，凡作簡者，皆於火上炙乾之，陳楚間謂之汗。汗者，去其汁也。」殺青：古代竹簡製作程序。將竹火炙去汗後，刮去青色表皮，以利書寫與防蠹。

[三]編：聯簡編絲。篇：綴編之册。《説文》：「編，次簡也。」段玉裁注：「以絲次弟竹簡而排列之曰編。」

[四]柧：有棱之木。《説文·木部》：「柧，棱也。」玄應《一切經音義》卷十八引漢服虔《通俗文》：「木四方爲棱，八棱爲柧。」

書寫之有棱木簡，曰觚、觚木。《急就篇》第一章：「急就奇觚與衆異。」顔師古注：「觚者學書之牘。或以記事，削木爲之，蓋簡之屬也……其形或六面，或八面，皆可書。觚者，棱也，以有棱角，故謂之觚。」唐·蘇鶚《蘇氏演義》卷下：「觚者，稜也，學書之牘，或以記事，削木爲之。其形或六面，或八面，面面皆可書，以有稜角，遂謂之觚。今或呼小兒學書簡爲觚木。」執簡寫作，曰「操觚」。《文選·陸機〈文賦〉》：「或操觚以率爾，或含毫而邈然。」李善注：「觚，木之方者，古人用之以書，猶今之簡也。」

[五]槧：古者削木爲牘，未經書寫的素牘稱槧。《説文·木部》：「槧，牘樸也。」揚雄《答劉歆書》：「雄常把三寸弱翰，齎油素四尺，以問其異語，歸即以鉛摘次之於槧，二十七歲於今矣。」

鉛槧：鉛，鉛粉筆；槧，木牘。合指古代書寫工具。《西京雜記》卷三：「揚子雲好事，常懷鉛提槧，從諸計吏，訪殊方絶域四方之語。」隋江總《皇太子太學講碑》：「外史所掌，廣内所司，靡不飾以鉛槧，雕以緗素，此文教之修也。」

[六]《玉篇·刀部》：「劄，以針刺也。」

[七]《説文·片部》：「牘，書版也。」又《木部》：「札，牒也。」徐鍇繫傳：「牒，木牘也。」段玉裁注：「長大者曰

槧，薄小者曰札。」《釋名・釋書契》：「札，櫛也，編之如櫛齒相比也。」

## 53 款識

古器有款識。款謂陰字，是凹入者；識謂陽字，是凸出者。款居外，識居内[一]。夏器有款有識，商器無款有識。

（凹，腰、遏二音；凸，突、耋二音）

**［箋注］**

［一］古代青銅器上鑄刻的文字稱爲款識。《史記・孝武本紀》：「鼎大異於衆鼎，文鏤毋款識。」裴駰集解引韋昭曰：「款，刻也。」司馬貞索隱：「按：識猶表識也。」款之爲言空也、刻也，指陰文。識者，表誌之謂，指陽文。明陶宗儀《輟耕録・古銅器》：「所謂款識，乃分二義。款謂陰字，是凹入者，刻畫成之；識謂陽字，是挺出者。」

## 54 臨摹 硬黄 響搨

於古人書畫，置紙在傍，視其大小濃淡形勢而學之，謂之臨。以紙覆其上，隨其曲折宛轉用筆，謂之摹[一]。置紙熨斗上，以黄蠟塗勻，儼如鮲角，毫釐必見，謂之硬黄[二]。就明窓，上以紙覆，映光摹之，謂之響搨[三]。

［箋注］

［一］宋黄伯思《東觀餘論・論臨摹二法》：「臨，謂以紙在古帖旁。觀其形勢而學之，若臨淵之臨，故謂之臨。摹謂以薄紙覆古帖上，隨其細大而搨之，若摹畫之摹，故謂之摹。」摹，以紙覆於書畫之上，依樣描摹。

［二］硬黄，又作紙名。以黄檗和蠟塗染，質堅韌而透明，便於響拓雙鉤法帖墨迹。宋趙希鵠《洞天清禄集・古翰墨真迹辨》：「硬黄紙，唐人用以書經，染以黄蘗，取其辟蠹，以其紙加漿，澤瑩而滑，故善書者多取以作字。」

［三］響搨：亦作「響拓」，以紙、絹覆於墨迹上，向光照明，雙鉤填墨。《説郛》卷十二引宋・趙希鵠《洞天清禄集・古今石刻辨》：「以紙加碑上，貼于窗户間，以游絲筆就明處圈却字畫，填以濃墨，謂之響搨。」宋張世南《游宦紀聞》卷五：「辨博書畫古器，前輩蓋嘗著書矣。其間有論議而未詳明者，如臨、摹、硬黄、響搨是……響搨謂以紙覆其上，就明窗牖間，映光摹之。」

## 55　牌揭

《博雅》：「篁，牌籍也。」《周禮・職幣》：「以書揭之。」疏：「謂府别各爲一牌，書知善惡、價數多少，謂之揭。」［一］今言牌票，揭帖義出此。

［箋注］

［一］《周禮・天官・職幣》：「皆辨其物而奠其録，以書楬之。」鄭玄注引鄭司農曰：「『楬之』，若今時爲書以著其幣。」賈公彦疏：「『以書楬之』者，謂府别各爲一牌，書知善惡價數多少，謂之楬。」按，經文及其注疏皆作「楬」，指標記，標誌。《周禮・秋官・職金》：「職金，掌凡金玉、錫石、丹青之戒令。受其入征者，辨其物之媺惡，與其數量，

楬而璽之。」鄭玄注引鄭司農曰：「楬，書其數量，以著其物也。」

## 56 帳目

今俗謂簿籍曰帳目。《韻書》：「帳，幬也，帷也。」無有以簿籍爲義者。按，漢制，郡國歲時上計。顔師古曰：「計若今諸州之計帳。」〔一〕是師古亦用「帳」字，其來久矣。

［箋注］

〔一〕《漢書·武帝紀》「受郡國計」顔師古注：「若今之諸州計帳也。」帳謂帳簿，名册。《隋書·高祖紀下》：「凡是軍人，可悉屬州縣，墾田籍帳，一與民同。」

帳，本指床帳。《釋名·釋牀帳》：「帳，張也，張施於牀上也。」後漸指帷幔、營帳。遊牧民族逐水草而居，按帳篷數字計算户數人口。《後漢書·西域傳·車師》：「以後部人三百帳別屬役之，食其税。帳者，猶中國之户數也。」遼代用爲軍隊的編制單位。《續資治通鑑》「宋太宗雍熙四年」條：「有白萬德者，真定人，爲遼貴將，統緣邊兵七百餘帳。」蓋由此表示帳目，此義後作「賬」。

## 57 「案」字有六義

《説文》：「案，几屬。」《周禮·掌次》：「張氈案。」〔一〕《魏志》：「曹公作欹案，卧視書。」〔二〕

又《玉篇》：「食器也。」[三]《史》：「高祖過趙，趙王自持案進食。」[四]《隱逸傳》：「孟光每饋食，舉案齊眉。」《曹操别傳》：「太祖爲人佻，至以頭没杯案中。」[五]

又據也。《荀子》：「案飾其辭。」[六]董仲舒策：「謹案《春秋》。」[七]

又考也。《丙吉傳》：「無所案驗。」[八]

又下也。《爾雅疏》：「可以案酒。」[九]

又止也。《周紀》：「案兵無出。」[一〇]

【箋注】

[一]《周禮·天官·掌次》：「王大旅上帝，則張氊案。」鄭玄注：「張氊案，以氊爲牀於幄中。」賈公彦疏：「案，謂牀也。」此案指周代坐息之具。

[二] 南朝梁劉孝綽《昭明太子集》：「臨書幌而不休，對欹案而忘怠。」元陸友《研北雜誌》卷下：「曹公作欹案，卧視書，周美成又謂之倚書床。」

明胡侍《真珠船·卧視書》：「《三國志》：『曹操作欹案，卧視書。』曹智人想便甚，但欹案之制不傳。沈括《忘懷録》有欹牀，云如今倚牀，但兩向施檔齊高，令曲尺上平，若臂倚左檔，則右檔可几；臂倚右檔，則左檔可几。臂左右互倚，令人不倦。仍可左右蟠足，或枕檔角欹眠，無不便適。其度坐方二尺，足高一尺八寸，檔高一尺五寸，木製藤綳，或竹爲之。又云尺寸隨人所便增損。余意欹案之制，或當不大殊。」

[三]《急就篇》卷三：「榹杅槃案杯問盌。」顔師古注：「無足曰槃，有足曰案，所以陳舉食也。」案，有足的盤盂類食器。

[四]《史記·田叔列傳》：「（漢高祖）過趙，趙王張敖自持案進食，禮甚恭。」

[五]《後漢書・逸民傳・梁鴻》：「（梁鴻）每歸，妻爲具食，不敢於鴻前仰視，舉案齊眉。」裴松之《三國志》注引《曹瞞傳》曰：「太祖爲人佻易無威重，好音樂，倡優在側，常以日達夕。被服輕綃，身自佩小鞶囊，以盛手巾細物，時或冠帢帽以見賓客。每與人談論，戲弄言誦，盡無所隱，及歡悅大笑，至以頭没杯案中，肴膳皆沾污巾幘，其輕易如此。」

[六]《荀子・非十二子》：「案飾其辭而祗敬之曰：『此真君子之言也。』」《荀子・不苟》：「國亂而治之者，非案亂而治之之謂也。」楊倞注：「案，據也。」

[七]《漢書・董仲舒傳》載董仲舒對策：「臣謹案《春秋》之文，求王道之端，得之於正。」

[八]《正字通・木部》：「案，考也。通作按。」《漢書・魏相丙吉傳》：「終無所案驗，客或謂吉曰：『君侯爲漢相，奸吏成其私，然無所懲艾。』」《後漢書・黨錮傳・賈彪》：「驅車北行，案驗其罪。」

[九]案酒：即下酒，亦指下酒菜。三國吴陸璣《毛詩草木鳥獸蟲魚疏・參差荇菜》：「荇，一名接余……鬻其白莖，以苦酒浸之，脆美可案酒。」宋梅堯臣《對雪憶往歲錢塘西湖訪林逋》詩之三：「樵童野犬迎人後，山葛棠梨案酒時。」

[一〇]案兵：止兵，按兵不動。《史記・周本紀》：「東周與西周戰，韓救西周。或爲東周説韓王曰：『西周故天子之國，多名器重寶。王案兵毋出，可以德東周，而西周之寶必可以盡矣。』」《荀子・王制》：「偃然案兵無動，以觀夫暴國之相卒也。」

## 58 「肉好」有二義

《爾雅》：「肉好若一謂之環。」郭璞云：「肉，邊也；好，孔也。」[一]

《禮記》：「寬裕肉好之音。」[二]輔氏曰：「肉好，猶俗言美滿也。」方氏曰：「肉好如一，旋而不窮者環。肉好之音，旋而不窮者也。」義亦相貫。

【箋注】

［一］好：圓形玉器中的孔，謂之好；其實邊部份謂之肉。亦用於錢幣。《爾雅・釋器》：「肉倍好謂之璧，好倍肉謂之瑗，肉好若一謂之環。」郭璞注：「肉，邊；好，孔。」《周禮・考工記・玉人》：「璧羨度尺，好三寸以爲度。」鄭玄注引鄭司農曰：「好，璧孔也。」《漢書・食貨志下》：「卒鑄大錢，文曰『寶貨』，肉好皆有周郭。」顔師古注引韋昭曰：「肉，錢形也；好，孔也。」

［二］《禮記・樂記》：「寬裕肉好，順成和動之音作，而民慈愛。」《史記・樂書》引此文，司馬貞索隱引王肅曰：「肉好，言音之洪潤。」陳澔集説：「此言肉好，則以璧喻樂音之圓瑩通滑耳。」肉好，形容聲音圓潤，如玉璧。

## 59　廿卅卌

（廿音入；卅音颯；卌音習）

《説文》：「廿，二十并。」卅，三十并；卌，數名［一］。顔之推《稽聖賦》：「中山何夥，有子百廿。」言有子百二十也［二］。韓愈《孔戣墓志》「孔世卅八」，謂戣爲孔子三十八世孫也［三］。《字統》：「卌，插糞把。」皆讀爲一字。後人直以廿爲二十、卅爲三十、卌爲四十，是一字而讀爲二字矣。至有讀廿爲「奴店切」，又有直作「念」字者，其謬不知何起也［四］？

【箋注】

［一］《説文・十部》：「廿，二十并也。」《字彙補・十部》：「以卅爲三十，本非俗用。《論語》『三十而立』，《石經》作『卅』。」《玉篇・卌部》：「卌，四十也。」《廣韻・緝韻》：「卌，《説文》云：『數名。』今直以爲四十字。《字統》云：『插糞杷。』」

［二］顔之推《稽聖賦》：「中山何夥，有子百廿。魏嫗何多，一孕四十。」

［三］韓愈《唐正議大夫尚書左丞孔公墓誌銘》：「孔世卅八，吾見其孫，白而長身，寡笑與言。其尚類也，莫與之倫。」孔戣，新舊唐史皆有傳，孔子之後，事唐爲尚書左丞。

［四］廿：《廣韻》「人執切」，緝韻，入聲。清席世昌《席氏讀説文記》：「廿，宋人題開業寺碑有『念五日』字，（顧）亭林曰：『以廿爲念，始見於此。』楊用修云：『廿，韻書皆音入，惟市井商賈音念，而學士大夫亦從其誤者也。』」

清翟灝《通俗編・數目》：「《金石文字記》：《開業碑》陰多宋人題名，有曰『元祐辛未陽月念五日題』。以廿爲念，始見於此。楊慎謂廿字韻書皆音入，惟市井商賈音念，而學士大夫亦從其誤者也。」

# 附録　《四庫全書·子部·名義考》提要

《名義考》十二卷，明周祈撰。祈，蘄州人，始末未詳。前有萬曆甲申劉如寵序，稱爲「周大夫」，又有萬曆癸未袁昌祚重刻序，稱其嘗爲「民部郎」，又稱其「從幼時授經，至綰組擁軺」，不知確爲何官也。其書凡天部二卷，地部二卷，人部四卷，物部四卷，各因其名義而訓釋之。其有異同，則雜引諸書，參互辯證。雖條目浩博，不無訛誤，如論月星則不知推步之術，論河源則全據傳聞之訛，論廣輪則不知《周禮》先有此文，論化日則不知《潛夫論》實無此語，論鮮卑以柳城爲柳州，論肉刑以漢文爲魏文，論箜篌爲即琵琶，論杜甫詩「竹根」爲酒杯。如斯之類，牴牾恒有。然訂謬析疑，可取之處爲多。惟援引舊文，往往不著出典，不出明人著書通病云爾。

# 後記

《名義考》循名責實，格物析理，光大了訓詁學史上的《釋名》流派，多方呈現宋明學術的成就與風格。惜乎長久以來，學界對其措意不多，更無注釋。二〇一二年春，筆者申請全國高校古委會重點項目，獲得「周祈《名義考》校注與研究」立項。兹後輒致意於注證和研究工作，未期其難度時耗，每及一則一義，檢覈析疑頻頻受困，幾度擱淺。然其中義理微旨饒有趣味，頗引興致，方得堅持不輟，至於二〇一九年完稿。

上海大學出版社鄒西禮先生鼓勵舉薦，使得該項目成果得機出版發佈，深懷感激。上海古籍出版社總編吕健老師熱忱幹練，慧眼别具，欣然認可接受書稿；胡文波老師不憚其煩，襄成出版意向合約；責編陳麗娟老師更是審慎嚴謹，審校密緻，提出很多有益的修正意見。在此我謹向上海古籍出版社的老師們表達敬意和謝忱。

本書得到蘇州大學人文社科和優勢學科的出版資助，蘇大人文社科處郭才正老師關切支持，蘇大文學院曹煒院長多所勉勵，亦一並致謝。

書稿付梓，筆者心猶不安，其中錯謬定然不免，敬請讀者方家不吝指正，探明古代學者之心，學理之旨，是所望焉。

王衛峰

二〇二一年五月

**圖書在版編目(CIP)數據**

名義考箋證 / (明) 周祈撰；王衛峰箋證. —上海：上海古籍出版社，2021. 11
(歷代筆記叢書)
ISBN 978-7-5732-0243-7

Ⅰ. ①名… Ⅱ. ①周… ②王… Ⅲ. ①筆記-中國-明代-選集 Ⅳ. ①K248. 066

中國版本圖書館 CIP 數據核字(2022)第 006462 號

歷代筆記叢書
**名義考箋證**
(明) 周 祈 撰
王衛峰 箋證
上海古籍出版社出版發行
(上海市閔行區號景路 159 弄 1-5 號 A 座 5F 郵政編碼 201101)
(1) 網址：www. guji. com. cn
(2) E-mail：guji1@guji. com. cn
(3) 易文網網址：www. ewen. co
上海展强印刷有限公司印刷
開本 850×1168 1/32 印張 23. 75 插頁 4 字數 624,000
2021 年 11 月第 1 版 2021 年 11 月第 1 次印刷
ISBN 978-7-5732-0243-7
K·3137 定價：108. 00 元
如有質量問題，請與承印公司聯繫
電話：021-66366565